フィル・キルロイ

マドレーヌ＝ソフィー・バラ

キリスト教女子教育に捧げられた燃ゆる心

安達まみ・冨原眞弓訳

みすず書房

MADELEINE SOPHIE BARAT

A Life

by

Phil Kilroy

First published in 2000 by
Cork University Press, Cork, Ireland

図版１　マドレーヌ＝ソフィー・バラの生家．フランス，ジョアニー，ダヴィエ通り11番地．

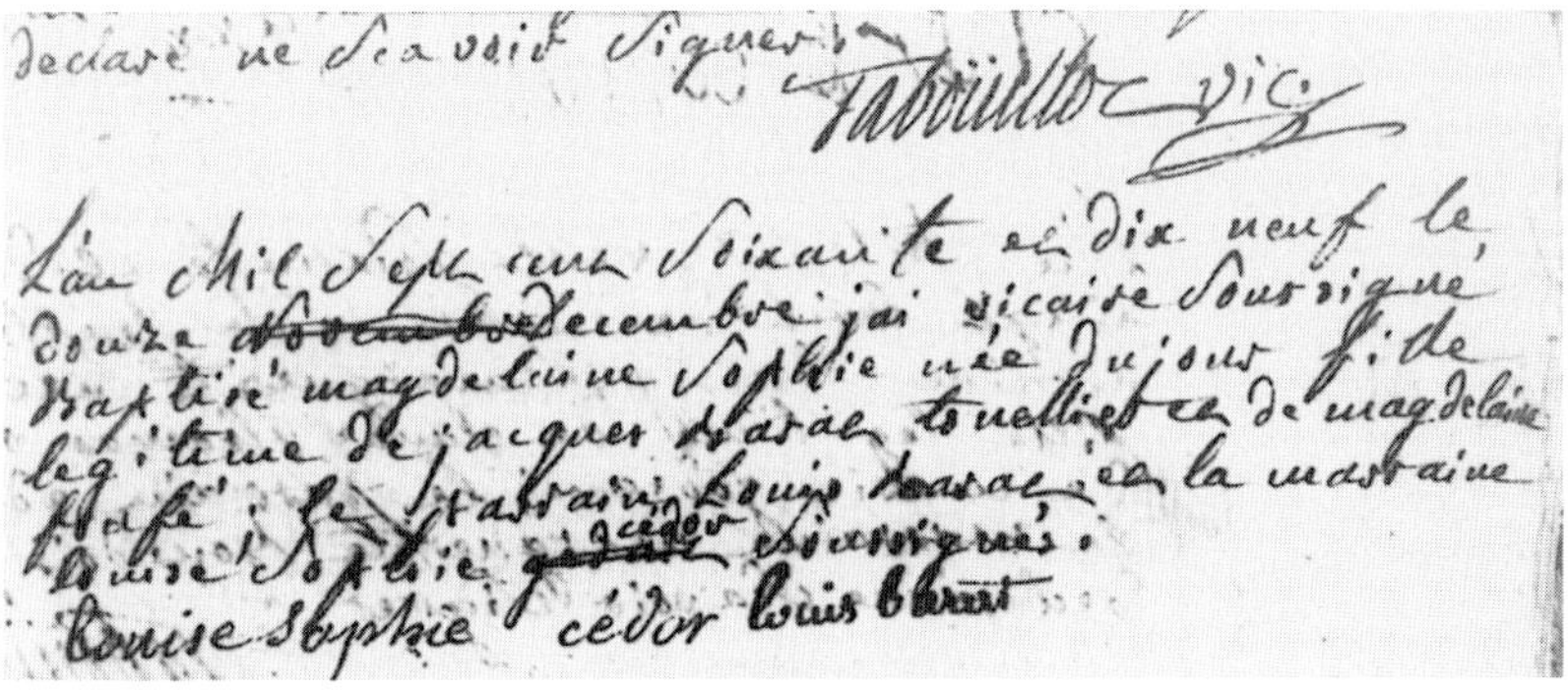
declaré ne sçavoir signer
Fabouillot vic.
L'an Mil sept cent soixante et dix neuf le,
douze decembre jai vicaire soussigné
baptisé magdeleine Sophie née du jour fille
légitime de jacques barat tonnellier et de magdeleine
fouffé. Le parrain Louis barat, et la marraine
Louise Sophie cédor soussignés.
Louise Sophie cédor louis barat

図版２　マドレーヌ＝ソフィー・バラの洗礼証明書．マドレーヌ＝ソフィー・バラは1779年12月12日，ジョアニーに生まれた．

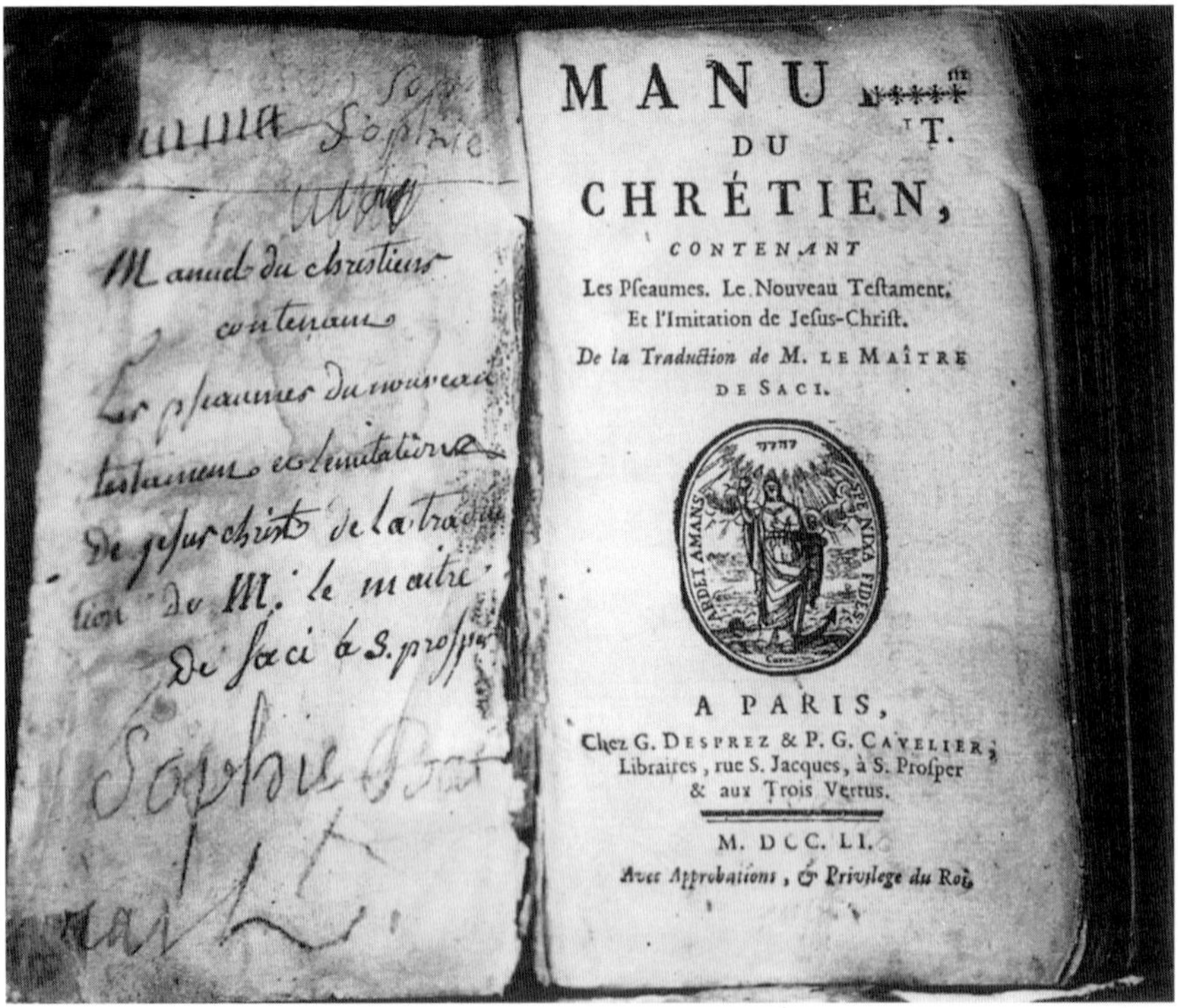

図版3　初聖体の日に母親から贈られたソフィー・バラの祈禱書．ミサの典礼，新約聖書，詩篇，および『キリストに倣いて』を含む．ソフィーは生涯，この祈禱書を使用した．

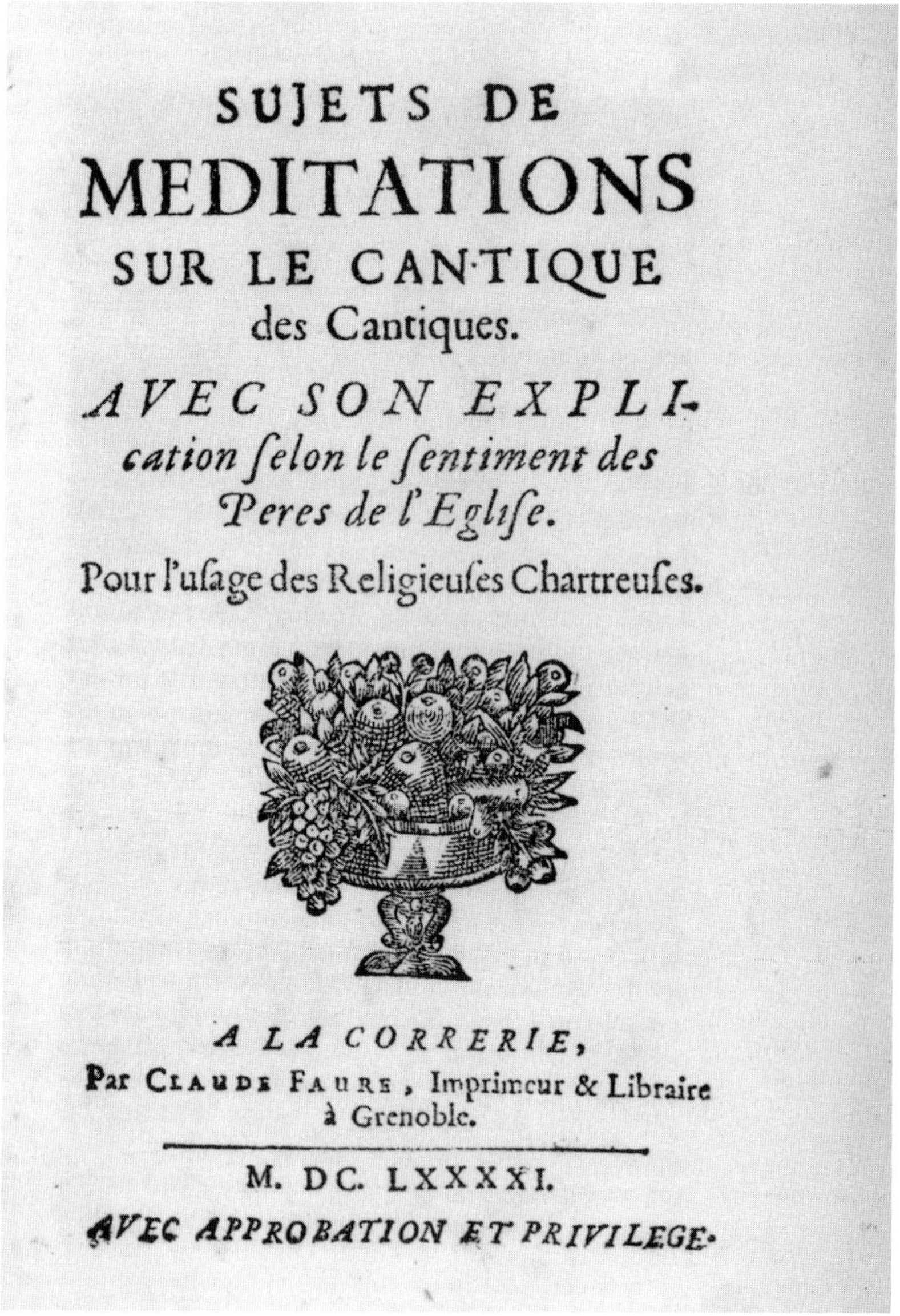

SUJETS DE
MEDITATIONS
SUR LE CANTIQUE
des Cantiques.

AVEC SON EXPLIcation ſelon le ſentiment des Peres de l'Egliſe.

Pour l'uſage des Religieuſes Chartreuſes.

A LA CORRERIE,
Par CLAUDE FAURE, Imprimeur & Libraire à Grenoble.

M. DC. LXXXXI.

AVEC APPROBATION ET PRIVILEGE.

図版4　ソフィー・バラが使用した『雅歌』の黙想集.『雅歌』は聖書のなかでソフィー・バラがもっとも好んだ書のひとつである.

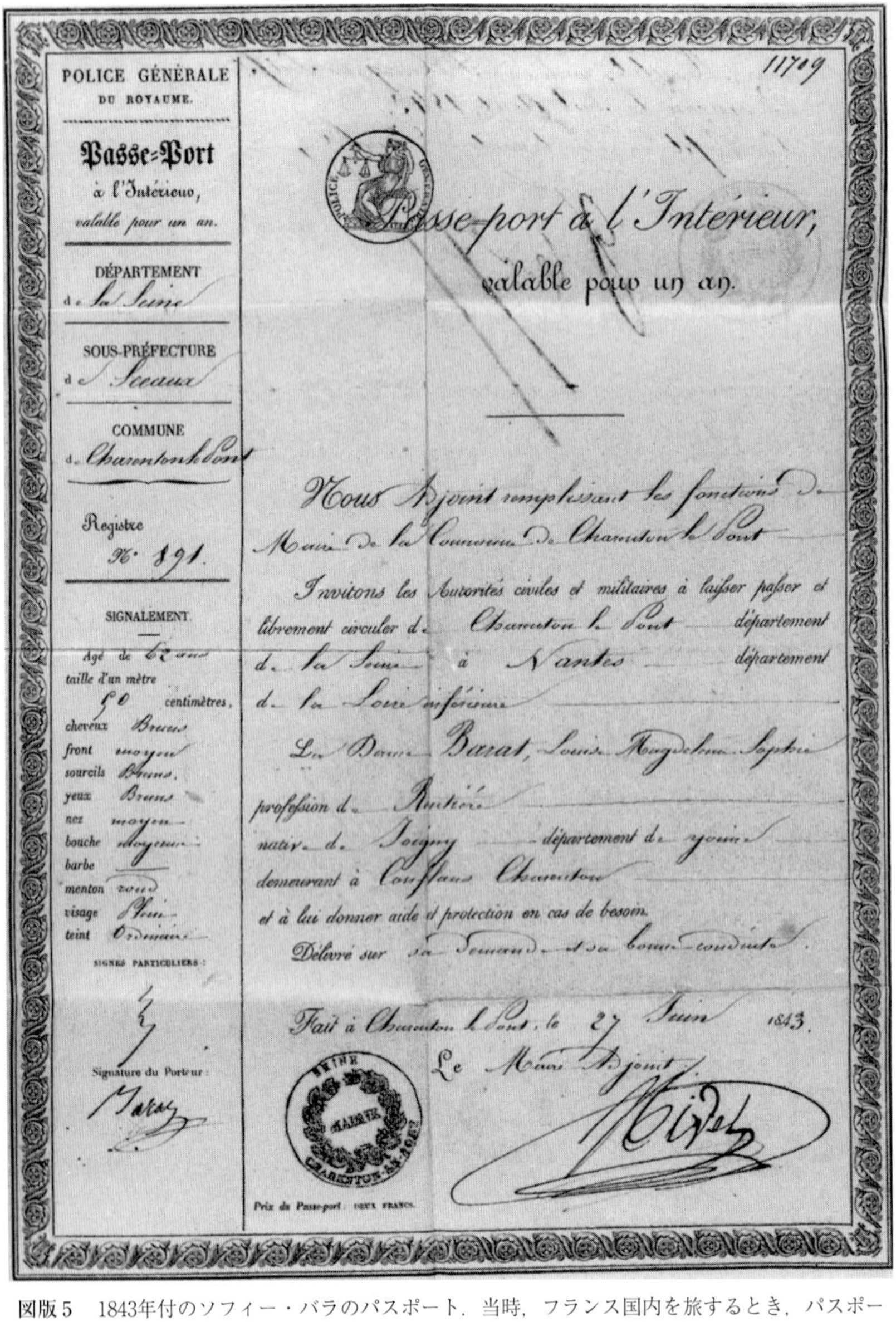

POLICE GÉNÉRALE
DU ROYAUME.

Passe-Port
à l'Intérieur,
valable pour un an.

DÉPARTEMENT
de la Seine

SOUS-PRÉFECTURE
de Sceaux

COMMUNE
de Charenton le Pont

Registre
N° 891.

SIGNALEMENT.

Agé de 62 ans
taille d'un mètre
50 centimètres,
cheveux Bruns
front moyen
sourcils Bruns.
yeux Bruns
nez moyen
bouche moyenne
barbe
menton rond
visage Plein
teint Ordinaire

SIGNES PARTICULIERS :

Signature du Porteur :
Barat

11709

Passe-port à l'Intérieur,
valable pour un an.

Nous Adjoint remplissant les fonctions de Maire de la Commune de Charenton le Pont

Invitons les Autorités civiles et militaires à laisser passer et librement circuler de Charenton le Pont département de la Seine à Nantes département de la Loire inférieure

La Dame Barat, Louise Magdeleine Sophie

profession de Rentière
native de Joigny département de Yonne
demeurant à Conflans Charenton
et à lui donner aide et protection en cas de besoin.

Délivré sur sa demande et sa bonne conduite.

Fait à Charenton le Pont, le 27 Juin 1843.

Le Maire Adjoint

Prix du Passe-port : DEUX FRANCS.

図版５　1843年付のソフィー・バラのパスポート．当時，フランス国内を旅するとき，パスポートが必要だった．ソフィー・バラの身長と容貌の特徴が記されている．

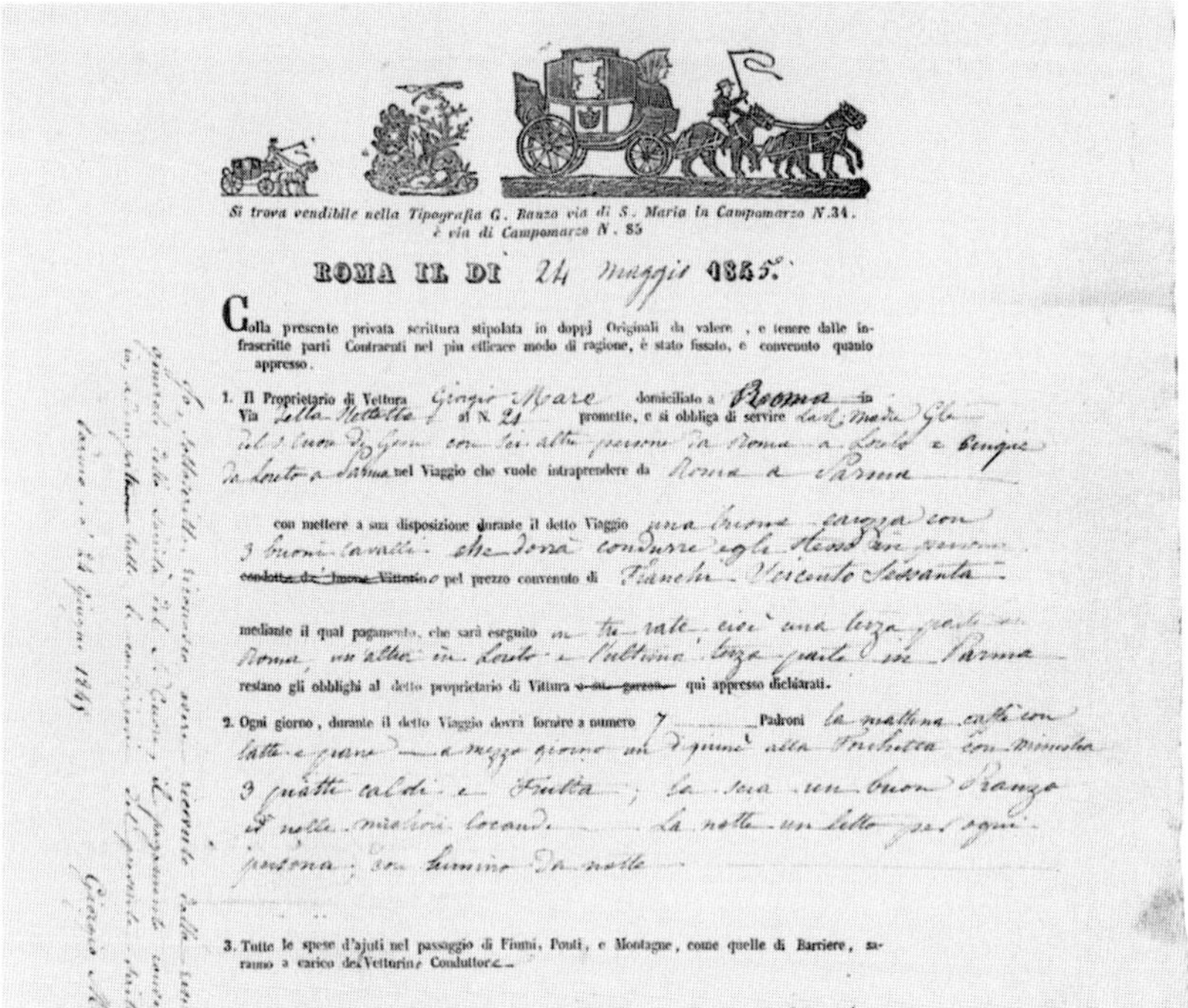

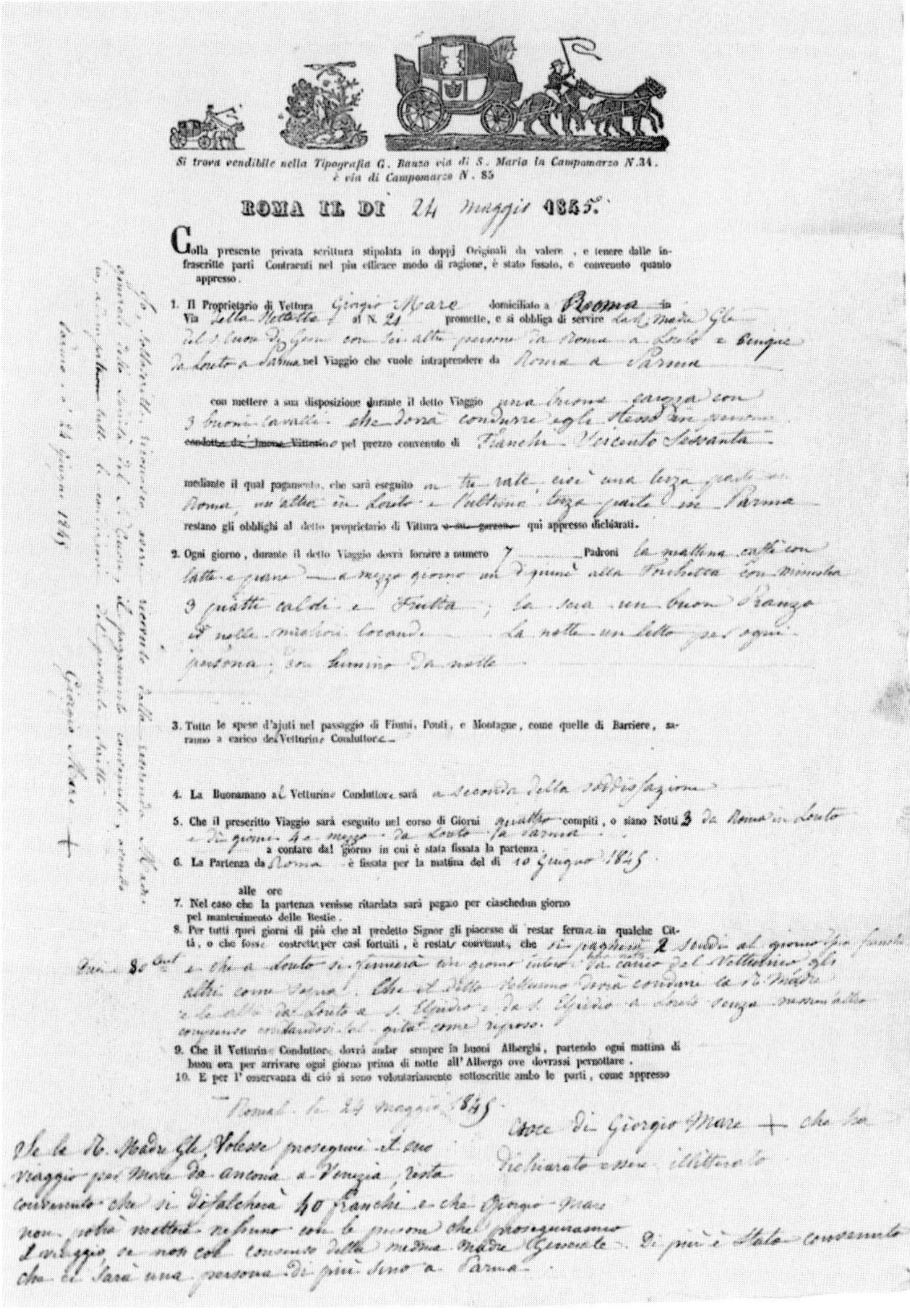

Si trova vendibile nella Tipografia G. Banzo via di S. Maria in Campomarzo N. 34. e via di Campomarzo N. 85

ROMA IL DÌ 24 maggio 1845.

Colla presente privata scrittura stipolata in doppj Originali da valere, e tenere dalle infrascritte parti Contraenti nel più efficace modo di ragione, è stato fissato, e convenuto quanto appresso.

1. Il Proprietario di Vettura Giorgio Mare domiciliato a Roma in Via della Mettella al N. 21 promette, e si obbliga di servire la R. Madre Gle del S. Cuore di Gesù con sei altre persone da Roma a Loreto e cinque da Loreto a Parma nel Viaggio che vuole intraprendere da Roma a Parma

con mettere a sua disposizione durante il detto Viaggio una buona carozza con 3 buoni cavalli che dovrà condurre egli stesso in persona ~~condotta da buono Vetturino~~ pel prezzo convenuto di Franchi Trecento Sessanta

mediante il qual pagamento, che sarà eseguito in tre rate cioè una terza parte in Roma, un'altra in Loreto e l'ultima terza parte in Parma restano gli obblighi al detto proprietario di Vettura ~~o suo garzone~~ qui appresso dichiarati.

2. Ogni giorno, durante il detto Viaggio dovrà fornire a numero 7 Padroni la mattina caffè con latte e pane — a mezzo giorno un dejeuné alla Forchetta con minestra 3 piatti caldi e Frutta; la sera un buon Pranzo nelle migliori locande. La notte un letto per ogni persona; con lumino da notte

3. Tutte le spese d'ajuti nel passaggio di Fiumi, Ponti, e Montagne, come quelle di Barriere, saranno a carico del Vetturino Conduttore.

4. La Buonamano al Vetturino Conduttore sarà a seconda della soddisfazione

5. Che il prescritto Viaggio sarà eseguito nel corso di Giorni quattro compiti, o siano Notti 3 da Roma in Loreto e di giorni 4 e mezzo da Loreto fa Parma. a contare dal giorno in cui è stata fissata la partenza.

6. La Partenza da Roma è fissata per la mattina del dì 10 Giugno 1845

alle ore

7. Nel caso che la partenza venisse ritardata sarà pagato per ciaschedun giorno pel mantenimento delle Bestie.

8. Per tutti quei giorni di più che al predetto Signor gli piacesse di restar ferma in qualche Città, o che fosse costretta per casi fortuiti, è restato convenuto, che si pagheranno 2 scudi al giorno... e che a Loreto si fermerà un giorno intero... a carico del Vetturino gli altri come sopra. Che il detto Vetturino dovrà condurre la R. Madre e le altre da Loreto a S. Elpidio e da S. Elpidio a Loreto senza nessun altro compenso contandosi il ... come riposo.

Dico 80 ...

9. Che il Vetturino Conduttore dovrà andar sempre in buoni Alberghi, partendo ogni mattina di buon ora per arrivare ogni giorno prima di notte all'Albergo ove dovrassi pernottare.

10. E per l'osservanza di ciò si sono volontariamente sottoscritte ambo le parti, come appresso

Roma li 24 maggio 1845

Croce di Giorgio Mare + che ha dichiarato essere illetterato

Se la R. Madre Gle volesse proseguire il suo viaggio per Mare da Ancona a Venezia resta convenuto che si difalcherà 40 Franchi e che Giorgio Mare non potrà mettere nessuno con le persone che proseguiranno il viaggio, se non col consenso della medesima Madre Generale. Di più è stato convenuto che vi sarà una persona di più sino a Parma.

Giorgio Mare +

図版6　1845年5月，ローマからトリノへの旅の際に，ソフィー・バラがローマで御者ジョルジオ・マーレと交わした契約書.

図版 7 「気の毒な陛下」（シャルル10世，1830年）．フランス国王シャルル10世は，1830年，七月革命の折に故国から追放された．聖心会，とりわけヴァレンヌ通りの修道院は，退位に追いこまれた国王と親しい関係にあるとされた．

図版 8 「王党派の隠れ場所，7月27日，28日，および29日」（パリ）．シャルル10世に忠誠を尽くす王党派がフォーブール・サン＝ジェルマンに潜んでいるようすを描いた諷刺画．

図版 9　パリ大司教ヤサント＝ルイ・ドゥ・クラン（在職1817–1839年）．大司教は1832年から1839年に亡くなるまで，ヴァレンヌ通りの修道院に住んでいた．

図版10 「ドゥ・クラン猊下の逝去についての正確なる詳細」(1839年12月31日).
1839年12月，ヴァレンヌ通りにおけるドゥ・クラン大司教の死を伝える版画.

図版11 ブザンソン大司教セゼール・マチュウ（在職1834-1875年）．ソフィー・バラが危機に瀕した1842年から1843年の時期に，彼女のよき友人だった.

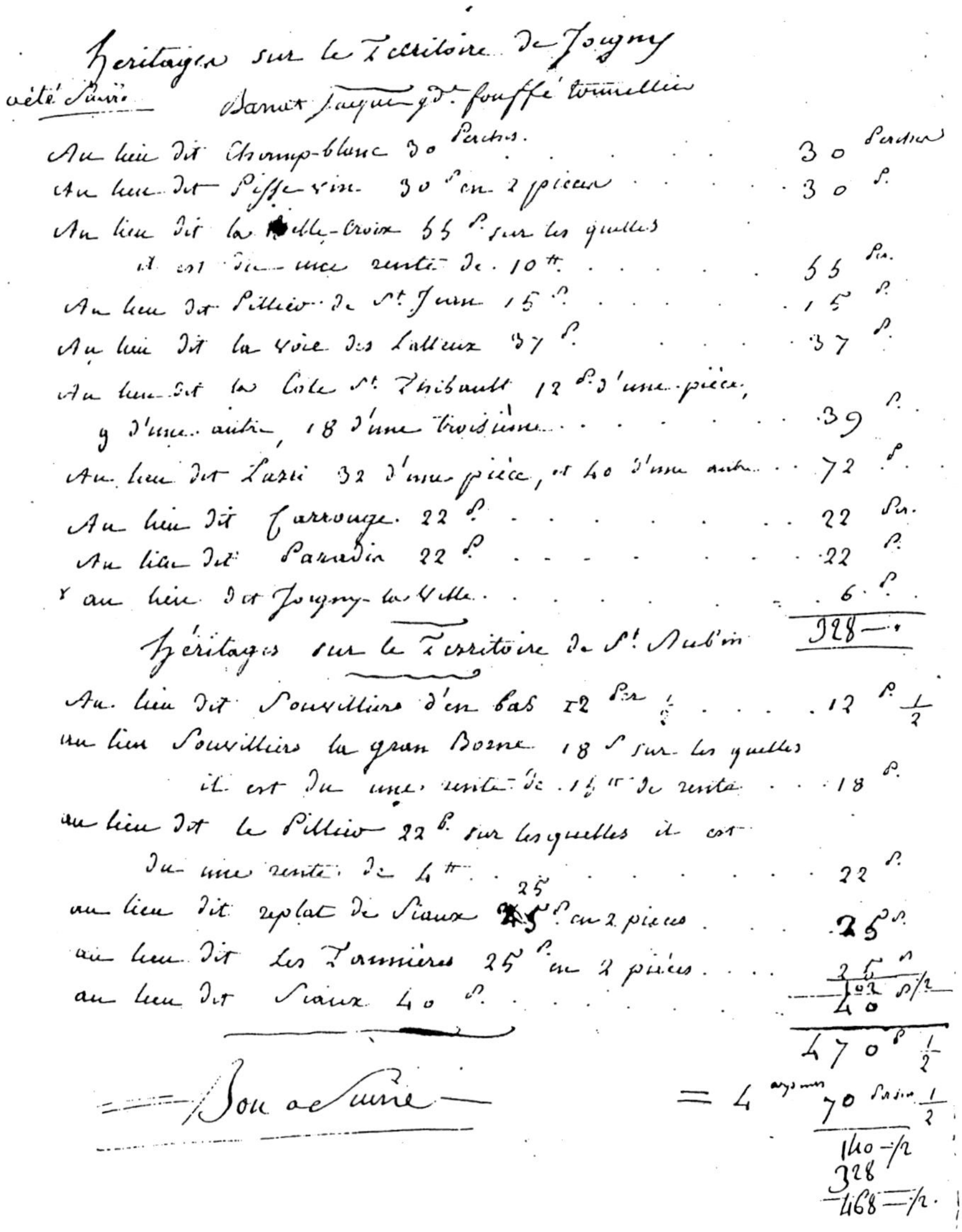
Heritages sur le Territoire de Joigny

été suivis — Dans Jacques gd. fosse tournelles

Au lieu dit Champ-blanc 30 Perches . . . 30 Perches

Au lieu dit Pisse-vin 30 P. en 2 pieces . . . 30 P.

Au lieu dit la Belle-Croix 55 P. sur lesquelles

il est dû une rente de 10 ₶ . . . 55 Per.

Au lieu dit Pillier de St Jean 15 P. . . . 15 P.

Au lieu dit la Voie des Lalleux 37 P. . . . 37 P.

Au lieu dit la Cote St Thibault 12 P. d'une piece,

9 d'une autre, 18 d'une troisieme . . . 39 P.

Au lieu dit Lazri 32 d'une piece, et 40 d'une autre . . 72 P.

Au lieu dit Carrouge 22 P. . . . 22 Per.

Au lieu dit Paradis 22 P. . . . 22 P.

& au lieu dit Joigny-la-Ville . . . 6 P.

328 —

Heritages sur le Territoire de St Aubin

Au lieu dit Souvilliers d'en bas 12 Per ½ . . . 12 P. ½

au lieu Souvilliers la gran Borne 18 P. sur lesquelles

il est dû une rente de 1 ½ ₶ de rente . . . 18 P.

au lieu dit le Pillier 22 P. sur lesquelles il est

dû une rente de 4 ₶ . . . 22 P.

au lieu dit replat de Siaux 25 P. en 2 pieces . . . 25 P.

au lieu dit les Tarnieres 25 P. en 2 pieces . . . 25 P.

au lieu dit Siaux 40 P. . . . 40

142 P. ½

470 P. ½

Bon a suivre = 4 arpents 70 Perches ½

140 ½

328

468 ½

図版12　1791年に記されたソフィー・バラの生家の正式目録.

図版13　聖心会の最初の修道院．1801年，アミアンのロラトワール通りに創設された．

図版14　グルノーブルのサント＝マリー＝ダン＝オー修道院．1804年，ソフィー・バラはこの訪問会修道院でフィリピーヌ・デュシェーヌに出会う．

図版15　ポワティエのレ・フイアン修道院．ポワティエの修道院は1806年に創設され，聖心会の最初の修練院となった．

図版16　ヴァレンヌ通りの修道院（オテル・ビロン）の庭園．ここは1820年にソフィー・バラによって購入された．現在はロダン美術館になっている．

図版17　ローマのトリニタ・デ・モンテ修道院を描いた19世紀初期の版画．1828年，ソフィー・バラはここに修道院と学校を創設する．

図版18　コンフロンの修練院．1841年，聖心会の修練院はパリからここコンフロンに移動した．

図版19　ミズーリ州セント・チャールズの聖心学院（アカデミー・オヴ・ザ・セイクリッド・ハート）．フィリピーヌ・デュシェーヌは1842年から1852年までここに住んでいた．

図版20　エクス＝アン＝プロヴァンスの聖心会幼稚園の園児たち．

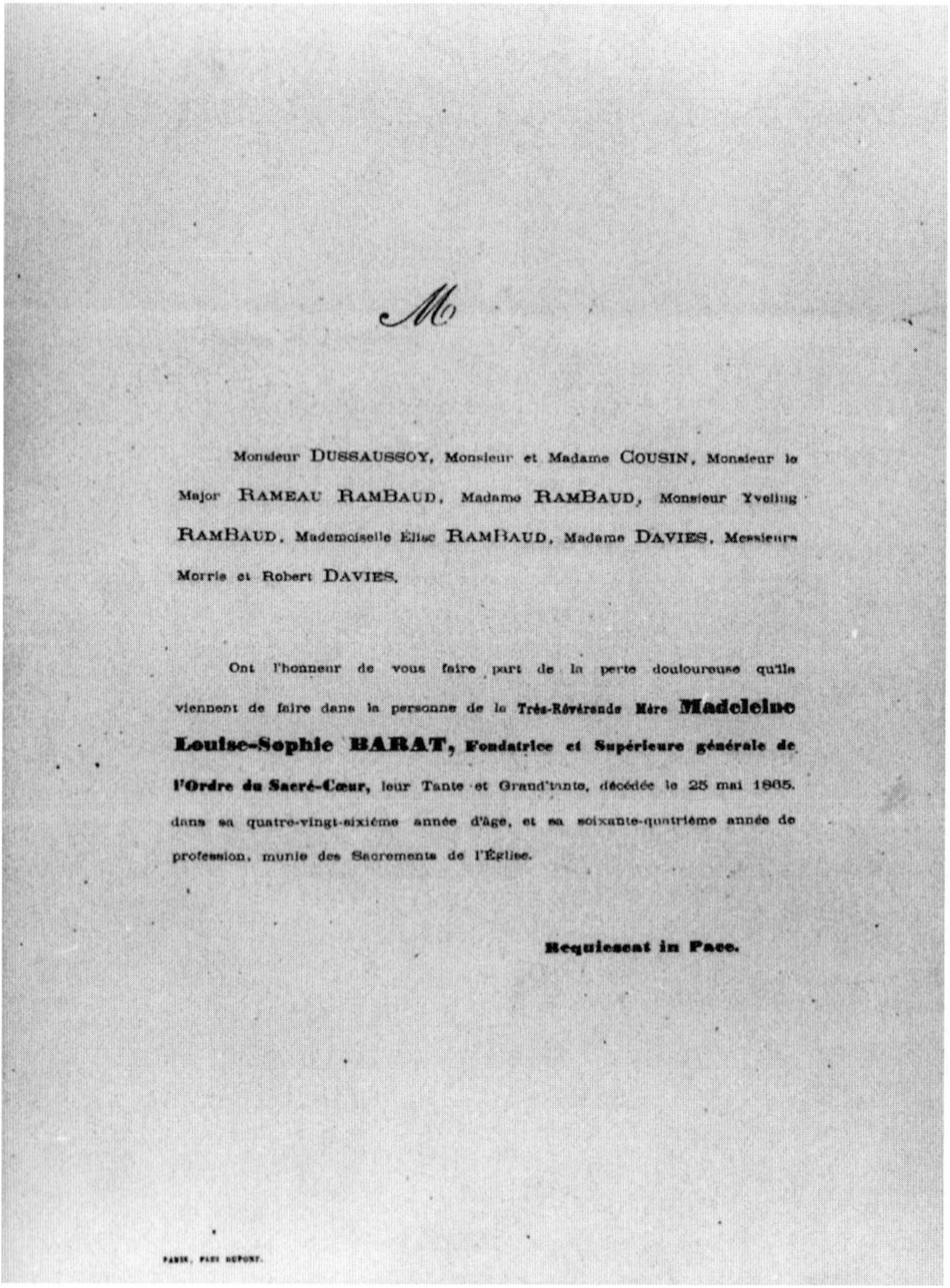

M

Monsieur **DUSSAUSSOY**, Monsieur et Madame **COUSIN**, Monsieur le Major **RAMEAU RAMBAUD**, Madame **RAMBAUD**, Monsieur Yveling **RAMBAUD**, Mademoiselle Élise **RAMBAUD**, Madame **DAVIES**, Messieurs Morris et Robert **DAVIES**,

Ont l'honneur de vous faire part de la perte douloureuse qu'ils viennent de faire dans la personne de la **Très-Révérende Mère Madeleine Louise-Sophie BARAT, Fondatrice et Supérieure générale de l'Ordre du Sacré-Cœur,** leur Tante et Grand'tante, décédée le 25 mai 1865, dans sa quatre-vingt-sixième année d'âge, et sa soixante-quatrième année de profession, munie des Sacrements de l'Église.

Requiescat in Pace.

PARIS, PAUL DUPONT.

図版21　甥スタニスラス・デュソッソワが新聞に掲載したソフィー・バラの死亡通知.

マドレーヌ＝ソフィー・バラ　目次

ある一場面

登場人物
ふたりの女性
エリザベス　結婚が破綻した女性。衝撃のあまり、とり乱し、この二四時間、寝ていない。
エリーズ　その友人。その朝、村人のひとりの溺死体が発見されたことを、エリザベスに知らせにきた。

エリザベス　きのうからここに座って、わたし、すべてを見とおしているわ。この世界中のことを。わたしたちは信じていたものにことごとく裏切られてしまうのね……。

エリーズ　あなたがいったいどんなえらい人間だというの？　人生のきっかけや偶然に裏切られたっていいじゃない？　あなたがどんな特別な人間だというの？　ほかの人間とおなじく、感情や情熱や神経や理性に裏切られたってふしぎはないでしょう？　驚くべきなのは、わたしたちが誤りをおかしやすく愚かなことではないのよ。むしろ、自分が誤りやすく愚かだとわかる智恵があり、それでもやっていけることこそ、驚きに値する。石だらけの豊かな土地のように、わたしたちは誤謬や偏見を背負っている。驚くべきなのは、わたしたちが石につまずくことではなく、石をとりのぞくだけの頭があることなの。——

石をとりのぞけるのが、自分という小さな土地だけだとしても。それに、わたし、気づいたわ。わたしたちが石をとりのぞくのは、自分のためだけでなく、あとにつづくひとが、つまずかないためだということを。……神様がいらっしゃるかどうか、わたしにはわからない。けれども、わかったことがある。人間性は存在する。人間という豊かな土地がある。そして、とりのぞかれるべき山のような石もある。

ウィラ・ミュア作『想像される世界のいたるところから』
（エジンバラ、一九九六年）
二七六―七ページより抜粋

刊行に寄せて

この度、聖心会の創立者、マグダレナ・ソフィア・バラの最新の伝記の翻訳・出版の企画に本研究所が与れたことは幾重にも重要な意義のあることに思われ、心から喜ばしく、また光栄なことと感じずにはいられない。

聖心女子大学キリスト教文化研究所は、言うまでもなく、聖心女子大学の一部をなす研究・教育機関であり、大学と共に聖心会の息吹を受けて創設され、今日に至るまでその息を大切に保っている。昨年五月十二日に創立五十周年を祝い、今回の出版はその記念行事の一環として企画されたのであった。

聖心女子大学のキャンパスに一歩足を踏み入れた者は誰も、そこを領している独特の「空気」に触れて身と心が引き締められるのを感じるであろう。「聖心」という言葉がまことにふさわしい聖なる静けさ、平安な和らぎがそれである。この空気を呼吸して、そこに学ぶ者、働く者は皆次第にその霊性の奥深くにこの静けさと和らぎを宿すようになる。聖心女子大学とはそのような空気が無言の内に心から心へと受け継がれて行っている大学である。大学という共同体――おそらくさらに小中高の「姉妹校」をも含めた――全体がこの聖なる静けさと和らぎを呼吸している、その原点に「聖心会」がある。この聖心会はいったいどこから、どのようにして生まれて来たのか。これはその息吹に触れた誰もが知りたいと願うことであろう。すべてのものの誕生と等しく、聖心会の誕生も最後は人知の及び得ぬ大いなる秘密であり、神秘に属することであろうが、しかしその最も中心に、原点に、創立者があることは間違いない。

その創立者の最新の伝記の日本語訳が出版される。その意義は「最新」ということにとどまらない。自ら聖心会の一員である歴史学の「博士」によって著された、最も詳細な、学問的にも最高水準の伝記である。しかもそれでいて、創立者が生きた時代の息吹と、彼女を中心とする聖心会会員たちの霊性、および教育理念が、生き生きと伝わって来る、一般向けの物語としても読み応えがある本である。そして何よりもまた、これは一人の人間としての、一女性としての、創立者の実像――弱さも抱え、戸惑いながらも、立ちはだかる諸困難と闘う一修道女（シスター）の姿――に肉迫しているのである。

研究所は、聖心会の創立者のこのような伝記は、聖心女子大学及び姉妹校の建学の精神を再度確認し、学院としてのアイデンティティを今また新たに確立する意味でも、また広く世に問うて二十一世紀の女子高等教育を、或いは女性の生き方を根本から考えて行くためにも、極めて重要な貴重な文献と考え、所員でもある安達まみ・冨原眞弓両教授と緊密に連携しつつ、企画に当たって来た次第である。この書物を通して、創立者を私たちの傍近くに生きた姿で見、自らの生きるよすがとする人が一人でも多く現れるならば、これに優る幸いはない。

最後に、この企画を最も早くから喜び、推進してくださったのはシスター山縣喜代前学長であったが、突然のご帰天により今は亡い。しかし天にあってこの出版を心から祝福してくださっている、あの清々しい笑顔を私たちはまざまざと仰ぎ見る。

二〇〇八年二月

聖心女子大学キリスト教文化研究所

所長　遠藤　徹

日本語版への序文

この度、聖心女子大学の二人の教授による、フィル・キルロイの労作『マドレーヌ＝ソフィー・バラ』の邦訳が、聖心女子大学キリスト教文化研究所企画で、聖心会来日一〇〇周年、並びに聖心女子大学キリスト教文化研究所創立五〇周年の記念事業の一環として出版される運びとなった。この伝記の主人公マドレーヌ＝ソフィー・バラは聖心会の創立者、聖マグダレナ・ソフィア・バラのことである。聖心会の会員の一人として、序文を書くようにと依頼を受けたので、この本についての私なりの感想と、日ごろの会員としての創立者への思いを綴らせていただいた。

女性の伝記は男性を描いたものより面白い。それは女性の方が時代の波を生活の場面で、言ってみれば、もっと土臭い生の営みの中で、もろに受け止めているからである。男性が世界を論じ、理想社会の実現のため、政治に夢中になる時も、女性たちはどちらかというと日常のやりくりの中から、もっと現実をしたたかに見ているところがある。女性の伝記は理論の構築や、その業績にその焦点はない。それは赤裸々な、生身の人間として、喜怒哀楽の豊かな感情を持ち、自分の弱さや限界を痛いほどに味わい、内外から生じる無理解や人間のゆがみがもたらす葛藤に揺れ動きながら生きていく人の物語である。この生活者としての感覚と、現実をあるがままの姿においてとらえる芯の強さは、ある意味でこれまでの歴史上の卓越した女性の特徴でもある。

この伝記の主人公のマドレーヌ＝ソフィー・バラという女性は、フランス革命の激動期とそれに続く騒然とした時代を、時には民衆の雄叫びを耳にしながら多くの時間をパリで過ごした。当時フランスでは女性は慎ましく従順であること、社交に必要な教養と、家庭を切り盛りしていくのに必要な才能があれば充分であると考えられていた。家庭にあっては夫に、教会にあっては神父に、女子修道会は司教や教区司祭に素直に従うことが当然のこととされていた。そうした風土の中にあって、聖心会という修道会の総長であったソフィー・バラは、偏狭なガリカニズムで固まったフランス司教団と、これに警戒感を強め、関係を悪化させていくローマの教皇庁との間に入り、どちらの面目も失わせることなくその関係を見事につないでいく。

ソフィー・バラは男勝りの強引なリーダーではない。それどころか生い立ちからくる自尊心の欠如や、それに由来する優柔不断とも見える慎重な態度によって、時には同じ会員の間でさえ総長としての資質を疑う者もいた。しかし彼女の根底には、神を知る者だけが持つ力があり、それは単なる自尊心からは生まれてこない確固とした信念であり、自信であったように思う。真に社会を変えていくのは女性であり、子どもを養育する家庭の母であると強く確信し、各地に次々と学校をつくり子女の教育に力を注いだのも、自らの内にその力を感じたからであろう。著者、フィル・キルロイは歴史家であり、聖心会が所蔵する一万を優に超す各方面へのソフィー・バラの直筆の手紙を緻密に分析・研究し、その背後にある教会内部の事情はもとより、一九世紀ヨーロッパの生活、文化、宗教を学問的に検証した。またここには、教会指導者やヨーロッパ各国の権力をめぐる野心も見え隠れする政治の動向までも浮き彫りにされており、読者自身が内側にあって、その歴史の変動の中に巻き込まれるかのような緊迫感さえ持つ。

思想史的にも興味がそそられる。激しく変遷するフランス革命後の政争に油を注ぎ、火をつけるのは啓蒙思想である。それは一方ではフランス人権宣言という近代人権思想の先駆と評価される花を咲かせる一方、見えない世界を否定し、信仰の世界を無知蒙昧と決めつけ、理性と合理主義こそ進歩のカギと見る。その高邁な理想主義は過激な革命思想と結びついて社会を混乱させ、次世代を生み出す教育に混迷をきたすことになった。そのような時代に主人公が単なるあこがれや夢の中の願望ではなく、その感性と研ぎ澄まされたまなざしで物事を見つめ、将来を見通し、そして母親以上に母親の直観で、すぐには成果が見えない地味な仕事であるが、社会を変革して行く確かな道として、人を育てる教育の事業に生涯を捧げたのである。

ソフィー・バラの伝記の中に流れるもう一つの重要なことは、彼女の行動力の源泉が今でいうキャリアウーマンでも女性実業家のそれとも異なるということである。ソフィー・バラはどこまでも修道女である。彼女は三五〇〇人を超える聖心会会員の総長として、フランスをはじめヨーロッパ、南北アメリカ大陸の一六の国々に一一二の修道院と学校を設立した。その間、したためた手紙の数は一万四〇〇〇通にも上る。各地への訪問が、少なくとも蒸気機関車が登場するまではすべて乗合馬車の旅であったことを思うと、体力的にも精神的にも堅固で、何事も陣頭指揮する有能闊達な女性を想像するかもしれない。しかし事実は異なる。彼女は目立つことを好まず、活動以上に祈りに時間を割き、会員達には常に謙虚であることを願った。彼女のやりぬいた働きは教育であるが、それは単なる仕事（job や occupation）ではなく、召命（vocation）なのである。その思いは、常に一人の子どもの内面に、見えない存在として生き続ける神への信仰である。一人ひとりの子どもを、世に生を受けた神の子どもとして、神が望まれる背丈にまで成長できるよう、育て見守る母のまなざしをもった女性のそれである。神への信仰を考えずにはこの女性の働きを理解することは難しい。

聖心会の創立者（こう呼ばれることを本人は望まなかったし、事実、単独で創立したのではないが）として、ソフィー・バラは私たち聖心会会員の先駆者であり宝であるには違いないが、それは貴重な記憶として聖心会の中だけで温められることではなく、より多くの人々に分かち合うことができればと私は常々願ってきた。あたかも日本に聖心会が来日して百周年を迎える前年、聖心女子大学のお二人の教授が大学の修士課程・博士後期課程で翻訳指導のクラスにこの本を教材として用い指導されていた。その教授方がマドレーヌ＝ソフィー・バラの生き方に、同じ女性として深く感動を覚え、是非これを翻訳し出版したいと望まれた。無償で翻訳にあたってくださった聖心女子大学英語英文学科の安達まみ教授および哲学科の冨原眞弓教授には聖心会としても感謝申し上げたい。この本の出版に当たって、ごく一部ではあったかもしれないが翻訳作業にも参加した学生たちは、技法上の学びだけでなく、現代の複雑、不透明な社会に踏み出す前に、この一人の女性の生き方に接し、そこから多くのことを学んだのではないかと思う。愛に根ざした忍耐と、自分を知ることから生まれる謙遜、価値観の混迷する社会にあって賢明な判断力を備えることの大切さは、私どもも再度自分に言い聞かせているところである。

この本は内容量の多さにもかかわらず、翻訳力を駆使した読みやすいものになっているのは大変有難い。聖心会来日一〇〇周年、並びに聖心女子大学キリスト教文化研究所創立五〇周年の記念すべき年に聖心会創立者の優れた伝記の邦訳が出版の運びとなったことを本当に嬉しく、有難く思うところである。

二〇〇八年二月

聖心会日本管区管区長

長野　興子

献辞

何年にもわたり、助力と激励を惜しまなかった同僚や友人にこの場を借りて感謝したい。二〇〇〇年の聖心会二〇〇周年を記念して、ソフィー・バラの伝記執筆を筆者に依頼したヘレン・マクロクリンには、とくに謝意を表したい。聖心会の主要なふたつの文書館は、ローマ（イタリア）とポワティエ（フランス）にあり、各文書館の館員には格別にお世話になった。ローマのアン・レオナードと、ポワティエのマリー＝テレーズ・カレのおふたりである。ローマの元文書館員メアリー・C・ウィーラーとアン・マクマヌスの助力にも感謝する。ミズーリ州セントルイスのアメリカ聖心会文書館のエリザベス・ファーリーとマーガレット・フィーラン、ロンドンの管区文書館のメアリー・コーク、およびダブリンの管区文書館のメアレ・オサリヴァンとエイリーン・ブラドリーにも感謝する。本書の準備段階において、文書館での資料収集や、ファクス、電話、およびEメールでの資料収集に際して、このかたがたは専門家として、絶えず手をさしのべてくださった。

以下の施設の図書館員や文書館員のかたがたも、親切に助けてくださった。フランスではパリ国立文書館、ヨンヌ県文書館（オーセール）、ジョアニー市役所公文書館、ジョアニー市図書館、外務省文書館、国立図書館、パリ市歴史図書館、パリ古文書学校、サン＝シュルピス神学校文書館、マルグリット・デュラン図書館、パリ大司教区文書館、ブザンソン大司教区文書館、シャンベリー大司教区文書館、トゥールーズ大司教区文書館、ポワティエ司教区文書館、アミアン司教区文書館、ヴァンヴのイエズス会文書館、パリの宣教のための聖庁文書館、クラマールのカルメル会文書館、ドゥ・ギィッシュ公のご好意によりドゥ・グラモン・ダステル家私文書館。ローマでは、イタリア管区文書館、ヴィラ・ランテ文書館、サンタ・ルフィーネ文書館、トリニタ・デ・モンテ文書館、ヴァティカン文書館、奉献生活施設および使徒的生活修道会のための聖庁、聖人のための聖庁、イエズス会歴史文書館、フランス教皇大使文書館、聖幼児イエズス会文書館。アメリカでは、ニューオーリンズの大司教区文書館。

フランソワーズ・マイユール、クロード・ラングロワ、ジャック・ガディーユ、ミシェル・ペロ、リー・ウェイリーと、ジム・ライヴシー、トマス・モリシー、ギー・アヴアンザーニ、マリー＝フランス・カリール、モニック・リユイラー、J・B・ライオンズ、ギルバート・ハンバート、ローラ・ボウマン、M・D・ノブクール、マリー＝ジョゼフ・ヴィーと故ピエレット・シェヴランは、とくに調査の初期段階に助力を惜しまなかった。このかたがたは時間と専門知識を気前よく与えてくださった。寛大な同僚ジャンヌ・ドゥ・シャリには格別のご厚意をいただいた。氏の学識と著述は、この伝記の執筆に欠かせなかった。本書刊行時には、氏が編纂されたソフィー・バラとフィリピーヌ・デュシェーヌの往復書簡集の最終巻が未完だった。これらの書簡のコピーを寄贈してくださったことを、ここに記して感謝したい。ソフィー・バラの一四〇〇〇の手紙の転写を整理分類したクレア・ダイクマンズにも感謝する。ご助力なしには、本書の出版を二〇〇〇年の聖心会二〇〇周年記念に間にあわせることができなかっただろう。

つぎのかたがたには、ほとんど判読不能な文書や書簡の転写や、フランス語とイタリア語の文書の翻訳のお世話になった。ギスラーヌ・ドゥ・メンディッテ、コンセプシオン・サンタマリア、エレーヌ・カレ、マリア・アルッフィ・ペンティーニ、そしてとくにジェラルド・オーツ。ジョーン・スティーヴィンスンはソフィー・バラとユージェニー・ドゥ・グラモンの往復書簡の大半を英訳し、書簡にみられる古典、とくにラテン文学からの引用に注意を向けてくださった。アーマにおいて卓越したフランス語教師であるフランソワ・ヴァンサンには、何年も多くを負ってきた。このかたがたの援助が、本書の企画を実現するに当たり、欠くべからざるものだった。また、原稿を読み、批評や激励をしてくださった以下のかたがたにも感謝する。メアリー・ダピス、パトリシア・バーン、ドロレス・ドゥーリー、およびアン・オキーフ、マリー・マッカーシー、そしてマリー・ルイーズ・マルティネズ。本書のいくつかの部分を読み、パリで筆者と何度も会い、洞察と知識の源であったパティ・ドアティにとくに御礼を申しあげたい。執筆の最後の数か月間に、レベッカ・ロジャーズとマーガレット・マッカーテンが原稿を通読してくださった。おふたりの重要な指摘や提案を、本書に組みこもうと努めたつもりである。おふたりに心からの謝意を示したい。

長年、アイルランド（アーマとダブリン）、フランス、イタリア、オーストラリア、そしてアメリカの多くの友人や同僚が助力と霊感を与えてくださった。とくに筆者が調査・執筆をおこなったフランスの修道院、ことにパリ、ローウェンダールの修道院と、ローマのヴィラ・ランテ修道院の会員の皆様に感謝申しあげる。このかたがたが温かく遇してくださり、本書に関心を示してくださったおかげで、調査・執筆がはかどった。
最後に、筆者を激励し、本企画に関心を示してくださったコーク大学出版局のかたがたに感謝したい。本書の三か国語での出版が叶ったのは、このかたがたのおかげである。

フィル・キルロイ

序章　ソフィー・バラ
一七七九―一八六五年

本書は一九世紀のフランス人女性、マドレーヌ＝ソフィー＝ルイーズ・バラの生涯の物語である。物語は一七七九年、ブルゴーニュ地方の小さな町ジョアニーで幕をあけ、その後、パリへと舞台を移す。その地でソフィーは長い、冒険にみちた旅への第一歩をふみだすことになる。もっとも、パリに到着したころのソフィーは、のちに自分が聖心会を創立し、一八六五年に死去するとき、三三五九人の女性からなる国際的な修道会を統轄することになるとは、夢にも思わなかったはずだ。この女性たちは霊的な理想に触発され、ヨーロッパ、北アフリカ、および南北アメリカで教育に従事した。当時のソフィーには思いもよらぬことだが、これが事実である。そしてその過程において、ソフィー・バラ自身も、自分の個人的なうちなる旅、人間関係のネットワーク、および自分と友人たちの原動力となる霊的な理想という三要素の相互作用によって形成され、ゆたかさにあずかることになる。この三要素が、長い生涯のあいだ、ソフィー・バラを導き、修正し、変容させた。ソフィー・バラは自己を形成する厳しい試練をへて、才能ある何人もの仲間とともに、独自の指導力を創りだした先駆者として頭角を現した。八五歳で亡くなるまで、ソフィー・バラは生涯のじつに六三年を指導的立場ですごしたのである。

ソフィーがジョアニーで幼年時代を送ったころ、理性を与えられた人間が自分自身の人生に意味をもたらし、芸術の域にまで高めることができると主張する啓蒙の精神が、ヨーロッパ社会の意識に少しずつ浸透しはじめていた。この意識をかたちづくったのは、社会制度、とりわけ教会への批判である。ことにフランスの思想家たちがみせた反教権主義的な姿勢は、カトリック教会そのものが根本的な変化をとげた時代と連動していた。カトリック教会はトリエント公会議の教令に従い、改革に成功したものの、宗教改革の時期がすぎさったのち、自己の内部に閉じこもり、現実の人間や世界に不信の目を向けがちになっていた。教会は司教や聖職者の権威、聖職者の養成と教区の世話の改革に注意をかたむけた。徐々にエリート主義になり、地域に根ざす民間のカトリック信仰の表象に眉をひそめ、大衆的な信仰の慣行に横槍をいれるようになった。フランスにおけるトリエント公会議後の教会を特徴づけたのは、ジャンセニスム（ヤンセン主義）だった。神学的には予定説にもとづいた改革運動である。一八世紀後半になると、フランスのカトリック教徒はふたつの重荷にあえいでいた。まず、厳格で、威嚇的で、多くを要求する神の概念に。つぎに、人間の本性は罪深いものであり、人間には善行が不可能であるという確信に。人間はあまりにも罪深いため、正当な赦しの秘蹟と聖体拝領はほぼ不可能とされ、神と罪びとのあいだの隔たりを橋渡しする唯一の望みは、聖職者の仲介であるとされた。この強烈な人間観のせいで、とくに男性のあいだで秘蹟をとおして神に近づく習慣が薄れていった。ジョアニーですごした幼年時代と少女時代に、ソフィーはさまざまに交錯する宗教体験を吸収した。ヨンヌ地方はフランス中でもっともジャンセニスムの影響が色濃い地域であり、ソフィーもその影響をまぬかれなかった。

ソフィー・バラの幼年体験は、革命前夜のフランスと密接にかかわっていた。思春期には、一七八九年の不穏や激動、そして王政の崩壊と恐怖時代を体験した。脳裏に刻まれたこれらの事件の記憶を、ソフィーは生涯、忘れることがなかった。ソフィーはフランス革命、ナポレオン帝国、ブルボン王朝の復権、七月革命、一八四八年の革命という、歴史上の大事件にいろどられた時代を生きぬいた。実際、フランス革命の衝撃がもたらした波紋は、一九世紀の終末にまでおよび、ソフィーも、さらなる不穏、さらなる革命、さらなる変化のさなかを縫うように旅することになる。ただしソフィー自身は、政治的には革命よりはむしろ、反革命の立場をとった。フランス革命、とりわけジョアニーとパリで遭遇した恐怖時代の経験により、過激に暴走する革命のエネルギーへの恐怖を植えつけられたのである。人間関係や施設への理解に示されるように、ソフィーは、つねに本能的に維持、修復、改善、回復にとりくむことになる。

革命期がナポレオンの台頭と帝国の建設にとって代わられる時期に、ソフィーはパリに住んでいた。このころ、フランス中で、宗教と教会の地位の優位を回復させようと努める多くの女性が、主として教育や保健衛生にかかわる社会事業をおこなう小さな修道会を創設した。こうした試みは、市町村単位で始まり、やがて雨後のたけのこのようにふえ、フランス全土へ、ヨーロッパ全土へ、より広い世界へと普及していく。ソフィー・バラもこの推進力とエネルギーの一部を具現していた。一八〇〇年から二〇年まで、フランスでは聖心会をふくむ三五の新しい女子修道会が創立され、一八二〇年から八〇年まで、毎年、六つのあらたな修道会が創立された。これらの修道会の創立者は、フランス社会のあらゆる階層の出身であり、そのうちソフィー・バラ自身をふくむ五三人が、下層ブルジョワ階級の出身だった。

一九世紀初期のフランスであらたな女子修道会を設立したソフィー・バラら多くの女性たちは、教会内の聖職者たちに歓迎され、評価された。それだけ切実に必要とされたのである。フランス革命のはるか以前から、教会に積極的にかかわる信徒のなかで女性の割合は、徐々に男性をしのぐようになった。教会は、大勢の女性が礼拝し、教区の生活で活躍する場になっていった。そのため、女性の価値そのものは人権宣言（一七八九）まで認知されなかったものの、教会では、女性は男性を信仰の実践へと呼びもどす手段とみなされていた。その意味で、そしてその目的のために、女性は必要とされた。この必要性が、ソフィー・バラのような女性が主導権をにぎる場を整えた。教育と保健の市場は巨大で、このふたつの市場において、女性たちはみずからが活躍する分野を切りひらき、みずから選んだ分野で、修道会を維持し発展させる企業家としての手腕をふるった。ソフィー・バラが選んだ分野は、貴族と上層中流階級の若い女性の教育と、貧困層の教育である。この目的のために、寄宿学校と貧しい子どものための学校を、たいていはおなじ地所内に設立していった。

類似の修道会の創立者たち同様、ソフィーは自分の声、行動の様態、および統治の方法を見いだすために、自分自身のなかで、教会のなかで、そして社会一般のなかで苦闘せねばならなかった。独自の指導の流儀をゆっくりと見いだし、少しずつその表現方法を習得していった。女性の指導力が疑念の目にさらされ、ときにはむきだしの敵意で糾弾される世のなかにありながら、会話や書簡で巧みな言辞を用いることで、障害を克服し、目標をめざした。今日的な意識になじんだわたしたちには、ソフィー・バラが当時、なにを求めていたかを把握できる。だがソフィー・バラ自身には、語るための言葉も、社会的な構築概念も、昨今、脚光をあびている社会における女性の問題についての一般の認知もなかった。社会の追認や保証もなかった。にもかかわらず、ソフィー・バラは聖心会の同僚たち、教会、そして行政団体とともに、パリ、ローマ、および聖心会がおかれた地域で、自分の生涯のあいだに、道を開拓した。

これは稀有な功績である。同時代のすべての女性同様、ソフィーも社会一般がいだく女性への軽蔑的な通念の影響をこうむったからだ。故郷ジョアニーの名士でソフィーの兄ルイ・バラが教育をうけた学校の創設者エドム・ダヴィエは、以下の女性描写を出版している。

女は甘やかされた生き物で、好きなように外見や性格を変える。思考はいいかげんで、感情はずるがしこく、見解は計算高く、会話は軽はずみで、態度は媚びている。もったいぶって気どり、偽りの美徳をよそおう。寛大なそぶりも私欲ゆえ、節約も偽善ゆえである。つねに奸智に長け、つねにあいまいにはぐらかし、つねに嘘をつく。女とは、おおよそ、こんなものである。

女性が男性にくらべて従属的で劣等であるという見解は、当時の社会意識の根底に深く根ざしていた。この見解は、宗教の領域では神学の語彙にほのめかされ、祈りの生活や信仰の実践に内面化された。教会と国家の制度を批判した啓蒙時代の思想家たちも、女性の平等や権利を促進しなかった。のみならず、召使や無産階級の平等や権利も促進する気はなかった。思想家たちは、男性、つまり、白人の、富裕な、教育をうけた男性を規範とし、女性をこの尺度に照らして判断した。革命の急進的な思想家や活動家たちも、この判断に従った。もっともコンドルセだけは突出した例外である。革命精神にあずかることを望んだ女性たちは、やがて自分たちが一時的に利用されたにすぎない事実に気づく。これは、すべての革命期の女性に共有される経験である。否定的な女性観は、ナポレオンによってさらに強化された。ナポレオン法典が、一九世紀における女性の限定された権利と多大な義務を規定し、家庭と国家における女性の厳格な法的服従を強制したのである。

そのため、聖心会の指導にあたり、表現においても、そしてなかんずく行動においても、ソフィー・バラが否定的な女性観に依拠しなかったことは、ひときわ注目に値する。これが可能だったのは、教会と社会に必要とされた事業を提供しえたからだ。加えて、ソフィー・バラの現実主義、真実の感覚、および経験から学ぶ能力も役だった。なによりも重要なのは、うちなる霊的な旅の途上で、ジャンセニスムの説く厳格で無情な神の概念を、温かい、愛ともろさの神の概念へと変容させようと、たゆまず努力を重ねたことだ。たしかに外的な成功は、一九世紀以降、今日にいたるまでソフィー・バラに名声をもたらしてきた。しかし、内的な功績こそ、現代における神性と聖性の概念に、より大きく継続的な影響をおよぼした。

ソフィー・バラは人間関係を築く並々ならぬ才能に恵まれており、聖心会の指導では、この賜物がよい効果をもたらした。だが、自分の自己像、神の概念、影の自己、および同僚の影の自己と向きあうことは、生涯、たゆまぬ努力を要した。神の概念は、冷淡で、空虚で、過酷で、批判的で、情緒的に凍りついたものになりえた。だが、温かく、エネルギーにあふれ、やさしく、寛大で、傷つきやすいものにもなりえた。古い確信や重荷を手放すには、自分がもてるありったけの勇気と信念をかたむけねばならない。死後に読みあげられた聖心会への遺書のなかで、ソフィー・バラは認めている。自分は生涯探し求めていたもののほんの一部を具現化したにすぎない。自分の旅も聖心会の旅も、いまだ終わってはいないと。

信仰篤い女性だったソフィー・バラの生涯は、イエス・キリストのうちに顕わされた神の存在への基本的な信仰のうちに営まれた。ソフィー・バラにとって、カトリック教会こそがキリストの教会だった。カトリック教会の教義に忠誠をつくし、その秘蹟から糧を得て、聖心会総長としてカトリック教会から課せられる要求に心を配った。中世フランスまたは一九世紀の教皇権至上主義運動のいずれかに根ざす信心業を愛し、実行した。信仰世界の根本に疑問をいだくことはなかったが、自身の要求や人生経験に導かれ、不変であると教えられたことを問いなおし、吟味し、変革した。そのため、言葉のうえでは調和や遵奉の姿勢をくずさなかったが、そのときどきの必要に応じて行動した。女性の力や技が男性にも女性にも容易に認知されず評価もされない世のなかにあって、もろもろの抑制のなかで道を見いだし、目標を達成した。その意味で、卓越した外交官であり、理解されるためにある種の言語を使用することもためらわなかった。従うべきシナリオも学ぶべき模範もなかったため、ひとりで仕事をせざるをえなかった。そして自分の時代をこえて、女性にとってのあらたな空間と場所への道を用意した。フェミニスト意識の創造を研究するゲルダ・ラーナーは、著書『フェミニスト意識の創造──中世から一八世紀まで』のなかで、特定の女性たちを研究の対象に選んだ理由を説明するくだりで、つぎのように指摘する。

フェミニストという言葉そのものが一九世紀後半になってはじめて出現したという事実をさしひいても、自分が生きた時代において自身をフェミニストと規定しなかっただろう女性たちも、わたしは研究の対象とする。この女性たちは、自身が女性の問題に関与していることすら否定しただろう。その何人かは、女性の権利運動にはっきりと反対した。それでも、こうした女性たち、つまり女性神秘家や初期の女子教育の推進者たちをわたしが選んだのは、彼女たちの仕事と思想が、本人が意図したか否かはともかく、フェミニスト意識の発展に、直接、貢献したからである。

ソフィー・バラに出会ったひとびとの前に現れたのは、身長わずか一五〇センチの女性だった。表情ゆたかな顔、活発な物腰、きびきびとした足運び、性急な身のこなし。

出会ったひとびとは、こう自問しただろう。自分の世界の現状を把握し、巨額の金銭をやすやすと巧みに操り、教会と国家との合意をうながすこの女性が、神の女性なのか？

　聖職者、とくに司教に批判的だったこの女性が、教会に忠実といえるのか？　自分の同僚に歯に衣着せず率直で、他人についての物言いが痛烈だったこの女性が、真に信心深いといえるのか？　ソフィー・バラの巧まざる魅力や人望についての証言は多いが、これらは聖性の根拠になるのか？　ぶっきらぼうでせっかちな物腰や、衝動的でそっけない態度についても、多くが記されている。愛国主義への批判もあれば、フランス教会の自主性を説くガリカニスムへの非難や、教皇権至上主義への非難もある。ソフィー・バラのゆたかで複雑な人格についてのこれらの指摘は、すべて部分的に正しい。だが、これらは外側からの指摘であり、ソフィー・バラという女性自身についてではなく、その外郭についての判断にすぎない。ソフィー・バラは、一九世紀が描く聖なるひと、聖なる女性、従順の女性の概念をよせつけない。ソフィー・バラの実態を把握するには、その誠実さの全貌と、ヴィジョンへの忠誠と、慢心する自己中心的なエゴの欠如を精査しなければならない。

　いずれにしろ、ソフィー自身が自分を個人的に完全だと主張したことはなかった。自分のいくつかの限界を認識する一方で、いくつかの限界には無頓着だった。生まれた時代と文化の産物であり、聖心会の形成へと駆りたてた状況に影響されていた。独自の意識があり、人生で歩むべき独自の個人的な旅があり、個人的な障害や難題をかかえていた。その人生はつねに公の面前で営まれた。同僚たちと、友人、家族、仕事関係の知人というより広い人間関係のなかで。これはソフィーに多大な緊張を強いた。それでも、この役割を得てもっとも有益に活躍し、聖心会の指導をとおして人間関係を築いた。役割の背後にひそむ、個人的で寡黙なソフィー・バラをかいまみたひとは少ない。そして、その個人的な空間で、ソフィー・バラは苦闘をつづけ、自分自身と折りあいをつけ、人生に意味を見いだした。

　本書はソフィー・バラがどのようにして聖心会の指導をひきうけ、固めたかを物語る。一八〇〇年から五一年にいたる長い道のりの物語である。聖心会そのものの歴史でも、聖心会の教育への貢献の歴史でもないが、これらについても言及する。本書が活用したソフィー・バラ研究についての資料は、膨大かつ入手可能で、テクストをとおして語る本人の人格が浮かびあがる。これまで多くのソフィー・バラの伝記がさまざまな言語で書かれた。その大多数は、聖心会が保管する、編集され出版された文書にもとづく。また、すべての伝記は二冊の文献に依拠する。ソフィー・バラの死後まもなく執筆されたが、一八八四年まで出版されなかったアデル・カイエによる伝記と、一八七六年に出版されたルイ・ボーナールによる伝記である。後者は、一八七二年に開始されたソフィー・バラの列福／列聖の過程を念頭に執筆された。この二冊のうち、はるかに信頼できるのは、アデル・カイエによる伝記である。カイエはソフィー・バラについての全資料を編纂、整理している。

本書は、聖心会の内外の数多くの文書館に保管される、ソフィー・バラと聖心会関連の一次資料にもとづく。生前、ソフィー・バラは家族と友人にソフィーと呼ばれていた。死後、マドレーヌ＝ソフィー・バラ〔マグダレナ・ソフィア・バラ〕と呼ばれるようになる。本書では、ソフィーという呼び名を採用した。伝記とは、記憶の修練であり、人物のライフ・ストーリーを想起し、ふたたびその物語を語るすべである。ときに不完全な、あるいは中断された語りをあきらかにし、ときにながらく隠され、忘れられた個人的な記憶や集合的な記憶を呼びさます。伝記はまっとうされ、できあがり、終わることがない。語りがくり返され、物語が語りなおされるたび、人物とその時代をめぐる隠れた可能性が解放され、その重要性にあらたな光があてられる。ある人物とその歴史上の時について、いくつかの真実を語ろうと試みること。そうすることで、伝記はその両者を、時代と環境のなかの真の人物を偽り伝える危険をおかすステレオタイプ化から救いだす。ソフィー・バラはこの試みを評価したにちがいない。かつてこう述べているのだから。「歴史家は真実を語らねばなりません」

第一章　ジョアニーとパリ　一七七九―一八〇〇年

一七七九年一二月一二日の夜、ジョアニーの中世以来の町並みで火の手があがった。炎は火元のヌーヴ通りからピュイ・シャルドン通りにすばやく燃えひろがり、二手にわかれて右手にもまわり、シャルトルー通りをつたい、ピュイ・シャルドン通りの家々を両側から焼きつくさんばかりの勢いで燃えさかった。火がようやく収まったのは、三人目の子どもを身ごもっていたバラ夫人の家の三軒手前だった。数メートル先の街路から響く叫び声や騒音を耳にして、夫人はふるえあがった。だが、夫のジャック・バラと息子ルイには、物音が聞こえにくい裏側の部屋に夫人を移すことしかできなかった。夫人はまだ妊娠七か月だったのだが、恐怖のあまり産気づいた。数時間のあいだ、母親と生まれくる子どもは、必死で生命にしがみついた。ついに、その夜の一一時、マドレーヌ゠ソフィー・バラが生まれた。臨月に二か月足りない早産だった。赤ん坊はあまりにかよわかったので、翌日の早朝、生家の数メートル先にある教区教会、サン゠ティボー教会で洗礼をさずけられた。

ソフィーの洗礼式は大急ぎでおこなわれた。事前に名づけ親が決められていたものの、教会に呼ぶ時間はなかった。そのため、一二月一三日午前五時、早朝のミサにでかける途中だった地元の女性ルイーズ゠ソフィー・セドールと、赤ん坊の兄、ルイ・バラが代わりに名づけ親をつとめた。赤ん坊はマドレーヌ゠ソフィーと名づけられた。以後、ルイーズ゠ソフィー・セドールはソフィーの人生に登場しないが、兄ルイは名づけ親としての義務を真剣にうけとめ、妹の人生に重要な役割をはたすことになる。

ジョアニーの住民たちは火事を記憶にとどめた。ヌーヴ通りの二軒の家は、マッチ箱同然に炎に呑まれた。どちらも木造家屋で、ワイン貯蔵庫の地下室には乾燥したブドウの枝や飼料があった。それらが炎をあおったのである。住民たちが火事を忘れなかったのは、恐怖のさなかに生まれた赤ん坊のおかげでもあった。ジョアニーで成長する姿を見守ったひとびとは、その子を「奇蹟の子」と呼んだ。のちにソフィー・バラ自身がみずからの誕生の物語を語っている。隣人たちに「あなたはどうやってこの世に生まれたのですか?」と聞かれるたびに、「火によって!」という答えを期待されているのがわかっていたという。誕生の逸話は語りつがれ、何年ものちに奇蹟の物語として創りなおされる。ソフィー・バラが炎から救われたのは、生涯の仕事があり、誕生の瞬間から定められた運命があったからだ、と。バラ一家は、自分たちにふりかかったかもしれない災難を想起させるものをつねに目にしてすごした。家が面するピュイ・シャルドン通りの端から三軒の家々の二階部分が再建されたのである。劇的な誕生のいきさつは、たしかにソフィーに深い痕跡をのこした。とりわけ、生涯をとおしてくり返し革命の炎と狂暴を経験することになる。

ソフィー・バラが生をうけた家族は、先祖代々ジョアニーに住んでおり、ブルゴーニュ地方に根をおろしていることを誇っていた。ジョアニーの町は九九六年に建設され、長く変化に富む歴史があった。もとはブルゴーニュ公爵領だったが、のちにフランス王国の一部になった。一八世紀には、行政、財政、司法、宗教の権限は複雑をきわめ、住民に重くのしかかり、ときには住民は自分がどの管轄権のもとに住んでいるのかわからなくなるほどだった。ジョアニーはパリ管区に属し、国王が任命する監督官に治められていたが、同時にサンスの司教座に属し、サンスの主要管轄区に属していた。一七九〇年一月、ソフィーが一〇歳のとき、憲法制定国民議会がフランスを八九県に分けた。ヨンヌ県は、オーセール、サンス、ランジュ、オータンの各司教区から少しずつ削りとって作られ、さらに七つの自治区／管区に分割された。ジョアニーはそのひとつだった。ジョアニーの町そのものは一〇区に分けられ、バラ一家は二区に住んでいた。二区はカルヴァリ地区とジョアニー町からなりたっていた。この区に市庁舎と教区教会、サン＝ティボー教会があり、町の生活の中心をなしていた。

ジョアニーの気候は温暖で、極端な暑さや寒さがなかった。ヨンヌ川のほとりの、森に囲まれた町の地理的位置は、住民にも土地にも恵みをもたらした。空気は澄み、すがすがしく、食物は健康によく、このあたりの水は治癒力があるとされ、ワインは良質で胃腸に負担をかけなかった。病気からの回復もすみやかで完全だった。一七八三年に、地元の医者エドメ＝ジョアキム・ドゥ・ラ・モトは、住民の良好な健康状態について特筆している。長寿の住民もおり、ある女性は一八三歳まで生きたという。一七九〇年のジョアニーの人口はおよそ四九二三人とされ、住民は能動市民（高額の税金を納め、選挙権を有する住民）と受動市民（選挙権を有しない住民）に分けられた。町の経済は基本的に主要産業のワイン造りと木材や家具の販売で担われ、穀物を作る土地の耕作と家畜の育成が副産業だった。毎週、水曜日と金曜日と土曜日の三日に市がたち、祝祭市は一月二日、八月一〇日、九月一四日、一〇月一日に開かれた。

ソフィー・バラは、みずからを「職人の娘」と称し、「父は樽職人で、ブドウ作り人と呼ばれていました。……樽を作り、販売しました」と述べた。父ジャック・バラ（一七四二―一八〇九）はジョアニーのムニュイジエ通り（現ジャン・シェロー通り）に生まれた。ブドウ作りと樽作りは、何世紀もの文化と霊性を担う高貴な職業とされた。ブドウ作り人の一生は大地に根ざし、めぐる季節によりそって営まれた。年間にふたつの周期が相接していた。ひとつは、一一月のサン゠マルタン祭のあとに始まった。収穫が終わり、ブドウ畑が冬の休耕期に入る時期である。もうひとつは、一月のサン゠ヴァンサン祭のあとに始まった。つぎの収穫にそなえてブドウの木に手がいれられ、枝がはじめて刈りこまれる時期である。ブドウの収穫は年間でもっとも重要なできごとで、家族総出でブドウを畑から収穫し、ブドウ絞りのためにとりこんだ。一八世紀後半には、ジョアニーのブドウ畑はサン゠トーバンからパラディ、コトー・サン゠ジャック、そしてヴェルジジェ・マルタンにまでおよんだ。ブドウ作りのほかに、ジャック・バラは冬のあいだは樽を作った。ジョアニーの市、パリ、そしてロレーヌやフランドル地方でも樽とワインを売っていた。ジャック・バラは一生の大半をブドウ畑や家の地下室ですごした。地下室では樽を作り、冬季はワインが発酵するのを見守った。友人たちを迎え、ジョアニーの四方山話を聞くのも地下室だった。実際、地下室は地下の村ともいうべき場所で、多くの取引や社交がおこなわれる場だった。

一七六七年、ジャック・バラはマドレーヌ・フッフェ（一七四〇―一八二二）と結婚した。マドレーヌは夫より裕福な家庭の出身で、夫と異なり、基本的な教育にあずかっていた。感受性ゆたかな女性で、読書を好み、啓蒙の精神に影響をうけていた。ジョアニーで法律家や商人の家族とのつきあいがあったため、自身やこれから築く家庭に社会的な野心をいだいていた。マドレーヌの両親は結婚に賛成し、新婚の夫婦にピュイ・シャルドン通り六番地の自分の家を与えた。一七五四年のジョアニーの人口調査によると、当時、フッフェ一家はこの住所に住み、マドレーヌ・フッフェはここで生まれている。ジョアニーの半分が壊滅した一五三〇年の大火のあとに建てられた頑丈な家で、屋内にりっぱな階段がある点でほかの家と一線を画していた。気前のよい結婚の贈物だった。マドレーヌ・フッフェの両親は隣の小さい家に引越した。新婚夫婦のものになった家には、台所と二部屋のワイン醸造室がある一階、二室の寝室がある二階、そして物置と、煙突やアルコーヴのある屋根裏部屋からなる三階があった。ワイン貯蔵室の地下室も二部屋あった。ジャックは広い地下室で隣人と雑談し、マドレーヌは客人を台所に招きいれ、いっしょに本を読み、当時の新しい思想について意見をかわした。

結婚は大いなる希望のうちに始まり、バラ夫妻の暮らしぶりは当時の水準ではまずまずのものだった。これは一七九一年に、課税調査のためにジョアニー市民全員に義務づけられた財産申告によって裏づけられる。ジャック・バラが提出した近隣の土地の一覧表によると、大半のブドウ畑をみずから所有し、地元の地主から借りていた畑は三つにすぎなかった。ジョアニーとサン゠トーバンの地域でジャックが耕作していた土地は、全体で四アルパン七〇ペルシエ（約五エーカー）だった。この地域の地主が二〇アルパンの土地を耕作していれば裕福とみなされた当時、ジャック・バラは職人および下層ブルジョワの階級に属し、ブドウ作りや樽職人としての技で充分な稼ぎがあった。ブドウの木が植えられ、所有あるいは借用していた細長い帯状の土地は、サン゠トーバン、パラディ、ヴェルジェ・マルタン中に散らばっていた。ジャック・バラはピュイ・シャルドン通り六番地の自宅を、ワイン醸造室のある家屋として申請している。ほかの土地所有者が申しでて課税された対象と比較しても、バラ一家が財政的にゆたかで、同等の地位の住民にくらべても、それなりの暮らしぶりだったことがうかがえる。ジャックのブドウ畑と樽職人としての腕に加え、マドレーヌ・フッフェがもたらした家という財産の保証を得て、バラ一家の経済的基盤は安定していた。

ふたりの長子ルイは一七六八年三月三〇日に生まれた。二年後、一七七〇年八月二五日にマリー゠ルイーズが生まれ、さらに九年後、一七七九年一二月一二日深夜から一三日未明にかけて、火事があった夜にソフィーが生まれた。姉妹の誕生のあいだにこれほどの歳月が流れた理由はわからない。この時期の医療記録は現存せず、一家に伝わる資料には流産や病気への言及はない。いずれにしろ、ソフィーの誕生が喜びと安堵のうちに迎えられたことはあきらかだ。ソフィーは活発な子どもで、感情ゆたかで陽気だった。劇的な誕生と虚弱な体質のせいか、この末っ子は両親の温かい慈しみとつつみこむような愛情を一身に集めた。実際、家庭ですごした幼年時代は、ソフィーのなかに自分が善なるものであるという基本的な感覚を植えつけた。思春期と成人したのちの人生で破壊的な経験に直面してもなお、この感覚がソフィーから完全に失われることはなかった。また、ジョアニーの気候が体質を丈夫にしたこともあり、ソフィーは自信にみちた子どもに育った。自己意識のめざめは早かった。早産で生まれたことが、突然の覚醒をもたらしたのだろうか。一八三二年に甥のスタニスラスにこう語っている。いまや自分は年を重ねているが、「それでもわたしがものを考えはじめたのは、昨日のことのように思えます。わたしが自分の存在を意識しはじめたのは、生後一七か月のときでした。ですから、わたしがものを考えはじめてから、五一年になります……」

このようにソフィーは発達の初期段階に、身体的・情緒的にはゆたかに育まれたが、ソフィーをとりまく霊的な状況はかなり異なっていた。一八五六年になって、ソフィーはみずからの家庭について語り、いかにジャンセニスムの色が濃かったか、これがいかに自分に影響を与えたかを述べている。「わたしがジャンセニスムを信奉する家庭に育ったことをご存知なのは、よいことです。……わたしの家はこの宗派に信頼をよせていましたが、ジャンセニスムはつねにキリストの聖心(みこころ)の信仰に対立する公然の敵でした」。ジャンセニスムはソフィーの霊性に深い痕跡をのこした。反宗教改革期のカトリシズム内部のゆゆしき不一致は、オランダの神学者コルネリウス・ヤンセンの教義に極端なかたちで表われた。ヤンセンはルーヴァンで教鞭をとり、一六三八年に亡くなったときはイプレの司教だった。救済にあずかれるのは予定された者だけであり、キリストはすべての人間のために亡くなったのではなく、人間には神の恩寵に抵抗する自由がないと説いた。この世とのいっさいの妥協は地獄堕ちにつうじるとされた。ジャンセニスムが強調したのは、人間の生来の悪だった。神は喜ばせることもやわらげることもできない厳格な審判の神として描かれ、そのように表された。この状況において、聴罪司祭および霊的指導者としての司祭の役割が支配的になった。信徒は聖体拝領にあずかる前に、司祭に罪を詳しく告白せねばならず、司祭は容易に罪の赦しを与えてはならなかった。ときには、数か月のあいだ、数回の告解(赦しの秘蹟)をへて、回心した者が聖体拝領にふさわしいと司祭が認めてはじめて、罪の赦しが与えられた。ジャンセニスムは暗く、威圧的な宗派で、聖職者が善男善女の内的生活に絶大な力をふるう契機となった。神と人間の本性についての否定的な見解は、一七世紀初期からフランスで多大な影響をおよぼした。イエズス会の神学者たちは、一六世紀のフランスでカルヴァン主義の説く予定説と衝突したように、一七世紀と一八世紀には、ジャンセニスムの厳格な救済論に異議を申したてた。キリスト教的楽観主義と、人間の状況の悲劇的なヴィジョンとの対立だった。

当初、ジャンセニスムは神学的な運動として始まったものの、教皇庁がその教義を糾弾すると、フランスでは政治色を強めていく。何人もの教皇がジャンセニスムを糾弾し、司祭は叙階式の際にジャンセニスムの教義を拒否する宣誓を義務づけられた。国王ルイ一四世の要求に応じて、一七一三年、教皇クレメント一一世は「ウニジェニトス」大勅書でジャンセニスムに異端の宣告を下した。このとき以来、教皇庁のジャンセニスムの拒否は王政と同一視される一方、ジャンセニスムは、法的権利を保護し国王の裁決を批准するフランスの高等法院（パルルマン）と緊密に協力するようになる。フランスの司教や聖職者は、「ウニジェニトス」大勅書を受理するか否かで分裂し、教皇と国王に反対する者は高等法院の保護下に入った。神学的議論や公開討論会、秘蹟にあずかることの禁止、聖職者への秘蹟を与えることの制限。これらをとおして、ジャンセニスムは徐々に手引書から説教壇へ、さらにフランス社会へと広がっていき、町や村の内部で、分裂や、ときには大混乱をひきおこした。ジャンセニスムはフランスの聖職者や一般信徒の頭脳と精神をとらえ、創始者たちが思いもおよばぬかたちで議論を生みだす触媒となった。フランス教会のガリカニスムがジャンセニスムの教義と手をむすぶと、強力な連合が築かれ、これが一八世紀後半のフランスで国王と教皇の権威を脅かした。ヨンヌ地方はとくにジャンセニスムの影響が顕著だった。ジョアニーに生まれたソフィー・バラをとりまく霊的な状況はこのようなものだった。

　フッフェ一家はとりわけジャンセニスムの霊的教義を信奉し、マドレーヌ・フッフェは婚家にこれをもちこんだ。幼児期には、町で敵対するふたつの集団のあいだの緊張関係のなかで育っている。ふたつの集団とは、ジャンセニスム信奉者と、ジャンセニスムを拒否しローマ教皇の側にくみする者である。一七三〇年、ジョアニーでは危機的な状況を迎えていた。ソワソン司教ジャン゠ジョゼフ・ランゲ・ドゥ・ジェルジーがサンス大司教（在職一七三〇—五三）に任命されると、ジャンセニスムの公認の指導者であったオーセール大司教（在職一七〇四—五四）、シャルル・ドゥ・テュビエール・ドゥ・ケリュスに公然と反対した。衝突は不可避だった。一七一三年の「ウニジェニトス」大勅書の発令以来、火種はくすぶっていた。この状況下で、ランゲ・ドゥ・ジェルジーのサンス大司教任命は、サンスとオーセールにおけるジャンセニスムの影響力を阻止しようとするルイ一五世の方策だった。一七三一年に就任すると、ランゲ・ドゥ・ジェルジーは積極的に攻勢にでた。ジャンセニスムの影響下にあったサンスの神学校を再編成し、やはりジャンセニスムの色濃い大小の公教要理をさしかえ、カプチン会の司祭にジャンセニスムを批判する説教をさせた。さらに、ランゲ・ドゥ・ジェルジーはキリストの聖心（みこころ）の信仰を支持し、ジャンセニスムへの攻撃を強めた。

　とはいえ、キリストの聖心（みこころ）の信仰は、サンス司教区の共同体をかならずしも二極化するものではなかった。この信仰は、一面ではジャンセニスム信奉者にとっても魅力的だった。とくに共感をそそったのは、イエス・キリストの聖心の神性と栄光に圧倒される人間の無の強調である。しかし、ランゲ・ドゥ・ジェルジーが信奉したのは、キリストの聖心の信仰のより熱烈なかたちだった。すなわち、受肉したキリストの人間性ともろさの重視である。温かい神の概念を信仰のつまずきの元とみなすジャンセニスム信奉者は、キリストの聖心の信仰のこの一面を痛烈に批判した。この信仰は、フランス革命中にきわめて濃い政治色をおびることになる。

新任の大司教は、一七三一年と三二年の二回、ジョアニーを訪れ、そこで激しい抵抗にあった。ランゲ・ドゥ・ジェルジーは共同体とすぐには敵対せず、ゆっくりと足場を固めていった。徐々に、ジョアニーの三つの教区、サン゠タンドレ、サン゠ジャン、サン゠ティボー教区に反ジャンセニスムの立場の司祭を送りこんでいた。だが、ジョアニーの病院で看護にあたる修道女たちには、それほど寛容ではなかった。修道女たちが町のひとびととじかに接触するからだ。修道会は解散させられ、大司教が任命した新しい修道女たちにとって代わられた。一七三二年、それまで論争について沈黙を守ってきたサン゠ティボー教区の教区司祭は、教区内のジャンセニスム信奉者とローマに反対する勢力を公式に糾弾した。一七三六年、後任の教区司祭も同様の行動にでた。これは、実際的には、教区民が「ウニジェニトス」大勅書に示された教皇の教義をうけいれなければ、秘蹟にあずかれないことを意味した。この時期以来、ジョアニーの住民のなかのジャンセニスム信奉者は、復活祭の義務である告解と聖体拝領をまっとうするために、オーセールまで足をのばさねばならなくなった。教皇の教義に従わないかぎり、信徒が終油の秘蹟を拒否される例もあった。とくにジョアニーの女性たちは大司教に反対し、数年のあいだ、サン゠ティボーの教区司祭と教区の女性の対立がつづいた。秘蹟を与えるか否かの問題は、法廷にまでもちこまれた。女性たちが高等法院に訴え、教区司祭を解任させ、九年間、よせつけなかったのである。

ジョアニーのジャンセニスムはきわめて複雑だった。あるひとには、とくに告解と聖体拝領において、生活のなかの自制と苦行を意味した。あるひとには、ローマ教皇庁や特定の聖職者からの自由を確保する立脚点だった。また、あるひとには、国王の権力や特権を修正する方策だった。この時期のジョアニーの住民たちと教会のあいだの権力闘争や訴訟では、ジャンセニスムは利用されていた。幼年時代と青年時代に、ジャック・バラもマドレーヌ・フッフェも、自分たちの属するサン゠ティボー教区における論争のことを意識せざるをえなかった。この状況のなかでソフィー・バラ自身も育つのである。ジャンセニスムは一家の霊的生活の背景と基礎であり、母と父と兄ルイの内面にかいまみられた。のみならず、ソフィー自身も内面化した。のちに自分が育った状況について回想している。「ひとびとは子どもだったわたしの前で、ジャンセニスムの思想のせいで分裂した修道会のことを語りました。……幼いソフィーは自分に語りかけました。「わたしは修道女になりたい。ですが、入会したいのは、すべてのひとが反目ではなく調和のうちに住まう修道会だけです」

ソフィーの兄ルイ・バラはまじめな少年で、幼いころから学問に関心を示した。両親、とくに母親はルイを励まし、家庭教師を雇った。ルイは家庭教師のもとでジョアニーのコレージュ・サン゠ジャックへの入学にそなえ、通常よりも早く、九歳で入学の用意が整った。成果をあげる生徒で、毎年、いくつもの賞を受賞した。ある日、ルイは学校から帰ってくると、母親に司祭になりたいと告げた。母親はたいへん喜び、息子の決断を歓迎した。名誉なことであり、家族の誇りの源にもなるのだから。ルイの学問好きがすでに父親と異なる道を進むことを予測させたため、両親はルイの決断に驚かなかった。経済的には安定していたものの、バラ一家には貴族と社会的に同等になることなど望めなかった。その点、家族に司祭が誕生すると、国家の第二身分につながることになる。ルイの決断は、バラ一家とフッフェ一家に誉れをもたらすものだった。町のひとびとの評判では、ルイ・バラは無愛想な変わり者だった。コレージュ・サン゠ジャックの生徒だったころ、ルイはよく生徒仲間に説教をした。当然、友人は少なく、授業のあいまの休み時間は、たったひとり庭ですごした。初聖体の日もひとりですごすことを選んだ。ルイが父親になにか教えようとした形跡も、父親との絆が母親との絆のように深かったようすもない。とはいえ、父親が息子の学問や、召命や、家庭での徐々に支配的になっていく立場をはばもうとしたわけではない。ルイは女性の前ではひっこみ思案だったが、母親と妹たちとはくつろいでつきあい、説教し、教化しようとした。息子を崇拝する母親にとがめられることはなかった。残念ながら、この時期のマリー゠ルイーズについての記録はない。地元の学校にかよったかもしれないが、ルイと異なり、家庭教師は与えられなかったようだ。一七九三年に結婚するまで、この第二子の人生の記録はのこされていない。マリー゠ルイーズの結婚予告の記録には、「リネンの仕事に従事」とある。これが結婚前に生家でしていた仕事へのはじめての言及である。

一七八四年、一六歳のとき、ルイ・バラはジョアニーのコレージュ・サン＝ジャックを去り、サンスの神学校で司祭になるための勉強をはじめた。一六七五年以来、神学校はラザリスト会士たちによって営まれていた。アンリ・ドゥ・ゴンドランが大司教だった時期（一六四六―七四）、神学校はジャンセニスムの影響下にあった。後任のジャン・ドゥ・モンペザ・ドゥ・カルボン（在職一六七四―八五）は前任者と袂を分かち、一六七五年にラザリスト会を招いて神学校をまかせた。それまで支配的だったジャンセニスムの勢力を遠ざけたのである。一八世紀になってもこの方針はランゲ・ドゥ・ジェルジー大司教に継承され、ルイ・バラが入学したころには、神学校におけるジャンセニスムの公認の影響力は失われていた。司祭の養成は、一般に三、四年におよんだ。神学生は、午前五時から午後一〇時まで修道生活の掟に従い、毎日のすべての瞬間を詳しく報告する義務があった。授業は公認された著者のいくつかのテクストの註解という方法をとり、その内容は、聖書、スコラ神学、倫理神学、良心の問題、公教要理、教義、および説教に集中した。将来、教区で働く聖職者のための基本的な訓練だった。教区の仕事とは、神と教会の戒律を教え、ミサをあげ、秘蹟をさずけ、教会の儀式の司式をつとめることだった。フランスのラザリスト会の神学校でおこなわれる司祭養成の典型だった。

ルイは助祭に叙階されたが、司祭に叙階されるには若すぎたため、ジョアニーの家にもどり、二一歳になるまで待たねばならなかった。職を得なければならず、母校のコレージュで教鞭をとる資格をもっていたので、一七八七年一月一五日、五年生と六年生の教師として任命された。給料は六〇〇リーヴルだった。一七九二年一月のヨンヌ県当局の報告書には、主任司祭ソールニエと助祭バラのなみなみならぬ学識が特筆されている。また、ルイ・バラについては、その若さと、よく知られた厳格な生活態度への言及も添えられている。教鞭をとっているあいだ、ルイはすでに少年のころに母校で身につけた禁欲的な生活習慣をつづけた。自分の勉強もつづけ、とくに外国語と数学に力をいれた。それでも知的な好奇心をみたせず、パリにでかけ、コレージュ・デ・カトル・ナシオンの講座を受講した。教区の司牧にたずさわる司祭に叙階されることが息子の運命であると考えた母親には、理解しがたい行動だった。だが、ルイはジョアニーを離れ、トラピスト会士ないしは宣教師になろうともくろんでいた。イエズス会士になるのが望みだったが、イエズス会はすでに一七六四年一二月、ルイ一五世の命令によりフランス国内で禁止され、一七七三年七月、教皇クレメント一四世により教会内で解散させられていた。

ルイがサンスからもどり、ふたたび自宅で暮らしはじめたとき、ソフィーはまもなく八歳になろうとしていた。一八歳の教師だったルイは、末妹の教育をひきうけようと決意した。この決意はなんの疑問もなくうけいれられた。学問好きの、まじめで、内気な少年だったころにみせた特徴が、サンスでさらに強まっていたうえ、助祭に叙階され、もうすぐ司祭になるという事実が、家庭内でルイに威信と権力を与えていたのだ。帰宅すると、ルイは末妹に会う。ソフィーはいまや元気な子どもで、おしゃべり好きで魅力にあふれ、両親と姉に溺愛され、ひときわ聡明だった。後年、本人も認めているとおり、ソフィーは七歳のころまで家庭で好きなように甘やかされていたが、一七八六年以降、「ルイはわたしの教育についての直接の責任を負い、わたしの先生になったのみならず、パパとママの代わりにもなりました」。ルイの名づけ親としての当初の責任は、いまや親代わりの子育てにまで発展し、八歳の子どもは完全に兄の支配のもとにおかれた。ソフィーの幼年時代の記録のなかで、ジュヌヴィエーヴ・デゼーは皮肉まじりにルイの影響力を要約する。

ソフィーは兄の世話に託された。兄はソフィーのようなきゃしゃでかよわい子どもの身体的な世話につうじていたとはいえないが、妹の霊的成長には心を配っていた。……妹を聖人にしたいと夢見ていたので、妹の教育をおろそかにはしなかった。……妹の年齢や体力に必要な休みもなしに、ひたすら勉強をさせた。ソフィーは真の意味で拘束された。もしその拘束がよりゆるやかであったなら、得たものも少なかったかもしれない。ただし、ソフィーの身体は幼年時代のこの扱いのせいで、以後、つねに苦しむのだった。

ソフィーがルイの責任感の対象になったのは、誕生のいきさつによるところが大きかったにちがいない。火事の夜に母親が小さなソフィーを早産で生んだとき、妹に洗礼をうけさせるために、一一歳のルイはソフィーを腕にかかえ、早朝五時に教会へと走った。あのとき、ソフィーが洗礼をうけることなく亡くなっていたなら、当時の教会の教義によると、永遠に救われず、忘却のふちに葬られ、神のヴィジョンにあずかることができなかった。二重の死の危険に瀕していたのである。ルイは危険から妹を二重の意味で救ったのだった。ルイは、それを、その瞬間のみならず、生涯にわたり自分に託された責任であるとみなした。誕生の夜と、その誕生をめぐる切迫感とドラマを忘れられる子どもなどいないだろう。妹の誕生の折に義務を達成した安堵感と勝利感は、生涯、ルイ・バラを離れず、外面的な厳格さの陰で、妹に心底から愛情を感じていた。ただし、表現の方法がソフィーに深刻な痛手を与えることになる。

ソフィーは禁欲的な兄と好対照だった。ルイは両親のソフィーへの溺愛に嫉妬したのかもしれない。また、幼い子どもには稀有な魅力や知性に抵抗をおぼえたのかもしれない。ピュイ・シャルドン通りの隣人だった税制専門の弁護士は、ソフィーと会話をするのを楽しみにし、ソフィーの質問や自分が教えたことへの寸評に感銘をうけた。このときソフィーはわずか六歳だった。早熟な子どもであったソフィーを前にして一八歳の若者だったルイは、自分が介入し、妹の教育をひきうけ、妹の魂のために最良と思われる方向に妹のエネルギーを導くべきだと思ったのかもしれない。すくなくともソフィー自身にはそう思えた。兄の厳格さは身にしみた。ソフィーの記憶にとどめられたのは、ある日、自分が母親と口論していたとき、ソフィーの無礼さには平手打ちで応じるべきだ、と母親に向けてルイが放った発言だった。母親はソフィーに手をあげたためしはなかった。ルイもそうだった。すくなくともこの時点では。

ソフィーが才能に恵まれ、教師を必要としていることはあきらかだった。サン゠タンドレ教区のベネディクト派の学校や町の病院の修道女たちのもとで学ぶことは検討されなかったようだ。当初、ルイは読み書き、聖書、ラテン語、数学を教え、ソフィーにしっかりした基本的な教育をさずけた。ソフィーがこれらを吸収すると、ルイはコレージュ・サン゠ジャックで少年たちに教えていたのとおなじ内容をソフィーに教え、少年たちに課したのとおなじ課題をこなすことを妹に期待した。ルイが家庭教師のもとで学んだように、いまやソフィーがルイの教育の恩恵にあずかったのだ。少女にはめずらしい教育で、当時のジョアニーでは類をみないものだったにちがいない。このころ、一一歳のソフィーは初聖体をうけた。地元の司祭のもとで準備し、公教要理の授業をうけるために定期的にサン゠ティボー教会にかよった。あまりにも小さく声もかぼそかったので、質問に答えるときは腰掛け台のうえに立つように命じられた。実際、たいそう小柄だったため、いつ初聖体をうけるべきかが問題になったが、助任司祭が教区司祭を説得し、教区司祭がみずからソフィーに問答をして、準備ができているのを確認した。初聖体の日、母親はソフィーに一七五四年に購入した自分の祈禱書を贈った。ミサの典礼、新約聖書、詩篇、および『キリストに倣いて』が集成された『キリスト教徒提要』である。ソフィーはこれを生涯、使いつづけた。

のちに自分でも認めるように、ソフィーは兄を愛しており、兄も自分を愛していることはわかっていたが、いつも兄を怖れ、授業の前にはふるえあがった。つねに宿題を課せられ、遊ぶ暇もなかった。ときおりルイはパリのコレージュ・デ・カトル・ナシオンに勉強にでかけた。おそらく、通行がより自由だった一七九〇年から九一年のことだろう。ルイがでかけると、ソフィーは母親としめしあわせて、ブドウ畑に飛んでいっては遊んだ。だが、つかのまの息ぬきだった。ルイはたいていふいに帰宅して、ソフィーはいやいや勉強にひきもどされた。ルイは自分が経験しなかった子ども時代をソフィーが満喫するのが許せなかったし、ソフィーにべつの成長の方法を許す見識もなかった。ルイがソフィーを威圧的に支配していた一七八七年から九一年のこのころ、一家の生活は厳粛でまじめだった。思春期に近づくたいせつな時期に、休息はほとんどなく、ソフィーの生理的・心理的要求への配慮もまったくなかった。後年、ソフィーはたびたびこのときの経験をふりかえり、人生には痛みと挫折なしに楽しみはないことを早くして学んだ、と皮肉まじりに語るのだった。この経験がソフィーの判断力に大きな影響を与えた。人生におけるよいものに心を許さず、とくに成功のあとでなにか起こるのではないかと怯えるのだった。ソフィーが初聖体をうけると、ルイはソフィーがサン゠ティボー教会でコレージュの生徒たちとともに毎朝七時のミサにあずかるのを当然とした。生徒たちはミサのときに教会の決まった席についていた。ソフィー・バラもそうだった。最初の席は、ロザリオの第八場〔ここでロザリオの祈りを捧げる信徒は、次の冠をかぶせられる受難のキリストに思いをはせ、いかなる侮辱にもひるまぬ恵みを聖母マリアに祈る〕だった。

> わたしは午前七時の生徒たちのミサに行かねばなりませんでした。ある朝、眠くてしかたがなかったとき、兄がやってきて、「ソフィーはどこだ?」と、たずねました。わたしはこれを聞き、怖くてふとんを頭からかけてじっとしていました。「ソフィーがそんなに怠け者だと思っているのですか?」と、母は言いました。これを返事だと思い、兄はそれ以上、なにも言いませんでした。ですが、わたしは「ここです」と、叫びました。するとルイは答えました。「すぐに起きるのだ。わたしと同時に教会に着いているようにしなさい」。わたしはとても怖かったので、たった五分で服を着ました。

ルイはソフィーを悪魔祓いの儀式に参加させた。これは誤った判断だった。当時一一歳のソフィーを、ルイはたいていのおとなもたじろぐような、トラウマ的で奇怪な経験にさらしたのである。一七九〇年、ジョアニーに住む若いお針子が、一三の悪魔にとりつかれた。サン゠タンドレ教区の教区民で、悪魔にとりつかれた理由は、ふさわしくない聖体拝領だとされた。ジャンセニスムの色濃いジョアニーの町では、ふさわしくない聖体拝領は悪魔の存在や地獄へとつながっていた。サン＝タンドレ教区の教区司祭は娘の家族と懇意だった。娘の母親が食事を作ってくれていたため、司祭は毎日、娘の家を訪れていた。司祭はコレージュ・サン＝ジャックの三人の教師、ソールニエ、フロマント、バラに助言を求めた。教師たちが娘をしばらく尋問したあと、サン＝タンドレの教区司祭とルイ・バラが悪魔祓いをおこなうことになった。悪魔祓いは何度もおこなわれ、ルイはたびたびソフィーを同席させた。のちにソフィーは、兄への畏怖の念を強めたこの怖ろしい経験について語っている。悪魔祓いの記録によると、「きわめて学識ゆたかな若者」ルイ・バラが、ギリシア語、ラテン語、そしてイタリア語で悪魔に話しかけた。一連のできごとは、若いお針子にたいする聖職者の学識、権力、支配力をみせつけたが、お針子を悩ませていた真の原因が解明されることはなかった。

ジョアニーの悪魔つき騒動は、一八世紀後半のフランスで徐々に増大する一触即発の不穏の兆候だった。この兆候はまもなくソフィーの人生にも影を落とす。一七八九年五月、パリで全国三部会が開会され、即座にジョアニーにも影響がおよんだ。同年九月、二三人の市民が町の自治体制の抜本的な変革にのりだした。一七九〇年一月には、二五一人の能動市民に選挙が呼びかけられ、あらたな体制が発足した。市庁舎をみわたせる寝室の窓から、ソフィーは町の政治活動を見聞きした。両親が政治集会のことを話すのも耳にしたにちがいない。一七九一年四月、ジョアニーで愛国的な協会（憲法の友の会）が結成され、一七九三年にはジョアニーや近隣の町や村に恐怖時代の波紋が広がる。ジョアニーの何人かの市民は、パリのもっとも急進的な結社と緊密に連絡をとり、公然と革命政治に身を投じていた。バラ一家も革命がなにを意味するかを思い知る。一七九〇年七月に制定された聖職者市民法〔一七九〇年、憲法制定国民議会は聖職者にローマではなくフランス国家への忠誠を課した〕をめぐる論争に、ルイが巻きこまれたのだ。聖職者市民法が主として定めたのは、フランスの教会のあらたな教会組織、司教や司祭のあらたな任命方法、教会政治のあらたな体制、および国家による司教や聖職者の俸給の支給だった。教皇の承認なしに設立されるフランス教会となるはずだった。一七九一年一月までに聖職者は聖職者市民法への忠誠の宣誓を要求され、サンス大司教のロメニー・ドゥ・ブリエンヌ枢機卿をはじめ、ヨンヌ県のほとんどの聖職者はこの指示に従った。そのため、友人ソールニエらジョアニーの司祭たちとともに、ルイ・バラも一七九一年一月一六日にサン＝ティボー教会で宣誓した。数か月後、ルイは教皇が聖職者市民法とそれにともなう宣誓を糾弾したことを耳にする。ルイは決意し、一七九二年五月二日、サン＝ジャックの前主任司祭だったソールニエとともに、正式に宣誓を撤回した。

撤回の結果はすみやかに現れた。当初、ルイ・バラは実家の屋根裏部屋にひそんでいたが、自分と家族にとって危険すぎるので、パリに逃れた。そこでコレージュ・サン＝ジャックの元生徒に告発された。一七九三年五月二三日、逮捕され、二年半のあいだ、投獄された。ギロチンを逃れたのは、ある友人の勇気ゆえだった。その後、一七九五年に釈放されたがジョアニーには居場所がなく、パリにもどった。司祭に叙階され、ひそかに司牧にあたることを望んだのである。ルイの宣誓撤回はバラ一家を危険にさらした。一年間、財産は差し押さえられ、家は監視された。バラ夫人はルイのために市当局に公式の嘆願をおこない、息子は叙階されていないので、憲法に違反する司祭とはみなされないと訴えた。一年後、一家の財産差し押さえと家の監視は解かれた。この決定が下されたのは、ルイ・バラが叙階されていなかったからではない。当局はルイを下級聖職者とみなしたのである。バラ一家の拘束が解かれたのは、ルイ・バラが貴族ではなかったからだ。このことを当局に証明するのに時間がかかった。たいていの聖職者は貴族だと考えられていたのである。ソフィーはしばらくジョアニーの住民に自分が貴族だと言われたのを覚えていた。苦難にあった一家をあざけるためだったのだろう。

一七九〇年以降、革命はジョアニーの住民の日常生活にいよいよ猛威をふるう。あらたな「共和暦」が導入され、教会のひとつ、サン＝ジャン教会は、理性の女神の神殿と改名される。市民は行列をつくり「神殿」へとねり歩き、演説を聞き、愛国的な歌を歌い、革命の到来を祝うように奨励された。一七九〇年以降、サン＝ティボー教会は定期的に町の集会に利用され、一七九四年から九五年にかけての一年間、キリスト教の礼拝には閉ざされた。ヨンヌ県は深刻な社会不安におちいり、一七八八年から八九年の厳冬により生じた飢饉の恐怖と、その結果の食物価格の高騰が原因で、食糧騒擾が多発した。一七九〇年九月と九三年春、ジョアニーで飢饉があり、革命の精神と怒りが燃えあがった。一七九二年二月、ジョアニーでブドウ畑の労働者の騒擾が起きた。ジョアニーは革命に沸きたっていた。とくに反聖職者主義が蔓延し、暴力として現れがちな恐怖時代には、各種の協会やフリーメーソン結社はパリのできごとの情報につうじていた。ジョアニー一帯の司祭のほとんどは司牧を断念させられるか追放されるかで、そのほかの者は潜伏か投獄を余儀なくされた。一七九三年八月にルイ・バラがパリで逮捕されると、バラ一家は心底からふるえあがった。パリの牢獄は死の控えの間とみなされていたからだ。この時期は、一家全員に、とりわけ若いソフィーに深い傷をのこした。後年、歳を重ねてからも、ソフィーは「ラ・マルセイエーズ」の歌声のもたらすものを忘れられなかった。一八四〇年、ふたたび騒乱にみまわれたパリで、「ラ・マルセイエーズ」が街路で歌われ、その歌声でめざめると、自分が一二、三歳の少女でジョアニーにいるような気がしたという。

数か月のうちにソフィーがおかれた状況は一変した。勉強は中止されたため、裁縫や、ブドウ畑で父親の手伝いをする時間があった。一七九二年、一二歳のとき、ソフィー・バラはルイーズ＝ソフィー・ギュイヨの名づけ親をつとめ、そのときにはリネンのお針子と称されている。一七九五年、ピエール・バラの名づけ親をつとめたときは、ブドウ栽培にたずさわると記されている。ルイ・バラがいつの日か帰還するかどうかもわからなかった。牢獄で死ぬか、ギロチンで落命するかもしれない。ソフィーは前進し、自分の人生を切りひらかねばならなかった。裁縫の技術を生かせば、金を稼ぎ、家の外で仕事ができる。いまやソフィーは両親と同居する唯一の子どもだった。ルイがパリで逮捕される直前の一七九三年三月一二日、マリー＝ルイーズはエティエンヌ・デュソッソワと結婚した。エティエンヌ・デュソッソワは法律家一家の出身だった。祖父はジョアニーの法律家、父も事務弁護士だった。エティエンヌは仕立屋で、大通りにある二軒の服飾品店を営んでいた。裕福だったため、選挙権のある能動市民とみなされた。結婚はマリー＝ルイーズとバラ一家にとって良縁で、バラ夫人は喜んで賛成した。娘の結婚はバラ夫人の関心事で、ソフィーも良縁に恵まれ、ジョアニーで自分の近くにいつづけることを望んだ。実際、このころ、とくにマリー＝ルイーズの結婚とパリでのルイの投獄のあと、ソフィーは母親にとって欠かせない話し相手になっていた。

ルイが家にいなかったので、ソフィーは以前よりはるかに知的な自由を楽しんだ。『ドン・キホーテ』を読み、物語をおおいに楽しんだ。当時、フランスで流行していたサミュエル・リチャードソンの道徳的な小説『クラリッサ・ハーロウ』の厚い分冊に夢中になった。ウェルギリウスをラテン語で読み、のちにこう打ちあけている。自分がウェルギリウスから得た喜びについて、最後の審判の日に、キリストが自分のことを「これはキリスト教徒ではなく、『ウェルギリウス教徒』である」と言うのではないかと怖れていたと。ブドウ畑で友人と好きなように遊び、歩きまわり、羽をのばしたい欲求を満足させた。母親はソフィーの快活さをひきだし、夕べには隣人を家に招くことが多かった。そんなとき、さも誇らしげにソフィーに客人に朗読してほしいとうながすのだった。ソフィーは、当時人気があったマルモンタルの物語を一同に朗読した。これらの物語はパリ社交界のサロンで好評を博しており、かなりきわどい描写もあった。そのため、ソフィーは朗読するのに困惑した。ところが母親はこれに気づかなかったらしい。ある晩、夕べのつどいの常連のひとりで、洞察力のある青年が、ソフィーをこの状況から救った。ソフィーは物語（コント）が好きではないので、朗読を強いては気の毒だと、バラ夫人に指摘してくれたのだ。

　一七九三年八月、バラ夫人がルイの逮捕と投獄を聞くと、夫ジャック・バラでさえ妻を慰めることはできなかった。夫人はひどくとりみだし、食が細くなり、一日中、涙にくれていた。恐怖時代のさなかのパリのできごとは身の毛もよだつものばかりで、たしかにルイはギロチンの恐怖に日々さらされていた。一七九三年一月、ルイ一六世が処刑され、つづいて同年一〇月、マリー＝アントワネットが処刑された。バラ夫人はどんなことでも起こりうると考えた。夫人の心配は情報の欠如とひっきりなしの噂の流布に助長された。バラ夫人はやがてまったく食べなくなり、どんなに説得しても、ソフィーと父親といっしょに食卓につかなくなった。ソフィーは母親の好物料理を作ったが、見向きもされなかった。ある日、ソフィーは母親が好きな調理法でエンドウマメの料理を作った。母親にこの料理を拒否されると、怒ったソフィーは自分も食べないことを決めこんだ。母親が当惑し、ソフィーに質問すると、ソフィーは母親が食べないかぎり、自分も食べない、とそっけなく返答した。この策略は功を奏し、バラ夫人は食べるようになった。しかし、情緒的にも身体的にもあまりにも追いつめられたため、一時は精神の安定を失った。ある日、ジャック・バラがブドウ畑にでかけ、ソフィーがひとりで母親といたとき、バラ夫人は発作をおこし、家のなかで何度も倒れた。ソフィーは怖ろしい思いをしたが、姉マリー＝ルイーズの助けを求めるべきだとわかっていながら、姉には報告したくなかった。母親が健康を回復するまで、しずかに母親のめんどうをみて、「心をこめて世話をして撫でさすったおかげで母親は意識をとりもどした」のだった。ソフィーは以前にもまして母親の責任を肩代わりし、一家の事務的な用事を手伝うようになる。結婚当初から、ジャック・バラはこうした用事を妻にまかせていたのである。ソフィーは町でのあらゆる用事のときに母親に同伴し、仕事をてきぱきと手際よくこなした。あるとき、事務弁護士が土地の売買の条件について母親に相談したいと言ってきた。バラ夫人はちぐはぐな情報を与えたが、ソフィーは事務弁護士に状況をすみやかに解明した。事務弁護士はソフィーがいかに一家の経済的・法的状況に通じているかに感銘をうけた。

一七九二年五月にルイが宣誓を撤回したときから、パリで逮捕されたときまでのあいだに、バラ夫人は徐々に重大な霊的変化をとげた。健康の悪化は、温かくあわれみぶかい神の概念への偏見や内面の抵抗をやわらげた。ソフィーはこの変化が母親にもたらした影響や、それがどのように起こったかを回想している。一七九三年八月に逮捕される直前、ルイは母親にイエス・キリストの聖なる心と聖母マリアの清らかな心の版画を贈っている。

> 版画店で、ルイはきわめて精巧な二枚の版画をみつけました。一枚はイエスの聖なる心を描き、もう一枚はマリアの清らかな心を描いたものです。ルイはこれらを買いもとめ、バラ夫人に送りました。すると、夫人は、かつての偏見を忘れ、愛する息子の贈り物を喜んでうけとり、とくに姉妹のひとりが〔ジャンセニスムの〕誤りにとらわれていたため生家からは批判されましたが、二枚の絵を額縁にいれました。絵は恐怖時代のあいだ、ずっとそこに〔台所に〕飾られていました。この時期に家を訪れるひとは多かったにもかかわらず、二枚の絵はだれにも侮辱されたり、言及されたりしませんでした。

ルイが送ったものはすべて貴重だったため、バラ夫人は愛の証として版画をだれにでも見える場所にかかげた。政治的なジャンセニスム（およびある系統の霊的ジャンセニスム）はつねに聖心（みこころ）の信仰に批判的だった。だが、おそらくバラ一家は、版画を飾ることの危険性を理解していなかったのだろう。聖心（みこころ）の信仰は、ブルボン王朝に直結していた。一六八八年、マルガリタ・マリア・アラコックがルイ一四世をうながし、ブルボン王朝の紋章に聖心（みこころ）のエンブレムを加えさせたのである。一七二九年、サンスのランゲ・ドゥ・ジェルジー大司教は、自著のマルガリタ・マリア・アラコック伝を王妃に献呈した。聖心（みこころ）の象徴は、フランスの反革命勢力とも密接につながっていた。しかし、これらはバラ夫人にとってなんの意味もなかった。夫人はルイが送ってきたので、版画を飾ったのである。この二枚の絵画はソフィーの心に刻まれ、あらたな神の概念、キリストの概念、そしてマリアの概念へと導いた。のちにルイの贈物が、母親だけでなく自分にも重要な意味があったことを認めている。

当初、サン＝ペラジーで、ついでビセートルで、最後にルクサンブールで二年の投獄生活をすごしたルイ・バラは、一七九五年、ロベスピエールの失脚にともない釈放された。

ルイは過酷な経験をへて、惨憺たるできごとを目撃してきた。だが、投獄中に非凡なひとびとと出会った。そのなかには何人もの司祭がいた。ある者はギロチンに送られ、ある者はルイ自身とおなじくなんとか生きのびた。釈放されると、ルイはジョアニーの家に帰還した。悲惨な経験のあとで、安堵し、疲労困憊していた。帰ってきたルイは、ソフィーがすくすくと成長しているのを目のあたりにした。ソフィー自身にはジョアニーにとどまり、やがて結婚し、家庭をもつこと以外、将来の目標はなかったが、ルイは妹の将来を計画していた。二年半のあいだ、死の危機に瀕し、パリのいくつかの牢獄での生々しい体験をした結果、人生とはなにかについてのより明確なヴィジョンを得たのかもしれない。ルイ・バラは、妹がジョアニーにとどまるかぎり、可能性をみすみす逃すことになると考えた。両親が同居しているただひとりの子どものソフィーを愛し、甘やかしていること、ソフィーが自分の人生や仕事や遊びを楽しんでいること、そしてとりわけマリー＝ルイーズの結婚後、バラ夫人がソフィーに頼りきりになっていることはよくわかっていた。だが、牢獄で二年間すごしたあとでこれを目にしたルイは、人生をあらたな視点から眺めた。彼自身はジョアニーにとどまることを許されなかった。政情がきわめて不安定なので、自分と家族の身の安全の保証がなかったからだ。パリにもどらねばならなかったルイは、妹の教育のしあげをするべく、ソフィーをともなう決意を固めた。

はじめ、バラ夫人はいっさい耳を貸さなかった。長年、ルイをジョアニーにひきとめたいと願っていたが、ルイは最初から広い世界に指標をさだめ、故郷にとどまる気がなかった。ルイがとどまらないとみると、バラ夫人はすべての希望をソフィーに託した。それがいまや、末っ子でかよわいソフィー、自分が老年を迎えたとき、近くにいてくれると思っていたソフィーまでもが、家をでていくことになるとは。バラ夫人には大きな打撃だった。しかもソフィー自身は一度もパリに行きたいと言ったことはなかった。ルイは父ジャック・バラに相談し、なぜソフィーをパリに連れていきたいかを説明した。ルイがどのように父を説得したかはわからない。だが、両親を分断することで、ソフィーを母親とジョアニーからひきはなすことに成功した。町のほかの少女たちのように、ソフィーも兵舎で軍服を作るために召集されるかもしれない、とでも指摘したのだろうか。一七九三年、かつて悪魔にとりつかれたお針子は軍服作りを命じられ、過去を知るひとびとから迫害され、死んでいた。ルイはこのことを聞き、ソフィーを召集の可能性からなんとしても遠ざけたいと思ったのかもしれない。これは父親を説得するかっこうの材料だった。そのうえ、ルイは長年父親を支配してきたので、たやすく自分の味方につけることができた。ソフィーを送りだすことについての両親の理解を得ると、ルイはパリにもどり、そこからソフィーに手紙を書き、パリに来るようにとうながした。

ソフィー自身はひき裂かれたが、ついに一七九五年、パリ行きを決意した。なぜルイとともにパリに行くことを決意したのか？　兄の圧力以外に、ソフィー自身には動機がなかったことも考えられる。まだ一六歳のソフィーは、兄のことが怖く、とくに兄の確信を畏れうやまっていた。加えて、兄の発言は神の思し召しであるという考えにとらわれていた。一八〇一年からソフィーを知っていたジュヌヴィエーヴ・デゼーでさえ、ソフィーがこのとき、なんらかの修道生活を決意したかどうかわからない、と個人的な回想録に記している。ルイでさえ、ソフィーが修道生活に運命づけられていると思ったかどうか不明である。一七九五年当時、志願者をうけいれる修道会はなかった。一七九〇年二月、終生誓願をともなうすべての修道会は廃止されたのである。何年ものち、ソフィーはフランス革命中のこの危険な時期に家をあとにした理由をふりかえり、故郷の隣人たちが両親を批判したことを語っている。

気の毒な両親は、〔隣人たちよりも〕高貴な精神に導かれていました。ロベスピエールの失脚の折に釈放された司祭の兄は、わたしにラテン語、歴史、文学を教えはじめていました。両親は、隣人たちが兄を非難し、批判し、嘲笑するのに耐えねばなりませんでした。近所のひとびとは兄のことを悪く言いました。「ばかげている、あんなにかよわい少女に分不相応な勉強をさせるとは」。……兄が両親への攻撃を目にすると、わたしをいっしょにパリに連れていくことを提案しました。当時パリを治めていた総裁政府は、あの怖ろしい立憲議会よりはいくらか安全を保証するように思われたのです。……母は頭から反対しました。それでも、再度ジョアニーを訪れたとき、兄はわたしが時間を無為にすごしていると判断し、勉強のしあげをすることを望みました。そのため、わたしをパリに行かせるように父を説得しました。母もこれに応じました。これがジョアニーのつつましい近隣では勝利を意味する、と自己満足したからです。この母親らしい虚栄、〔そして〕外見的には妹を学識ある女性に仕立てようとする兄の野心を、神はお使いになったのです。

一七九五年のブドウの収穫のあと、ルイはソフィーを迎えにやってきた。同年九月一九日、ジャン＝バティスト・ドゥ・ラ・トゥール・ランドリ司教により、ひそかに司祭に叙階されていた。ソフィーの件で母親がみせたためらいも、叙階によりルイに加えられた権威にはかなわなかったのだろう。ルイとソフィーは収穫のあと、パリへと出発し、バスティーユに近い、パリのマレ地区の中心にある、トゥレーヌ通り四番地のデュヴァル夫人の家に間借りした。この家は、ルイ・バラの司祭というアイデンティティの秘密が保たれる安全な場所だった。ここでルイ・バラはひそかに司牧をおこなった。ソフィーのほかに三人の女性がいた。オクタヴィ・バイィ、マリー＝フランソワーズ・ロケ、そしてマルグリットという名のデュヴァル夫人のメイドである。女性たちは、ルイ・バラが示す日課に従って生活した。生活を特徴づけたのは、沈黙、祈り、貧しい食事、断食、勉強、短い睡眠である。一日は祈りとミサで始まり、朝食にはなにもつけない粗挽き粉のパンが供された。午前中、朝食のときに温かい飲み物はなかった。前日に勉強をすませていない場合は、すませてからパンと水の朝食をとった。授業は、教父の教え、数学、ラテン語、聖書の勉強についやされた。

ルイはとくにソフィーの知的発達に注意を払った。ソフィーのみこみが早かったので、ほかの女性たちが追いつくまで手持ち無沙汰にならぬように、ほかの課題を与えた。とくに詩篇五〇番などの長い詩篇をラテン語で暗記させ、フランス語に翻訳させた。ルイの目はゆき届いていた。ソフィーがある課題を楽しんでいるのがわかると、すぐにほかの課題を与えた。想像力に滋養を与える文学はいっさい禁止された。自発的な行動もすべて奪われた。たとえば、ソフィーが兄のためになにかを作っており、それに楽しみと喜びを見いだしているのに気づくと、ルイはソフィーがそれを完成できないように仕組んだ。また、べつのときにソフィーが自分のものを作りあげると、ルイはそれを火に投げいれた。ソフィーが作ったルイの誕生日の贈物もおなじ目にあった。ルイはソフィーからすべての楽しみをとりあげた。ルイの視点によると、目的は「妹の本性を破壊し、かわりに恩寵でみたす」ことにあった。しかしソフィーの仲間たちは、これを黙ってみていられず、妹に過酷な扱いをする兄を批判した。ソフィー自身も仲間たちにくらべて、自分がことさら厳しくされるのを意識した。ルイはソフィーの生活のすみずみまで管理し、母親が故郷から送った食べ物さえも与えなかった。ソフィーの死から長年たったとき、ソフィーの健康がいかに兄の扱いのもとで被害をこうむったかを、同僚のひとりが証言している。ジョアニー時代もそうだが、とくにこのころのパリでの扱いのせいで、消化器官がすっかり痛めつけられていたという。ルイ・バラ自身、厳格なトラピスト会士のような生活を送っており、年齢や健康状態の必要にまったく頓着せず、末妹にもおなじふるまいを期待したのである。

ソフィーはぎりぎりまで追いつめられた。実際、忍耐の限界に達していた。しまいに、本人の言によると、笑いだしたという。それはどんな笑いだったのか？　故郷で、パリから急に帰省したルイに対面するためにブドウ畑から家へと呼びもどされたときに感じた生々しい挫折感の記憶だったのか？　それとも、人生は痛みと幻滅以外になにも約束しないという感慨の表れだったのか？　絶望の笑い、なにをしても正しくおこなえないという無力の笑いだったのか？　陥落と降伏のほほえみへと退く笑いだったのか？それとも、判断力を曲げ、生とは死であると教える笑いだったのか？　ひどい扱いをうけているのに、なぜ平然としていられるのか、と仲間のひとりに聞かれたとき、ソフィーは、自分よりずっとひどいことに耐えている他者がいると答え、痛みを神に捧げるのだと述べている。つまり、痛みに霊的な意味づけをすることで慰安を求め、この方法でなんとか対処したのである。これが、寒々とした過酷な世界にあって、ソフィーが正気を保っていられた理由かもしれない。ソフィーは仲間にこう言った。「わたしはなにも理解しません。なにも考えません。なにかをするように言われると、従います」。トラウマ状態にあり、生きのびるために外見的に順応していた。兄に監視されたのは、生活の外枠だけではなかった。ルイ・バラがソフィーの聴罪司祭になったとき、魂までも拘束されたのである。パリに到着したころ、ソフィーの聴罪司祭をつとめたのは若い司祭フィリベール・ドゥ・ブルイヤールで、ソフィーに有益な指導を与えた。それでも、ソフィーは聴罪司祭を変えることを決意し、兄にその役目を頼んだ。ルイから圧力をうけた結果だろうか。いずれにしろ、ソフィーがそうすることを義務だと思わされたのであり、自由な選択でなかったことはあきらかだ。ルイ・バラには妹に霊的指導を与えるための準備も経験もなかった。だが、当時はそうは思っていなかった。聖ヒエロニムスを模範とし、ソフィーのあらゆる弱点を矯正した。ソフィーの欠点を誇張し、怖ろしい罪の色に染めて描きだした。毎日、赦しの秘蹟をうけ、ささいな弱点までも詳細に告白することを義務づけた。ルイには経験がなく融通がきかなかったので、欠点の告白が誤解を生み、ソフィーの罪の意識をいっそう深刻なものにした。ルイは毎日、ソフィーに罪の償いとして苦行や試練を与えた。ルイの方法とは、ソフィーを徹底的に辱め、全面的な服従を要求することだった。まもなくソフィーは自分が価値ある人間だという感覚を失い、聖体拝領にあずかるのを拒むようになる。すると、ルイは祭壇から妹に呼びかけ、聖体拝領を強いるのだった。これがさらに良心の呵責をひきおこした。あるときソフィーはミサにあずかる前にわざと砂糖を口にした。夜間の断食を破り、聖体拝領にあずかれない状況を作りだすためである。こうして心配の種をとりのぞいたつもりだった。ところが、ルイが祭壇から妹を呼んだので、ソフィーは公衆の面前で答えねばならず、ミサの終わりに会衆の前で叱責された。良心の糾明により日毎、魂を焦がされる経験は、生涯、ソフィーを離れなかった。しかし、深いうちなる痛みをかかえていても、ソフィーの魂は完全にはうち砕かれていなかった。のちに、この経験をどのように生きのびたのかと問われ、ソフィーはこう打ちあけている。「自分の身に起こることを、つねに感謝のうちにうけいれていたわけではありません。ずいぶん涙を流したものです」

パリでの生活は、ソフィーにとって一種の牢獄だった。ルイは絶対に必要だと自分が認めないかぎり、ソフィーを家から外にださなかった。あるとき、母親がふたりに会いにパリにやってきた。バラ夫人とソフィーは散歩にでかけ、道で従姉妹に会った。再会の喜びに、ソフィーと従姉妹はしっかりと抱きあった。この抱擁が、友人と会った喜び以外のなにも意味しないことを知っていたにもかかわらず、ルイに訓練されたソフィーは良心の呵責にとらわれ、この行為を兄に告白せねばならないと思った。ルイのことが怖かったので、ミサの直前に告げるのがいいと考えた。その時間なら、兄も理解を示すかもしれない。ソフィーは勇気をふりしぼって、ルイに告白した。ルイは激昂し、怒りにまかせてソフィーの顔に平手打ちをくらわせた。そのあと、背を向け、ミサをあげた。ソフィーはミサのあいだじゅう泣きつづけ、そのあと、ルイに告解をしなければならなかった。その場でこのできごとはあらためて精査された。このような圧力が、ソフィーに根づきはじめた自己疑念と罪の意識を深め、ソフィーに生涯、つきまとうことになる。

パリにいたこの時期、ソフィーは自分の人生についてある決意をいだき、兄にカルメル会に入会したいと告げる。だが、当時、観想修道会に入会する可能性はなかった。一七九〇年二月にすべて廃止されたからである。ソフィーがいかにしてこの決断にいたったかはわからない。当時、内的生活は混乱におちいり、判断力はおぼつかなかった。願望であり、目標であり、ソフィーに方向性を与えたのかもしれない。一八歳のソフィーには安心感が必要だった。兄がこの決意を喜んだことはたしかである。これがソフィーに動機を与え、兄からいつもなら与えられない承認を得ることになったのかもしれない。だが、パリですごした過酷な時期は、終わりに近づいていた。パリの政情が恐怖時代への逆もどりの兆候を示したため、ルイはイル・ドゥ・レ

（またはカイエンヌ）に逃亡を余儀なくされ、ソフィーはふたたび家に帰った。バラ夫人は、今度こそソフィーがずっとジョアニーにとどまることを望んだ。

ソフィーを男性は魅力的だと思った。ジョアニーの聴罪司祭は、姉マリー゠ルイーズのように結婚し、落ちつき、子どもを育て、喜びを見いだすべきだとソフィーに忠告した。実際、バラ夫人はそれを望み、ソフィーがジョアニーかその周辺の男性と結婚できるように画策もしている。バラ夫人の希望が実現される可能性は高いと思われた。ソフィーには子ども時代からの男の子の友人が何人かいた。一七九七年にジョアニーにもどってからは、その友人たちと旧交を温めた。しかしソフィーは変わっていた。このことは徐々にあきらかになっていく。あるとき、ソフィーは地方にある母親の友人一家を訪れた。周囲で評判のいい家族だった。一家の母親はソフィーをかわいがり、ソフィーのような娘がいればどんなにしあわせだろうと公言していた。この訪問のとき、一家の息子たちのためにパーティが開かれ、ソフィーも招待された。その席で、ソフィーにひかれていた青年が花束を捧げた。パリでの過酷な体験に打ちのめされ、神経過敏になっていたソフィーには、耐えがたい行為だった。過剰に反応し、花束を地面にたたきつけ、このような贈物はうけとれない、ときっぱりと宣言した。この反応は、花束を捧げるという単純な行為に比して常軌を逸していたので、ソフィーの激しさは周囲をあわてさせた。ルイ・バラは遠く離れていても、妹の人生に影を投げかけていたのである。

それでも、ソフィーは姉マリー゠ルイーズの家族とは親しくつきあった。一七九八年には、姉は三人の子どもに恵まれていた。ルイ゠エティエンヌ（一七九四―一八七三）、スタニスラス（一七九七―一八七九）、セレスティーヌ（一七九八―一八二三）である。ルイは若い叔母が川沿いやブドウ畑に散歩に連れていってくれたのをふりかえっている。のちのソフィーの功績にあわせて理想化された回想かもしれないが、ソフィーが気楽にすごし、子どもたちといるのを楽しんでいたことをしのばせる。パリの経験に深く傷ついたソフィーは、ジョアニーでの生活になじんでいった。実際、兄ルイがソフィーの人生にもたらした打撃からの休息が必要だった。健康状態は決定的に冒されていた。何年かのち、ルイは自分の行動の結果を指摘されるが、自分がソフィーに与えた痛手がどれほど深刻なものだったかを、ルイが完全に悟ることはなかったようだ。

しかし、末の妹の賜物に気づいたのはルイであり、ソフィーがジョアニーにとどまれば、時間も才能も無駄にすることになると感じたのもルイだった。はじめは実家で、のちにパリで、自分なりにソフィーに教えることで、ルイはソフィーの意識を開花させ、これまでとは異なった生活や異なった存在の方法へと進む準備をほどこした。当時、ソフィーはそれをカルメル会に入会すると表現していたが。ソフィーがうけた教育的機会を享受した同時代の若い女性はほとんどいなかったはずだ。ソフィーは才能に恵まれていたため、享受したものを役立てることもできた。基本的にルイがソフィーに与えたのは、自分がコレージュ・サン＝ジャック、サンス、パリでさずけられた教育だった。一七九五年にパリに行く以前に、ソフィーは母の本や夕べのつどいをとおして、小説や詩に親しんでいたが、ジョアニーのわが家で読んだ文学を忘れることはなかった。ルイにより、ほかの方向、つまり、神学、聖書、宗教史に導かれたのちもそうだった。ソフィーの想像力の窓を開きつづけたのは、古典、とりわけウェルギリウスとオウィディウスだった。のちに書簡のなかでこのふたりの作品を頻繁に引用することになる。また、ラ・フォンテーヌの寓話も忘れられず、書簡や会話でしばしば引用している。一八歳にして、ソフィーは同世代のほとんどの若者よりもすぐれた学識と技術を身につけていた。

家でのソフィーの休暇は長くはつづかなかった。一七九九年、パリにもどっても安全になったので、ルイが司牧を再開すると、ソフィーも兄のもとにもどった。授業と勉強の日課がふたたび始まった。この日課が中断されるのは、ソフィーがブドウの収穫の手伝いに、父母のもとに帰宅したときだけだった。重労働だったが、パリの制約からの解放も意味するひとときだった。一八〇〇年の秋、ソフィーがジョアニーに帰宅していたとき、ルイはパリでジョゼフ・ヴァランという司祭と知りあう。この出会いは、ルイとソフィー・バラの生涯を決定的に変えることになる。ルイとソフィーが、想像も予測もできなかった方法で。

第二章　パリとアミアン
一八〇〇—〇六年

　一七九九年秋から一八〇二年秋にかけてソフィー・バラの生涯における転機が訪れる。この歳月のあいだにソフィーは、フランス、オーストリア、およびイタリア内部で当時のいくつかの勢力や動向と緊密にかかわり、やがて彼女を大きく変える数人の人物と出会うことになる。ソフィーの人生におけるこの転換期は、一八〇〇年の夏の数か月のあいだ、ジョアニーに帰郷していたときに始まる。ソフィーは秋のブドウの収穫を見届けてからパリにもどる心づもりでいた。一方、ルイ・バラはパリにとどまり、ソフィーの留守中にジョゼフ・ヴァランに出会う。ジョゼフ・ヴァランの話に耳をかたむけながら、ルイ・バラは自分の未来が具体化していくのを感じる。ルイがもっぱらフランス国内で生きてきたのにひきかえ、ジョゼフ・ヴァランは修道生活を求めてヨーロッパ各地を転々としてきた。ジョゼフ＝デジレ・ヴァラン・ダンヴィルは一七六九年二月七日、ブザンソンの法律家の家庭に生まれた。兄弟と姉妹がひとりずつあり、自分が幼いころに寡婦になった母ととくに親しかった。少年時代に司祭を志願し、一五歳のとき、パリのサン＝シュルピスの神学校に入学し、そこで神学校長のジャック＝アンドレ・エメリに感化される。また、ふたりの同輩レオノール・ドゥ・トゥルネリとシャルル・ドゥ・ブローイと親友になる。だが気性が激しく行動的なヴァランは一か所にとどまることに飽きたらず、勉強に退屈し、神学校の生活がものたりなくなっていく。二〇歳のとき、サン＝シュルピスの神学校を去り、兵士になる。ブルボン＝コンデ公率いる反革命軍に身を投じ、ブルボン王朝のフランス王位復権をめざして戦ったのである。

　一七九二年と一七九三年の熾烈な戦闘において、ヴァランは戦争の暴力性と戦場での多くの友人の死にさらされた。やがて耐えきれなくなり、サン＝シュルピスの元同輩たちを探しだし、オランダのヴェンローで再会した。ドゥ・トゥルネリはフランス国内のイエズス会再生に向けて活動する聖心会という男子修道会を結成していた。ヴァランはこの修道会への入会を決意し、一七九四年七月二〇日、正式に入会した。数日後、革命の暴力の餌食になった一三〇〇人の犠牲者とともに、母が七月一九日にパリで断頭台に送られたことを知る。戦争と母の処刑という、暴力と空虚さの二重の経験に自分の選択を後押しされ、ヴァランは新修道会の発展に積極的にかかわるようになる。数か月間、ドゥ・トゥルネリはひと握りの会員からなる男子修道会を率いて、戦争にひき裂かれたヨーロッパ各地をめぐり、やがてウィーン郊外のハーゲンブルンに落ちつく。その地で彼らはきわめて厳格な生活を送る。再生を期するイエズス会士というよりは、トラピスト会士にふさわしい暮らしぶりだった。実際、当時はみずからを基本的に観想修道会とみなし、隠遁生活を離れるのは近隣の教区で司牧をおこなうときだけだった。

一七九六年一月、ドゥ・トゥルネリは男子修道会とおなじく聖心会と称する女子修道会を設立しようと決意する。男子修道会同様、女子修道会もイエズス会の会則に霊感を与えられつつも、女性であることと聖職者ではないという立場に会則を適用させ、男子修道会とは異なったかたちで修道生活を送るという構想であった。ドゥ・トゥルネリの考えによると、この女子修道会は教育と看護に従事し、革命以前の修道生活の慣習に従い、厳格に禁域制度を保つ観想修道会になるはずだった。ドゥ・トゥルネリはルイーズ＝アデライド・ドゥ・ブルボン＝コンデ公妃にこの試みへの援助を期待した。公妃は当時、オーストリアで亡命生活を送りながらもフランスのルミロンの貴族教会参事会の修道院長をつとめていた。当初、公妃はドゥ・トゥルネリの誘いに応じたが、ドゥ・トゥルネリが提唱する生活様式がより厳格な隠遁生活を求める自分の望みにそぐわないため、手をひき、まもなく女子修道会の計画は頓挫する。ドゥ・トゥルネリは計画の挫折をものともせず、いつか自分の理想が実現化し、聖心会と称する女子修道会が誕生するだろうとヴァランに請けあった。だがドゥ・トゥルネリは自分の構想の具現化を見届けることなく一七九七年七月に亡くなる。それでもドゥ・トゥルネリの当初の着想は失われなかった。しばらくは影をひそめていたものの、数年後、フランスで花開いたのである。

ドゥ・トゥルネリの後任としてジョゼフ・ヴァランが聖心の霊父会の指導者に選ばれた。女子修道院実現の可能性はオーストリア皇帝フランツ二世の妹マリア＝アンナ大公妃（一七七〇—一八〇九）により温存された。マリア＝アンナ大公妃は修道生活にひかれ、プラハの聖ゲオルグ修道院の修道院長に任命された。ふたりの女官ルイーズ（一七七〇—一八四五）とレオポルディーヌ（一七七三—一八三四）のノーデ姉妹はマリア＝アンナ大公妃とともに修道院に入り、そこでイエズス会の会則を応用し、修道生活を送った。彼女たちはルイーズ＝アデライド・ドゥ・ブルボン＝コンデ公妃と連絡をとりつづけたが、ドゥ・トゥルネリからの誘い同様、公妃は彼女たちの誘いにも心を動かされなかった。一方、聖心の霊父会の修練院をプラハに設立したジョゼフ・ヴァランはマリア＝アンナ大公妃とノーデ姉妹と定期的に接触した。なにをすべきかわからず、元イエズス会士のニコラ・ドゥ・ディースバッハに女性たちの養成の責任を負うよう頼んだが、ディースバッハは一七九八年に亡くなり、後任者のあてはなかった。

この時点で、イタリアにおけるあらたな展開がこの小さな女子修道会のみならず、聖心の霊父会そのものの将来を決定することになる。北イタリアのトリエント出身で、当時は一般信徒だったニコラ・パッカナーリ（一七七一―一八一二）が男子修道会の創設にのりだしていた。当初、パッカナーリの究極の目的はイエズス会の再生であり、きわめて説得的な雄弁の才を駆使して修道会を創設したのである。パッカナーリはこの修道会を信仰の霊父会と名づけた。大半が元イエズス会士やイエズス会再生に向けて活動する新しい会員だった。パッカナーリは教皇ピオ六世の信任が厚く、そのためにレオノール・ドゥ・トゥルネリにより創設された小さな修道会に直接影響を与えることになる。聖心の霊父会が教皇に修道会の認可を求める書簡を送ると、ピオ六世はパッカナーリによりイタリアに創設された信仰の霊父会との合併を提案したのである。ふたつの修道会の合併を軌道に乗せるために、パッカナーリはジョゼフ・ヴァランとその仲間たちに会いにプラハを訪れた。パッカナーリとの最初の出会い以来、ジョゼフ・ヴァランはパッカナーリにすっかり説得され、合併の提案に同意するよう同僚たちに熱心に働きかけた。

イエズス会の会則に霊感を与えられた修道生活を模索するプラハの女性たちのことも、ヴァランはパッカナーリに伝えた。パッカナーリいわく、男子修道会を設立するのみならず、自分は「ディレッティ・ディ・ジェズ」すなわちイエスの愛子会と名づけられる予定の女子修道会の会則も執筆しており、自分の提唱する修道生活に従う女性たちを求めている。この修道会には活動と観想の二重の目的がある。活動の目的とは、若年者、寄宿生、および通学生の教育、教会で使用されるリネン類や装飾品の製作と管理、そしてイグナチオの「霊操」にもとづく黙想をおこなう裕福な一般信徒の女性を修道院内に泊めるための世話である。観想の目的とは、修道院内でおこなわれる「霊操」、祈り、霊的読書、良心の糾明、そして定期的な告解による会員の魂の聖化である。つまり、教育の分野における完全に活動的な生と、修道女たちの禁域内の完全な観想的な生である。パッカナーリの構想は、修道生活の唯一のかたちは従来の観想修道会の形態であり、教会内の女性の仕事は、その範囲内においてのみ正式に認められるという旧来の認識にもとづいていた。パッカナーリの思考に独創性はない。同様の思考がヨーロッパ中の男女修道者に共有され、一九世紀から二〇世紀なかばにいたるまで、ほとんど変わらずに維持されていた。パッカナーリはプラハの女性たちが自分の執筆した会則に従うことを、ジョゼフ・ヴァランに提案した。ヴァランには、これが彼女たちの求める修道生活の形態にかなうみごとな解決法に思えた。討議がおこなわれ、パッカナーリが男女両方の修道者からの質問や心配に答えたのち、聖心の霊父会は信仰の霊父会と合併し、パッカナーリを指導者に戴くことが決まった。プラハの三人の女性もイエスの愛子会の会則に従うことに同意した。かくてレオノール・ドゥ・トゥルネリの当初の構想はあらたな展開により作り直され、あらたなかたちを与えられた。パッカナーリはたしかな説得力をもって、プラハの男女の修道者の疑念や当惑を消しさり、説きふせた。加えて、パッカナーリにたいする教皇の支持も修道会の安定性や安全性を保証するように思われた。「聖心」の名称はマリア＝アンナ大公妃にもヴァランと同僚たちにも大事だったが、パッカナーリは現時点の政治情勢のせいで公にこの名称を用いることは許されないと主張した。そのため、すくなくとも当初は「聖心」の名称を用いないことが同意されたが、この決定により、ドゥ・トゥルネリのヴィジョンのある部分が失われることになる。男子修道会の合併は一七九九年四月に、イエスの愛子会の創設は同年六月にかなう。同年の夏、パッカナーリはみずからが著したイエスの愛子会の会則を教皇に示し、口頭で承認を得た。三人の小さな女子修道会はまずプラハからパドヴァに移り、やがて教皇の招きでローマに落ちつく。そしてその地でイエスの愛子会としてあらたな修道生活を始める。

一八〇〇年六月にジョゼフ・ヴァランがパリでルイ・バラと出会ったとき、信仰の霊父会とイエスの愛子会はフランス国内への拡大にのりだす用意が整っており、ジョゼフ・ヴァランにはその旗頭になる役目があてがわれた。ルイ・バラはジョゼフ・ヴァランから聞いたことすべてに関心をもち、イエズス会の会則に霊感をうけフランスにおけるイエズス会再生を志す修道会に入会したいという自分の望みと共鳴するものを感じた。会話のなかで、ジョゼフ・ヴァランはルイ・バラにジョアニーの家族のことをたずねた。ルイ・バラは自分には一八歳の妹がおり、その妹はラテン語の知識があり、古典を難なく翻訳することができ、修辞学を修めていると述べた。まもなくソフィーがパリにもどると、イエスの愛子会への入会の意志を示してくれることを期待したジョゼフ・ヴァランが彼女のもとを訪れた。

後年、ヴァランはたびたびこのときの出会いをふりかえり、とりわけ出会う前から自分がいだいていた期待を思いおこした。

〔わたしが出会ったのは〕小柄な女性で、態度はたいそう控えめ、身なりは質素、いでたちはほとんど農民の服装とさえ言えました。故郷の村から馬車に乗ってパリの兄のもとにもどってきたときのようすが、いまでも目に浮かびます。その兄はわが小さな修道会、信仰の霊父会に一生を捧げたいと望み、たったひとつの課題をかかえていました。自分が責任をもつ妹のことをどうすべきかを探るという課題です。

フランスのカルメル会の修道院はいまだに再編成がかなわず、あらたな会員をうけいれることができなかったため、当面はソフィーがカルメル会に入会する見込みはなかった。ジョゼフ・ヴァランはあらたな修道会の目的についてソフィーに熱弁をふるい、まもなくパリで創設される修道院の一員になることを検討してほしいと頼んだ。そのときも、その後しばらくのあいだも、ヴァランはソフィーをフランスにおける修道会の指導者とみなさなかった。一方、ソフィーはというと、カルメル会が会員の入会を再開した暁には入会する望みをいだいてパリにもどった。ソフィーはこのことをジョゼフ・ヴァランに説明したが、ヴァランは彼女の希望にたいして自分の熱意をぶつけ、革命後のフランスがかかえる大いなる必要を示した。そして、この危機的状況にあって、ソフィーが兄に実家とパリでさずけられた教育がカルメル会の修道院の奥ふかくに埋もれてはならないと主張した。ヴァランはドゥ・トゥルネリの物語と、イエスの聖心(みこころ)の霊性に奉献し、若い女性の教育に従事する女子修道会の設立というドゥ・トゥルネリの構想をソフィーに語った。これにたいしてソフィーは考えてみるとだけ答えた。ところがジョゼフ・ヴァランは考える時間はもう終わったのであり、ソフィーは運命に従うべきだと反論した。ソフィーはヴァランの確信に押され、イエスの愛子会への入会の提案をうけいれ、カルメル会入会の望みを断つにいたった。

しかし自分の選択の根底にあったものはソフィーの脳裏を離れず、のちの人生において、とくに危機に瀕したときに、それが神のみ旨なのだという他者の言葉に方向づけられた自分にたいして、ソフィーは疑問をいだくことになる。兄ルイの養成により受動性を徹底されたことが彼女の自発性を弱め、みずからの判断力を疑い、みずからの確信よりも他者の確信を信じる傾向を植えつけたのだ。これは疑義を呈することのない従順のかたちであり、当時の霊的教育や実践において尊ばれた資質のみならず、一般的に認められる社会における女性の役割でもあった。イエスの愛子会への入会が自分のおこなうべきことに思え、ソフィーは圧力に従った。だが自分のおこなったことを認め、それが自分をどうかたちづくったかをうけいれ、自分の運命であると悟るまでには、長い時間がかかった。当時は見通しが不透明で、はっきりしていたのはイエスの愛子会という修道会がフランスに創設される寸前であり、ソフィーがその一員になれるということだけだった。一八〇〇年にみずからの前にたちあらわれた挑戦に面と向きあい、とりくむことで、二一歳のソフィーは、これが自分の道かもしれないという漠然とした予感をいだきつつ、前に歩みでて、ほかの三人の女性とともにイエスの愛子会に入会したのである。

ほかの三人の女性はトゥレーヌ通りでソフィーの仲間だった。（マダム・デュヴァルのメイドで苗字が記録されていない）マルグリット、オクタヴィ・バイイ、そしてマリー＝フランソワーズ・ロケである。ソフィーとオクタヴィは依然としてマダム・デュヴァルに宿代を払う滞在客だった。マルグリットは修道会に入会したいという希望を語っており、オクタヴィはソフィー同様、政治情勢が許せばカルメル会に入会したいと考えていた。マリー＝フランソワーズ・ロケはトゥレーヌ通りの家を頻繁に訪れていたが、そこに住んではいなかった。自宅で若い労働者のための小さな学校を営み、教理問答（カテキスム）の教師としての訓練をうけていた。何冊かの霊性についての小説を著しており、当時のパリで、すくなくとも教会関係の仲間うちではよく知られた作家だった。ジョゼフ・ヴァランはロケをイエスの愛子会への入会を望む小さな集団の指導者とみていた。三人は何日かの黙想で奉献への準備をおこない、一八〇〇年一一月二一日、儀式とその後のお祝いの食事でイエスの愛子会への入会を祝った。その後まもなくルイ・バラはパリを離れ、信仰の霊父会の修練期間に入る。そのとき、すべての所持品を持参したが、ソフィーに持っていてほしいと言って、聖母マリアの画を残し、ソフィーは生涯、その画をたいせつにした。兄と妹にとってひとつの時代の幕が下り、ふたりはそれぞれのあらたな旅への第一歩をふみだした。「お兄様は発つ前にわたしの告解を聴き、そのあと、ミサで歌うようにと命じました。わたしは指示に従わねばなりませんでした。……お兄様はわたしに別れを告げずに去っていきました」

人生のあらたな転機にさしかかったとき、ソフィーは二一歳だった。最初から自分の奉献を真剣にうけとめていた。家族への手紙には、最近のできごとと、イエスの愛子会の会員としての生活のようすが書かれている。口調は自信と確信にみち、自分に適した道を探りあてたことを伝えている。姉マリー゠ルイーズとは定期的に文通をつづけた。マリー゠ルイーズの結婚は心労の多いものだったが、その理由はよくわからない。子どもたちの誕生のせいでマリー゠ルイーズが支えと励ましを求めていたことはあきらかだ。ソフィーは姉に希望を与え、長びく憂鬱や疲労から立ち直らせようと努めた。ソフィーはマリー゠ルイーズが子育てに難儀していることに気づき、そのうち子どもたちの教育に手を貸そうと約束した。バラ家の三人の兄弟姉妹のうちマリー゠ルイーズだけがジョアニーに残ることになった。ソフィーは姉を見捨てないと言って安心させようとした。もっとも、手紙の口調はずいぶんと説教めいている。

お姉様の病気がこのまま長引かないとよいのですが。……体力をつけて、憂鬱な思いを背負いこまないようにしてください。そうすれば、苦しみも減るでしょう。神の摂理であなたに与えられた〔結婚という〕状態が必然的にこうした思いや苦しみをもたらすことを知らねばなりません。苦しみを無駄にせず、苦しみを利用して、真のキリスト者たる生活を送り、耐えねばならぬ苦しみに忍耐強く耐え、自分の美点としなさい。わかりますね、親愛なるお姉様、あなたに人間的な慰めをさしあげません。それは不充分なだけでなく、空疎なものだからです。わたしがさしあげられるのは、宗教の慰めだけです。……まもなくあなたは気づくでしょう。少し努力さえすれば、なにごとも、どんな困難も、終わりを迎えるということを。そして、わたしの立場はお姉様の立場と異なりますが、わたしも苦しまねばならず、正直に申しあげますが、小さな努力をしたことでつねに大いなる慰めを得てきたのです。……お姉様、わたしに心を開いてください。ああ！ わたしがどんなにあなたの苦境を感じ、できることならあなたの重荷の半分を喜んで取りのぞきたいと思っているかをご存知ならいいのに。そのときはやがてくるでしょう。それまでのあいだ、神はあなたがひとりでもう少しだけやっていくことを望んでおられます。……時間があるときにお手紙をください。お姉様の苦しみや望みや、お姉様にかかわることをなんでも教えてください。あまり暇がないのですが、わたしは返事を書くようにします。……なにより、子どもたちのことを教えてください。……わたしのかわりに、小さな子どもたちをやさしく抱きしめてやってください。そして信じてください。わたしはつねに変わらぬ愛をもって、あなたの妹であり、友でありつづけます。……お父様とお母様にもよろしくお伝えください。

数か月のあいだ、ソフィーたちの生活は以前とさほど変わらなかった。とはいえ、いまやジョゼフ・ヴァランが小さな修道会の聴罪司祭の任をひきうけていた。ソフィーたちは正式な奉献をはたしたものの、まだこれといった教育の仕事を探りあて選びとってはいなかった。この時期、信仰の霊父会はフランス国内で宣教活動に従事し、修道院や学校の設立にのりだしていた。この目的を念頭に、一八〇一年四月、ジョゼフ・ヴァランはアミアンを訪れる。これは信仰の霊父会のみならず、パリのソフィーたちにとっても決定的な訪問だった。一七九九年以来、ルイ・スリエ（一七七二―一八五四）はアミアンで学校を営み、一八〇一年に信仰の霊父会への入会を決意したとき、自分の学校を修道会に提供した。アミアン訪問中、ジョゼフ・ヴァランは町で慈善活動をおこなう数人の女性たちと出会う。そのなかにはジュヌヴィエーヴ・デゼー、以前はベネディクト派の修道女だったヤサント・ドゥヴォー、そしてその姪アンリエット・グロジエがいた。デゼーはフランス革命のトラウマ的な体験以来、自分がなんらかの霊的な道を求めていたことと、ヤサント・ドゥヴォーがなんらかのかたちの修道生活をとりもどそうとしていたことを、当時の記録のなかで語っている。ヤサント・ドゥヴォーは姪アンリエット・グロジエとともにアミアンのマルタン゠ブルー゠デュー通りで小さな寄宿学校を経営していたが、自分たちだけで学校を維持するのがむずかしいと感じていた。小冊子とフランスの新聞記事で公表されたあらたな女子修道会のことを知り、それにひかれ、自分たちの学校がアミアンにおける修道会の中心になることさえ望んだ。イエスの愛子会についての小冊子には、会の仕事がつぎのように述べられていた。「この学識ある女性たちは、聖フランソワ・ドゥ・サールとフェヌロンの精神にもとづいて働き、若い女性を教育します」。ジョゼフ・ヴァランはイエスの愛子会の誕生の物語を語り、ソフィーやほかのパリの女性たちにしたように、レオノール・ドゥ・トゥルネリの創立の推進力と理念とともに、聖心会という名称の重要性を強調した。

デゼーとグロジエはイエスの愛子会に入会しようと決意する。ヤサント・ドゥヴォーはこのふたりほど確信がもてなかったが、入会の可能性を検討しようと約束した。パリの女性たちがアミアンの女性たちと合併し、共通の事業としてアミアンの学校を創設できるだろう、とジョゼフ・ヴァランは考えた。また、マリー゠フランソワーズ・ロケをほとんど知らなかったにもかかわらず、ロケこそがあきらかに指導者に適任であると考えた。ヴァランがロケに白羽の矢を立てたのは、ロケが作家であり、ほかの女性たちよりも経験ゆたかであるようにみえたからだ。一八〇一年九月九日、ロケはアミアンに到着し、すぐに事業の組織化にのりだす。デゼーがマルタン゠ブルー゠デュー通りのアンリエット・グロジエとヤサント・ドゥヴォーと合流し、ふたりとともに学校の経営にたずさわるように手筈を整える。しかしそのための交渉は予想外に難航する。ヤサント・ドゥヴォーが学校をひきわたす決心がつかなかったからだ。それでも結局、一八〇一年一〇月一五日、不動産権利証書はロケの手にわたされたが、マダム・ドゥヴォーはあらたな修道会への入会を断念した。一か月後、ソフィーとオクタヴィ・バイィはアミアンのロケ、グロジエ、デゼーと合流し、修道会の会員が勢ぞろいした。いまやイエスの愛子会には会員がおり、フランスでの学校の計画まであった。はじめての出会いのとき、ジュヌヴィエーヴ・デゼーは親友どうしのソフィーとオクタヴィを観察した。到着したふたりは、なかでもとりわけソフィーは熱烈に歓迎された。デゼーは記している。

ソフィーの姿をひと目見ただけで、わたしたちの心は高揚しました。ソフィーの敬虔さと美徳と才能の評判をあらかじめ聞いていたので、だれもが会う前から彼女を愛していました。ですが、ソフィーのやさしさと、彼女だけがもつ天使のような控えめなそぶりが、わたしたち全員の心をとらえたのです。……オクタヴィはほんとうに善良で徳高いひとでしたが、ソフィーのような魅力や愛想のよさはもちあわせていませんでした。

いずれにしろオクタヴィは、アミアンの女性たちに感銘を与えるほど長くは滞在しなかった。すぐに修練長としての訓練をうけるためにローマに送られ、帰ってきたのは一八〇三年の冬だった。

ソフィーとアンリエットは学校の生徒を教える責任を背負った。ジュヌヴィエーヴは個別指導が必要な学力が劣る生徒に対応するとともに、修道院の医務室係を担当した。学校にはもともと二〇人の寄宿生がいたが、あらたな開校後まもなく四〇人にふくれあがった。一八〇二年一月、町の貧困層に無料の教育をおこなう通学生用の学校の開校を、修道会が宣伝するや、たちまち反応があった。初日に六五人の少女がつめかけたので、小さな修道会には大仕事だった。会員たちの人数が少なく、教育分野での経験がかぎられていたからだ。そこで会員たちはジョゼフ・ヴァランに手紙を書き、ふたつの学校の生徒の世話をする教師を探してほしいと頼んだ。ヴァランは依頼に応えることを請けあった。イエスの愛子会の総長だったローマのレオポルディーヌ・ノーデも、教師を送ることを約束してくれた。あらたな人員が加わるまで、会員たちは大勢の生徒を教えるための工夫をこらした。通学生を一五人ずつの班にわけ、年長の生徒にそれぞれの班の世話をさせたのである。教師たちは班長たちを教え、班長たちは自分たちが教わったことをそれぞれの班に伝えた。寄宿学校の状況はより深刻で、教師たち自身も授業の準備をするのに助けが必要だった。このころ信仰の霊父会がスリエによりアミアンに創設された学校をひきついでいたため、その学校の教師のひとりだったニコラ・ロリケが手を貸すことを約束してくれた。だが、これは翌一八〇三年になってようやく実現する。

教育の仕事は心をくじくものだった。さらに、マリー＝フランソワーズ・ロケの指導者としての無能ぶりとアミアンでの仕事への適性のなさが、小さな修道会のかかえる問題を複雑にした。ロケがそれなりに知られた作家だったため、ジョゼフ・ヴァランは彼女が教育事業に手腕を発揮するものと思いこんでいた。ところがロケの任命は、本人にとってもアミアンの会員仲間にとっても、不幸で実りのない体験になってしまう。ロケはひどく気まぐれだった。生徒たちを甘やかし、学校で規律を徹底させなかった。とくに自分とともに学校にやってきた姪には好き放題にさせた。ふいにへそを曲げたり癇癪をおこしたりして、なかなか機嫌を直さなかった。教育からはいっさい手をひき、小さな修道会の修道生活にもかかわらなかった。厳格な聖務日課を課しながら、自分はそれに従わなかった。以前ヤサント・ドゥヴォーに雇われていた料理人に修道院の家事をまかせきりにし、会員たちの食事が往々にして乏しいことに気づかなかった。ロケの飼う猫たちは、昼夜を問わず修道院のなかを自由に走りまわった。財政をすべてロケがにぎっていたため、資金が足りなくなった。ロケは修道女たちに農民の女性の服装を強いたが、彼女が会員用に選んだ被り物と衣服は風変わりで、市民の笑いものになる。修道生活の経験がなく、よせ集めの仲間とともにほとんど知らない理想を生きていかねばならない会員たちには、状況を改善する方法も時間もなかった。だがジュヌヴィエーヴ・デゼーはロケがいかに精神を病んでいるかを知っていたため、彼女に反発し、問題に対処しようとしたが、手ごたえはなかった。全員が経験不足で、自分の経験を計るものさしを持っていなかったため、自分の判断力を信じようとしなかった。本音を話すことにためらいを感じるか、生きのびようとするのに精一杯で、状況の異常さにたいして表立っては疑義を呈さなかった。

しばらくはアミアンでなにが起こっているかは、外部のだれにもわからなかった。ひとたび修道女たちがアミアンに落ちつくと、ジョゼフ・ヴァランはその地を離れ、ふたたび各地を旅し、フランス国内における信仰の霊父会の基盤づくりに向かう。ヴァランはロケの指導力を確信し、自分が去ったあとに山積する問題にまったく気づかなかった。アミアンのコレージュの校長で同僚のニコラ・ジャンヌソーに修道院付聴罪司祭の仕事を頼み、それでこと足りると思ったのだろう。修道院を訪問するのは決まって短期間で、その折にジョゼフ・ヴァランはなんら不適切なことを見聞きしなかった。事実、当時はほとんどの会員が不満をもらさなかった。ますます常軌を逸していく状況にありながら、自分たちが異も唱えず口裏をあわせたことを、会員たちが皮肉まじりに回顧し、懐かしむようになるのは、何年ものちになってからだった。デゼーは当時の状況をはっきりと覚えており、ロケの指導のもとでおこなわれていた教育がフランソワ・ドゥ・サールやフェヌロンの提唱する教育とは似ても似つかぬものだったことを、よく承知していた。

困難な歳月だった。学校の運営はアンリエット、ジュヌヴィエーヴ、そしてソフィーに託されていた。子どもたちの教育と世話をするすべを習得しながら、みずからの修道生活も習得するはずが、どちらの分野でも経験がある人物はいなかった。ソフィーは生徒たちに好かれたが、授業中でもレクリエーション中でも、町を散歩するときも、生徒たちを抑えることができなかった。病気がちでほかの会員たちに看護されることも多かった。自分の世界にひたり、カナダへ宣教に赴くことを夢見ていた。差しせまった難題に圧倒され、自信が揺らぎがちな現状では魅力的な考えだった。すくなくとも二度ほど自分の世界に没頭し、身のまわりで起きていることに注意を払わず、気がつかなかった。一度目は食堂でロケの姪がいたずらをしたことに気づかなかったときで、二度目はソフィーが誓願を立てる日の朝のことだった。この二度の折にソフィーは自分がどこにいるかの意識を失い、現実に引きもどされねばならなかった。ジョゼフ・ヴァランとの往復書簡からは、途方にくれ、現実との絆を失い、自信をなくしているようすが明白にみてとれる。ヴァランはソフィーを安心させ、うちなる苦しみ、とくにルイ・バラからうけた養成の影響とおぼしき良心の呵責から抜けでる道を与えようとした。アミアンの状況に疎かったため、ヴァランはソフィーがロケからよき忠告と助力を得るものと信じ、ロケに悩みを打ちあけるようにとうながした。アミアンでソフィーがすごした一八〇一年一一月から一八〇二年一二月のこの時期は、ある意味でルイ・バラとともにすごしたパリでの生活の延長といえよう。パリでそうであったようにアミアンでも、ソフィーは祈りと仕事の厳しい生活を送り、完全な従順を強いる指導者に従い、貧しい食事と不充分な睡眠に甘んじなければならなかった。この厳格な生活をやわらげたのは、グロジエとデゼーとのあいだに育まれた友情と、間近で多くを分かちあううちに生じた仲間意識だった。

一八〇二年早春には、ジョゼフ・ヴァランはアミアンの小さな修道会に入会する用意のある三人の女性を見いだした。アデル・ジュゴン、アンヌ・ボードゥモン、そしてアンヌの友人マドモワゼル・カピである。三人ともジョゼフ・ヴァランと連絡を取りあい、友人や新聞記事をとおして新しい修道会についての情報を得ていた。アデル・ジュゴンはパリのエトワール教区で教理問答（カテキスム）の有能な教師として働いていた。アンヌ・ボードゥモンとマドモワゼル・カピはかつてランスのクララ会の修道女だった。アンヌ・ボードゥモンは恐怖時代のあと、以前、自分が属していた修道院を再生しようとしたがうまくいかず、あらたな修道会に入会してはどうかとジョゼフ・ヴァランに誘われたのである。三人とも修道院にとって歓迎されるべき新会員であり、安堵とともに迎えられた。実際、この年、学校はアミアンのほかの地区（ヌーヴ通り）に移転した。ふくれあがる寄宿生の数に対応するためである。それでも通学生の数は減らさざるをえなかった。マリー＝フランソワーズ・ロケのめちゃくちゃな監督にもかかわらず、寄宿生の数はふえていたが、修道院の状況はこれ以上もちこたえられないほどの限界に達していた。

この時期、ソフィーは実家に手紙を書きつづけた。だが、アミアンで経験している困難には触れなかった。自分があまり頻繁に手紙を送らなかったことは認めているが、両親とマリー＝ルイーズからも便りがなかった。ソフィーに手紙を送り、家族の近況を伝え、マリー＝ルイーズの負担が多すぎると教えたのは兄ルイだった。結婚の苦労なのか経済的な問題なのかは不明だが、ソフィーと姉との長年の往復書簡には、なんらかの家庭内の緊張関係が長くつづいたことがうかがえる。事実、マリー＝ルイーズはさらにふたりの子どもを出産していた。一八〇一年にはマリー・テレーズが、一八〇二年にはユベール＝グザヴィエが生まれている。この子どもたちはふたりとも二年以上は生きなかったが、生きているあいだはつねに心配の種だった。ソフィーは詳細を伝えるよう姉に懇願している。

> まず、あなたの健康と小さな子どもたちの健康について教えてください。子どもの数が増えたのか減ったのかさえ、わたしにはわかりません。わたしが砂漠にいても、いま以上にあなたのことを知らないことはないくらいです。なにか耳にするときも、間接に、しかも見知らぬひとを介してです。わたしがもはやあなたにかかわることに興味がないと思っているのですか？　あなたとすっかり疎遠になり、あなたの家庭と

家族のことが一瞬もわたしの関心をひかないとでも〔?·〕あ あ! ちがいます、親愛なるお姉様、そんなことはありません。あなたへの友情はちっとも変わっていません。わたしが感情や涙で友情を表さなくても、変わらずにわたしの心にあります。変わったことといえば、友情がより堅固に、より純化されたことだけです。

ソフィーは同年の秋、これまでの習慣をさらにひとつ破って、自分が実家にもどらないという事実を両親がうけいれてくれることを願った。ルイの実家での滞在が短かったことに、家族が落胆したことも承知していた。そこで、ルイが一度も実家に落ちつきたいと言ったためしがなく、兄が帰ってきて実家にずっととどまることはないだろうと、姉に指摘した。とはいえ、ソフィーもルイも両親とマリー＝ルイーズのことを気にかけており、姪や甥たちの教育について話しあっていた。ソフィーは姪セレスティーヌがよい初等教育をうけられるように配慮することを、マリー＝ルイーズに念を押した。姪が少し大きくなったらアミアンの学校の生徒になれるように。そしてなによりも姉に母親の二の舞をふまないように頼んだ。母親は所有欲が強すぎ、子どもたちとの別離に耐えられず、病気になってしまったからだ。また、姉に両親のめんどうをみるように頼んだ。ソフィーは父親のことも案じて、父親に仕事を減らすように説得してほしいと姉に頼んだ。ソフィーは姉にいかに長女たる彼女を父親が愛しているかを想起させ、姉の頼みなら聞きいれるだろうと請けあった。「儲けが減っても、お父様が数年長生きしたほうが、あなたの望みにかなうのだということを、お父様に理解していただいてください。信仰のためにより時間を割くようにうながし、信仰という有益な話題についてしばしば話してさしあげてください」

一八〇二年一二月、アミアンの危機的状況が解消された。イエスの愛子会の総長使節として修道院を訪れたルイーズ・ノーデは、そこでなにが起こっているかを即座に見ぬいたのだ。ノーデは事態の深刻さを見きわめるために数か月間アミアンに滞在し、ロケの辞職は避けられないという結論に達した。ロケは自分が修道生活への適性がないことを納得するのに時間がかかったが、ルイーズ・ノーデの決意が固いことがわかると、一八〇二年一二月、アミアンを去った。つぎの大仕事はロケの後任の任命だった。ソフィーは若く、内気で、自己主張ができなかったが、アデル・ジュゴンは会員のなかで指導力をそなえているのはソフィーだけだと考えた。一方、アンヌ・ボードゥモンはルイーズ・ノーデと長時間話し、自分には才能だけでなく革命以前の修道生活の経験もあり、修道院の指導者に適任であると示唆した。しかしルイーズ・ノーデはジュゴンの助言を採用し、全員が驚いたことに、ソフィーをロケの後任に任命することを決めた。ジョゼフ・ヴァランはソフィーを指導者として考えたことがなく、ルイーズ・ノーデが自分の意見を固持してはじめて同意した。ソフィーは驚きと不安のうちに、気が進まぬまま任務を引きうけた。自分の人生はもはや決定的に変わるだろう、とぼんやりながら察したのである。何年も後、聖心会がよく知られるようになると、ルイーズ・ノーデはアミアンで自分がソフィーを指導者に任命したことを思いだし、喜びと満足を隠さなかった。ソフィーはといえば、ルイーズ・ノーデを慕いつづけ、自分の人生の危機的な時期に信頼を示してくれたことに感謝した。

ロケが去るとアミアンにいる者はみな安堵で胸をなでおろした。会員たちは抑圧的な状態におかれ、それが修道院でも学校でも深刻な緊張をもたらしていた。一八〇二年一二月二一日、ソフィーが指導者として着任したとき、この状態をひきついだのである。しかしジョゼフ・ヴァランが修道会の監督をしつづけたので、ソフィーの指導の範囲は限られていた。ヴァランは修道院を訪問するだけでなく、手紙をとおしてソフィーを導き、ソフィーの決定が実行されるのに先立って自分の許可を逐一得なければならないと主張した。そのうえ、ソフィーはローマのレオポルディーヌ・ノーデとニコラ・パッカナーリにも報告責任があった。しかも、ジョゼフ・ヴァランはアミアンでふたりの司祭ブルゾンとサンビュシー・ドゥ・サン＝テステヴをソフィーの顧問かつ学校と修道院の聴罪司祭として任命した。一八〇三年春、ニコラ・ロリケは学校の学習指導要領に着手し、教員への授業をおこないはじめた。修道院のなかでアンヌ・ボードゥモンがソフィーの補佐に任命され、ジュヌヴィエーヴ・デゼーは本人が自分は不適任であると意識していたが学校教育の責任者に任命された。

ソフィーにとってあらたな役割は重荷だった。自分の能力をこえた仕事であると感じ、睡眠時間も食欲も減った。しかしジョゼフ・ヴァランはソフィーの異議申し立てを無視し、ソフィーこそが適任であると主張しつづけた。そして神と自分の選択を後押しした友人たちを信じるようにとうながした。だが会員たちはソフィーの健康を案じ、マドモワゼル・カピはソフィーを看護しようとした。ソフィーの世話をするのはだれの目にもむずかしかった。自分の身体について話したがらなかったからだ。一八〇三年七月、ソフィーの健康状態はきわめて悪く、ジョゼフ・ヴァランは必要とあればマドモワゼル・カピをソフィーの後任に指名すると約束した。しかし一八〇三年一〇月、マドモワゼル・カピ自身が精神に支障をきたし、会員たちが最善の努力を払ったにもかかわらず、その世話をすることはできなかった。修道会を離れたばかりのアデル・ジュゴンがパリからやってきて、当地のサルペトリエール病院にマドモワゼル・カピを連れていった。精神を病んだ患者のための特別病棟があったからである。マドモワゼル・カピの件はソフィーと同僚たちを苦しめた。アミアンの地元のひとびとや、のちになってカピ家のひとびとや故郷ランスの聖職者たちの批判に、耐えねばならなかったのである。このひとびとはカピがパリの精神病院に送られたことに面くらったのである。一八〇三年九月、一変してにわかにソフィーの身体的な必要を意識したルイが、妹の健康への心配を表明した。ソフィーはジョアニーの実家でゆっくり休養すべきだが、修道会がよりしっかりと軌道に乗るまでは、アミアンでなくてはならない存在であるとマリー＝ルイーズに述べている。だがソフィーが予想外によく持ちこたえていることも認めている。

ソフィーが実家で休養することはなかった。しばらくのあいだ、会員たちの心配は、ソフィーのはかばかしくない健康ではなく、カピの病気のほうに集中していたが、一八〇四年春、ソフィーがきわめて重篤な状態で、死の危険にさらされていることはあきらかだった。「しばらく前から一種の癌におかされ、この寛大な魂はこの病を神に捧げ、……人間性にとって痛みと不快をともなうものすべてにひそかに甘んじた」と、後年、ジョゼフィーヌ・ドゥ・コリオリスは「聖心会の歴史」で記している。

やがて、ソフィーはひとりで病と闘いつづけることができなくなった。会員のひとり、おそらくジュヌヴィエーヴ・デゼーがソフィーの状態に気づき、ジョゼフ・ヴァランにソフィーが重病であることを伝えた。ソフィーが病気に当惑し、医者の診察をいやがったことはあきらかだ。自分の身体を無理やり快方に向かわせようとし、身体を蔑み、もどかしく思っていた。そのうえ、「ソフィーの慎みぶかさをめぐる良心の極端な繊細さがもうひとつの嫌悪と結びついたのです」。ソフィーの病はおそらく婦人科系のもので、ルイ・バラによって身体の要求を無視するように訓練されたせいで、ソフィーの生来の控えめさにべつの要因が加わった。看護人の世話をうけ、ソフィーの病の専門家として有名なパリの愛徳姉妹会のもとで治療をうけるように、とのジョゼフ・ヴァランの主張をソフィーは無視し、ヴァランを怒らせた。ソフィーは奇蹟的な治癒に望みをかけたいと願っていた。だがヴァランは、医務室係のデゼーと修道院付司祭のブルゾンの助言に従うようにとソフィーに迫った。まわりの聖職者たちはソフィーの病のことを知っていた。ジョゼフ・ヴァランが彼らの批判を圧力として利用し、ついにソフィーの腰をあげさせたのはあきらかだ。ソフィーはパリに赴き、数週間におよぶ治療をうけた。病状は緩和されたものの、完治することはなかった。それでも治療のおかげで健康の悪化を食いとめることができたため、ソフィーは院長職にとどまった。だが看病が必要で、本人も認めるとおり、一八〇六年八月になってようやく完全に回復した。

その間、会員の数はふえていた。一八〇三年秋、カトリーヌ・ドゥ・シャルボネル（一七七四―一八五七）とマリー・デュ・テライユ（一七七一―一八一三）が入会した。ふたりとも高等教育をうけており、フランス革命の深刻な影響をこうむっていた。ニコラ・ロリケはドゥ・シャルボネルの学識とそれを伝達する能力に感心し、同僚たちを教育する能力をそなえていることを見ぬく。ドゥ・シャルボネルが修道院にいること自体が学校の評判を築く一助となり、生徒の数がふえていった。学校の聴罪司祭サン゠テステヴは徐々に学校の管理を乗っとり、まもなく学校と修道院の実権をにぎるようになる。だが、それより以前に、外界のできごとがアミアンの小さな修道院に影響をおよぼし、ローマのイエスの愛子会からの分離に追いこむ。一八〇二年以来、信仰の霊父会はニコラ・パッカナーリの指導力に不信感を強めていた。イエズス会再建の折に合併する気など、パッカナーリにはさらさらないことが徐々にあきらかになったのだ。ジョゼフ・ヴァランにはうけいれがたいことだった。プラハでの最初の出会いのとき、パッカナーリの強い個性にすっかり魅入られたからだ。その後、パッカナーリの個人的な生活にかかわる疑義が呈されると、状況はさらに深刻になった。ロンドンの信仰の霊父会の指導者ジャン・ロザヴェンがローマに赴き、パッカナーリをめぐる噂の真相を調査した。数か月もたたないうちに、パッカナーリは性的不品行のかどで告発され、ローマ教皇庁の裁判にかけられる。そして男色の廉で有罪となり、投獄される。ローマにおける信仰の霊父会とイエスの愛子会の公的なイメージと評判が傷つけられた。パッカナーリの行状は会員全員にみずからの立場を再考させた。

加えて、フランスでは信仰の霊父会がナポレオンの政府に重大な嫌疑をかけられていた。国家権力転覆の陰謀をめぐらしていると思われたのである。フランスの外にある教皇庁に至高の権威を求めることが原因だった。さらに、なによりも外観を変えたイエズス会士だと疑われたのである。こうした政府の疑念とパッカナーリの有罪宣告のため、一八〇四年六月二一日、信仰の霊父会はイタリアとの絆を断ち、活動をフランス国内に限定することになる。ジョゼフ・ヴァランはアミアンの小さな修道院に事前の相談をすることもなく、ローマに書簡を送り、マリア＝アンナ大公妃とレオポルディーヌ・ノーデに、アミアンのイエスの愛子会はもはや彼女たちの権威のもとにないと告げた。アミアンを訪問した折、ヴァランは古参会員の何人かに詳細を語っている。ようするにヴァランの決定とは、ローマとの絆が絶たれた以上、会は自分ひとりの権威のもとにあり、会のすべての決定は自分の責任でおこなうことを意味した。ジョゼフ・ヴァランの高飛車な態度は、パッカナーリの件で決まりの悪い思いをしたせいかもしれない。いずれにしろ、自分にはアミアンの修道会の生活を規定する権威があるというヴァランの思いこみはあきらかだった。こうしてノーデ姉妹とのあいだに徐々に育まれていたかかわりに、唐突な終止符が打たれた。アミアンの会員たちは困惑した。とくに、ジョゼフ・ヴァランがあれほど熱心に会員ひとりひとりにイエスの愛子会を紹介したことを思うと、なおさら困惑は深まった。

　イエスの愛子会との断絶はソフィーにとって大きな痛手だった。ルイーズ・ノーデの支持が失われたからである。ルイーズはソフィーの内なる才能を見ぬいた最初のひとであり、ソフィーが修道会での仕事に自信をなくしたときも、つねに後押しし、励ました。のちに一八三三年から一八三七年にかけてローマを訪れた際、ソフィーは当地にひとり残ることを選んだルイーズへの訪問を怠らなかった。レオポルディーヌはヴェローナに移り住み、自分の修道会ヴェローナの聖家族修道会を創設していた。イエスの愛子会との分離はアミアンの会員たちに直接の影響をおよぼした。一八〇三年一〇月、ローマからもどったオクタヴィ・バイィは当地でイエスの愛子会に起きたことに幻滅し、最初の望みどおりパリのカルメル会に入会する決意をソフィーに伝えた。アミアンの修練女を指導する訓練をうけたにもかかわらずである。一八〇四年八月、バイィがアミアンから去ったことは、ソフィーにとっての個人的な損失だった。ふたりはパリで友人であり、いっしょにカルメル会入会を希望した仲間だったからだ。同年九月、修道会はアミアンのより適切な場所に移転し、寄宿学校も通学生の学校も発展しつづけた。イエスの愛子会の名称はキリスト教教育婦人会に変更された。あらたな名称は修道会の仕事と社会への貢献を説明し、信仰の霊父会とのつながりを公式に謳わないため、修道会に政府の嫌疑がかかるのを避けられた。

　短時間のあいだに多くがなしとげられた。才能ある非凡な女性たちが共通の事業のために一堂に会していた。自分たちの教育思想を実践しはじめ、共同生活のためのより深い動機を探りはじめていた。パッカナーリとイエスの愛子会の影響が後退したいま、霊的な目的の探求が早急に望まれた。アミアンではひとつに統合されにくい複数の勢力が台頭した。強い個性をもった人物たちが権力と統制をめぐり、闘争した。当時はその萌芽のみが認められ、明白ではなかった修道生活のさまざまな要素が、つづく一一年間に姿を現すことになる。一方ではレオノール・ドゥ・トゥルネリの推進力と、そののち、失墜するまでのニコラ・パッカナーリの推進力にもとづくジョゼフ・ヴァランの影響力があった。ジョゼフ・ヴァランはドゥ・トゥルネリが将来について夢見たヴィジョンを見失わず、ドゥ・トゥルネリのヴィジョンを修道会の中核に据えたいと考えていた。他方、ジョゼフ・ヴァランの招きでアミアンの修道会に加わったアンヌ・ボードゥモンは、この新事業に影響力をおよぼすべく画策していた。自分がほかの会員よりもはるかに長い修道生活を経験してきたと自負していたからだ。ジュヌヴィエーヴ・デゼー、アンリエット・グロジエ、カトリーヌ・ドゥ・シャルボネルらほかの会員はフランス革命の恐怖に痛手を負いながらも善行をはじめ、なんらかのかたちの共同生活を模索していた。ソフィー・バラとオクタヴィ・バイイはカルメル会入会を決意したもののジョゼフ・ヴァランとルイ・バラの熱意により方向転換し、イエスの愛子会に入会したのである。

かくて、みずからのヴィジョンの表現に向けて、ソフィー・バラは長く辛い道のりをふみだした。ソフィーがその道のりを語ることができるようになったのは、ずっとのちになって、修道生活についてのみずからの理念の源を説明したときのことだ。ソフィーの理念は、フランス革命中に端を発する。この時期、ソフィーはパリですごし、教会の世俗施設への転化利用や宗教の弾圧を見聞きした。国王と王妃は処刑され、司祭や修道女は迫害され、追放され、処刑された。若きナポレオンは二度にわたってローマと教皇庁を辱めた。社会における宗教の位置づけと神の感覚はそこなわれ、嘲笑された。動乱のさなか、ソフィーとその友人たちはこうした動きを相殺し、冒瀆されたものを復活させる方法を模索していた。宗教的な価値観を復帰させ、聖なるものの感覚への攻撃を償おうと試みたのである。何年ものちになって、ソフィーは聖心会の揺籃期について語り、革命の経験に根ざした創立の推進力をつぎのように描いた。

> 修道会についての最初の理念は……聖体にましますイエスの聖なるみ心をまことに礼拝するひとびとを、なるべく多く集めるというものでした。……恐怖時代と、宗教と聖体にたいする革命の冒瀆が終わると……すべての心が調和のうちに喜びにうちふるえました。祭壇の聖体にましますイエス・キリ

ストに報いるために償いましょう。……これがかけ声でした。……信仰篤いひとがふたり寄れば、かならずやイエス・キリストを家庭生活にとりもどすすべを見いだそうとするのでした。

わたしたちの小さな聖心会の創立にあたり、わたしの理念は若い女性たちを集め、イエスの聖なる心を日夜崇めるささやかな修道会を創ることでした。聖体のイエスの愛が冒瀆されたからです。ですが、わたしは自分に言いました。修道女が二四人までになり、昼夜を問わず交代で祈禱台にぬかずき、永遠に礼拝を怠らぬようになれば、それはそれでたいしたことではありますが、それでもまだ崇高な目的には不充分です。……わたしたちに若い生徒たちがいて、礼拝と償いの精神で養成することができるなら、事情はまったく異なってくるでしょう！　そして、わたしは教会のうえにかかげられた、完全な、普遍的な聖体顕示台の前の、何百、何千もの礼拝者を見ました。
「これです」。ひっそりとした聖櫃の前で祈りながら、わたしは自分に言いました。「わたしたちは若いひとびとの教育に献身せねばなりません。聖体への生きた信仰の確固とした礎を、ひとびとの魂のなかに回復し、ひとびとの魂のなかに不信心をもたらしたジャンセニスムの痕跡と闘わねばなりません。イエス・キリストは回復と償いの奉献について福者マルガリタ・マリア・アラコック〔一九二〇年列聖〕に啓示を与えられました。至聖なる聖体にましますイエスの聖なる心への償いです。その啓示をうけて、わたしたちは地の果てにいたるまで、あらゆる国家から、無数の礼拝者を立ちあがらせるのです。

　これは幻視者としての洞察であり、フランス革命にじかにひきおこされた反応だった。その礎は神、キリスト、そして教会へのソフィーの信仰である。ソフィーの世界にとって神聖なものがことごとくひき裂かれ、価値を奪われていく。神の感覚も人間の生命への尊厳もふみにじられ、暴力が横行する社会を再建せねばならない、とソフィーは仲間とともに感じた。長年かけてこの直感は、どん底に落ちた社会を再建する方途と進むべき道を教育に見いだすまでに熟し、育ち、膨らんでいく。革命で荒廃したフランス社会を癒しよみがえらせたいという当初の望みに、ソフィーはつねにたちもどるのである。

　ローマにおけるイエスの愛子会の解散はアミアンの修道会内に空白をもたらした。アミアンの修道院付司祭サンビュシー・ドゥ・サン＝テステヴはさっそく自分の計画でこの空白を満たそうとした。アンヌ・ボードゥモンは彼の有能な協力者だった。一八〇四年一一月、ジョゼフ・ヴァランの熱烈な要請をうけて、グルノーブルのあらたな修道院創設のためにソフィーがアミアンを留守にせざるをえなくなると、ジョゼフ・ヴァランはソフィーの不在中の代理の修道院長としてアンヌ・ボードゥモンを指名する。サン＝テステヴは修道院と学校の聴罪司祭およびアンヌ・ボードゥモンの特別顧問としてみずからの立場を強めた。このふたりは強力な連携をとるようになる。アミアンから離れたことは、ソフィーにとって重大な意味があった。今後、幾度となくくり返される修道院創設の旅に、このときはじめて出立したのである。実際、旅はソフィーの人生そのものを象徴していた。ソフィーはつねに各地を移動し、一八五二年以降になるまで、一か所に数か月以上とどまることはまれだった。ソフィーがグルノーブルに赴いたのは、特筆すべき勇気と意志をもつある女性と出会うためである。この女性フィリピーヌ・デュシェーヌはフランス革命のあいだも修道生活への望みをいだきつづけ、自分の目的を実現するために心をくじくような障害を乗りこえてきた。一八〇四年一二月にソフィーがグルノーブルに到着したころ、フィリピーヌ・デュシェーヌは建物を調達し、自分と志をおなじくする数人の女性と学校を開校していた。はてしなく、先行きが不確かで痛みにみちた過程をへて、ようやく達成された成果だった。

フィリピーヌ・デュシェーヌは一七六九年八月二九日、グルノーブルに生まれた。父はピエール＝フランソワ・デュシェーヌ（一七四三—一八一四）、母はローズ＝ユーフロジーヌ・ペリエ（一七四八—九七）。洗礼名はローズ＝フィリピーヌという。父は有能な弁護士にして政治家で、いかにも啓蒙の時代の申し子らしく、急進的で反教権主義的な思考の持ち主だった。母は裕福な商家の出身で、教養があり、家庭では五人の子どもを愛情深く育てた。デュシェーヌ家とペリエ家は町の中心にある広い家に同居し、当時、フィリピーヌ・デュシェーヌは従姉妹たち、とくにジョゼフィーヌ・ペリエとの生涯におよぶ友情の絆を築く。フィリピーヌは一二歳になるまで従姉妹のジョゼフィーヌとともに女性の家庭教師のもとで読み書きと算術を学ぶ。家事も身につける。フィリピーヌとジョゼフィーヌの兄弟たちは、ライアンヌ神父という家庭教師に師事していた。しかし、若い女性は初聖体にそなえて寄宿学校に入学するのが当時の慣習だったため、一七八一年、フィリピーヌとジョゼフィーヌはグルノーブルの訪問会の修道院サント＝マリー＝ダン＝オーに送られる。翌年、ふたりは初聖体をうけ、四年間、寄宿生としてすごす。フィリピーヌはそこでの教育を享受し、訪問会に入会して修道女になりたいというそぶりを示した。これを知った両親は一七八四年にフィリピーヌを家に呼びもどした。いずれ修道会への入会を断念するだろうと期待したのである。だが、フィリピーヌの望みは消えず、一七八八年にジョゼフィーヌがフォルテュナ・ドゥ・サヴォワ＝ロランと結婚すると、サント＝マリー＝ダン＝オーの修道会の会員になりたいと両親の許可を願いでた。両親に断られると、フィリピーヌはすぐさま修道院に行き、帰宅を拒んだ。そこで両親は折れ、二五歳になるまで誓願を立てないという条件で、娘の入会を許した。

まもなくフィリピーヌの人生は政治情勢に巻きこまれる。一七九二年にフランス革命の余波が怒濤のように押しよせ、すべての修道院や僧院の活動が禁止されたため、フィリピーヌはサント＝マリー＝ダン＝オーを去り、実家に帰らざるをえなかった。両親は安堵に胸をなでおろしたが、フィリピーヌはひどく落胆し、実家でも修道生活をつづけようとした。この時期、グルノーブル近郊のグラーヌにある実家に住み、のちに実家にほど近いロマンの母方の祖母の家ですごしていたが、ときおりグルノーブルにもどっては、しばしば自分の身を危険にさらしながらも、町の貧しいひとびとのために働いた。この時期、なにもかもが不透明で、フランス全土が混沌としていた。フィリピーヌは光を見いだすことも、将来を見とおすこともできず、未来に向けて計画を立てる価値のある理由もみつけられなかった。道を求め、聖フランシス・レジスを祀るルーヴェスクに巡礼にでかけ、聖人の導きを祈る。そこで年配のイエズス会士に出会い、修道生活への奉献を固める。人生のこの瞬間をフィリピーヌは老齢になるまで忘れることがなく、厳しい困難に直面したときに勇気の源とするのだった。一七九五年以降、教会の弾圧がやや緩和され、時代の変化の兆しが感じられたため、フィリピーヌは修道生活の復活を期待するようになった。ロマンの訪問会の修道院にいるおばのもとを訪れ、会員がふたたびもどってくるのを目にする。これに励まされたフィリピーヌはグルノーブルにもどり、サント＝マリー＝ダン＝オーでのかつての生活の再開を期してかつての訪問会の会員と連絡をとろうとした。

フィリピーヌの最初の仕事は、革命中、差し押さえられた修道院の法的権利をとりかえすことであり、グルノーブルの従兄弟たちの助力でこれに成功する。一八〇一年一二月から一八〇四年一二月まで、フィリピーヌはサント＝マリー＝ダン＝オーの修道生活を再建しようとしたものの、努力はむなしかった。かつての会員たちは歳をとりすぎているか意気消沈しているかで、修道生活にもどることができなかった。もどろうとした会員もいたが、かつてのような修道生活をとりもどすにはいたらなかった。フランス各地のほかの訪問会の修道院は再建の過程にあったのだが。フィリピーヌの熱意はかつての会員たちや世間から批判と真っ向からの敵意を招いた。筆舌に尽くしがたい困難な試みであり、家族や友人からは諦めるようにとたびたび助言を受けた。フィリピーヌの努力を支持し、動機を弁護したのは地元の聖職者たちだけだった。フィリピーヌが信念を貫くことができたのは、彼女の勇気と、サント＝マリー＝ダン＝オーで修道生活を再建することが運命づけられているという確信ゆえだった。

苦い失望とともに、フィリピーヌはかつての会員仲間と修道生活を再建するのは不可能だと気づく。それでも理想を追いつづけ、入会または提携によって支持と激励を得る修道会を探しはじめる。イタリアのイエスの愛子会について耳にし、早くも一八〇二年に、必要とあればローマに赴いてまで入会しようと考える。この新しい修道会と連絡をとり返事を待つあいだ、まずは自分の活動にたいする町の信頼を得るために、フィリピーヌはひとりの聖職者に修道会の会則を起案し、司教に認可の申請をするように依頼する。一八〇三年三月、この修道会は信仰布教修道女会という名称で認可される。一八〇三年、地元の聖職者のひとりピエール・リヴェは、黙想のためにグルノーブルの北に位置するベリーの町を訪れる。その地では信仰の霊父会が活動していた。フィリピーヌはリヴェに依頼し、アミアンのイエスの愛子会との提携の可能性をジョゼフ・ヴァランに打診してもらう。ジョゼフ・ヴァランはベリーにいなかったが、同僚のピエール・ロジェはリヴェから聞いたグルノーブルの数人の女性たちの話に深い関心をいだく。リヴェにイエスの愛子会の会則を見せ、リヴェはそれを書き写してフィリピーヌ・デュシェーヌのもとに持ち帰る。その後まもなくロジェはサント＝マリー＝ダン＝オーを訪れ、そのようすをすべてジョゼフ・ヴァランに報告する。一八〇四年七月、ジョゼフ・ヴァランとロジェが連れだってサント＝マリー＝ダン＝オーを訪れ、ふたつの修道会の統合を計画しはじめると、アミアンの修道会とグルノーブルの修道会の統合の可能性が強まる。訪問の最後にジョゼフ・ヴァランは「わが病人」すなわちソフィーが近いうちにグルノーブルを訪れ、統合を実施するとフィリピーヌに伝える。このころ、ローマのイエスの愛子会との絆はすべて断たれていた。そのため、当時、パッカナーリをめぐるローマでの危機的状況や、レオノール・ドゥ・トゥルネリの最初のヴィジョンさえも、ジョゼフ・ヴァランがフィリピーヌに教えたかどうかはわからない。しかしフィリピーヌ・デュシェーヌほどの力量の人物に会うためなら、グルノーブルどころか地の果てまで行くに値する、とソフィーとアミアンの会員たちに告げたことはたしかだ。

グルノーブルへ行く途中、ソフィーは時間をやりくりし、実家で一週間すごし、前年の三月に生まれたばかりの姪ソフィー・デュソッソワと対面した。この休暇中に自分の人生の方向性を両親に報告することができた。両親はすっかり老けこみ、以前よりもマリー＝ルイーズに頼りきっていた。短い訪問ののち、ソフィーは一二月初旬に実家をあとにする。一八〇四年一二月一三日、アミアンのふたりの会員ロザリー・ドゥブロスとカトリーヌ・マイヤールとふたりの司祭ピエール・ロジェとコワディィにともなわれ、サント＝マリー＝ダン＝オーに到着する。そのときのようすはソフィーの記憶に刻みつけられた。徒歩で修道院へのけわしい坂道を登ると、フィリピーヌ・デュシェーヌが熱烈に歓迎してくれた。ソフィーは自分に寄せられる期待の大きさに圧倒される。フィリピーヌとその四人の仲間、マリー・リヴェ、エミリー・ジラール、マリー・バラストロン、およびアデライド・スゴンはソフィーを安堵と歓喜のうちに迎えたものの、全員が新しい状況に慣れるには時間がかかった。怖れや内気さからしばらくソフィーを避ける者もいた。冒険の意識と、あらたな道が拓けていくという意識がこの女性たちをふるいたたせ、同時に不安にさせたにちがいない。ソフィー自身も緊張していた。重い病気をしたばかりで、いまだに健康状態がすぐれなかった。グルノーブルには指導者の立場で赴いたものの、イエスの愛子会との絆が断たれたため、これといった権限はなかった。当時はなにをすべきか、なにを始めるべきか、見当がつかなかったとのちに認めている。まじめで無口でよそよそしく、近寄りがたい人物と思われ、避けられていたのも無理はない。生涯、とくにあらたな環境では、ソフィーはたいていそのような印象を与えた。

ソフィーは女性たちの養成をクリスマス明けから始めようと考え、それ以前にいっしょに祈りのときをすごすことにした。ピエール・ロジェが手はじめに黙想を指導しようと申しでた。これはきわめて有益だった。ロジェの経験不足と判断力のなさが、日々、女性たちをおもしろがらせ、ほんものの友情の絆を築くきっかけになったからだ。ロジェ自身も忘れがたい黙想だったと認めている。毎日の説教と女性たちに課す試験があまりに風変わりだったので、フィリピーヌは全員が当惑して修道院を去るのではないかと案じた。不安をまぎらわすため、説教のあいだじゅう、フィリピーヌが心配しないようにと女性たちにささやくので、一同の笑いに拍車をかけた。ロジェの目的は人生のあらたな出発にふさわしい状況を作りだすことにあり、全員が過去の罪や欠点を悔やんで涙を流すほど説得力のある説教をおこなおうとした。そのため、教区の宣教活動で用いられるような、大仰で劇的な口調で語った。ところが、聴衆がごく少人数だったため、まもなく茶番と化した。黙想の最終日に、ロジェをふくむ全員が小さな祈禱室で笑いころげた。なによりもこの経験が女性たちのあいだの内気さや慎み深さの溝を埋める一助になった。たしかに記憶に残る門出である。

一八〇五年一月初旬、修練期が本格的に始まり、つづく一一か月間、ソフィーはグルノーブルの女性たちの養成の責任を負った。むずかしい仕事だった。イエスの愛子会との決裂以来、ソフィーには参考にすべき正式な会則がなかったからだ。この時期の養成計画の記録は現存しない。しかし、ソフィーの修道生活についての意向は、修道院で実施しようと提案したふたつの変革からうかがい知ることができる。ひとつは革命以前に訪問会が用いていた鉄格子の撤廃である。鉄格子は修道女の社会からの隔離を象徴し、修道生活の誓願を立てたすべての修道女が教会から要求される禁域制度の遵守を意味した。鉄格子の撤廃を提案することは過去との決定的な断絶を意味し、フィリピーヌは長いあいだ撤廃に反対した。ソフィーは鉄格子を撤廃する理由を説明しようとし、フィリピーヌはしぶしぶ変革をうけいれたが、なぜ禁域があらたな修道生活の経験の一部になりえないのかを、ついぞほんとうに理解することはなかった。

また、ソフィーは女性たちに聖務を歌唱するのをやめ、かわりに長い沈黙の瞑想を捧げるようにうながした。一日中、授業をおこなった女性たちが声帯を休めるには瞑想こそより適切な祈りのかたちである、とソフィーはイエスの愛子会の例に従って考えた。これにもフィリピーヌ・デュシェーヌは反対した。ロジェ神父の後押しにもかかわらず、この変革は実現されなかった。実際、瞑想のあいだ、ロジェが一同に聖務日課を歌唱しないように指示すると、グルノーブルの地元のひとびとはすぐさまこれを批判した。かつての訪問会の会員たちのように祈らないと言って。ソフィーも批判を浴びた。地元のひとびとは、ソフィーが指導者として若すぎると思い、ソフィーが修道院への来客を制限したことや、若い女性だけに入会を許したことに憤慨した。むろん、鉄格子を撤廃したことにも。伝統的な修道生活のかたちを変革し、新旧の修道生活の混交を試みるには多大な困難がつきまとった。

当初からソフィーはアミアンの形式に従い、厳格な日課をグルノーブルの修道院に導入した。当時のソフィーはみずから会則を起草しようと思わなかったものの、何度かジョゼフ・ヴァランに指針を執筆してほしいと依頼している。

グルノーブルの当局が認可できるなんらかの法的構造なしには、女性たちは正式な奉献をすることができないからである。ついに一八〇五年一一月初旬、ジョゼフ・ヴァランとロジェがグルノーブルを訪れ、イエスの愛子会の会則をグルノーブルの会員向きに翻案する作業にとりかかった。起案した会則を地元の司教クロード・シモンに提出すると、シモンはサント＝マリー＝ダン＝オーの会員たちの暫定的な会則として認可する。一八〇五年一一月二一日、五人の修練女が初誓願を立て、かくて創設の第一段階は終了した。このとき、ソフィーはアミアンから一年以上も離れていたため、アミアンにもどり、修道会の指導を固めねばならなかった。グルノーブルの修道院が創設されただけではなかった。一八〇五年秋、ジョゼフ・ヴァランの依頼で、リヨンにほど近いベリーに修道院を創設すべく、アンリエット・グロジエがアミアンから当地に赴いた。ベリーにはすでに信仰の霊父会がコレージュを開校していた。こうして三つの修道院が誕生したため、修道会全体の責任を負う人物を決定するための総長選挙の実施が求められた。

ソフィーのグルノーブル滞在中に、ジョゼフ・ヴァランがボードゥモンをアミアンの修道院長に任命した事実は、キリスト教教育婦人会が採用するモデルが下記の特性をそなえていたことを物語る。すなわち、地理的に異なった所在地の複数の修道院から構成され、会員に選出された終身総長に統治される修道会というかたちである。単一の自立的な修道院がそれぞれ個別に修道院長に指導される伝統的な修道会のかたちは、ヴァランの念頭になかった。そのため、一八〇六年一月にアミアンで総長選挙がおこなわれる予定であるとジョゼフ・ヴァランが発表すると、小さな修道会の統治をめぐり、数か月のあいだくり広げられていた闘争が頂点に達する。このような権力闘争は避けがたかった。ソフィーが去って以来、アミアンの修道院と学校ではさまざまなできごとが生じていた。不穏な政治情勢ゆえに、修道院間の連絡はほとんどなかった。また、ジョゼフ・ヴァランはアミアンとグルノーブルのあいだのすべての連絡が制限され、自分を介する以外の道が絶たれることを望んだ。政府がすべての宗教団体に疑惑の目を向け、修道院のあいだにつながりがあることがほのめかされれば、厳しい処分をうけるのはあきらかだった。とくに信仰の霊父会となんらかの関係があればなおさらだった。ジョゼフ・ヴァランは一八〇五年三月にアンヌ・ボードゥモンに具体的な指示を与えている。アミアンの修道院内の問題をすべて自力で解決し、必要ならサン＝テステヴの協力を得るように。よほどの窮地におちいったときにかぎり、自分ヴァランに手紙を書いて相談するように。そして修道院内の顧問たちと協力し、ひとりで行動するように。ヴァランはソフィーの役割についてなにも言及していない。ジョゼフ・ヴァランとアンヌ・ボードゥモンの理解では、ソフィーはべつの修道院創設のために去ったのであり、アミアンではそれ以後、当面、彼女は必要とされなかった。ヴァランがボードゥモンへの助言のなかで唯一ソフィーに言及しているのは、ソフィーがグルノーブルでおこなっているようにボードゥモンも自分の修道院の養成をおこなうように、という箇所だけだった。

独立した修道院の形態はアンヌ・ボードゥモンには当然に思えたにちがいない。かつて会員として属していたランスの修道院も完全に自立的なものだった。しかし、信仰の霊父会とイエスの愛子会はそれとは異なる構想を展開していた。イエズス会のかたちに従い、統治と人員の交換のために構造上の絆のある複数の修道院からなる修道会の構想である。いまやふたつの相いれないかたちがあった。ところが信仰の霊父会と彼らとかかわりのある女子修道院に示した政府の態度は、アンヌ・ボードゥモンが慣れ親しんでいる独立した自律的な修道院のかたちに好意的だった。そのため、ソフィーは不明瞭な立場におかれた。留守中、修道院長にアンヌ・ボードゥモンが就任すると、ソフィーの出発のほぼ直後から、ソフィーにはなんの相談もなく、アミアンの修道院でいくつかの重要な変革がおこなわれた。

短期間のあいだに、アミアンでソフィーとともに歩みはじめたふたりの女性、ジュヌヴィエーヴ・デゼーとアンリエット・グロジエが当地を去っていた。デゼーは校長に任命されたものの、数週間で辞任し、アミアンを去り、グルノーブルに移った。デゼー自身は自分の知的能力が足りないからだと卑下しているが、アンヌ・ボードゥモンに追いだされた可能性を疑わざるをえない。ジョゼフ・ヴァランはすっかりアンヌ・ボードゥモンとサン＝テステヴのとりこになり、アミアンでの状況についてふたりが下す評価を信じこんでいた。ボードゥモンとサン＝テステヴの見解や圧力のせいでジュヌヴィエーヴ・デゼーは健康を害し、その状態のまま修道院を去る羽目になる。デゼーがアミアンを去ると、サン＝テステヴとロリケをふくむ全員がほっと胸をなでおろした、とヴァランはソフィーに伝えている。一八〇五年二月、ジョゼフ・ヴァランはデゼーの後任としてグロジエを校長に任命し、グロジエは修練長としての職責に加え、校長を兼任することになる。ところがグロジエもまた一八〇五年六月にジョゼフ・ヴァランにアミアンからひき離される。ベリーに計画されたあらたな修道院を設立するためである。グロジエの場合も急な転任であり、本人ですらグルノーブルのジョゼフ・ヴァランから手紙をうけとり、事情をはじめて知る。こうして数か月のあいだにソフィー、アンリエット、ジュヌヴィエーヴの三人は、今度はグルノーブルでふたたび顔をあわせる。アミアンの人員不足についてはアンヌ・ボードゥモンとサン＝テステヴが按配し、ふたりで修道院と学校にみずからの印を刻むべく学校の便覧と修道会の会憲を起案した。

アミアンで下された決定とそれらが自分に伝えられた方法についてソフィーは、ジョゼフ・ヴァランに抗議した。アンヌ・ボードゥモンとサン＝テステヴの影響力への疑義を述べたのである。若く経験不足だったが、ソフィーは異議も申したてずにジョゼフ・ヴァラン、サン＝テステヴ、そしてボードゥモンの高飛車なやりかたをうけいれたわけではない。だがジョゼフ・ヴァランはソフィーの見解を頑なでほかを頼らない精神のあらわれとうけとめた。ヴァランは自分やアンヌ・ボードゥモンやサン＝テステヴを信頼し、疑念をもたぬようにとソフィーをうながす。そのくせジョゼフ・ヴァランはしばしばソフィー宛ての書状を開封し、ソフィーにどの書簡をわたすべきかを決めた。とくにソフィーを傷つけたのは、ルイーズ・ノーデからの長文の手紙をわたしてくれなかったことだった。ノーデはソフィーにローマでのパッカナーリとイエスの愛子会をめぐるできごとを詳細に説明したのだった。ジョゼフ・ヴァランは思慮深さを装いながらも権威をふりかざし、検閲を敷き、アミアンとグルノーブルの両修道院を支配する意欲をほとんど隠そうとしなかった。ヴァランの態度のせいで、ソフィーは二重にアミアンから切りはなされた。ヴァランはアミアンのアンヌ・ボードゥモンとサン＝テステヴには彼らが欲する支援を惜しまず権威を与える一方、アミアンにかんする決定についてソフィーが意向を述べて介入しようとすると叱責した。それでもソフィーの役割にかんしてはソフィーに同意し、修道会のすべての法文書がソフィー自身により署名されるか、すくなくともソフィーの名において署名されるように徹底した。

アンヌ・ボードゥモンは意志の強い女性だった。きわめて精力的で実行力にあふれ、周到かつ勤勉、なすことすべてにおいて有能で、革命期の試練で力量を試されていた。あらたに創設されたイエスの愛子会に入会しようと決意し、クララ会会員としての誓願を正式に撤回していたが、以前の修道生活の習慣への愛着と傾倒をいだきつづけていた。パッカナーリの不祥事をめぐりイエスの愛子会の修道会が解散し、会則や会憲に関してアミアンの修道院に空白が生じると、こうした愛着は強められたにちがいない。アミアンの修道院と学校を指導するにあたり、ボードゥモンは伝統的な修道生活の規則の遵守を求め、抵触する者を罰した。

ボードゥモンはみずからの霊性を奇妙なかたちで表わした。たとえば学校の黙想会の折、部屋を髑髏で飾りつけ、窓を塞ぎ、生徒たちに悪魔憑きの物語を読んだ。より奇妙だったのはボードゥモンの気まぐれかもしれない。突然、止まらないかのごとく笑いだし、全員がそれにあわせて笑うのを要求したかと思うと、厳格な指導者の役割にもどり、「眉の動きひとつでみなをふるえあがらせる」のだった。なにをしでかすか予測不可能なだけに、絶大な権力をふるったのである。

サン゠テステヴはアンヌ・ボードゥモンよりはるかに若く、まったく異なる出自だった。ジャン゠バティスト゠ルイ・サンビュシー゠サン゠テステヴは一七七一年、ミロー・アン・ルエルグに生まれ、司祭としての教育をうけるべくパリに赴く。まずコレージュ・ドゥ・ジュイイで、のちに一七八七年にサン゠シュルピスで教育をうける。神学校が革命中は閉鎖されたため、サン゠テステヴはヴェルサイユに行き、ドゥ・クラン子爵の三人の息子の家庭教師として採用される。そのうちのひとり（ヤサント・ドゥ・クラン）はのちにパリ大司教になる。サン゠テステヴは少年たちに人文学、哲学、修辞学、聖書を教え、将来の教育の基礎をほどこした。一七九五年、サン゠テステヴは司祭に叙階され、一八〇一年にアミアンの信仰の霊父会に入会するまでヴェルサイユにとどまる。アミアンでは学校の聴罪司祭として大きな影響力をもち、ボードゥモンの全面的な賛同をうけた。寡黙な校長カトリーヌ・ドゥ・シャルボネルからもなんの抗議もなかった。サン゠テステヴはフェヌロン、サン゠シールの王立学校、サン゠シールに相当するパリの幼きイエス修道院に霊感を得た。アミアンにサン゠シールの音楽を導入し、公開諮問や賞の授与のための凝った式典を演出した。ジョゼフ・ヴァランは学校における派手な儀式を嫌い、一八〇五年に批判をソフィーにもらしているものの、サン゠テステヴに全面的な賛同と助力を与えつづけた。アンヌ・ボードゥモンとサン゠テステヴはみごとに協働した。この強力なふたり組は、修道院内で会員に抗しがたい圧力をかけ、同調を強いた。反対した会員はたくみに厄介払いされ、ジョゼフ・ヴァランがこの人事異動を追認した。アミアンの修道会がイエスの愛子会と袂を分かつと、サン゠テステヴは新しい会憲を起草するのに打ってつけの立場となった。ジョゼフ・ヴァランはそれを支持し、会憲にかんしてサン゠テステヴが腕をふるえるようにした。

ソフィーは一八〇五年一二月一三日の誕生日の翌朝、アミアンにもどった。あきらかに、不在のあいだに会員たちのようすが一変し、修道院に到着した自分の扱いにだれもがとまどっていた。ソフィーをもっともよく知る会員たちはグルノーブルにいた。おそらくソフィーを孤立させる手立てとして、ボードゥモンは修道院のもっとも遠い端の部屋をソフィーに与えた。この部屋に行くには、ボードゥモンの部屋の窓に面した中庭を通らねばならなかった。ソフィーの行動や彼女のもとを訪れるひとすべてが、ボードゥモンに手もなく監視され、一月一八日の総長選挙を待つあいだ、ソフィーは居心地の悪い思いをさせられた。クリスマスにはジョゼフ・ヴァランとピエール・ロジェが修道院を訪れ、選挙と小さな修道会の足どりを見直す準備が始まった。

総長と会の名称についてふたつの決定が下されねばならなかった。名称についてはドゥ・トゥルネリの当初の理念への回帰が明確化された。修道会の名称はイエスの聖心の姉妹会に、今後の修道会の会憲はイエズス会会憲をその源とすることに定められた。ついでジョゼフ・ヴァラン、ロジェ、およびサン゠テステヴが見守るなかで総長選挙がおこなわれた。総長候補者はアンヌ・ボードゥモンとソフィー・バラのふたりだった。グルノーブルの会員たち、すなわちジュヌヴィエーヴ・デゼー、フィリピーヌ・デュシェーヌ、アンリエット・グロジエ、およびカトリーヌ・マイヤールは書面で投票した。アミアンの会員のうち投票権があったのはカトリーヌ・ドゥ・シャルボネル、フェリシテ・デマルケ、アンリエット・デュシス（一七七四—一八四四）、アデル・バルド、アンヌ・ボードゥモンおよびソフィー・バラだった。ソフィーはたった一票の差で終身総長に選出され、アミアンとグルノーブルの会員のあいだの深い溝があらわになった。アミアンにソフィーの居場所がなく、選挙の結果がアミアンの会員たちを失望させ、アミアンでソフィーを支持する者が少ないのもあきらかだった。ジョゼフ・ヴァランでさえボードゥモンとじかに連絡をとり、ボードゥモンやアミアンの司祭たちを介してソフィーに伝言を送りがちだった。ソフィーに指導力がなく、総長選出は誤りだと、ヴァランが考えていたのは疑いえない。ソフィーはアミアンで気まずい数週間をすごしたのち、グルノーブルにもどることにする。

道中、ソフィーはジョアニーの両親を訪ね、数週間、実家ですごす。ソフィーにとっては息抜きのひとときであり、家族も喜んだ。一八〇五年にはマリー゠ルイーズにあらたにゾエが生まれ、ソフィーはアミアンでの緊張の日々とうってかわって、姪たちや甥たちとともに羽を伸ばした。リヨンの信仰の霊父会が創設した神学校ラルジャンティエールで教鞭をとっていたルイ・バラはソフィーの健康を案じ、ソフィーがすっかり静養できるまで実家ですごさせてほしいとジョゼフ・ヴァランに頼んだ。ところがヴァランはこれに異議を唱えた。自分自身の体調がすぐれず、ヴィシーで鉱泉水治療をうける予定なので、その前に緊急に所用でソフィーに会いたいと言って。そのため、休暇を中断して五月初旬にはリヨンに来るようにとソフィーに命じた。リヨンでふたりはサン＝テステヴとボードゥモンが起草している会憲と新しい修道院設立の可能性を相談した。信仰の霊父会会員のルイ・アンファンタンとルイ・ランベールが、ボルドーで修道生活を送りたがっている数人の女性と出会っていた。ジョゼフ・ヴァランはソフィーとともに夏にボルドーを訪れ、この女性たちに修道会入会の意志を問いたいと考えていた。打ちあわせをすませ、ソフィーはグルノーブルへの帰途の旅をつづけ、ジョゼフ・ヴァランはヴィシーへと発った。

第三章　あらたな場所への旅立ち　一八〇六―一一年

グルノーブルにもどったとき、ソフィーはまだ体調が回復せず、看護を必要としていた。アミアンの医者に「煉獄の責め苦として」厳しい食事制限を課された、とフィリピーヌ・デュシェーヌに皮肉めかして打ちあけている。相変わらず自分の健康への気づかいをうけいれがたく、フィリピーヌには自分の個人的、身体的な心配に触れないでほしいと頼んでいる。グルノーブルにもどったソフィーはとくにフィリピーヌとジュヌヴィエーヴ・デゼーに温かく迎えいれられ、望まれ敬まわれる修道院で居心地よくすごした。ところが落ちつくまもなく、すぐにポワティエに向かうようにとうながすジョゼフ・ヴァランからの手紙をうけとる。ヴァランいわく、その地でふたりの女性がレ・フイアンの旧修道院に住み、開校の準備をしていたが、ふたりきりで開校を実現するのがむずかしすぎるため、学校も修道院もポワティエの教区にまかせようとしている。ソフィーが説得し、ボルドーの会員の何人かがポワティエに赴きあらたな修道院の基盤を築く可能性を示唆すれば、ふたりは考え直すだろう。さらに、（当時フランス北部の一部をなしていた）ヘント（ガン）に修道院を設立する計画についてもヴァランはソフィーに伝えた。ソフィーは総長でありながら、この件にかんしてまったく相談されず、交渉のいっさいはサン＝テステヴにゆだねられていた。かくてサン＝テステヴの指揮のもとでアミアンの会員がヘントに修道院を設立するあいだ、ソフィーがポワティエの修道院設立の原動力になるようヴァランは提案したのである。

ソフィーはすぐさま出発した。この旅が生涯でもっとも重要な旅となる。アンリエット・ジラールが同伴した。ジラールは一八〇五年以来グルノーブルの修道院の一員であり、ソフィーよりずっと年長で、道中、ソフィーの看護をするのに適していると思われた。ふたりは七月一〇日に旅立ち、まずリヨンへ行き、そこからムーラン、リモージュ、およびベラックをへてポワティエに到着した。旅の詳細は生き生きと伝えられ、さまざまな文献に記録されている。あきらかに長年にわたり語りつがれてきたことを思わせる。なによりもまず、この旅の途中、一八〇三年以来つきまとってきた病が癒えたことをソフィーは回想している。一八〇六年八月のポワティエからのフィリピーヌ・デュシェーヌ宛ての手紙に、ソフィーは旅の途中のできごとをしたためている。出発したころは気分がすぐれず、ひどく憂鬱で、旅から生還できるかさえ危ぶまれた。ところが、ふしぎなことに、リヨンを発ちムーランへ行く道中、自分の身体になにかが起こっていることがわかった。七月の暑さや旅の苦労や頻繁な途中滞在にもかかわらず、一夜のあいだに病が峠を越え、消えたのを実感したのである。ソフィーは心底、気分がよくなった。

> あなたのもとを去ったとき、わたしがどんな状態だったかをご存知ですね。リヨンに到着したとき、旅の暑さのせいで病が重くなり、容態は昨年よりひどいものでした。わたしのよきサマリア人たるあなたから遠く離れると、あなた以外のだれもわたしを癒すことはできないと思いました。あなたが自分の魂にとってわたしを必要としたのと同様、わたしも身体の世話のためにあなたが必要だと思ったからです。わたしたちの主にこっそりと訴えました。旅のあいだ、間近に接するひとびとに病のことを気づかれてどんなに不愉快な思いをさせられるかを申しあげたのです。そのように訴えると、だれかに打ちあけたいという気もおこらず、ひとり安らかさを保つことができました。……リヨンをまだ去らないうちに、病が跡形もなく消えました。癒すためになにもしなかったにもかかわらず。それどころか、そのとき、道中、暑さが厳しく、ほとんど眠れず、食べものもひどく、宿屋は不潔だったのです。そのときはすべてが病をひどくするばかりでしたが、病は一夜にして消えたのです。わたしはすっかり元気になりました。

それがいかにして生じたのであれ、ソフィーを一八〇三年の冬以来悩ませてきた病が完全に癒やされたのである。そのため、解放感を満喫し、危険や不安にもかかわらず、ソフィーはポワティエへの旅を楽しみはじめた。宿屋の質はさまざまで、ときには基本的な設備すらなかった。ソフィーとジラールは旅の道づれになったひとびとの好奇心に対応し、旅の各行程を運んでくれる馬車の御者を探さねばならなかった。たとえばリモージュではカダンスという名の御者が、たいへん手ごろな値段で旅人たちをポワティエまで連れていってくれると申しでた。ソフィーはその言葉を真にうけたが、馬車なるものはじつは商品を満載した屋根のない荷車で、牛に引かれていた。アンリエット・ジラールはこの契約に腹を立てたが、ソフィーは契約を破棄せず、ふたりは好奇の目にさらされないように、町の郊外で荷車に乗った。その日はたいして前進できず、夜の一〇時には一夜をすごすために宿屋に泊まらねばならなかった。

ソフィーは日記〔ポワティエの聖心会文書館所蔵〕につぎのように記す。

部屋はグレッセ〔一八世紀の詩人・劇作家〕の描く『カルトゥジア会』の部屋そっくりでした。真夜中になると、クマネズミ大学の会合が催されました。人里離れた家だったので、神に信頼をおいていなかったら、どんなにか怖ろしかったことでしょう。

翌日、ふたりは早起きし、ふたたび出かけた。カダンスは日曜日のミサの時間までに隣村のベラックに着くとうけあったが、まもなく教会に間にあわないことがわかる。それでも偶然、小さな村にさしかかるとミサが始まるところだった。

荘厳歌ミサがあまりにも滑稽な調子で歌われたので、ほかの状況ならさぞかし笑いを誘ったでしょう。……教区司祭は翌火曜日の聖マグダレナの祝祭を告知し……その日に会衆を教会のミサへと誘うために、死者のための荘厳歌ミサをあげようと約束したのです！

ふたりの旅人はゆっくりとポワティエに近づいた。七月二三日、町はずれにさしかかると、土砂降りの雨が降りだした。雨をしのぐすべがなかったため、まもなくふたりはびしょ濡れになる。ソフィーは町に入る前に荷車を降りようという心づもりだったが、天候のせいで計画を変更せざるをえなかった。濡れねずみで、髪も衣服も乱れ、牛に牽かれた荷車に乗ってポワティエの町に入ったとき、ちょっとした騒ぎになったことを自嘲気味に回想している。ふたりは自分たちのまわりを覆って隠れようとしたが、家々の二階から眺めるひとに覗きこまれた。そのうえ、荷車は街路で耳障りな騒音をたてた。そぼ濡れた七月の夕暮れに目にする奇妙な光景に、ひとびとは好奇の視線を送った。カダンスは目的地から遠く離れた場所でふたりを降ろした。ソフィーは通りかかった男にレ・フイアンの修道院に案内してくれるように頼んだが、この男は案内を引きうけたものの、すぐに妻にふたりを託した。男が妻にふたりの旅人の行き先を説明するあいだ、ソフィーとアンリエットは戸口で雨宿りした。男の妻がソフィーとアンリエットを目的地まで案内してくれた。ふたりはずぶ濡れで、旅の疲れを色濃くにじませながらレ・フイアンの修道院に到着した。

こうして紹介してくれるひとを頼り、虚栄心にはそぐわないみごとなありさまで、わたしはしょんぼりとレ・フイアンにたどりつきました。そこはマドモワゼル・ショブレの家でした。

修道院はもともとシトー会の系統のノートルダム修道会が所有していた。革命以前に修道会の会員が五人にまで減り、一七九〇年にはフランスのすべての修道会同様、解散させられた。一八〇二年、ふたりの女性リディ・ショブレとジョゼフィーヌ・ビジューが広い建物に住みつづけ、もとの修道院で少女たちのための学校を存続させようとしたがうまくいかなかった。グルノーブルのフィリピーヌ・デュシェーヌやアミアンのジュヌヴィエーヴ・デゼーとアンリエット・グロジエと同様、ふたりの女性は革命のさなかに活動し、社会を安定に導くためにできるだけのことをし、とくに若い女性に教育を与えようとした。リディ・ショブレは一七六五年にヴァンデ地方のスランに生まれた。革命中、姉と妹とともに身の安全を確保するために逃亡を余儀なくされた。ヴァンデ地方が革命への抵抗運動の本拠地だったからである。リディたちはポワティエに移り住み、そこで数人のほかの女性と共同生活をしながら子どものための学校を開校した。ある司祭をかくまい、そのために一時期は投獄された。釈放されると、リディ・ショブレはポワティエに修道会を設立しようと考え、友人たちにこの提案を検討するように呼びかけた。妹のピュルシェリーはトゥールに行き、自分の学校を創設しようと決意する。その後まもなくリディの姉が亡くなる。ほかの女性たちは町の修道会に入会し、ジョゼフィーヌ・ビジューだけがリディとともに残った。ジョゼフィーヌ・ビジューは一七七九年、ポワティエに生まれ、一七九八年にショブレ姉妹のもとにやってきた。両親は裕福ではなかったものの、ジョゼフィーヌに正規の教育をうけさせ、これがジョゼフィーヌに自信を与えた。彼女はリディ・ショブレとともにとどまり、学校を維持しつづけようとした。だが、しばらくして、ふたりともこれ以上は持ちこたえられないという結論に達する。

ふたりが建物を司教区に譲渡しようとすると、その時点でランベールが介入し、ソフィー・バラがポワティエを訪れるまで待つようにとふたりを慰留した。かくて七月二三日のソフィーのレ・フイアン到着は、ふたりの最後の希望を意味した。

食事と自己紹介がすむと、ランベールがやってきて、四人は長いあいだ意見を交わした。ソフィーは自分が率いる会の目的と、修道院の生活や仕事の方法を説明した。ランベールは地元の聖職者に面会に行き、会の会則を示した。女性たちも聖職者たちも聞いたことに納得し、修道院と学校がキリスト教教育婦人会の一部になることに前向きだった。ソフィーは会における自分の役割を説明するのに多少手こずった。定住場所がなく旅をしてまわる総長という立場が変則的だったからだ。これに当惑した司祭たちは、どの修道院が会の本部なのかとたずねた。ソフィーは司祭たちがポワティエを会の本部にと望んでいることに気づき、アミアンの修道院のことには触れなかった。実際、似たような潜在的な問題がグルノーブルでも発生していた。七月初旬にソフィーがグルノーブルを出発するとき、グルノーブル司教にはポワティエ滞在は短期間であると告げるように、とジョゼフ・ヴァランに助言されていた。今回、ポワティエでは、ポワティエに会の修練院をおくことになるので当地にできるだけ長く滞在する、と司祭たちに説明することで、ソフィーは当面の問題を解決した。

　とはいえ、会の本部の所在地だけが問題ではなかった。聖職者たちはソフィー自身が当該司教の管轄下にあることを明示してほしかったのである。一九世紀当時、女性が夫か兄弟か後見人、つまり男性の監督をまぬかれることは考えられなかった。その意味でソフィーの可動性は疑問視された。この時期にフランス国内を旅する若い女性はめずらしかった。ナポレオン帝政期の動乱期だったため、なおさらそうだった。ところが修道会がグルノーブルとポワティエに展開したため、ソフィーは同時代の女性にはめずらしい自由と可動性を与えられたのである。とくに一八〇六年以降、ジョゼフ・ヴァランの存在感が以前より薄まり、ルイ・バラの影響も弱まると、ソフィーはみずからに与えられた自由を用い、よりいっそう自力で自分の役割をかたちづくっていく。まもなくソフィーは、修道会がポワティエの教育事業を発展させうることを、リディ・ショブレとジョゼフィーヌ・ビジューおよび地元の聖職者に納得させる。

　ボルドーの女性たちが学校設立に力を貸してくれるかもしれないという見込みが、ポワティエのひとびとの決断の要因になる。そのため、ソフィーはすぐさまボルドーに赴くことにする。この段階でわかっていたのは、修道生活への関心を明言したものの、受け入れ先の修道会が見つからない女性たちがその地にいることだけだった。なかでもテレーズ・マイユシューに率いられた六人の女性は、アンファンタンとランベールがボルドーでおこなった黙想におおいに鼓舞され、入会を認めてくれる修道会がなければ、自分たちで修道会を立ちあげようと決意していた。女性たちは集まって、行動を起こすことにした。

> 宣教のための説教がおこなわれているこの機会を利用しましょう。広い心で、なにも告げずに家族のもとを離れましょう。だれもがこの計画に同意しました。若い女性のひとりで両親

がすでに亡くなっていたアンジェリクがそのあたりにブドウ畑を持っており、そこには小さな小屋のような建物がありました。女性たちはこの場所を黙想の場として選んだのでした。

宣教師のひとりによっておこなわれた夕べの指導ののち、若い女性たちは家族が教会から去るのを見とどけてからブドウ畑に赴いた。そして親の嘆願にもかかわらず彼女たちは帰宅を拒み、三か月間ブドウ畑にとどまり、自分たちのやりかたで編みだした修道生活をすごした。その間、女性たちは地元のひとびとに好奇の目を向けられ、教会への往復の途中で大勢のひとにからかわれ、家族や友人の嘆きの種になる。この状態が一時的なものではないとわかると、せめて女性たちの家族の批判と心配をやわらげるために、なんらかの責任をとらねばならない、とアンファンタンとランベールは気づいた。そこでジョゼフ・ヴァランに連絡し、女性たちが入会を認められることを期待して、ソフィー・バラをすぐにボルドーに送るようにと依頼した。ソフィーの到着を待つあいだ、アンファンタンは女性たちがボルドーでより居心地よくすごせるように、マダム・ヴァンサンの修道院に住めるように手配した。また、ソフィーがやってきて事態を収拾するまで、女性たちが活用できる修道規則を与えた。

ソフィー・バラは一八〇六年八月一二日にボルドーに到着した。女性たちと面会し、自分とともにポワティエに向かい、そこで修道生活を始める用意があるかどうかを確認する心づもりだった。ところがアンファンタンは、ソフィーがボルドーに修道院を設立するのだと思いこみ、実際にそうなると若い女性たちの両親に約束していた。ポワティエでの修道院設立をもくろんでいるソフィーとランベールは、この案は実行不可能だと考えていた。しかも、六人の女性たちが住む修道院の棟はマダム・ヴァンサンの所有で、マダム・ヴァンサン自身は当時、自分の修道会とアミアンのジュリー・ビリアールの修道会の合併を交渉中だった。ポワティエでの必要性とジュリー・ビリアールとのあいだの合併の可能性を考慮に入れると、この時期にソフィーがボルドーで修道院を創設することは不適切だった。それでもいつかボルドーにもどり、市内に修道院を設立することをソフィーは約束した。今回の訪問中のソフィーの仕事は、ボルドーの女性たちのなかからポワティエで会に入会するのにふさわしいと思われる女性を選ぶことだった。

ソフィーの到着の知らせはまたたくまに広まり、数日にわたりソフィーは修道院に住む六人の女性だけでなく、修道生活への奉献を求める多くのほかの女性たちとも面会し、試問した。すくなくとも三〇人の女性と会い、入会し修道生活を送ることができると判断した八人を選んだ。このときのソフィーの選抜の基準はわからないが、家族の反対があった女性は選ばなかったと語っている。選抜した女性の両親から娘がボルドーを離れることの同意を得ると、ソフィーは何人もの女性がいっせいに町をでて人目を引くのを避けるために、三つの班に分かれて旅立つのがよいだろうと判断した。自分より先にふたつの班を送りだし、みずからはテレーズ・マイユシューとともに旅をし、ボルドー近くのサン＝タンドレ＝ドゥ＝キュブザックのマイユシュー家を訪れることにした。テレーズの家族がなかなかソフィーを認めなかったので、ソフィーは彼らを安心させねばならなかった。もともとの六人の女性の旗頭だったテレーズだけでなく、村のほかの四人の女性が入会を希望したからだ。ソフィーが家族にキリスト教教育婦人会のことを説明すると、彼女を以前より信頼するようになったが、テレーズの父親は娘の決意をうけいれることができなかった。

こうしてソフィーはポワティエへと出発した。

［道中、とくに障害はなかったとはいえ］、わたしはちょっとした事故にあいました。夜中に寝床を離れたとき、石をふんづけ、くるぶしをひどく捻挫したのです。神経がやられ……足は腫れあがり、ポワティエにたどりつくころには歩けなくなっていました。わたしたちの修道院は馬車がとまる停留所からとても遠いので、どうやって帰ったらよいものか途方にくれるところでした。ですが、近くに住むわたしたちのよき友、マダム・ドゥ・ラ・シャルパーニュが数日来、わたしの帰りを待って目を配っていてくれたので、わたしより先に到着した仲間たちにしてくれたように、わたしを修道院に連れていってくれました。

ポワティエに着いたのが七月下旬だったにもかかわらず、ソフィーは旅人のおりたつ停留所の近くに住むマダム・ドゥ・ラ・シャルパーニュとすでに懇意になっていた。マダムは旅人たちに食事をふるまい、ソフィーがレ・フイアンまで歩けるように足に包帯をしてくれた。修道院までの輸送手段がなかったからである。

ソフィーはほぼ一か月間ポワティエを留守にし、ボルドーでの交渉の結果、ポワティエの状況に希望とあらたな命をもたらした。ボルドーからの八人の女性の到着とともに、レ・フイアンの学校と修道院の将来が保証されたのだ。いまや修道院にはソフィー・バラ、アンリエット・ジラール、そして一〇人の修練女がいた。学校には九人の寄宿生がおり、料理人のマリー、羊飼い女のマドレーヌ、そして庭師がいた。女性たちのキリスト教教育婦人会への導入と、リディ・ショブレとジョゼフィーヌ・ビジューが創設した寄宿学校の拡張のときが来た。あらたな旅にふみだす機運がみなぎっていた。ソフィーは女性たちに寛容、勇気、そして歓喜をもって経験を生きるようにと説いた。全員が自分の理想を事業に注ぎこみ、長旅の末にここにたどりついたのである。ひるんではいけない。地元の聖職者たちとまれに宣教に訪れる信仰の霊父会の助力はあったものの、養成計画はソフィーの責任だった。一八〇六年九月九日、修練院の開設の翌朝、ソフィーは一同を呼び集め、全員が従うべき日課の概要を述べた。一日は祈り、勤労、勉強、そしてレクリエーションから成り立っていた。週に二日、水曜日と日曜日、および典礼暦の祝祭日にソフィーは修道生活のさまざまな面について訓話をした。霊的な読書をうながし、内省を深めるためにたいせつであると説明した。また、おなじ理由で一日二回、真昼と夕方の内省をおこなうことも力説した。ソフィーはつねに内省を奨励した。うちなる霊的資質と自分の生活への洞察力を築く一助とするためである。ソフィー自身はこの女性たちと同年齢か、場合によっては若かったが、豊富な個人的な経験が女性たちを指導するときに役立った。ジョアニーの家で、ついでパリ、アミアン、グルノーブルでうけた養成と経験が指導の源となった。

修道院の運営と会員の責任の分担について、ソフィーはリディ・ショブレとジョゼフィーヌ・ビジューに相談した。修道院の建物が古かったため、掃除、修復、および家具調度品の調達がずいぶん必要だった。一八〇四年のグルノーブルと同様、ポワティエでも町民たちは女性たちが大きな建物でなにをやっているのかを知りたがり、まもなく彼女たちを批判しだした。勉強し、教職にそなえることで、自分たちの身分に不相応に高望みしているという理由で。実際には、ソフィー自身の記録によると、女性たちは料理と縫い物と掃除をし、文法とラテン語の基礎を学んでいただけで、それ以上は学んでいなかったのだが、町民は女性たちとソフィー自身にさえも疑念をいだいていた。古い型を破り、新しい様式を打ちだしたため、敵意をかきたてたのである。たしかに、自分たちだけで住み、共通の事業に力をかたむける独立した女性の一団は、画期的な新機軸の体現者であり、好奇心の的となった。

このときこそ、ソフィーが修道生活にかんする自分の理念を検討し、自分の指導の方法を考案する好機でもあった。生涯、ソフィーはひとと接するときに個人的な関係性がたいせつであると強調した。そして初期のこのとき、会員の扱いを特徴づけたのがこの一面だった。養成期にある女性たちのために生活の仕組を細かく定めはしたが、ソフィーは徐々に個人とそれぞれの必要を理解するすべを学んだ。時をへて、形式と個人的な必要を理解する能力が混ぜあわされ、ソフィーの統治の特徴になっていく。だが、ソフィーの生涯のこの時期、指導方法はまだ実験的で、ソフィーは手探りで進まねばならなかった。この二年間のあいだ、ジョゼフ・ヴァランもルイ・バラもポワティエを訪れなかった。これがソフィーに自分の理念を自分で実行に移す余地を与えた。一方、(手紙そのものは現存しないものの)ジョゼフ・ヴァランとは定期的に文通し、キリスト教教育婦人会の会憲の起草という進行中の仕事にかかわった。だが会憲起草の仕事がサン＝テステヴとアミアンのその一派にのっとられていることに、ソフィーは徐々に気づく。ジョゼフ・ヴァランさえも、作業の進行状況をポワティエのソフィーに報告する以外は、ほとんどたずさわっていなかった。その報告すらも、ヴァランがブザンソンに移動すると間遠になった。

ソフィーは自分の裁量で、必要に応じて、あらたな会員を修練院にうけいれ、さらなる新しい修道院の創設の可能性を検討した。しかし、おもな関心事は修練院で、深刻な影響を招きうるいくつかの問題と折りあいをつけねばならなかった。熱意にあふれる若い女性をあつかう経験が欠けていたため、彼女たちがかかえている緊張や不安に気づかなかった。こうした緊張や不安はそれぞれの女性のこれまでの生涯の物語や、性格や、修道生活がいかに送られるべきかについての想像に起因していた。ソフィー自身にも修道生活の理念があった。指導者として、完全なる修道女の典型にならねばならないと考え、観想修道院の古くからの慣習であった公の償いや聖堂での長時間の祈り、勤労、断食への熱意、および控えめな食事を強調した。断食はソフィーにとって重要な問題であった。ソフィーはパリで兄に指導された型を守った。断食への熱意は不健康な事態にまで達した。ある黙想会のとき、料理人が用意した食事がほとんど手つかずで台所に返されたのである。ソフィーが少ししか食べないのを見て、自分たちも食欲がなくなった、と何年ものちになってテレーズ・マイユシューは回想している。ソフィーはみずから女性たちにやるべきこととなるべき姿の模範を示して指導しようとした。だが、あまりにも理想が高すぎた。何人かが健康を害するようになってはじめて、ソフィーは自分のおこないを反省し、祈りと仕事が維持されるためには健康が守られなければならないことに気づく。しかし当時はみずからも均衡を保てず、ソフィーの態度とほかの女性たちに示した模範には不健康で大仰なところがあった。のちになってソフィーは自分が誤っていたことを認めている。養成をうける女性たちにたいして、教育の事業にかかわる深い祈りに支えられた女性としてではなく、カルメル会会員にふさわしい指導を与えていたのである。

生涯をとおしてソフィーは自分の病弱さと折りあいをつけるのに苦労した。にもかかわらず、すぐれぬ健康のことを語り、真剣に闘い、自分が与えうる以上のものを自分に期待した。おなじ理由から自分にも他人にも怠慢を許せなかった。自分が人生において勤勉を貫くことを当然とし、他人にもそれを要求した。女性たちにこれから送る生活の模範をみずから示しながらも、ソフィー自身が思うような生活を送ることができなかったのはあきらかだ。実際には断食をすることも、とくに夜、長時間を聖堂ですごすことも、休みなく働くこともできなかった。だが、ソフィーはそうしようと努力し、定期的に体調を崩し、休養せざるをえなくなった。会員のだれかが病気になったりほんとうに自分を必要としたりしたときには、ソフィーはやさしさにあふれて世話をしたが、健康をそこなうよりは病気を予防することのたいせつさを理解するのに数年かかった。

統治の方法においてソフィーはさまざまな場合に応じて、またさまざまな理由のために、距離をおくことも、親密にふるまうこともあった。短気だったため、欠点をあらゆる方法で罰したり、余分な償いを課したり、むずかしい仕事や個人ができないと思う仕事を要求したりした。ときには咎められるべき人物を何日間も無視したり、近づいてきたときに話をするのを拒んだりした。レクリエーションの時間でさえ、あるときは厳しくよそよそしく見え、あるときは温かく生き生きとしていた。ほかの女性たちとおなじくらい、要求するものが多く謎めいていたが、それでも彼女たちの指導者だった。ある意味で、ソフィーは相手に応じて違う人物になった。加えて、みずからの気分や気性が複雑で、そのうえ、健康状態がすぐれず、自分を女性たちの見習うべき模範としてかかげねばならなかった。指導者としての自分の道を探る途上だったので、それがさらなるストレスになった。静寂と秩序を求め、ひとりで黙想をするという名目で二週間ごとに一同を離れた。おそらく、自分が送っている生活の緊張とストレスから逃れて休養し、回復するための時間だったのだろう。実際、病気になったり黙想に入ったりするという傾向は生涯、ソフィー・バラにとっての対処手段になった。本人はそれと気づかず、深刻に必要だった孤独を得るために、無意識に病気を利用していたのかもしれない。たしかに修道院ではレクリエーション以外の時間に沈黙を強要し、少しでも沈黙を破った場合は注意した。各人がそれぞれの将来について考え、それぞれの生活において祈りと内省のリズムを見いだすために、修道院内に静謐な雰囲気を浸透させることが望まれたのである。これには実際的な意味もあった。日中でも廊下での沈黙を厳格に守るようにとソフィーが主張したのは、静養が必要な者、病気の者、そして疲れた者が安楽に休めるようにという配慮でもあった。また、レクリエーションのときには、たがいの言葉に耳をかたむけ、ひっきりなしに口をはさまないように、と基本的な礼儀に訴えて注意した。

日課、勤労、断食、祈り、そして霊的読書については譲れなかったソフィーだが、直感的に修道院のひとりひとりを個別にあつかっていた。みずからが感じる気分や困難のおかげで、ほかのひとがなにを必要としているかを見ぬくことができたのである。そのため、内的な苦闘ゆえにべつのものを欲する者にたいしては、生活の外的な形態にこだわらなかった。こうしたとりくみがソフィーの指導の特徴になる。何年ものちになって、拡大した修道会に相応の構造上の統一が必要になったときでさえ、ソフィーは基本的な柔軟性を失わなかった。後年、ポワティエですごした人生のこの時期、始まりや気持の昂ぶりにいろどられたこの時期についてソフィーは語り、修道院のさまざまな面々について愛情をこめてふりかえった。ソフィーが語ったこのころの三つの逸話は、語られる対象とともにソフィー自身についての洞察も与えてくれる。

これらの逸話はかなり詳細に記録されている。最初の逸話は、ポワティエ出身の新しい会員マドレーヌ・デュ・シャステニエの到着にかんするものだ。デュ・シャステニエはソフィーがボルドーに赴く以前に入会を希望していた。革命中は町の病人を訪問したり、牢獄を慰問したり、子どもたちに公教要理を教えたりして活動していた。ポワティエではある修道会で生活したことがあったが、うまくいかなかった。レ・フイアンで新しい修道生活を送りたいと希望したものの、修道院の償いの行為や、日中、強制される長時間の沈黙に衝撃をうけた。以前の生活とはまったく異なるため、長い時間をかけ、ソフィーと何度も長い会話を交わし、ようやく修道院の内的リズムと折りあいをつける。デュ・シャステニエはどうしても会の一員になりたかったが、想像力に富む性格だったため、苦労した。そこで想像のなかで悪魔と交わした会話を書きとめ、それをとおして問題を解決しようとした。ソフィーに見せると、ソフィーはそれを読み、自分の前で燃やしてはどうかと提案した。燃やすことで悩みを手放し、先に進むことを意味したが、後年、ソフィーはこの行為を後悔した。文章が生き生きとしておもしろく、記録に値したからだ。だが、当時はデュ・シャステニエにとってひどい苦しみのもとだった。彼女はレ・フイアンになにを期待したのか？　この女性がうけた衝撃にソフィーは疑問をもたなかったのか？　家での生活と修道院での生活はとてつもなく異なっていた。それが修道生活の魅力の一部であり、問題の源でもあった。

第二の逸話は、ソフィーがどのようにテレーズ・マイユシューを導いたかについての物語である。マイユシューはデュ・シャステニエと異なる性格で異なる必要をかかえていた。テレーズ・マイユシューは祈りと内省の生活に強くひかれ、自分の願望の追求のために家族との別れを実現するのに断固たる決断力を示した。共同生活から身をひき、長時間を祈りにあてたいと願った。だが、ソフィーは祈りを夕方と夜にだけ認めた。日中、テレーズに牛の餌やりや家の掃除などの基本的な仕事を課した。つまり、実際的かつ恒常的で毎日やらねばならない仕事である。デュ・シャステニエ同様、テレーズ・マイユシューにも、ソフィーは生涯、愛着を感じ、このとき以来、ふたりとも神秘家への敬愛を共有する。ソフィーは祈りと神秘体験への願望を尊敬し、みずからも祈る時間と空間を切望していた。同時に、この願望が実際の生活、とくに修道院の生活にとって不可欠な、毎日の重労働に根ざさねばならないと考えたのである。

第三の逸話は、アンリエット・ジラールをめぐるものである。ジラールは一八〇六年七月にソフィーとともにグルノーブルから旅し、キリスト教教育婦人会の会員になってからは長いのだが、ほかの女性たちとおなじく修練中の身だった。きわめてきちょうめんな性格で、自分の欠点と闘い、ひとりで悩みや不安を解決できなかった。自分の悩みを打ちあけるためにソフィーのもとへ毎日かよいはじめ、たいていはそうすることでしばらく安らかな気持になった。あるとき、ソフィーは面会を拒んだ。忙しさからか、疲れていたからか、アンリエットが自分に依存しすぎるようになったと意識したからか、詳細はわからない。その日の遅い時間に、アンリエットは不安に耐えきれなくなり、ソフィーに面会を求めるメモを送ったが、効果はなかった。一日の終わりに、ソフィーと話すことができないまま、アンリエットは修道院の夕べのレクリエーションに参加せねばならなかったが、うちなる動揺や狼狽をまったく表わさなかった。ついに、就寝時間の直前にソフィーがアンリエットの部屋を訪れ、心配や悩みに対処し、すみやかな解決を期待しない方法について、アンリエットとじっくりと話しあった。完全であろうとすることにふりまわされると人間の精神がひきずりおろされ、エネルギーが無駄に使われることもソフィーは説明し、内省の能力を使い、感情と均衡をとるようにと勧めた。このような指導はアンリエットのうちなる痛みをやわらげ、自分と向きあう勇気を与えたにちがいない。賢明な助言だった。とくに一七九五年から一七九七年にパリでルイからうけた扱いにひきおこされた動揺のなかで、ソフィーがみずから発見せねばならなかった答えである。

三人の会員をめぐる逸話をとおして、いわばソフィー自身の人生が目の前でくり広げられたのだ。彼女たちを指導することで、ソフィーはみずからの生きかたを見つめた。また、女性たちにみずからが経験から得たものを与えた。たとえば、デュ・シャステニエはソフィー同様、革命の恐怖のさなかを生き、いまやまったく異なった生活に適応しようとしていた。デュ・シャステニエは元気がよく、熱意にあふれる、想像力豊かな女性で、情熱と勇気がみなぎっていた。ところが修道生活にはその元気のよさをそぐところがあった。実際にこの難題に立ちむかえるのか、それが自分にとってなにを意味し、自分をいかに変えるのかを悩んでいたのである。テレーズ・マイユシューは内省の生活にひかれ、修道生活とは内省生活のことだと考えていた。勇敢で決断力があり、ボルドーで自分の夢を実現するための手段を講じようと試みた。ポワティエでは異なった方向に歩まざるをえず、あらたな修道会にとどまって奉献することができたのは、ソフィーへと自分を導いた神の摂理への信頼があったからこそだった。生涯をとおして、地に足をつけながらも、観想的生活への憧れを維持することが課題だった。アンリエット・ジラールは情緒的で愛情深い女性で、ソフィーがかかげる厳しい水準に到達しようと努力を重ねた。良心の呵責ととりくみ、理解してくれるひとにそれを話したいという願望と格闘した。そのため、ソフィーに依存し、支持や同意や公に認められることを望んだ。ソフィーとの関係が良好であることに自信を得ると、期待されることを首尾よくやりとげることができた。生涯をとおして、ソフィー自身も依存と自由と独立への願望のあいだでひき裂かれた。長年、他者に支持や賛同を期待し、それがなかったり控えられたりすると悲しんだ。ずっと歳をとり、五〇代後半になって、ソフィーはひとりで自分の人生と仕事と指導に向かうことができるようになる。

アミアンでの経験にもとづき、夕べのレクリエーションのときに会員ひとりひとりが人生の物語を語ることをソフィーが提案すると、会員同士の絆が深まった。会員の語る物語はわくわくするものだったにちがいない。多くの会員が革命中に劇的な経験をしていたからだ。それぞれの物語が邪魔をされずに語られるように、ソフィーはある工夫を施した。レクリエーションの時間が始まると、火の灯る蠟燭に針を刺し、その日にどれくらい自分の物語を語る時間があるか会員にわかるようにした。このような分かちあいの結果、友情の絆が深まり、だれもがとくに一同の指導者かつ教師としてのソフィーにひかれた。情緒的な依存関係が築かれるのは避けがたいことだった。これもまたソフィーの指導の特徴となる。生涯にわたり、ひとをひきつける能力を効果的に用いたのである。ときには依存関係を心配し、一同に自分に愛着をもちすぎないようにと諭し、個人の要求から自分を遠ざけたりして対応することもあった。会員たちに必要が生じたら自分に相談することを奨励し、それが毎日であろうと一日に二度であろうと気にとめなかった。しかしそのようなリズムを維持できなくなり、自分への面会を制限するようになった。旅にでる前にはつねに留守中にそなえて会員たちに長時間を割いたが、これが依存関係を助長したのかもしれない。修道会のかたちと会のなかの個人的な関係性を強調するとともに、ソフィーは自分の人格の力と影響力についても学んだ。

一八〇七年の晩春には修道院の建物が学校として使用できる準備が整った。だが、その年は寄宿生の人数がふえなかった。それでも一八〇七年九月、優秀な生徒の表彰式がおこなわれた。正式な表彰式はマリー・ドリヴィエに組織された。ドリヴィエは病気療養のため、一八〇七年四月にアミアンからポワティエに移動してきた。彼女は前年、アミアンでサン＝テステヴとボードゥモンがおこなった表彰式を模範とした。ところがそれでも新入生を勧誘する成果につながらなかった。より多くの寄宿生を集め、修道院がおこなう教育の種類を拡大せねばならなかった。一八〇六年一一月にアンリエット・ベルナールが入会すると、あらたな展望が開けた。ベルナールは数マイル離れたニオールで貧しい子どもたちの学校を運営していたのだが、六〇人の生徒を見捨てたくなかった。そのため、ポワティエの修道院に入会する以前に、ニオールの地元の修道者に学校を譲るように手配し、いずれポワティエの新しい修道院の会員たちが自分の学校の責任を負ってくれることを期待した。たしかに一八〇七年にソフィーはニオールに修道院を創設する可能性を調査し、即座に対応することはできなくとも、将来的に修道院の設立を真剣に検討することを約束している。この件がきっかけとなり、ポワティエに貧しい子どもの学校を開校するという計画をソフィーは思いつく。ソフィーはアミアンでの経験から、貧しい子どもの学校の開校が確実に生徒を集める方法だと知っていた。そのため、ソフィーは修道院に隣接する小さな家を買い、一八〇七年の年末以前に貧しい子どもの学校を開校することにする。地元の司祭たちに書簡を送り、教区の貧しい子どもたちを新しい学校に送るように依頼する。学校では読み方、算数、および手仕事のほか、公教要理を教えた。この計画はたちまち成功し、一八〇八年六月には学校の運営がきわめて順調だったため、ソフィーはニオールの貧しい子どもの学校のことも検討する余裕ができた。ニオールの町を訪ね、アンリエット・ベルナールが創設した貧しい子どもの学校の件を相談するだけでなく、寄宿学校に適した物件を探した。

一八〇七年一〇月、一風変わった女性がポワティエの新しい修道院に入会したいと申しでた。その女性、シュザンヌ・ジョフロワはポワティエ出身で、これまでも何度かなんらかのかたちの修道生活を軌道に乗せようと試みてきた。修道院の習慣に従い、レクリエーションの時間に自分の人生の物語を語るとき、シュザンヌ・ジョフロワの物語は何夜にもわたって語られたにちがいない。ソフィーは彼女の人生の物語を聞いて感動し、勇気づけられた。もっとも物語がすべて全員の前で語られたとはかぎらない。シュザンヌ・ジョフロワは一七六一年一二月六日、ポワティエ司教区の村テリエに生まれた。九人の子どもの長女で、六、七歳のとき、子どものいない伯父と伯母が彼女の養育を申しでた。快活な子どもで、家庭教師がいたにもかかわらず、勉強に集中するのが苦手だった。若いころ、ポワティエのカルメル会にひかれ、一七八七年、入会を希望する。ところが修道院長はシュザンヌが会の生活に適していないと判断し、町のイエズス会士の聴罪司祭に相談するように勧める。イエズス会はフランスで廃止されていたものの、多くのイエズス会士たちが教区でひそかに活動していた。シュザンヌがイエズス会士のドルアール神父に相談すると、しばらく待つようにと告げられた。シュザンヌが説明を求めると、神父はつぎのように述べた。ある修道会がドイツで創設され、一七八七年にはまだ人形遊びをしている少女によってフランスにもたらされる。シュザンヌはこの修道会に入会することが運命づけられている。神父はこの予言をべつのイエズス会士、ネクトゥ神父からうけたのだという。ドルアール神父はイエズス会が廃止される以前にポワティエでネクトゥ神父のもとで学んでいた。ネクトゥ神父はフランス革命の恐怖、反革命運動の発展、および（ブルボン王朝の復権がもたらす）宗教の勝利を黙示録的な言葉で予言した。また、のちの聖心会をかなり詳細に描写し、それがイエスの聖心（みこころ）に捧げられ、イエズス会を模範とし、やさしさと謙遜を特徴とすると述べた。しかし、あらたに創設され、当時はキリスト教教育婦人会という名称だった修道会に入会を一八〇七年に希望するまで、シュザンヌ・ジョフロワ自身はソフィー・バラと面識がなかった。ジョフロワの到着と彼女が語った物語は、ソフィーを深く感動させた。

ジョゼフ・ヴァランにはじめて出会ったとき、ソフィーはむろん聖心会と会における自分の役割にかんするこれらの予言のことを知らなかった。一八〇〇年には、イタリアで創設されていた修道会、イエスの愛子会に入会するのだと思いこんでいた。当時、ある仕事のためにソフィーが女子修道会を創立するという可能性はなかった。むしろ、ソフィーは、そもそもレオノール・ドゥ・トゥルネリに霊感を与えられ、数年前にはじめられた事業に吸収されたのである。それがいまや、ソフィーは自分が中心人物であるもうひとつの物語にして神話を、シュザンヌ・ジョフロワから耳にする。ネクトゥ神父の予言によれば、ソフィーはフランスにおける修道会の創立者である。この言葉が自分にとってなにを意味するのかソフィーが意見を述べることはなかった。実際、ポワティエの〔聖心会文書館所蔵の〕日記では「フランスにおける修道会の創立者になる運命の女性は、まだ人形遊びをしています」という文を割愛している。自分への直接の言及を記すことは、あまりにもあからさまで個人的すぎたのだろう。だがソフィーはドゥ・トゥルネリとネクトゥの物語のつながりに気づく。実際、のちの一八二〇年の第二回総会のとき、シュザンヌ・ジョフロワはネクトゥ神父の予言について語るようにと依頼される。そのとき、修道会はその起源、目的、指導についての長引く危機を脱したばかりで、創立の神話と歴史を記録せねばならない時期にさしかかっていたからだ。一八〇七年当時、シュザンヌ・ジョフロワの物語を聞き、ソフィーは励まされた。ポワティエで前に進む道を見いだしていたとき、自分の役割と運命についての想像力に富む描写はソフィーにとって力と勇気の源だった。一八〇〇年にジョアニーを去って以来の自分の人生のできごとをふりかえるときの助けにもなった。これまでのソフィーの足取りは以下のとおりである。イエスの愛子会という新しい修道会に入会し、アミアンの修道院と学校の創設にたずさわり、一八〇二年一二月、指導者に任命されたが、これはソフィーにとってむずかしい役割だった。修道院と学校にはさまざまな緊張関係があり、みずからも健康がすぐれなかった。一八〇四年六月、パッカナーリをめぐる個人的な醜聞により信仰の霊父会はイタリアとの関係を断たざるをえなくなり、ジョゼフ・ヴァランはみずからの責任でイエスの愛子会とのすべての関係を断った。かくてソフィーは唐突に孤立した修道会の指導者となった。一八〇四年秋、ふたたびジョゼフ・ヴァランの呼びかけでソフィーはグルノーブルに旅し、フィリピーヌ・デュシェーヌと出会い、グルノーブルの小さな修道会とアミアンの修道会の合併を計画した。そのとき以来、総長としてのソフィーの役割は不明瞭になり、自分になんの相談もなく交渉がおこなわれていることについて不満を述べている。ルイ・バラとジョゼフ・ヴァランの見解にもかかわらず、みずから認めるように、ソフィーはこの事態をうけいれがたく感じた。

実際、アミアンでは修道院が徐々に聴罪司祭サン゠テステヴの影響下に入っていった。一八〇四年にソフィーがグルノーブルに赴いた際、ジョゼフ・ヴァランにより院長に任命されたアンヌ・ボードゥモンはサン゠テステヴに完全に操られていた。アミアンの修道院と学校は独自のアイデンティティを築きはじめる。これは一八〇六年、ソフィーが総長選挙のためにアミアンにもどったときにすでに明白だった。これは必要な展開だった。イエスの愛子会との断絶によって、パッカナーリやイエスの愛子会に依拠せずに、修道会がみずからの将来を自力で築かねばならなかったからだ。しかも、ジョゼフ・ヴァランがアミアンには事実上不在だったことと、当時のフランス政府による信仰の霊父会の周縁化により、アミアンの修道院におけるサン゠テステヴの影響がいっそう強められることになる。政府の弾圧を避けるために信仰の霊父会からの脱会をサン゠テステヴが決意すると、この傾向はより顕著になる。

一八〇五年、アミアンの学校で公開試験がおこなわれ、ひきつづき表彰式があった。ふたつの行事は華やかで格式ばっていた。これは市当局の賛同を得て、学校に新しい生徒を勧誘するためだった。しかしジョゼフ・ヴァランはこれらの行事が贅沢で派手すぎると考えた。一八〇六年のソンム県の報告書によると、アミアンの学校はアンヌ・ボードゥモンが経営する「アミアンのキリスト教教育婦人会の学校」と記されている。一八〇七年には、おもにサン゠テステヴの尽力のおかげでキリスト教教育婦人会の修道院がナポレオンに認可された。ナポレオンに提出する嘆願状は一八〇六年一二月、サン゠テステヴにより起案された。この嘆願状はメッツ司教アンドレ・ジョフレにより宗教大臣ポルタリスに提出され、本修道会はいくつかの会の元会員とあらたな修道会をつくる過程にある何人かの一般信徒の女性により構成されていると述べた。嘆願状はつぎのように明言している。キリスト教教育婦人会はもはや（ナポレオンに疑念を向けられ、まもなく廃止に追いこまれる）信仰の霊父会と関係がない。また、フランス政府に認可されているウルスラ会またはノートルダム修道会の会則を応用する計画である。アミアンだけでなくグルノーブル、ベリー、ポワティエおよびヘントでも教育の分野において国家にとって有益な奉仕をしている。この理由により修道会は皇帝ナポレオンから公式の認可を要請するものである。一八〇七年三月、ナポレオンは修道会とアミアン、フランス国内、そして将来的には植民地におけるその活動を暫定的に認可する勅令に署名する。これは修道会が国家により完全に認可されるために必要な一歩だった。だが、オステローデの皇帝の軍営で記された国務大臣の議事録には、アミアン以外の修道院への言及はない。もっとも条項第五条は、ナポレオンの暫定的認可により修道会の拡大の可能性を規定している。

ナポレオンに提出された書類には、修道会の総長としてのソフィー・バラへの言及はなかった。実際、総長職は提出された条項に記されていたものの、だれがその職にあるかも、総長職が終身であることも記されていなかった。総長職が終身であることは、一八〇六年一月、アミアンにおいてソフィーが選出されたときの共通理解だったが、そののちの文書では言及されずじまいだった。これはサン゠テステヴの賢明な判断だったのかもしれない。終身総長職がナポレオンの疑惑を招く危険があった。終身総長職はひとりの指導者のもとに統合された複数の修道院の存在を意味し、イエズス会の指導方法を連想させたからだ。いずれにしろ、ナポレオンの認可を要請する過程はソフィーの関与なく進められた。その問題が議論されサン゠テステヴにより準備されていることを、むろん、ソフィーは知っていた。一八〇七年の四旬節のはじめに嘆願書が実際に提出されたことをジョゼフ・ヴァランから聞かされた、と日記には記している。一八〇六年から一八一四年にかけてのジョゼフ・ヴァランとソフィーの往復書簡が現存しないため、ふたりがアミアンで起こっていることをどれだけ承知していたかをうかがい知るのはむずかしい。当時、ジョゼフ・ヴァランはサン゠テステヴに全面的な信頼を寄せていた。そのうえ、ヴァランはナポレオンへの嘆願書に自分が関与せずにすむのを歓迎していた。すでに政府の疑惑を招いていたからだ。

ソフィーはというと、この手続きに無条件で賛成したわけではなく、時期尚早だと考えていた。修道会が表舞台に立たずに、より発展してからずっとのちになって認可を申請するべきだと思ったのである。一八〇六年以来、手を入れられてきた会則を使用するのに異存はなく、長年のあいだに改定され細部が明確化されるという意味で暫定的なものであると理解していた。一八〇七年三月にナポレオンからうけとった暫定的認可の勅令そのものを目にしていなかったかもしれないが、ソフィーは文書のなかで自分の役割が脇に追いやられたことを感じとっていた。サン゠テステヴとアミアンの修道院が始めた手続きの賢明さに疑問をもったのは無理もない。あきらかにアミアンの修道院は当地に彼女の場を認めなかった。ソフィーをグルノーブルかポワティエの修道院長にすぎないとみなしたのである。それでも、ソフィーの疑問がいかに切実なものであったとしても、修道会が政府に廃止される危険を回避するためには、なんらかの法的認可が必要だった。一八〇四年六月二二日のメシドールの勅令において、ナポレオンは政府の公式な法的認可がなければ、いかなる男子修道会も女子修道会も構成されえないと宣言していた。グルノーブルではジョゼフ・ヴァランとフィリピーヌ・デュシェーヌの家族の助力を得てサント゠マリー゠ダン゠オーの法的認可を獲得しようと画策したが、修道会が学校を設立したいと思う地域で地元の当局に示すなんらかの政府の認可は必要だった。

この状況下では認可の申請は政治的に賢明な手段だった。成功し、発展する修道会の姿は、一八〇七年、会がソンム県の知事にアミアンのより広い物件に移転する許可を申請したときにさらに強調された。申請書の主張によると、以下のとおりである。アミアンの修道院はキリスト教教育婦人会の生誕の地であり、フランス国内にいくつかのほかの修道院を有している。教育の構想は三つの源に端を発する。すなわちヴェルサイユ近郊のサン゠シール、パリの幼きイエス修道院、およびプロヴァンスのランベスクである。フェヌロンの『女子教育論』が霊感の源である。修道会会員が学校で教育にあたるほか、一般信徒の教員が綴り方、素描、音楽（ハープ、ピアノ、および歌唱）、礼儀作法、およびダンスを教えるために雇われている。一六〇人の生徒を擁する貧しい子どもたちの学校もあり、無料で教育を提供している。二校はまったく別の施設だが、寄宿学校の生徒たちは貧しい生徒たちに衣服、とくに初聖体の衣装を与えるのが当然とされる。文書にあげられた詳細により、サン゠テステヴが修道院の協力を得て活動した文脈と背景がうかがえる。有益で必要な活動だったことは否めない。

ナポレオンへの嘆願書とおなじく、知事への文書でも以下の点が強調された。アミアンの学校の大評判をうけて、リヨン、グルノーブル、そしてポワティエからの依頼が舞いこみ、修道会が三市に会員を送り、学校を設立したこと。アミアンの修道院と学校が発展したため、より大きな物件への移転が緊急の課題であること。空間が必要なのは寄宿学校と貧しい子どもの学校のためだけではない。若い女性を養成する修練院と、修道院に下宿することを望む女性をもてなす目的もある。フランス国内のいくつかの司教区が大きな建物や資金を申しでたが、より大きな物件さえ入手できれば会はアミアンにとどまりたいと希望する。そのため、神学校のより広い建物への移転許可を知事に申請するというわけである。修道会が順調に発展し、将来の拡大を慎重に計画していたことはあきらかだ。会の発展は修道会会員の積極的な協力とサン゠テステヴとアンヌ・ボードゥモンの意欲によりかなったのである。法的にはソフィー・

バラが総長であり、アミアンの修道院が独自に活動していても、法文書はソフィーに送られ、ソフィーによって署名された。だが、アミアンにおける修道会の発展にソフィーはなんら実質的な役割をはたせなかった。遅かれ早かれソフィーはこの状況に対処せねばならない。一八〇八年夏、ソフィーはアミアンを訪れ、事態の解決にのりだすことにする。

アミアンでソフィーを待ちうける仕事は心をくじくものであり、ジョゼフ・ヴァランからはこのための準備をなにひとつうけなかった。一方でヴァランはソフィーを個人的に温かく、説得力ある方法で励まし、とくに健康状態を気づかった。だが、ソフィーの独立心あふれる精神をうけいれがたく、ソフィーからの批判を警戒した。サン＝テステヴとボードゥモンにかんするソフィーの懸念や躊躇を斥け、ソフィーが目前の責任だけに集中すべきだと言って、受動的な対応をうながした。一八〇五年、グルノーブルに滞在していたとき、ソフィーはアミアンにおける発展についての心配を表明した。するとジョゼフ・ヴァランは面くらった。自分の管理への批判だとうけとめたのである。

> あなたはわたしをご存知ですね。ですから、わたしが虚偽や隠しだてを嫌うのを承知していると思います。あなたの〔修道会の〕家族の状態についてのさまざまな折のわたしの発言すべてに全面的な信頼を寄せなさい。真実を知り、判断力を行使することは、あなたの精神の平安と幸福にとって大事なことです。それ以外については、あなたになら、信用を得るための前置きは不要だと承知しています。

ジョゼフ・ヴァランがソフィーを尊敬していたことは疑いない。だが、かなりの長きにわたってソフィーの指導力を見抜けなかった。ことに一八一四年以前は確実に見くびっていた。ヴァランはあからさまな熱意や有能さの表れを評価し、ソフィーのような控えめな指導力にはさほど感銘をうけなかった。はじめからサン＝テステヴに全面的に肩入れし、アミアンで好きなようにする自由を与えていた。ソフィーが総長として選出されたあとも、アミアンにソフィーが滞在中のときでさえ、ジョゼフ・ヴァランはソフィーではなくアンヌ・ボードゥモンに書簡を宛てた。このことは修道院のなかでソフィーの立場を困難にした。ソフィーの存在が疎まれ、権威が認められなかったからである。ソフィーがこのことについて述べると、ジョゼフ・ヴァランはソフィーの機嫌をとろうとした。アミアンでのソフィーの立場を自分がいかに理解していなかったかを示唆して。

あなた宛てに手紙を書きませんでしたが、あなたに隠しごとをしたわけではありません。かたやムッシュー・B［ブラン］が、かたやマダム・ボードゥモンが、わたしの旅のことをお伝えしたと思います。旅は順調でした。あなたをふくめて何人かのひとに手紙を書かねばならず、時間がないときは、だれから始めるのが適切かを承知しています。あなたを最後にするのは、確固とした友情のまぎれもない証なのです。

ジョゼフ・ヴァランはソフィーを相談からはずすことが多く、決定がなされたあとではじめて報告することが多かった。ソフィー宛ての手紙を読み、ソフィーがうけとるべきか否かを判断することもあった。ローマにおけるパッカナーリをめぐる危機の折に、ルイーズ・ノーデがソフィーに手紙を送っていたが、ジョゼフ・ヴァランはその手紙を一存で破棄してしまった。

M［マダム］・ルイーズからあなた宛ての手紙があったのを伝えるのを失念しました。あなたの家族［アミアンの修道院］から転送されたのですが、わたしが燃やしました。おもにふたりの友人マリー＝A［アンヌ］とジュリーについての手紙でしたし、きわめて軽率なものでしたから。

また、サン＝テステヴとボードゥモンに依頼されて、ジョゼフ・ヴァランがジュヌヴィエーヴ・デゼーをアミアンの学校から異動させたときも、ソフィーは事後にその決定を知らされただけだった。

マダム・Desh［デゼー］の異動については心配無用です。きわめて満足のいく異動だと請けあいます。真に喜ばしいことです。あのひとはほかの責任を与えられました。あのひとの健康状態によりふさわしい仕事で、より喜びを与えるものです。あなた宛ての手紙をわたしに託しましたが、たいへん読みにくい文面だったので、あなたの目を煩わせないために燃やしました。このことをあのひとには伏せてください。ざっと目をとおしましたが、大事なことはなにも書かれていませんでした。

ソフィーが何度かアミアンでのサン＝テステヴの行動を批判したにもかかわらず、ジョゼフ・ヴァランはサン＝テステヴをかばい、ソフィーが疑い深く、独立心がありすぎると非難した。ソフィーはアミアンの何人かの会員へのサン＝テステヴの霊的指導への心配を述べたのである。この点についてはアンヌ・ボードゥモンでさえ不安に思っていた。しかしジョゼフ・ヴァランはサン＝テステヴを弁護し、聴罪司祭の権利を盾にとった。

良心について知り、導くひとびとの智恵をもう少し信頼しなさい。賢明な聴罪司祭の助言をうけて、魂と神のあいだで、深みにおいてひそかに生じることには、ほかの是認は不要です。だれかの権利をそこなうわけではないのですから。

それでも、ソフィーの心配をやわらげるために、サン＝テステヴと話しあうことをジョゼフ・ヴァランは請けあう。とはいえ、実際にはジョゼフ・ヴァランはサン＝テステヴを全面的に信頼し、すべてにおいて支持した。ソフィーにもそうするようにとうながしている。ナポレオンへの認可申請の件がもちあがると、ジョゼフ・ヴァランは交渉をサン＝テステヴにまかせるべきだと示唆する。

親愛なるムッシュー・ドゥ・S〔サンビュシー〕〔サン＝テステヴ〕の智恵を疑ってはなりません。この件を愛にあふれる神の摂理にゆだねようではありませんか。神はあのかたを道具として選ばれたのですから。すでにこの件でそのようにあのかたにお伝えしました。

ソフィーはジョゼフ・ヴァランがサン＝テステヴを誉めそやすのに加担しなかった。実際、サン＝テステヴは皇帝ナポレオンへの嘆願書を作成するのにふさわしくないと思ったのである。ジョゼフ・ヴァランはソフィーの見解をにべもなく斥けた。

親愛なるムッシュー・ドゥ・S〔サンビュシー〕〔サン＝テステヴ〕は郵便馬車が着くたびに手紙を託してくださいます。つねにあなたにかんする重要な案件のために猛進しておられます。わたしがあのかたの疾走に待ったをかけるとでも思ったのですか。とんでもないことです。よき神の御前で祈り、充分に思いをめぐらせた結果、神の摂理にゆだねるべきだという大いなる確信をおぼえました。ですからあのかた〔サン＝テステヴ〕を励ましてきたのです。

ジョゼフ・ヴァランは何度もソフィーを無視した。自分が会にとって最良とみなすことにつねに従うようにうながした。独立心が強すぎると言っては、ことあるごとにソフィーを非難し、自分の判断に従うように迫った。

そうです！　自分の意志をすべて脱ぎすてなさい。信仰やより高き完全さという名目で、その切れ端さえも残してはなりません。わたしがあなたに求める最高の完全さとは、激しい内的葛藤を完全に抑えることを意味します。あなたがはたす役割や償いの件で、意志が拒まれたときにあなたが見せる内的葛藤の抑制です。……そして最終的には、いさぎよく、霊的に解放されて、すべてをうけいれなさい。

　霊性の言語は抑圧的だった。当時、ソフィーが自分の意見を強く主張するのを妨げるほどに。ときとともにソフィーの洞察が正しかったことが証明される。だが、一八一四年までジョゼフ・ヴァランはアミアンで不都合なことをなにも見いださず、サン＝テステヴについてのソフィーの見解が事実無根だとみなした。しかも一八〇七年、信仰の霊父会が弾圧されたとき、サン＝テステヴが会を去ったため、ジョゼフ・ヴァランの彼との接点はさらに希薄になった。そのため、サン＝テステヴがキリスト教教育婦人会でだんだんと権力をにぎり、創立者の役割と仕事をのっとっていることをジョゼフ・ヴァランに気づかせるのは至難の業だった。ジョゼフ・ヴァランにとって苦い発見であり、真実を認めるのにかなりの時間がかかった。ジョゼフ・ヴァランは衝動的で直情的な性格で、男女ともに威勢のよい人物にひかれた。パッカナーリの例でもわかるように、大仰な主張に説得され、そうした主張に不適切なほど重要性と価値を置いた。相談するのも気まぐれで、頻繁に意見を変え、態度や行動はまったく予想不可能だった。一方、ソフィーの資質はより目立ちにくく、控えめで、ジョゼフ・ヴァランに未経験だと思われたため、その陰にかすみがちだった。ジョゼフ・ヴァランはソフィーの見解を軽んじ、評価しなかった。のちにヴァラン自身が自嘲的に認めているように、当時、ソフィーの警告を気にもとめなかったのである。

　意思疎通を妨げる深刻な障害があっただけでなく、フランスにおけるジョゼフ・ヴァラン自身の立場が危うかったため、ヴァランは女子修道会とのかかわりやつながりを弱めたいと望んでいた。折しもナポレオンが国家と皇帝へのカトリック教会の従属性を確保しようとのりだしていた。そのため、フランス政府は信仰の霊父会の会員がじつは偽装したイエズス会士ではないかとの嫌疑をかけ、一八〇七年一一月、フランスにおける会の活動を弾圧した。信仰の霊父会の会員は出身地の司教区にもどるよう命じられた。ジョゼフ・ヴァランはブザンソンにもどり、ナポレオンの治世が終焉に近づく一八一四年までそこにとどまった。ときおりパリを訪れたものの、この時期はアミアンとの接触を断ち、当地の修道会の発展とはまったく切り離されていたらしい。一八〇六年六月から一八一四年一〇月までのジョゼフ・ヴァランとソフィー・バラの往復書簡は現存しない。信仰の霊父会の元会員たちがそれぞれの出身地の司教区に居住していたこの時期、ソフィーは小さな修道会の発展にひとりで対応せざるをえなかった。ソフィーは三つの修道院に目を配らねばならなかった。ポワティエ、グルノーブル、およびニオールである。総長としてアミアンにも責任があった。加えて、一八〇八年にはアミアンの会員たちがヘントとキュイニエールに修道院を創設していた。これらもまた、すくなくとも理屈の上ではソフィー・バラの責任のもとにあった。

当時のフランスにおける修道生活をめぐる不安を考慮に入れると、キュイニエールにおける新しい修道院の創設は現実的な決定だった。ことに信仰の霊父会が解散させられた一八〇七年一一月以降はなおさらそうだった。こうした状況を念頭に、アンヌ・ボードゥモンはボーヴェ司教区のクレルモンから三マイルほど離れたキュイニエールに物件を購入した。もし修道院がアミアンを追われることがあれば、キュイニエールに避難すればいい。会員の当地への派遣は一八〇八年三月二日にアミアンで決定され、アミアンの修道院から三人の会員が送られた。当初、住居や地元の聖職者や住民との関係は悲惨だった。幸先の悪い第一歩にもかかわらず、会員たちは持ちこたえ、村人の生活のなかに入りこんでいった。まずは家庭で病人を看護し、つぎに貧しい子どもたちの学校を開校し、さらに寄宿学校を開校したのである。

当時フランス領だったヘントの修道院創設はサン゠テステヴの尽力によるものだった。サン゠テステヴはヘント司教モーリス・ドゥ・ブローイと交渉した。一八〇六年、司教は自分の司教区に学校を開校するためにアミアンの会員たちを招き、元シトー会の修道院だったドージーレを彼女たちの宿泊のために提供した。実際の創設は一八〇八年五月から開始される。アミアンの修道院から送られた八人の会員がドージーレに修道院と学校を創設したのである。会員たちを率いたのはマリー゠アントワネット・ドゥ・ペニャランダ（一七七九―一八三〇）である。スペイン出身のベルギー人で、アミアンの修練院で初段階の訓練を終えたばかりだった。一八〇八年一〇月、寄宿学校と貧しい子どものための学校が開校し、まもなくベルギー人女性たちが入会を希望するようになる。一八〇七年三月にナポレオンからうけた認可の勅令にもとづき、一八〇九年一月、州の知事が修道院を法的に認めた。未来はばら色にみえた。修道院や学校がアミアン、ヘントおよびキュイニエールで順調に発展していた。

一八〇八年七月、ソフィーは修道院の公式訪問のためにアミアンに旅することを決意する。多難な滞在は覚悟の上だった。多大なエネルギーと洞察が求められる仕事のために準備が必要だとわかっていた。そのため、テレーズ・マイユシューをともない、まずパリに立ち寄ってからアミアンに赴く。パリでふたりはマダム・ドゥ・グラモン・ダステルのもとに身をよせた。マダム・ドゥ・グラモン・ダステルはパリのサン゠トマ・ドゥ・ヴィルヌーヴ修道会の修道院に下宿していた。以前、パリを訪れたとき、ソフィーはマダム・ドゥ・グラモン・ダステルと知りあっていた。とくに一八〇四年にマダム・ベルジュロンのもとに長期滞在したとき、懇意になった。貴族出身のマダム・ドゥ・グラモン・ダステルと小ブルジョワ出身のソフィーは親しい友人同士になり、気のおけない敬意にみちた友情をいだきあうようになる。マダム・ドゥ・グラモン・ダステルは結婚前の名をシャルロット゠ユージェニー・ドゥ・ボワジュラン（一七六六―一八三六）といい、グラモン・ダステル公爵の寡婦で、かつてマリー゠アントワネットの女官だった。革命中、一家はフランスを去り、ロンドンに亡命する。姉妹マダム・ドゥ・シャバンヌとともにマダム・ドゥ・グラモンはロンドンのハイドパークに学校を開校しようとする。ドゥ・グラモン公爵は一七九五年三月にロンドンで亡くなり、その一年後にマダム・ドゥ・グラモン・ダステルは子どもたちとともにフランスに帰国する。一家は数年間アミアンですごしたのち、パリに移り住む。ソフィーがマダム・ドゥ・グラモンと出会ったころ、ふたりの娘はアミアンの学校で教育をうけていた。そのひとりユージェニー・ドゥ・グラモンは一八〇六年にアミアンの修練院に入っていた。ソフィーが総長として選出される直前のことである。ソフィーとユージェニー・ドゥ・グラモンは長年にわたり親友となる。

ソフィーのパリ滞在とその後の一八〇八年八月のアミアン訪問を、テレーズ・マイユシューが記録している。パリでソフィーはサン゠シュルピスの神学校長ジャン・モンテーニュに会う。モンテーニュとはマダム・ドゥ・グラモンを介して知りあっていた。一八〇四年にふたりの娘ユージェニーとアントワネットがふたたび勉強をはじめたとき、サン゠シュルピスで公教要理の授業をうけたため、マダム・ドゥ・グラモンはサン゠シュルピスの関係者に顔が利いたのである。ジャン・モンテーニュ（一七五九―一八二一）はシュルピス会士で信仰の霊父会に友好的だった。霊的指導者としての才能はパリで広く知られ、評判がよく、当時、ソフィーの相談役になる。ソフィーはキリスト教教育婦人会の起源の概要を話し、みずからが考える危機的状況を語った。すると、じっくり考えてから、モンテーニュは何度もソフィーに警告した。「あなたがたのただなかに、破滅の種子があります。ですが、たいへん有力で神に近いあるかたが、あなたとあなたの修道会のために祈っておられます」。自分の洞察が支持されるのを聞き、ソフィーは意を強くした。かくてマダム・ドゥ・グラモンのもとでのパリ滞在とジャン・モンテーニュとの面会は、うちなる力を蓄え、アミアン訪問の準備をする時間をソフィーに与えた。力づけられ、勇気を得て、ソフィーとテレーズ・マイユシューは一八〇八年八月、アミアンへと出発した。アミアンに到着すると、いまやサン゠テステヴがキリスト教教育婦人会の創立者とみなされているのを知る。修道院には三二人の会員がおり、寄宿学校には五二人、貧しい子どもたちの学校には一四〇人の生徒がいた。あきらかに修道院も二校の学校も発展と成功をとげていた。

修道院長は権力と影響力のあるアンヌ・ボードゥモンだった。ボードゥモンの補佐役にして校長はカトリーヌ・ドゥ・シャルボネルだった。ドゥ・シャルボネルはきわめて知的で学識ある女性だったが、ボードゥモンに威圧されていた。修練長は、イタリア出身で元イエスの愛子会会員のテレサ・コピナだった。アンリエット・デュシスはヴェルサイユに生まれ、サン゠テステヴの指導でアミアンの修道院に入会した。サン゠テステヴの姉妹フェリシテ・ドゥ・サンビュシーはクレルモン゠フェランの修道院でウルスラ会会員だったが、アミアンの修道院に入り、いっさいの養成をうけないまま即座に正規の会員としてうけいれられていた。この面々が一八〇八年八月、ソフィーを迎えた主要な会員だった。ソフィーを個人的に知る者は少なかった。ソフィーを知るフェリシテ・デマルケは一八〇八年五月にキュイニエールの修道院設立のためにアミアンを去っていたし、まもなく一八一〇年にはカトリーヌ・ドゥ・シャルボネルもポワティエに移り、当地の学校教育を担当することになる。

ソフィーの到着は表面的には熱烈に迎えられた。修道院で導入された変更がソフィーの承認を得るために紹介されたものの、ソフィーが批准したり、ましてや拒否したりすることはまったく想定されていなかった。ソフィーは目にするものすべてを肯定し、修道院と学校の生活の続行を許可するものと思われていた。ソフィーはアミアンの修道院があきらかに成功していることに印象づけられ、修道院の教育活動と学校の学習指導要領をうけいれた。たしかに会員たちはみずからの希望や抱負に応え、フランス社会の必要に応える仕事にとりくんでいた。ある意味で、ソフィー・バラは無関係な存在だった。総長としての役割は、法的な領域以外ではアミアンの会員たちとかかわりがなかった。ソフィーはこれに気づき、はじめは当地の会員たちの生き方に順応しようとした。会員たちの視座や期待は旧体制（アンシャン・レジーム）の世界に属するものだった。ほとんどの会員がフランス革命以前に修道生活を経験しており、たいていは貴族出身だった。もっとも何人かは無一文だったが。一方、ソフィーは富も社会的な地位もなく、イエスの愛子会に入会する以前には修道生活の経験もなかった。

このような状況をかんがみて、ソフィーにはアミアンの事態をうけいれ、留守中に展開したあらたな事態ととりくむ以外の選択肢がなかった。自分の役割をはたす余地はなかった。アンヌ・ボードゥモンが修道院長で、すっかりサン゠テステヴの影響下にあり、地元の当局には修道会の総長だと思われていたからである。ソフィーはあきらかに不必要だった。実際、ソフィーは蚊帳の外におかれ、ふたたび一八〇六年の経験をくり返さねばならなかった。一八〇六年当時、総長選挙のためにアミアンを訪れたときに無視されたのとおなじ状況が再現されたのである。自分の立場を敏感に意識したソフィーは、つづく六年間はアミアンに断続的に滞在しただけだった。一八〇八年八月から九月まで、一八〇八年一一月から一八〇九年五月まで、そして一八一一年六月から七月まで、というように。ソフィーに残された選択肢は、ほかの修道院で総長としての役割を続行することしかなかった。ほかの修道院の会員たちに霊的指導を施すソフィーの手紙は温かく、愛情にみち、アミアンで直面している問題にまったく触れていない。もっともフィリピーヌ・デュシェーヌにはより率直に語っている。フィリピーヌの手紙にどれほど力づけられるかをしたため、テレーズ・マイユシューがグルノーブルに移ってアミアンに彼女がいなくてほんとうに寂しいと打ちあけている。ソフィーは手紙のなかでつねに十字架に言及した。苦悩を表わす手段だった。そして自分が神からいかなる要求をされても怖気づかないように祈ってほしい、とフィリピーヌに頼んでいる。闇に閉ざされた、謎にみちた時期だった。今後の道を照らす光が差すこともほとんどなかった。

第四章　破滅の種子
一八一一―一五年

一八〇〇年に実家を離れて以来、ソフィーはジョアニーの両親や姉と定期的に文通し、家族に起こることすべてに強い関心をよせた。兄ルイとの連絡はより散発的だった。一八〇〇年の秋、ソフィーと別れると、ルイはリヨンに行き、ピエール・ロジェ神父とともにその地で少年のためのコレージュを組織した。だが、一八〇二年、コレージュはわずか一年で政府によって閉鎖された。すると信仰の霊父会はサン゠ガルミエにコレージュを移転させようと考え、ルイがその運営のために派遣された。翌年、ふたたび政府の命で閉鎖されたため、コレージュはさらにベリーに移転することになった。ルイはそこで教鞭をとり、一八〇三年、最終誓願を立て、信仰の霊父会の会員になった。つぎの二年間、ベリーを拠点とし、そこで少年たちを教え、近隣の教区で布教活動にいそしんだ。一八〇四年一二月、ルイはパリに赴く。教皇ピオ七世がノートルダム大聖堂におけるナポレオンの戴冠式に列席したときである。ルイは数週間パリにとどまったが、一八〇五年三月、ソフィーがパリに来たころにはベリーにもどっていた。この年の秋、ルイはラルジャンティエールの小神学校に赴任した。フェッシュ枢機卿が運営を信仰の霊父会に託した学校である。その地にいるあいだ、一八〇五年から一八〇八年にかけてルイは数回グルノーブルを訪れている。ソフィーがグルノーブルにいあわせたときは、兄の訪問が心痛のもとだった。ルイのことを怖がりつづけ、兄が修道院にいると深く苦しめられた。ソフィーは兄が自分におよぼす影響についてジョゼフ・ヴァランに打ちあけた。ジョゼフ・ヴァランはすでにソフィーが兄にいだく怖れに気づいており、一八〇一年につぎのようにしたためている。

これほどの苦悩と不安をあなたの魂に呼びさますにいたったいかなるおこないを、あなたの親愛なる兄弟にしてわたしの兄弟があなたに命じたのか、わたしにはわかりません。ですが、喜び、しあわせ、そして励ましを表わしていないすべての行を、最後の一語までわたしが棒引きにし、ぬぐい去りましょう。

一八〇五年にルイがグルノーブルにソフィーを訪れたと

きも、ソフィーはいまだに兄を怖れていた。ジョゼフ・ヴァランは修道会内部の問題にソフィーが苦しめられたことは理解できたものの、ソフィーが兄にたいしていだく怖れの根深さに驚いた。

あなたがお兄様に会うと、あなたのもうひとつの苦しみがなくなるどころか、いやますのにわたしはほんとうに驚愕させられます。なんということです！　この背後にだれがいるのかをいまだにわからないのですか？　悪しき霊の仕業です！　もしそれがわかっているのなら、あなたはいまだに欺かれているのです！　ああ！　わたしがそちらに着くまでに、どうかそのような無益な悩みをなくしなさい。天から遣わされた天使にでも励まされたいとでも？　キリストの代理である司祭〔ここではルイ・バラ〕のなかにいらっしゃるイエス・キリストを信じようとしないのに、天使ならもっと信じるとでもいうのですか？　勇気、信頼、そして祝福された大胆さをもちなさい。

ソフィーが自分の個人的生活へのルイの支配を断つのは、たやすいことではなかった。ルイ自身も自分がいるときのソフィーの反応に気づき、そのことをジョゼフ・ヴァランに語った。だが、ふたりともソフィーの抑圧の原因を理解できなかった。一八〇三年、ソフィーについての懸念とソフィーがおこなっていることへの敬意について、ルイは妹マリー＝ルイーズへの手紙にしたためている。しかし個人的にソフィーに感じる気がかりや心配を表わすことはできなかった。一方、フィリピーヌ・デュシェーヌはルイに怖れをいだかず、一八〇六年から一八〇八年にかけてふたりのあいだに生涯つづく友情が育まれる。ルイはフィリピーヌ・デュシェーヌと宣教活動への憧れを共有し、フィリピーヌの厳格な生活を全面的に肯定した。しかし、この友情に唐突に終止符が打たれる。一八〇七年一一月、ナポレオンが信仰の霊父会の全会員に出身地の司教区に住むように命じたため、一八〇八年初頭、ルイはジョアニーに帰郷する準備を始める。

グルノーブルの会員たちとの交流は、ルイが何人かの会員を指導する始まりだった。だが、ソフィー自身はこれに賛同し、奨励することも多かったものの、ルイが彼の権限を越えたときは、即座に指摘することを怠らなかった。この意味では、総長としてのソフィーはルイから独立して行動しえた。あるとき、ニオールのひとりの会員がルイ・バラからソフィーと矛盾する助言をうけ、ソフィーにどうすべきかを相談した。するとソフィーはつぎのように答えた。

刺繍よりも長時間の祈りを兄があなたに勧め、刺繍にあなたがついやす時間のことを嘆いていると聞き、さもありなん、と思いました。その昔、兄はわたしの手仕事をすべてひき裂き、時間の無駄だと言いました。とはいえ、刺繍がわたしたちにいかに役立つものかをおわかりですね。どのようにこれに微妙な差異をつけるかをあなたには習得してほしいのです。大量の刺繍をしあげることを求めているのではありません。時間のことはとやかく言いません。刺繍にはできるだけ時間を割きなさい。霊的な務め、文法、その他の勉強を刺繍に優先させることを肝に銘じていればいいのです。

一八〇八年の暮れにはルイはジョアニーにもどっていた。ジョアニーの母校コレージュ・サン゠ジャックでしばらく教鞭をとったのち、サン゠ファルジョーの教区司祭に任命され、三年近く司牧にあたる。ジョアニー近郊にルイがもどってきたことで、マダム・バラは慰められた。まだ六七歳だったにもかかわらず、夫ジャック・バラは病気がちで、一八〇九年五月末に重篤な病におちいった。六月初旬、ソフィーは父を見舞いにきて、しばらくは実家ですごす心づもりだった。しかし急用でポワティエに赴かねばならず、ソフィーがその地に滞在中の六月二五日、父ジャック・バラは亡くなった。ソフィーはめったに父のことを口にしなかった。フィリピーヌがジャック・バラの死を悼むと、ソフィーはきわめて控えめな返事を送った。

父の死へのご親切なお悔やみをありがとうございます。実際、ほんとうに辛いものでしたが、希望とあなたがわたしたちの賞賛すべき父のために捧げてくださった祈りによって、わたしたちの悲しみは癒やされました。

ソフィーは母についてはより多くを語った。エミリー・ジラールがマダム・バラにブラウスとスリッパの贈物をすると、ソフィーは礼状にしたためる。

どんなに母がわたしを愛しているか、あなたにわかっていただければ！　わたしを失うことは、天が母に与えた殉教です。母と家族全員のために祈ってください。

一八一一年にルイはサン゠ファルジョーをあとにする。トロワの神学校に招かれ、教鞭をとるためである。ところがトロワに赴任してまもなく政府と対立する。一六八二年の四箇条への署名を拒んだのである。ガリカニスム〔ローマ教皇庁にたいするフランスの国家と教会の独立性を唱える態度と思想〕を表明するこれらの箇条は、一八〇二年にナポレオンが起草した政教協約（コンコルダ）に追加されたもので、聖職者は署名を義務づけられた。ルイ・バラはそれを拒んだのである。皇帝ナポレオンに送られた無記名の書簡に、ルイの教皇権至上主義（ウルトラモンタニスム）〔字義どおり「山向こう」であるローマ教皇庁の中央集権的支配をうけいれる態度と思想〕と同様、彼の神学の内容についての不満がつぎのように述べられている。

この世紀において、宗教の司牧となる運命の若者を導き育てることのなんたるかについて、ムッシュー・バラはとほうもなく無知であります！　トロワの神学校における霊的状況とこの幻視者バラの奇異な思考がもたらした害の深刻さを、わたしはだれよりも承知しています。……風変わりな信心や、もろもろの啓示や、とるにたらぬ奇蹟への異常な執心。ああ、悲しいかな！　かくのごとく指導される神学校はどうなることでありましょうか。

　ナポレオンはこの書簡を警察大臣にわたし、事態はすみやかに対処された。ルイ・バラは、神学校を追われたばかりでなく、ヨンヌ県を去るように申しわたされた。行き先を選択することはできたので、何人かの聖職者の知人がいるボルドーを選んだ。去る前に数日間の猶予を与えられたルイは、ジョアニーとミジェンヌを訪れ、その後、ボルドーまで旅する旅券を与えられた。この時期以来、ルイ・バラはたえず政府の監視下におかれた。もっとも、ルイ・バラがローマとの政教協約（コンコルダ）の条件を斥けたものの、革命分子ではないことを政府当局は承知していた。

　ルイもソフィーも姪や甥の教育に関心を示した。一八〇七年のエリーザの誕生と一八〇九年のドジテーの誕生以来、その人数はいまや八人になり、ふたりの甥と六人の姪がいた。長男のルイはアミアンのサン＝タシュールの神学校に入学しており、一八〇三年、伯父ルイはマリー＝ルイーズと相談し、スタニスラスも同校に入学することを決定した。エティエンヌ・デュソッソワとマリー＝ルイーズの結婚がどのような状況だったかを知るのはむずかしい。ソフィーは手紙で義理の兄にめったに触れず、せいぜいが社交辞令を述べるにすぎなかった。ソフィーは時期がくれば姪たちを聖心会の学校に入学させよう、と姉マリー＝ルイーズに申しでている。

　一八一〇年にはジュリー・デュソッソワ（一八〇〇―四二）がグルノーブルの学校に入学し、のちに妹エリーザ（一八〇七―三九）も同校に入学する。テレーズ（一七九八―一八二三）はポワティエの学校に入学し、ソフィー（一八〇四―八六）はヘント（ガン）の学校に入学したのち、アミアンに行き、そののちパリで教育をうけている。ゾエ（一八〇五―九四）とドジテー（一八〇九―二三）がアミアンの学校に入学すると、姪たちの教育は一段落する。

ソフィーは姪たちの成長に注意深く目を配った。ジュリーが入学した当初、我が強く、指導がむずかしい子どもなので、毅然とした態度で対応するように、とフィリピーヌ・デュシェーヌに頼んでいる。その一年後、ソフィーはジュリーの成長と態度に懸念を示し、態度を改めさせようとクラス替えを求めている。転校のほうがよりジュリーにとって助けになったかもしれなかったが、ほかの学校にはほかの姪たちがおり、入学者の受け入れ人数は限られていた。一八一二年、五歳になったばかりのエリーザ・デュソッソワがグルノーブルの学校に入学した。一八一三年二月にソフィーが同校を訪れると、ジュリーもエリーザも学校で落ちついているのがみてとれた。ジュリーはエリーザのめんどうをみるまでに成長し、エリーザはすでに文字が読め、文章を書きはじめ、年齢のわりにはじょうずに裁縫ができた。だが、翌年になると、幼いエリーザはストレスに苦しんでいるようすだった。ほかの寄宿生と交わるには幼すぎた。エリーザがひとを喜ばせたいあまり嘘をつくようになったので、ソフィーはエリーザのめんどうをマリー・バラストロンに頼んでいる。

あなたのエリーザについての報告を聞き、残念に思います。あの子が嘘をついたり、ふりをしたりするのをやめさせる手立てはないものでしょうか？　あの子の信頼を勝ちとり、やさしくあつかい、真実を話すならば愛され大事にされることを、あの子にわからせてほしいのです。わたしが気づいたかぎりでは、あの子はとても自己中心的で、ひとに好かれたいという強い欲求があるので、少しでも叱られたり咎められたりすると、たやすく道をふみはずしてしまいます。むろん、態度が悪いのを助長することはいけませんが、やさしくうけいれて、あなたといっしょにいるときに少し自由にしてやれば、きっとあなたにかける負担も減るでしょう。そのほかのことについては、わたしが遠くにいてあの子の成長を追えず、ほとんどなにも知らされていないので、助言ができません。……現れてきた欠点を矯正できるのはこの年齢のうちです。のちになれば、さらにむずかしくなるでしょう。……ときどきは丘陵地帯への短い遠足を許してやってもらえますか？

一八一〇／一一年にソフィー・デュソッソワはヘントの学校に入学した。叔母ソフィーはこの姪の教育をより詳細に見守ることができた。姪の進歩を褒め、欠点を叱った。ソフィーの学校での態度はつねに水準に達しているとはいえなかったらしく、叔母ソフィーはよりいっそう努力するように、と手紙で励ましている。ソフィー・デュソッソワにとって人生はむずかしかった。寂しい思いをし、両親に会いたがり、なぜ自分を訪ねにヘントに来ないのかと思いをめぐらせた。叔母ソフィーは慰めの言葉を送り、両親のことを知らせ、頻繁に実家に手紙を書くようにとうながした。また、兄弟姉妹の進展を伝え、ソフィーが反省し、態度を改めることを期待して、折にふれ、ソフィーと姉妹の進歩を比較した。一八〇九／一〇年にテレーズ・デュソッソワはポワティエの学校に入学し、一八一二年三月、叔母ソフィーが当地の修道院を訪れたとき、姪の成長を見て喜んだ。しかし、それは長つづきせず、一八一四年、ソフィーは姪たち、とくにテレーズの行状に立腹し、ジョアニーのマリー＝ルイーズに手紙を書きおくり、歯に衣着せずに姪たちを批判している。

一般にあなたの子どもたちはみな、教育するのがむずかしく、気分屋で、頑固で、傲慢です。テレーズは手のつけようもありません。仲間や教師を見くだし、たいへん失礼な態度をとっています。わたしの当惑を考えてもみてください！　テレーズは公の面前で叱責され、わたし自身もあの子を厳しく戒めねばなりませんでした。いまは態度がいくらか改まったようですが、マザー・グロジエの手紙によると、この方法が功を奏するとは思えないそうです。自分の状況がよくわかっていない子どもを、身分不相応に育てるのはほんとうにまちがっています！　この先の人生に待ちうけているもの、すなわち労働と苦労を自分の目で見られるように、ジョアニーの家に送りかえそうかと思ったほどです。……お姉様は自分から遠く離れて子どもたちが育てられる機会を与えられたことを、神におおいに感謝すべきだ、とときどき思います……。ことにお姉様はまちがった子育てをしているのですから。あるときは子どもがほしがるものをすべて与え、そのあとにあらゆることを叱るのですから。

ソフィーは姪たちに苛立ち、姉の子育てを批判したものの、一八一五年にゾエがポワティエの学校に、末っ子のドジテーがキュイニエールの学校に入学することを提案している。甥ルイとスタニスラスにも目を配った。兄ルイ・バラがふたりの教育のお膳立てをして、アミアンとボルドーで勉強のようすを見守り、ソフィーはとくに卒業後のふたりを援助した。ルイ・デュソッソワがパリで司祭になる勉強を始めると、つねに服や部屋代のための金を叔母にねだり、ソフィーはそれをめったに拒まなかった。デュソッソワ家がナポレオン時代末期に経済的な打撃をうけたため、甥や姪たち全員の必要をみたす現金が手に入らないことを知っていたからだ。エティエンヌとマリー＝ルイーズ・デユソッソワは子どもたちの学校が附属する修道院に、授業料代わりにワインを送った。また、ソフィーやその友人が旅をするときは、デュソッソワ家に宿泊した。そうしたときのために、デュソッソワ家の一室を空けておくように、とソフィーは姉夫婦に頼んでおり、ジョゼフ・ヴァランとその友人がその部屋に泊まっている。一八一四年には、当時グルノーブルにいたジョゼフィーヌ・ビジューがパリに行く途中、ソフィーの計らいでジョアニーに寄って短い休暇をすごした。ジュリーとエリーザがグルノーブルの学校の生徒だったため、両親はジョゼフィーヌ・ビジューからじかに娘たちの近況を聞く機会に恵まれた。

アミアンの会の状況に対処するのにくらべれば、甥や姪の世話はなんでもなかった。サン゠テステヴがアミアンの修道院内に大いなる個人的な野心とエネルギーを注ぎこんでいることに、ソフィーは気づく。のちの展開でわかるように、サン゠テステヴは自分の計画の成就をめざし、彼女たちが求める修道生活のヴィジョンとそれを実現する能力とを自分が兼ねそなえていることを、アミアンの会員に説得すべく並々ならぬ魅力を駆使していた。キリスト教教育婦人会の創立者の役割をひきうける動機もあきらかだった。サン゠テステヴも、その兄弟で皇帝ナポレオンの礼拝堂の祭式長だったガストン・ドゥ・サンビュシーも、姉妹のフェリシテ・ドゥ・サンビュシーに終の棲家となる安定した場所を確保したいと考えていた。兄弟が一族の帝国を築きあげる途上において、修道会もそれに結託した。ある程度まで会員たち自身の必要と野心をみたすことになるからだ。修道院長アンヌ・ボードゥモンは自分が修道会を率いる運命にあると信じていたが、伝統的な修道院の形態のほうが自分の経験と性格に適していた。そのため、サン゠テステヴの計画では、終身総長など問題外だった。また、修道会内の修道院の人員交換や、生活形態に修道院同士の交流が組みこまれたイエズス会を模範とした統治方法も念頭になかった。この点で、サン゠テステヴはアミアンでナミュール・ノートルダム修道女会の創立者ジュリー・ビリアールとすでに対立していた。サン゠テステヴはジュリー・ビリアールに自分の修道会を指導する能力がなく、排除されるべきだ、とジョゼフ・ヴァランと地元の司教に信じこませた。実際にはビリアールの落ち度といえば、サン゠テステヴの圧力に屈しなかったことだけだった。にもかかわらず、サン゠テステヴが勝利を収め、ビリアールはアミアンを去るように司教に命じられた。ビリアールは自分の修道会をベルギーのナミュールに移転させ、そこで会は栄えた。

一八〇七年三月にナポレオンから与えられた認可に意を強くしたサン゠テステヴは、アミアンの修道院のための会則の草稿に向かう。もっとも、ナポレオンに暫定的な認可を得るのと、教皇の認可を念頭に会則を起案するのとでは、かなり趣の異なる仕事だった。一八〇七年から一八一一年のあいだに信仰の霊父会の何人かの会員が会則を起案し、一八〇六年から一八〇八年にかけて、ソフィーは進行中の仕事だった会則をポワティエで確実に使用している。一八一一年にはサン゠テステヴが草稿を完成させたが、一八〇七年に信仰の霊父会が解散させられたため、その後、信仰の霊父会会員からのさらなる寄稿はなかった。この会則が一八一一年、アミアンの会員たちに提示された。この会則は、ほかの修道会に属していた修道女を迎えいれ、教育の仕事には教師を当てるというサン゠テステヴの目的に沿うものだった。実際の会則は既存のいくつかの修道会の会則をつぎはぎしたもので、基本的にボルドーのジャンヌ・ドゥ・レストナックのノートルダム修道女会の会則にもとづいていた。ウルスラ会の影響も色濃く、アミアンの修道院は聖心(みこころ)の祝日ではなく聖ウルスラの祝日を祝った。サン゠テステヴの会則にはふたつの重要な要素が欠けていた。第一に総長の任期は終身ではなく一〇年であった。これは伝統的な修道院の連合で組織された修道会の形態を反映しており、終身総長の役割に象徴される修道院の一致による、イエズス会を模範とする修道会の形態と異なっていた。しかも総長の役割は縮小され、あらたな志願者をうけいれ、のちに修道会への入会をうけいれる権利が各修道院に与えられた。第二にドゥ・トゥルネリの霊感が失われていた。イエスの聖心(みこころ)の霊性が修道会の一致の焦点として示されず、会員の養成や仕事の実行においてその霊性に注意を向ける必要も示されなかった。あきらかにサン゠テステヴも、実際の会則の起草にかかわったかぎりにおいてアミアンの会員たちも、フランス革命以前の修道生活を再現させようと試みていた。

一八一〇年一一月、ソフィーはグルノーブルを去り、数週間をかけてリヨン、ジョアニー、パリ、そしてキュイニエールを訪問する。一八一一年一月中旬、アミアンに到着し、サン゠テステヴが提案する会則にかんする最終的な話しあいに参加する。一八一一年二月二日、最終的な採決に参加したのは、ソフィー、アンヌ・ボードゥモン、およびボードゥモンの顧問たちだけだった。彼女たちは会則を採択し、アミアンやそのほかの修道院に示し、承認を求めることに同意した。一八一一年二月二日の夕方、会則はアミアンの修道会の誓願を立てた会員に示され、試験的に採用されることになった。つぎの段階はヘント、グルノーブル、ポワティエ、およびニオールの修道院に会則を示すことだった。奇妙なことにサン゠テステヴはみずからほかの修道院を訪れず、ソフィーに会則の説明をまかせた。

ソフィーは二月から五月までヘントの修道院ですごし、会員たちに新しい会則を説明しようとした。考慮の末、修道院はあらたな会則を拒否した。終身総長の撤廃がイエズス会の会則にもとづいた自分たちのヴィジョンを脅かすものである、というのが拒否の理由だった。これは肝心な点だった。アミアンの会員たちは新しく設立される修道院は独立したものであり、修道院同士は愛情の絆によってのみ結ばれると理解していた。だが、ヘントの会員たちは修道院がたがいに緊密に一致し、世界規模で発展し、終身総長職に象徴される一体化した一致の感覚を維持するものであると考えた。そのため、深刻な疑義を呈したのである。ヘントの会員たちがサン＝テステヴの提唱する会則をうけいれないことは、ソフィーの目にあきらかだった。これを知ったうえでヘントを離れ、ポワティエ、ニオール、グルノーブルを訪れ、それぞれの修道院があらたな会則にみせる反応を確認した。どの修道院も、理由こそちがえ、ヘントの修道院に劣らず会則に否定的だった。この三つの修道院では、聖心の信仰への言及がなくなり聖体への信仰が軽んじられていることに拒否反応が起こった。ことにアミアンの修道院の当初からの会員であるジュヌヴィエーヴ・デゼーとアンリエット・グロジエは、あらたな会則をうけいれられない、と率直に表明した。かくて会員たちは真っ二つに分裂し、ソフィーは一致を保ち、未来への道を拓くために主導権を発揮せねばならないことを自覚した。

アミアン以外の修道院の反応のおかげで、ソフィーは修道会内の自分の役割をより明白に思い描くことができた。また、一八〇六年の総長への選出が有効であることもわかっており、辞任する意思はなかった。修道生活のふたつの型のあいだの、そしてふたりの指導者サン＝テステヴとソフィー・バラのあいだの権力闘争が徐々に表面化する。その過程において、ソフィー自身が一致と分裂の両方にとって焦点となっていった。ソフィーは生涯、何度もこの立場を経験することになる。ソフィーはジョゼフ・ヴァランとも連絡をとりつづけ、一八一〇年六月にはヴィシーで、七月にはパリで面会している。ソフィーの報告にもかかわらず、ジョゼフ・ヴァランはあいかわらずサン＝テステヴを支持した。さらに、ルイ・バラのサン＝テステヴ批判も無視した。ルイ・バラはサン＝テステヴがイエズス会の修道生活の模範と聖心の霊性から離れていると指摘したのである。この二点はドゥ・トゥルネリの当初のヴィジョンの要だった。グルノーブルを訪れフィリピーヌ・デュシェーヌとジュヌヴィエーヴ・デゼーと話し、ポワティエとニオールの会員たちと連絡をとっていたルイは、サン＝テステヴがもたらした変化に気づいたのである。しかし、ジョゼフ・ヴァランとルイ・バラの見解の相違は、ソフィーに打撃を与える危険性があった。一八一一年一〇月、ソフィーは兄ルイとジョゼフ・ヴァランの見解の相違のことをアミアンの会員たちに伏せてほしい、とジュヌヴィエーヴ・デゼーに頼んだ。しかしルイは自分の見解を妹ソフィーに開陳したうえで、会員がこれ以上分裂する可能性を招くよりは、ソフィーと修道会との連絡をきっぱり断つと述べた。ソフィーは兄の決意にほっとした。ルイがかかわれば、すでにむずかしい自分の立場がさらにむずかしくなるからだ。

一八一二年六月六日、パリでサン＝テステヴが逮捕され、投獄されると、変革の余地が生まれた。逮捕の表向きの理由は、アミアンでの政治活動と地元の司教区の業務への介入だった。サン＝テステヴは最初サン＝ペラジーに投獄され、その後、サン＝ジャックの精神病院に移された。サン＝テステヴの不在をきっかけに、ソフィーは総長としてのアミアンへの帰還を計画する。一八一二年一〇月、その第一歩としてブザンソンに旅し、将来についてジョゼフ・ヴァランと相談する。翌年、ソフィーはジュヌヴィエーヴ・デゼーとともにふたたびジョゼフ・ヴァランと会い、ソフィーが彼の会則に肝心な変更を加えることをサン＝テステヴと相談し、アミアンでの当然の役割を主張するべきだと同意した。ヴァランはサン＝テステヴがソフィーの希望する変更をうけいれるだろうと考えたが、ジュヌヴィエーヴ・デゼーがソフィーとともにアミアンに行くべきでないと考えた。ジュヌヴィエーヴ・デゼーはサン＝テステヴの会則とアミアンの会員たちの姿勢に反対しており、アミアンに行けば、おとなしく拝聴する気はないだろうからだ。

一八一三年一一月、ソフィーはパリに旅し、ジャン・モンテーニュと相談した。いまだにパリで自宅監禁中だったサン＝テステヴとの面会にそなえるためである。サン＝テステヴとの面会にはだれかがソフィーに同行したか、あるいはだれも同行しなかったかはわからない。相談役としてジャン・モンテーニュが同伴したかもしれない。一八一三年一二月、アンリエット・デュシスがアミアンからパリに来て、面会時の秘書役をつとめたことはたしかである。議事録は残っていないものの、サン＝テステヴはふたつの肝心な点で譲歩した。サン＝テステヴはまずソフィー自身が終身総長であることに同意した。もっともその後継者たちの任期は一〇年であるとされた。また、サン＝テステヴはソフィーがアミアンの修道院の院長を兼任することも同意した。これは、事実上、アンヌ・ボードゥモンの解任を意味した。ソフィーはフランスの修道院の基本的な一致に必要と思われることを達成したが、一方、サン＝テステヴはアミアンの会員たち、とくに姉妹のフェリシテ・ドゥ・サンビュシーをはじめ、テレサ・コピナ、アンリエット・デュシス、およびユージェニー・ドゥ・グラモンへの自分の支配力を確信していた。

パリでの面会が終了すると、ソフィーは同意事項を実施するためにアミアンに赴く。一八一四年一月のソフィーのアミアン到着は、緊張と敵意を生んだ。あらたな状況は当初から困難をきわめた。アミアンでソフィーは、自分ではなくサン＝テステヴとボードゥモンに忠実な女性たちに囲まれていた。修道院の顧問会の構成は当初からほとんど変わらず、ユージェニー・ドゥ・グラモンが加わったにすぎなかった。ドゥ・グラモンはアンヌ・ボードゥモンのもとで院長補佐をつとめ、ほとんどソフィー・バラを知らず、サン＝テステヴとアンヌ・ボードゥモンに忠実だった。そのユージェニー・ドゥ・グラモンがソフィーの総長補佐に、アンヌ・ボードゥモンが総会計に就任した。フェリシテ・ドゥ・サンビュシーは、修道院長補佐、つまりボードゥモンと交代したソフィー自身の補佐として続投した。テレサ・コピナは修練長に就任し、アンリエット・デュシスは総秘書として続投した。かくてソフィーはサン＝テステヴの追従者のなかで孤立した。むずかしい状況であり、修道院内の緊張感が高まった。

フランス国内でも緊張感が高まっていた。ナポレオン帝国は崩壊寸前で、アミアン近郊は機動中の部隊でいっぱいだった。一八一四年四月四日、ナポレオンが退位し、ブルボン王家の復位への道が拓かれた。教皇ピオ七世がイエズス会を復権させるだろうとの期待が強まり、一八一四年八月、イエズス会は正式に教会への復帰をはたした。すると信仰の霊父会会員はフランスのイエズス会修練院への入会を求めた。四月五日、サン＝テステヴは釈放され、アミアン司教区では歓迎されないことを承知していたため、あらたにローマ教皇庁大使に任命されたサン＝マロ司教、コルトワ・ドゥ・プレッシニー猊下の秘書の職を得た。平和が訪れる見込みとサン＝テステヴのローマ出発を前に、一八一四年五月、ソフィー・バラはパリに行き、サン＝テステヴとの面会を計画した。ジョゼフ・ヴァランはふたたび自由に旅ができるようになり、パリでソフィー、ジャン・モンテーニュ、およびサン＝テステヴの会合に参加した。ジョゼフ・ヴァランがサン＝テステヴと会うのは数年ぶりだった。だが、いまだに修道会をめぐるサン＝テステヴの個人的な野心に気づいていなかった。サン＝テステヴの出発が迫っており、会憲についての決定がすみやかに下されねばならなかったため、会合は切迫感にみちていた。会合中、サン＝テステヴは修道会の会則の認可をローマ教皇庁からとりつけるために尽力することと、ローマにおける会の修道院設立にむけて努力することさえ申しでた。しばらく協議したのち、一同は教皇庁の認可のために会則を提示するというサン＝テステヴの提案をうけいれることを決定した。同時に、一八一一年に起案した会則の変更に同意することを、サン＝テステヴに要求した。これらの変更はローマのサン＝テステヴのもとに送られるはずだった。まもなく開催するつもりの修道会の総会に一八一一年の会則とその変更を自分が提示するという条件のもとで、ソフィー・バラはサン＝テステヴのローマでの役割を認めた。総会がその任務を完成したときにはじめて、サン＝テステヴは会則への教皇庁の認可を申しでるはずだった。

　数週間後、一八一四年七月中旬、ソフィーはパリにもどり、ジョゼフ・ヴァランと会則への変更を検討する。折しも、ピエール・ドゥ・クロリヴィエール率いるパリのイエズス会修練院に多くの信仰の霊父会の会員が入会する。ソフィーとともにサン＝テステヴの会則に加えたい変更を検討するなかで、ようやくジョゼフ・ヴァランはサン＝テステヴの会則がドゥ・トゥルネリの霊感からかけはなれたものだと気づく。決定的な認識の瞬間であり、革新的な決断を求めるものだった。ソフィーとジョゼフ・ヴァランはまったくあらたな会憲が起案されねばならないことと、サン＝テステヴのそれがドゥ・トゥルネリの当初の霊感と異質であることに意見の一致をみた。ジョゼフ・ヴァランの同僚ジュリアン・ドリュイエに協力を依頼し、べつの会則をともに起案することとなる。あらたな会則はレオノール・ドゥ・トゥルネリの霊感を回復し、キリストの聖心（みこころ）を中核に据えるものにせねばならない。これまでソフィー・バラは何度も懸念を表明しようとしたものの、その声は聞きとどけられなかった。この決定自体は心づよいものだったが、ソフィーと修道会にとっては深まる危機の序奏でしかなかった。

　サン＝テステヴのローマ出発と一八一五年一一月のパリでの総会開催のあいだの一八か月は、修道会内にソフィー・バラが権威を確立する最終段階だった。ソフィーの人格がかたちづくられ表わされる時期であり、修道会内にソフィーの権威の特質と在りかたの印を刻みつけた。長期間、サン＝テステヴに意図的に阻害された末、ソフィーは策略の迷路のなかの道を切りひらく。その方法は、弱気で、計画性がなく、不器用に映ったかもしれない。しかし、表面的にそうみえても、この時期で驚くべきなのは、ソフィーが展開するできごとを把握する明晰さと、これらのできごとに反応して自分の指導の方法を見いだしたことである。ソフィーの指導とサン＝テステヴの指導の差異はきわだっていた。アミアンにおけるサン＝テステヴの指導は、強大で支配的な影響力にもとづき、アミアンでは事実上、全会員が彼の提案する会憲を全面的に肯定した。サン＝テステヴの派手で高圧的な人柄がアミアンでのソフィーから実権を奪っていた。アミアンの会員たちにとって、サン＝テステヴがいだく会の将来についての大仰な構想は安心感をもたらし、なにごとも不確実な時期には魅力的に映った。それにひきかえ、ソフィー・バラはサン＝テステヴのような構想を提案することができず、彼と競うような性格も意思ももちあわせていなかった。未来が展開するのを待ち、見守ったのち、いつ、いかにして行動すべきかを判断するのが、ソフィーの性質とやりかただった。サン＝テステヴが未来のできごとが起きるように能動的に働きかけたのにたいして、ソフィー・バラはできごとや状況に反応する時機を選んだ。数年のあいだ、ソフィーのためらいがちな性格はサン＝テステヴに都合よく利用されたが、一八一四年にはソフィーは修道会内部の状況を慎重に見きわめ、行動するときがきたことを認識した。長年、ソフィーは神の摂理により道が拓かれ、どのように進むべきか示されるのを待つことこそ自分の仕事である、という確信に導かれていた。一八〇八年にその道が拓かれはじめ、一八一四年六月のパリでの交渉に向けてゆるやかに延びていった。ソフィー・バラとサン＝テステヴの最終的な対決はまだ先の話だった。それはソフィーの想像を絶するほど多くを要求することになる。ローマに向けて出発したサン＝テステヴは、修道会内部の対立をあらたなより広い局面にもちこんだ。ローマの教会の権威を後ろ盾に、みずからに有利な解決を強引に導きだそうと画策するサン＝テステヴと、ソフィーは対決を強いられることになる。心をくじく展望だった。

一八一四年六月のパリでの交渉の結果、ソフィーの認識は、話しあいの結論がまず修道会の総会で議論され、ローマのサン＝テステヴに会則を提示する権限を与えるか否かを総会が決定する、というものだった。ところがサン＝テステヴの解釈は異なっていた。サン＝テステヴはローマで会憲の認可を申請する手続きを始める権限を与えられたのだと主張した。そのため、あらたに任命されたフランス大使の秘書としてローマに到着すると、サン＝テステヴは自分が作成した会則への認可申請の手続きに即座に乗りだした。修道会の総長としての自分の将来を確保しようとしてのことだ。この意向をもって、ジョゼフ・ヴァラン宛ての書簡では、ローマにあらたに再建されたイエズス会のみならず、教皇、枢機卿たち、および司教たちと自分がいかに親しいかに言及した。修道会の将来を交渉できる堅固な土台があるとみせかけたのである。会憲のさらなる変更をおこなったことをジョゼフ・ヴァランが手紙で示唆すると、サン＝テステヴはそれがささいなものであり、自分の一八一一年の会憲に容易に内包されるものだと思いこんだ。実際、変更を「訂正」と称し、ジョゼフ・ヴァランになるべく早く送るようにとせっついている。修道会が「イエズスの聖心会」と名づけられないとほのめかし、それが教皇の意向であると示唆した。また、修道会のためにローマで修道院の物件を入手するところだ、とさりげなくつけ加えた。サン＝テステヴは主導権をにぎり、ローマでの居場所を築くのに精力をかたむけていた。

　これまでのやりかたどおり、サン＝テステヴは直接ソフィー・バラには手紙を送らなかった。サン＝テステヴがローマで修道会への影響力を強化するためになにを画策しているかをソフィーが知ったのは、ジョゼフ・ヴァランをとおしてだった。ソフィーはすぐにサン＝テステヴに手紙を書き、きわめて丁寧で外交的な文面で、彼の沈黙への不満を表明した。やがてローマで修道会の認可の交渉がサン＝テステヴに依頼されるという同意は認めたものの、彼が性急に動きだしたことをきっぱりと非難した。ソフィーはつぎのようにつづる。

　この点について指摘させてください。あなたはすでに認可に向けての審査のためにわたしたちの会則を提出しています。もしやひきつづき、正式な認可をわたしたちに要求するおつもりでしょうか。これ以上先に進む以前に、最終原稿が完成し、修道会の総会に承認されるのを待つのが賢明ではありませんか？　この点では多くを要求しないアミアンを例外として、すべての修道院の共通の望みに応えねばなりません。すべての修道院は、イエズス会の会則が修道女のためにできるかぎり応用されることを望んでいます。フランスがふたたび自由を勝ちえたいまは、なおさらです。最終原稿が完成し、修道会に承認されたのち、すみやかにあなたにお送りします。そのときには、審査と認可のために提示してくださってけっこうです。……あなたに従っていただかねばならない点がもうひとつあります。修道会の名称の件です。ご存知のとおり、全員がいわば熱意をもって「聖心」〔という名称〕に同意しました。べつの名称の承認を得るのはかなりむずかしいでしょう。……あなたも重々ご承知のとおり、教皇に会憲を提出するのが修道会の義務であると同時に、名称を選ぶのもまた修道会の義務なのです。……名称の問題は、会憲についてのすべての問題とおなじく、総会が議論すべきものです。あなたが〔パリを〕去る以前に口頭でお約束したように、総会の結果をあなたにお送りします。……それこそが、修道会内部に一致の体制を再建し、構築するための唯一の道です。

手紙から浮かびあがるのは、あらたなソフィー・バラだった。サン＝テステヴは不意をつかれた。すでに一八一三年一二月以来のソフィーの行動から、彼女があらたな姿勢を示し、サン＝テステヴの仕業である現状を容認しないことはあきらかだったのだが。また、ソフィーの手紙には、以下の点も明示されていた。一八一三年と一八一四年にパリで同意されたような、サン＝テステヴの会則への変更がもはや検討されていない。サン＝テステヴがローマに出発して以来、ソフィーとジョゼフ・ヴァランは一八一一年の会則の文面を総会に提示しないことを決定したのである。一八一四年六月に同意された変更を加えた会則でさえ、会員の大多数に支持されえないからだ。サン＝テステヴは狼狽した。まったくあらたな文案が起草されており、修道会の総会で議論の対象となるのは、自分の会則ではなく、このあらたな会則なのだと気づいたのである。自分のローマでの大掛かりな計画は危機にさらされている。一八一四年一〇月と一一月のあいだにサン＝テステヴはソフィー・バラ、ジョゼフ・ヴァラン、およびピエール・ドゥ・クロリヴィエールに手紙をしたためた。この三人および修道会への自分の支配力を維持する賭けにでたのである。ジョゼフ・ヴァランとピエール・ドゥ・クロリヴィエールをソフィーからひき離そうと画策し、ソフィーひとりが自分のローマでの計画に反対しているとほのめかした。サン＝テステヴいわく、ジョゼフ・ヴァランはソフィーに「偏見のない、信頼にみちた、仲間の見解から独立した、寛容な態度」を強いるべきである。さもなくば、ローマにおけるすべてのひとが、修道会の「総長がまったく無能か、総会が無策か」のどちらかだと思いこむだろう。あきらかにサン＝テステヴは一八一四年九月のソフィーの手紙に面くらい、このソフィーと、自分がながらく排除し、修道会の総長としての力を抑えこんできたかつてのソフィーがおなじ人物だとは、にわかに信じられなかった。とはいえ、ほとんどがパリのイエズス会への入会を決意した信仰の霊父会の会員こそが、いまや自分の最大の批判者であり、ソフィー・バラの最大の支持者である、とサン＝テステヴが考えたのも当然だった。

一八一四年一一月付のドゥ・クロリヴィエール宛てのサン＝テステヴの手紙は、当時、サン＝テステヴがめぐらせた策略とひきおこそうとした混乱をしのばせる。サン＝テステヴいわく、自分は教皇、枢機卿たち、およびローマのイエズス会士たちの賛同を得て行動している。この脈絡でサン＝テステヴはドゥ・クロリヴィエールがイエズス会の修練者にすぎないジョゼフ・ヴァランにキリスト教教育婦人会のあらたな会憲を執筆する許可を与えた事実に触れた。サン゠テステヴいわく、現教皇はこれまでの教皇たちとおなじく、女性がイエズス会の会則を採用することを認めず、イエズス会士が女子修道会に親しくかかわることをよしとしないだろう。サン゠テステヴはさらに言う。一八〇〇年から一八一四年のあいだにジョゼフ・ヴァランは修道会の会則を執筆しておらず、一八一四年の夏以来も、ローマの自分に変更を送ると約束したくせに、なにひとつローマに届けていない。自分はソフィーの総長としての役割を斥ける。彼女には修道会を統治する能力がなく、自分こそが修道会の唯一の総長として認知されたのである。自分サン゠テステヴの指導に従うか、ローマの認可を得る計画をとりさげるかを、ジョゼフ・ヴァランは修道会の各修道院に選択するように命じるべきである。サン゠テステヴのこの見解は、ある意味で理にかなっていた。一八〇八年以来、ジョゼフ・ヴァランは修道会との直接の接触を避け、会則を執筆しようとしていない。ソフィー自身も自分の会則を起草しようと試みたことはなかった。したがって、一八一一年に会則を執筆することで、サン゠テステヴは欠如していたものを補ったといえる。

このころ、たしかにサン゠テステヴは怒りをかきたてられていた。激情もあらわにソフィーへの返信をしたためている。サン゠テステヴはソフィーの手紙の調子と内容に驚き、ソフィーは他人の声を伝えているにすぎず、自分の声で語っているはずがないと決めつけた。そこで裏切られた旧友を気どり、ソフィーが不誠実で、偏見と矛盾にみちていると責めたてた。一八一一年に自分が起草し、一八一三年と一八一四年にソフィーの要請をうけて修正した会則に、イエズス会会則の影響をソフィーがなぜ認めないのかが理解できなかったのである。パリでの最後の面会のいきさつがあったので、なおさらだった。サン゠テステヴによると、会則はローマで妥当なものとみなされ、ローマのイエズス会士やそのほかの聖職者にすでに認可されていた。加えて会則はソフィーではなく、自分の作である。これこそが問題の核心だった。サン゠テステヴはほのめかす。フランスの会員の何人かには、ローマに赴き、その地でほかの女性たちとともに自分の会則に従って修道生活を送る心づもりがある。実際、修道院として使用できるローマの物件もいくつか提供されている。

サン゠テステヴはローマにおける自分の行動へのソフィーの批判に反論し、その地で教皇、枢機卿たち、およびイエズス会士たちに顔が利くとくり返す。そして、とくに修道女がイエズス会会則を採用することについて、自分が一八一四年八月の教皇ピオ七世とかわした会話を報告する。

サン＝テステヴによると、一七世紀の教皇ウルバノ八世がイエズス会会則の採用に向けてのメアリー・ウォード〔英国カトリックの修道女、一六〇九年に教育修道会を創立し、イエズス会会則に準ずる会則を採用しようとして阻まれる〕の努力を拒んだのと同様、現教皇も女子修道会にイエズス会会則の採用を許可しないだろう。また、そのような女子修道会の指導にイエズス会士がかかわることを容認しないだろう。サン＝テステヴは教皇がつぎのように述べたと主張する。

> わが前任者たちは「女子イエズス会」を阻止した。わたしも「女子イエズス会」を望まない。いわんやキリスト教教育婦人会をや。イエズス会士が修道女にかかわるなど許せない。創立者の会則に反する。

　ローマのイエズス会士がドゥ・クロリヴィエールと彼のパリのいくつかの修道会へのかかわりに批判的である、とサン＝テステヴはほのめかす。かくてほのめかしやそれとない脅しでサン＝テステヴはソフィー・バラの口を封じようとする。しかし、このころパリのイエズス会士たち、ことにかつての信仰の霊父会の会員はサン＝テステヴの正体を見ぬき、修道会内の状況の深刻さに気づく。サン＝テステヴもこれを勘づき、一八一四年一一月、ジョゼフ・ヴァランに手紙を送り、修道会にかかわる自分の行動を自己弁護した。いわく、ローマのイエズス会士たちがジョゼフ・ヴァランとソフィー・バラの両者に批判的で、自分サン＝テステヴの会憲を全面的に支持している。ジョゼフ・ヴァラン、ソフィー・バラとその他のひとびとがサン＝テステヴの仕事を批判し、会憲をイエズス会会則により近づけようとしているという知らせに、ローマではみなが驚愕している。

　これらの見解は重大な意味あいをもち、ソフィーもジョゼフ・ヴァランもその信憑性を確認するすべがなかった。とはいえ、パリでべつの会則を書く決定を下して以来、ソフィーもジョゼフ・ヴァランも、サン＝テステヴの激しい抵抗を予期していた。実際、ジョゼフ・ヴァランはむしろ安堵に胸をなでおろすような調子でソフィーにしたためている。「しばらくあなたの頭上、そしてわたしの頭上で勢いを増していくのが見えた嵐が、ついに吹き荒れました」。これは皮肉なことだった。ソフィーが何年も前から嵐の訪れに気づき、ジョゼフ・ヴァランにまもなく危機がやってくることを気づかせようとしたにもかかわらず、当時はジョゼフ・ヴァランに斥けられたからだ。一八一四年になってなお、ジョゼフ・ヴァランはソフィーを真の指導者ではなく一会員とみなしがちで、聖心会創立におけるソフィー・バラの中心的な役割をなかなか認めようとしなかった。

レオノール・ドゥ・トゥルネリの当初の原動力を自分とサン＝テステヴがそれぞれの方法で見失ったとき、ソフィーとルイ・バラがそれを堅持したことを、ジョゼフ・ヴァランが完全に認識することはなかった。一八一四年一〇月二三日付のソフィー宛てのサン＝テステヴの返信がヴァランとドゥ・クロリヴィエール宛ての手紙とともに届くと、ジョゼフ・ヴァランはソフィー宛ての手紙を開封し、目をとおした。郵便が当てにならず、ふたりともサン＝テステヴからの激しい反論を予期していたため、ソフィーから手紙を読む許可を得ていたのかもしれない。たしかにジョゼフ・ヴァランはローマからの手紙読みたさでうずうずしており、待ちきれずにソフィーの手紙を開封したのだろう。いずれにしろ、ジョゼフ・ヴァランは長年ソフィー宛ての手紙を検閲しており、この古い習慣はなかなか抜けなかった。

サン＝テステヴの手紙を目にしたジョゼフ・ヴァランとドゥ・クロリヴィエールは、力をあわせてなんらかの回答を示せねばならないと確信した。サン＝テステヴの糾弾に反論し、ソフィー・バラ、ジョゼフ・ヴァラン、ドゥ・クロリヴィエールの三者を内部分裂させようというもくろみをくじくために。一八一四年一一月、アミアンにいるソフィーに宛てて、ジョゼフ・ヴァランはドゥ・クロリヴィエールとともに考えた対策について説明する。当時、パリのイエズス会修練院にいたピエール・ロジェが手紙の草案を作成するので、ソフィーはそれに署名すればいい。ソフィーには、この手紙をイタリアのイエズス会管区長ルイ・パニッツォーニに送り、その写しをサン＝テステヴに送ってほしい。同時に、ジョゼフ・ヴァランとドゥ・クロリヴィエールはそれぞれパニッツォーニに手紙を書き、ソフィーの見解を支持する。また教区司祭で、ローマでは名のあるペロー神父（一七六六―一八三七）にも働きかけ、ソフィーを支持する手紙を送ってもらう。ロジェが起草した手紙からは、一八一四年秋にソフィー・バラ、ジョゼフ・ヴァラン、およびピエール・ドゥ・クロリヴィエールが修道会の問題をいかに考えていたかがうかがえる。パニッツォーニには本件の経緯の情報を送る必要があった。不名誉なパッカナーリとの絆があった事実以外、キリスト教教育婦人会についてなにも知らなかったからである。ソフィーの手紙の目的は、修道会の起源とその発展においてソフィー・バラとジョゼフ・ヴァランがはたした役割をパニッツォーニに説明することにあった。信仰の霊父会が修道会にはたした役割については控えめに触れられた。ローマでのパッカナーリにまつわる醜聞を考慮し、修道会と信仰の霊父会の密接なつながりに注目が集まるのを避けるためである。いずれにしろ、一八〇七年以降、信仰の霊父会の影響力は弱まっていた。ナポレオンの統治のもとで信仰の霊父会の自由が制約され、修道会との接触が縮小されたからだ。ソフィーはフランスに平和がもたらされる望みに動かされ、修道会のより堅固な礎を築くときがきたと考えている旨をパニッツォーニに伝えた。また、ソフィーはつぎのように報告した。アミアンの修道院を一〇年間指導したサン゠テステヴが会則を執筆したものの、アミアンの数人の会員をのぞき、大体の会員がこの会則をうけいれなかった。自分は会則がうけいれられる機会を充分に提供し、サン゠テステヴの会則を採用するように各修道院の説得まで試みたが、無駄だった。修道会の全会員が、この会則をみずからの霊性を反映するものと認めなかった。

　ソフィーはさらに説明する。会員の総意を得られなかったことを考慮にいれ、今後、最良の道として、あらたな会憲と会則を執筆し、修道会会員の承認を得ることを自分は提案した。あらたな会憲は、数年の試行期間をへて、ローマに認可申請のために提示されるはずだった。ところが、サン゠テステヴが先走りし、自分の会則を教皇、枢機卿、およびイエズス会士に提示し、ローマで物件を入手する途上だと聞き、面くらった。ソフィーはつぎのようにパニッツォーニに述べる。

> わたし自身の見解として、また、修道会の四つの修道院の仲間たち、および（ムッシュー・ドゥ・サンビュシー〔サン゠テステヴ〕の指導のもとにあった）五つめの修道院の大多数の会員たちを代弁して申しあげます。ムッシュー・ドゥ・サンビュシーに行動を中止するように説得していただきたいのです。修道会自身が批准する共通の会則のもとに、すべての頭と心が一致するまで待つように、とあのかたに言っていただきたいのです。この処置なしでは、仲間の見解を知っておりますゆえ、ムッシュー・ドゥ・サンビュシーの権威と会則は数人にしかうけいれられないと怖れるに充分な根拠があります。わたしにはつぎのように思えます。フランスのために創立され、フランス人女性により構成されているわたしたちの修道会には、猶予期間が必要です。その目的にかない、会にもっとも適していると思われるものを試すためです。その目的とはすなわち、神の栄光と、聖心会の名をいただく望みと、聖心（みこころ）へのまったき奉献なのです。

　ここで示されているのは、レオノール・ドゥ・トゥルネリの最初のヴィジョンの再生、および源泉、つまり聖心会創立の神話への回帰である。数日後、ジョゼフ・ヴァランがサン゠テステヴ宛てにつづった強い語調の手紙もこれを裏づける。修道会会員が「女子イエズス会」になりたがっているというサン゠テステヴの糾弾に答えて、ジョゼフ・ヴァランはつぎのようにサン゠テステヴに指摘する。

あなたのかつての友人、ドゥ・トゥルネリ神父様こそ修道会の創立者とみなされるべきです。最初、ドイツでこの構想と計画に着手したのは彼なのですから。その計画がフランスで実現したのは、じつにその原動力の結果にほかなりません。ムッシュー・ドゥ・トゥルネリは……一度も「女子イエズス会」を計画しませんでした。聖心（みこころ）に奉献され、教育にひたすら従事する女子修道会を構想したのです。会員たちはみずからの目的を達成する助けになる部分を聖イグナチオの会則から得るはずでした。ゆえに「聖心会」であって「女子イエズス会」ではありません。

さらに、ジョゼフ・ヴァランはサン゠テステヴの主要な批判に答える。その批判とはつぎの四点である。第一に、修道会は一四年間にほとんど進展していない。第二に、もし望んだならジョゼフ・ヴァランが修道会内部の分裂を和解できたはずである。第三に、イエズス会士になる決意をしたからには、ジョゼフ・ヴァランは修道会に介入する権利がない。第四に、自分サン゠テステヴひとりが修道会の責任を負うべきである。これらの批判にたいしてジョゼフ・ヴァランいわく、フランス革命とナポレオン帝国の混沌にもかかわらず、修道会が生きのび、拡大したこと自体、一種の奇蹟である。いま、その目的は数年間、フランスで静かに存続し、修道会の一致を固めることであり、あわててローマからの正式認可の要請に突入すべきではない。しかし、サン゠テステヴのせいで、修道会は時期尚早にローマでの認可申請のプロセスに突入してしまった。サン゠テステヴはまことに「破滅の種子」である。ジョゼフ・ヴァランによると、自分の役割は「ムッシュー・ドゥ・トゥルネリの洞察に従って」あらたな修道会の基盤をつくることである。こうしてジョゼフ・ヴァランは、われこそは修道会の指導者であるというサン゠テステヴの主張を虚偽であり、分裂を生むものとして斥けた。自分が押しつけようとする会則を修道会に強いる権利は、だれもサン゠テステヴに与えていない。サン゠テステヴの仕事は、ローマで栄え、育てばいい。一方、フランスの修道会の各修道院はといえば、地道に存続し、時期を待って正式認可を求めることを望んでいる。ソフィーが九月におこなったのと同様、いまやジョゼフ・ヴァランがサン゠テステヴにはっきりと申しわたした。一八一四年六月のパリでの合意はもはや通用しないのだと。サン゠テステヴの仕事と行動はきっぱりと拒絶された。ヴァランはソフィーにこの手紙の写しを送り、ほかのひとびともソフィーと修道会を支持する手紙をローマに書きおくっていると伝えて、ソフィーを安心させた。ローマだけでなく、アミアンでの長年のサン＝テステヴの活動の破壊力の一端を、ジョゼフ・ヴァランはついに把握したのである。サン＝テステヴは、いまやソフィー・バラだけでなくジョゼフ・ヴァランまでもが自分の計画を妨害するのに激怒し、ふたりが自分に抵抗しつづければ、ジョゼフ・ヴァランと修道会によからぬことが起きるだろうと、脅しにみちた返信を送りつけてきた。

ソフィーは暗黒の時期を迎えた。一八一四年一一月、ローマにサン＝テステヴと対決する手紙が送られていたころ、ヘントの修道院の会員たちはサン＝テステヴの会則の拒絶のみならず、アミアンのキリスト教教育婦人会との、そしてソフィーとの分離を決意した。一八一一年二月に修道院がはじめてサン＝テステヴの会則の承認を拒否して以来つづいていた対立の終焉だった。一八一一年二月から五月までソフィー自身がヘントを訪れたが、修道院の会員と、とくに院長のマリー＝アントワネット・ドゥ・ペニャランダから会則を試験的に導入することすら同意を得られなかった。一八一二年、サン＝テステヴとアンヌ・ボードゥモンはアンリエット・デュシスをヘントに送り、修道院の会員を説得させようとしたが、効果がなかった。一八一四年夏、以前より活動ができるようになると、ジョゼフ・ヴァランもヘントを訪れ、説得を試みたが、修道会の会員としてとどまることすら説得できなかった。一八一三年と一八一四年にパリでサン＝テステヴの会則への変更が同意されたあと、ソフィー自身はヘントを訪れていなかった。だが、ヘントの会員たちが分離を望んだ原因は、サン＝テステヴの会則への抵抗だけではなかった。会員たちはソフィー・バラとその助言者たちがガリカニスムにくみしていることに懸念をいだいたと言った。もっとも、これはアミアンからの分離を正当化する口実にすぎなかったのかもしれない。ヘント司教モーリス・ドゥ・ブローイはアミアンからの分離を奨励した。一八〇九年にサン＝テステヴがジュリー・ビリアールをアミアンから追いだし、彼女の仕事を抹殺しようとしたとき、ビリアールをうけいれたのもドゥ・ブローイだった。加えて、一八一四年の冬にはベルギーの政治情勢は変化し、もはやフランスではなくネーデルラントの一部となっていた。司教区はフランスの一部ではなくなり、修道院の分離は政情を反映していた。

一二月初旬にはヘントの修道院の会員たちはそれぞれヘントにとどまるか、アミアンにもどるかの選択を迫られた。修道院内のフランス人の会員たち全員とすくなくともひとりのベルギー人がアミアンにもどった。幼いソフィー・デュソッソワも寄宿学校を離れねばならず、アミアンにもどる会員たちと旅し、アミアンの寄宿学校に転校した。一二月下旬には分離が実現し、ヘントの修道院は修道会から離れた。この喪失はソフィーに深刻な打撃を与えた。長期にわたり蓄積されたストレスと疲労が頂点に達する。ソフィーは「合併症をともなう膿瘻（のうろう）の炎症のきざし」で重病におちいり、終油の秘蹟をうけるように求めたほどだった。ソフィーはまもなく死ぬと思われ、兄ルイ・バラでさえ、妹の死にそなえた。ボルドーからこう書きおくる。「もし妹が亡くなったら、黒い封印をした白紙を一枚、送ってください。それで察しますから」。危篤状態は三週間つづき、一八一五年の早春、ソフィーは衰弱しきっていた。

折しも、アミアンのあらたな状況に対応するエネルギーと体力が必要な時期だった。ヘントからの会員の到着と、修道院内に蔓延する不安は、あらたな状況をもたらしていた。アミアンのサン゠タシュール神学校の長年の友人ルイ・スリエは、サン゠テステヴが修道会創立者でも修道院長でもないという事実を修道院の会員につきつけ、これをうけいれられない会員は修道院を離れ、ローマのサン゠テステヴに合流すればいいと告知するように、とソフィーに勧めた。しかしソフィーには、そのような方法で自分の指導力を発揮するエネルギーも意向もなかった。ヴァランもスリエに賛成したが、「マダム・ソフィーは苦痛で弱められ、援助を奪われ、この状況に必要な毅然たる態度で臨める状態にはありません」と述べている。ヴァランの唯一の望みは、サン゠テステヴへの自分の手紙とそれを後押しするほかのひとびとの手紙のおかげで、ソフィーがより率直に行動できることだった。ソフィーの身体的な衰弱を知りながら、修道院内でつのる一方の不安と動揺をなんとか統制するようにとうながした。そして修道院内の顧問会を招集するように勧めた。とはいえ、その顔ぶれはユージェニー・ドゥ・グラモン、フェリシテ・ドゥ・サンビュシー、テレサ・コピナ、そしてアンリエット・デュシスで、全員がサン゠テステヴと直接交渉中だった。状況はいきづまっていたが、それでもジョゼフ・ヴァランはソフィーに努力するようにと、つぎのようにうながしている。

> わたしが思うに、あなたは顧問会を招集し、修道会会員のあいだに一致をとりもどすべきときがきた、と毅然とした態度で落ちついて提案すべきです。その結果、唯一の権威、従順の精神、そして会則の遵守をとりもどすのです。彼女たちにはっきりと言いなさい。ムッシュー・ドゥ・サンビュシー〔サン゠テステヴ〕は一度たりとも総長であったことはなく、

修道会が彼を総長として承認したこともなければ、いかなる有効な権威を彼に与えたこともないと。アミアンの会員には、修道会から離脱するのでなければ、彼を総長と呼びつづけることはできないと申しわたしなさい。数か月後にあなたは修道会の総会を招集し、共通の道が合意されることも告げなさい。〔さらに言うのです。〕ムッシュー・ドゥ・サンビュシーへの会員の反応と、それ以上に、彼の有害な影響力を経験したことで……あなたはみずからが総長であることを示し、総長として行動せざるをえなくなったと。

修道院内で少人数の会合をもつことを禁じるべきだとジョゼフ・ヴァランはソフィーに提案した。修道院内の何人かの会員は、姉妹のドゥ・サンビュシーや町の知人を仲立ちとしてサン゠テステヴと文通していた。そのため、ジョゼフ・ヴァランは修道院に届く手紙と修道院から送られる手紙をすべて検閲せよ、とソフィーにうながした。さらに、サン゠テステヴの支持者たちと個人的に面談し、彼に従いつづければ修道会内に未来はない、とソフィーが説得すべきだと示唆した。この助言はよかれと思ってなされたが、アミアンでのソフィーの進む道をさらにむずかしくした。そのうえ、ジョゼフ・ヴァランは遠く離れたパリにおり、イエズス会士としての修練期に入り、遠くからしか助けられなかった。ソフィーにとって安堵できたのは、いまやパリでイエズス会の修練者となった元信仰の霊父会会員たちのあいだにサン゠テステヴと彼の修道会内の陰謀についての共通理解が築かれたことだった。実際、修道会内のサン゠テステヴの画策の重大さにジョゼフ・ヴァランが気づいたのは、前年のことだった。そのとき、ようやくヴァランはソフィーが背負いつづけた重荷のなんたるかを把握しはじめたのである。その重荷がソフィーの病気と疲労の原因だった。モンテーニュとドゥ・クロリヴィエールはともにパリからソフィーを支持する手紙を送った。ソフィーが事実上、ひとりで耐えしのんでいる状況の複雑さを、ふたりとも理解してのことだった。アミアンでソフィーと固い友情で結ばれていたのは、（ユージェニーとアントワネット・ドゥ・グラモンの母）マダム・ドゥ・グラモン・ダステルだった。この友情は長年ソフィーの支えになった。マダム・ドゥ・グラモンは一八一三年に修道会に入会し、修道院内のできごと、とくに長女ユージェニーになにが起こっているかを間近で目撃していた。

サン゠テステヴはローマであいかわらずソフィー・バラに反対しつづけ、アミアンの追従者たちが自分と合流する条件を築くのに忙しかった。修道院を収容できる物件を探しつづけ、このことをアミアンの腹心の会員たちに書きおくった。マダム・ドゥ・グラモン・ダステルは一八一四年一一月、サン゠テステヴが長女ユージェニーへの手紙で、トリニタ・デ・モンテの新しい修道院の創設にかかわってほしいとローマに招いたのを知っていた。マダム・ドゥ・グラモン・ダステルは娘たちがふたりともサン゠テステヴの影響下にあることを鋭敏に意識していた。そのため、教皇庁へのフランス大使コルトワ・ドゥ・プレッシニー猊下にこうしたためている。

猊下、聞くところによりますと、あるひとびとがわたくしどもの小さな修道会のことを教皇のお耳に入れ、教皇はもったいなくもスペイン広場のトリニタ・デ・モンテの修道院を勧めてくださったそうでございます。また、この修道院の創設にかかわる者として、わたくしの長女マダム・ドゥ・グラモンの名があげられております。大きな事業への熱意が若い修道女に一瞬の幻想をいだかせることはありますが、娘の抜擢は妥当とは申せません。わたくしどもの総長によるものではないからでございます。猊下にお願い申しあげます。この修道院について責任をもてないことをわたくしどもが深くお詫び申しあげますことを、どうか教皇聖下にお伝えくださいませ。聖下に修道会がなにを必要としているかをお伝えくださいませ。修道会はいまだ幼年期にあり、拡大する以前に成長を固める必要を感じております。ですので、総長から、またあらたに生まれた修道会の中心から、これほど遠く離れた修道院を設立するのは、すくなくともここ数年は、無謀といえましょう。修道会はフランスだけのために創設されました。また、いまのところ、初歩的な会則しかありませんので、修道会はその確固とした礎となる真正の会憲の作成に集中せねばなりません。これは修道会が神からいただけるよう願っているたいせつな恩寵でございます。祈り、沈黙、そして謙遜によって。

このような危機的な状況にあって、宮廷貴族のマダム・ドゥ・グラモン・ダステルからの手紙は、この時期にソフィー・バラがなしえたいかなる代弁よりも効力と影響力を発揮した。ローマでサン゠テステヴのもくろみを阻止できるひとびとの手にわたることはまちがいなかった。加えて一八一四年一二月、ソフィーは病に臥していた。マダム・ドゥ・グラモン・ダステルは状況の重大さに気づいていた。もしユージェニー・ドゥ・グラモンが説得されローマに行けば、サン゠テステヴの大勝利になる。ユージェニーがソフィー・バラの補佐であり、アミアンの副修練長だったからだ。ユージェニー・ドゥ・グラモンはかつての恩師（にしてサン゠テステヴの兄弟）ガストン・ドゥ・サンビュシー・ドゥ・サン＝テステヴの助言を求めた。すると気持の整理がつくまで、当分のあいだ、決断を持ちこすように助言された。その間、陰謀はつづき、さらに広がっていった。マリー・ドゥ・ラ・クロワ（一七九二―一八七九）が残した当時の記録によると、修道院内でサン＝テステヴの腹心たちがいかに影響力を強め、サン＝テステヴとの将来を画策しつづけたかがわかる。マリー・ドゥ・ラ・クロワは一八一二年四月、アミアンの修道院に入会し、会の深刻な分裂にやがて気づく。このころ、多くの会員がサン＝テステヴを修道会の創立者とみなしていただけでなく、何人かの会員はサン＝テステヴが聖人であると取り沙汰していた。サン＝テステヴが投獄されると、会員のあいだで殉教者とまでささやかれていた。

アミアンのサン＝テステヴの腹心たち（ユージェニー・ドゥ・グラモン、フェリシテ・ドゥ・サンビュシー、テレサ・コピナ、アンリエット・デュシス）は、マリー・ドゥ・ラ・クロワのような新参の女性たちに将来への多大な期待を託した。そのため、修練院の一四人の女性は修道院のほかの会員から完全に隔離された。とくにソフィー自身とはまったく接触がなかった。マリー・ドゥ・ラ・クロワはこう語る。

わたしたちは誓願を立てた会員たちといっさいの交流を禁じられました。病気のため絶対安静が必要だという口実のもとに、総長様は住まいとする小さな家に隔離されていました。そして、世話をするひとびと以外、会員のだれも彼女に会いに行くことはできなくなりました。

ソフィーの強まっていく自信とサン＝テステヴの見解や行動への断固とした拒否は、新参の会員には納得しがたいものだった。修練女たちは、サン＝テステヴがローマの教皇や教会の権威たちと親密に調和して働く人物であると聞かされた。一方、ソフィーはガリカニスム信奉者であり、ローマの権威から独立をもくろみ、ガリカニスムに傾倒するフランスの司教たちと計っているとほのめかされた。後年、マリー・ドゥ・ラ・クロワが気づくように、これは一連の名誉毀損の動きだった。修練長テレサ・コピナいわく、サン＝テステヴはソフィーを啓発し、誤りを認める手助けをしようとしたが、徒労だった。ソフィーから妥協を許さぬ抵抗にあったため、サン＝テステヴはローマに行き、教皇に問題の解決を求めようと決意した。同様の批判がさりげなくくり返された。マリー・ドゥ・ラ・クロワはこう述べる。

わたしたちは沈黙のうちに勉強していました。……副修練長〔ユージェニー・ドゥ・グラモン〕が自分の部屋からでてきて扉に鍵をかけると、……わたしたちの横をきびきびとした足どりでとおりながら、こう言いました。「ああ！　わたしのかわいい子たち！　忘れてはなりません。ペテロの小舟に同乗していない者は水に落とされるのです！」。副修練長が姿を消したあと、わたしたちはただ茫然としました！

修練長〔テレサ・コピナ〕に脇に連れていかれ、ふたりでかなり長い散歩をしました。……そのとちゅう、修練長がわたしにつぎのように言いました。残念だが状況に迫られて悲しい真実を語らねばなりません。フランスにはガリカニスムをかかげるフランス教会の四箇条があり、これが過ちと教皇庁との不一致の源だという真実です。多くの司教たちがこれらの箇条を熱烈に支持し、不運にも、残念というしかないことに、また、日々、より危険は大きくなるばかりなのですが、総長様ご自身もこの四箇条をうけいれています。この異端を作りだしたひとびとへの総長様のかぎりない信頼が、わたしたちみなを迫りくる地獄落ちの危険にさらしているのです！

マリー・ドゥ・ラ・クロワはのちに認めるように、当時、「ガリカニスム」がきっと否定的なものだろうという以外、なにを意味するかまったく無知だった。そして、みんなでソフィーのもとに行き、その場でソフィーに自分と修道会を救うために変わってほしいと頼んではどうか、と無邪気に提案した。すると、マリー・ドゥ・ラ・クロワがソフィーに直接会いにいくと思いこんだ修練長テレサ・コピナは、大あわてで、つぎのように発言したという。

あなたのせいで、隠しておきたかったことを告げる羽目になりました。総長様はたいへん狡猾な女性です。あなたを魅了する温かい態度はたんなる見せかけにすぎません。わたしたちの心を勝ちとり、ひどい困難におとしいれるための。さあ、これでわかりましたね。これまで隣人愛ゆえにあなたに教えなかったのです。

ソフィーの体調不良はつづき、一八一五年七月には危険な健康状態が彼女を修道院から追いだす口実に使われた。アミアンの医者は会員に依頼されキュイニエールでの絶対安静と療養を処方したが、修道院内部の動きを熟知していたソフィーに断られた。するとソフィーに圧力がかけられた。ソフィーの顧問会の依頼で、司教区の司教総代理と修道院の聖職者院長が、医者の処方箋に従うようにソフィーに命じたのである。そのため、ソフィーはアミアンを去らざるをえなくなった。一八一五年七月二一日、ソフィーが部屋アミアンを去る前夜、茶番が演じられた。ソフィーがお別れの窓辺に立ち、修道院の会員と学校の生徒たちがお別れの歌を合唱した。マリー・ドゥ・ラ・クロワが詩を作り、アントワネット・ドゥ・グラモンがギターで伴奏し、ユージェニー・ドゥ・グラモンがすみやかな復帰を願う言葉とともに花束を手わたした。音楽会のあと、表向きは詩への感謝を表わしたいというソフィーの意向で、マリー・ドゥ・ラ・クロワが個別に面会すると、ソフィーが修道院の現状をよくわかっており、その状態で修道院を去ることに心を痛めていることがあきらかだったという。ソフィーの沈黙は彼女をおとしいれようとするひとびとを狼狽させ、彼女たちはソフィーの権力を怖れた。マリー・ドゥ・ラ・クロワ自身も修道院内の会員たちの行動に内在する矛盾に気づいた。この時期以来、マリー・ドゥ・ラ・クロワはサン＝テステヴの腹心たちの会合に参加しつつも、アミアンで経験している修道生活の質と目的までも疑問に思うようになっていく。

数か月がすぎるにつれ、秘密の会合はさらに白熱した。参加者はユージェニー・ドゥ・グラモン、テレサ・コピナ、フェリシテ・ドゥ・サンビュシー、アンリエット・デュシス、アントワネット・ドゥ・グラモン、およびマリー・ドゥ・ラ・クロワである。会合ではユージェニー・ドゥ・グラモンかアンリエット・デュシスがサン＝テステヴの会則を読みあげ、寸評を加えた。ローマから届くサン＝テステヴの手紙を見せあった。手紙には彼女たちのための計画と、ジョゼフ・ヴァランの悪口がつづられていた。サン＝テステヴはヴァラン自身とヴァランが修道会で演じた役割について、皮肉で批判的な言葉で中傷した。サン＝テステヴは具体的に彼女たちに自分のもとに集い、イタリアでのあらたな構想の一部になってほしいと呼びかけた。会合ではこの提案が詳細に検討され、参加者のうち、コピナとドゥ・サンビュシーのふたりはなんとしてもローマのサン＝テステヴのもとに行くことを決意した。ユージェニー・ドゥ・グラモンがふたりの出発の手助けをした。彼女自身もまもなくローマに旅立つ決意でいた。できれば妹アントワネットとともに。マリー・ドゥ・ラ・クロワは面くらい、これほど大事な決断なのだから母親に相談したのか、とユージェニー・ドゥ・グラモンにたずねた。するとユージェニーはこう答えた。

母ですって？　と〔ユージェニーは〕言いました。母はマザー・バラへのあまりにも人間的な愛ゆえに、なにも見えなくなっています。母の目を覚まそうとあらゆる手を尽くしましたが、無駄でした。母にはこれ以上なにも言いますまい。ですが、すくなくとも妹のアントワネットだけは救いたいのです。

サン゠テステヴがユージェニー・ドゥ・グラモンをローマに誘ったことで、母と娘のあいだに緊張が走っていた。さらに、マダム・ドゥ・グラモン・ダステルがユージェニーよりもあとにアミアンの修道院に入会したため、修道院内では娘ユージェニーの地位のほうが母よりも高かった。ふたりとも奇妙な立場におかれていた。このとき、ユージェニー・ドゥ・グラモンは母の意見を無視し、ローマへの出発の計画に没頭した。実際、会員たちに個別に話をして、ローマに行く気がある者を探しだそう、とマリー・ドゥ・ラ・クロワに提案している。ユージェニーはそれぞれの会員に、なにを聞き、どれだけの情報を与えるべきか、マリー・ドゥ・ラ・クロワと打ちあわせた。手はじめにマリー・ドゥ・ラ・クロワはベルギー出身の年長の会員マダム・ジロに接近する。するとジロはソフィー・バラがガリカニスムを信奉していると聞いただけで笑いだし、若いマリー・ドゥ・ラ・クロワにガリカニスムが実際になにを意味するかを説明した。また、慎重なソフィーがガリカニスムをめぐる議論に巻きこまれるはずがないとマリー・ドゥ・ラ・クロワに請けあい、ソフィーへの非難は修道会から離脱する口実にすぎないと述べた。さらに、周囲の陰謀と距離をおき、自由をとりもどすように、とマリー・ドゥ・ラ・クロワに助言した。じつは一八一五年の秋以来、マリー・ドゥ・ラ・クロワは自分の将来について混乱しており、近隣のサン゠タシュールの神学校のルイ・スリエに相談したいと願いでた。ところがこの願いは却下された。ついで、当初アミアンの修道院に入会するように勧めたソワソンの司教に相談しようとするも、ふたたび禁じられた。また、ソフィーがマリー・ドゥ・ラ・クロワをキュイニエールに送るようにと求めると、アミアンにとどめる口実をもうけて断られた。ついに修道女が二手に分かれ、陸路と海路でローマに旅するようにと指示する手紙がサン゠テステヴから届く。マリー・ドゥ・ラ・クロワはアンリエット・デュシスとともに海路で旅し、旅のはじめにヴェルサイユのデュシスの兄弟の家に立ち寄ることになっていた。この時点でマリー・ドゥ・ラ・クロワは確信した。自分はアミアンの修道院のみならず、この修道会から離れねばならない。平安を得る希望をもってカルメル会に入会しようと。

この間、ローマではサン゠テステヴの大仰な構想は実現されていなかった。ローマのトリニタ・デ・モンテ修道院ではなく、はるかに小さなサン＝ドゥニ・オ・カトル・フォンテーヌ修道院を手にいれただけだった。一八一五年の夏には、人員欲しさに逆上し、自暴自棄になり、ソフィー・バラに偽名で手紙を送った。最後の手段にして最後の企みだった。ステファネッリという名を騙り、抵抗をやめ、修道会の指導者として神が示す道を進むように、とソフィーにうながした。ソフィーとフランスの修道院はすべて教皇に認可された修道会に入会せねばならない。さもなくばフランスの修道会の会員すべてが破門されることになる。ソフィーが知ってのとおり、何人もの会員がすでにローマ行きを計画しており、サン＝テステヴに従わなければ、分裂を招くだろう。ローマではサン＝テステヴが修道会の正統な総長として認められているので、問題を解決する最良の方法は、ソフィー・バラが総長を辞任し、未来をサン＝テステヴの手にゆだねることだ。

ソフィーは八月初旬にこの最後通牒をうけとった。アミアンの会員たちにキュイニエールに追放された時期だが、確実に体力を回復していた。見知らぬステファネッリなる人物からの奇妙な手紙について、ジョゼフ・ヴァランに打ちあけた。ヴァランは手紙についてジャン・モンテーニュと相談し、ふたりともソフィーが背負う重荷のなんたるかを、いっそうはっきりと意識した。ジョゼフ・ヴァランは自分とジャン・モンテーニュを評し、ソフィーにこうつづる。

あなたのもっとも親しい友なるわが主のつぎに、わたしたちほど献身的な友人はいますまい。わたしたちふたりには、あなたの重荷を分かちあい、できるかぎり軽くする心づもりがあります。

サン＝テステヴ宛ての手紙の原型として使える返信の下書きが、ジョゼフ・ヴァランからソフィーに送られた。ソフィーは一八一五年九月二三日に「ステファネッリ」に返事をしたため、正体を明かすようにと挑発した。皮肉な調子で、まさかサン＝テステヴではあるまい、と述べている。さすがのサン＝テステヴも、あれほど自慢げに修道会の創立者にして教皇およびローマの司教・聖職者聖省に認可された（ステファネッリいわく）「栄えある会憲」の執筆者であると主張しないだろうと言って。また、手紙に愕然とし、何人かの同僚に見せたところ、彼らもおなじ反応だった、とソフィーは記した。そして、手紙の主をサン＝テステヴだと考えていないふりをして、架空の「ステファネッリ」に宛てて、サン＝テステヴについての意見を開陳した。サン＝テステヴがアミアンの会員の内的一致と、自分ソフィー・バラの権威を破壊するためにおこなったことを解説して。ソフィーは述べる。実際、サン＝テステヴはローマの自分の修道会のために教皇から認可をうけたと吹聴しているが、それを裏づける文書を示していない。いずれにしろ、わたしたちの会はサン＝テステヴを代理人に指名しておらず、サン＝テステヴがローマの自分の修道会のためにうけたいかなる認可にも縛られない。サン＝テステヴがうけた認可に効力があるというのなら、奇妙な論理だ。サン＝テステヴのローマの修道会の認可が、フランスのあらゆる修道会を拘束するということになるからだ。実際には、わたしたちの修道会はまだローマでその会憲の認可を求める段階にいたっていない。わたしたちの修道会がより経験をつみ、会則を試行し、フランスのいくつもの司教区で修道生活をすごしたのちに、認可を求めるつもりである。以上がソフィーの返事であった。

第五章　総　会
一八一五年

ここ何か月ものあいだ、ソフィーは自分の立場の根本的な弱さが、サン＝テステヴの提唱する会則に対抗する代案となる会則の欠如にあることに気づいていた。ジョゼフ・ヴァランもドゥ・クロリヴィエールもあらたな会憲の起案の必要性を認めていたが、一八一四年の冬から一五年の春にかけてソフィーの病が重かったため、作業は開始されなかった。一八一五年三月、ソフィーは小康を得ると、パリに赴き、ジョゼフ・ヴァランとジュリアン・ドリュイエとともに、あらたな会憲の草案に着手する。ところが、ナポレオンがエルバ島幽閉から劇的に帰還したため、作業はいきなり中断される。国王ルイ一八世がパリを逃れ、パリの政治情勢が一触即発となったため、会憲の作業をつづけられなくなる。ソフィーは急がれる作業をなかばにしてパリを離れざるをえなかった。

だがナポレオンの復権は短命に終わる。自由主義的な政体を公約したものの、戦争で疲弊した国民の支持を得るにはいたらなかった。一八一三年と一八一四年にナポレオンを敗北に追いこんだヨーロッパ各国の連合軍が、一八一五年六月一八日、ワーテルローの戦いでナポレオンの失墜を決定的なものにする。ナポレオンはセントヘレナ島に流刑となり、ナポレオン帝国は解体され、ブルボン王朝がフランス王位に返り咲く。政治的安定がもたらされるであろうとの希望をつなぎ、一八一五年晩夏、ソフィーはパリのドゥ・クロリヴィエールに手紙を送る。ジョゼフ・ヴァランにイエズス会の修練者としての義務を課すだけでなく、会憲草案の作業も再開させるように依頼したのである。

> あなたに申しあげた職権の濫用や弊害は減っていません。むしろ、増える一方だと申せましょう。なによりも気がかりなのは、アミアンの修道院の何人かの会員がほかの修道院に派遣され、その精神を伝え、それとは気づかれずに指導者を説得してしまったことです。これはわたしに忠実な〔そのほかの〕修道院長たちにとってのひどい心痛のもとになっています。ほとんどすべての修道院にはびこるこの分裂の種子を絶やすのは……、あなたご自身もお気づきになった方途によります。つまり、聖イグナチオの精神にもとづき起草された会憲を示せる立場に身をおくことです。会員の大半はそれを望

んでいます。すべてのひとがたゆまずわたしに着手するようにとうながすこの作業こそが、会員を安定へと導き、会員の心をとりもどし、精神をふたたび一致へといたらしめる唯一の方途です。認めましょう。わたしたちの困難が近いうちに除かれる望みをいだけぬままとなれば、わたしは良心に照らしてこの修道会を導きつづけられそうにありません。

ソフィーはドゥ・クロリヴィエールとジョゼフ・ヴァランからすぐに返事をうけとる。ふたりとも事態の深刻さを認め、旅にでられるようになりしだいパリに来るようにとソフィーに呼びかけた。ソフィーの健康がいまだ思わしくないため、世話をするひとを同伴するようにと言って。ふたりはパリの友人たちが全力をあげてソフィーを助けると請けあった。一か月後、ジョゼフ・ヴァランがふたたび手紙を送り、友人にして相談役のジャン・モンテーニュの助言を伝えた。モンテーニュからの伝言は、つぎのとおりだった。パリで会憲の執筆の仕事を完成し、総会を開催する前に、ソフィーはアミアンの修道院を訪れ、望むならだれでも会を離れ、サン＝テステヴの会に入会してよいと公に宣言するべきであり、ひとたびパリで総会が開催されれば、ほかの修道院の会員にもおなじ選択が示されるべきだ。ただし、各司教区の司教に状況を伝え、司教の支持を得ねばならない。どちらの会が修道院の建物や土地を所有するかについて、司教に判定役を依頼する必要が生じた場合のためである。ようするに、分裂が避けられず、修道会が崩壊の危機にさらされている、とモンテーニュは危惧したのである。

実際、この見解は同年九月初旬に裏づけられる。ソフィーはアミアンの修道院の会員ふたりがローマへと旅立ったことを知る。一八一五年九月八日、そのふたり、サン＝テステヴの姉妹フェリシテ・ドゥ・サンビュシーとテレサ・コピナは、表向きはアミアンの修道院になにも告げずに去ったが、じつはソフィー・バラにわたす釈明の手紙をユージェニー・ドゥ・グラモンに託していた。テレサ・コピナはユージェニー・ドゥ・グラモンにも正式の手紙を書いた。すべてはあらかじめ仕組まれた茶番だった。ユージェニー・ドゥ・グラモンはふたりのローマ行きの準備を手伝い、サン＝テステヴの従僕だったレオナールを付き添わせた、とソフィーへの手紙で認めている。またユージェニー・ドゥ・グラモンは、ふたりが修道院を去ったのを知ったときのみずからの「驚き」をソフィーへ書きおくった。と同時に、自分はふたりが去った理由を理解できるし、ソフィー自身も早く教皇の意向をうけいれて、ローマのサン＝ドゥニの修道会に入会することを期待している、とも付け加えている。

> わたしたちもすぐにおなじようにできるといいと思います。思うに……これは肝心なことです。もし分裂がおきれば、それこそ大打撃です。教皇の見解をうけいれない者には不幸が待ちうけています。それだけではありません。わたしがあなた〔ソフィー〕のもとを去ると思っているなどと信じないでください。……くり返しますが、未来に進む道はただひとつしかありません。あなたが阻むことができなかったこのことに、わたしたち全員が加わるという道です。

ソフィー自身は事態の深刻さを認識していた。アミアンの修道院内の分裂が、おもに手紙や人員の交換により、いまやフランスのほかの修道院にも浸透している。各修道院の院長や院長顧問会は、サン＝テステヴとソフィー・バラの対決に気づいていた。一時期、アミアンの修道院にはサン＝テステヴに従いたいと考える者がすくなくとも三五人いた。ポワティエの修道院ではすくなくとも一五人がサン＝テステヴに加担していた。この状況を知ったジョゼフ・ヴァランは、ほかの修道院もまもなくこれに倣うだろうと考えた。すでにポワティエの修道院の何人かの会員や地元の聖職者たちが、ソフィー・バラを批判していた。ニオールでも同様だった。一八一四年冬、アンヌ・ボードゥモンがポワティエに到着すると、ソフィーへの批判はさらに高まる。ボードゥモンは、みずからにもソフィーにも耐えがたい状況になったため、アミアンを去った。一八一四年春、ソフィーに願いを聞きいれられ、ボードゥモンはあらたな修道院を創設すべく、かつて自分が革命以前に修道女としてすごしていたランスに赴く。しかし一八一四年九月にはこの計画がうまくいかないことがあきらかになった。そのため、彼女をアミアンにもどしたくないソフィーの依頼で、ボードゥモンはポワティエに行く。ところがこれもうまくいかず、一八一四年一一月にはアンヌ・ボードゥモンはポワティエの「怖ろしい牢獄」から解放してほしい、とソフィーに訴える。一八一五年春になり、ボードゥモンはソフィーの許可を得て、修道院を設立するために再度ランスに赴く。しかしふたたび不首尾に終わり、ボードゥモンはポワティエにもどり、その地で不満をいだきつづけ、ポワティエの修道院で数か月すごしたのち、会を離れてローマのサン＝テステヴと合流することを決意する。

ソフィーがポワティエとその近くのニオールの修道院の状況に心を痛めるのはもっともだった。この時期、ソフィー自身は両修道院を訪れることができなかったが、ソフィーの指示をうけて友人のロベール・ドゥブロスが両修道院に出向く。両修道院でなにが起こっているのか、地元の聖職者たちがどのように考えているのかを調査するためだった。調査の結果、ポワティエのふたりの聖職者がソフィーを批判しており、とくに司教区の司教総代理ソワイエがサン゠テステヴに積極的に肩入れしていると判明する。だが、ポワティエの修道院でサン゠テステヴの策略について知っていたのは、ひとにぎりの会員、すなわちアンリエット・グロジエ、カトリーヌ・ドゥ・シャルボネル、リディ・ショブレ、およびマリー・プレヴォにすぎない。問題は彼女たちが修道院の要の人物であることだった。カトリーヌ・ドゥ・シャルボネルがソフィー・バラに忠誠を尽くすのに多少ためらっていること、マリー・プレヴォがソワイエと連絡をとっていることに、ドゥブロスは気づいた。しかし、後者は有益な交際で、それを奨励することはおそらくソフィーのためになる、と考えた。ソワイエは修道院の全会員に修道会の現状を知らせたがっていたが、ドゥブロスはそんなことをすれば二極分裂をひきおこすと懸念していた。じつをいうとサン゠テステヴからの手紙で、ソワイエはサン゠テステヴの修道会のフランスにおける聖職者総長職を提示されていたのだが、当時はだれも知らなかった。そのため、ソワイエは手ごわい敵ではあるが、機嫌をとって丁重にあつかえば味方につけられるだろう、とドゥブロスはソフィーに報告する。聖職者のひとりジャン・ドゥ・ボールガールはソフィー・バラを支援し、修道院によい影響を与えていた。彼は当時もその後もソフィーの忠実な友でありつづけた。ポワティエの修道院では、ソフィーとともに創設にかかわったルイ・ランベールが、さまざまな疑問をいだいていたものの、ソフィー・バラ自身に手紙を書き、その返事に納得した。ドゥブロスはニオールの修道院も訪れた。そこでサン゠テステヴとの抗争を知っていたのは四人だけで、そのひとびとはソフィー・バラに忠実だった。もっともシュザンヌ・ジョフロワは、逆境にあった時期にソワイエに支えられたことがあるので、むずかしい事態におちいった場合はソワイエに逆らいにくいと認めている。つまり、ポワティエもニオールも膠着状態にあった。このとき、ソワイエが自分の意向を公にしていたなら、すべてが失われたかもしれない。ところがソワイエはさらなる行動に打ってでる前に、サン゠テステヴの立場の解明を求めて教皇に手紙を書き、その返事を待つことにした。

このころふたたび、サン゠テステヴはフィリピーヌ・デュシェーヌを自分の側にひきいれて、グルノーブルの修道院に影響力をおよぼそうと画策している。一八一五年八月にソフィー・バラへ「ステファネッリ」の名で手紙を送った直後に、サン゠テステヴはやはり「ステファネッリ」の名でフィリピーヌにも手紙をしたため、ローマの自分の会への参加をうながしている。サン゠テステヴはフィリピーヌにこう述べる。ソフィー・バラはローマで創立された修道会に合流することを拒否したために解任されたので、すべての修道院の会員のなかからあらたな総長が選出されることになった。そこでフィリピーヌには、なにが起こったかをグルノーブルの修道院の会員に伝えてほしい。だが、すべては秘密裏に進められねばならない。サン゠テステヴからフィリピーヌへの秘密保持の指示は、ソフィー・バラとの通信を阻む手立てだった。また、サン゠テステヴはひとたびローマに到着すれば、宣教の召命は容易に実現する、とフィリピーヌに請けあっている。数週間後、サン゠テステヴは第二の手紙をフィリピーヌ・デュシェーヌに送り、ソフィー・バラを批判した。一八一五年八月五日付の自分の手紙にたいするソフィーの返信のなかで、教皇の意思への抵抗が表明されていたことに腹をたてたのである。また、ソフィーが矛盾だらけで不誠実であるとも糾弾した。さらにジョゼフ・ヴァランにも非難の矛先を向け、「パッカナーリの同僚」と侮蔑的に称した。かくて、一八一五年の秋はとくにアミアンを中心に、フランスのすべての修道院に不穏な空気が蔓延していた。アミアンにおける一二年余におよぶ絶え間ない不安と陰謀のはてに、一八一二年から一五年にかけて醸成されつづけた不穏な動きは頂点に達し、修道会中に広がり、修道会を崩壊の危機にさらすことになる。

九月なかば、ソフィーの体力はまずまず回復したので、パリに赴き、数週間のあいだ、ジョゼフ・ヴァラン、ピエール・ドゥ・クロリヴィエール、ジュリアン・ドリュイエとともに新しい会憲の起草にいそしんだ。パリへの道中、アミアンは通らなかった。修道院内の対立を悪化させないための配慮である。そのかわり、ユージェニー・ドゥ・グラモンとマリー・ドゥ・ラ・クロワのふたりをパリに呼ぶことで、アミアンの修道院内から反対分子の中心人物をとりのぞいた。一八一五年一一月、新しい会憲の文案が整い、修道会の総会で発表できる段になり、ソフィーは総会出席者に選ばれた会員に、一八一五年一一月一日に開催予定の第一回総会に参加するためにパリに来るようにと、招集の手紙を送った。ソフィーはサン゠トマ・ドゥ・ヴィルヌーヴの修道院の一画で総会を開催した。アミアンの修道院への入会後もマダム・ドゥ・グラモン・ダステルが手放さずにいた場所である。ソフィーたちの目前の課題は修道会の一致と同意を見いだすことだった。それがパリで達成されれば、各修道院の内部分裂が解消される希望は充分にあった。総会を現実に構成する顔ぶれはきわめて重要であり、ソフィーはこの調整に注意をかたむけた。

　第一回総会は修道会の各修道院からの代表者二名ずつで構成されていた。代表者二名のうち、一名は職務上重要な院長、そして一名はソフィー・バラに指名された終生誓願を立てた会員である。この会員は原則的に最年長者だった。各修道院を代表したのは以下の面々である。グルノーブルからはジョゼフィーヌ・ビジューとフィリピーヌ・デュシェーヌ、ポワティエからはアンリエット・グロジエとカトリーヌ・ドゥ・シャルボネル、ニオールからはシュザンヌ・ジョフロワとエミリー・ジラール、アミアンからはアンリエット・ジラールとユージェニー・ドゥ・グラモン、キュイニエールからはフェリシテ・デマルケとジュヌヴィエーヴ・デゼー。二名をのぞき、修道会の最年長の会員たちだった。例外として、ポワティエからアンヌ・ボードゥモンの代わりにカトリーヌ・ドゥ・シャルボネルが、アミアンから最年長とはいえないユージェニー・ドゥ・グラモンが指名された。ユージェニーが指名されたのは、彼女の出席なしでは一致が達成されないことをソフィーが承知していたからだ。

　一か月以上にわたり、総会参加者はソフィー・バラ、ジョゼフ・ヴァラン、ジュリアン・ドリュイエ、およびピエール・ドゥ・クロリヴィエールの手になる会憲の草案について議論を重ねた。パリの第一回総会で発表された会憲は、イエズス会だけでなくいくつかの修道会の会則と、フランスの偉大な教育修道会や伝統の影響をうけていた。とくにサン＝トマ・ドゥ・ヴィルヌーヴ、ウルスラ会、およびサン＝シールの王立学校の強い影響が認められる。ソフィーはキリストの聖心（みこころ）が修道会の中核にあることを認めていたものの、同時代の教育的な伝統を進んで採用し借用した。もっとも重要だったのは、総会参加者があらためて聖心会の創立の原点の物語を聞いたことだった。すなわち、レオノール・ドゥ・トゥルネリの理想、イタリアとフランスにおけるイエスの愛子会の発展、パッカナーリの失権、そしてその結果としてのアミアンとグルノーブルの修道院のイエスの愛子会からの分裂、およびフランスにおけるアイデンティティと一致へといたる努力の物語である。

　一八一五年一二月一七日、役職の選挙が終わると、総会は会憲を生活の指針として正式に承認した。総会の構成員による承認は修道会の新しい名称の採用を意味した。修道会はイエズスの聖心会と呼ばれることになった。ジョゼフィーヌ・ビジュー、カトリーヌ・ドゥ・シャルボネル、およびアンリエット・グロジエがソフィー・バラの総長補佐に、フェリシテ・デマルケ、シュザンヌ・ジョフロワ、およびユージェニー・ドゥ・グラモンが総会会員に、フィリピーヌ・デュシェーヌが総秘書に選出された。この修道女たちとともにソフィー・バラは、パリの総会ですくなくとも書類上では達成された総意を実行に移すことになる。ソフィー・バラが終身総長であることが確認され、それにともない、教会法をみたすために聖職者修道院長の任命が必要になる。聖職者修道院長の任命は好都合だった。ソフィーが各司教区の司教からある程度の独立をかちとる契機となるからだ。ことにソフィーが司教区間を自由に旅し、修道院間の人員が容易に交換できることを意味した。また、政府と法的な交渉をする際にも好都合だった。総会は聖心会の聖職者修道院長を、フランス宮廷司祭のドゥ・タレイラン＝ペリゴール猊下に依頼した。猊下は同意し、秘書のペロー神父を自分の代理人に任命する。これは喜ばしい人選だった。ペローはジョゼフ・ヴァランのよき友人で、すでにサン＝テステヴを糾弾する手紙をローマ宛てに送っていたからだ。ドゥ・タレイラン＝ペリゴールはガリカニスムに傾倒し、復位したブルボン王朝と親しかった。

　第一回総会においてサン＝テステヴの問題は徹底的に議論された。実際、本人も第一回総会で検討されるべく書類を送っていた。いうまでもなく、ソフィー・バラと修道会内部の彼の信奉者たちとの溝を作りあげたのは、サン＝テステヴの性格、野心、そしておそらくは虚栄心だった。しかし、パリの第一回総会が閉会するまでには、総会の構成員たちは彼の干渉を斥け、ソフィー・バラの指導力を後押しした。つぎにソフィーは総会の結果を会員全員に手紙で伝えようと試みる。総長としての立場から全修道院に宛てた書簡をしたためたのは、これがはじめてだった。正式に総長としての権限を身に帯びる第一歩である。ソフィーはパリの総会の目的と結果、および総会の協議をへて修道会があらたな会憲と「聖心会」というあらたな名称を得たことを、手紙でかいつまんで説明した。ソフィーの文面にサン＝テステヴへの言及はまったくない。

　ここ数年わたしたちのなかで育ちつづけ、やがて破滅的な結果をもたらしかねなかった分裂の種子をとりのぞくことが課題でした。この小さな修道会の創立をとおして示された神のご計画に応え、わたしたちはたがいの絆を深め、おなじ会則に従わねばなりませんでした。当初、聖心会はイエスの聖心（みこころ）への信仰にもとづいて創立されました。ですから、わたしたちはこの聖なる心の栄光に献身し、会を奉献しなければなりません。修道会がたずさわる仕事や機能のすべてがこの主たる目的にかなっていなければなりません。……これこそがわたしたちの小さな修道会の誉れであり、ひとをひきつける目的なのです。わたしたちはイエスの聖なる心を模範とし、わたしたち自身が神に身を捧げる者になるのです。イエスの聖心の思いや奥底にある摂理とみずからを、かなうかぎり一体化することによって。同時に、わたしたちは魂の清めのために働き、聖心の知識と聖心への愛を広げうながすことにみずからを奉献します。……くり返します。これこそが聖心会の命運であり、創立の際、神はそれをわたしたちに慈悲深くも顕してくださったのです。修道会がフランスで歩みはじめた不穏な時期には、イエスの聖心へのわたしたちの奉献を公に謳うことが許されませんでした。ですが、いまは、わたしたちがみずからの真の精神を帯び、命運に従うために修道会の起源をかかげなければ、神の計画を達成することはできません。……会憲と会則に目をとおせば……それらが可能なかぎり聖イグナチオの会憲や会則を模範としており、聖イグナチオの会憲や会則から、わたしたちの修道生活にふさわしいものすべてを採用したことに、あなたがたはすぐに気づくはずです。

　ソフィーの手紙は聖心会の目的を明白に表明している。会の目的が正式に語られたのは、これがはじめてだった。物語はレオノール・ドゥ・トゥルネリの理想に始まり、フランスでのイエスの愛子会の創立と解散へと移り、その結果としてのキリスト教教育婦人会の誕生を語り、修道会の発展と、やがてもたらされたサン＝テステヴとの対立、そして一八一五年の第一回総会へとつづく。この物語はたびたび語られるだろう。聖心会の起源として、創立神話の記録として、精神的な活動の開始として。ソフィーはこの最初の書簡を「バラ」と署名した。警戒が必要だった政治的不穏の時期をのぞき、ソフィー・バラは親しい友人たちへの手紙にいたるまで、すべての手紙に「バラ」と署名している。一八一五年一二月のこの書簡は、ソフィーの長い旅の終焉と、ソフィーの理想の勝利を告げる。けれども、アミアンにおける長年のサン＝テステヴの支配がもたらした負の遺産と向きあわねばならないことも、ソフィーにはわかっていた。サン＝テステヴの残した負の遺産は、やすやすとやわらぐものでも拭いさられるものでもなかった。

　パリの総会開催中、ソフィーはポワティエの古くからの友人ルイ・ランベールに手紙を書く。ソフィーがサン＝テステヴに断固反対した理由を説明するように、ランベールに求められたからだ。総会の経過をふまえ、サン＝テステヴが分裂の張本人だと暴かれたことを念頭に、ソフィーは手紙で遠慮なく率直に語った。ソフィーはサン＝テステヴの問題をふたつの要点にまとめた。サン＝テステヴが修道会の本来の目的を変えようと望んだ点、そしてサン＝テステヴの統治の流儀と方法がうけいれがたいものであった点である。ソフィーは長い釈明文を書き、数年をかけてサン＝テステヴが修道会の創立当初の目的と名称を変えようと画策し、それらを自分自身の計画したものとすりかえようとしたことを述べた。サン＝テステヴは修道院と学校付司祭の職権をはるかにこえる方法で、アミアンの修道院の指導権を掌握せんとしたのである。

ソフィーはランベールに認めている。自分がながらく沈黙を守ったことで、サン＝テステヴの言動を暗黙裡に是認したと糾弾されるかもしれない。それはよく承知している。だが、ランベールへの手紙や、同時期にほかのひとびとに宛てた手紙でも、ソフィーはこの批判に異議を申したて、みずからの言動をつぎのように弁明した。自分は制御しきれない状況に耐えることを強いられ、ときがくれば分裂が解消されることを願い、平和を保つために耐えたのだと。遅くとも一八〇七年以降、ソフィーは状況の不健全さを感じとっていたが、その直感は正しかった。しかし、当時は疑念を証明する手立てがなかった。一八一三年には、サン＝テステヴの行動を抑えるために具体的な対策が講じられねばならない、と気づいてはいた。一八一三年と一八一四年、サン＝テステヴから譲歩を引きだすことに成功した。これにより、全修道院が一致した将来に向けて共通の見地に達することを期待した。だが、この対策によっても、一八一四年の冬にヘント〔ガン〕の修道院が修道会との絆を断つことは阻止できなかった。それでもなお、サン＝テステヴ考案の会則への承認を修道会内部で得ようとした自分の試みを優柔不断とみなす解釈は、的を射ていない。むしろ、自分は調停者として、修道会の一致の中心という役割をはたすために、矛盾する立場におかれざるをえなかった。ソフィーはこのようにランベールに自分の立場を説明する。

これらの変更にたいするわたしの沈黙を承認の印とみてほしくありません。アミアンの修道院におけるわたしの権威は力を失っていました。ムッシュー・ドゥ・S〔サン＝テステヴのこと〕がかの地ですべてを掌中に収めたからです。平和のために、わたしは阻止しえないものは甘受することを決意しました。ときがくれば、精神にも心にも和解がもたらされると願ってのことです。二年前、わたしはそのときがきたと信じました。……そのとき、平和を願い、すべての修道院にムッシュー・ドゥ・Sの会憲をうけいれるようにうながしました。そのため、当時のわたしの言動と矛盾するとの理由で、いま、わたしが示す反対への異議が唱えられるのです。しかし、〔一八一三年〕当時のわたしの行動は、平和のためにうけいれた辛い犠牲だったとみなされるべきです。

ソフィーはさらに手紙で、サン゠テステヴの統治の方法は破壊的で分裂を招くものであった、とランベールに指摘する。もっとも、この点については、みずからの痛みを語るよりも、ジュリー・ビリアールの物語を引きあいにだした。サン゠テステヴがアミアンにおけるジュリー・ビリアールの仕事をいかに破壊し、司教に働きかけ、彼女を司教区から追放したかのあらましを語った。ソフィーはジュリーとのあいだに緊張や困難を感じたこともあったが、ふたりは密接に働いていた。当初、ソフィーはサン゠テステヴがジュリーにたいしてなにを企てているかを把握できなかった。そして、サン゠テステヴがアミアンでのジュリー・ビリアールの仕事を修道会で引きつぐことを主張したとき、ソフィーは動転した。サン゠テステヴとの結託を強いられたからである。ことに一八一五年にサン゠テステヴの陰謀が露見したあと、ソフィーがふりかえってみると、ジュリー・ビリアールの身にふりかかったことが、わが身にもじわじわと迫りつつあったことが判明した。一八〇七年以来、サン゠テステヴは修道会を乗っとって、その性格も目的も変えようとし、ジュリー・ビリアールや、彼に逆らうすべての者にしてきたように、ソフィーをも排除しようとした。しかも、サン゠テステヴの企みは少なからぬ成果をあげていた。アミアンの修道院の大半を煽動し、ソフィーに叛旗をひるがえさせて、ソフィーの権限を奪ったのである。ソフィーはつぎのようにランベールにつづる。

不幸なことに、サン゠テステヴのジュリー〔・ビリアール〕と彼女の修道会への態度は、彼が数年にわたりわたしたちの修道会に示した態度とあまりにも似ています。実際、あのひとはアミアンの修道院の聴罪司祭でしかなかったのです。やがて、修道会の精神と会則を変更して、自分が修道会全体の総長にしてあらたな創立者になろうとしたのです。むろん、この主張を彼自身のものであるとするのは、わたしではありません。ステファネッリという名であのひとがわたしに宛てた手紙にあるとおり、彼みずから、自分こそがわたしたちの修道会の唯一の総長にして創立者と称されるべきだと言いはっているのですから。……彼が自分の目的を達するためにいかなる手段を用いたのかとおたずねですか？　あなたは事実を求めていますが、つぎの事実が確認されています。彼はアミアンの修道会内に総長の権威を認めない派閥をつくりあげ、長いあいだ、彼女〔ソフィー自身のこと〕はまるでよそ者のようにあの修道院ですごしたのです。

ランベール宛ての手紙から読みとれるのは、一八一五年のクリスマスにはソフィーが長年の圧力と不安を克服していたことだ。ソフィーは自分を孤立に追いこみ疎外する陰謀にめげず、修道会の明確化と定義化をなしとげた。そのおかげで、修道会はあらたに、そして決定的に、みずからの名称を「聖心会」に改めることになる。しかしサン゠テステヴの影響力は第一回総会で否定されたものの、彼自身は修道会の創立者であるという主張を譲らなかった。すくなくとも一八一八年にいたるまで、悪影響をおよぼし不穏な動きをつづけ、その後何年もユージェニー・ドゥ・グラモンと連絡をとりつづけた。パリで修道会に干渉しすぎるとイエズス会士たちを糾弾し、かの地の聖心会に害を与えた。聖心会がシャンベリーに修道院を創設するのを阻止しようとし、自分こそ会の創立者であって、ソフィー・バラはその地位の簒奪者だと主張した。一八一七年、ドゥ・クロリヴィエールはイエズス会総会長に手紙を書き、一八〇二年以来、サン゠テステヴが聖心会を掌中に収めて、総長ソフィー・バラの権限を奪おうとした段取りを詳細に説明した。もっとも一八一七年ごろには、ローマの教皇庁関係者もサン゠テステヴの策略に気づいており、最終的には一八二五年夏、教皇がサン゠テステヴにローマからの退去を命じる。

　一八〇八年から一五年にかけて、ソフィーはたびたび重病を患った。いかなる病気だったかは詳らかでないが、この時期に経験したストレスや緊張感や極度の疲労が引き金になったことは疑いをいれない。当時の手紙でソフィーは高熱や疲労感を訴えている。目の痛みに悩まされつづけていた一八一一年には、医者に命じられ、八月中はポワティエで休養し、ヤギの乳を飲んだ。これが功を奏したらしく、一八一二年初頭、フィリピーヌ・デュシェーヌにすばらしく体調がよいと語っており、その年はずっと健康だった。ところが一八一三年になると、ふたたびグルノーブルで二月いっぱい病床に臥し、フィリピーヌ・デュシェーヌとマリー・バラストロンから手厚い看護をうけた。ふたりは医者の指示に従うようにとソフィーに勧めた。病気になるときわめて頑な態度をとり、回復を待たずに通常の生活にもどりたがるソフィーにとって、それは難業だった。

　ソフィー・バラは断食の重要性を理想化し、断食を止めて自分自身の健康状態をうけいれるのに苦労した。修道院の共同生活を送りたいと望んでも、それができなかった。現実をうけいれて、与えられた仕事のために適切な食生活を送るように、とジョゼフ・ヴァランはソフィーに求めた。ソフィーはとくに四旬節中の断食ができないことをうけいれたがらなかった。一八一一年、ヘントで四旬節をすごしたとき、ソフィーは修道院の会員につぎの体験を語った。食物と断食のこととなると現実をうけいれようとしない自分に、あるとき、ジョゼフ・ヴァランが公の面前で異議を唱えた。四旬節の時期にある修道院を訪れたとき、ソフィーは修道院の面々に自分が断食していないのを見られないように、ひとりで食事をとりたいと言った。そこへ思いがけずジョゼフ・ヴァランが現れ、ソフィーの部屋に案内された。ソフィーは自分の食事をベッドの下に隠したが、ジョゼフ・ヴァランに見られてしまった。ソフィーはそのときのようすをこう語った。

そこに見えるのはなんですか？ 〔ヴァランがそう言うと、ソフィーは答えた〕ですが、神父様、……わたしはすっかり困惑し、……こう認めました。神父様、わたしは断食をしておりません。ヴァラン神父は言いました。あなたはなぜ仲間をそれほど過小評価するのですか？ 彼女たちがあなたを見そこなうと思って、怖いのですね。さあ、修道院のひとびとをここに呼びなさい。全員が、子どもたちの面倒をみていた者さえも、わたしの部屋にやってきました。……わたしは穴があったら入りたい思いでした。

当時、ソフィーを困惑させたこの一件は、ソフィーに自分の限界をうけいれさせる契機となった。個人としてのイメージと総長としてのイメージが結びついたおかげで、ソフィーは自分の弱さを隠すのをやめることができた。それでもソフィーがとりくむべき問題は山積していた。ソフィーがたえず病気と闘っていた事実は、仕事と心配ごとがもたらす深刻な圧力を物語る。病気の根本的原因は、パリで兄ルイ・バラに強いられた訓練のせいで、生涯、消化器官がそこなわれたことにある。ソフィーは一生この事実と格闘し、身体的に強健な指導者になりえないことを甘受せねばならなかった。ストレスに追いたてられると、健康はそこなわれた。なにが問題なのかを認識しながらも、即座に問題を正すことができないとき、重圧がとりわけ身体にこたえた。ながらく病床についたり部屋にこもったりしながら、じっくり考え、本を読み、つぎの一歩を検討してすごした。病は本物だったが、べつの次元で仕事をし、前に進む道を見いだす洞察と勇気に達する瞑想の空間をもたらしてくれた。人生の危機的な局面において、ソフィー・バラは直感的に自分の世界に閉じこもるすべを知っていた。たとえそのときは自分がしていることを意識していなかったとしても。

さらにソフィーには、慰めを見いだすゆたかな内的世界があり、この世界を祈りと読書によって培っていた。聖書、とりわけ旧約聖書の『雅歌』と、新約聖書の福音書や書簡を定期的に読んでいたことが、当時の手紙にみてとれる。

自分の読書を修道会の何人かの会員たちと分かちあい、手紙のなかでたえず『雅歌』を引用している。また、神秘家たち、とくに聖ゲルトルーディス、ジェノヴァの聖カタリナ、シエナの聖カタリナ、聖ベルナルドゥス、アビラの聖テレジア、および十字架の聖ヨハネの著作を読んでいた。会話のなかでは、聖アウグスティヌス、聖フランソワ・ドゥ・サール、パオラの聖フランチェスコ、および聖マリア・マグダレナ・ディ・パッツィの言葉を引用した。この激動と変革の時期に、ピエール・ドゥ・クロリヴィエールの思想の中心となったのは『ヨハネの黙示録』であり、ソフィーもこの黙示文学に影響をうけた。ドゥ・クロリヴィエールは『ヨハネの黙示録』についての自分の論文や註解をソフィーに貸している。ソフィーは黙示文学への関心を生涯保ちつづけた。個人的な祈りの生活では、神の摂理に深い信頼をよせ、自分の人生には使命が与えられているという感覚をいだいていた。

ソフィーは自分自身の資質を高めることに加え、修道会内部にゆるぎなき人間関係を紡いでいった。書簡や訪問をとおして、温かい人間味あふれるやりかたで個々の会員たちと連絡をとり、やがて友情のネットワークを築いていく。各修道院を訪問した際は、フィリピーヌ・デュシェーヌ、テレーズ・マイユシュー、アンリエット・グロジエ、ジュヌヴィエーヴ・デゼー、そしてシュザンヌ・ジョフロワと継続的に議論をおこなった。これらの会話は手紙を媒体としてひきつづきくり広げられ、ソフィーは修道会のあらゆる関心事に意見を述べた。エミリー・ジラールとアドリエンヌ・ミシェルにはヘントとアミアンの問題について書きおくり、アミアンの修道院がどんなにがんばっても修道会は伝統的な修道院の形態はとらないと述べて、ポワティエのマドレーヌ・デュ・シャステニエを安心させた。とはいえ、この時期、だれか特定の個人がソフィーの腹心の友だったとはいえない。実際、テレサ・コピナによると、ソフィーは抜け目なく、だれにも心を打ちあけず、慎重に事を処理し、自分の考えをめったに明かさなかった。コピナいわく、「あのかたはじつに狡猾です。ご自分の考えを決して述べず、感じてもいない気持をいだいているふりをするのです!」。ソフィーの生来の魅力とひとをそらさぬ物腰は、その寡黙さのもつ力とあいまって効力を発揮し、抗いがたいものとなった。よそよそしさと親しみをあわせもち、自分自身をさらけだすことなく発言することができたのだ。

一八一五年の年末までに、ソフィー・バラは聖心会会員を束ね、一致に導く手立てを身につけていた。キリストの聖心（みこころ）に奉献し、教育の分野で働く修道女たちの一団という、レオノール・ドゥ・トゥルネリの当初の理想は回復された。

新しい会憲が執筆され、選挙によって修道会の代表たちに承認された。ソフィー自身の権威は確認され、選挙で承認された統治体制が成立し、ソフィーとともに修道会を統治する任務を遂行した。こうして一五年以上、たがいに近しく人生を営んできた女性たちの一団は、その発展におけるあらたな段階にふみいった。この女性たちの物語はたがいに影響を与えあい、それぞれの記憶がこれまでの歳月を記録していた。あらたに命名され、あらたに定義された修道会に各人がもたらしたのは、当初の入会にいたる経緯の個人史と、この時点で会にとどまる動機である。

一八一五年当時、聖心会に属する修道女は一〇八人に達し、その平均年齢は三九歳だった。これほどの成長は、一五年間の絶えることなき発展を証した。フランス革命とその後のナポレオンの興亡の時期にあって、評価すべき偉業といえよう。六二人の終生誓願を立てた会員がおり、そのうち四四人が教職にたずさわる修道女、一八人が家事などにたずさわる助修女だった。加えて、修練期間を終え、終生誓願をひかえた修道女が四六人おり、ほかに修練女が一七人と志願者が七人いた。この女性たちの出身地も出身階層もさまざまだった。出身地は田園地帯をふくむフランス各地、出身階層は多岐にわたり、職人や小ブルジョワ層、都市部や地方の中産階級から、宮廷貴族や土地所有貴族階級におよんだ。のちに各修道院で明確になった出身階級による職務の区別は、この当時はさほどはっきりしておらず、教職と家事の割り当ては流動的だった。

初期のポワティエの修道院では、修道院内の職務の区別がほとんどなかったと伝えられている。

はじめのうち、助修女の人数は多くありませんでした。そのため、みな、修道院内で各人が割り当てられた仕事のほかに、助修女の仕事もしなければなりませんでした。

一八一四年までには、修道院内の役割や職務がよりすみやかに定められるようになり、入会すると、各人の資質に応じて、修道院と学校で家事に従事するか、学校で教師として働くかが決められた。一八一四年、ソフィーはニオールのエミリー・ジラールにこうしたためる。

あなたはすぐに三人の教師がほしいと言うのですね。助修女しかいなくて、あなたの仕事の負担が大きすぎるという理由で。一度に三人もの教師を、と言うのですか。それは無理というものです！　知ってのとおり、……教師が何十人も訓練されているわけではありません！　マダム・グロジエが、あなたにひとり送ってくださるといいですね。そしてもう少しあとで、あなたがたのために、もうひとり、訓練をうけさせましょう。……修道院には助修女ばかりだと言うのですね。たしかにそのとおりです。それはよくありません。今後、ますますその弊害を実感するでしょう。必要以上に助修女をうけいれるのはよくないということが、よくわかったと思います。避けるべきことです。あなたがたの仕事分担表を見れば、あなたがたの負担が大きすぎることはあきらかです。

聖心会への入会を希望する女性たちは、修道院内の祈りと奉仕の生活を求めていた。修道会にたどりついた道は、ひとそれぞれだった。友人から伝え聞くこともあれば、ジヨゼフ・ヴァラン自身や、サン゠テステヴやほかの信仰の霊父会会員に、会の修道院のどれかを勧められることも多かった。聖心会の仕事が発展し、学校数が増えると、教師や、各修道院内の台所、洗濯場、および医務室の運営にあたる人手が必要になった。それにつれて知的労働と肉体労働の区別が生じ、修道院の会員の構成が社会一般を反映していたため、肉体労働の価値が軽んじられるようになった。聖心会では、この傾向がいっそう顕著になっていく。しだいにフランスと海外の貴族や富裕ブルジョワ層出身者が多くなり、修道会そのものがこの階層のひとびとと同一視されるようになったからだ。

フランスでイエズス会が復権すると、ピエール・ドゥ・クロリヴィエールはイエズス会総会長タデウス・ブルツォツォフスキに宛てた手紙で、多くの助修士をうけいれたことを伝えた。学校で手仕事をこなし、よき模範となるのに、彼らが必要だと説明したのである。加えて、当時、修道者ではない使用人を雇うのは危険がともなった。イエズス会の復活はそれ自体が大きな事件であり、世俗のひとびとが修道士の個人的な生活を知りすぎないほうが、会の安全を保つことができるからだ。それでも総会長ブルツォツォフスキはドゥ・クロリヴィエールを厳しく叱責し、イエズス会の助修士を学校の使用人として働かせてはいけないと申しわたした。総会長は各修道院内の助修士の人数を少数に抑え、使用人とはべつの仕事をさせるべきだと主張した。どの修道院にも数人の助修士と、必要なだけの人数の使用人をおくのが、目標だと考えていたのだ。ドゥ・クロリヴィエールはこの指示に落胆し、「社会における彼らの階級の全般的な堕落のせいで」、当時のフランスで使用人をみつけるのがきわめて困難だと嘆いた。雇うのに金がかかり、仕込むにも長続きさせるにも手間がかかるうえに、とどまる者はイエズス会への入会を希望することが多かった。当時のソフィー・バラには、イエズス会のような方策も経験もなく、修道院や学校で使用人の女性を雇う資金もなかった。それでも、この早い時期から、助修女と教職にたずさわる修道女の人数のバランスの重要性に気づいていた。

一八〇〇年から一五年は、伝統的な修道院の規範にのっとった修道生活を望む者と、より機動性のある形態を望む者の意識の衝突が、徐々にあらわになった時期である。あらたな修道生活への意識は、イエズス会の会憲に影響されていた。イエズス会の会憲が示したのは、ロヨラのイグナチオにより一六世紀に創設され、男子修道者に従来と異なる修道生活だった。女性たちはこのあらたな修道生活の形態にひかれた。より大きな可動性と社会との接触を意味するからだ。イエズス会の会憲が示唆するあらたな可能性を、ソフィー・バラは即座にみてとった。一八一五年一二月のランベールへの手紙で、ソフィーはサン゠テステヴが引きおこした問題のひとつは、大勢の既存の修道会の修道女をうけいれたことだ、と訴えた。自分が率先して打ちだしたい方針の妨げになることを看破したのである。

あのひと〔サン゠テステヴ〕の修道院には、ほかの修道会の会員だった修道女たちがうけいれられています。ですが、あのひともよくご存知のとおり、聖心会では、〔そのような修道女たちを〕排除しないものの、……受け入れにあたっては、きわめて慎重になるべきだと考えます。おわかりと思いますが、……すべての修道会からの修道女をうけいれる修道院は、独自の精神を長く保ちつづけることができなくなります。

とはいえ、聖心会は旧勢力と新勢力のせめぎあいによって鍛えられ、サン゠テステヴの影響下にあった会員のほとんどが、一八一五年以降も聖心会にとどまった。ソフィー・バラは、意識的にも無意識的にも、生涯、この問題への対処を迫られた。最終的に新旧の混淆から構成されていた聖心会に、つづく五〇年のあいだ、ソフィーは独自の個性を刻みつけていくことになる。総長職にあった歳月に対処した論争や分裂の数が、当初から会の核心に存在していた基本的な意識の相違を物語っている。聖心会にとって、ソフィーそのひとが一致の中心であると同時に、批判の対象だった。指導者としての役割と指導の方法をとおして、ソフィーは聖心会を束ねた。聖心会は、ときには空中分解しかけつつも、結局は生きのびた。ソフィー・バラは一八一五年の第一回総会の後、聖心会の手綱をひきしめ、長きにおよぶ総長職につくのだが、この職責をつうじて、人間として鍛えられ、かたちを与えられ、フランス内外での女子修道院の並外れた繁栄を導くのである。

第一回総会はサン゠テステヴと一線を画し、あらたな会憲についての一致にこぎつけたが、パリや各修道院内の多くのひとびとの頭と心を説得する仕事が待っていた。未来のヴィジョンが、ソフィー・バラ、ジョゼフ・ヴァラン、ジュリアン・ドリュイエ、およびピエール・ドゥ・クロリヴィエールにより明文化された。ソフィーにゆだねられたのは、このヴィジョンが聖心会の会員たちに確実に伝わるように見届ける仕事だった。ヴィジョンのなかに、各自が自分の人生の霊感と、修道会への奉献を認めることができるためである。一八一五年のクリスマスには、ソフィーはすべての修道院に書状を送り、この仕事に着手した。やがて各修道院を訪問することになる。しかし、一八一五年一一月に第一回総会が開催される以前でさえ、どの修道院でも会員の心と精神を説得するのは容易ではなく、ことにアミアンでは困難をきわめるだろうとの予測はできた。アミアンで一致と平和の条件を築くには、ユージェニー・ドゥ・グラモンとマリー・ドゥ・ラ・クロワよりも、自分ソフィー・バラのほうが優位にあることを示さねばならない。ふたりとも影響力があったが、なかでもユージェニー・ドゥ・グラモンは修道院に早くからいたため、よく知られていた。一八一五年にパリで第一回総会を招集する前から、ソフィーには、ユージェニー・ドゥ・グラモンが味方であることを公に示すことが肝心であるとわかっていた。そのためユージェニーには、総会開催の数日前にパリで自分に合流するように、また、マリー・ドゥ・ラ・クロワをともなうようにと提案した。パリへの道中、ユージェニー・ドゥ・グラモンはマリー・ドゥ・ラ・クロワに、口をつつしみ、ふたりがローマのサン＝テステヴと合流する計画があることを、ソフィーに気づかれてはならないと念をおした。一方、マリー・ドゥ・ラ・クロワには、修道会から完全に身をひこうと考えていることを、ソフィー・バラにもユージェニー・ドゥ・グラモンにも打ちあける気はなかった。

パリ行きはマリー・ドゥ・ラ・クロワにとって分岐点となった。古くからの友人で相談役だったピエール・ロンサンが、アミアンにいた彼女に手紙を送っていた。ロンサンは若いころのマリーに初聖体の準備をさせ、のちにアミアンの修道院に入るように勧めていたので、アミアンで深刻な問題が生じたことを知っていた。ロンサンは修道院内でマリー・ドゥ・ラ・クロワがくみした立場を耳にし、なぜソフィー・バラではなくサン＝テステヴに従うことを選んだのかを知りたがった。マリー・ドゥ・ラ・クロワは、ロンサンの手紙が自分を救うかもしれないと気づき、ロンサンに返事をしたためた。パリのどこか静かな場所で黙想に入って将来を考えたい、という希望をソフィーに伝えてもらうためだった。ソフィーはこの希望を聞きいれ、総会が開催されるあいだ、マリー・ドゥ・ラ・クロワがポスト通りの訪問会に滞在できるように手配した。マリー・ドゥ・ラ・クロワが訪問会に到着すると、すぐにピエール・ロンサンが会いにきた。カルメル会に入会したいという決断以外、彼女はなにも話せなかった。自分では彼女を助けられないと思ったロンサンは、ジョゼフ・ヴァランに会うように勧めた。マリー・ドゥ・ラ・クロワはジョゼフ・ヴァランと面識がなく、アミアンで聞いた彼についての評判は否定的なものばかりだったが、ヴァランに会うことに同意した。

そのジョゼフ・ヴァランから、マリー・ドゥ・ラ・クロワは修道会の創立についての物語を聞く。アミアンでは封印されていた物語である。ヴァランは最初から物語を語り、レオノール・ドゥ・トゥルネリと、キリストの聖心に奉献する男女の修道会についての彼のヴィジョンも語った。ヴァランは物語におけるソフィー・バラの位置や、彼女の修道会を統治する仕事についても説明し、ローマでのサン＝テステヴの企みの真相をあばいた。ジョゼフ・ヴァランの言葉は、マリー・ドゥ・ラ・クロワに多くの考えるべき材料を与えた。数日間、熟考したのち、彼女はソフィー・バラのもとにとどまりたいと自覚した。しかし、最後に、ソフィー個人についてひとつの疑問があった。この疑問は（すくなくともマリー・ドゥ・ラ・クロワにとって）むずかしい問題で、その内実はいまもってわからない。それがなんであれ、マリー・ドゥ・ラ・クロワが安んじて心から聖心会に奉献するために、この問題は解決せねばならなかった。この件もロンサンには話しにくいと感じた彼女は、ジョゼフ・ヴァランに告解を聴いてほしいと希望した。彼女の心配はソフィー・バラ自身についてだった。彼女の問いに答え、ジョゼフ・ヴァランはこう述べた。

あなたのマザー〔ソフィー〕は聖テレジアの誓いをお立てになったのです。完徳の道を歩む義務がおありなのですから、なぜ、あのかたがあなたの思いこんだようなことを意図なさったというのですか？

謎めいた言葉である。マリー・ドゥ・ラ・クロワがなにを心配していたのかは、いまだ解明されていない。ソフィーは、あらゆる状況においてもっとも完全なるおこないをするというアビラの聖テレジアの誓いを立てていた。ソフィー・バラの言動がマリー・ドゥ・ラ・クロワに衝撃を与え、その指導をうけいれがたいと思わせたのだろうか。べつの報告によると、マリー・ドゥ・ラ・クロワはジョゼフ・ヴァランがソフィー・バラについての自分の疑問を解消したので、ソフィーへの敬意と愛ゆえに疑問は二度と口にしないと記している。ソフィーをめぐる疑問が解決されると、マリー・ドゥ・ラ・クロワは宗教的熱情にかられ、だれにも相談せずに、〔軽々しく立てるべきではない〕完徳の誓いを立てた。ピエール・ロンサンはこれを知り、彼女の思慮のなさを厳しく叱責した。しかしときすでに遅く、なぜかサン＝テステヴの知るところになる。彼はこれを口実に、イエズス会総会長ブルツォツォフスキにロンサンへの不満を述べた。ピエール・ドゥ・クロリヴィエールはブルツォツォフスキに手紙を書き、ピエール・ロンサンによるマリー・ドゥ・ラ・クロワの指導を擁護し、改宗、洗礼、アミアンの修道院入会までの彼女の人生で、ロンサンがはたした役割を語っている。

彼女らしからぬことですが、衝動的に、宗教的な熱情にかられ、神への無鉄砲な誓いをいくつか立てたのです。彼女がもっとも完全なる状態であると考えるものに近づこうと。そのため、ロンサン神父に叱責されました。神父は司教総代理たちやそのほかの高名な聖職者と相談しました。その後、ロンサン神父がMM〔マリー・ドゥ・ラ・クロワ〕に書いた手紙にはとくに変わったことは書かれていません。ムッシュー・ドゥ・サンビュシー〔サン＝テステヴ〕はべつのことを主張しているかもしれませんが。

マリー・ドゥ・ラ・クロワはそのまま二週間、訪問会の修道院に滞在した。その後、ユージェニー・ドゥ・グラモンはひとりで彼女に会いに行き、彼女の熟考の結果を知る。マリー・ドゥ・ラ・クロワがソフィーとともにとどまることを決意したと聞くと、ユージェニー・ドゥ・グラモンは自分もサン＝テステヴのあとを追ってローマに行くことを断念したと語った。サン＝テステヴの兄弟ガストン・ドゥ・サンビュシー・サン＝テステヴと長時間、話しあって決心したのだという。ガストン・ドゥ・サンビュシーはユージェニー・ドゥ・グラモンが初聖体をうけるときの事前指導をおこなっており、兄弟について率直に語り、彼女にローマ行きの危険を警告するのにふさわしい立場にあった。ユージェニー・ドゥ・グラモンを説得し、ローマに行ってはならないことを確信させたのである。

かくて、ふたりの女性は、理由こそ異なるものの、サン＝テステヴと合流する計画を実行しないことを決めた。ユージェニー・ドゥ・グラモンはソフィーにもパリの同僚たちにもなにも言わなかったが、マリー・ドゥ・ラ・クロワは即座にソフィーに自分の決意を伝え、誓願を立てたいと望んだ。ピエール・ロンサンはアミアンの修道院でサン＝テステヴ派の修道女たちがおこなった害を知っていたため、マリー・ドゥ・ラ・クロワは誓願を立てる前に、自分がソフィーの評判と人柄をおとしめるのに加担したことを認めるべきだと考えた。そこで、アミアンで彼女の行動を知っていた会員たちに手紙を書き、誤解を解くべきだ、と主張した。マリー・ドゥ・ラ・クロワはこの要求に応えて、アミアンでの自分の行動の詳細な記録をつづった。深く後悔したマリー・ドゥ・ラ・クロワは、修道院内で起きたすべての責任を自分ひとりでかぶり、ほかのだれにも言及しない、という陥穽（わな）に落ちてしまった。すると、あるできごとが起き、その結果、マリー・ドゥ・ラ・クロワは、生涯にわたり癒やされぬ傷を負うことになる。彼女が自責の念にみちた手紙をロンサンに見せると、ロンサンはその手紙をソフィーの前で読みあげた。マリー・ドゥ・ラ・クロワをサン゠トマ・ドゥ・ヴィルヌーヴ修道院に連れもどすために、ソフィーがユージェニー・ドゥ・グラモンとともに訪問会を訪れたときのことだ。手紙が劇的に読みあげられるあいだ、マリー・ドゥ・ラ・クロワはひどく動揺し、泣きだした。ソフィーは彼女があきらかに苦しんでいるのに気づき、手をさしのべてマリーへの赦しを示した。だが、マリー・ドゥ・ラ・クロワをもっとも動揺させたのは、この会見中、ユージェニー・ドゥ・グラモンがずっと沈黙を守ったことである。マリーは述べている。

わたしの生涯で最悪の瞬間でした。ロンサン神父様でさえ、わたしたちふたりにあのような拷問をうけさせたことを後悔なさったでしょう。そして、その場にいたマダム・ドゥ・グラモンは、きっとずいぶん苦しんだことでしょう。自分がはたした役割をよくわかっていましたし、いつなんどき、自分に疑いがかかるかと怖れていたにちがいありません。わたしは彼女のことをなにも言いませんでした。あのときは恩寵よりも本性が勝りました。彼女にはわたしの窮地をやわらげるような言葉を口にする勇気がありませんでした。そして、わたしはひとりで苦しみの杯を飲みほしたのです。

アミアンの修道院でユージェニー・ドゥ・グラモンのはたした役割とその影響について、ソフィーは承知していた。それでも、この日は、ソフィーもそのことに触れなかった。サン゠テステヴとユージェニー・ドゥ・グラモンの共謀がどれほど根深いものだったかを、その時点では知らなかったのかもしれない。あるいは知ってはいたものの、マリー・ドゥ・ラ・クロワの前でユージェニーに恥をかかせたくなかったのかもしれない。ユージェニー・ドゥ・グラモンがソフィーのみならずアミアンの会員たちとともにたどらねばならない旅路が、結局はマリー・ドゥ・ラ・クロワの場合よりも、ユージェニー本人にはるかに面目を失わせるものになる、と感じていたのかもしれない。第一回総会は重大な局面を迎えており、最後の会議でユージェニー・ドゥ・グラモンはソフィー・バラの三人の総長顧問のひとりに選出されたばかりだった。そのときでさえユージェニーは、ソフィー・バラを支えてパリで提案された新しい会憲をうけいれる決意を公に語っていなかった。一八一五年一二月二〇日、ジョゼフィーヌ・ビジューはマダム・ユージェニーはいまだにわたしたちのマザーと率直に話していらっしゃいません」と書いている。パリの総会が終わった時点でさえ、聖心会にたいするユージェニー・ドゥ・グラモンの立場について、ソフィーは確信をもてなかった。サン＝テステヴの陰謀をあばくローマのしかるべき筋からの手紙をうけとったことを、ソワイエ神父はユージェニー・ドゥ・グラモンに伝えていた。それでもユージェニーはためらった。ソフィーはソワイエ神父宛ての手紙で述べている。「マダム・ドゥ・グラモン〔ユージェニーのこと〕は、あなたからの最近の手紙で目を開かれ、わたしたちのもとに加わるつもりのようです」。こうした事情から、ユージェニーのまわりには曖昧な空気が漂っていた。この状況下では、ソフィーはそれを払いのけるすべがわからず、ユージェニー・ドゥ・グラモンに彼女の行動の真相を問いただせなかったのかもしれない。

数日後、マリー・ドゥ・ラ・クロワの混乱はさらにひどくなった。その場にいた修道女たちが、全員、新しい会憲と会則を承諾する儀式がおこなわれた。この儀式には、ソフィー・バラを総長としてうけいれる公の行為がふくまれていた。ユージェニー・ドゥ・グラモンが儀式に参加し、信頼をあつめる地位に選出されたのを受諾するのを目の当たりにして、マリー・ドゥ・ラ・クロワは茫然とした。「マダム・ドゥ・グラモンが選出に応じたのに驚きました。〔アミアンの〕あの件の一部始終において、彼女のほうがわたしよりはるかに責任がある、と思ったからです」。ユージェニー・ドゥ・グラモンの私的・公的な裏切りと不誠実さからうけた衝撃は、終生、マリー・ドゥ・ラ・クロワを悩ませた。ソフィーへの忠誠心ゆえ、公の席では決して口にせず、ソフィーが亡くなったのちの一八七二／七三年になってはじめて、自分の痛みを書きとめた。そのときでさえも、ソフィー・バラにかんする記録を求められてのことだった。しかも、ソフィー・バラとユージェニー・ドゥ・グラモンの友情が育まれていくのを、長年にわたって目にする羽目になる。パリにおいてユージェニー・ドゥ・グラモンが注目を浴びながら成功を収め、名声を得ていくのを見ながらも、だれにも分かちあうことができない事柄を胸に秘めていた。マリーの正気を支えた唯一の基本的な絆はソフィーとの関係であり、一八六五年のソフィーの死によってこれが失われると、秘密を保っていた絆が断たれた。マリー・ドゥ・ラ・クロワの生涯最後の歳月に、かつての苦悩がよみがえったが、彼女の精神の混乱を理解できる者はいなかった。当時の総長アデル・レオン（一八〇六―九四）は、マリー・ドゥ・ラ・クロワが利用された痛みを語り、上長の犠牲になったとくり返し訴えたことを記録している。ボルドーにおける彼女の友人だった聴罪司祭は、彼女の訴えを深刻にうけとめ、その死後、聖心会に知らせず四巻本として出版した。これらの本は、聖心会とソフィー・バラの評判をおとしめるとして、破棄命令をうけた。聖心会の中央統治体制は、これらの本が公になると、ソフィー・バラの列福の手続きが絶たれないまでも、中断されるのではないかと危惧したのである。マリー・ドゥ・ラ・クロワはあまりに多くの秘密を背負いこんでいた。一八一五年にパリに行って黙想に入り、立ち直るはずだったのが、パリを去るときには二重生活が待っていた。二一歳にして、あれほど公のかたちで聖心会の中心人物のひとりに裏切られたせいで、深い混乱状態におちいり、ついには精神の破綻をきたすことになる。

ともあれ、二一歳のマリー・ドゥ・ラ・クロワにとって、人生はまだ始まったばかりだった。ソフィーとユージェニーとともにサン＝トマ・ドゥ・ヴィルヌーヴ修道院にもどった。そこではちょうど総会が仕事を終えようとしていた。パリで迎えたその年のクリスマスに、ついにユージェニー・ドゥ・グラモンはソフィーに率直に胸のうちを語り、ローマのサン＝テステヴと合流せずに、あらたに名づけられた聖心会にくみすることを伝えた。さらに、アミアンの修道院に手紙を書き、ローマでサン＝テステヴの修道会の認可が得られなかったこと、および自分が総会の仕事を全面的に承認したことを伝えた。この勇気ある行為は、ソフィーのアミアンへの帰還を容易にした。ユージェニー・ドゥ・グラモンが公に味方であることを示したため、ソフィーはアミアンでの和解の仕事にとりかかることができた。ユージェニー・ドゥ・グラモンはさらに勇気をふりしぼり、ソフィーに先駆けてアミアンに到着し、ソフィーの帰還の準備をした。母マダム・ドゥ・グラモン・ダステルは娘の決意を聞いて喜んだが、ユージェニーの妹アントワネット・ドゥ・グラモンは激怒し、ユージェニーの意気地なさをなじった。そして一時は、聖心会への終生誓願を立てることを拒んだ。修道院の会員のなかには、サン＝テステヴについての見解が、したがってソフィー・バラについての見解も誤っていたことを認めた者もいたが、何人かはユージェニー・ドゥ・グラモンに憤慨し、彼女の言葉に耳を貸さず、修道院のなかで彼女に会うのを執拗に避けた。二名の会員はローマに手紙を送り、サン゠テステヴの会が認可されなかったことと、あらたに名づけられた聖心会が認可されたことの書類による証明を求めた。

ソフィーとマリー・ドゥ・ラ・クロワは、一八一六年一月二三日、アミアンに到着した。ソフィーは自分を待ちうけている困難について幻想はいだいていなかった。マリー・ドゥ・ラ・クロワは大勢の会員がすでにローマにむけて出発したものと思いこみ、修道院には数人しか残っていないだろうと考えていた。ところが、実際にはだれも去っていなかった。大勢の会員がいまにも出ていきそうな印象あるいは幻想を与えたのは、ドラマ仕立ての秘密主義の雰囲気だったことを物語っている。そのため、ソフィーの仕事は困難をきわめた。何年間も彼女に反対した会員が修道院内にとどまったからだ。古くからの友人マダム・ドゥ・グラモン・ダステルが一番の味方だった。彼女はソフィーを温かく迎え、帰還後すぐにソフィーがとりかかった和解の過程を記録した。ソフィーは計画的に行動した。最初の数日間は修道院内で会合をもたず、会員ひとりひとりと個人的に面談した。実際には、これほど分裂した修道院内で、ソフィーが公に話せることはきわめて限られていた。危機が終わってソフィーと話ができることを喜ぶ会員、彼女と話したいと思うものの話ができずにいる会員、わざと彼女を避ける会員などが混在していた。

五日間、ひとりひとりと話をしたのち、ソフィーは修道院の会議を開き、みずから理想に燃えて選んだ人生から、会員たちがいかにかけ離れてしまったかを指摘した。やんわりと、しかしはっきりと全員を叱責したのである。ソフィーが求めたのは公の議論ではなく、自身の霊的奉献において各自がいだく内的認識であった。そして、パリの総会がなしとげた仕事、すなわち会憲の承認、修道会の役職の選出、および聖心会という名称の選定を説明した。それからある措置を提案した。イエスの聖心（みこころ）とマリアのみ心を記念して九日間の祈りをおこない、その間にあらたな会憲をふりかえる、という提案である。二日目に、聴罪司祭のデュバ神父が、週に一度の告解を聴きに修道院を訪れた。このころにはひとりひとりの会員が多くの難題を突きつけられ混乱していたため、それぞれの告解に一時間以上もかかり、全員の告解がすむまでに三日間を要した。そのあいだもソフィーは、あらたな会憲の読みあげと解説をつづけ、九日間の祈りを終えたころには、全員が彼女と個人的に言葉をかわし、彼女を会憲にのっとった総長であると認めた。

しかし、会員ひとりひとりが正式に新しい会憲を承諾するというつぎの一歩はより困難だった。聖心会におけるソフィー・バラの権威が個々の会員によって公に受容されねばならない。この段階に進む前に、ソフィーはアミアン司教ジャン＝フランソワ・ドゥマンドルクス（在職一八〇四―一九）を訪問した。サン＝テステヴを嫌っていた司教は、アミアンの修道院の分裂が解決したことに胸をなでおろしていた。司教は会憲を正式に承認し、ソフィー・バラを聖心会総長として認めた。ソフィーはこれを確認すると、あらたな会憲に従って生きるに際して、各自の奉献を準備するために、会員たちが黙想に入ることを提案した。黙想中、ソフィーは毎晩、会議を開き、デュバ神父は、日中に二回の講話をおこなった。ある晩、ソフィーが立ちあがり、会議室を出ていこうとすると、長年、アミアンでソフィーがうけた扱いにたいして、会員のひとりがみなの前で彼女の赦しを乞うた。その晩、ついに緊張が解け、他の会員たちも赦しを乞うた。ソフィーは不意をつかれ、ふたたび座りこんだ。その場にいた全員が彼女の感動の深さをはっきりとみてとった。彼女が長年うけてきた冷淡さや反感がもたらした痛みを、はじめてかいまみたのである。ソフィーは彼女たちを赦し、うけいれると答え、ついに古傷を癒やすときがきた、と述べた。たがいに抱擁しあい、修道院中に歓喜と解放感がみなぎった。全員から大きな重荷がとりさられた。和解の道筋を慎重に計画することで、ソフィーみずからが会員たちの心のなかに入りこみ、温かさと命と未来への希望を生みだしたのである。

各自の理想と響きあい、実質的な意見の相違を乗りこえる修道生活のヴィジョンを示すことで、ソフィー・バラはアミアンの修道院の深刻な分裂を解決した。ソフィーは何度も聖心会の原点の物語を語り、会の一致の中心として焦点としてのキリストの聖心（みこころ）の霊性を説いた。ソフィーの語り口は魅力にあふれ、ひとを納得させ、鼓舞するものだった。会員の生活の霊的な目的が教育の仕事の要であることを伝えたのだ。会員の心と精神を勝ちえる天賦の才に恵まれていたのみならず、いまやアミアンで事態を好転させる権威をもそなえていた。自身にも仲間にもより大いなる親和と平安を感じるようになった会員たちは、この和解の過程をへて、喜んで聖心会にわが身をゆだね、ソフィー・バラを指導者としてうけいれた。その後、数日のあいだ、ソフィーは新しい会憲を説き、会員の内的生活を固めつづけた。一八一六年二月二九日におこなわれた正式な奉献の儀式がアミアンの危機の終焉を告げ、長年の分裂を解消したのである。

当時、アミアンでなされるすべての仕事にユージェニー・ドゥ・グラモンを関与させるように、ソフィーは気を配った。会員の前で彼女への信頼をあらわすためだ。この時期に、ある種の象徴性が生まれた。ソフィー・バラが各個人の心と精神を自分のもとに集め、ユージェニー・ドゥ・グラモンが聖務日課の歌唱や式次第を教え、聖心会の外的かつ公的な体裁を整えたのだ。アミアンで会員の精神と心を和解させたソフィーのやりかたは、彼女の指導方法についての示唆を与える。ソフィーはきわめてきちょうめんに、また、熟慮のうえで仕事に当たった。彼女の精神のなかで、到達すべき目標はゆらがず、ゆっくりと目標に達した。やりかたは個人的な人間関係にもとづいており、相手にじかに真実を話し、その後、各自の誠実さ、各自のうちなる光と正直さにまかせた。ひとたび人間関係を築いたあとは、各自の個人的な霊的旅路に敬意をあらわした。一八一六年のアミアンでは効果的な方法だった。より強引な指導の方法を期待する向きには、ときには弱気でためらいがちにみえることもあった。テレサ・コピナがマリー・ドゥ・ラ・クロワに述べたように、ソフィー・バラは洞察力ある女性で、ある状況で自分ができることとできないことを把握するのに長けていた。基本的に、彼女のわざは、地に足がつき、実際的で効果的で、常識と深い宗教的な奉献に根ざしていた。

この指導の資質がアミアンで功を奏した。アミアンの修道院の会員には、宮廷貴族および土地所有貴族の子女や、富裕ブルジョワ家庭の子女が多かった。ソフィー・バラの出自は彼女たちと異なっていた。堅実で尊敬すべき、楽な暮らし向きの階層ではあるが、あきらかに小ブルジョワ層に属していた。ソフィーにとって、アミアンにもどって修道院の抜本的な改革をおこなうことは、勇気と洞察力を要する力業だった。同時に、ソフィーが改革をおこなう霊的な権威を帯びていることを、修道院の会員たちに認めさせねばならなかった。霊的な次元でなければ、アミアンの会員たちは聖心会におけるソフィーの役割を認めなかっただろう。彼女の指導方法が会員たちを解放し、各自に内的な旅をつづける余裕を与えた。だが、それだけではない。ソフィーは会員各自の最良の直感と誠実さに強い信頼をよせると同時に、自分の内的な祈りの世界の次元でキリストの聖心（みこころ）の理解から得た心の温かさを、彼女の指導方法に反映させたのである。

アミアンでは一八一五年の会憲が難なく司教の承認を得たが、ポワティエの司教区の反応は異なっていた。パリの総会からもどると、アンリエット・グロジエはソワイエ神父に会憲をわたし、彼および司教区の他の司教総代理が、この会憲をあらたに命名された聖心会の真正なる声として承認するように要請した。それにたいして、ポワティエの司教総代理たちは、一八一六年一月一六日に声明を作成し、いくつかの点において一八一五年の会憲を批判した。批判の対象は主として各修道院におよぶ地元の司教の権威にかかわるもので、なかでも聖心会のとった独立心旺盛な立場はソワイエを憤慨させた。一八一五年冬、当時のキリスト教教育婦人会の総長職を自分に約束する権限がサン゠テステヴになかったことに、ソワイエは気づいていた。それでもポワティエとニオールの修道院については、自分に一定の権利があると考えていた。これは一八一五年一二月のフランス大使が教皇庁に宛てた手紙で確認されていた。さらに、この手紙に添えられたサン゠テステヴの手紙では、各修道院が地元の司教の権威に属さないようにパリの総会が画策するだろう、との警告がなされていた。また、一八〇六年、ソフィー・バラが修道院設立のためにポワティエを訪れたときに交わした会話を、ソワイエは覚えていたのかもしれない。当時の司教総代理のソワイエ、プラデルおよびドゥ・ボールガールは、修道会の本部修道院（総長が定住する母院）をどこに定めるかをソフィーにたずねた。当時、ソフィーは自分が各地を旅することが多いものの、ポワティエを有力候補に考えている、と彼らに思わせた。権力と統制をめぐる抗争が展開する可能性を前に、如才ない応対だった。以前にグルノーブル司教からおなじ質問をうけたときも、グルノーブル司教区を本部の有力候補に考えているとほのめかしている。一八〇六年当時、この質問はソフィーにとって建前上の質問にすぎなかったが、一八一五年には聖心会の修道院は五つあり、さらなる修道院の設立が計画されていた。

これらの困難に加え、女子修道会が終身総長をいただくという構想そのものが、司教区や教区で地元の司教や司祭が慣習的に女子修道会におよぼしていた影響力に挑戦状を突きつけた。しかも、一般に当時の社会で女性に与えられる役割に比して、終身総長職にある女性にはあまりにも多くの自律的な可能性が与えられるとみなされた。総長は地元の司教の特別の許可なしに各地の修道院を訪問し、修道院間の人員交代を指示し、方針変更を導入することができる。終身総長は、すくなくとも潜在的には、中世の女子修道院長に匹敵する権限をもっていた。しかもひとつの修道院だけでなく、異なる司教区にある複数の修道院を統治できる。中世の女子修道院長でさえ、修道院間の人員入替をおこない、定期的に各修道院を訪問することはなかった。そのため、一八一六年のポワティエでは、伝統的な聖職者の権力と女子修道会にたいする管理権が失われる危険が迫っていた。聖職者が女子修道院を管理する権利は教会法に記され、実際、社会一般の法律にも後押しされていた。当時の社会ではすべての女性が、父親、兄弟、夫、後見人といった男性に管理されねばならなかったからだ。司教総代理たちは聖心会の新しい会憲が自分たちの権力を奪うことを察知した。ほかの司教区（この場合はパリ）でおこなわれた総会の決定がポワティエでも効力を有するという概念そのものが、聖職者たちにとっては新しく、うけいれがたかった。一八一六年一月の声明には司教たちの反対が明記された。アンリエット・グロジエはそれをペロー神父に送り、いかに対応すべきかを相談した。

ソフィーはパリに短期滞在したとき、ポワティエの司教総代理への対処法をペローと検討し、現況では譲歩しないことで同意した。あらゆる司教や司教区の聖職者が一八一五年の会憲への変更を望むとなれば、聖心会の統一があっというまに損なわれてしまう。また、司教総代理の声明はポワティエの修道院を分裂させるのに利用されかねない。聖心会の聖職者総長として、ペローはグロジエからの助言の要請に応え、一八一五年の会憲全体を明確に支持した。地元の聖職者が会憲の一部を気にいらないのは自由だが、総会の仕事を阻むことはできない、とペローは指摘した。すべての会則を承認しなくても、司教区で会憲にもとづいて会員たちが生活することを認めることはできるはずだ。しかし司教区の聖職者が、会憲全体あるいは会憲の一部に従って会員が生活することを認めないならば、修道院はその司教区を去り、一八一五年の会憲に従って生活できる司教区に移ればよい。同様に、ポワティエの修道院の会員が一八一五年の会憲に不満なら、修道会を去り、自分の未来をほかの場所ですごせばよい。ペローの手紙は聖心会を強力に明確に支持した。また、ペローはソワイエとサン＝テステヴの関係を察知していた。もっとも当時は、サン＝テステヴがソワイエに聖心会の聖職者総長職を、つまり総会でペロー自身が与えられた役職を約束していたことは知らなかったかもしれない。実際、ポワティエの修道院には不満分子がいた。一八一六年の夏までは依然としてアンヌ・ボードゥモンが修道院の一員だったのである。地元の聖職者と修道会の会員それぞれが一八一五年の会憲を容れるか拒むかの自由をもつ、と宣言することで、ペローは実質的に両者の結託の可能性を断った。

ポワティエの修道院長職にあったアンリエット・グロジエが、ソワイエ神父の批判の的だった。しかし彼女は聖心会の立場がいかなるものかを、疑問の余地なくソワイエに示した。一八一五年の会憲の問題は、ふたりの相性の悪さゆえの意思疎通の不足によって、より困難になった。一八一六年二月二三日、アンリエット・グロジエはソワイエに手紙を書き、ペローの手紙の内容を伝えた。ソワイエは激怒し、ポワティエの修道院とのいっさいの個人的なかかわりを断つと脅した。これは深刻な可能性をはらんでいた。修道院とソワイエの関係には法的な意味合いがあり、政府と教会権威の当地における法的必要をみたすには、彼が司教の名のもとで機能し、修道院と協力することが不可欠だったからだ。いかなる修道会もその事実を無視することはできなかったので、ソワイエの脅迫はアンリエット・グロジエのみならずソフィー・バラの反応をひきおこす術策だった。数週間後、ソフィーはソワイエをなだめる手紙を送り、ポワティエの修道院だけでなく、聖心会への支持も打ちきらないように説得した。ソフィーはアンリエット・グロジエとソワイエとの緊張関係を承知していた。一方、ニオールではソワイエがなんの問題も起こさずに、古くからの友人である修道院長シュザンヌ・ジョフロワと理解しあっていることも知っていた。実際、ソワイエはニオールの修道院を訪問し、おなじ会憲を承認していた。ともあれソフィーは、グロジエとソワイエの見解の不一致が解消されることを望む、とソワイエ宛ての手紙に記した。

あなたとマダム・グロジエの率直で明快な議論が、一致と調和を脅かす暗雲を追い払ったことと信じます。おふたりの関係は、調和に特徴づけられるべきです。おふたりには善をなすという高貴な目的がおありなのですから。

ソフィーは、ポワティエの修道院の創設当初からつづく友情に免じて、修道院とのかかわりを断つという威嚇をおさめてほしい、とソワイエに頼んだ。将来のための計画のあらましを語り、彼の意見を求め、まもなくポワティエを訪れ、すべての困難をとりのぞく、ともほのめかした。ソフィーは言葉を慎重に選んだ。サン゠テステヴとの長年におよぶ危機を脱した矢先に、いままたソワイエとの抗争に巻きこまれるわけにはいかない。ソワイエがローマの教会関係者と連絡をとっていることも知っていた。ポワティエでソフィーに不利なことがあれば、サン゠テステヴに報告が行き、彼が巻き返しを画策する気にならないともかぎらない。ソフィーはアンリエット・グロジエを危険にさらすことなく、ソワイエからの返信にアンリエットへの批判が示唆されていても、彼女を弁護し、みずから批判の矢面に立った。とはいえ、アンリエット・グロジエが緊張から参っているのはあきらかだった。そこで、ソフィーはグロジエをしばらくポワティエから離れさせ、苦痛をやわらげることにした。

一八一六年五月、ポワティエを訪問したとき、ソフィーはソワイエと会い、率直な会話によって残りの問題を解きほぐした。アンヌ・ボードゥモンがようやく心を決め、ローマのサン＝テステヴのもとへと旅立ったことも、状況を好転させた。アミアンに修道院長が必要になった事実を生かして、ソフィーはアンリエット・グロジエをこの職に、ポワティエのグロジエの後任にカトリーヌ・ドゥ・シャルボネルを任命した。ソフィーのポワティエ訪問後まもなく、ソワイエは教皇からの手紙をうけとった。サン＝テステヴがローマのサン＝ドゥニ・オ・カトル・フォンテーヌに修道院を創設する許可も、フランスの聖心会を統治する権利も得ていないことを念押しする手紙だった。一八一七年にソワイエがリュソンの司教に任命され、ポワティエの隣の司教区に移動すると、聖心会にとってずっと楽な状況がもたらされ、ようやくポワティエの緊張が解消された。ソワイエの名誉のために言いそえると、彼は聖心会とソフィー・バラの忠実な支持者でありつづけた。一八一八年には、シャンベリーで窮地におちいったソフィーを弁護した。サン＝テステヴとアンヌ・ボードゥモンが結託し、ソフィー・バラとかつてのキリスト教教育婦人会の会員をふたたび手中に収めようとした最後の試みの折である。

アミアンの修道院の問題への対処により、ソフィー・バラは各修道院内の問題解決の手腕を示している。一方、ポワティエで被害をもたらしかねなかった聖職者との関係の解決では、聖心会外部の権威に対処する力量を披露した。いかに行動するかの助言をペロー神父に求めたが、状況にあわせて助言を活用したのである。これがソフィー独自のやりかたであり、（「平和のために」と称して行使した）妥協する能力と長期的な目標とヴィジョンを維持する能力を調和させた。ソワイエにはさほど重要でない問題について相談した。修道院内で彼が権力をもつのを許容するためではなく、あきらかに彼の対面を保つためである。のちにソワイエが修道会のことでソフィーから相談をうけたと友人に自慢したことでわかるように、万事はソフィーの意図どおりに運んだ。人生において、そして聖心会の指導において、ソフィー・バラはたびたび妥協の手腕を発揮し、あつかいにくい状況や頑なな人物をうまくやりすごした。めったに直接対決には打ってでず、まれにそうしたときは、うまくいかなかった。ソフィーは自分に説得の才能、ひとびとの心を勝ちとり、愛情と友情の絆を築く能力があることに気づいた。そしてこの才能を、聖心会の目的を達成し、敵を作るのを回避するために使うことを学んだ。

一八一六年の前半期は、前年に病に臥したソフィーにとって緊張を強いられる多忙な時期だった。ポワティエを訪問し、そこで問題を解決するために多大な時間とエネルギーを使ったのち、過労で倒れている。

どこに行っても仕事が待っています。どこでもわたしは小さな病につきまとわれます。ポワティエで、ニオールで、ボルドーで、わたしはほとんど絶えまなく苦痛を感じていました。馬車での難儀な旅ののち、パリに到着すると、発熱し悪寒と乾きに苦しみながら、すぐに寝床につきました。一週間のあいだは仕事ができませんでした。わたしの人生は、たいていい、いつもこんなふうです。

しかし一八一五年の総会のあとの数か月は、ソフィー・バラにとってエネルギーをかきたてるものだった。ローマからの手紙や報告で、聖心会にたいするサン゠テステヴの主張が教会に拒絶されたことの裏づけが得られたので、修道会内外のソフィーの権威は固められた。ペロー神父は聖職者総長の立場を明確に、建設的に利用した。手紙や会合をとおしてソフィーに助言を与えつつ、地に足のついた方法で現実に対処する余地も彼女に残した。ソフィーはジョゼフ・ヴァランともあらたな関係性を築いた。一八一五年のできごとをへて、ヴァランがはじめてソフィーの能力を正当に評価したのである。一八一六年二月、ヴァランはソフィー宛ての手紙をつぎのように結んでいる。

あなたにとって、わたしがなにを意味するのかご存知ですね。あなたはわたしには母、妹、そして娘です。わたしはこのことを感じ、たったひとことに集約することができます。われらの主イエス・キリストの名において、あなたに献身を捧げた、ジョゼフ。

アミアンとポワティエで主たる問題が解決すると、注意をかたむけるべきほかの仕事がソフィーを待ちうけていた。総長としての立場をさらに固めるために、ペロー神父はユージェニー・ドゥ・グラモンをアミアンの修道院長職から遠ざけるべきだと忠告した。ユージェニーの母マダム・グラモン・ダステルもこれに同意した。もっとも、生まれつき病弱で、ここ数か月間で健康をそこねた娘を心配してのことだったが。ソフィーの頭のなかで、この提案と結びついていたのは、アミアンにマリー・ドゥ・ラ・クロワがいることだった。当初、一八〇八年にキュイニエールに設立された修道院が、一八一六年初頭にボーヴェに移転すると、ソフィーはそこにマリー・ドゥ・ラ・クロワを派遣した。修道院の正式な開設を準備し、学校で教鞭をとるためである。ユージェニー・ドゥ・グラモンの移動は、より慎重に対処すべき問題だった。アミアンでは彼女が修練女たちや学校の責任を負っており、ソフィーの留守中は修道院長の仕事をまかされていたからだ。総会後、ソフィーは修道院内のユージェニーの役割をなにひとつ変えていなかった。これはソフィーの信頼の証といえるが、同時に賭けでもあった。とはいえ、ソフィーにほかの選択肢はなかった。すくなくとも修道院内の状況が落ちつくまでは。また、ユージェニー・ドゥ・グラモンのひととなりがある程度わかってきたソフィーは、彼女を信頼し、その指導力を評価するようになっていた。一八一六年四月にソフィーは、ユージェニー・ドゥ・グラモンの高潔な人柄を尊敬している、とテレーズ・マイユシューに語っている。ユージェニー・ドゥ・グラモン自身も変わり、以前の行動を悔いているようだった。ペローはユージェニー・ドゥ・グラモンと妹アントワネットが（アントワネットのほうは不本意ながら）一八一五年の会憲とソフィー・バラの指導をうけいれたことを承知していたが、ソフィーのようには彼女たちに気を許していなかった。アミアンの修道院長はつねにソフィー・バラに忠実な人物であるべきだとペローは考え、ユージェニー・ドゥ・グラモンの後任にジョゼフィーヌ・ビジューを推薦した。そうすれば、ソフィーは安心してアミアンを去ることができ、聖心会を統治する仕事に打ちこむことができるという理由で。

実際、ソフィーは自分の将来の住居について決断にいたっていた。アミアンは修道会の揺籃の地ではあるが、将来の中心地になりえない。あまりにも多くの痛ましいできごとが起こったため、ソフィー自身にとっても修道会にとっても、あらたな方向性を象徴するべつの中心地が必要だった。一八一六年初旬、アミアンとポワティエに安定をもたらす仕事に集中しながらも、修練院と学校を収容するのにふさわしい物件をパリで探しはじめていた。自分自身と、会員全員にとってのあらたな出発点となるべく、聖心会の中心地は首都パリにおくべきだ、と考えたのである。そればかりではない。当時はフランス史上でも劇的な時期であり、衆目が首都に集まっていた。一八一六年当時のパリは反革命派に支配されていた。彼らによると、教育の分野で多くのなすべきことがあった。フランス革命とナポレオン帝国の時代に失われ、壊され、価値を奪われたものをとりもどす仕事である。まさにこの時期にパリ行きを決意することで、ソフィーは聖心会と同時代の政治を緊密に重ねあわせていた。彼女の友人のドゥ・ラマルシュ神父は、恐怖時代にギロチンで落命したコンピエーニュのカルメル会の聴罪司祭をつとめていたが、聖心会は社会のなかに宗教の価値をよみがえらせる役割を担っていると指摘した。

わたしが述べたいのは、このことです。わたしはあなたの修道会のもっとも古い友人です。修道会の誕生以前に、わたしは可能なかぎりの励ましをさしあげました。修道会の発展を見守ってきました。修道会が耐えしのんだ苦しみに涙しました。……ここ三〇年、深く確信しています。（わたしが公に説いてきたとおり）フランスにおける宗教の再生は、キリストの聖なる心がもたらすだろうと。わたしは聖心会と明確に称される修道会が必要であると信じてやみませんでした。主がフランスにおいてもっとも大いなる奇蹟をはたらかれるために。

ペローもまた修道会がパリに根をおろすことの重要性に気づき、その試みを成功させるべく、実際的な提案をしている。

わたしがとくに心配するのは、パリの修道院の構成と、あなたの会の修練女たちが住むおなじ場所に、ひとりかふたりの特定の人物をともに住まわせる危険です。将来的にべつの会則、つまり、ムッシュー・ドゥ・サン［ビュシー］［サン＝テステヴ］の会則にもとづき生活したいという希望に、彼女たちをひきいれる怖れのある人物のことです。……用心しなさい、マダム。あなたの修道会の会員の数人が、ムッシュー・ドゥ・サン［ビュシー］の会則が認可されしだい、ローマの修道院に合流したいという考えをいだくようになれば、あなたの会員のあいだで完全なる一致と精神の統一を得ることはできません。……この理由で、そのような気持をもつ人物たちが修練女たちとともにすごすことを怖れます。パリの修道院こそ、基本的に思考の葛藤があってはならない場所なのです。

ペローは主張する。一八一五年の会憲に全面的に賛同する人物だけが、パリの新しい修道院の会員の養成にかかわるべきである。そうすれば、過去との完全な訣別が可能になる。またしてもユージェニー・ドゥ・グラモンはこの基準をみたさなかった。ペローは彼女がパリの修道院の最初の会員養成にかかわってはならないと断言した。これは問題にならないはずだった。当時、ソフィーはパリにふたつの異なる集団が共存することを構想していた。ひとつの集団が養成の仕事にたずさわり、もうひとつの集団が学校を経営する。ソフィーはユージェニー・ドゥ・グラモンが新しい学校の責任者になることを望んだ。この任命はユージェニーをアミアンから遠ざけ、聖心会の新しい会員に影響力をおよぼさせない保証となるだろう。ところが実際には、パリではおなじ敷地内に学校と修練院が設置されたので、ふたつの集団はごく接近して生活することになる。あっというまにふたつの集団は同一視され、学校が社会的に影響力のある立場を維持することになる。

第六章　アミアンからパリへ　一八一六―一八二〇年

第一回総会とアミアンで実現した和解の結果、聖心会の本部をパリにおく機が熟した。この移転はアミアンから注目をそらし、ソフィーに必要な自由裁量を与えることになる。一八一六年二月から三月中、いまや聖心会の総秘書に就任したフィリピーヌ・デュシェーヌはあらたな修道院の準備に余念がなかった。しばらく探しまわったあげく、すぐに賃借できるのはイエズス会の近くのポスト通りにある物件だけだとわかった。一八一六年四月一五日には移転のための正式な契約が成立する。ソフィー自身はポワティエに行く途中、四月二九日にそこに立ち寄り、大勢の女性が暮らせるように建物を整えるための作業や時間を確認した。ソフィーはそこに修練院を築こうと決め、グルノーブルとアミアンから修練女を移動させ、ジョゼフィーヌ・ビジューを修練長に任命する。アミアンでのビジューの後任にはアンリエット・グロジエが適任だった。すくなくとも当分のあいだはポワティエからグロジエを離し、心機一転させるのが望まれたからである。七月一六日、グルノーブルから六人の女性が到着する。歌隊修練女が三人、助修女修練女が一人、そして助修女志願者が二人である。翌日、アミアンから五人の女性が到着する。歌隊修練女が四人と歌隊修練女志願者が一人で、彼女たちにはユージェニー・ドゥ・グラモンがつきそっていた。

パリのポスト通りの建物は、修練院と学校を兼ねるには狭すぎた。そのため、ユージェニー・ドゥ・グラモンを修練女たちから遠ざけるべきだというペローの助言に、ソフィーは従うことができなかった。一八一六年の夏、予定された生徒は二名のみだったが、一〇月にはかなり大勢の生徒が集まった。全員、貴族階級か富裕層の出身だった。一八一六年一〇月、修練院に入るためにパリに到着したときのことを、アレクサンドリヌ・ドゥ・リアンクールはふりかえる。

> 一〇月一六日にポスト通りに到着すると、寄宿学校は、規模は大きくはないものの、繁盛していました。……修練女たちの居場所は手狭で、寮はとても小さな部屋でした。夕方になると、屋根裏部屋を這うようにとおって寮にたどりつくありさまでした。修練院の仕事部屋でさえ、夜は年長の生徒の寝

室として使われました。

一八一七年九月になると、大勢が詰めこまれた住環境が健康に弊害をもたらした。学校と修道院に病が蔓延し、ふたりの修練女と三人の生徒が亡くなった。ユージェニー・ドゥ・グラモン自身も病気にかかり、アミアンでの転地療法のために数週間ほどパリを留守にした。ソフィーはリューマチに悩まされていたが、それ以外は健康だった。生徒のひとりカロリーヌが瀕死になり、命が助からないとわかると、ソフィーはアミアンで病気療養中のユージェニー・ドゥ・グラモンにこう伝えた。

カロリーヌは重い病に倒れました。もはやあなたに隠しだてはしますまい。彼女が助かる望みはありません。あの子は天使です。意識がはっきりしているうちに、先週の日曜日に秘蹟をさずかりました。聖体を拝領し、今日はスカプラリオを肩にかけていただきました。……それだけがわたしたちの慰めです。カロリーヌの父親の嘆きに胸がはり裂けそうです。

翌日、ソフィーはしたためる。

わが親愛なるカロリーヌは亡くなりました。……いえ、むしろ真の生を生きはじめました。長くおだやかな苦しみののち、昨晩一〇時に神のふところにいだかれるために飛びたちました。神の御前に、無垢と功徳につつまれて現れました。病気のあいだ、このうえなく信仰篤かったのですから。神の御手を感じながら、神に感謝を捧げましょう。再会の希望のない不信心な者のように嘆くのではなく。

当時ソフィーを悩ませたのは、修道院と学校の健康問題だけではなかった。建物が手狭で、住人は接近してすごさねばならなかったため、ソフィーとユージェニーは一部屋を共有していた。その状況が、ソフィーに個人的な困難をもたらした。ユージェニー・ドゥ・グラモンとのあいだに育まれはじめた友情は、パリ以外の修道院で噂の的になっていた。ふたりのあいだに信頼関係が生まれ、パリでともにすごし、あらたな、共通の事業にのりだすうちに、ふたりは親密になっていった。一八一七年、ユージェニーが多くの困難のときに自分の支えであり慰めである、とソフィーはテレーズ・マイユシューに述べている。ソフィーの愛情は、ユージェニーの健康と安寧への心配というかたちで表現された。伝染病の脅威のさなかでも、ソフィーはまっさきにユージェニーの健康を気づかった。アミアンのマリー・プレヴォに果物と暖かい靴を頼み、ジョアニーの家族にはブドウと、ジョアニー特産のトゥフェットというお菓子を送るように頼んでいる。ユージェニー・ドゥ・グラモンが自分にとってなくてはならない存在になったことを、ソフィーはまもなく実感する。

これにはもっともな理由があった。ソフィーはユージェニー・ドゥ・グラモンに頼らざるをえなかった。ポスト通りの修道院には、実際の教育の仕事の指導をまかせられる人物がほかにいない。その場にいた修道会のふたりのおもだった会員は、べつの仕事で手いっぱいだった。そのひとりジョゼフィーヌ・ビジューは修練院をとりしきっていたが、彼女さえも一八一七年には、カンペールの新しい修道院の監督のためにしばらく留守をした。もうひとりのフィリピーヌ・デュシェーヌは、パリにいたものの、宣教の夢を実現に移すことをソフィーに許され、一八一八年春にルイジアナに出発するための準備に忙しかった。一方、アミアンでの彼女の過去ゆえに、ユージェニー・ドゥ・グラモンにはなおさらソフィーとの友情が必要だった。ソフィーとの友情に、自分が聖心会にうけいれられているという保証を求めたのである。サン＝テステヴに騙されたという意識と聖心会にうけいれられたいという願望のために、ユージェニーは一時期、過度にソフィー・バラに依存した。ソフィーは彼女を温かい友情で迎え、修道院内でもパリを留守にしているときの手紙でも公に愛情を示した。ユージェニー・ドゥ・グラモンの愛情を勝ちえることが政治的に得策だったのは事実だが、ソフィーはこの並外れた女性を、いつのまにか愛するようになっていた。ユージェニーは強烈な個性をもち、その個性は彼女の先天的な障害を忘れさせた。しばらくユージェニーは自分のおこないを深く悔やみ、ソフィーはそれを利用してふたりの友情の絆を強めた。ふたりはいつもいっしょだった。まもなくふたりの関係は、噂や批判の対象になっていく。

離れ離れのときは、ふたりは手紙を交換した。たがいの健康への心配をとおして、心からの友情や愛情を表現しあうことが多かった。ボーヴェを訪問したとき、病を得たソフィーはつぎのように書いている。

わたしのユージェニーがここにいないのは、なんと寂しいことでしょう！　わたしはこうして床に臥し、汗にまみれ、痛みで苦しんでいます。あなたがやってくることを望んではいけないとわかってはいます。あなたがここにいればやさしく看病してくださるでしょうが、その慰めはわたしが犠牲にすべきものなのです。自分にはなんの価値もないことに思いをはせることで。……あなたの思いやりあふれる短い手紙をうけとりました。……おだやかな気持で手紙を読みましたが、あなたがもっと丈夫で、涙を流す必要がなければいいのに、と思わずにはいられません。

また、べつの機会には、このように書きおくっている。

親愛なるユージェニー、あなたはあまりにも動揺しすぎます。わたしの健康についての心配は困ったものです。基本的にわたしの健康状態は良好で、あらゆる病と闘うことができます。八〇歳まで生きるのではないかと危惧するほどです。実際、健康を害してこのかた、すっかりそれにも慣れ、痛みに苦しみつつも体重が増えるくらいです。……おわかりでしょう。わたしの苦しみを思って涙するとき、あなたはいたずらに自分を悩ませているのです。むしろ、自分の心配をしなければなりません。すっかり害してしまったあなた自身の健康をとりもどすように。

ソフィーはユージェニー・ドゥ・グラモンに深い愛情を注ぎ、手紙の文面にもそれを表わした。ふたりの友情に夢中になり、そのことを話すきっかけを求めた。ボーヴェにむけてパリを発つとき、ソフィーはユージェニーに述べている。

イエスの聖心（みこころ）の御前で、ほとんどいつもあなたのことを考えています。あなたの完徳のために、壮大な計画を立てています。ああ！　わたしの親愛なる娘よ、この世とわたしたちとともにすべてはすぎさり、神はすべてをおいて、つねに神であられます。すぐに近況を知らせてください。どんなに馬車に揺られようとも、わたしの心も想像力もにぶっていません。

アミアンでの療養が終わり、パリにもどるユージェニーに書きおくった細かい指示にも、ソフィーの彼女への親愛の情が読みとれる。

言い忘れたのは、このことです。温かくくるまってください。そして雨が降ったり寒かったりするときは、もっと着こむことです。とくに旅をしているときは、木綿の靴下をぬいで、絹織維（フロス）の靴下をはき、ペチコートを二枚重ね、長袖もつけるように。ようするに、風邪をひかないように分別をもって重ね着をするということです。

パリの新しい学校を運営するために、ユージェニーがそれなりに健康でいる必要はあったが、当時、ふたりの友情がソフィーにとっての喜びの源だったことはまちがいない。マダム・ドゥ・グラモン・ダステルは、困難な歳月のあいだ、ソフィーの頼もしい友人だった。いまや、その娘ユージェニーは、サン＝テステヴの影響力から遠ざかっただけでなく、ソフィー・バラに忠誠心を移したのである。彼女との友情から得る喜びと慰めは、当時、個人的に意気消沈していたソフィーの支えになった。ユージェニーにも、抑鬱症に苦しんでいることを打ちあけている。霊的な指導を望んでいたが、パリで相談する相手がいなかった。長年、ジャン・モンテーニュはよき友人で、ソフィーは彼に内面を理解されていると感じ、信頼をよせるようになっていた。ところが一八一五年の総会後、モンテーニュは重病になり、霊的指導をつづけられなくなった。そのため、ソフィーが皮肉交じりに述べたように、パリの町中を探しても、自分のことを深く話す相手がみつからず、目の前に砂漠が横たわるようだった。ユージェニー・ドゥ・グラモンでさえ助けにはならなかった。ソフィーがうちなる痛みについて話そうとするたびに、ユージェニーがひどくとり乱すので、やがて語るのをやめたのである。ソフィーの悲哀や憂鬱の原因が、極度の疲労だったことは疑う余地がない。ソフィーはあらゆる面で仕事を背負いこみすぎていた。聖心会の統治全般のみならず、パリの修道院と学校であいつぐ重病人や死者の発生に加え、一八一七年秋の数週間のユージェニー・ドゥ・グラモンの不在も、負担を増やすばかりだった。テレーズ・マイユシューには、自分の重荷の一端を打ちあけている。

ここで充分な支援を得ることができないので、とくに大きな困難をかかえています。もっとも優秀な会員をほかの修道院に派遣していますから。……わたしを助けるはずのひとびと、ここでの仕事の大いなる助けの源であるとみなされるひとびとが、わたしの心労の原因なのです。……ほかのひとにもわたしが魂の奥底にかかえる悲しみが察知されています。もはや充分にやさしくも忍耐づよくもありません。ほんとうに困ったことです。だれしも担わねばならぬ重荷があり、他人に自分の重荷まで頼むことはできないからです。ですが、感情を制御できなくなると、こういうことが起きるのです。わたしはほがらかさを失いました。レクリエーションでは座をしらけさせてしまいます。……だれにも悩みを話せないでいます。

個人的な、霊的な生において、ソフィーは喪失感と孤独を味わっていた。指導の仕事でも、まったく孤立無援だった。一八一五年に三人の総長補佐、ジョゼフィーヌ・ビジュー、カトリーヌ・ドゥ・シャルボネル、およびアンリエット・グロジエを与えられたにもかかわらず、三人はパリにいなかった。かといって、彼女たちを呼びよせるわけにもいかない。修道院の指導をおこない、あらたな修道院創設のための交渉ができる人物が少なかったからだ。当時、ジョゼフィーヌ・ビジューはシャンベリーの修道院創設にたずさわっており、カトリーヌ・ドゥ・シャルボネルはリヨンで同様の任にあたり、アンリエット・グロジエは一時アミアンの修道院を監督し、そののちポワティエにもどっていた。三人の総長補佐に加え、四人の総長顧問がいたが、彼女たちもあらたな修道院の創設や運営に忙しかった。フェリシテ・デマルケはボーヴェで、シュザンヌ・ジョフロワとエミリー・ジラールはニオールで。ソフィーはジョゼフィーヌ・デゼーがこのような指導の仕事に不向きだとわかっていたので、彼女にはパリでほかの仕事をまかせる心づもりでいた。聖心会の統治においてソフィー・バラの補佐として選出された会員たちはみな手いっぱいで、日々の修道会の運営を助けることができなかった。ユージェニー・ドゥ・グラモンだけが例外だった。

かくて諸般の事情から、はじめアミアンで、ついでパリで、かなりの長期におよび、ソフィー・バラとユージェニー・ドゥ・グラモンはともにすごすことが多くなった。ふたりの友情はたがいの支えになった。もっとも、アミアンの内部情報を知っている会員たちの考えは異なっていた。経験から学んでいたので、ユージェニー・ドゥ・グラモンに近づこうとせず、心を許さなかった。サン゠テステヴと彼のローマにおける計画への、かつての彼女の関与の深さを知っていたからだ。会員のある者たちは、ソフィーとユージェニーのあいだに育まれる友情を不安げに、そしておそらくは嫉妬まじりに眺めていた。とはいえ、ソフィーのユージェニーへの愛情は唯一無二のものではなく、ほかの会員とも深い友情を紡いだ。グルノーブル訪問後、ソフィーはテレーズ・マイユシューのもとを去るのを残念がっている。

あなたのもとを去るとき、わたしはたいそう気落ちして、あまりにも心痛を感じていたので、道中、ほとんど無言でした。悲しい旅でした。あなたのことを、あなたのかかえる問題を、あなたにふりかかる心配ごとを思うと、涙を抑えるのに苦労しました。わたしのすべてが、あなたとともにとどまっていました。……もどって半年ほどあなたのそばに住むことができれば、ほんとうにうれしいのですが。あなたを何度か訪れ、あなたのほうもやってきてわたしの助けになってくだされば。……これは希みにすぎませんが……わたしたちの別離の苦さを、ずいぶんとやわらげてくれます。

修道会創立まもないころ、ソフィーとテレーズはポワティエで多くを分かちあった。いまほど責任が重くなかった時代を、ふたりとも懐かしんだ。それでも現実的なソフィーは、ともにすごした時期も、かならずしも意気投合してばかりではなかったので、たがいの不在の寂しさを嘆くのをいくらかは慎むべきだろうと、テレーズに提案している。当時はだれしもが涙もろくセンティメンタルな表現を多用し、大仰な感情表現がまかりとおっていた。ソフィーも時代の子だった。そのため、ユージェニー・ドゥ・グラモンをはじめとする個人的な友人への手紙は、ほかの友人や同僚への手紙と照らしあわせて読まれるべきだろう。ソフィーの愛情の度合いを測り、彼女の文章がどこまで当時の慣習的な表現にいろどられているかを把握するために。

ソフィーは自分とユージェニー・ドゥ・グラモンの友情への批判を意識し、そうした批判に敏感に反応した。一八一六年から一八一八年にかけてパリを訪れ、一八一八年秋にグルノーブルにもどったマリー・バラストロンの無分別に立腹している。マリーはグルノーブルにもどるなり、パリの修道院には規律が欠けており、ソフィーとユージェニー・ドゥ・グラモンがいつもいっしょにいると噂話をした。ソフィーはマリーを叱責している。

分別を保ち、パリのことについて肯定的に話すかわりに、あなたはマダム・ドゥ・グラモンがつねにわたしといっしょである、とレクリエーションの最中に言ったそうですね。……ここパリでわたしたちが無軌道な暮らしぶりをしていると。……校長〔ユージェニー・ドゥ・グラモン〕とわたしが緊密に協働せねばならないことを、あなたはわかっているはずです。校長はわたしの通信の手助けをしてくださいます。それに、あのかたの健康を気づかわねばなりません。……あなたにいささかでも公平さがあったならば、言葉を慎んだはずです。

ソフィーはさらにマリー・バラストロンに、ポスト通りの建物がいかに狭く、全員が顔を突きあわせて暮らさねばならないかを指摘し、ついでに皮肉まじりにつけ加えている。バラストロンが去ってからは、修道院に静けさと平和がもどったと。だが、ソフィーはこれを教訓として、ユージェニーにあけっぴろげな愛情表現を慎むようにと注意している。一八一九年にフランス各地の修道院を訪問中、ソフィーはユージェニーにパリでともにすごす時間を少なくせねばならないと告げている。どこに行っても、ふたりの関係についての批判を耳にする、というのが理由だった。

また、頻繁に私信を送らず、旅先のソフィーに転送される一般的な仕事関係の文書に同封するように、および、えこひいきと思われ、ほかの会員に妬まれてはいけないので、ソフィーから私信をうけとったことを公言しないように、と忠告している。また、自分の愛情あふれる手紙がほかの読者の手にわたることを心配し、ユージェニーに手紙を破棄するように頼んでいる。ソフィー自身もユージェニーからの手紙をほとんど手元においていない。

ソフィーはユージェニー・ドゥ・グラモンの愛情を勝ちえたようにみえた。同時に、ソフィー自身も自分の感情やほかの会員が自分に示す深い愛情に、どのように対処するかを学んだ。ユージェニーの手紙をテレーズ・マイユシューに見せると、自分もソフィーに同様の感情をいだいていると打ちあけられた。マドレーヌ・デュ・シャステニエやマリー・バラストロンも似たような気持をいだいていた。実際、ソフィーはきわめて魅力的な指導者でありつづけた。この事実がソフィー・バラの聖心会の統治方法に影響をおよぼした。ソフィーはおもだった会員たちと築きあげた個人的な関係のうえに、自分の権威の基盤をおき、これらの注意深く育まれた友情をとおして、聖心会をかたちづくった。この統治方法はソフィーの情緒的な欲求をみたした。批判はされたが、ユージェニー・ドゥ・グラモンとの友情にも助けられた。ふたりの友情はソフィーにエネルギーを与え、彼女のなかの情緒的な部分をみたした。これまで開発されず、ルイ・バラによって徹底的に抑圧された部分である。事実、疲れるのを心配した会員のひとりにユージェニーに長い手紙を書くことを咎められると、ソフィーは答えた。むしろ逆に、ユージェニーに手紙をつづると、エネルギーと喜びを与えられるのだと。ユージェニーにもこのことを書きおくり、手紙をこうしめくくった。

わたしはすべてあなたのものです。……この表現は、たいていはたんなる社交辞令なのですが、こと、あなたに宛てたときには、真実です。

手紙や各修道院への訪問をとおして聖心会の会員と個人的に交わることによって、ソフィーは大いなる喜びを得た。もともと元気で快活な性格だったので、周囲で起こるいっさいに即座に好奇心と関心をいだき、一時は深く心を動かされるものの、つぎの訪問や手紙までその感情を棚あげすることができた。会を統治するときにも、関係性や個人を考慮に入れた。こうして、解決の糸口がないと思われる状況にあってさえ、妥協や調和を引きだす才能を開花させていった。

ソフィーとユージェニー・ドゥ・グラモンの関係に懸念をもったひとびとは、ソフィーのことを心配し、ソフィーへの友情ゆえに行動した。ふたりの関係への批判の一部は、つい最近までソフィー・バラとサン＝テステヴが対立し、ユージェニー・ドゥ・グラモン自身がソフィーをおとしめる陰謀に深く加担し、ローマ行きを画策した事実にもとづくことは疑いをいれない。一八一五年の第一回総会は、ソフィー・バラを指導者として確認し、レオノール・ドゥ・トゥルネリの創立の原動力を回復した。この一連のできごとの流れに照らすと、サン＝テステヴの影響力を払拭し、パリであらたに出発するべきだというペローの助言は適切だった。はじめパリで、ついでほかの修道院で、会員たちはソフィーとユージェニー・ドゥ・グラモンのあいだに育まれる友情に疑念をつのらせていた。パリのイエズス会士たち、とりわけソフィーがサン＝テステヴと対決するのを支えたひとびとは、いまや彼女がサン＝テステヴ側に会員を引きいれようと画策しつづけた女性と親密につきあうのを目の当たりにする。ピエール・ロジェはふたりの女性の依存関係に疑念をむけ、ソフィーがパリを離れているときに頻繁に手紙を送ってはならない、とユージェニーを諭した。ジュリアン・ドリュイエは、ユージェニーの聖心会への忠誠心を疑っていることをソフィーに隠さなかった。マリー・ドゥ・ラ・クロワから多くの情報を得ていたピエール・ロンサンも、ユージェニーの誠実さについての疑問を述べた。

ソフィーの友人たちの懸念はたんなる嫉妬や憤慨ではなく、彼らは批判を口にしつづけた。ユージェニー・ドゥ・グラモンを会員たちとともに生きるのではなく、その近くで生きる冷ややかでよそよそしい女性だと考えたのである。ユージェニーが自分勝手に行動し、パリの修道院のほかの会員に頓着しないことを、ソフィーも承知していた。ユージェニーはソフィーと一対一でつきあうのを好み、この姿勢が会員たちの疑念に拍車をかけた。ほかの会員を無視するのではなく、彼女たちにより敬意をもって接し、ともに働くようにと、ソフィー自身はユージェニーをうながした。しかし、パリの学校で教鞭をとるほかの会員へのユージェニー・ドゥ・グラモンの態度を、テレーズ・マイユシューが手紙で語気強く批判すると、ソフィーはユージェニーを熱心に弁護し、いっさい批判をうけつけなかった。むしろ修道院の一部の会員の悪しき心構えを咎め、自分の力量を示す機会がユージェニーに与えられるべきだと示唆した。過去は痛ましく、全員を傷つけたものの、すでに終わったことであり、建設的に未来に向かうことこそ最良であると言って。とはいえ、カトリーヌ・ドゥ・シャルボネルとジユヌヴィエーヴ・デゼーには一目おくようにと、ユージェニーに助言した。このふたりは（立場こそ異なれ）一八一五年以前のアミアンでのユージェニー・ドゥ・グラモンの動きを熟知しており、ソフィーとユージェニーの友情が深まるのを見て、心を痛めていたのである。

一八一五年にサン゠テステヴが完全に姿を消していたなら、ソフィーとユージェニーの関係は、あれほど不安をかきたてなかったかもしれない。だが一八一七年と一八一八年は、サン゠テステヴはまだ動きをひそめておらず、聖心会への返り咲きをもくろんでいた。姉妹のフェリシテ・ドゥ・サン゠テステヴがローマで亡くなると、サン゠テステヴはアミアンの修道院に寄付した彼女の財産の返還を求めた。アンヌ・ボードゥモンもアミアンにある自分の所持品の補償を求めた。ソフィーはアンヌ・ボードゥモンに手紙を送るようにユージェニーに依頼した。聖心会がフェリシテ・ドゥ・サン゠テステヴにもアンヌ・ボードゥモンにも借金がないことを明記する文面だった。それどころか、ソフィーはキリスト教教育婦人会がこのふたりの女性に支払った金額が、彼女たちがアミアンの修道院に持参した金額をはるかにうわまわっていることを承知していた。それでも、寛容に計らい、サン゠テステヴとアンヌ・ボードゥモンとの絆を最終的に断つ契機になるならばと、アンヌ・ボードゥモンに彼女が要求する金額と、自分のものだと主張するアミアンの物品をわたすことにした。ソフィーはこうもらしている。

いつになれば、わたしたちはあのひと〔サン゠テステヴ〕とのつきあいから解放されるのでしょう？　あのひとがわたしたちに手紙をよこす口実がなくなる日を待ちのぞみます。〔アンヌ・ボードゥモンは〕いまいるところでは、ちっとも満足していないようです。……彼女にはきっと寂しい老年が待ちうけているでしょう！　彼女の境遇に心を痛めています。

一八一八年夏、サン゠テステヴとソフィー・バラの最後の対決がやってきた。ソフィー・バラはシャンベリーの修道院創設にのりだしていた。教会と地元の権力者との公式な交渉が終わろうとしていたそのとき、アンヌ・ボードゥモンが、サン゠テステヴの従僕レオナールにともなわれ、シャンベリーに現れた。ソフィーはアンヌ・ボードゥモンと親しく面会し、そのときはなにごともなかった。その後、アンヌ・ボードゥモンはシャンベリー大司教ドゥ・ソル猊下に面会し、聖心会はローマの自分の修道会の一部だと主張した。そのうえ、ソフィー・バラが自分と教皇の権威に反抗したとほのめかした。大司教がソフィーに説明を求めると、ソフィーは聖心会と自分の指導的立場が真正であることの充分にして決定的な証拠を示した。ソフィーは高位聖職者に自分の権威を保証する書面を求め、即座に返答を得たのである。当時、どれほどソフィーの権威と立場が評価されていたかが察せられよう。ソフィーはフランス宮廷司祭のドゥ・タレイラン゠ペリゴール枢機卿、彼の秘書にして聖心会の現聖職者総長ペロー神父、および（元ポワティエの司教総代理にして）次期司教ソワイエとボールガールに、シャンベリー大司教への状況説明を依頼したのである。数週間で事態はソフィーの有利に展開し、ソフィーは晴れて修道院を創設するにいたる。

シャンベリーにおける緊張の数週間と同時期に、サン゠テステヴ自身もいまだにローマにとどまって、混乱をひきおこしていた。ユージェニー・ドゥ・グラモンに手紙を送り、ソフィー・バラとアンヌ・ボードゥモンのあいだで和解が成立し、テレサ・コピナがローマから親密な手紙をソフィーに送ったと述べた。手紙のなかで、サン゠テステヴはユージェニーに自分へのかつての忠誠心を想起させ、みずからがフランスの聖心会とローマの修道会の創立者であるという主張をふたたび展開した。同時に、レオナールはサン゠テステヴの指示に従い、シャンベリーを発ち、パリ、そしてアミアンに向かった。ユージェニー・ドゥ・グラモンに再会し、かつての絆を結びなおすためである。ソフィーはアンヌ・ボードゥモンよりもレオナールを怖れていた。アミアンでサン゠テステヴは長年レオナールをとおして、ソフィー・バラやジュリー・ビリアールと交渉し、ソフィーもジュリーもレオナールがいかに抑圧的で陰険かを思い知らされていた。かくて、ソフィー・バラとユージェニー・ドゥ・グラモンが親しく交わっていたこの時期、ふたりの関係は緊張にさらされた。しかし、ユージェニーはサン゠テステヴの手紙とレオナールの訪問の圧力に屈しなかった。いずれにせよ、彼女はサン゠テステヴとの未来がないことをみてとった。ユージェニーはサン゠テステヴに返事を送り、ローマの修道会の問題やかつてのアミアンで自分のはたした役割についての見解と、自分の行為への後悔を記している。

十字架のふもとに、これらの不幸な事柄がわたしにもたらした悲しみを差しだしました。騙されやすく信じやすかったわたしは、これらの事柄にあまりにも深くかかわってしまいました。わたしの若さが利用されたのです。わたしの救いにとって少しも益にならない方法で、若さをついやしたことを悔いていています。

マリー・ドゥ・ラ・クロワが自分の過ちを認めた一八一五年一二月には率直に語れなかったユージェニー・ドゥ・グラモンも、一八一八年には、アミアンでの過去の自分の行為に距離をおき、激しく悔いるまでになっていた。

ユージェニーがローマの修道会の誘いを拒んだ事実は、ソフィーを励まし、すくなくとも彼女の目にはユージェニーへの信頼を保証するものと映った。それでもふたりの友情が批判されるのを意識し、不満をもらしている。「この世におられたときのイエスほど、友人を愛したかたがいらしたでしょうか?」と。ソフィーはふたりの友情と、その善と真実に価値を見いだしていたので、友情を断つつもりはなかった。だがユージェニーには、自分たちの関係について慎重になるべきであり、あまり多くの時間をいっしょにすごすべきではないとくり返している。

ああ！　わたしたちが分かたれたとき以来、わたしがどれほど苦しんだかをあなたが知っていれば！　それもこの件で耳にする苦情や批判のせいなのです。その出所がだれか、そしてどのような物言いだったかについては、探りあてたいとは思いません。ただ、外的にはより慎重にふるまう必要を感じています。あなたにも同様にすることを忠告します。……認めましょう。女性というものは狭量なのですから！

ソフィーは気づかなかったが、批判はたんなる狭量さ以上のものをふくんでいた。ソフィー・バラとユージェニー・ドゥ・グラモンの友情が、会員の公の批判の対象になったのは、ほかならぬソフィー自身がパリの修道院への大いなる期待を盛りあげたせいなのだが、これをソフィーは理解しなかった。パリの修道院が聖心会の成長の要であると会員に知らしめたのは、ソフィーである。聖心会の霊性はパリを基点に会全体を照らし、霊性の源にして中心であるパリで養成をうけた会員たちが、その霊性を伝えていくだろう。パリの修道院こそが会員たちをかたちづくり、会としての一致と会員に共有されるヴィジョンを保証する。これがソフィーの計画であり、その計画をペローが、そして旧友のイエズス会士ジョゼフ・ヴァランが心から支持した。これこそがソフィーの基本的なヴィジョンだった。ユージェニー・ドゥ・グラモンとの友情をもっとも痛烈に批判したひとびとは、ソフィーの洞察が曇らせられるのではないかと懸念したのである。とはいえ、パリの学校の開設を助けるために、ユージェニー・ドゥ・グラモンのような人物がソフィーには必要だった。ソフィーは自分の愛情と権威でユージェニーの行動を抑制できると考えていた。ところが、ユージェニー・ドゥ・グラモンはいつも勝手に行動し、めったに同僚に相談しようとしない。ソフィーは再三これを思い知らされた。また、アミアンでそうだったように、ユージェニーは掌を返すようにソフィーを無視することもできるのだと、ソフィーはのちのち学ぶことになる。つねにパリに滞在し、しっかりと手綱をとらねばならなかった。聖心会が発展し、ソフィーがパリをながらく留守にしがちになると、ソフィーのユージェニーへの支配力がゆるみ、だんだんと回復しにくくなっていく。ふたりのあいだにはつねに愛情深い、ほんものの友情がつづいたものの、ソフィーはユージェニー・ドゥ・グラモンを管理し、パリの聖心会における彼女の影響力を弱めるのに苦労せねばならなかった。

この時期も、聖心会は発展しつづけた。短期間に、フランスに新しい三つの修道院が創設された。ひとつはカンペールに創設された。一八一七年三月、かつてのカプチン会の修道院跡で、立地条件もよく、広大な庭園をもつ学校の経営を聖心会が引きついだのである。学校は訪問会の修道女たちによって運営されていたが、一八一六年に人手不足のために維持できなくなっていた。学校に基金を寄付したマドモワゼル・ドゥ・サン＝ペルンが、ドンビドー・ドゥ・クルセイユ司教を介してパリのソフィー・バラに連絡をとり、カンペールに会員を送るように依頼した。学校やほかの建物がすでに整っていたため、ソフィーには魅力的な申し入れだった。そこで一八一七年初頭、ジョゼフィーヌ・ビジューが数週間滞在し、学校の聖心会への移行を準備した。三月にはすべてが整い、五月にはマダム・ドゥ・グラモン・ダステルが院長として着任し、ジョゼフィーヌ・ビジューは聖心会への入会を希望するマドモワゼル・ドゥ・サン＝ペルンをともない、パリにもどった。一八一六年以来、リヨン近郊のヴィルルバンヌにおける修道院の設立が構想されていたが、実現は一八一九年二月を待たねばならなかった。ソフィー・バラがヴィルルバンヌのラ・フェランディエールの館を買いとることを決意し、同年三月、そこに学校が創設され、一八二〇年七月、貧しい子どもたちのための学校が開校された。同年、ボルドーにもあらたな修道院が創設され、一八〇六年のソフィーの約束が実現する。創設のきっかけは、人手不足に悩む孤児院だった。一八一六年に寡婦となったマダム・ドゥ・ラランヌが、一八一九年、もはや単独で孤児院を運営できなくなったのである。マダム・ドゥ・ラランヌは修道生活にひかれ、夫の存命中から小さな女性の集団を結成し、一八一二年には女性たちといっしょに修道生活の誓願を立てていた。マダム・ドゥ・ラランヌは聖心会に孤児院を寄贈し、みずからも入会を希望した。ソフィーは内々に孤児院寄贈の申し出をうけていたが、一八一九年になってようやく計画を実行に移した。その年、施設の統合を監督するために、ニオールのシュザンヌ・ジョフロワがボルドーに派遣された。その後、マダム・ドゥ・ラランヌが院長に任命され、修道院は数か月のうちに聖心会に完全に統合された。

各修道院の創設には多くの困難がつきもので、それぞれの状況に応じて多大な計画や、長きにわたる交渉や人員の確保が必要だった。この時期、ソフィーは多くの修道院創設の打診をうけたが、すべての要請に応えられないのを残念に思うしかなかった。ソフィーの勇気とヴィジョンが端的にあらわれたのは、一八一八年初頭、もっとも古くからの友人のひとりフィリピーヌ・デュシェーヌのアメリカ行きを決定したときだ。一八一五年以来、ソフィーはさまざまな地域から宣教の誘いをうけていた。当初、ソフィーはフランス国外の聖心会の最初の修道院をマルティニク島に創設したいと考えた。マルティニクはフランス領で、ルイジアナより連絡が容易だったからだ。加えて、ユージェニー・ドゥ・グラモンの兄弟がマルティニクの総領事であり、その人脈が有利にはたらくと思えた。しかし、ソフィーはその可能性を斥け、フィリピーヌの希望を聞きいれ、フランス国外の最初の聖心会修道院をルイジアナにおくことに同意し、フィリピーヌが長旅の準備をするのを手伝った。

長期におよぶ危機から脱してまもない修道会が、このような計画にのりだすこと自体、確信と自信の表れだった。

グルノーブルのサント＝マリー＝ダン＝オーで寄宿生だったころから、フィリピーヌはルイジアナのネイティヴ・アメリカンへの宣教活動を耳にして、そこに行くのを夢みていた。フランス革命によって修道生活が中断したものの、宣教に身を捧げたいという希みは消えなかった。一八〇六年、フィリピーヌは中国行きを計画し、ソフィー・バラに相談していた。また、マリー・ドゥ・ランカルナシオンと彼女のカナダの先住民への宣教活動にも霊感をうけていた。ソフィー自身も触発され、アミアンでルイーズ・ノーデに宣教への希望を語っている。だが、ノーデはソフィーがフランス国内にとどまる運命にあると考えた。一八〇六年、ソフィーが終身総長に選ばれると、ノーデの考えどおりになったと思われた。一八一五年一二月、フィリピーヌが聖心会の総秘書に選出されると、彼女が宣教に行く見込みはすっかり遠のいたかにみえた。

それでも一八一八年春、フィリピーヌ・デュシェーヌと四人の仲間たちはニューオーリンズへの道中にあった。今回はルイ・バラが決定のきっかけを作った。グルノーブルを訪れ、そこでフィリピーヌがルイジアナのネイティヴ・アメリカンのもとに行きたいと願っていることを知り、夢を見失わないようにと励ましたのである。実際、ルイもフィリピーヌ同様、宣教活動にたずさわりたいと望んでいた。一八一六年、ルイはあらたに任命されたルイジアナ司教ルイ・デュブール（在職一七六六―一八三三）とボルドーで会い、フィリピーヌの宣教活動への希望を伝えた。ソフィーにデュブール司教との面会を報告し、フィリピーヌには司教とともにアメリカに行き、ネイティヴ・アメリカンとともに生き働くという生涯の希みをかなえるべきだとうながした。フィリピーヌはすっかり舞いあがり、ソフィーにそのことを告げた。ソフィーは、もはやこの件が自分の手を離れたことを直感する。

想像してみてください。フィリピーヌは海の向こうの自分の修道院の夢を見つづけてきました。兄はその道を用意したようなものです。この試みを思うと戦慄しますが、その成功を見とどけることができるかもしれません。考えただけでも震えます。祈ってください。ですが、いまは他言しないでください。大騒ぎをするひとがいないともかぎりません。わたしたちはたいした理由もなく人間があちこち移動する世紀に生きています。それに、すべてのひとの想像力を抑えるのは容易ではありません。

ソフィーはデュブール司教のフランス到着の意義に気づいていた。もっとも、フィリピーヌがいなくなる事態は、小さな修道会にとって打撃だった。一八一七年一月、デュブールはパリに着くとポスト通りの修道院を訪れ、ソフィー・バラとフィリピーヌ・デュシェーヌに会った。最初、ソフィーは直感的に聖心会がルイジアナに修道院を設立すべきだと思い、司教はそれが決定ずみだと認識して、ポスト通りの修道院をあとにした。ところがジョゼフ・ヴァランとルイ・ペローはソフィーに再考するように働きかけた。いまフランスからフィリピーヌがいなくなるのは困ると考えたからだ。数か月後、一八一七年五月、デュブール司教はふたたびソフィーを訪れ、決定の変更を聞かされ、失望する。すると、そのときフィリピーヌが衝動的な行動にでて、デュブールの面前で今度こそ宣教に行かせてほしいとソフィーに懇願した。ソフィーはフィリピーヌの率直さに折れ、その場で同意した。

ソフィーもフィリピーヌもその先、なにが待ちうけているかを知らなかった。一九世紀の宣教といえば、冒険とヒロイズム、前人未到の新世界にふみこみ、国境をこえ、あらたな地平線を切りひらくことを意味した。宣教は修道女に開かれた道であり、当時の女性にはまれな自律性を与えてくれた。教会は宣教の目的に照らし、女性が主導権をにぎるのを支持した。個人的な次元では喪失であっても、聖心会の枠のなかでフィリピーヌの宣教活動の希望をかなえることは、自分の任務だと認識した。たしかにフィリピーヌは、あらゆる意味でフロンティアに向けて旅立つことになる。当時、ルイジアナと南北フロリダの司教区は、ミシシッピ川の河口からロッキー山脈にまで達していた。一八世紀にこの司教区はケベック司教に統治され、その後、一七六二年以降は（キューバの）ハヴァナ司教に統治されていた。はじめはフランス、ついでスペインとの政治的な関係を反映してのことである。一七九三年、教皇ピオ六世はルイジアナと南北フロリダを独立した司教区に定め、司教はニューオーリンズに定住した。その後、一八〇〇年にルイジアナは、短期間、フランス領にもどっている。だが一八〇三年五月、アメリカ合衆国はナポレオンと交渉し、ルイジアナを購入する。一五〇〇万ドルとひきかえに、メキシコ湾から北西のロッキー山脈にいたる広大な土地が合衆国に加えられた。もっとも、ルイジアナ州が正式に承認されるには一八一二年を待たねばならない。一八一五年にデュブール司教が任命されると、古くからの緊張関係や未解決の困難を相続することになる。フランス系とスペイン系の教会勢力の関係や、聖職者が甘受せねばならない財政逼迫にもとづく困難だった。一八〇二年以来、ルイジアナに司教がいなかったため、デュブールは手探りで進みながら、みずからの権威を確立した。

つまり、フィリピーヌ・デュシェーヌはあらゆる意味で未知の世界へと、ルイジアナ購入以降、急速に発展するアメリカ合衆国の新世界へと足をふみいれたのだ。四八歳にして、精力的にあらたな挑戦に立ちむかう。目的はルイジアナのネイティヴ・アメリカン居住地に達することであり、デュブールはかならず彼らと生活と仕事をともにできると請けあった。ソフィー・バラは、聖心会のルイジアナへの拡大が歴史的であり、フィリピーヌ・デュシェーヌがまったく異なる世界で行動するには、充分な空間と自由が必要だと予感した。そこでソフィーは正式文書を執筆した。文書の冒頭は以下のとおりである。

神の御前において、セントルイスの修道院とわたしたちを分かつ大いなる距離、およびわたしたちの修道会が必要な許可を与えることの困難をかんがみて、わたしはここ（北部）ルイジアナに創設する修道院の院長マザー・デュシェーヌに、以下に詳細を示された権限を与える。

ソフィーはみずからの権限の多くをフィリピーヌ・デュシェーヌに託した。あらたな状況では、フィリピーヌは聖

心会への新しい会員をうけいれ、初誓願を立てさせること
ができる。ただし、終生誓願のうけいれはソフィーの権限
だった。ほかにフィリピーヌにゆだねられたのは、以下の
権限である。聖心会にそぐわないと判断した女性の退会、
状況または気候に応じての服装の応用、貧者の必要に応じ
てのパリで承認ずみの予算をうわまわる支出、土地や建物
の購入、建物の建設、責任者の任命、および子どもたちの
教育やミサのための禁域からの外出。ただし、これらの権
限が許可される条件として、フィリピーヌはソフィーに報
告し、地元の教会権威と協力せねばならない。フィリピー
ヌがパリを去る前夜、ソフィーはこの文書について彼女と
相談した。ふたりは想像力をふりしぼり、未知の世界を思
い描こうとした。ソフィーは自分の権威が数年間、抗争の
的になり、一八一五年にようやく確認されたにもかかわら
ず、フィリピーヌを心から信用し、信頼した。遠く離れて
も、ふたりはたがいに忠実でありつづけ、手紙で連絡をと
りつづけた。アメリカの聖心会の発展の途上で誤解が生じ
たこともあったが、たがいの深い愛情が褪せることはなか
った。

フィリピーヌとルイ・バラは古くからの友人同士だった。
ルイはフィリピーヌのたくましさを尊敬し、彼女のルイジ
アナへの出立をうらやんだ。しかし、いかにもルイらしく、
自分の気持を直接伝えることができず、かわりに、三人の
寛大な女性にともなわれねばならない、と彼女に言った。
「ですが、偉大な魂をもったひとびとでなければなりませ
ん。女性には偉大な魂はごくまれにしか見うけられません
が」。加えてフィリピーヌ自身については、神が彼女を例
外とみなし、「完全なる偉大な魂をあなたには求めないで
しょう」と、ルイは請けあった。ソフィー・バラは三人の
「まれな魂」を見いだし、フィリピーヌ・デュシェーヌと
行動をともにしないかと声をかけた。そのひとりオクタヴ
ィ・ベルトルド（一七八七―一八三三）はスイス人で、カル
ヴァン派プロテスタントだったがカトリックに改宗した。
一八一四年、グルノーブルの修道院に入り、一八一六年か
ら一七年にかけてパリのポスト通りの修練院で修練期間を
終えた。フィリピーヌとの同伴を指名されたため、聖心会
への終生誓願にいたる準備期間が短縮され、一八一八年二
月に終生誓願を立てた。とくに宣教への召命を感じたわけ
ではなかったが、カトリック教会に迎えいれられた記念に
なにか英雄的なことをすべきだと感じていた。ふたりめの
ユージェニー・オーデ（一七九二―一八四二）はサヴォワ出
身で、一八一五年にグルノーブルの修道院に入った。オク
タヴィ・ベルトルド同様、パリで修練期間を終えた。フィ
リピーヌとともに宣教に行きたいとソフィーに願いでて、

ソフィーはその願いを聞きいれた。彼女も終生誓願を立てる見込みで、じつにルイジアナに出発するその日の朝、聖心会の終生誓願を立てた。もうひとりはカトリーヌ・ラマール（一七七九―一八四五）で、アミアンの修道院に助修女として入り、一八〇六年、そこで誓願を立てた。当時、きわめて困難だったキュイニエールの修道院創設を助けていた。その地で会員たちは地元のひとびとの反対と厳しい貧困を経験したのである。マルティニクへの宣教を申しでていたカトリーヌは、より遠いルイジアナに行くのに怖気づき、不安をいだいていた。このことは宣教者としての彼女に生涯つきまとった。フィリピーヌはソフィーに報告している。

> 彼女〔カトリーヌ〕は……スリエ神父、マダム・プレヴォ、およびあなたご自身にそれほど遠くに行く勇気はないと申しあげた、と何度もくり返しました。わたしはこう答えました。彼女に行く気がなかったなら、行かせてくれと頼まなかったなら、選ばれなかったでしょうにと。これに答えて彼女は言いました。たしかに近いと思ってマルティニクには行きたいとお願いしたものの、ルイジアナに行くのはいやだった。

一八一八年二月八日の朝、フィリピーヌと三人の仲間はパリを出発した。長い旅路だったが、まずボルドーまで旅し、そこからニューオーリンズに行き、さらにミシシッピ川をセントルイスまでさかのぼった。ボルドーまでの道中、四人の旅人はポワティエに立ち寄った。そこでニオールにいたマルグリット・マントー（一七七一―一八四一）が合流した。ポワティエの修道院に助修女として入り、一八〇九年にそこで誓願を立てていた。ニオールで病床に臥し、まだ充分に回復していないのにボルドーに向かった。先の長い旅だったため、フィリピーヌは心配し、この件は初耳だとソフィーにこぼした。もっともマルグリットはボルドーで療養できた。その間、フィリピーヌやほかの会員たちは、ルイ・バラの助けを得て、旅の最終的な詳細を整え、必要な食料を調達した。一八一八年三月一九日、一行はレベッカ号に乗ってついにフランスをあとにした。未知の世界への旅立ちであり、一行は歓びと不安のうちに前進した。フィリピーヌが残した船旅の記録は、生き生きとした描写で想像力に訴える。七〇日を海上ですごし、一八一八年五月二九日、一行はニューオーリンズに到着した。数週間ほど当地のウルスラ会修道院に滞在し、ミシシッピ川をさかのぼるつぎの旅程の準備をした。行先はセントルイスではなくセントチャールズだった。そこにはじめての小さな修道院と学校を設立する。ささやかな始まりを契機に、ミシシッピ川以西の地域の若い女性に教育の機会を与え、ルイジアナに学校や修道院を設立していった。荒々しい、パイオニアの仕事であり、重労働で負担が大きく、ときにはだれにも感謝されず、意気消沈させるものだった。宣教生活をとおして、彼女たちはヨーロッパの同僚たちが知りえない現実に直面する。フランス、スペイン、そしてアメリカの伝統や文化との邂逅や齟齬、クレオール、ネイティヴ・アメリカン、そして移民への差別、一国の経済の一部をなす奴隷制度。彼女たちも、輪郭をあらわす途上の文化と国家の一部となり、それらと闘い、それらにみずからの印を刻みこみもした。

総秘書フィリピーヌ・デュシェーヌの不在は、ソフィーにとってさらなる負担となった。フィリピーヌの後任が決まるのは、一八二〇年の第二回総会の折である。実際、一八一八年二月、フィリピーヌ・デュシェーヌがルイジアナに向けて出発すると、ソフィーの健康はそこなわれ、その年はほとんど一年中、疲労による病に苦しんだ。頻繁にリューマチの発作に襲われ、ふたたび発熱するようになり、眼の疾患のために手紙を書けなくなった時期もある。つねに不眠症にとりつかれ、とくに下痢に悩まされた。

ここの医師は、腹部の神経が機能していないのが問題で、いずれすり減ってしまうだろうと言います。この診断に従えば、治療法はありません。わたしはときに深刻なこの病に、主が望まれるまでいつまでも苦しまねばなりません。

健康と活力をとりもどすと、ソフィーは仕事を再開した。仕事に一定の型が認められるようになる。パリに長期滞在したのち、既存の修道院への訪問やあらたな修道院創設の候補地の訪問にでかける、というものだ。一八一六年八月から一八一八年三月にかけて、本拠地をパリに定めながら、その間、アミアンを二回、訪問している。どちらも短い旅で、一回目は一八一六年八／九月、二回目は一八一七年九月で、このときはボーヴェに立ち寄っている。一八一八年晩春、長い旅にでて、ジョアニーの母と姉のもとを訪れ、その後、リヨン、グルノーブル、シャンベリーを訪れた。一八一八年九月、パリに帰り、翌九月までとどまったのち、オータン、リヨン、シャンベリー、グルノーブルを訪れ、一八一九年一二月、パリにもどった。その後、一八二二年八月までパリにとどまる。どこにいても、手紙をとおして会員たちと意思の疎通を図った。手紙が、主たる伝達の、養成の、決定の、そして関係性の維持の手段となる。

家族とも手紙と訪問をとおして交流をつづけた。母親はひとり暮らしができなくなっていた。ソフィーの生家は売られ、マダム・バラはジョアニーの大通りにあるマリー＝ルイーズの家に同居するようになる。町の多くの家族同様、デュソッソワ家もナポレオン帝政末期に経済的に困窮していた。収入減に加え、不作の年がつづいた。当時、ボルドーの学校の生徒だったスタニスラスに、ソフィーは伝えている。

みな、たいへん困っています。悪天候のせいで、小麦もブドウも不作だからです。貧困がはびこっており、商売はあがったりで、ご両親があなたに買ってくださるささやかなものも、たいへん高くつくのです。

一八一六年一〇月になっても、状況は好転しなかった。

数日前、ご家族の知らせを聞きました。ジョアニーではみな、貧困に悩んでいます。パンの質がこれほど悪かったことはありません。ブドウの収穫の見込みはありません。そして樹が熟成しなければ、今年もまた収入がなくなります。

二年後、グルノーブルに行く途中、ソフィーは家族を訪問し、事態の悪化を目の当たりにする。一家は困窮し、経済状況の劇的な変化をソフィーは困惑とともに理解した。かつて姉と義兄が両親としての義務を怠っていると批判したとき、ソフィーは彼らの窮状を知らなかったのだ。ユージェニー・ドゥ・グラモンにはつぎのように記している。

ジョアニーにいるあいだ、ほんものの貧困を目の当たりにしました。しかもわたし自身の家族が貧困にあえいでいるのを。もう少しましな人生が約束されていたはずの子どもたちを助けようと約束しました。だれのためかは申しあげずに、ペロー神父様にお古の外套を譲っていただき、姉に届けてください。姉がだれかをとりによこすでしょう。神父様が着古したズボンも譲ってくださるなら、ありがたいです。おわかりでしょう。……わたしのすべてにかんして、あなたの献身を当てにしています。というわけで、個人的なことの手配まで頼んでいるのです。

数週間後、ソフィーはユージェニーに礼を述べている。

ありがとうございます。……姉に古着を送ってくださって。ほかの大勢のひと同様、かつては羽振りがよかったがいまや落ちぶれた親戚のためなのです。

二年後、エティエンヌ・デュソッソワは五五歳で亡くなった。一七九三年に順風満帆と思われたソフィーの姉夫妻の結婚は、早期に経済的破綻を迎えたまま幕を閉じた。何年ものちに、ソフィーは姪のソフィー・デュソッソワに、彼女の父親が亡くなったとき、妻にも子どもたちにもほとんどなにも残らなかったと打ちあけている。エティエンヌ・デュソッソワへの言及はない。当時の手紙や書類でもめったに語られることはなく、あるとしても一般的で曖昧なので、彼とマリー＝ルイーズ・バラの結婚の質を検証するのはむずかしい。ソフィーとルイが姪や甥の教育に責任を感じていたのはたしかだ。実際、姪や甥にとって、ソフィーは母親がわりであり、実母や実父並みに、あるいはそれ以上に愛情の対象であった。エティエンヌ・デュソッソワが亡くなると、この傾向がいよいよ強まっていく。

ジョアニーの家族の窮状を知っていたソフィーは、甥スタニスラスや姪たちが、せめて将来的に生計をたてられるように、勤勉に働くことを期待した。甥や姪たちを気づかってのことだ。だがルイ・バラもソフィーも、スタニスラスにまともに仕事をさせるのに苦労した。ソフィーは早くおとなになって、幼年時代に別れを告げ、生活のために稼ぐという現実と向きあうように、スタニスラスに迫った。事実、人生の現実に直面し、幻想に浸らないように、甥や姪たちを励ましている。ジュリー・デュソッソワが聖心会への入会を決意すると、スタニスラスは腹をたてて妨害しようとした。ソフィーもおなじくらい甥に腹をたて、妹の人生に口出しをするなと諫めている。

あなたが妹たちにこの世でどんな恵まれた生活を差しだせるというのです？　彼女たちが世間でどんな危険にさらされるともかぎらないというのに。むろん、修道生活への召命が強制されてはなりません。それを危惧するのなら、わたしたちに相談すればよいのです。ですが、ほんとうに妹たちを愛しているのなら、彼女たちが示している美徳や高貴な思いを実践することを励ますべきではないのですか？　あの子たちは、すくなくともあなたの二の舞をふんでいません。与えられた教育を活用しているのですから。……それにしても、あなたの手紙ときたら……ひどく下手で、綴り方はまちがいだらけ、文体はいやになるほど平板で散漫です。あれではとても学校教育をうけたとは思われないでしょう！　ああ、嘆かわしい！　魂のなかに繊細な感性をもちあわせていないひとに、いくら教養を与えても、石ころだらけの土地に種を播くようなものです。生えてくるのは根のない数本の雑草だけで、それもすぐに枯れるか、嵐がくればたちまちなぎ倒されてしまう！……あなたの便りを待っています。

スタニスラスも叔母に怒りをぶちまけた。ソフィーはそれをおもしろがっている。

まったく……わたしの手紙にたいするあなたの憤激ぶりの描写を、しばし楽しませてもらいました。まるで預言者の語る嵐のようでしたから。怒れ、だが、罪をおかすなかれ（イラチミ・エト・ノリテ・ペッカーレ）。あの描写がほんとうなら、あなたの性格がほんとうに怒りっぽいという証明になります。

スタニスラスがボルドーを去るときがくると、ソフィーはアミアンのイエズス会で仕事がないか、グルノーブルで法律を勉強する可能性がないかを検討した。しかし実現しなかった。ソフィーが指摘するように、法律家になるにはもっと勉強が必要だったし、彼にはその能力がなかったからだ。筆跡があまりにも乱雑なので、個人秘書の仕事につくこともかなわなかった。ソフィーはアミアンで時間を有効に使うように勧めている。結局、スタニスラスはパリの財務省で職を得た。

ソフィーは姪たちにも勤勉に働くように勧め、彼女たちの健康と勉強の詳細を見守っている。それぞれに宛てた手紙には、ほかの兄弟姉妹の状況と、耳にしたかぎりの実家からの知らせを伝えている。姪たちが初聖体と堅信をうけるのを見とどけ、幼いエリーザのいたずらに心を痛め、早熟な魅力に関心をよせた。アミアンで姪のソフィーが賞をさずけられると喜び、もう少し怠惰でなければ、もっと勉強ができるのにともらした。無料で学べるかぎりピアノをつづけるようにジュリーを励ましている。ジュリーには刺繍の手ほどきも受けさせたいと思っていたが、ルイ・バラがわざわざ姪に刺繍糸を買い与えたときには、兄もずいぶんと変わったものだとひそかにほほえんだ。ジュリーは毎年、両親に刺繍をあしらった手芸品を贈り、ソフィーもそれを喜んだ。だが、ジュリーの籠編みや素描は、生計をたてるのにさほど役立たないため、あまり感心しなかった。それでも、ジュリーが聖心会に入会したいと宣言すると、ソフィーはダンスを習ってはどうかと提案した。つぎのような理由だった。

修練女たちに姿勢を正すように注意するのにうんざりしています。姿勢の悪いひとたちを養成するのは、絶望的です。

ソフィー・デュソッソワは、数年、アミアンの学校に在籍していた。叔母ソフィーは彼女のアクセントのひどさに落胆し、転校させようと考えた。転校先としてはじめはグルノーブル、つぎにパリを検討した。そこで幼いソフィーはパリのポスト通りにやってきた。
ところがパリの学校は、小さなソフィーの問題を解決しなかった。叔母ソフィーはテレーズ・マイユシューにつぎのように書きおくった。

あの子［ソフィー］は教育のしあげをするのに大きな助けを必要としています。ところがアミアンでは、生徒たちの暮らしぶりがあまりにも庶民的なので、それができなかったのです。言葉づかいも立ち居ふるまいも、すっかりピカルディ風になってしまいました。パリにはあの子の居場所がありません。それに、パリの学校に入学するとなると、極端から極端へ、ということになります。ここパリの生徒たちといっしょにすごさせるのは避けたいのです。生徒たちはほぼ例外なく貴族の出身ですから。姪は分不相応に舞いあがるか萎縮してしまうかのどちらかです。もし、それが見抜けるだけの知性をそなえていれば、ですが！

ソフィーは各修道院が姪たちにほどこす配慮に感謝していた。もっとも会員の多くは自分の姪たちを聖心会の学校に送っており、ソフィーは会員の姪たちにも細やかに目をかけていた。ソフィーは姪たちが聖心会に入会し、自分がひきつづき世話をしてやれるのを望んだ。叔母が手紙や贈物を送ってくれたり、自分たちがいる学校の修道院を訪問する際に面会に来てくれたりするのを、姪たちはみな楽しみにしていた。また、ソフィーは姪たちがいる学校の教師たちに手紙をしたため、勉強の進み具合をたずねたり、直すべき性格の特徴に注意をうながしたりした。姪たちの世話を焼いていたこの時期、ソフィーは同時に、一八一五年の会憲の実施、あらたな修道院の創設、既存の修道院の維持に加えて、聖心会への権力維持を賭してサン＝テステヴの最後の企みに対処していた。姪たちの将来を心配していたが、ときには全員にうんざりもした。カトリーヌ・ドゥ・シャルボネルの姪のひとりがポワティエで亡くなったとき、ソフィーは皮肉っぽくテレーズ・マイユシューに書きおくった。

もし自分の姪たちを亡くしていたら、わたしはあんなに嘆かなかったでしょう。ああ！　わたしたちのもとから奪われていくひとたちの代わりに、喜んであの子たちを差しだすのですが。そうすれば、すくなくともあの子たちの運命について は安んじていられます。この世にとどまるひとびと〔姪たちのこと〕には、いったいどんな未来が待ちうけているのでしょう。

ソフィーとルイ・バラは、姪たちや甥たちへの関心と責任を共有し、手紙や、ルイがパリを訪れた折には面会をとおして連絡をとりあった。ルイは姪たち、とくにテレーズとジュリーを気にいっていた。スタニスラスがボルドーで学ぶあいだ、ソフィーは伯父ルイの模範に倣うようにと助言している。また、ボルドー、ポワティエ、および聖心会とのかかわりも保った。生徒や会員のために黙想会をおこなったり、ルの修道院を訪れることで、ルイ・バラは聖心会とのかかわりも保った。生徒や会員のために黙想会をおこなったり、会員に礼拝にかんする手紙を送ったりした。彼の説教や文章は黙示文学やその言語に深く影響されていた。フランス革命後、国内にイエズス会が復権をはたした重要な時期に、パリでピエール・ドゥ・クロリヴィエールが頻繁に言及していたものである。ルイは宗教的な詩や歌も書き、それらは各修道院に回覧され、礼拝に使用された。何年もかけて、これらの詩や歌は数冊の本に編集された。讃美歌や歌のほか、それらの献呈先も明記されている。献呈先は、ソフィー自身、フィリピーヌ、および初期の会員たちのような個人の場合も、とくにグルノーブルやボルドーのような修道院の場合もあった。ルイ・バラはまたフィリピーヌ・デュシェーヌと文通し、彼女の困難な宣教活動の初期を支えた。彼自身も宣教を熱望していたのである。

一八二〇年ごろ、聖心会のふたつの状況が緊急の対応を必要としていることを、ソフィーは確認した。ひとつはパリの修練院、修道院、および学校の充分な場所の確保である。もうひとつは、聖心会の第二回総会の開催時期である。ふたつとも、聖心会の活力の証だった。聖心会はフランス内外で発展し、入会を希望する女性の人数は増大し、彼女たちを収容する場所が必要だった。一八一九年一月、ソフィーはパリにもどり、このふたつの問題にとりくみはじめる。ポスト通りの建物が、修道院と学校を収容するには手狭であることは、以前からわかっていた。建物は一八一六年にとりあえずパリの仮住まいとして購入されたものだった。ソフィーはより大きく適当な建物をみつけられず、一八一八年、ダルバレート通りの隣家を借りるための交渉に当たった。この建物はポスト通りの建物と共有の庭があり、庭をとおると二軒のあいだを行き来できた。二軒目の建物に修練女たちが引越したので、改善策にはなったものの、基本的な問題解決にならなかった。学校も修練院も急速に人数が増えていたからである。臨時措置にしかならず、二軒の建物のあいだを往来し、すっかり雨に濡れ、泥だらけになるのがいやになった、とソフィーもテレーズ・マイユシューにこぼしている。近くの工場労働者たちが修道院の庭をとおって仕事に行くので、プライヴァシーが頻繁に邪魔された、とアレクサンドリヌ・リアンクールは回想録にほのめかしている。基本的な解決法は、学校と修練院を充分に収容し、しかもさらなる拡大の余地を残した建物の確保だった。

第七章　パリ、ヴァレンヌ通り
一八二〇—二五年

前章で述べられた理由から、一八二〇年、ソフィーは首都における聖心会の存在を固めるために、パリでより大きな物件の選択にとりかかる。ソフィーがあらたな会員の養成を監督できる会の本部かつ母院としてのみならず、首都での大規模な寄宿学校をも内包しうるだけの広さが望ましかったからである。同年、ソフィーは会則に定められた聖心会の第二回総会の準備にもとりかかる。検討すべき緊急課題を考慮し、開催時期を一年くりあげることにする。総会招集の正式書簡のなかで、ソフィーは一八一五年の第一回総会が聖心会の基盤を築き、会の目的を表わす会則と会憲を批准したことを指摘した。しかしとくに教育その他の根本的な課題を検討する時間がなかったため、ソフィーは次回の総会でこれらをとりあげたいと望んだ。

> 神の恩寵により、聖心会の修道院数が多くなったため、初期に定められた規則が各修道院の裁量で増やされたり減らされたりしてきました。これは生徒にとっての最善を考慮して、必要と思われるようになされたのです。結果として、それを意識することなく、各修道院はいくつかの点でそれぞれ異なっています。わたしたちのもっともたいせつな目的は、聖心会中に実践の統一をもたらすことです。そのため、これ以上、拡大する前に、すでに存在している修道院の一致を固めることが、緊急課題であると考えます。霊的にも世俗的にも、これらの修道院の善に貢献することとすべてを定めることによって。

聖心会が急速に発展していたため、この課題はさらに緊急を要した。フランス内外のすべての学校に共通の教育方針を、第二回総会が明示すべきだ、とソフィーは考えた。とくに望まれるのが、一八一〇年の学習指導要領の改訂だった。第二回総会のもうひとつの機能は、聖心会の生活の再考であり、これを視野に過去五年間の評価を事前に準備するように、ソフィーは総会出席者に依頼した。より具体的には、各修道院の会員たちの記録、とくにそれぞれの才能や能力、フランスのほかの地方およびサヴォワやルイジアナへの移動の可能性についての示唆を求めた。また、各学校の報告を、とくに学業水準と学生数を中心にまとめるように求めた。最後に、各修道院の収支報告と建物の状況についての報告も求めた。全体として、第二回総会は、急速に拡大する聖心会の全体像を把握する機会になるはずだった。

このころ、聖心会の修道院は一〇に達していた。これらの修道院を統治しているのは、ソフィー・バラと、一八一五年に選出された六人の総長顧問、すなわちジョゼフィーヌ・ビジュー（シャンベリー）、カトリーヌ・ドゥ・シャルボネル（ヴィルルバンヌ）、アンリエット・グロジエ（ポワティエ）、シュザンヌ・ジョフロワ（ニオール）、ジュヌヴィエーヴ・デゼー（パリ）、そしてユージェニー・ドゥ・グラモン（パリ）だった。この会員たちが統治体制の中枢だったが、すべての修道院が代表されているわけではなかった。ジョゼフ・ヴァランの助言をうけ、ソフィーはこの六人の総長顧問だけにとどまらず、総長顧問に代表されていない修道院の院長も総会に招集した。マリー・エリザベト・プレヴォ（アミアン）、フェリシテ・デマルケ（ボーヴェ）、ガブリエル・ドゥ・グラモン・ダステル（カンペール）、フェリシテ・ドゥ・ラランヌ（ボルドー）、およびテレーズ・マイユシュー（グルノーブル）である。聖心会で進行中の課題への参加の象徴としてフィリピーヌにも正式な招集状が送られたが、むろんルイジアナから彼女が出席するのは不可能だった。いかなる水準に照らしても、ソフィー・バラの同僚はみな驚くべき女性たちであり、彼女とともに前進する覚悟ができていた。ソフィーは各人と温かい関係を築いていた。何人かとは個人的により共鳴でき、そうでなくとも、どの人物からも当面の仕事のために最善を引きだすすべを知っていた。もっとも深い部分で、彼女たちは共通のヴィジョンを分かちあい、修道生活のなかで神なるものを求め、他者に仕えるという意志をもちあわせていた。

一八二〇年八月一五日の正式な総会開会に向けて、一八二〇年七月末から、総会出席者たちはパリに集まりはじめた。ポスト通りの修道院に彼女たちが到着した瞬間から、より広い建物を緊急に探す必要性が確認されたため、それが最初から議題になった。ダルバレート通りの借家もあるものの、修道院、修練院、学校を収容する場所が足りなかった。聖心会に入会したいと望む女性の人数も、学校の生徒数も増える一方だった。第二回総会の最初の会議のおもな議論は、すぐにでも現実的に対処せねばならないこの案件についやされた。パリのほかの宿舎が必要であるという共通認識はすぐに得られたものの、問題はいかにして、また、どこに適当な物件を探すことができるかだった。長い議論の末、フォーブール・サン＝ジェルマンにあるヴァレンヌ通りのオテル・ビロン〔現ロダン美術館〕と呼ばれる物件への入札が総会決定された。

すでに一八一七年の時点で、ソフィーはオテル・ビロンを候補として検討し、すぐにでも購入したいと望んでいた。宿舎としても、広い庭があるという点でも理想的に思えたのである。また、ポスト通りにくらべて、ずっと衛生的な環境だった。しかし、当時の売値七〇万フランはソフィーの予算をはるかに超えていたため、ほかを探しつづけたのである。大きすぎるか高すぎるかでほかの買い手たちにも敬遠され、物件はそのまま市場に残っていた。三年後、ソフィー・バラが購入を検討していることが持ち主のドゥ・ベチューヌ＝シャロ公爵夫人の耳に入ると、公爵夫人は聖心会がそこでおこなう教育の仕事をかんがみて、売値を引きさげた。公爵夫人の配慮のおかげで、総会がオテル・ビロンに入札することが可能になる。それでも、一回の取引でついやすには莫大な金額だった。

一七二八年から一七三一年のあいだに建設されたオテル・ビロンは、もともとラングドック地方出身の裕福な資本家で法律家アブラハム・ペイラン・ドゥ・モラスの所有物だった。彼はパリでもっともりっぱな家を建てたいと思い、建築家ジャン・オーベールに図面を依頼した。館と庭園のデザインは、所有者の富を反映していた。贅沢で豪華で意匠を凝らした建築様式だった。一七三六年、ドゥ・メーヌ公爵夫人が館を購入し、ペイランが室内にほどこした意匠にいくつかの改造や増築を加えた。また、館の敷地により小さな館プティ・オテルを建築し、これが一七三八年に完成した。一七五三年、公爵夫人が亡くなると、館はビロン公爵アントワヌ・ドゥ・ゴントーの所有となるが、一七八八年に公爵が亡くなると、以来、彼の名が館に冠されるようになる。公爵は室内装飾にほとんど手をつけず、庭園を開発し、秩序だった美しさの評判を確立するのに情熱をかたむけた。一七九四年、ビロン公爵夫人がギロチンで処刑されると、物件は彼女の甥ドゥ・ベチューヌ＝シャロ公爵の手にわたったが、公爵は館に住まなかった。一七九七年、公爵は館を実業家や芸術家の小集団に貸しだし、数年間、その集団がオテル・ビロンで公共の舞踏会や祝宴を開催した。ドゥ・ベチューヌ＝シャロ公爵の死後、公爵夫人が物件を管理し、一八〇六年から一八〇八年にかけて教皇大使カパラ枢機卿に、その後は一八一一年までロシア大使館に貸していた。一八二〇年に聖心会が購入するまでの九年間、オテル・ビロンは空き家だった。

ヴァレンヌ通りのオテル・ビロンの立地は、聖心会の公的なイメージの形成に多大な影響をおよぼした。館はセーヌ川の左岸、フォーブール・サン＝ジェルマンの中心に建っていた。パリのこの地区は五つの長い通りから成りたっていた。ブルボン通り、ルニヴェルシテ通り、グルネル通り、ヴァレンヌ通り、そしてサン゠ドミニク通りである。フランス革命後、一八一五年のブルボン王朝復権に先がけて、そこに旧体制（アンシャン・レジーム）の貴族たちがもどり、一七八九年に一旦はとだえたものを精神的に復活させ、テュイルリー宮殿のナポレオンの宮廷の向こうをはる「対抗宮廷」をかたちづくった。その後、待望久しかったブルボン王家がテュイルリー宮殿にもどってくると、国王の宮殿とフォーブール・サン゠ジェルマンをへだてるのは、セーヌ川にわたされた橋だけだった。年間をつうじて、貴族たちはよく練られた周期に従って、宮廷、フォーブール・サン゠ジェルマン、ヴェルサイユ宮殿、および田舎の邸のあいだを行き来した。多大な権力と任命権（パトロネジ）がパリ市のいくつかの通りに集中していたのである。セーヌ川の向こう側、テュイルリー宮殿の脇のフォーブール・サントノレには、政治的により自由主義的な貴族や富裕な中産階級が住んでいた。フランス革命とナポレオン帝国がもたらした価値観の混合である。一八一五年直後の数年間は、セーヌ川の両岸のふたつの大通り（フォーブール）のあいだをひとびとが気軽に交流し、宮廷が彼らの一致の中心になっていた。ブルボン王朝復権後、フォーブール・サン゠ジェルマンは邸宅や庭園の美しさのみならず、パリの貴族の生活の中心として知られていた。ブルボン王家支持、古い価値観と伝統の保存、および貴族的な排他主義の砦だった。過去をふりかえると、一七八九年に勃発した変化の波に抗う、沈滞した地区でもあった。パリのそのような環境に根をおろすことは賭けだった。そのため、ソフィーと総会の出席者たちは司教、イエズス会士、および教区司祭たちに助言を求めた。全員、オテル・ビロンの購入を勧め、記録を見るかぎり、反対や躊躇の声はなかった。それどころか、とくに司教たちがオテル・ビロンの購入を歓迎した。この一歩は、長い迫害の時期をへたのちの、フランスにおけるカトリック教会の復活を示すひとつの兆候だった。実際、フランスのカトリック教会再興の道筋がついたのは、聖心会のような女子修道会の努力によるところが大きい。それこそが一九世紀フランスのカトリシズムの一大特徴といえよう。

　ひとたびオテル・ビロン購入が決定されると、ソフィーのつぎなる仕事はなんとか資金を作り、物件を競り落とすことだった。ソフィー・バラはこれを短期間でなしとげ、一八二〇年九月五日には、オテル・ビロンの館と庭園を三六万五千フランで購入した。ソフィーは国王に直訴し、また借金をしてこの金額を捻出した。ソフィーの直訴への国王の最初の反応は、宮廷とフォーブール・サン゠ジェルマンで機能していた政治力の一端を伝える。修練女のひとりでドゥ・マルブフ伯爵の寡婦ドゥ・マルブフ伯爵夫人を介して、ソフィーが国王ルイ一八世に直訴したときには、伯爵夫人とナポレオンとの縁が深かったため、直訴はうまくいかなかった。ところが、ユージェニー・ドゥ・グラモンの父の兄弟ドゥ・グラモン公爵が直訴役を引きうけると、国王から即刻、五万フランの寄付と、翌年もさらに五万フランを寄付するという約束をとりつけた。国王の寄付金は、学校に年間五人の学費を免除される生徒を推薦する権利を条件としていた。残りの金額は借金でまかなわれた。モンモランシー侯爵とアミアンのふたりの実業家ローランとモランが、総額二六万五千フランを低利子で貸してくれたのだ。ソフィーは一八二四年までに借金を清算することに同意した。巨額の取引だったが、ソフィーはこの大規模物件の購入をやすやすと、職業人らしく遂行した。彼女にとって、それは実際的な決断だった。仕事をおこない、きわめて具体的な必要をみたすために、修道会には広大な敷地が必要だったのである。ソフィーの一貫した計画は、パリに聖心会の中心地を設置し、そこを拠点に急速に成長していく修道院や学校を統治することだった。

オテル・ビロン購入の交渉が進行しているあいだ、ソフィーは第二回総会の仕事を統轄しつづけた。毎日の祈りと内省の時間に、ジョゼフ・ヴァランは聖心会の物語を想起させた。レオノール・ドゥ・トゥルネリの創立の原動力から語りはじめ、一八二〇年八月のパリにいたるまでのふしぎにみちた、困難な旅路をたどったのである。何人かの出席者が物語の全容を最初から聞いたことがなかったため、そうする必要があった。また、ほかのひとびとも各自の物語を語った。シュザンヌ・ジョフロワはフランス革命以前の、ネクトゥ神父の予言を物語った。ネクトゥ神父は、当時、まだ人形遊びをしているフランスの少女が、そのうち、自国に聖心（みこころ）に捧げられた修道会を創立するだろうと予言したのである。いまや、この予言は、ソフィーと、聖心会における彼女の役割への言及であるとうけとめられ、初期の物語や神話を記録する機が熟したと、総会で判断された。当初はイエスの愛子会、つぎにキリスト教教育婦人会として、そして最後に聖心会としての修道会の二〇年間の存続は、もはやかなりの歳月にまたがっていた。物語が保存され、のちの世代に伝えられるように、何人かの総会出席者の会員に各修道院の歴史の執筆が委託された。

総会の出席者は、確固とした理念や視点をもつ並みはずれた女性たちだった。当然ながら、会議中、出席者のあいだで意見のくいちがいもあった。一八一五年の第一回総会以来、サン＝テステヴは執拗に聖心会に横槍を入れつづけ、ローマのサン゠ドゥニの修道会との合併を強行しようとしていた。加えて、聖心会はいまだ揺籃期にあり、明文化されていないことも多かった。第二回総会中に出席者のあいだに生じた緊張関係への言及は、議事録から削除されているが、何通かの手紙でほかの会員にもれ伝えられた。グルノーブルのマリー・バラストロンもこれを耳にし、吹聴してまわった。総会終了後、バラストロンに送られたソフィーの手紙には、噂話への憤りが記されている。

さっそくあなたを安心させたいのですが、……総会についての無分別な記述のことです。……総会中、すべてにおいて全員が一致しました。物事を明確にするのに必要な短い議論も、修道会の善のためにもっとも満足すべき結果をもたらしました。あなたのように、逆のことを耳にして不安がっているひとびとにこれを伝えてください。修道会の善のために、誤った印象を与えないことが肝心なのです。

当時、ソフィーがぜひとも避けたかったのは、噂が広まり、各修道院間に不穏な空気が漂うことだった。第二回総会は基本的な一致を達成した。懸案事項は一致のための本質と焦点にかかわっていたからだ。修道会の主たる仕事である教育の問題が検討された。ソフィーが承知していたとおり、教師の育成とカリキュラムの内容に、これまでより注意が払われねばならなかった。一八〇四年から一八一五年のあいだに記された重要な書類が、一八二〇年に点検と査定をうけた。一八〇五年に出版された表彰式用の小冊子には、初期のアミアンで生徒がうけた教育内容の概要が記されている。野心的で総括的なプログラムだった。やがて教師たちは、実際に生徒になにを教えられるかを発見していく。初期のアミアンでは、一八〇三年から一八〇五年にかけて、ニコラ・ロリケが骨惜しみしない協力者だった。アミアンで信仰の霊父会が運営する男子学校の校長だったロリケは、アミアンの会員たちが授業の準備をし、学校で使用する教科書を作成する手助けをし、男子学校用に作成した学習指導要領を会員たちが自由に参照できるように計らった。この学習指導要領が、修道会の一八〇四年の学習指導要領に多大な影響をおよぼした。

授業時間割、授業の数や順序、授業内容と教授法が学習指導要領の中身だった。四年間の学習課程と、年長の生徒のための一、二年間のさらなる学習の可能性を網羅していた。基本的な学習科目は、読み方と文法と綴り方、算数、歴史、地理、および文学だった。一八〇六年にはべつの学習指導要領が作成され、一八〇四年のものと内容は似ているが、カリキュラムが拡大された。あらたな学習科目には、宗教、ラテン語、外国語、情操教育（音楽、ダンス、素描）、神話学、家政学、および手芸がふくまれていた。一八一〇年にさらにべつの学習指導要領が作成され、一八〇六年の学習指導要領に微細な修正がほどこされた。ソフィー・バラが総会に学習指導要領の改訂と、教育の質の向上の可能性を検討するように求めた一八二〇年まで、この学習指導要領が施行されることになる。

ソフィーはこのころにはイエズス会に入会していたニコラ・ロリケを総会に招き、学習指導要領の改訂への助言をあおいだ。当時、一八〇五年から一八〇七年のあいだに作成されたロリケの学習指導要領も、彼の二巻本の『フランス史』とおなじく、フランスのイエズス会の学校に採用されていた。総会は、三日間をかけて一八一〇年の学習指導要領を検討し、いくつかの小さな変更を加えたものの、全体としては当時の学校の要求に適切であるという結論に達した。むしろ問題なのは、充分に訓練された教師の不足と、生徒間の能力差だった。生涯をとおしてソフィー・バラは、このふたつの課題に何度もとりくむことになる。すでに一八一八年二月、テレーズ・マイユシューに手紙をしたため、修道会の教師の質の確保と、充分な訓練を与える環境の確保がむずかしいと打ちあけている。

わたしたちには有能な教師が不足しています。一番むずかしいのが、より大きな居住空間の確保です。新入りの修練女に場所を空けるために、前からいる修練女をよそにやらねばなりません。教師の才能があって〔修道会への入会を〕希望するひとは、なんと少ないことでしょう！

修練期間は二年間で、通常はそれ以前に六か月間の志願期間があった。修道生活への奉献と、多くの場合、会員として就くことになる教育の仕事のための訓練をほどこすには短すぎる期間である。パリでは入会以前に正規の教育をうけていた女性が少なかったうえに、居住空間が不足していたり、各修道院から人員増の要請をうけたりしたせいで、修練期間を短縮せねばならなかった。この状況をふまえ、ソフィーは教師のさらなる訓練をすべての修道院の院長や校長にまかせた。ユージェニー・ドゥ・グラモンには、生徒だけでなく若い教師たちの訓練も課した。ソフィーはユージェニーにこうしたためている。

寄宿学校のことでたっぷり手間がかかりそうですね。神がお助けくださいます。まもなくあなたのマザー〔ソフィー・バラ〕も手を貸します。節度と勇気をもって行動しなさい。近ごろはどこでも、子どもたちの教育に骨が折れます。教師たちに時間を割くことが肝心です。教師たちがあなたに相談し、近況を報告し、必要とする指導をうけることができるように。そうすれば全員が一致して行動し、たがいを理解できるでしょう。みな、心意気はよいのですが、ほとんどが経験不足なので、訓練がいるのです。

一か月後、ソフィーはユージェニーに満足の意を表している。

あなたが必要とされる断固たる態度を示し、それが最良の結果をもたらしたとマザー・ドゥ・シャルボネルから報告をうけました。この改善を維持するために、あなたは規律正しさを強調し、教師に権威を与え、学校で彼女たちの権威を後押しせねばなりません。また、一致して行動できるように、定期的に教師たちと会合をもちなさい。つねに用心を怠らず、生徒を矯正するように励ましなさい。ですが、そうするときも、生徒を傷つけずに、理性の言葉でやさしく語りかけるようにと、教師たちをうながすのです。

ソフィーはテレーズ・マイユシューにつぎのように求めた。学校関連の議題にかかわる毎週の修道院の講話を利用して、若い教師たちを養成すればよい。ただし、慎重に準備して、講話を適切にとりしきるように。一八一九年にヴィルルバンヌの新しい修道院が創設されたとき、ソフィーは生徒数が少ないのを喜んだ。その分、核となる教師たちを訓練する時間を稼げるからである。

各校は設置された地域によって、それぞれ異なる要求や問題をかかえていた。ソフィーは各校の問題に悩まされることが多かった。ニオールの気がかりは、強い指導力が欠けていたことである。

ニオールの小さな修道院〔の孤児院〕の仕事は、わたしの悲しみのもとです。指導力の不足ゆえにうまくいっていません。重要な修道院ですから、わたしたちのほうで犠牲を払って支える価値があります。……あのような修道院を苦しみのうちに、あるいは滅びのままに放っておけば、神に償いをせねばならないではありませんか。あの修道院のほうが、わたしたちが多くの努力を払い支えるものよりも有用だからです。なぜなら、結局のところ、ほかの〔寄宿〕学校の子どもたちには手段があります。みずからの富ゆえによい教育をうけることができるでしょう。ですが孤児たちの場合は、すべてを失うことになります。実際、わたしたちは貧しいひとびとともっとかかわるべきです。

パリの学校は、まったくべつの問題をかかえていた。学校では基本的に質素を旨とすることを、ソフィーはユージェニー・ドゥ・グラモンに求めた。若いころ、サン＝テステヴの影響下ですごしたユージェニーにとって、それはつねに難題だった。

年間をとおして、祝日に生徒たちによる芝居の上演を許可してはいけません。これは大事なことです。学校の日課を妨げ、生徒を興奮させ、勉学から遠ざけるからです。なんでもないことでたやすく注意をそらしてしまう子どもたちですから、質素を旨として指導するべきです。身振り芝居（シャレード）をやりたいというのなら、ごくまれに、衣装なしでさせればいいでしょう。衣装を着るとなるとすべてが混乱し、手のつけられない無秩序におちいります。そこで、わたしの提案をあなたに差しだすというわけです。あらゆる手段を講じて、なにがあの子たちの最良の助けになるかを探しだしなさい。それにしても、なんという子どもたちでしょう！　まったく、時代の子たちです！

ボーヴェの学校には、またべつの問題があった。一八一八年四月の訪問の折、寄宿学校には八〇人以上の寄宿生が、無料の学校には四〇〇人の貧しい子どもたちがおり、生計を立てるための手仕事を習っている子どももいるのを目にして、ソフィーは大喜びした。加えて、毎日曜日、四〇〇人から五〇〇人の女性が、修道院の何人かの教師がおこなう授業に出席していた。この学校では、一八一七年、県（オワーズ）の長官がランカスター教授法〔イギリス人のアンドリュー・ベルとジョゼフ・ランカスターが開発し、「助教」と呼ばれる優秀な生徒に教師の代わりをつとめさせ、小さなグループの生徒たちを教えさせる初等教育法で、フランスには一八一五年ごろに導入された〕を採用するようにソフィーに求めた。週日の大勢の貧しい子どもたちや、日曜日のおとなたちをあつかうのに、とくに役立つ方法だと示唆して。ところが当時、この教授法は政治問題化し、学校をめぐる権力抗争がもたらす緊張の源になっていた。カトリック教会は、この教授法がイギリスのプロテスタントによって考案されたため、異端だとして糾弾した。もっとも実際には、教会と政府の綱引きの試金石だった。ソフィーはパリの聖職者の見解を承知していたので、ランカスター教授法の価値は認めるものの、教会権力に刃向かうことになるため、ボーヴェの学校に導入できないと説明し、長官の勧めを丁重に断った。テレーズ・マイユシューにも、グルノーブルでは推奨されているこの教授法を避けるように警告した。

あなたが言及した新しい音楽教育の方法、すなわちランカスター教授法のことです。利点もあるでしょうが、採用しては

> なりません。聖心会がこの教授法を採用すれば、深刻な問題になります。実際、すでに問題が起きているようです。……この問題に充分に留意してください。わたしはどこでもランカスター教授法を禁じてきました。ここでは、……数人の生徒が同時に学ぶ教授法を使用しています。ランカスター教授法からなんの示唆も得ていない方法ですが、それでも生徒たちは実際に進歩を示しています。

サヴォワとルイジアナでは、通学生の入学を許可すべきか否かの問題がもちあがった。通常、学校の寄宿生のみが学費を支払っていたが、学費のなかにふくまれるのは、食費、光熱費、および実費であり、授業料はふくまれていなかった。学校の維持を念頭に、ソフィーは各学校の学費を見守り、必要な場合は値上げするように勧めている。この状況において、通学生の受け入れは問題になった。通学生に学費を支払う能力があっても、彼らから学費をうけとるべきかについて、ソフィーは確信がもてずにいた。フィリピーヌは通学生から学費をうけとらなければ、学校の収入はまったくなくなる、とソフィーに訴えた。シャンベリーでもおなじ問題が起きていた。ソフィーは両者に、通学生をうけいれ、学費を課してもよいが、通学生は寄宿生とべつに教育されねばならないと答えた。ソフィーは教育が万人の権利であると考えた点で、わけへだてをしない包括的な教育観の持ち主だった。ただし、同世代の多くのひとびとと同様、異なる社会階層の子どもたちがいっしょに教育をうける可能性は考えなかった。パリの学校についての記述には、ソフィーの見解がかいまみえる。

> パリの生徒たちには、とりわけ心配させられます。自己中心的で、自分の気にいることにしか目を向けません。先日、あの子たちを恥じいらせました。貴族の子どもたちだけしかいないせいで、わたしたちの苦労が絶えないので、今後は、中産階級の子ども〔の受け入れ〕に転じるほうがずっとましだと言って。……すると、ある子どもはこの脅しに激しく反論しました。

今日の水準に照らすと、一九世紀フランスの女性にとって教育の効用は限定的だった。当時の女子教育は、結婚し、母親になり、よき家政をおこない、手紙を書き、女主人として家庭や公の場で上品な会話をするための準備とみなされていた。ソフィー・バラは、生徒たちが基本的な教育をうけることで、家族や社会一般の期待に応える能力を身につけられると考えた。ソフィーが考える社会における女性の役割とは、妻として、母として、さらに聖心会やそのほかの修道会の会員として、あるいは社会で善行に身を捧げる独身女性としてのものだった。これらの役割は私的にも公的にもはたせるが、生徒たちが使命をまっとうするために、学校教育がその準備をほどこさねばならない。女性はその使命に応じて、家庭、教会、および社会の生活を活性化する義務を担っている。そのため、女性の人生における使命をみたす一助となるべく、聖心会のさずける教育が堅実かつ徹底的であること、これをソフィー・バラは望んだ。

一八二〇年の第二回総会は、聖心会の霊的生活も見直した。一八一五年の会憲や会則に大きな変更は加えられなかったものの、会員の活動を制限するいくつかの勧告が批准された。もっとも重要なのは、仕事目的の移動や可動性にかかわる勧告だった。総会は会員が旅行や業務のために修道院を離れうる状況を、以前よりも厳密に定義した。たとえば会員がかつてのように自由に温泉地に行き、鉱水を飲むといった湯治療法をうけることはできなくなった。さらに、より重要なことに、以前は修道院の建物と敷地を離れて会員が貧しいひとびとの世話をおこなっていたが、今後、聖心会の仕事はすべて修道院内でおこなわれることになった。そのため、総会の指示により、学校と修道院の両方を収容し、農作業やレクリエーションのための広大な庭園がある物件だけが、将来的に修道会にうけいれられることになった。会員や生徒専用の修道院や庭園の部分に入ることができる訪問者の数や、訪問者が入る機会も定義された。もっとも、庭園への出入りはさほど厳しくは制限されなかった。最後に、ジョゼフ・ヴァランが会憲要約と会則を発表した。一八一五年に要請され、一八二〇年に急いでしあげた仕事である。総会決定をうけて、この概要が、毎月、すべての修道院で、ロヨラの聖イグナチオの従順の徳にかんする手紙とともに、読みあげられることになった。もうひとつの仕事は、「セレモニアル」と呼ばれる宗教儀礼のテクストの作成だった。これは、聖心会への入会、および終生誓願の手順の概要である。ソフィーと総会は、あきらかに教皇からの正式の認可を求める目的で、書類を作成していた。とくにサン＝テステヴとの抗争をくり広げたのちのソフィー・バラにとって、教皇の認可は修道会に不可欠なものと思われた。教皇の認可はソフィー自身の権威を批准し、フランスにおける聖心会の独立性をある程度まで保証し、世界のほかの地域への進出を容易にするはずだ。同時に、認可があれば、サン＝テステヴと彼の一派が、修道会を混乱させ分裂させる可能性を、完全に封じられぬまでも減じることはできる。それをソフィーは期待した。

一八二〇年一〇月一三日、第二回総会は役職者の選出をもって仕事を終えた。カトリーヌ・ドゥ・シャルボネル、ジョゼフィーヌ・ビジュー、アンリエット・グロジエがソフィー・バラの総長補佐に、フェリシテ・デマルケ、シュザンヌ・ジョフロワ、リディ・ショブレ、ジュヌヴィエーヴ・デゼー、ユージェニー・ドゥ・グラモン、マリー・プレヴォが、この順番でソフィー・バラの総長顧問に選出された。カトリーヌ・ドゥ・シャルボネルが総会計、アンリエット・グロジエがソフィー・バラの進言者（アドモナトリクス）、アンリエット・デュシスがフィリピーヌ・デュシェーヌの後任として修道会の総秘書に、それぞれ選出された。選挙人のあいだでユージェニー・ドゥ・グラモンの人気はなかったが、五番目の総長顧問に選ばれるだけの支持者がいることは明白になった。彼女の才能や技術がヴァレンヌ通りの修道院で効果的に用いられていることに、疑問の余地はない。また、パリと、ひいてはフランスにおける修道会の公の評判に、多大な貢献をしていた。しかし、冷淡でよそよそしい女性とみなされ、修道会内部で友人が少なかった。ソフィーとの友情は、ある会員たちにとっての不安材料だった。これが原因で生まれた緊張関係が、前述のとおり、グルノーブルのマリー・バラストロンの耳に入ったのだが、このことをソフィーは認めたがらなかった。あるいはたんに気づかなかったのかもしれない。

一八二〇年の第二回総会は、ソフィーにとって指導力を固める経験になった。総会は聖心会の全体的なヴィジョンと目的を確認した。さまざまな会員が役割や役職に選出された。もっとも、ソフィー・バラが一八〇六年に終身総長に選出されたため、総長職は選挙の対象ではなかった。会則や会憲のいくつかの点が明確化され、経験に照らして修正あるいは変更された。学習指導要領が生徒の必要にかなっているとみなされ、有能な教師の必要性が強調された。また、総会は修道会の起源をふりかえり、その歴史の執筆を何人かの会員に委託した。総会が閉会すると、ソフィーはポスト通りからオテル・ビロンへの引越しを計画しはじめた。ふたたびオテル・ビロンを訪れ、どの部分が学校に、どの部分が修道院と修練院に使用されるかを決定した。オテル・ビロンの館そのものは学校にだけ使用され、会員たちはかつての従僕の住まいや厩舎に住むことになった。ポスト通りの学校の数人の生徒たちが新しい学校を見学し、オテル・ビロンの本館に住めると知って、大喜びした。建物の華麗さと派手な装飾に興味をそそられ、感激したのである。とはいえ、数週間後に生徒たちが寄宿学校で生活するために到着すると、館の内装の豪華さや装飾はかなり除かれていた。ソフィーはオテル・ビロンの外観の美しさや建築様式を変えたいとは思わなかったが、室内装飾を簡素化した。とくに官能的すぎるとみなした壁画や装飾を意図的にとりさった。後世の美術評論家は、一八世紀の美術の喪失を嘆き、彼女のこの行為を糾弾することになる。だが、ソフィーが時代の子であり、一八一〇年にパリ市が公布した指導指針に従って行動したことを忘れてはならない。市当局はパリの世俗の学校のために女性の視察官をおき、一八一三年にこの視察官たちが寄宿学校の贅沢さをとりのぞく必要性を指摘している。とりわけ、生徒の倫理観に悪影響をおよぼしかねない「猥雑な彫刻」の撤去が推奨された。王政復古後の法律も、パリの若い女性のための世俗の寄宿学校における軽薄さや俗っぽさの排除を後押しした。ソフィー・バラは、修道会運営の学校では、こうした指針の遵守は重要であると考えたにちがいない。フォーブール・サン＝ジェルマンに位置する学校ともなれば、なおさらのことである。

オテル・ビロンへの引越しの準備はすみやかに運び、一八二〇年一〇月一〇日、学校と修道院はポスト通りからヴァレンヌ通りへと引越した。一八二〇年一一月一九日、ダングレーム公爵夫人とドゥ・ベリー公爵夫人が学校を視察し、ソフィーとユージェニー・ドゥ・グラモンの正式な歓待をうけた。数日後、ドゥ・ベリー公爵夫人が幼い娘を学校に入学させ、これが彼女の承認の印であるとみなされた。当時のパリでは王侯貴族のこうした訪問が頻繁にあり、ほかの多くの学校も、とくに王政復古の初期に、同様の好意の印を与えられた。なかでも聖心会は、こうした賛同や承認の印のせいで、ブルボン王朝と、さらには反革命勢力と同一視されるようになる。

オテル・ビロン購入の知らせはルイジアナに届き、ユージェニー・オーデはルイ・バラに購入を批判する手紙を送った。パリの会員たちには想像もつかない状況のなかで、ルイジアナの新しい貧しい修道院が、生存を賭して奮闘している時期に、オテル・ビロンについやされた金額がとほうもない大金に思えたのだろう。ルイから手紙のことを聞いたソフィーは、ユージェニー・オーデに購入の決定を弁護する手紙をつづっている。

ついでながら言わねばなりませんが、あなたがバラ神父や、だれか知りませんがほかのひとにも口にしたであろう、オテル・ビロン購入についての見解は、控えめに言っても、的はずれです。ここパリでも、ほかの修道院とくらべて、ゆたかな暮らしをしているわけではありません。わたしたちの住む厩舎の部分といえば、豪勢さとは無縁です。ここで清貧を実践したいと望みます。わたしたちのだれもが、もっとも貧しい修道院にたいして以上に、この修道院に愛着をもっているとは思えません。住まいが必要で、ほかでは見つかりませんでした。そのため総会がこの物件の購入を決定したまでです。たしかに……わたしに選択権があるのなら、ここの住まいよりも、あなたの質素な住まいを、ためらいなく選んだでしょう。

一八二〇年八月、物件購入の総会決定が下されると、議事録の口調があきらかに変わる。総会出席者たちはみずからふみだした一歩の重要性に気づいたのだろう。聖心会の公的なイメージを構築したのである。オテル・ビロンにまつわるこのあらたなイメージが、みずからの評判におよぼしうる危険に気づき、修道生活における質素と清貧の励行を推奨している。ジョゼフ・ヴァランが書き終えた会憲の概要では、修道会における質素と清貧の必要性にあらたな重点がおかれた。ユージェニー・オーデの批判は、この購入が長年にわたり修道会におよぼす影響をうかがわせる。当初は、パリに充分な居住空間を確保するというごく実際的な決断に思えたのだが。ソフィーは新しい物件購入がもたらす長期的な影響を予想すらしていなかったが、何年ものちに、一八二〇年の選択を自嘲気味に回想することになる。

パリの寄宿学校の初期におこなわれたこの「贅沢」とやらが、フランス全土のみならず世界のさまざまな地域に与えた不本意な印象は、残念ながら永遠に消しさることができないでしょう。りっぱな館がこの評判のもとになり、ある教師たちは生徒が浪費するのを止めませんでした。この不幸な評判がいまだに世界中を駆けめぐり、毎年、わたしたちから大勢の生徒を奪います。おかげでほかの学校が繁盛しています。……そういうわけで、社会の信仰篤いひとびとに、わたしたちが世俗的なものや貴族階級や身分の高さに価値をおいているのを見聞きされ、わたしたちの会話が充分にまじめで、敬虔で、万人の救済への熱意にみちていないと判断されるならば、わたしたちは批判され、厳しく糾弾されます。そして多くのひとびとの尊敬を失うのです。

オテル・ビロンの購入が総会の議題であることを事前に知ったジョゼフ・ヴァランは、総会の正式な開催に先立つ祈りの期間に、参加者に語りかけた。イエズス会の建物や学校はたいへん壮麗である。ことにローマのイエズス会の教会ほど、豪華で贅沢な教会はほかにない。イエズス会士たちは質素で厳格な生活を守ろうと苦慮しているが、困難がつきまとってきた。アントワヌ・ドゥ・ラ・ヴァレット神父が金儲けを目当てに投機し、フランスのイエズス会を破滅させ、彼らの弾圧を後押ししたのである。さらに、ヴアランは聖心会に警告した。

この修道会の精神と態度がいまでも世俗的すぎると思うひとびとに、わたし自身も会ったことがあります。ほんの六週間前のことですが、地方にある、あなたがたの複数の修道院のことを話題にして、ある人物がわたしに言いました。「聖心会に入会したいと思っていましたが、いまでも世俗的な精神がありすぎることに気づきました」。ですから、中庸の道をみつけ、進みなさい。いかに探しあてるのが困難であっても。

とはいえ、一八二〇年九月にオテル・ビロンが購入されるはるか以前に、聖心会の世俗的な評判はすでに定着していた。疑いなく、一部はアミアンの学校、そしてとくにサン゠テステヴとアンヌ・ボードゥモンの、その後はユージェニー・ドゥ・グラモンの影響のせいで築かれた評判である。パリのポスト通りの修道院ですら、こうした評判がつきまとっていた。一八一六年、ボーヴェでのある誓願式の折に、会員の大半がフランス社会の上層階級の出身である、と市当局が記録している。一八一九年四月、聖心会が孤児院を統合する可能性がもちあがったとき、ボルドー大司教への手紙のなかで、ソフィーもこれを認めている。

……マダム・ドゥ・ラランヌの施設は、ほかの、よりりっぱな施設よりも好ましく思えます。まさに清貧、謙遜、そして簡素の精神が存在するからです。わたしの意見では、この仕事が神なる主の聖心（みこころ）のおそば近くに、わたしたちを引きよせることでしょう。つつましくめだたない始まりのほうが、神の精神にかない、神の祝福をわたしたちの修道会にいただくのにふさわしいのです。……こうした仕事は、わたしたちにとってはじめてではありません。貧しいひとびとの教育に献身することは、わたしたちの会憲にかなっています。その目的のために、わたしたちの修道院には、それぞれ無料の学校があるのです。また、グルノーブルとボーヴェでは、貧しい家庭の娘たちを訓練する学級があり、生計を立てるための技能を教えています。

聖心会は、基本的に社会のふたつの階層、すなわち貴族／上層・中層階級と貧困層の若い女性の教育の形式と内容を展開したいと考えた。革新的な試みには批判がつきもので、早くも一八〇二年、イエスの愛子会がアミアンで提供する教育の形式と種類を広告したとき、女性のための包括的な教育を志そうとする野心と大胆さを、世論は揶揄した。

イタリアの新聞に載せられた記事を、さっそくフランスの各紙が転載しました。聖フランソワ・ドゥ・サールとフェヌロンの精神に触発された学識ある女性たちによって、最近、創設された修道会のことが記されていました。彼女たちは若いひとの教育に献身したいと望み、イエスの愛子会と称しました。……世論は彼女たちのことをいろいろと取り沙汰しました。あるひとびとは、彼女たちが学識ある女性と自称し、まるで新世界をもたらし、召命をうけてこの世で善をなすかのように、大仰に予言するとして嘲笑します。少数ながら、神に感謝し、神の慈悲を称えるひともいます。当節の必要にかなっており、長期的には、彼らが心から願っている社会の再生を準備する手段であるとみてのことです。

フランスの小さな町のつつましい出自の女性だったにもかかわらず、ソフィー・バラはすでに人生において驚異的な業績をなしとげていた。とはいえ、その彼女がオテル・ビロンを購入し、聖心会の中枢をフォーブール・サン＝ジェルマンに設置すると、だれが想像できただろう。彼女が下したすべての決断のなかでも、これほど疑念を呼び、両義性を帯び、しばしば彼女の仕事や理想を無にする危険を招いた決断はほかにない。当時は合理的なだけでなく勇気ある決断とさえいえたが、不安をいだくひとも多かった。

ルイ・バラもそのひとりである。ルイ・バラは、キリスト者として生きたいと願うひとにとって、フォーブール・サン＝ジェルマンはさておき、パリそのものが危険にみちていると信じて疑わなかった。ルイ・バラは黙示録の世界に、この世の終わりや反キリストや現世の王国の滅亡を予言する世界に没頭し、生涯、黙示録的な言語を使用した。甥スタニスラス・デュソッソワが職探しにパリを訪れると、ルイ・バラは、パリの貧しいひとびとの世話をしている愛徳姉妹会の会員シスター・ロザリーを助けるようにと勧めた。

そうすれば、おまえにとって祝福の源にして潮流となろう。三人の若者たちのごとく、炎に焼かれることなく、おまえがバビロンの炉にとどまる力となろう〔旧約聖書『ダニエル書』三章によると、信仰篤い三人のユダヤ人は偶像崇拝を拒んで、バビロン王ネブカドネザルに燃える炉のなかに投げこまれるが、神慮に守られて焼け死ななかった〕。……不信心と官能的な悦楽の攻撃をかわすには、英雄的な美徳を身に帯びねばならない。パリはヨーロッパのバビロンなのだから。

オテル・ビロンは、ソフィー・バラにとって心配と懸念の種でありつづけた。パリに聖心会の中心地を設立するという文脈では、学校の校長としてのユージェニー・ドゥ・グラモンの任命は重大な選択だった。ユージェニー・ドゥ・グラモンは一八一六年から一八四六年に亡くなるまで、パリの学校の校長職にあった。貴族的な出自と強烈な個性をもつユージェニーは、パリのみならずフランス内外における聖心会の評判と方向性を徐々に築きあげていく。彼女こそが聖心会の真の総長であるとみなされ、そのように処遇されることも多かった。実際、とりわけ一八一五年の直後の数年間におけるユージェニー・ドゥ・グラモンの貢献は、ブルボン王朝の復権と、反革命分子や亡命者たちのいだく、一七八九年当時に回帰しようという意欲にうまいぐあいにかみ合った。かくてソフィーによるユージェニー・ドゥ・グラモンの校長任命は、サン＝テステヴがアミアンで築いたものと酷似する種類と流儀の学校と修道院の再建を、ユージェニーに許すことになる。聖心会はぜひとも首都パリで成功し、生徒や修練女をひきつけ、公的なイメージを築かねばならなかった。聖心会の中枢となるべき修道院とあらたな出発に託した希みは、ソフィーにとって最優先の重みを担っていたが、パリでは彼女以外の勢力が暗躍していた。ペローが怖れたとおり、アミアンでのサン＝テステヴ一派の価値観がパリに場所を移したことを、やがてソフィーは心痛とともに思い知ることになる。そして生涯、彼らの影響と闘いつづけることになる。ユージェニー・ドゥ・グラモンが自分と聖心会におよぼす支配力を、ソフィーは認めようとしなかった。いや、実際に知らなかったのかもしれない。

　ソフィーの当初のヴィジョンと意図とは、似ても似つかない事態が生まれた。ソフィーはパリが聖心会の霊的中枢、模範、そして霊感の源になることを構想していた。聖心会への入会者はみな、源であるパリで最初の訓練をうけ、その後、どこへ行こうとも、その精神を広めていくはずだった。ソフィーの考えでは、パリが聖心会の中心なのではなく、聖心会が中心を求めており、それがたまたまパリだったにすぎない。だが、一八二〇年、彼女も総会も二重拘束（ダブル・バインド）に囚われていた。福音書の価値観にのっとって生きたいと願いつつ、その目的を現実に達成するために、社会の権力者の援助をうけいれざるをえなかった。当時のパリの権力者といえば、貴族たちである。ユージェニー・ドゥ・グラモンが会員だったため、国王や王侯貴族の庇護（パトロネジ）への扉が開かれた。カトリック教会内の当時の教育思想は、貴族と富裕層の教育に価値を見いだし、これこそがフランス革命後のフランスにキリスト教社会を再建する道とみなされた。宣教活動でも、フィリピーヌはデュブール司教のこの思想に阻まれ、なかなかネイティヴ・アメリカンに近づけなかった。一八一八年、ネイティヴ・アメリカンではなく富裕層を教育することで、社会により大きな影響をおよぼせるのだ、と司教はフィリピーヌに言いはなつ。富裕層が貧困層によい影響を与えるのだから、と請けあったのである。

一八二〇年の第二回総会後の歳月は、フランス各地の修道院を訪れるために、数週間、留守にした以外、ソフィーはヴァレンヌ通りの修道院にとどまった。そこでは、修道会を導く仕事のほか、学校の運営に深くかかわった。ソフィーはユージェニー・ドゥ・グラモンとほかの会員とのあいだの仲介役を引きうけ、ユージェニーが何人かの会員にとる態度をたしなめた。ヴァレンヌ通りの修道院にいるときは面と向かって、パリを一時、留守にしたときは手紙をつうじて。一八二三年、学校付司祭が生徒たちに司教区の基金に寄付をしてほしいと依頼した。ソフィーの留守をまかされたカトリーヌ・ドゥ・シャルボネルは、会員だけが寄付をするべきだ、とユージェニー・ドゥ・グラモンとアンリエット・デュシスに述べた。すると、ユージェニー・ドゥ・グラモンは話しあいもせず、カトリーヌ・ドゥ・シャルボネルを完全に無視し、生徒に寄付を呼びかけるように、ある聖職者を学校に招いた。あまりにも露骨な侮辱だったので、カトリーヌ・ドゥ・シャルボネルは深く傷ついた。慎み深く、ひどく内気な性格のカトリーヌは、同僚の高飛車な態度に衝撃をうけ、苦しんだ。ソフィーはこれを聞き、ユージェニーを厳しく叱責した。ユージェニーの傲慢さは会員たちの噂するところであり、こうしたできごとは非難を裏書するだけだと諭したのである。

おわかりのように、そのような非難は一か所にとどまらず、ほかのひとびとに伝えられ、あなたが厳しく裁かれるのです。ふたたび言いましょう。気をつけなさい。そうせねばならないのです。

さまざまな証言によると、ヴァレンヌ通りの学校の若い女性たちは、教師たちの手にあまり、秩序を保つのはむずかしかったらしい。当時の学校の記録には、彼女たちの出身の社会階層と学校の学習水準が示唆されている。のちのダグー伯爵夫人で、筆名ダニエル・シュテルンで小説を著したマリー・ドゥ・フラヴィニィ（一八〇五—七六）は、一八二一年四月二八日、ヴァレンヌ通りの学校に入学した。この時期でさえ、すでにオテル・ビロンの評判は定着し、貴族のあいだで娘を入学させるのが流行していた。マリー・ドゥ・フラヴィニィはピアノつきの個室を与えられた。音楽教師を学校に呼び、手ほどきをうけることが許された。つねに会員の監督つきではあったが。親戚がパリを訪れ、彼女に会いたいと言うと、いつでもオテル・ビロンを離れることができた。新入生のマリーは豪勢な館と華麗な装飾に圧倒された。同様の雰囲気は修道女たちの佇まいにも感じられたという。

〔修道女たちは〕黒いヴェールをかぶり、胸には銀の十字架を下げ、脇には長いロザリオをかけ、……自分たちの家系を忘れることはありませんでした。たいてい代々つづく名家の出身で、大貴族の血統に当たるかたもおられました。まれな例外をのぞき、宮廷、または地方の貴族階級の生徒だけをうけいれていました。……全体に漂う雰囲気は、きわめて高貴で、貴族的でした。

ヴァレンヌ通りの生徒たちの貴族的な出自は学校の特徴であり、手のつけられないほどの排他主義をかもしだした。実際、貴族階級出身ではない会員の親戚や友人が娘を入学させたいと望むと、困難が生じた。フェリシテ・デマルケは姪をヴァレンヌ通りの学校に入学させたいと希望し、貴族の子女とおなじクラスに入れないよう配慮するという確約をソフィーに求めた。そこでこの少女には専用の教師とクラスが用意された。デマルケ家はデュソッソワ家同様、学費のかわりに学校と修道院にワインを送った。フィリピーヌ・デュシェーヌの姪の受け入れに際しては、ソフィーがユージェニー・ドゥ・グラモンをせっつかねばならなかった。この少女の家族が裕福で高い教育をうけていたにもかかわらず、である。皮肉なことに、困窮した貴族が多く、まったく学費が払えない場合も多かった。とくに娘の教育となると、貴族たちはまことに金離れが悪い、とソフィーは苦々しくもらしている。とはいえ、ドゥ・ショワズール家のように、ほんとうに困窮している場合は、学費を減額した。貴族階級の必要性を認め、教育をうけたキリスト者のエリート階級が、社会を変革できると信じていたのである。また、ヴァレンヌ通りの学校の学費が高額すぎて、生徒の入学の妨げにならないかと心配している。一八二五年、ソフィーがフランス西部の修道院を訪問していたとき、聖心会の要求する学費が原因で、親が娘をヴァレンヌ通りの学校ではなく、パリのレ・ゾワゾーの修道院学校に入学させたという話を、ポワティエ、ニオール、ボルドーで頻繁に耳にすることになる。

マリー・ドゥ・フラヴィニィはパリの学校の教育のさまざまな面に不満をもち、とくにユージェニー・ドゥ・グラモンの指導力を批判した。妹のアントワネット・ドゥ・グラモンには魅力を感じ、「永遠に女性的なるもの」の理想として記憶にとどめつづけたが、ユージェニーについての感想はまったく異なっていた。

お姉様のユージェニーは、気位の高い、小柄な女性で、先天的な障害がおありでした。灰色の、冷たい瞳、かすれた声、長い、骨ばった指、そして厳格で命令口調の物腰でした。

生徒たちが毎日ユージェニー・ドゥ・グラモンと顔をあわせたのにひきかえ、ソフィー・バラはより遠い存在だった。

修道会の総長マダム・バラは、大いなる権威をもつ女性で、めったに姿を現されませんでした。わたしをお呼びになると、まじめな声で、静かに、キリスト者らしい口調で褒めてくださいました。わたしの智恵と真摯な信仰を称えてくださったのです。

あるとき、マリー・ドゥ・フラヴィニィと友人たちは、アントワネット・ドゥ・グラモンに彼女の守護聖人の祝日を記念して花束を贈ろうとした。ところがユージェニー・ドゥ・グラモンは激怒し、アントワネットが花束をうけとることを禁じた。マリーはユージェニーの事務室に呼ばれ、事情を説明し、修道会に詫びるように言いわたされた。マリーは反抗し、発熱して床につき、食事をとらなくなった。結果はつぎのとおり。

寄宿学校の生徒たちにその見えざる権威を怖れられていた総長マダム・バラが、床についたわたしのもとにいらっしゃいました。わたしは一週間、一睡もしていませんでした。マダム・バラは、わたしの誠実さを正当に評価してくださいました。真にキリスト者らしい率直さで、わたしのことで誤解があり、みな、そのまちがいを残念に思っていること、とくにだれよりもご自分が残念に思っていらっしゃることを、お話しになりました。……へつらったり、媚びたり、約束したりせずに、単純な真実の言葉で、マダム・バラはわたしをなだめ、癒やしてくださいました。わたしたちは和解のうちに手をとりあいました。わたしは彼女の考えに耳をかたむけました。あまりにも熱烈な感情が招きうる不都合と危険について、もっとも正当な愛情でさえも節度を保つべき必要について、注意してくださったのです。

ソフィー・バラとユージェニー・ドゥ・グラモンの対照的な流儀が、この若い女性に即座に見抜かれている。あきらかに、学校、修道院、さらには独裁的なユージェニー・ドゥ・グラモンにまで目を配っていたのは、ソフィー・バラだった。学校もソフィーの配慮を必要としていた。先天的な障害のせいで、ユージェニー・ドゥ・グラモンは自分自身を追いこみやすかった。だが、みずから身体的に虚弱だったにもかかわらず、ユージェニーは育ちざかりの幼い子どもや若い女性が必要とする世話をないがしろにした。ユージェニー・ドゥ・グラモンは、生徒の慢性的な病や死を大仰に演出した。そのような死は称えられ、一種の崇拝の対象となった。敬虔と忍従のきわみで若くして亡くなる子どもがもてはやされ、学校にとっての「恩寵」とみなされた。ソフィーの考えはまったくちがった。そしてユージェニー・ドゥ・グラモンが病の初期に生徒の世話を怠るのを叱責した。また、パリの校医ルカミエを批判し、解雇しようとした。

この重要な件について、親愛なるユージェニー、あなたにも咎がないとは言えません。病人をみごとに看護したことはたしかです。だれしもが認めることで、この点についてルカミエ氏もそうです。ですが、病が軽いときに世話をせず、なにも予防措置をとらないではありませんか。生徒たちはこのことを両親に報告しています。……この件でわたしはずいぶん心を痛め、苦しみました。苦情の真相がわかり、あなたが充分に注意を払わないことに気づいているからです。たとえば、モレトゥス〔家〕の娘が首のリューマチを発病したときの、あなたの扱いをこの目で見ました。あの子は温かくして、床で休み、部屋にいるべきだったのです。……ところがあなたは、あの子をつねにクラスに出席させ、しまいに、いつもより厚着をしているのを見て、皮肉っぽく言いましたね。そのうち、マットレスを着てくるのでしょうね、と。あの子は心底、傷ついて、重ね着をぬごうとしました。友だちが抗議し、あの子は会員のひとりに嘆きました。……あなたの扱いについてです。……数日後、母親が学校を訪れました。

この件の影響に心をとどめてほしいのです。こうした事件が学校にとっていかに害になるかについて。しかも、わたしたちの良心にもこたえます。あの子たちの身体も魂もわたしたちの責任なのですから。このような深刻な問題は、〔この件についての〕あなたの考えかたを譲りさえすれば、消えてなくなります。あなたの考えかたは奥底では親切なのですから。……どこに行っても、世話をするにあたっては、しなさすぎるよりは、しすぎるほうに偏るほうがよい、とわたしは助言しています。

……許してください、わたしのユージェニー、この直截な物言いを。この件は、しばらくわたしを悩ましていたのです。

一週間後、ソフィーはまたしてもユージェニーを叱責した。ユージェニーが漆喰を塗ったばかりの寝室に子どもたたちを寝かせ、健康をそこない、感染症の発生を招いたからだ。こうした手紙は明瞭かつ直截で、ソフィーが見抜いた真実を容赦なく突きつけた。ユージェニー・ドゥ・グラモンはソフィーの指摘に気を悪くして、生徒の死の責任を問われているようだとソフィーに訴えた。ソフィーはそれを否定し、ユージェニーは寄宿生の健康を守るために予防措置を徹底させるべきだと主張した。生徒がきちんとした食事を充分に与えられているのを確認するように、ソフィーは頻繁にユージェニーにうながした。暑いときには生徒の水分補給を気づかうように、予防措置としてレモン水を飲ませるように、また、夕方には庭園に連れだし、月光のもとで運動をさせるようにとも勧めている。

ソフィーとユージェニーは、ともにヴァレンヌ通りにいるときはうまく連携できた。ソフィーは地に足がつき、実際的かつ賢明で、決然と手を下し、明瞭な全体像を把握していた。一方、ユージェニーの社交関係や血縁関係の人脈が、ヴァレンヌ通りの修道院と聖心会の評判を定着させた。これが聖心会のすみやかな成長と拡大の可能性を築いた。ユージェニーは権力者たちと容易に交流し、社交界のつきあいの達人だった。宮廷に人脈があり、フォーブール・サン゠ジェルマンの貴族と昵懇だった。聖職者との交際もあり、とくにパリ大司教ヤサント・ドゥ・クランと親しかった。学校は成功を収めていた。一八二四年に一〇六人の寄宿生と、寄宿舎不足ゆえに、何人もの通学生がいた。生徒数は徐々に増加した。一八三〇年の七月革命の直前に、寄宿生の数は一六〇人に達した。一八二三年以来、ソフィーはヴァレンヌ通りに貧しい子どものための学校を計画していた。これは実現しなかったが、障害をもつ生徒のための学校が開校した。みずからも障害をかかえるユージェニー・ドゥ・グラモンが、そうした子どもたちの要求を敏感に察知したのだろうか。いずれにしろ、一八二七年には、ヴァレンヌ通りの学校に二五人の身体的な障害をもつ子どもたちがおり、ブザンソン、リヨン、トリノといった、ほかの修道院もパリの例にならっていた。障害をもつ生徒の受け入れは経費がかさむため、ソフィーは聖心会のあらゆる場所でこの種の仕事がおこなわれるのには反対だった。

生徒数は増加したが、ヴァレンヌ通りの学校では、一八〇六年に作成され、一八一六年と一八二〇年に改訂された学習指導要領が、ユージェニー・ドゥ・グラモンの指導のもとでおざなりに採用されていた。学校の記録によると、寄宿生は修道生活に近い生活を送っていた。宗教教育、宗教儀礼、歌や祈禱をともなう行列、ミサ、祈り、赦しの秘蹟に重点がおかれた。ユージェニー・ドゥ・グラモンが宮廷と高位聖職者と親交が深かったため、王侯貴族や司教の訪問がますます頻繁になり、しょっちゅう学校の日課を妨げた。

マリー・ドゥ・フラヴィニィは、ヴァレンヌ通りの学校の教育水準に落胆した、と回想録に記している。信仰箇条についてジョゼフ・ヴァランと議論したいと望むと、ヴァランは彼女の知的好奇心を拒絶し、質問を避けた。そして悪魔の影響を斥け、神の神秘を詮索してはならないと注意した。敬虔の祈りを励行するように勧めたが、マリーにはできなかったため、しばらくしてヴァランは匙を投げた。マリーが驚いたことに、一八二三年に入った年長のクラスでは、正しい綴り方ができる生徒が、六人のうちふたりしかいなかった。マリー・ドゥ・フラヴィニィによると、結婚の準備のための「情操教育」が学習の中心だった。マリーは歴史の教科書に批判的で、ニコラ・ロリケの著作であることが物足りなかった。マリーはパリに来る以前にさまざまな本を読み、ゲーテやシャトーブリアンと面識があり、芸術、音楽、文学が日常的に話題になる環境で育っていた。さまざまな意味で、ヴァレンヌ通りの生徒の典型とはいえない。入学する以前の読書経験は並外れており、ヴァレンヌ通りの学校では知的満足を得ることができなかった。

マリー・ドゥ・フラヴィニィがヴァレンヌ通りの学校にいたころ、リヨンの修道院の会員マリー・ドリヴィエは、聖心会の教育の質についてソフィーにいくつかの提案をおこない、水準を引きあげる方法を示唆した。彼女はつぎのように論じた。フランス革命以降、宗教と道徳生活についての深刻な無知が社会に蔓延した。社会の、そしてとくに家族生活の再生をもたらすのは、女性である。そのため、聖心会の学校のカリキュラムにおいて、宗教儀礼、暗記、および「情操教育」の過度な強調は望ましくない。より確固とした指導と、自分で考える能力の訓練が必要である。学校の生徒の多くは社交界で、パリやヨーロッパのほかの都市のサロンで生きることを運命づけられている。そうした場所では、社会のあらゆる方面、つまり教会、国家、軍隊、芸術におよぶ意見や見解や理念を耳にするだろう。マリー・ドリヴィエはこう論じる。

わたしたちの生きる時代は、理性と大胆な精神に特徴づけられています。……信仰はこの世界から追放されたも同然です。……よく練られた価値観を身につけていなければ、わたしたちの生徒が誠実さを失わずにいることができるでしょうか……まじめな性格をもちあわせず……ひいては、賢明な教育の真の目的、つまりいかにして考えるかを身につけていなければ、どうなるでしょう？　公の席のみならず、兄弟、夫、従兄弟、そして父親が口にする議論から、いかにして自分の身を守れましょうか？　すなわち、彼女たちが避けることもできず、また避けるべきでない社交界から、いかにして身を守れ、というのでしょう。

　このような目的をかんがみて、マリー・ドリヴィエは学校の基本的な教科書として、歴史、文学、自然史の三冊を作成すべきだと提案した。学校の教師たちは、これらの教科書を使って教えるように訓練されるべきである。授業の準備と授業そのものが、修道生活への奉献に不可欠であるとみなされねばならない。そうした訓練と勉学が、より深い内的生活、とくに祈りの生活の一助になる。どの学校にも核となる優秀な教師の一団がいれば、聖心会は本格的な学問に秀でているという評判を高められるだろう。聖心会がイエズス会を模範にしたいと望んでいる以上、あらたに教育プログラムを考案する必要はない。むしろ、イエズス会士の助言をあおぎ、イエズス会の教育の模範を応用すればよい。以上がマリー・ドリヴィエの提案だった。

　翌年、マリー・ドリヴィエはソフィーとジョゼフィーヌ・ビジューに宛ててべつの文書をしたため、聖心会の学校の卒業生のみならず、教育に関心をいだくあらゆる社会階層の女性を対象に、雑誌を創刊してはどうかと提案した。この文書は会話をとおしてソフィーの同意を得た考えの実りである。これらの考えを書きとめ、提案書として提出するように、ソフィーが求めたものだった。自分の理想とする教育こそが聖心会の目標と目的にかなっていると、マリー・ドリヴィエは論じた。すなわち、精神と真実において神を崇めたいと望むひとを養成し、そうすることでキリストの聖心（みこころ）を賛美するのである。神の礼拝はキリスト者の生活についての知識と理解にもとづくのであり、聖心会はこの方法で教育活動に従事するために創立された。学校でなされる仕事は、全員に執筆を呼びかける雑誌の創刊によってさらに強化できる。記事や解説のほか、公開の往復書簡をとおして、フランス国内のみならずヨーロッパ全域で、あるいはさらに広い世界で女性の教育を続行できるだろう。雑誌は政府から独立して出版されるべきで、トリノ、またはのちに聖心会がローマに達した折にはローマで印刷してはどうか。彼女の考えの基本には、同時代の女性が社会を変革する運命を担うという確信があった。マリーは自分の構想についてニコラ・ロリケと相談したとソフィーに伝えている。ロリケは彼女を激励し、ソフィーにこの提案に耳をかたむけるべきだと述べた。マリーは提案書に添えて、雑誌の大まかな概要を提出した。

　ソフィーはマリー・ドリヴィエのことをよく知っており、数年間、考えを発展させるのを見守ってきた。実際に、彼女に考えを語り、書きとめるよう勧めてきた。一八二六年には、ソフィーはマリー・ドリヴィエをボーヴェの院長に任命した。町の有力者との交渉にエネルギーと手練を要する職だった。ドリヴィエはまもなく成果をあげ、学校の土台を固め、さらなる発展の条件を築いた。当時の手紙で、ソフィーはボーヴェの学校にきわめて満足していると書き残した。もっとも、マリー・ドリヴィエの執筆活動はさほど評価しなかった。一八二七年、ソフィーはアドリエンヌ・ミシェルにドリヴィエの著述を評している。ドリヴィエが執筆したのは、主として若い女性向けの道徳的な物語だった。

> マダム・ドリヴィエについてのあなたの意見に詳しく触れる時間がありません。本人に手紙を書いて、あなたの思うところを述べなさい。ここでは、あのひとの作品に訂正を入れています。地中から引きだし、磨かねばならない鉄のような作品ですから。感情表現や、話し言葉や、形容辞の選択に、奥深い繊細さが見うけられません。〔すべてが直球勝負だった〕ルイ一三世時代のひとなのです。いまや、当世風に直さねばなりません。ほんとうにしあわせな時代でした。なぜ消えてしまったのでしょう?

翌年、ソフィーはマリー・ドリヴィエの執筆活動を肯定的に評価するニコラ・ロリケの手紙をうけとる。ソフィーはロリケの意見を尊重していたが、マリー・ドリヴィエの仕事も方法も好きではないと述べている。雑誌出版の可能性すら検討する気はなかった。折しもイエズス会の学校が弾圧される前夜であり、聖心会はイエズス会と縁が深い。いかなる出版物も聖心会の学校に不要な注目を集めるだけだ。当面はマリー・ドリヴィエを励ますにとどめ、彼女の著述を入手しやすいかたち〔印刷物〕にするのは棚上げにしてほしい、とソフィーはロリケに頼んでいる。

この時期、ジョアニーのソフィー・バラの親戚は、パリで影響力がある彼女の立場を、自分たちの出世に利用しようとした。ソフィーはパリで甥スタニスラスに職を得させようとして、ユージェニー・ドゥ・グラモンに援助を求めたが、スタニスラスに能力がなく、首都の生活にも向いていなかったので、ふたりの努力は実らなかった。スタニスラスは結婚したいと思い、結婚相手の若い女性を推薦してほしいとソフィーに頼んだ。だが、ソフィーは甥に待つように忠告している。

> 相応の住まいがあるまで待ちなさい。財産が望めないのですから、かわりに相手に差しだせるものがなくてはなりません。

それがなければ、身分の高い家柄の相手には断られますし、断られるのは避けるべきです。わたしが行動をおこさないのは、そのためです。あなたの立場で、聖心会の生徒に結婚を申しこむわけにはいきません。だれもうけいれてくれないでしょう。心当たりがなくはないけれど、うまくいかないのではないかと危惧します。宮廷貴族や地方貴族のなかで、ふさわしい相手は少ないのです。持参金が少なすぎたり、ほかの不都合があったりして。

ソフィーはジョアニーのランボー家やマルティノー家の従兄弟たちの職探しもした。総長としての彼女の立場や聖心会の成功ゆえに、親戚はソフィーの口ぞえさえあれば、有力者の引き立てにあずかれると信じていた。こう考えたのはソフィーの親戚だけではなかった。ドゥ・ファール・フォスランドリ子爵夫人は皮肉っぽく述べている。

〔一八二〇年代のパリでは〕聖心会となんらかの関係がありさえすれば、あらゆるお偉がたの引き立てが慈雨のごとく頭上に降りそそぐと思われていました。

とはいえ年月とともに、聖心会とパリの貴族階級の同一視は拘束にもなっていく。ソフィーはみずからの仕事が押さえつけられ、当初の目的からそれていくのに気づき、だんだんと苦い思いを嚙みしめることになる。率先してみずからの拘束をうけいれ、一時はそれを楽しんだことも認めねばならなかった。フランス内外で聖心会がこれほど早く拡大していなかったら、このことは長期的に不要な緊張関係を引きおこさずにすんだかもしれない。ところが、聖心会の初期のこの時期でさえ、フランス内外の会の成長はめざましかった。実際、一八二〇年の第二回総会が終わるか終わらないうちに、あらたな修道院が計画されていた。一八二〇年から一八二五年のあいだに、フランスのル・マン、オータン、ブザンソン、サルディニア王国のトリノ、そして南部ルイジアナのグラン・コトーに修道院が開設されている。メッツとボルドーでは、ふたつの司教区の修道会が聖心会への統合を申しこみ、一八一四年に会から分離したヘントの元会員の多くが聖心会にもどりたいと望んだ。ソフィー自身、成長の速度についていくのがやっとだった。フィセントルイスに修道院を設立するのを断念したのち、フィリピーヌとユージェニー・オーデは裕福な寡婦スミス夫人の申し出をうけることにした。スミス夫人は夫の遺志を記念して南部ルイジアナに学校を創設したいと望んだ。夫人が土地を提供し、長期にわたる困難な時期をへて、グラン・コトーの新しい学校が発展を始める。ソフィーには遠くから援助することしかできなかった。はじめは資金を、その後、一八二一年には会員を送ることで。ところが、ひとたびグラン・コトーが軌道にのると、ソフィーはさらなる拡大よりも地固めをうながした。それは、当面、フィリピーヌがプロヴィデンス（ロード・アイランド）のネイティヴ・アメリカンのもとに行くのを遅らせることを意味した。かわりに、フィリピーヌにニューオーリンズかセントルイスに修道院を設置するように勧めた。また、ルイジアナの利子率が法外に高いので、ルイジアナの修道院や学校のための資金の借入を、なるべくフランスでおこなうように求めた。

ソフィーはフィリピーヌへの手紙で、フランスにおけるめざましい発展について述べている。

わたしたちはたくさんの修道院新設の要請をうけ、その多くを断わっています。とはいえ、すべての機会を逃すわけにはいきません。ル・マンの修道院が創設されました。六か月後にオータンの修道院が創設されます。オータンはパリとリヨンの中間地点ですから、この修道院は修道会にとって好都合です。修道院は年間六〇〇フランの寄付金と、創設に当たって手助けになる小額の資金付で譲りうけました。以前は訪問会の修道院でした。

トリノの修道院も創設されました。……国内の若い貴族女性のために開設されたこの学校の資金は、国王と王妃が責任をもって提供してくださいます。マザー・ドゥ・シャルボネルはブザンソンのかつての市の建物を譲りうけ、一一月ごろに、そこに寄宿学校を開校します。

メッツの修道会の統合は一八二五年に実現した。メッツのサント＝ソフィーの婦人会と呼ばれるこの修道会は、一八〇七年に地元の司教によって創立されていた。その後、この修道会はシャルルヴィルにあるべつの修道会神の御摂理修道女会と合併した。ところが一八二一年、フランスの司教区が再編成されると、シャルルヴィルの修道会はメッツ司教ではなく、ランス大司教の管轄になった。そのため、メッツ司教はふたつの修道会の絆を断ち、メッツの修道会を聖心会にうけいれてほしい、とソフィー・バラに頼んだ。メッツを訪問したのち、ソフィーは申し出を了承した。修道会が良質な学校を運営していたからである。この経験は、司教の方針が修道会の運命を左右しうることを示し、聖心会が司教区の司教から独立を保つべきだ、というソフィーの直感をさらに強めた。

ボルドーの状況はメッツの場合と異なり、ソフィーの若いころにさかのぼる。ノートルダム修道女会と称するマダム・ヴァンサンの修道会は、フランス革命のただなか、一七九一年に創設された。一八〇七年、ジュリー・ビリアールがこの修道会を自分の修道会に統合し、この統合は、一八一一年、ジュリーがアミアンを去らざるをえなくなるときまでつづく。その後、マダム・ヴァンサンの修道会はソフィー・バラに聖心会への受け入れを打診したが、数人の聖職者に反対された。すると修道会は、ソフィー・バラに相談もせずに、聖心会の名称、服装、および修道生活を模倣した。ソフィーはエミリー・ジラールにこう記している。

ボルドーに行かねばなりません。マダム・ヴァンサンの修道会がわたしたちの修道会に加わりたいそうです。賢明な友人たちは、先方がこちらの条件をうけいれれば、同意するべきだと言います。この一歩は、たがいに反目しあうふたつの修道会が存在するという、物議をかもす状況に終止符を打つことになります。とはいえ、わたし自身は、なんの懸念もなく、彼女たちの好きなようにさせておいてかまわないと思ったのですが。神が万人の御父であり、あなたのマザー・ジョフロワとおなじくわたしも、神がそう望むすべてのひとに愛され、賛美されるのを見るのが好きです。あるひとびとは、わたしたちが自分の権利を主張すべきだと言います。ああ、嘆かわしいかな！　それはまちがっています。この名目のもと、教会において、なんと多くの権威の濫用がまかりとおっていることでしょう。

ボルドーの問題に追われているそのとき、ソフィーはヘントのドージーレのかつての修道会の会員数名から再入会の打診をうける。一八二二年の夏、修道会は一五日以内に学校関連のあらたな法律に従うか、立ち退くかの最終勧告を、ネーデルラント政府に突きつけられる。アミアンのキリスト教教育婦人会の元会員マリー＝アントワネット・ドゥ・ペニャランダが修道会の総長だったが、各会員にヘントを去るか居残るかを選択させた。校長ルイーズ・ドゥ・リマング（一七九二―一八七四）は即刻パリに出発し、ふたたび聖心会にうけいれてほしい、とソフィーに頼んだ。ドゥ・ペニャランダも、修道会へのネーデルラント政府の強制をうけいれられず、リールに学校を開設しようと試みる。しかし実現しなかったため、聖心会にうけいれてほしい、とソフィー・バラに求めた。ほかの会員もその例にならい、同年、一八人から二〇人のヘントの修道会の会員が、聖心会への入会を希望した。

ソフィーはドージーレの学校の閉鎖がアミアンの学校にもたらす益をすばやく見てとった。しかし同時に、この合併に複雑な思いをいだいた。

当時、自分が預言者だとは思いませんでした。ですが、あのひとたちがあまりにも無神経にわたしたちから分離したとき、あのひとたちに手紙を書きました。そのときの自分の言葉を忘れていません。わたしはこう言いました。あなたがたを引きとめるのはわたしの力のおよぶところではありません。ですが、幹から切りとられた枝はしおれ、死んでしまうでしょう。……むろん、あのひとたちはいつか修道会を再開できるかもしれません。ですが、いま、あきらかに代償を支払っています。なんという戒めでしょう。聖心会はこのことを心にとどめるべきです！

メッツ、ボルドー、ヘントの三件にみる統合の動きが物語るように、聖心会は前途有望で、どこかの司教区や他国で行きづまった小さな修道会に生存の可能性を開くとみなされていた。ソフィーみずからはこうした統合を求めず、各集団が聖心会にもたらす人員の質について、まったく現実的で、場合によっては否定的だった。一八一五年に明言したように、聖心会にほかの修道会の会員が大勢加わるのを好まなかった。会員の養成を困難にし、ソフィーが考えるあらたな修道生活のかたちを薄めがちだったからだ。とはいえ、これは理想にすぎない。実際には、メッツ、ボルドー、およびヘントの場合のみならず、多くの会員が聖心会に入会する以前にほかの修道会に属していた。大いなる変革と動乱の時代にあって、これはやむをえなかった。

第八章　うちなる旅、政教とのかかわり
一八二五—二六年

ソフィー自身が聖心会内部のあらたな修道院の創設を承認し、企画し、ほかの修道院との調整をはかるのがつねなのだが、ひとたび決定にいたると、実行にかんしては聖心会の主要な会員、とくにカトリーヌ・ドゥ・シャルボネルとジョゼフィーヌ・ビジューと相談し、この会員たちがソフィーの意向を実施した。そのため、彼女たちはパリまたはそれぞれの修道院から長期間離れることになる。新しい修道院開設の手筈が整うと、ソフィーはあらたな仕事を始めるために、指名された修道院長とともにあらたな修道院の中心となる会員たちを派遣した。修道院が増えていくと、ソフィーは手紙をとおしてそれぞれの修道院長とじかに連絡をとりつづけた。これらの手紙は修道院長たちの養成の手段だった。修道院と学校を運営し、地元の行政や教会の権威と折りあいをつけ、霊的指導や援助をさずけ、そしてなによりも聖心会の霊的ヴィジョンにかたちを与え、維持することがなにを意味するかについて、これらの修道院長の多くはまったく経験がなかった。それぞれの修道院長にとっては心をくじけさせる重荷であり、ソフィー自身もその重責を承知していた。文面には激励、苦言、助言、信頼がいりまじり、事務の詳細から個人にかかわる相談事まで、種々の話題があらわれる。

アデライド・ドゥ・ロズヴィルは一八二四年、ブザンソンの修道院長に任命された。新設の修道院であらたな任務にとりくむ彼女に、ソフィーは激励の手紙を送った。

> いったい、これからどんな骨折りがあなたを待ちうけていることでしょう！　自分のことを後回しにしなければならないことも多く、他者を支えなければならないこともあるでしょう。そうすることで、わたしたちは必ずや神の道へと深く導きいれられます。また、自分に託され、おおかたの責任をゆだねられた仕事をそこなわないがために、……目をつぶらねばならない細かな問題がたくさんあるでしょう。……すると、無私とはいかなるものかを理解し、神にかかわる事柄だけに注意をかたむけるようになるのです。……いまこそ、……わたしたちは魂を広くし、みずからを大いなるヴィジョンでみたし、犠牲にする以外に自分の身について心を奪われないようにせねばなりません。あなたも徐々に神経の過敏さをなく

すでしょう。その原因をおわかりですね。……善なる主のみ心に祈ります。あなたの心を神の愛でみたしてくださるように。主の手本に倣い、他人にたいして情けぶかく、支えとなり、赦し、そしてなにが降りかかろうとも、動じずにいなさい。これこそが平和の、精神の至福の源なのです。

ひと月後、ふたたびソフィーはしたためる。

わたしが秩序、清廉、倹約、つまりわたしたちの清貧を生きる道をどれだけ大事にしているか知っていますね。けちにならない程度に、その道をふみはずさないようにしなさい。とくに生徒たちが欠乏で苦しんではなりません。マザー〔・ドゥ・シャルボネル〕がそばであなたを導いてくださらないときには、このたいせつな事柄に、わたしがくり返し立ちもどりましょう。わたしは借金をするのが嫌いですが、あなたも同感なのは幸いです。この点では、あなたの支持がありますから！

この指示にみられるように、ソフィーの統治を特徴づけるのは、霊的な指導と実務的な指導の混じりあいである。各地への訪問とともに、書簡をとおして各修道院と連絡をとりつづけ、自分の力のおよぶかぎり、各修道院が確実に成功するように後押しした。各修道院が成功するか否かは、修道院長たちの資質によるところが大きく、このことをソフィーはたえず案じた。修道院長の多くは生まれながら指導者としての才能に恵まれていたものの、その天性を開花させるのにしばしの時間を要した。しかし、じつに多くの新設の要請が舞いこんだため、彼女たちには時間の猶予が与えられず、ほとんどの修道院長たちは試行錯誤のうちに実地で体得せねばならなかった。ソフィーは配慮と率直さを示して支えとなり、自分に定期的に手紙を書き、修道院の運営から人事にいたるすべてを詳細に報告することを、彼女たちに義務づけた。

一八二〇年の第二回総会において、カトリーヌ・ドゥ・シャルボネルが総会計に選出された。ソフィーとドゥ・シャルボネルが修道会の財政業務の責任を担った。ドゥ・シャルボネルが会のすべての帳簿を管理するかたわら、ソフィーもすべての重要な金銭上の交渉において、ドゥ・シャルボネルと二人三脚で修道会の財務をとりしきることとなった。修道会の所得は、所属する会員の相続財産もしくは収入からなりたっていた。これに、寄宿生の学費と時折の裕福な一般信徒からの寄付が加わる。特定の地域に学校の設立を要請した人物が、建物ならびに発足後数年間分の資金を差しだすこともあった。こういう場合には、ソフィーも安心して修道院の新設に賛同した。とはいえ、資金の提供がほとんどない場合が多かったので、修道会が新事業のために資金を捻出せねばならなかった。かなりの財政負担が生じるのは、学校が規模をひろげ、あらたに校舎が必要となるときである。これが巨額の設備投資となり、たいていは修道会の責務だった。修道会の資金調達がソフィーの目標達成への鍵となる。やがて、ほとんどの場合は小額ながらも資金を確保することから、それをもっとも必要としているところへ配当するまで、ソフィーはたくみに資金をさばくようになった。借金をかかえるのを嫌い、オテル・ビロン購入のための借入金を期日どおりに完済したがった。しかし、借金を懸念しつつも、成功を予感しさえすれば、あえて新設にのりだす懐の深さも、失わなかった。資金繰りについても神の摂理に期待をよせ、もし目処が立たなければ、開設と同様に閉院も辞さなかった。

ルイジアナの各修道院は悩みの種だった。一八二〇年、ソフィーはフィリピーヌ・デュシェーヌに述べている。

三〇〇〇フランをそちらにお送りしました。ニオールの修道院の余剰分二〇〇〇フランをのぞいては、神の摂理の賜物です。その内訳は、まず、あなたの従姉妹マダム・ドゥ・ロランから五〇〇フラン。彼女への感謝をお忘れなく。つぎに旧姓ボーフォールのマダム・ドゥ・ラ・グランヴィルから二〇〇フラン。彼女のためにお祈りください。そして最後の三〇〇フランはあなたのマザー〔ソフィー・バラ〕の小さな財布から。ささやかな額ですが、あなたへの贈物として集めることができてうれしく思います。

ラ・フェランディエールの修道院に隣接する地所の購入の可能性が浮上したとき、ソフィーはカトリーヌ・ドゥ・シャルボネルに即座に購入するよう勧める。

ためらいは禁物です。好機をのがさず、この隣接する地所を買わねばなりません。よそのひとが隣人になってしまうと、たくさんの厄介ごとをかかえこむことになります。……なんという幸せが訪れるでしょう！　すでに建設ずみの聖堂が手に入るとしたら！　わたしはこの種の企画には危惧をおぼえるほうですが、あなたの件については、一万五〇〇〇フランの債務をあらたに負うことも辞しません。……残念ながら、土地だけですが！　なにも言いますまい。後ろ盾となってくれるような裕福な人物が必要です。そんな大金をどこから工面しましょう！　……ボーヴェの修道院のことも心配です。パンの屋敷を手にいれたいので。売値は八万フランです。すべてご破算の結果に終わるかもしれないと考えると、わたしたちには法外な値段です。ここでふみとどまるべきでしょう！　それでも、またとない買い物を逃がすのはやはり惜しいのです！　祈り、善なる神の思し召しをうかがいましょう。神は全能ですから！

オテル・ビロン購入の借金と、そこに聖堂を建設する企画とをかかえているときにさえ、実業家ジョン・マランフィーが困窮するフィリピーヌ・デュシェーヌに提供した融資を、ソフィーは返済している。他方、フィリピーヌにも釘をさした。フランスの修道会はたいへんな無理を強いられており、将来もつづけて資金面を請けおえる保証はできないので、可能な範囲でよいから、みずからも支払い能力を身につける努力をすべきだと。やむをえないことだが、以後数年にわたりフィリピーヌの手紙には、財政の相談がめだつ。ルイジアナの修道院の収入は無にひとしく、フィリピーヌをはじめとする会員たちが、修道会やヨーロッパにいる各々の親族から調達する資金に大きく依存せざるをえなかったからである。一八二二年一〇月には、要求に応じなければならない修道院があまりにも多かったため、ソフィーはマリー・プレヴォにつぎのように訴える。

資金と人員の要請が四方八方からやってきます。みな、わたしを超人とでも思っているようです。わたしは貧しく無にひとしい人間なのに。

同年一二月、ソフィーはふたたびマリー・プレヴォに打ちあける。

ジョゼフィーヌ・ビジューが資金不足でひどく困っており、わたしが助けてくれないなどと述べたてます。ああ、悲しいかな！　わたしは神ではありませんから、無から創りだすことなどできません。

パリの修道院において、また総長補佐たちとともに新しい修道院を計画したり、新しい修道院と学校の指導者たちを養成し援助したり、資金や融資を用立てたりしたりして仕事に一心不乱にうちこむなか、ソフィーの活力と健康状態は重圧を強いられた。こと修道会の財政状況については、口にする以上に心を砕いていた。ひどい頭痛や目の痛みに悩まされつづけ、仕事を中断せねばならないほどだった。過労と極度の疲労感におかされていることを、ソフィー自身も認めている。さらに疲労の兆候は発熱やひどい風邪、リューマチ、胃の不調となってあらわれた。

腹部のほか、体のあちこちがリューマチでひどく痛み、全身が不調で、手紙をしたためるのにも難儀しました。運よく立つことはできても、仕事にとりかかろうとすると気分が悪くなります。目もしかるべく機能してくれません。

ほかの会員たちも必死に働いており、ソフィーもそのことを知っていた。同僚たちには勤勉を望んでいたし、怠惰は念頭にもなかった。過失が生じても、たいていは理解を示し、公平に対処した。「すぎたこと」というのは、長年の口ぐせのひとつだった。言いかえればこうなる。「もう起きてしまったのです。もう終わったのです。さあ、先へ進みましょう。ただし、この経験を教訓にして」。テレーズ・マイユシューは失敗から教訓を得られなかったひとりのようだ。彼女はソフィーと親しく、とりわけ霊的生活において多くを分かちあう仲だった。一八二二年なかば、ソフィーはグルノーブルの修道院の運営が順調ではないと気づきはじめていた。テレーズはその努力のかいなく、グルノーブルの修道院や学校の指導者にも経営者にも向いていなかった。数年にわたるずさんな経営が、修道院をほとんど破産状態へと追いやっていた。マリー・ドゥ・ラ・クロワの存在も助けにはならなかった。おなじく金銭や経済の観念をもっていなかったからだ。その年の一〇月、ソフィーはテレーズ・マイユシューをカンペールに修道院長として異動させることに決め、修道院の財政や学校の経営とは無縁の地位につけた。その年は人員が不足していたため、マリー・ドゥ・ラ・クロワが責任者としてグルノーブルに残されたが、修道院を危機から救いだすこともできずにいた。この重荷にドゥ・ラ・クロワは健康をそこねてしまい、ソフィーはみずからグルノーブルに赴き、事態を収拾するしかないと悟った。七年間分の負債が積みかさなり、マイユシューの借入金には七パーセントの高利がついていた。事態が好転するわけもなく、修道院は破産した。ソフィーは一八二三年の初旬、数週間をグルノーブルですごし、修道院を組織しなおし、負債の大半を処理した。ところが、その過程で体調を崩し、ついには重い病に倒れた。

下がる兆しのない高熱と四五日間も闘い、ソフィーは危篤におちいった。この知らせは全修道院を駆けめぐり、アミアンで学んでいた一番下の姪のドジテーは叔母のために自分の命を捧げようと決心した。まだ一四歳で、当時の流行に感化されていた。幼く清らかなまま死ぬ子どもが一種の崇拝の対象としてもてはやされていたのである。グルノーブルにいるソフィーの容態を知る以前から病んでいた可能性があるにしても、ドジテーはこの時期にアミアンで熱病にかかり、ソフィー叔母の回復とひきかえに自分の命を神に差しだそうと決めた。「叔母様がよくなるのであれば、わたしの病は重くなってもかまいません」と。ドジテーの亡くなったその日、ソフィーの体調はめざましい回復をみせた。グルノーブルのビロン医師はアミアンのテラル医師に伝えている。

四五日間、患いつづけ、峠にはいたらなかったものの、幾度かの危篤状態を乗りこえて、マダム・バラは快方に向かっています。……鼻腔感染に胃炎とリューマチ炎を併発していました。胃腸炎と呼んでもよい症状で、肝臓と体中の筋肉が炎症をおこし発熱を長びかせる、というじつに過酷な病気です。

ソフィーがグルノーブルを発てるようになるのを待って、ユージェニー・ドゥ・グラモンとカトリーヌ・ドゥ・シャルボネルは、彼女をヴァレンヌ通りの修道院へと連れ帰るためにパリから迎えにきた。ソフィーはひと夏かけて健康を回復し、務めを再開した。これまでも修道会がかかえる債務への不安に幾度となく打ちのめされたけれども、今回のグルノーブルの件では心配のあまり死にかけたと、後日、フィリピーヌに語っている。フランス各地の修道院に導入した改革を説明し、すでに手遅れの場合もあったと回顧している。ジョゼフ・ヴァランはグルノーブルにいる彼女の病を知るなり、彼女の気を休めようと、あいかわらず問題や難点や心配ごとが山積していたにもかかわらず、修道会のことはすべてうまく運んでいると手紙で請けあった。さらに、彼女にもっと悩みごとを口に出して語るよう勧めた。

あなたが、前回マダム・ドゥ・シャルボネルに宛てた手紙から、ご自身の苦しみにあえて触れまいとしている印象をうけました。……自分の心労をつとめて内に抑えようとしているのでしょう。あなたの昔からの癖です。

ジョゼフ・ヴァランをはじめ、人前では、自分の苦悩をなんでもないように見せる傾向がソフィーにはあったが、友人への書簡では苦しみをかなり率直に伝えている。しかし、いつも手を差しのべてくれた古くからの友人にして霊的指導者だったジャン・モンテーニュの不在を寂しがった。彼が病に臥し、亡くなってからは、内的生活やうちなる旅について深く語れる相手にはめぐり会っていなかった。ユージェニー・ドゥ・グラモンとテレーズ・マイユシューさえ立ち入れない領域である。モンテーニュの死去した一八二一年、ソフィーは彼の死を悼み、テレーズに語った。

このほどモンテーニュ神父を失いました。彼こそがわたしの魂の奥底を知るただひとりの友でした。彼を失うことがわたしにとってどれほどの痛手か、あなたなら察してくれるでしょう。……亡くなる以前から、しばらく彼と会っていなかったおかげで、その死に思ったほどは動揺させられませんでした。ですが、これからは彼の導きがないという実感をひしひしと味わうことでしょう。というわけで、神だけしかおられません。神は、人間のとりなしや助けを介さずに、わたしたちの心そのものを欲しがっておられます。

翌年、ソフィーはふたたび死別を経験する。すでに健忘症にかかっていた母親が、重い病におかされ、一八二二年六月二一日に亡くなった。「わたしの敬う年老いた母が亡くなりました」とソフィーはフィリピーヌに語った。その返答にフィリピーヌは彼女を慰め、マダム・フッフェに面識がなかったのを残念がった。「わたしたちのお母様であるあなたをお産みになったかたに、ジョアニーでお目にかかれなかったのが悔やまれます」。ソフィーの母はその人生において辛い別れを幾度も経験した。そして、ルイと自分がジョアニーを発ったのち、母親がどんなに寂しく喪失感に悩まされたか、ソフィーも痛感していたのである。

息子スタニスラスが足しげく訪ねていたとはいえ、マリー゠ルイーズ・デュソッソワがジョアニーでひとりになってしまったことも心配だった。ソフィーはワインや果物やナッツを姉マリー゠ルイーズから買いいれ、姉の生計の足しになるようとりはからった。このころには、テレーズ、ジュリー、ソフィー、とデュソッソワ家の三人の娘たちが修道会に入っていた。ドジテーの生前、ソフィーは彼女に期待をかけていた。ルイ・バラも少女を啓発しようと、修練院で教科書として使用されていたロドリゲス著『修徳指南』を送った。これはソフィーをおもしろがらせた。一七九五年当時のパリを思い出させたにちがいない。甥ルイ・デュソッソワはイエズス会の召命を得ようと、二度試みたが、結局、教区司祭に叙階された。彼はせっかちで、ルイジアナへの宣教を望んでいた。ソフィーは甥のルイジアナ行きを手配し、フィリピーヌ・デュシェーヌとユージェニー・オーデに彼のことを頼んだ。しかし、計画が頓挫し、ルイはフランスへ帰国しなければならなかった。ルイ・デュソッソワは生涯、不安定で自分の人生の責任をとれなかった。ソフィーはこのことに気づき、聖心会に属する修道院付司祭の職を甥にあてがったが、こうした任命も各修道院にとっては往々にして高くつくことがあった。

ルイ・バラは、一八二二年までにはボルドーを去り、パリのモンルージュのイエズス会修道院で終生誓願に向けての養成期に入っていた。ジョゼフ・ヴァランがパリを離れていた一八二二年から一八二五年のあいだ、ルイは彼の代理として、ヴァレンヌ通りの学校で、宗教の時間を担当し、学校の聴罪司祭をつとめた。ソフィーはこれを喜び、彼が子どもたちによい影響を与えるにちがいないと思った。学校の雑誌も修道院における彼の存在感と謹厳な態度を特筆している。一八二四年一月一日、宗教の時間を始める前に、少女たちが歌で彼に新年の挨拶をしようとした。合唱が始まると、彼はそっけなく教室を去り、もどろうとしなかった。ソフィーはこの一件を知ると、その日の夕方、生徒たちに会い、かわりに自分のために歌ってほしいと頼んだ。兄と妹の対照がきわだっていたが、ソフィーは生徒たちの気持のなかに求められていた橋をかけたのである。ルイはヴァレンヌ通りの少女たちとなじめなかったが、遠方にいるフィリピーヌ・デュシェーヌやルイジアナの会員たちとはうちとけていた。宣教活動の夢を断念してはいたが、フィリピーヌ・デュシェーヌとまめに連絡をとり、役立ちそうなものを送った。学校と修道院のために聖歌を作曲し、試練と向きあうフィリピーヌやその同僚たちに励ましの手紙を送った。ルイジアナの子どもたちにかんする報告を読んで、ルイ・バラが声をたてて笑うというめずらしい一面を見せたときのことを、ソフィーは書き残している。

バラ神父様にとって、あなたがたはみなとてもたいせつな存在なのですが、そちらの生徒たちの話を聞いて、ほがらかに笑っていました。そして、自分の手では届けられないとしても、あなたがたのために本をさらに探そうとしています。

おなじ時期に、またあらたな喜びがソフィーの人生に舞いこんだ。大病をした翌年の一八二四年、ソフィーはシャンベリーの司教区内宣教担当司祭ジョゼフ＝マリー・ファーヴルの知己を得た。この出会いは彼女の人生に深く影響を与える。ふたりの出会いの経緯はあきらかでない。一八二四年八月にソフィーがシャンベリーに立ち寄ったときに出会ったかもしれないし、ファーヴル神父が会のフランスの修道院のどれかで黙想会をおこなった折に、ソフィーが居合わせたのかもしれない。ともあれ、ソフィーは手紙を書き、会の修道院を訪れるついでに面会できる友人にして霊的指導者に出会った。聖フランソワ・ドゥ・サールや聖アルフォンソ・デ・リグオリの思想の流れを汲むファーヴルの神学的背景は、ソフィーに解放をもたらした。このふたりの神学者は、とりわけ赦しの秘蹟と聖体拝領について、信頼をはぐくむ情けぶかい神の概念を提唱した。ファーヴルは生涯をつうじて教区で宣教し、また頻繁な聖体拝領をすすめる書物を出版している。ジャンセニスムを信奉する聖職者たちのように、際限ない内省を課して罪の赦しを延期しつづけるのではなく、聴罪司祭は赦しをすみやかに与えるべきだと強調する。神と秘蹟にたいするこのような姿勢は、ソフィーが幼少時から知っているジャンセニスムに疑義を呈し、かわりに温かく、慈愛にみち、人間をうけいれる神の姿を提示した。ソフィーが家庭で吸収し、ルイ・バラに積極的に教えこまれた神概念は、ジョゼフ・ヴァランやジャン・モンテーニュの指導によりやわらぎつつあったが、いっそう深みのある温かい神のヴィジョンをうけいれる機が熟していた。

ジョゼフ＝マリー・ファーヴルはソフィーのこの傾向を励まし、あらたな神概念を生活に組みこむように助言した。一八二四年、ファーヴルは手紙のなかで、仕事をかかえすぎる性向を省みるようにソフィーを諭している。

神があなたに心からの一致を呼びかけておられます。神とのかかわりを妨げるものは乗りこえなければなりません。**ひとびととの接触**が、すくなからず妨げになっています。必要最低限に抑えなさい。どうしてもあなたが責任を行使し関与しなければならない仕事をのぞいては、気にかけないことです。神との一致をとおしてこそ、日がな奔走する以上の成果をたった一五分で得られるのです。**熱意**もまた、すくなからぬ妨げになっています。がまんして活動をひかえなさい。必要とはいえ、あなたの霊的な理想に比してとるに足らぬ雑然とした仕事の山よりも、神に意識をかたむけられるように。のみならず、神と自分自身への務めは隣人にたいする務めにまさるものです。それに、あなたは自分がもてるものからしか与えることができないのですから。……聖体拝領にはできるだけ頻繁にあずかりなさい。あなたのあわれな魂がそれを求めているのですから。毎日、あずかるのがもっとも望ましいでしょう。

明瞭で常識にかなった助言だった。ソフィーは生涯、祈りと務めの均衡を保つのに苦労することになる。ファーヴルは、指導者として最善の貢献をはたすためだけでなく、ソフィーの人生の根本的な指針として、神との親しい一致をなによりも優先すべきであると主張した。この主張のおかげで、ソフィーは前年の過労と不安のせいでそこなわれていた祈りと務めの均衡をとりもどした。到達をめざすべき理想であり、達成すべき一致である。かくて、人生における多くの経験や出会いと同様、ジョゼフ＝マリー・ファーヴルとの出会いは、私的な成長のみならず、聖心会の指導においても、ソフィーを触発した。

一八二四年にファーヴルと出会ったことで、ソフィーはジョゼフ・ヴァランやそのほかの信仰の霊父会の会員から得た霊的な影響との繋がりをあらためて築きなおすことになる。これらのひとびとの霊性の源はレオノール・ドゥ・トゥルネリと聖心の霊父会の流れをくむ。その系譜は一八世紀末、サルディニア王国ピエモンテ州トリノに端を発する。元イエズス会士ニコラ・ドゥ・ディースバッハがその地において、ひそかに一般信徒や聖職者を集め、修道会を組織した。当時、ヨーロッパ各地で深い傷跡を残す激変が生じていた。ドゥ・ディースバッハは、カトリック教会の生き残りを賭け、よき霊的な読書、祈り、および霊的な指導を与えることで、聖俗問わず、選りぬきの信徒たちを養成しようと考えていた。ドゥ・ディースバッハはウィーン近郊のハーゲンブルンの聖心の霊父会と連絡をとり、ウィーンの宮廷の聴罪司祭としてレオポルディーヌ・ノーデの霊的指導をうけもっていた。一七九八年、聖心の霊父会が信仰の霊父会に加わり、パッカナーリを指導者としていただく直前に世を去っている。

　トリノでドゥ・ディースバッハが創設した団体は、聖アルフォンソ・デ・リグオリの神学に触発されていた。この教義が、やがてピエモンテとサヴォワの聖職者の信奉するジャンセニスム、ガリカニスム、および厳格主義(リゴリスム)に抗って、徐々にフランスにも浸透していく。もっともフランスでは、この教義は深刻な抵抗にあう。アルフォンソ・デ・リグオリの神学がジャンセニスムとリゴリスムの霊性と実践と相いれないからだ。リグオリの神学は、頻繁な赦しの秘蹟と聖体拝領をとおして、個人と神の隔たりを除こうと試みた。罪から完全に解き放たれていないかぎり聖体拝領にあずかってはならないと説くジャンセニスムとリゴリスムに比して、より温かく心をひきつける神概念とキリストの神学を提示したのである。

〔リグオリの信奉者たちによれば、小罪は〕……聖体拝領の妨げになるどころか、〔聖体拝領台に〕近づく理由である。一年に一度、聖体拝領にあずかることができる者ならだれでも、毎日、あずかることもできる。……〔聖体のキリストに〕信頼をよせつつ近づかねばならない。われわれの弱さの唯一の支えとして。そしてそこに目的をつらぬくのに要する力を見いださねばならない。……以前の、頻繁な聖体拝領の習慣を変えたのは……ジャンセニスムである。

　フランスの聖職者の多くは、頻繁な聖体拝領に反対した。文字どおり「山向こう」のもの、つまり教皇権至上主義(ウルトラモンタニスム)の教義であり、ローマ教会に推奨されていたため、フランスでは拒絶されたのである。それでもこの新しい思想を弾圧することはできなかった。フランスのある聖職者たちはこの思想を喜んでうけいれ、司牧と霊性において重要であると評価した。一七九六年、アルフォンソ・デ・リグオリの列聖の過程が始まり、神学的著作が出版されると、その思想はより入手しやすくなった。ドゥ・ディースバッハの弟子のひとりピオ・ブルノーネ・ランテーリは、トリノを中心に活動し、著述や黙想会をとおして広く影響をおよぼしていた。これらが隣国サヴォワのシャンベリーに衝撃を与えた。一八一五年には、シャンベリーの聖職者のあいだで、新しい神学を進んでうけいれようという機運が盛りあがった。実際、このころ、ランテーリの著述や私的な影響力が、すでに新しい思想と神学の流れをくむフランスの聖職者たちと共鳴しだしていた。まずユージェーヌ・ドゥ・マズノとシャルル・ルブランが、のちにグルーセ神父、ヴィルクール神父、およびドゥラル神父である。ファーヴル自身も、サヴォワのみならず、フランスでも大きな影響力を有していた。しばらくサヴォワの宣教師会の院長をつとめ、アルフォンソ・デ・リグオリの神学を教えの基盤とする説教師を送ってほしいという依頼をうけていた。

　このように、ソフィー・バラはファーヴルと出会ったときに、トリノの修道会がウィーンに拡大したときにレオノール・ドゥ・トゥルネリとジョゼフ・ヴァランをかたちづくった思想に、ふたたびめぐり会ったのである。ただし、いまやソフィーは私的な完成のあらたな段階に入っていた。ファーヴルが差しだした神の姿は、過酷で厳格なものではなく、愛と慰めにみちていた。これが、恐怖時代のただなかにルイが母に贈った聖心の画と結びついた。しかし、ルイの指導がキリストの聖心に顕わされた神の愛を強調しなかったため、聖心の信仰のうちなる意味が、彼女の内的世界、とくに祈りの世界を変えるほど大きくは作用しなかった。また、ジョゼフ・ヴァランとともに聖心の信仰を求めることもなかった。内面の奥底からヴァランを信頼していなかったからだ。ソフィーの正念場であった歳月に、ヴァランは彼女の権威を認めず、是とせず、支えもしなかった。一八一五年以降、ソフィーは聖心会の統治にかかわる問題にかぎり彼に相談し、私的な問題を相談することはまれだった。ジョゼフ・ヴァランはソフィーのうちなる動揺や不安に気づき、霊的指導を申しでたが、彼女の信頼を勝ちえることはなかった。

　ファーヴルの教えと導きは、ソフィーのうちなる世界を広げ、信用と信頼でみたした。また、彼が聖心会の統治に直接的なかかわりがなかったため、ソフィーはより自由に助言をうけることができた。ふたりとも似たような経験を分かちあっていた。ファーヴルもソフィー同様、幼年時代から病気がちで、思春期以来、良心の呵責、とくに罪と聖体拝領についての心配に苦しめられてきた。それらの「懸念は、数人のフランスの神学者たちが唱える……いくつかの信条の厳格さに端を発していた」

　家庭と神学校でジャンセニスムの影響下にあったため、ファーヴル自身も思想を変えるのに時間を要した。ファーヴルにとって、リグオリの神学は解放とうちなる平和の源になる。彼はこの個人的な経験を教会内のほかの信徒にも伝えたいと望んだ。ファーヴルの議論によると、教会は頻繁な聖体拝領について公的には賛否を示していないので、頻繁な聖体拝領をすすめても正統性には抵触しない。シャンベリーでは同僚たちに抗議されつづけたが、精力的にみずからの立場を弁護した。

> わたしは異端者でもプロテスタントでもない。さりとて、ジャンセニスムにもガリカニスムにもくみしない。心からの教皇権至上主義者（ウルトラモンタン）である。

　これがファーヴルの確信である。それゆえソフィー・バラは彼を信頼するようになる。ふたりのあらたな関係は、ソフィーにとって決定的な時期に築かれた。ソフィーが人生の仕事において、先に進むために、より深く、強いなにかを求めていた時期だったのだ。ファーヴルをとおして、ソフィーは聖心（みこころ）の信仰の内実を、神を愛し、裁きも咎めも脅しもされずに神に愛されることの意味を経験した。この教えは慰めと力を与えたが、内的世界への大いなる挑戦でもあった。その領域では、いともたやすくジャンセニスムやリゴリスムにもとづく神概念と自己像に逆もどりしてしまい、神と自分についてのふたつの観点のあいだでひき裂かれた。子どものころからリゴリスム的、ジャンセニスム的な視点に深く染まっていたばかりではない。ファーヴルの思想を拒絶する公的な世界、とくにパリにも抗わねばならなかった。ファーヴルの見解はソフィーに大いなる解放を約束したが、彼女がそれをうけいれ保ちつづけるのは容易ではなかった。ガリカニスム、ジャンセニスム、およびリゴリスムにどっぷりつかった多くの司教や司祭を相手にせねばならなかったからである。ソフィーは自分の人生のこの領域は秘密にしておきたかったので、友人たちに新しい指導者のことを話さなかった。後日、ふたりともファーヴルの指導をうけるようになってから、ルイーズ・ドゥ・リマングには秘密を打ちあけた。ルイーズにだけは、ファーヴルの教えとそれが自分の人生に与えた影響を語りえたのである。

　ファーヴルの見解は、ソフィー・バラにとってさらなる価値があった。ローマから発せられる活力との遭遇をもたらしたからだ。教皇庁は確実に自信をとりもどし、権威をふたたび主張していた。この意味で、一七八九年以来、フランスを揺るがした動乱のあと、かなたのローマの、永遠の都の、丘の上の町の姿はきわめて魅力的だった。ローマは遠くの、山々の向こうの、かなたにあり、「ウルトラモンタン」だった。また、ローマには三つの顔があった。第一の顔はキリスト教の頸木(くびき)に身をまかせた古代とルネッサンス時代のローマ、第二の顔は諸聖人、殉教者、カタコンベのキリスト教時代のローマ、第三の顔はカトリック教会を一新させ、宗教改革と啓蒙の時代に失われた地歩をとりかえす霊的活力にあふれたローマである。さらに、すべての真実と教義の正当性の焦点として、地上におけるキリストの代理である教皇をいただく、理想の都市国家の模範である教皇領のローマだった。ナポレオンによって屈辱をなめた教会は、いまや確固たる歩みで前進を始めていた。ファーヴルは頻繁な聖体拝領についての見解の裏づけにローマの権威をひきあいに出し、この脈絡で教皇権至上主義者(ウルトラモンタン)と自称した。しかし、教皇権至上主義(ウルトラモンタニスム)はリグオリの神学を象徴するだけでなく、より複雑な意味合いをもっていた。フランスでは、ながらく育まれたガリカニスムの権利と権力を、教皇庁が侵害するのではないかという怖れを意味する。ガリカニスムの権威と伝統が唯々諾々とローマに屈しないことを、ソフィーは身をもって体験することになる。

良かれ悪しかれ、聖心会はパリにしっかりと中心を据え、貴族階級と司教団と密接につながり、フォーブール・サン＝ジェルマンの世俗性にとらわれ、リグオリの思想とかかわりを拒む霊性と神概念に閉じこもっていた。ドゥ・クラン大司教は一八二六年にパリでおこなわれた聖職者のための黙想会に、ファーヴルを招き説教を依頼したが、その後、二度と頼まなかった。ファーヴルの著書『開かれた天』が出版されると、パリでは内容および形式の双方が批判された。直感的に、しかし難儀な思いをしつつ、ソフィーはファーヴルの教えの健全さを認めるにいたったが、修道会においても司教団においても、自分と意見を異にするひとびととともに働かねばならなかった。そのため、ソフィーは二重生活を強いられた。ふたつの神の姿のあいだでひき裂かれたのである。かたや厳格で社交界受けのよい神、かたや温和で社交界受けのよくない神である。そのため、より温かい霊性に向けての彼女の旅は、苦労と緊張を強いられる。

このうちなる旅のさなか、ソフィーは聖心会を統治しつづけ、一八二三年三月の病から回復すると、ローマで会憲の認可を得るための手続きを始めた。ファーヴルと出会う前から、直感的に、聖心会にはできるだけ早急なローマの正式認可が必要だと考えていたのである。教皇の認可はソフィーの権威を追認し、一定の自立を確約し、フランス国外の司教区への往来を容易にする。同時に、この認可が、会を動揺させ分裂させるサン゠テステヴ一派の力を、除去しないまでも削減してくれるのではないかと期待した。かくて一八二〇年の第二回総会の仕事は、修道会の統治のさまざまな要請をみたしたが、さらなる改善への踏み台にすぎないとソフィーは考えた。第二回総会の直後、ソフィーは計画のつぎの段階に入った。一八二三年夏には、ローマと正式に交渉する機が熟したと判断し、同年八月、ソフィーはフィリピーヌ・デュシェーヌに手紙を書き、聖心会が正式認可のためにローマ教皇庁に会憲を送ったことを打ちあけた。ただし、手続きが長引いて論争をひきおこすことを危惧し、内密にしてほしいと断っている。それにはもっともな理由があった。サン゠テステヴがいまだにローマにおり、手続きに介入しないともかぎらなかった。事実、その前年、サン゠テステヴはフランスを訪れ、グルノーブル周辺を旅していた。ソフィーはテレーズ・マイユシューに、彼が当地の修道院を訪れることを許さず「冷ややかにあつかう」ように頼んだ。また、ローマにいるイエズス会のフランス代表の総会長補佐ジャン・ロザヴェンと連絡をとり、会憲提出の手続きの始めかたについて助言を求めた。ロザヴェンはとくにサン゠テステヴに口外しないことの重要性を認めたが、一八二四年初頭、ソフィーにこう請けあっている。

これまでムッシュー・ドゥ・S〔サンビュシー・サン゠テステヴ〕はなにも知りません。かならずや気づくでしょうが、妨害する機を逸するでしょう。

とはいえ、ロザヴェンは聖心会に肩入れすることに自分なりの懸念があり、自分の役割が公にならないことと、イエズス会が表立って手続きに関与しないことを条件に、援助を引きうけた。ローマで聖心会とイエズス会との絆があまりにも緊密に思われ、さまざまに取り沙汰されている、とソフィーには述べている。

むろんイエズス会はわれわれの会憲にのっとり、あなたがたをあらゆる方法で支援すべきです。ですが、ご存知のように、あなたがたにはとくに衆目が集まり、われわれも同様です。あるところでは、あなたの修道会がわれわれと特別な関係にあると一般に信じられてきました。たとえば、シャンベリーで、あなたがたは「女子イエズス会」と言われたではありませんか。こうした噂を消しさることは、われわれにとってむずかしかったので、〔聖心会から〕すっかり手を引かざるをえませんでした。おなじことが、ほかの場所でも生じうるのです。アミアンでは……イエズス会士たちと聖心会会員とのあいだにあまりにも密な交流がありました。〔彼らは〕ともに訪問し、食事をとりました。あなたの会員のひとりが、いまやどちらか忘れましたが、算数だったか歴史だったかの手ほどきを、あるイエズス会士からうけていたことが発覚したではありませんか？　そのイエズス会士はそのような仕事をしてはならず、できないはずだったのです。

提示される会憲と会則に添えられた嘆願書は、パリで作成され、ソフィー・バラ、二名の総長補佐ジョゼフィーヌ・ビジューとアンリエット・グロジエ、および総長顧問のひとりユージェニー・ドゥ・グラモンが署名した。ドゥ・タレイラン＝ペリゴール枢機卿の後任としてフランス宮廷司祭となった、聖心会の聖職者総長ドゥ・クロワ猊下が、彼の代理人ペロー神父とともに、出願を後押しする手紙をそれぞれしたためた。これらの手紙には、さらにフランスの数人の司教たちからの賛同の手紙が添えられた。すべての書類はローマの司教・修道者聖省に送られ、一八二三年九月、ピオ七世の後任にレオ一二世が教皇に選出されると、まもなく手続きが開始された。ソフィーはまったく議論にたずさわらなかった。教会は女性に交渉する法的権利も、自分たちの修道生活に直接かかわる件への関与も許さなかった。権力と決定権のこの領域は、聖職者に占有されていた。このような状況にあっても、ソフィーはローマとフランスの友人たちの尽力に恵まれ、手続きの進行とともに、実現にむけて働く有能な聖職者たちの知己を得るにいたる。

聖心会の会憲の実際的な目標と霊感が、ローマで問題になったわけではない。会の霊性も教会のもとでおこなおうと提唱する教育の仕事も、高く評価されていた。一八一五年後の時期は、教会の復興と再生の時期であり、社会におけるキリスト教的な価値観を復活させる女子修道会ならいかなるものであれ、歓迎され、支持された。ところが、会憲にいくつかの変更が求められた。これは、女性の正式な修道生活といえば、厳格に禁域制度を守るもの以外は考えられない教会権威の態度を示すものだった。この態度は、女性はつねに保護が必要で、男性の許可なしに自由を認められないことを当然とする、社会一般に根ざす通念を反映していた。そのため、修道会が教皇からの正式認可を求める場合、盛式誓願とともに教皇のもとの禁域制度が遵守されることが前提とされた。司教区の司祭の認可ではなく教皇庁のもとの禁域制度は、女子修道会の会員が「この世」とも呼ばれた社会とのあらゆる接触を完全に断つことを求めた。それはまた、格子やそのほかの、世間からの隔絶をあらわす象徴を意味していた。フィリピーヌ・デュシェーヌがサント＝マリー＝ダン＝オーの訪問会に入会したときに経験した生活もこのようなものだった。

ソフィー・バラは聖心会会員のために、教皇だけが無効化できる盛式誓願を望んだ。教皇の認可によって会がより自由に拡大し、司教区の司教からある程度、独立できるからだ。一方、教皇のもとの厳格な禁域制度は望まなかった。教皇によってのみ無効化される盛式誓願と、教皇のもとの厳格な禁域制度を別個に切りはなしたソフィーの請願書は、当時、革新的だった。実際、一八二〇年の第二回総会の折に、パリの修道院の新任の聖職者修道院長フレシヌス猊下が述べている。

この世との接触を保ちながらも真正の修道女となるとあなたがたは願っていますが、勇気ある、いや無謀でさえある企てにのりだしたといえます。この件は、もっとも信仰篤いひとに〔さえも〕この世がおよぼす、ほとんど目に見えない影響に、いかに警戒せねばならないかを、あらためて認識させました。

聖心会の要求は、教会内ではじめてのことではなかった。一七世紀以来、ヨーロッパのさまざまな国の女性たちが、とくに禁域制度の問題とのかかわりで、カトリック教会内の女性の修道生活のかたちと構造を再定義する方法を求めてきた。この意味で、聖心会が採用した修道生活のかたちはさほど冒険的なものではない。ソフィー・バラとその同僚たちは、とりたてて禁域制度をめぐる修道生活の再定義をめざしたわけではないが、教育の仕事そのものの要求と、フランス内外の聖心会の修道院を旅するうえで、修道女たちがある程度の可動力をもつ必要性について、実務的に考えた。ソフィー・バラは終身総長であり、聖心会のすべての修道院を統治していた。そのため、ある司教区からべつの司教区へ、国内のある地域からべつの地域へ、ひいてはべつの国への人員の移動が可能な統治の構造を求めていた。加えて、より近づきやすく、以前ほど厳しくもよそよそしくもない姿を、会そのものが生徒やその両親に広く印象づけることも、ソフィーのねらいだった。このふたつの理由のために、聖心会は禁域制度のもたらす制約から解放されねばならなかった。

一方で、聖心会は比較的厳しい禁域制度を守る従来の修道生活を選びとっていた。一八二〇年の第二回総会の途中、禁域制度はこの観点から検討され、会員たちの旅や訪問についての規則が起案された。訪問者、聖職者、医師、および家族が修道院の非公開の部分に立ちいる条件も決定された。会員がうちなる霊的な成長への召命をみたす条件が保証される方法として、ソフィー・バラはこの修道生活のかたちを選んだのである。みずからカルメル会への憧れを生涯いだき、それが彼女の聖心会のための選択を方向づけた。祈りと内省に身を捧げる修道女となるには時間と空間が必要なことを知っており、これこそが禁域制度の機能だととらえた。ソフィーはこの見解を変えるにたる理由を見いださず、晩年はより禁域制度の重要性を主張しがちだった。それでも、聖心会が遂行したいと望む実際の教育の仕事の性質ゆえに、ソフィー・バラは当初から格子の設置に異議を唱え、生徒やその両親をよせつけないような禁域制度のかたちを拒否した。禁域制度そのものの廃止を求めたわけではない。それが彼女の考えではなかった。むしろ、教育の仕事の観点に立って、およびもっぱら司教区の枠組から聖心会の会憲や仕事を解釈しがちだった各司教区の司教たちからの解放を願って、禁域制度の修正を求めた。そのため、一八二三年にローマ教皇庁に提示された書類には、禁域制度をめぐる各司教区の司教の役割がまったく触れられていない。

ローマでの認可の嘆願書を提示するとき、ペロー神父はなぜ聖心会が教皇のもとの禁域制度を望まないかを説明した。生徒の両親が格子や厳格な禁域制度を嫌い、それらを嫌うあまり、修道院運営の学校ではなく世俗の団体が運営する学校をより好むことを論拠としている。

……これらの深刻な障害を注意深く検討したのち、信仰と神のより大いなる栄光への熱意にみたされたあるひとびとは、聖心（みこころ）を記念する修道会を設立する計画を起案しました。この修道会は以前の修道会よりも、今日の道徳、慣行、そして要求にかなうものになるでしょう。熱意や生活の規則性は、信仰が規定する方法により維持されるという構想です。それらの方法とはすなわち、毎日二回の祈りの義務、良心の糾明、外見的な慎ましさの維持、および完全なる従順の励行です。神が創立者たちの見解に祝福をお与えになりました。誕生してから今日までほぼ二四年間のあいだ、この修道会は会則への誠実を維持し、フランスのほかの修道会にとっての熱意の鑑として引合いに出されてきました。また、厳格な禁域制度の不在が往々にしてもたらす弛緩や悪弊が認められたことはありません。加えて、ここに検閲のために提出いたします会則のさまざまな保証条項により、これが阻止されているようです。修道会の各修道院の寄宿生の人数はめざましく増加しました。生徒だけでなく多くの修練女や誓願を立てた修道女たちは、今日のもっとも高名な家系の出身です。すべてがこの新しい修道会の繁栄を約束するものと見うけられます。

むろんローマの権威たちは、とりわけパリにおいて、カトリックの学校に子女を入学させようとする両親を思いとどまらせたくはなかった。当時のパリには、娘を入学させることができる定評ある世俗の学校がいくらでもあった。つづく三年間、ある合意の成立にむけて、事は進行した。すなわち、聖心会に教皇のもとの厳格な禁域制度が課されない一方、会員の可動性について、および修道会の各修道院の非公開の部分への立ちいりについて、さらなる制約が課せられる、というかたちで。それでもローマの権威たちとの取り決めは、当時としては重要な特権であり、教育の仕事を念頭においてのみ与えられたものである。その反面、各司教区の司教の役割を強調することで、すべての修道院と修道院長への男性による管理は存続した。これこそまさに、ローマに正式認可を求めることで、ソフィーと同僚たちがまぬかれたいと考えた束縛だったのだが。

一八二三年に聖心会が認可のために提出した文面は、その目的と前提を明示する。

> イエスの聖心（みこころ）の栄光のために、修道会の会員は自分の個人的な完徳にのみ専心するのではない。彼らの隣人の救いと完徳のために全力を尽くすことにも献身する。そのために、外見は簡素で普通の修道生活のかたちを採用する。不快感をもたらし、不安な想像をかきたて、神のために勝ちえたいと願うひとびとを追い払うことがないようにとの配慮からである。……そのもっともたいせつな利点とともに禁域制度を維持するものの、この修道会における禁域制度は、各自の個人的な完徳の追求にのみ献身する修道会の禁域制度とおなじものではありえない。特別な方法で隣人の益と奉仕のために働こうとする、この修道会の精神と目的に応じて、禁域制度が緩和され、変更され、適応されねばならない。

最初の段落は微細な訂正を加えられて承認されたが、二番目の段落は抜本的に変更された。

> ……誓願の完全性を保つために、そのもっともたいせつな利点とともに禁域制度を維持するが、禁域制度はこの修道会の精神と目的に応じて緩和され、変更されねばならない。必要に応じての教会法規からの免除は、各司教区の管轄司教により管理されるものとする。

修道女がみずからの必要を決定し、自律的に行動し、自由に旅することなど、ローマの教会権威には思いもよらなかった。家庭内同様、教会内でも、監督する男性のいない女性は、理解をこえ、想像を絶し、したがって定義できなかった。ローマ教皇庁としても、各司教区の司教、とりわけフランスの司教たちを無視や挑発はできない。司教たちは修道会を管理する自分の権利を失うまいと警戒していた。ソフィー・バラには修正をうけいれる以外の道がなかった。会憲の認可は二段階をへておこなわれた。一八二五年九月、教皇が聖心会に認可を与える教令を発布した。しかし、この教令の伝達はきわめて非公式なもので、ソフィーもペロー神父も数か月後にはじめてそれを耳にする。結果的に、教令が認知したのは、聖心会がたんに教会内で重要な仕事をおこなう修道会だという事実にすぎない。正式な教皇認可は与えられなかった。会が教皇のもとの禁域制度を遵守できないからだ。ペロー神父は結果に喜び、このまま認知をうけいれるようにソフィーをうながした。この教令によって、禁域制度の問題は解決され、聖心会は教育の仕事を最善のかたちで発展させる自由を得る、と神父は考えた。これは事実だった。しかし、ソフィーは教令の内容に落胆した。以前と同様、聖心会が各司教区の司教の管轄下におかれ、会員の奉献は単式誓願と同等にあつかわれ、各司教区の司教の権威によって解消されうることを意味したからだ。これではどう見ても、時間の経過とともにソフィーの総長としての役割は侵食され、聖心会の中央集権的な構造は各司教区の管轄下に矮小化されるだろう。積年の苦労が水の泡になりかねない。さらに、めざましく発展する修道会の総長としての機能を行使するための自由の必要性を認めるとともに、ソフィーは地域の要求や個人的見解に応じて聖心会の会憲の変革を望む司教や聖職者にたいする、個々の修道院のなんらかの防護策の必要性も認識していた。

当時、ソフィーはトリノの修道院にまつわる問題にとりくんでいた。一八二一年、サルディニアの国王と王妃が、ピエモンテに修道院を設立してほしいと持ちかけ、その目的のためにトリノの土地や建物を差しだした。宮廷と聖心会のあいだで交渉がおこなわれ、トリノ大司教ドン・コロンバーノ・キアヴァロッティはまったく関与しなかった。会員たちが実際に到着し、司教区に落ちついたのち、ソフィーはようやく大司教に正式の手紙を送り、不手際を詫びたものの、時すでに遅かった。これはソフィーの戦略的・外交的過失であり、修道院はつねに大司教の不興を思い知らされた。無視された大司教は、宮廷にも修道院にも激怒した。大司教はベネディクト会のとりわけ厳格な一派であるカマルドリ派に属し、完全な教皇のもとの禁域制度と誓願を遵守しない聖心会を、まともな修道会として認めなかった。大司教はリゴリスムを信奉し、リグオリの神学を否定し、ドゥ・ディースバッハやランテーリによってトリノに設立された修道会を執拗に困らせた。ソフィーは敵を作り、やがて聖心会と大司教のあいだの緊張関係がローマ教皇庁にも伝えられる。

トリノ大司教の見解が決して彼ひとりにとどまるものではない、とロザヴェンはソフィーに警告した。また、彼女にみずからの禁域制度についての見解を再考するように迫った。

あなたがこの点に固執すれば、正直なところ、あなたが求める類の認可を得ることも、イタリアに修道院を設立することもできないでしょう。どこに行っても、トリノで直面したような、あるいはもっと厳しい困難を経験するでしょう。時代の思考に応じねばならないというあなたの主義は妥当です。しかし、時代の思考を斥けねばならないという主義もまた、多くの場合、おなじく妥当なのです。硬直しすぎず、妥協しすぎず、この二極のあいだで均衡を保つことこそ賢明です。禁域制度についてトリエント公会議が定めた教会法規は、わたしにはきわめて賢明で意義深く思われます。かつてよりもわれわれが生きるこの時代にとって、その必要性が減じられたとは思いません。……創立当初の熱意だけに頼り、将来を見とおすことのなかった修道会の創立者が、確固とした修道会を築きあげたためしはありません。

あきらかにトリノ大司教の主張をうけ、ローマ教皇庁の権威が聖心会に正規の教皇認可を拒絶したとき、ロザヴェンの見解は裏づけられた。当時、トリノの修道院長だったジョゼフィーヌ・ビジューは、状況が耐えがたいものだとソフィーに報告した。彼女は大司教が強要する制約から会を解放するかたちの認可を、交渉により勝ちえてほしいとソフィーに提案した。そこで、一八二五年九月の教皇の教令は、聖心会が教会内で占めている位置になんの変更も加えなかったというロザヴェンの主張をよそに、ソフィーはローマとの交渉を再開し、聖心会への教皇認可をさらに懇願することを決意した。そして、たとえ会議には積極的に参加できないとしても、このたびは自分の代理として聖心会会員がその地にいることが必要だと考え、アンジェリク・ラヴォダンとマリー・フォンサラとともにジョゼフィーヌ・ビジューを聖心会の意向の代表として、ローマに派遣した。

前回の教皇認可の申請と同様、禁域制度と盛式誓願がふたたび要の問題となる。一時は譲歩を勝ちとることが不可能に思えたものの、ローマにおける粘りづよい交渉者の助力を得て、折衷案が提案された。ロザヴェンはレオポルディーヌ・ノーデへの手紙でこれを要約している。

> 聖心会の交渉をめぐる状況は、以下のとおりです。教皇はおおいに斟酌され、関心を示され、会の誓願書をうけとり、三人の枢機卿に検討を依頼なさいました。あらゆる兆候から、数週間もすれば有利な結果が得られると期待されます。会員たちは盛式誓願を立てません。それに必要な禁域制度のかたちをフランスの情勢が許容しないからです。ですが、会員の誓願や会憲は、小勅書で認可されるでしょう。修道生活の三誓願に加えて、教皇によってのみ免除されうる定住誓願を立てることになります。この認可は当面、きわめて適切でしょう。のちに情勢が好転し、より完全なかたちの禁域制度が許されたときには、盛式誓願の許可を申請する権利も修道会に与えられます。

教皇のもとの禁域制度の遵守をともなう伝統的な盛式誓願を立てる権利は、聖心会に与えられなかった。会の修道生活が、盛式誓願の伝統的な解釈と相容れなかったからだ。とはいえ、聖心会が独自の、妥当な言い分を提示したことは認められた。折衷案が示された。会員は終生誓願のときに（聖心会にとどまるという）定住誓願を立て、教皇のみがこれを免除できることになった。定住誓願を導入することで、聖心会は教皇認可を得たものの、ソフィーは依然として、修道院から修道院へ、国から国へと移動する会員たちの旅の手順について司教の管理をうけいれねばならなかった。ロザヴェンはこれを妥協策、つまり聖心会の正式認可を教皇から得るための方策とみなした。とはいえ、フランスの聖心会で実践されていた禁域制度のかたちには、まったく反対だった。女性にとって厳しさに欠けると考えたのである。

聖心会の会憲を検討するローマの委員会のさらなる決定が、会における教皇の権威をより強めた。ソフィー・バラ個人を監督する聖職者総長職にだれが就くかについて、権限をめぐる争いの種がもちあがっていた。各司教区で司教かその代理人といった男性が女子修道会の監督権を有するのとおなじく、女子修道会の総長は聖職者に監督されねばならない、と教会法規に定められていた。一八一五年以来、聖心会の聖職者総長はドゥ・タレイラン＝ペリゴール枢機卿であり、枢機卿はみずからの代理にペロー神父を任命していた。枢機卿が亡くなると、パリ大司教としてのドゥ・タレイラン＝ペリゴールの後任はドゥ・クラン猊下だったが、国王ルイ一八世はドゥ・クランをフランス宮廷司祭に任命せず、ストラスブール司教ドゥ・クロワ猊下をこの職に任命した。これがソフィー・バラにとって緊張状態をもたらした。ドゥ・クラン猊下はパリ大司教としてパリの聖心会修道院の監督権を主張した。しかし、総長としてのソフィー・バラはフランス宮廷司祭の監督のもとにあった。ドゥ・クラン大司教は自分の権限が縮小されると考えて立腹し、会の教皇認可に必要な手続きだったにもかかわらず、しばらくは自分の司教区における聖心会を承認せず、ようやく一八二五年五月になって承認を与えた。ローマの枢機卿たちはこの問題の困難と抗争をもたらす可能性に気づき、将来的にこのような緊張を避けるため、教皇庁の枢機卿を聖心会の保護枢機卿に任命することを決定した。これはソフィー・バラにとって好都合だった。自分とパリ大司教とのあいだの緊張関係をやわらげ、みずからの権威を司教や聖職者から離し、行動範囲を広げたからだ。もっとも、パリ大司教とフランス宮廷司祭のふたつの役割がもたらす矛盾を除去したものの、フランスの司教たちが基本的にかかえる不満を解決するにはいたらなかった。彼らは教会の国内問題への教皇庁の介入に憤慨した。修道女は国内問題と考えられたからだ。しかも、当初、フランス革命中に、のちにナポレオンによってもたらされた長年の屈辱のあとで、教皇と教皇庁が、聖心会をめぐる決定をとおして、権威を重ねて主張しているのはあきらかだった。ともあれ、この件は自分の領分においてより自由な行動を求めるソフィー・バラに好機をもたらした。この種の教皇権至上主義（ウルトラモンタニスム）は彼女にとって好都合だったのである。

　一八二六年八月、ソフィーは聖心会に回状をしたため、会の総会で修正事項が承認されることを条件に、教皇が会憲に認可を与えたことを告知した。九月二九日に始まる第三回総会を招集し、この総会がローマの委員会から求められた会憲への修正を検討する。同時に、一八二〇年以来の会の修道生活も再考することになる。総会の出席者は九月末にパリに集合したが、会憲の修正の文案がローマから届いておらず、提案された修正を討議できなかった。ロザヴェン自身が修正された会憲をイタリア語で作成する作業をひきうけていたが、これは討議のさらなる延期を意味した。文案がパリに届いたあとにフランス語に翻訳されねばならないからだ。待っているあいだ、総会は当面の業務をあつかった。いずれにしろ、聖心会がローマで提案された修正をすべて承認することはあきらかであり、総会の承認は法的手続きにすぎなかった。

　ソフィーは、文案の到着と仏訳の完成を待ちながら、総会が緊急に対処すべきほかの問題をあつかった。一八二四年、フランス政府はすべての女子修道会に法的認可を与えると宣言した。各修道会は一八二七年一月一日以前に規則を提示し、政府の認可を得るように呼びかけられた。この日付までに規則を提出しそこねた修道会は、フランス内でのいっさいの法的身分を失うことになる。ソフィーは苦しい選択を迫られた。どちらの可能性にも長所と短所があった。フレシヌス猊下は公教育・宗教大臣で、ソフィーの友人かつ政府関係の問題の相談相手でもあったが、政府の呼びかけに応じ、聖心会の法的身分を確保すべきだ、とソフィーに言った。一方、ペロー神父はこれに反対し、修道会の自由をそこなうと論じた。教皇権至上主義者のフェリシテ・ドゥ・ラムネは、これを教会関係の問題への政府の侵害として危険視し、一八二五年一月、貴族院で反論した。彼の議論によると、政府は一八二五年一月一日の法律にもとづき、その気になれば修道生活を解消する権力を有する。宗教上の権利へのいかなる侵害も由々しきものである。一八二五年一月一日の法律は、たしかに各修道会への広範におよぶ権限を政府に与え、行政府当局や、国家の代理人としての司教たちが女子修道会にふるう権力を強化した。とはいえ、これらの権力が濫用される可能性は低かった。当時の政府は修道女に温和な態度で接していたからだ。本件でソフィーが助言をあおいだ司教たちは書類の提出を勧め、彼女自身もそうすれば聖心会にさらなる安定がもたらされると判断した。

第三回総会はこの件を充分に討議した。総会出席者たちの主たる懸念は、ローマで認可の公式手続きが完了したとはいえ、ローマはフランス政府にとっては他国だという点である。聖心会がローマから正式認可を求める手続きの途上にあり、会がフランス国外（ルイジアナ、サヴォワ、ピエモンテ）に修道院を有しているとフランス政府に知れたなら、その時点で即座に権限と権威をめぐる闘争が始まっただろう。その反面、サヴォワ、ピエモンテ、そしてとくにルイジアナに修道院があるという事実が、ローマでの認可の手続きの追い風になった。相反するふたつの視点は、潜在的な緊張関係をはらみ、これがのちに表面化し、長期にわたる論争を引きおこすことになる。一八二五年一月一日のフランスの法律についてのローマの見解、とくに教皇の見解をソフィーはロザヴェンにたずねている。ロザヴェンはこう答えた。教皇は他国の法律に干渉しない。すべてを考量すると、フランスの法律の要求に応じたほうが得策だろう。ドゥ・ラムネの見解には反対である。彼の予言は悲観主義的にすぎる。あらゆる見解を比較考量したうえで、一八二六年一〇月二日、ソフィーは聖心会が法的認可を申請するべきだと提案した。この発議は大多数の賛成を得て、総会で承認された。一八二六年一一月、聖心会の規則が提出され、一八二七年四月二二日、認可の国王布告が与えられた。この手続きから発する対立のことはおろか、それがいかに会を分裂させ、深い傷を残すことになるかも、このときはソフィーもその同僚たちも予想だにしなかった。

総会のあいだ、急速に発展する会の修道生活や要望などにかんする業務も論議された。一八二〇年の第二回総会時とおなじく、一八二六年の第三回総会時にも、事前に議案が作成できるように、ソフィーは総会出席者に総会であつかいたい問題、質問、および提案をあらかじめ提出するように呼びかけた。加えて、出席者は自分の修道院の人事関係の要望の一覧表と、ほかの修道院に送るあるいはほかの修道院と交換することが可能な人員について、なんらかの示唆を提出するように求められた。聖心会全般と各修道院の財政状況と、会員の霊的生活と教育の仕事も検討された。一八二六年一〇月一〇日、ある重要な決定がなされた。ひとりの会員がソフィーに手紙を送り、総会に質問を提示してほしいと依頼していた。会員の質問、および総会の回答は以下のとおりである。

——わたしたちは、下層中流階級のための教育の仕事をおこなうことができますか?

総会はこの企てを拒まないものの、当面のあいだ、これは不可能だと決定しました。

良かれ悪しかれ、貴族と上層中流階級、および貧困層に的を絞るという決定が、教育の領域における聖心会の評判を確実なものにした。ただし、これは原則にすぎない。実際には、会はフランスでもルイジアナでも、いくつかの学校に下層中流階級の生徒を寄宿生としてうけいれていた。会の学校内の社会階級間の区別は保たれていた。一八二九年、ソフィーはニオールのマドレーヌ・デュ・シャステニエにつぎのように述べている。孤児は寄宿生同様、学校で総長の守護聖人の祝日を祝うことができるが、通学生は校長の守護聖人の祝日を祝うことができると。この発言が示すように、ソフィーの考えでは、富裕層と貧困層が会の主たる関心であり、通学生はほかの範疇に属し、おなじ資格を有しなかったのである。

一一月末、第三回総会の仕事は終わり、依然として会憲の文案がロザヴェンから届いていなかったため、ソフィーは新年まで会議を延期した。一八二七年三月末、仕事を再開し、会憲への変更を批准し、四月七日、役職の選挙をもって閉会した。総会は一八二七年に選出された会員は、たった数年のあいだの会の発展を反映していた。一八二〇年の修道院数は一一だった。アミアン、グルノーブル、ポワティエ、ニオール、ボーヴェ、フロリッサン、パリ、カンペール、シャンベリー、ボルドーおよびラ・フェランディエールである。一八二七年には一七に達していた。一八二一年創設のフランスのル・マンとルイジアナのグラン・コトー、一八二二年創設のフランスのオータン、一八二三年創設のフランスのブザンソンとピエモンテのトリノ、および一八二五年創設のルイジアナのセントマイケルズである。

一八二六年から二七年にかけての第三回総会で、影から表舞台に躍りでたのはジャン・ロザヴェンだった。会憲認可の手続きのあいだ、ロザヴェンは聖心会の問題に徐々に深くかかわるようになっていた。とはいえ、依然としてソフィー自身は彼と面識がなかった。ロザヴェンは会の発展を注視していた。ローマに在住しており、フランス代表のイエズス会の総会長補佐だった。地理的には遠方にいたが、聖心会の問題についての知識は日に日に増していった。かつてはロンドンに本拠地をおく信仰の霊父会の一員であり、ローマの教会権威にたいして公にパッカナーリを告発した。パッカナーリの失墜により、信仰の霊父会はローマの本部との関係を断つことを余儀なくされ、その時点で、一八〇四年にロザヴェンはロシアのイエズス会士たちのもとに行こうと決意する。当時、ロシアはイエズス会が廃止されていない唯一の国だったからだ。皮肉なことに、一八一四年、ヨーロッパの他国でイエズス会が復興すると、一八一五年にロシアで廃止されたため、ロザヴェンはしばらくフランスにもどる。一八二〇年、フランス代表の総会長補佐に選出され、残りの人生をローマですごすことになる。当地ではノーデ姉妹との接触を再開した。姉ルイーズ・ノーデはヴェローナの聖家族修道会と称する修道会を創立していた。ロザヴェンはレオポルディーヌが新しい修道会のために会憲を作成するのを助け、そのとき、つねに聖心会とソフィー・バラのことを話題にした。

一八二一年、ロザヴェンはレオポルディーヌ・ノーデにつぎのようにしたためている。

マダム・バラと彼女の修道会についてのわたしの見解は、あなたのものと似ています。お姉様に申しあげたことからもお察しでしょう。会の仕事にはやや華美なところがありすぎます。担当のひとびとに謙虚さが欠けているわけではありませんが、修道会には充分に確固たる礎がないように思います。この美しき美徳〔謙遜〕が、外面的な豪奢と賞賛の雰囲気のなかでながらく生きつづけるのはきわめてむずかしいのです。むろん、その雰囲気は当人たちが求めたものではないとはいえ、つねに危険をひきおこします。わたしがとりわけ疎ましく思うのは、彼らの寄宿学校でおこなわれる公開の試験です。まったく不適切で、生徒にも教師にも落とし穴になりかねません。

かつて一八〇五年、アミアンの学校が祝日や学校行事にあまりにも凝りすぎるとして、ジョゼフ・ヴァランはサン゠テステヴを批判した。ヴァランはとくに一八〇五年九月に学校でおこなわれた公開試験とそれにつづく賞の授与式を槍玉にあげた。その一五年後、今度はパリのフォーブール・サン゠ジェルマンで、聖心会は公開試験をおこなう慣行をつづけていた。それ自体はささやかな行事だったものの、これらの慣行は若い女性を公の席で披露し、彼女たちにとっての教育の重要性を際立たせた。ロザヴェンはこの女性観の変化を拒否し、おおかたの同時代人と変わらない意見をレオポルディーヌ・ノーデに述べている。

恥じらいと慎みがその魅力であるべき若い少女が、公の席に登場し、百人かそれ以上のひとびとの面前でいともやすやすとしゃべることに、なんら必要性も有益な目的も見いだせません。その百人のなかで、少女の母親はたったひとりだというのに。少女が得るのは、むなしい喝采だけであり、もし、その結果、少女の謙遜がそこなわれ、心のなかに虚栄心が巣食えば、高い代償を払うことになるのです。わたしは若い女性が人目を引くのをよしとしません。むしろ、彼女の美点が、彼女がみずからの幸せを頼るひとびとをのぞいて、無視されるか、知られないままでいるほうがよいと思います。……とはいえ、マダム・バラの学校がフランスで多くの善をなしているので安心してよい、と請けあうひともいますし、わたしはその言葉を信じます。ですが、この善が長続きするかは疑問です。……あなたがべつの道を歩んでいるのは無理もありません。むしろ、そのようにしなさい、とあなたに心からお勧めします。

それでも、ロザヴェンは徐々にソフィー・バラが信頼をよせる友人になっていった。一八二五年にエリザベス・ガリツィンが聖心会に入会したいと申しでると、ロザヴェンとソフィーの交流はさらに深まった。エリザベス・ガリツィンはロシア正教会の信徒であり、ロザヴェンに指導されたのち、ローマ・カトリック教会への改宗を希望した。彼女が修道会に入会したいと望んだため、ロザヴェンはソフィーに彼女の聖心会への受け入れを検討してほしいと求めた。エリザベス・ガリツィンは聖心会に入会するはじめてのロシア人ではなかった。一八二一年五月、ナタリー・ロストプチンが修練院に入っている。その伯父は、ナポレオンに降伏するよりはモスクワ市に火を放つことを選んだモスクワ知事だった。
エリザベス・ガリツィンは一七九五年二月二二日、アレクセイ・ガリツィン皇子とアレクサンドラ・プラトソフ伯爵夫人のあいだに生まれた。エリザベスが四歳のとき、父親が亡くなり、その後、幼いエリザベスは悲しい少女時代を経験する。

母親は深い嘆きのあまり気が狂った、とひとびとは噂しました。マダム・エリザベスは父親の死が母親の精神にもたらした影響のせいで、母親がきわめて厳格に娘たる自分を育てたと信じていました。ささいな過ちでもたいへん過酷な罰をうけ、母に会うたびに身体が震えたそうです。恐怖のために凍りつき、それが頑固さだと誤解され、ひっきりなしにさらなる罰が与えられました。のちになってこの生活が耐えがたいものだった、とみずから認めています。同時に、自分がひどい人間だと言われたため、それをほんとうに信じていたと言います。不満をもらさず、苦しみをもたらすひとびとを裁きませんでした。ですが、だれからも、使用人にさえも蔑まれ、嫌われるのを感じ、それがだれであれ、どこからであれ、自分に少しでも関心を示されると、いかにも無防備でした。

エリザベスの母親はひそかにカトリックに改宗し、ロザヴェンの指導をうけていた。エリザベスはしばらく抵抗したものの、ついにローマ教会の主張に納得し、ロザヴェンに自分も洗礼にむけて指導してほしい、と頼んだ。これがきっかけで驚くべき関係が始まった。一八一五年、ロザヴェンがイエズス会の同僚たちとともにロシアから追放されたのちも、ふたりの関係はつづいた。ロザヴェンの霊的指導の手紙に導かれ、エリザベス・ガリツィンは一心不乱に霊的な生活を生きた。ロザヴェンは彼女の生活のもっともささいな部分まで整え、彼女のすべての考えや希みを知り、彼女に日誌をつけさせ、それを毎週、自分のもとに送らせた。幼年時代に厳格に育てられた彼女に、ロザヴェンの関心と彼が示す生活の規範は、望まれていた安寧を与え、母親や降りかかる要求から彼女を守ってくれた。ロザヴェンがロシアを去ると、エリザベスは修道女になる決意をする。母親はしばらくこの決断に反対したが、やがて折れ、娘が入会したいと思うところへ連れていくと請けあった。エリザベス・ガリツィンは入会する修道会の選択をロザヴェンにまかせた。なんの当てもなかったが、ロザヴェンには、可能なかぎりもっとも厳格な修道会に入りたいという希望を伝えていた。すると、ロザヴェンはパリのソフィー・バラに連絡をとり、聖心会を選んだ。エリザベス・ガリツィンと、彼女が聖心会にもたらすであろう資質について話した。ロザヴェンはいつかソフィーが聖心会へのこの贈物に感謝するだろう、と述べた。それから、どのように自分の秘蔵っ子をあつかうべきかをソフィーに告げ、とくにエリザベス・ガリツィンの生活の霊的・経済的側面について、何度もソフィーの考えを押しきった。フランスに到着後、彼女がどこの修道院に入るかを知りたがり、ソフィーがメッツの修道院を候補にあげると、合併のあった修道院はエリザベス・ガリツィンにふさわしくないという理由で、それを斥けた。また、エリザベス・ガリツィンがかなりの額の資産をどう処理すべきかについて、とくに聖心会に寄付する金額についても、ソフィーに提案した。ソフィーはこの種の手紙をロザヴェンからうけとるたびに、エリザベス・ガリツィンに手紙を書き、彼女に選択させた。聖心会で彼女がおこなう仕事を念頭に、とくに歴史、地理、文学、文法の勉強をつづけるようにとソフィーはエリザベス・ガリツィンに求めたが、ロザヴェンは反対した。それでもソフィーはあらためて聖心会では勉強が大事なのだと主張したが、またしてもロザヴェンの思いどおりになった。とはいえ、ひとたびエリザベス・ガリツィンがヴァレンヌ通りの修練院に入ると、大いなる沈黙が守られたので、ロザヴェンは彼女の進展を知るすべをなくした。

するとソフィー・バラだけでなくジョゼフィーヌ・ビジューにも、恨みがましく苦情を述べたてた。ビジューとはローマで会っており、彼女から「わが娘」についての知らせが聞けると期待していたのである。ロザヴェンはひとと絆を築くのが苦手で、ジョゼフ・ヴァランには自分の態度が「そっけなく冷たく……信頼よりも恐怖をひきおこしがち」だと自認していた。ところがエリザベス・ガリツィンのこととなると、まったく別人だった。彼女はロザヴェンがもつことのなかった娘であり、彼はエリザベスが知ることのなかった父親だった。

　このように、会憲認可の手続きへの助力と、エリザベス・ガリツィンについての詳細な手紙をとおして、ロザヴェンのソフィー・バラにおよぼす影響は強まった。一八二八年、ロザヴェンは聖心会の修道院がローマに開設される可能性を歓迎し、当地のトリニタ・デ・モンテに開設されると、何時間もかけて修道院の生活と仕事の詳細を記述した。ソフィーはロザヴェンの示す関心を喜んだ。聖心会がイエズス会と親しい絆を保つことを望ましいと考えたからだ。一八三〇年代をとおして、ロザヴェンはつねに助言を差しだし、ソフィーが彼と相談する頻度はしだいに高くなっていく。ローマの修道院や教会の権威と接するとき、ソフィーは彼の忠告を頼りにした。ソフィーとともに住んでいたひとびとや、当時、聖心会の統治にかかわっていたひとびとは、ソフィー・バラと何人かの会員にロザヴェンがおよぼす影響がますます顕著になっていくのを、不安げに見守るしかなかった。

第九章　ローマとさらなる拡大
一八二七—二九年

一八二七年三月、ソフィーは教皇による聖心会会憲の認可が会員の一致を深めることを意識していた。一八二六年に第三回総会が開催される直前、フィリピーヌ・デュシェーヌにしたためている。

ローマにおける聖心会会憲の認可のうれしい知らせを、ぜひお伝えしたいと思います。教皇は会憲にいくつかの変更を加えられました。わたしにはどのようなものかまだわかりませんが。……〔聖職者〕総長の職は廃止されました。いまやローマ教皇庁の保護枢機卿がおられるので、わたしたちはすべての信徒の父なる教皇に近しくなりました。わたしたちがいただいた認可は、イエズス会のそれと似ています。禁域外で活動する女子修道会としては、唯一無二のものです。

フィリピーヌと同僚たちにとって、認可の知らせは支持と肯定の源となる。ソフィー・バラとフランスからかくも遠く隔てられてはいたが、この知らせは二大陸にまたがる聖心会の一致の絆を強めた。アメリカの現実はヨーロッパとまったく異なり、フィリピーヌは手紙をとおしてソフィーと連絡をとりつづけた。手紙には、一八一八年三月にボルドーから出航した小さな一行の経験が生き生きと描かれている。この歳月をとおして、フィリピーヌと同僚たちは新しい文化と新しい言語すなわち英語ととりくみ、フランスの革命思想がほとんど言及していないかたちの平等主義を誇る社会と邂逅していた。にもかかわらず、ヨーロッパの階層構造同様、アメリカの社会にも人種差別が蔓延し、対立を招いていた。

宣教師の生活は困難にみちていた。フロンティアでの開拓生活の経験は、周囲のひとびとと分かちあわれた。この生活はつねに苦労をともない、刺激的ではあっても心をひるませる難題をつきつけてきた。まずセントチャールズで、それが頓挫するとつぎにフロリッサンで、一行は学校の開設にむけて根気強く働いた。一八二一年、アメリカの会はさらに拡大した。ユージェニー・オーデが南のグラン・コトーに行き、学校を開設し、その学校がまもなく成功を収めたのである。一八二五年、ニューオーリンズ近郊のセントマイケルズにあらたな学校が開設され、一八二七年、ついにミズーリ州セントルイスに学校が開設される。一八二六年から二七年にかけて第三回総会が開催されたころには、一八一八年にフランスをあとにした小さな一行を中心に、アメリカの聖心会はかなりの成長をみせ、九年間で四つの修道院が開設されていた。一八二八年には、さらにルイジアナ州ラ・フォーシュと、ふたたびミズーリ州セントチャールズのふたつの修道院の開設が計画された。聖心会は新世界でめざましく発展しており、第三回総会はとくにアメリカを担当する四人目の総長補佐を任命して、その事実を認知した。この決定は一八三三年まで実施されなかったものの、海外の修道院の位置づけや要求を正式に尊重する意味があった。

会憲の認可は、ヨーロッパの修道院に安定感と未来への自信を与えた。ソフィーにとっても、認可は個人的に確信をもたらす経験だった。一八二七年末には聖心会の二二の修道院を統率しており、修道院新設の要請がつぎつぎと舞いこんでいた。ソフィーは聖心会創立の推進力を守りぬいたのである。サン゠テステヴの陰謀に打ち勝ち、自分の権威を固めた。一八一五年の会憲執筆の手続きの原動力になり、会憲が各修道院、とくに彼女が改革を企て実行したアミアンに導入されるのを見届けた。聖心会の中心をアミアンからパリに移し、そこで聖心会全体の模範となるべき修道院と修練院の設立を手がけた。一八一五年、一八二〇年、および一八二六年から一八二七年の三回の総会を成功に導いた。教皇による会憲の正式認可にいたる交渉を開始し、完成した。かくて、一八二七年四月一六日に第三回総会が閉会したとき、聖心会は大筋において成熟をみたのである。

それまでの道のりには幾多の困難があった。この時期ずっと、ソフィーは極度の疲労と病気に苦しみ、ほんとうに気分がよいときはまれだった。一八二三年以来、いつも頭痛、目の痛み、リューマチ、および下痢に悩まされていた。高熱、不眠、そして全身的な疲労感を訴え、それらにつきまとわれていた。原因は過剰な仕事であると自覚していた。教皇による会憲認可とフランス政府による聖心会の規則の認可を与えられると、ソフィーはほっとひと息ついた。困難を乗りこえ、会の認知と法的存在を達成したからである。この仕事が完了したとき、これまでほど過酷な仕事に責めたてられずに、聖心会を統率し、各修道院や各人の霊的成長を監督し、既存の修道院を維持し、さらなる修道院の開設を計画する仕事に専念できると期待した。だがそれはかなわなかった。一八二七年一二月から翌二八年夏にかけて、交渉の代償としてソフィーは高熱に倒れ、業務を最小限にとどめるのを余儀なくされた。一八二七年冬のジョゼフィーヌ・ビジューの死は、ソフィーにとって大いなる喪失だった。業務上の交渉の責任をとり、新しい修道院を監督する有能な総長補佐が奪われたのである。

一八二六年から二七年の第三回総会の席上、ひとつの方針が打ちだされた。修道院新設の要請に応じるのは、裕福な後援者か当地の政府当局に経済的援助が保証される場合にかぎる、という方針である。総会で定められた基準に従い、一八二七年、リールとリヨンにそれぞれあらたな修道院が創設された。一八二八年一月、教皇レオ一二世が教皇領の富裕層の若い女性に教育を提供したいと考え、ソフィーにローマに学校を開設してほしいと望んでいる旨を、ソフィーはパリの教皇特使ルイジ・ランブルスキーニから伝えられる。この開設の意義を認めたソフィーは、病をおして、ときをおかず、あらたな修道院創設の計画にとりかかる。

ランブルスキーニの提案は目新しいものではなかった。同様の修道院創設は一八二四年以来、討議されてきた。二年後、ジョゼフィーヌ・ビジューがローマに滞在していた折に、この件は会憲認可の手続きの最中にもちあがり、ロザヴェンがこの構想に熱心に肩入れした。これが一八二八年春、現実になる。きっかけはふたつあった。ローマでロザヴェンとイエズス会の同僚ジョルジオ・マッサが教皇レオ一二世に働きかけ、ソフィー・バラへのローマの学校創設の依頼を提案した。ロザヴェンもマッサも、この学校が教皇領の裕福な家庭の娘たちを教育の対象とすると考えたが、同時に、ローマ市内の貧しい子どものための学校も併設されると考えた。これが聖心会の会憲に合致するからだ。ふたつの収入源が示された。ひとつはアンドロシッラ侯爵夫人からだった。夫人は亡き夫から多額の遺産を相続し、遺産の一部を慈善事業に使うよう指定されていた。夫人はこれを貧しい子どものための学校に寄贈したいと考えていた。もうひとつの収入源は、最近亡くなったベッロンテ神父から寄贈された小額の遺産だった。教皇からの認可とふたりの後援者からの経済的援助にもかかわらず、ロザヴェンとマッサはローマの学校のための適切な土地や建物を探すのに苦労した。

ソフィーは聖心会のローマの学校についてのロザヴェンの計画を知っていたものの、パリの特使を介しての教皇からの個人的な働きかけには驚いた。おおむねソフィーの同意を得たうえで、ランブルスキーニは教皇レオ一二世に手紙を書き、ローマに学校を開設するようソフィー・バラに正式に依頼してはどうかと提案した。また、以前ミニモ会の修道院だったローマのトリニタ・デ・モンテを、最適な敷地として検討してはどうかと勧めた。そこはフランスの管轄下にあり、フランス革命以来、空き家になっていた。

ランブルスキーニは、フランス政府がそこに学校を開設する許可を与えるだろうと考えた。教皇はこれらの提案を熱心にとりあげ、ソフィー・バラとの交渉とフランス政府との交渉をランブルスキーニに委託した。申し入れにたいしてフランス政府は、聖心会にローマのトリニタ・デ・モンテに学校を創設する許可を与えることに同意した。同時に、ローマでの利権を守るために、いくつかの厳しい条件を突きつけてきた。とはいえ、フランス政府の示した条件を呑んででも、遂行すべき有利な計画だった。ソフィー・バラにローマの学校を設立してほしいという教皇の働きかけは、聖心会の信望を示し、会内部のみならず一般にも、彼女自身の個人的な権威や名望を高めた。また、ソフィーと教皇庁との個人的な絆を強めることにもなった。

ランブルスキーニとロザヴェンは、トリノの修道院長だったアルマンド・ドゥ・コーザンをローマの新しい修道院長に任命するよう、ソフィーに働きかけた。ジェノヴァの大司教だったランブルスキーニは、トリノを訪問したとき、アルマンド・ドゥ・コーザンの才能やたくみな社交術に感心したのである。アルマンド・ドゥ・コーザンが聖心会に入会したとき以来、ソフィーは彼女の能力にも限界にも気づいていた。彼女をジョゼフィーヌ・ビジューの後任としてトリノの修道院長に任命するとき、ソフィーは理由を述べている。

アルマンドはたいへん優雅で、礼儀作法にかなってふるまい、要人と接するときにひとをそらさぬ態度を示します。この意味で、トリノの修道院長にぴったりです。ですが、修道院内の問題に配慮する才能には、もうひとりのひと〔マリー・プレヴォ〕ほど恵まれていません。……マダム・ドゥ・コーザンはてきぱきと仕事をこなすのが得意ではありません。求められたことは上手にやりますが、同時にいくつもの仕事が進行するのにうまく対処ができません。

マリー＝ルイーズ＝アルマンド・ドゥ・コーザンは一七八五年一二月、ソワソン近郊のドゥ・シュズィ城に生まれた。フランス革命以前にドゥ・コーザン侯爵夫妻は、フランスの宮廷と、とくにルイ一六世の妹マダム・エリザベート〔エリザベート＝フィリピーヌ・ドゥ・フランス〕と深いかかわりがあった。革命中、両親は亡命生活を余儀なくされ、アルマンドは家族の親しい友人に世話をされた。病弱な子どもで、生涯、健康には恵まれなかった。母親は亡命中に亡くなり、アルマンドはヴォークリューズのコーザンにある先祖伝来の屋敷で、しばらく父親と暮らしていた。その後、メッツのサン＝ルイの女子聖堂参事会員のおばが自分の姪アルマンドの才能や資質に気づき、パリに呼びよせ、ともに暮らした。パリでは姪に社交上のたしなみと善行の手ほどきをした。一八二二年、二六歳のアルマンド・ドゥ・コーザンはヴァレンヌ通りの聖心会に入会し、誓願後まもなくソフィーの個人秘書に任命された。一八二六年のジョゼフィーヌ・ビジューの後任者として任命されたトリノの修道院長の職は、適切な人事がむずかしい職だった。トリノ大司教が聖心会への批判的な姿勢を崩さなかったからだ。その後、アルマンド・ドゥ・コーザンがトリノに着任してほどなく、ソフィーは元秘書であるアルマンドにつぎのように書きおくる。

わたしは本件〔ローマの件〕ですっかり舞いあがっていますので、分別に引きとめられていなかったら、全世界に吹聴していたでしょう。……この修道院の歴史はすばらしいものです。少し元気になったら詳細をお知らせしますが、〔今日のところは〕かいつまんで説明します。ローマには、丘の上に、すばらしい庭園つきの美しい修道院が建っています。フランスの管轄下にあります。この修道院とその収入の一部を聖心会に与えるように、と教皇がフランス国王に頼んでくださいました。

ソフィーはフランス政府との合意が正式に終了するまでアルマンドに守秘義務を課した。さらに、以前、キリスト教修士会がトリニタ・デ・モンテを提供されたことがあったため、利害の対立が解消されねばならなかった。実際、パリの総長顧問会の一員でもある総長補佐カトリーヌ・ドゥ・シャルボネルとフェリシテ・デマルケ、およびユージェニー・ドゥ・グラモンだけがローマの新設計画を知らされていることを、ソフィーはアルマンドに伝え、用心をうながしている。サン＝テステヴがユージェニー・ドゥ・グラモンにアミアンを去り、トリニタに新たな修道院を設立するように呼びかけたのは、ちょうど一四年前だった。だが、いまやユージェニー・ドゥ・グラモンは総会出席者の一員であり、ソフィー・バラと友情の絆で結ばれ、パリのヴァレンヌ通りの仕事に専心していた。ジョゼフ・ヴァランでさえローマの計画を知らず、しばらくは知らされなかった。ヴァランが秘密を漏らしてソフィーを困らせるともかぎらない。ソフィーはこの危険をおかすことはできなかった。

　新設計画は二段階で構想された。まず、ローマに先遣隊が派遣され、しばらく空き屋になっていたトリニタに入り、整理する。つぎに、数か月後、ローマの修道院を構成する会員全員が派遣され、学校が正式に開校される。ソフィーは先遣隊として、アルマンド・ドゥ・コーザンとともに、ボルドーの修道院にいた会員ユーフロジーヌ・フォー（一七九〇―一八七八）を派遣した。フォーは実際家で、アルマンド・ドゥ・コーザンに傾倒し、生涯の大半をアルマンドとともにすごした。おなじくソフィーは、のちに自分の秘書にして伝記作家となる若いアデル・カイエ（一八〇四―一八八五）も派遣した。一八二八年三月、三人はローマに向けてトリノを発ち、パルマ、モデナ、トスカーナを経由する長旅の末、ローマの門にたどりついた。そこでヴィアーノ公妃に迎えられ、サン゠シルヴェストルの修道院に案内された。三人はトリニタに引越すまで、そこですごすことになっていた。

あらたな修道院は、ローマの中心にありながらフランスの修道院だった。厄介で拘束の多い義務を、聖心会がひきうけたことがまもなく判明する。会はフランスの管轄下の土地や建物とその収入を利用する代償として、つぎの条件を言いわたされていた。

〔聖心会〕は、いかなる口実のもとにおいても、土地や建物を譲渡することも、変えることも、第三者に割渡することもできない。土地や建物に住めるのはフランス人女性のみである。

三人はしばらくサン゠シルヴェストルの修道院にとどまった。そこは厳格な禁域制度を守るフランシスコ会の修道院だった。そのため、教会の訪問、儀式への列席、イエズス会への挨拶、そしてときには教皇や数人の枢機卿との面会のために、毎日のように三人が外出するのは、ローマそしてイタリア全土で修道女が守る厳格な禁域制度のかたちとまったく対照的だった。サン゠シルヴェストルでアルマンド・ドゥ・コーザンがたくさんの訪問者と面会したため、修道院長マダム・モローニはすべての交渉がおこなわれるようにと、修道院の禁域外の部屋を開けわたした。トリノの大司教に期待された厳格な禁域制度をドゥ・コーザンはすでに経験しており、自分がトリノを去ってからも、後任のルイーズ・ドゥ・リマングがこの件でキアヴァロッティ猊下とさらに何回か対立し、猊下がルイーズを破門すると脅したことも知っていた。ローマだけでなくピエモンテの教会の世界でも、聖心会の会員の修道生活のかたちはほかの修道会のそれとは異なっており、アルマンド・ドゥ・コーザンはこの件で対立を招いても敵意を買うだけだと心得ていた。ソフィーにこう伝えている。

トリノであのかたがたは、禁域制度の件でなんという大騒ぎをしたことでしょう！　この件でわたしの見解が総長様の見解と一致していると知って、うれしく思います。……現実の状況に応じるというのが総長様のお考えなのですから。さもなければ、どんな反響が待ちうけているでしょう！　頭上に破門を招く状況にみずからをおくことになります。……この怖ろしい法規は、完全な〔教皇のもとの〕禁域制度を守る修道会だけに当てはまるのです。

　ようやくトリニタを訪れたアルマンド・ドゥ・コーザンは、建物をきれいに改装し、学校を開校する仕事にたじろいだ。ロザヴェンは助力を約束し、つねに彼女の支えになった。彼女と仲間たちがローマの地理に精通し、さらにイタリア語を習得するまでは、かなりの部分をロザヴェンに頼ることになる。彼は教皇との謁見や、枢機卿や司教たちとの面会について助言し、イエズス会総会長ルイジ・フォルティスに紹介し、ローマのイエズス会の教会への訪問の手筈を整えた。ロザヴェンはいつもトリニタにいた。建物の改装を点検し、生徒に課する学費の金額について助言した。もっとも、この金額は高すぎるとして教皇に却下される。ローマに到着したとき、聖心会が「女子イエズス会」と呼ばれるのを先遣隊の三人は耳にしていた。アルマンド・ドゥ・コーザンがオスティーニ枢機卿に面会すると、枢機卿は「完全にイエズス会を模範とする……聖心会にたいするみずからの熱意」を表明した。この熱意を背後で後押ししているのは、ローマでロザヴェンが聖心会を語るときの熱意であることを、アルマンド・ドゥ・コーザンは承知していた。イエズス会とのより親密な絆を望んでいたソフィーはこれを喜んだ。フィリピーヌ・デュシェーヌにこう語っている。「ひとびとはわたしたちをイエズス会とおなじ次元におきたいようです。そんなことが修道女に可能でしょうか？　ときがすべてをあきらかにするでしょう」

　一八二七年の聖心会認可のあと、ソフィーはイエズス会総会長フォルティス神父にイエズス会との霊的な提携を求めた。構造上ではなく奉献上の絆である。一八二八年九月、書簡のかたちでこれが認められ、ロザヴェンはこの書簡をアルマンド・ドゥ・コーザンにわたした。彼女はソフィーに報告している。

あきらかに、ロザヴェン神父様が文書を作成するか、わたしたちのために交渉してくださったようです。……神父様は会のどの修道院も本文書の写しを保持し、たいせつに隠しておくべきだとおっしゃいました。このような件については用心が必要ですし、とくにいまのご時勢では細心の注意を払うべきでしょう。

トリニタ・デ・モンテの新しい修道院に、ローマのイエズス会士たちが霊的な援助を与えるように、ソフィーはフォルティス神父に頼んでいる。もっとも、聖心会会憲におよぼすイエズス会会則の影響に神父の注意をうながしたものの、ソフィーは聖心会会憲がより完全にイエズス会会則を模範とすべきだと提案したわけではない。フォルティスの肯定的な返事をうけて、ソフィーと総長補佐たちは感謝の手紙をしたためた。この手紙はたんなる礼状だった。ところが、ソフィーのうかがい知らぬところで、すでにローマでは、ロザヴェンとアルマンド・ドゥ・コーザンによって、聖心会をより正式にイエズス会の模範に近づけるべきだという圧力が醸成されつつあった。

かくてローマのトリニタ修道院の創設とともに、あらたな要素が聖心会に入りこむ。ローマのイエズス会士たちや、フランスの第二世代のイエズス会士たちでさえ、多くは信仰の霊父会会員だった第一世代のイエズス会士たちと聖心会との絆を経験していなかった。これらの絆はフランス革命とナポレオン帝国の歳月に築かれ、フランスにおけるブルボン王朝とイエズス会の復権とともに、あかるみにでたものである。ローマとフランスの「あらたな」イエズス会士たちは、ロヨラのイグナチオが敷いた方針に以前より厳格に従いがちで、より正式に、また構造的にイエズス会会則に模範を得たいと願う女子修道会と距離をおいていた。元信仰の霊父会会員だったジャン・ロザヴェンは例外で、イエズス会会則を聖心会会憲の模範にしようと働きかけた。ソフィー・バラはローマの聖心会への彼の関心に異論はなかったが、聖心会のために彼がいだく計画のことは予想だにしなかった。また、ロザヴェンがいかにエリザベス・ガリツィンを支配しているか、彼がいかにエリザベスに夢中になっているかも充分に把握していなかった。ソフィーはイエズス会との霊的な連携の要請に応じるフォルティスの書簡に満足したものの、ロザヴェンにとって、これはあるプロセスの第一歩にすぎなかった。この意味で、聖心会のローマ到着は、ロザヴェンにとって個人的な勝利を意味した。

アルマンド・ドゥ・コーザンは、トリニタの揺籃期にロザヴェンが助力を惜しまなかったと認めつつも、彼の物腰が厳格で近づきがたいと思っていた。彼は周囲が自分の命令に即座に従うのを当然としていた。

あのかたはわたしたちの真の利益について、たいへん賢明で、たくさんの智恵がおありです！　ほんとうに……導き手としてのあのかたに安心しています。……ロザヴェン神父はスリエ神父と共通する特徴をおもちです。ふたりとも人間的な愛情にほんの少しも動かされない心をおもちなのです。それでも、後者は時折、生き生きと快活な一面をかいまみせ、人間的な善が燃える愛と混ざりあい、燃える愛に変容するさまをうかがわせます。ですが、ロザヴェン神父に言わせると、人間の本性はもっぱら死ぬために生まれるのです。進んで人間の本性を押し殺すにせよ、強いられてそうするにせよ。

同時に、アルマンド・ドゥ・コーザンは、まだパリにいる修練女だったエリザベス・ガリツィンへのロザヴェンの溺愛にも気づいている。ロザヴェンにとって、エリザベスは非の打ちどころがなかった。ほとんどのひとに厳しくよそよそしいロザヴェンだったが、エリザベス・ガリツィンにはちがっていた。アルマンド・ドゥ・コーザンは皮肉めかしてソフィーに述べている。

ご自分の〔霊的な〕娘エリザベスには……やや甘いところがおありのようですが、それだけです。どうやら彼女にはその価値があるようです。

ロザヴェンはエリザベスを支配し、彼女は完全に彼に傾倒していた。エリザベスはロザヴェンのいかなる希望も意見もわがものとし、独自の見解も意見もないかのようだった。彼女の手紙はロザヴェンの喜びの源で、彼はアルマンド・ドゥ・コーザンにそれらを見せている。アルマンドを完徳の道へと奨励するという名目だった。

ロザヴェン神父は娘エリザベスの最近の手紙を送ってくださいました。最初のページは破りとられています。おそらくわたしを啓発し、謙虚にさせるためでしょう。すでに完徳の道をこれほど先まで歩んでいる修練女の妙なる内的生活を、わたしにかいまみせることで。

ひとたびトリニタへの引越しの準備が整うと、新しい学校が正式に開校したものの、入学した生徒は数人にすぎなかった。すみやかな発展を阻むふたつの障害があった。ひとつはトリニタにフランス人の修道女とフランス出身の生徒だけが住む、というフランス政府の条件だった。もうひとつは、貴族の子女だけが入学を許されるという方針だった。だが、アルマンド・ドゥ・コーザンは上層中流階級の生徒をうけいれれば、生徒数がすぐに増えると確信していた。このふたつの条件が学校の運営をむずかしくした。生徒の両親は当然ながら学校でイタリア語が教えられるのを望んだため、イタリア人教師が学校に居住するための許可をフランス大使から求めねばならなかった。学校が拡大するにつれて、ほかの職務にも人員が必要になり、かならずしもフランス人女性をあてがうことができなくなった。それでも、どの仕事にも釈明が求められ、どの要求にも調査が求められた。このような制約がローマの聖心会の発展を妨げ、イメージをそこなった。

これらの問題が浮きあがらせたのは、聖心会が教皇領やイタリアのほかの王国に根づくためには、トリニタとは独立した修練院が必要だという事実だった。この目的のために、ローマ市のべつの地区に、修練院と貧しい子どものための学校が企画された。アルマンド・ドゥ・コーザンはこうソフィーに打ちあけている。

（ここだけの話ですが）この修練院はトリニタの修道院よりも、聖心会にとって重要な意義をもつでしょう。……ひとことでいえば、実際的に、また一般の目にも、わたしたちをよりイエズス会に近づける仕事を完成させるのです。

修練院設立の提案を打診されて、はじめ教皇は躊躇した。フランス政府との対立を怖れたのである。新しい修練院がトリニタと異なるローマの地区に建てられ、アンドロシッラ侯爵夫人とベッロンテ神父の寄付によって賄われるという情報を耳にすると、教皇の懸念はなくなった。貧しい子どものための学校と修練院がトリニタの学校の仕事を固め、市内の貧困層の必要に応える、とアルマンド・ドゥ・コーザンは教皇に示唆した。そして、最近認可された会憲を引用し、ロザヴェンとアルマンド・ドゥ・コーザンは聖心会の貧しい子どもの学校設立の希望を弁護する文面を作成した。富裕層のための学校と貧困層のための学校の両方を、できればおなじ土地に、さもなければ近隣に設立することが、聖心会の実践の欠くべからざる部分である、とふたりは説明した。

実際、この修道会の目的のひとつは上流階級の教育ですが、それが唯一の目的でも、もっともたいせつな目的でもありません。貧しいひとびとはイエスの聖心（みこころ）にたいそう愛されてきました。この崇敬すべき聖心（みこころ）に奉仕する修道会の優先事項なのです。貧しいひとびとの益にならないなら、その施設は不完全だと、修道会は考えます。トリニタ・デ・モンテの修道院は、貧しい子どものための学校を開設するのにふさわしい場所ではありませんが、いずれにしろ、この善行が、必然的に、イタリア人の会員によってなされるべきなのはあきらかです。そのため、修道会にとってもっとも重要なこの仕事を、ローマとイタリアで〔学校を〕創設し、維持できる会員たちを養成するために、修練院が不可欠です。修練院が設立されたそのときから、貧しい子どものための学校の開設を妨げるものはなくなります。学校は修練院そのものに開設されてもいいのです。

ローマにおける聖心会の第二の修道院設立への教皇の許可は決定的で、戦略的に有利だった。ローマに学校を設立してほしいという教皇の誘いをうけるに際して、ソフィーは選択の余地がないと考えたものの、トリニタに課せられた条件がイタリアのほかの地域への聖心会の拡大を妨げるかもしれないと気づいていた。トリニタ修道院は、イタリアにおけるフランスの延長だと思われていた。ローマの社交界には反仏感情がめだち、アルマンド・ドゥ・コーザンはこれを敏感に察知し、会員の何人かにイタリア語を勉強させた。聖心会がローマに根づき、召命を増やすためには、必要不可欠なことだった。一八二八年三月にローマに到着したとき、アルマンド・ドゥ・コーザンとその仲間たちが対処せねばならなかったもうひとつの、まったく異なる批判は、彼女たちが「パッカナーリ派」だというものだった。これは侮蔑的な呼称だった。聖心会がパッカナーリによって創立されたイエスの愛子会と結びつけられたのである。パッカナーリの裁判はいまだにローマの語り草だった。実際、教皇はサン＝テステヴが創立したローマのサン＝ドゥニの修道会に、ローマの貴族の娘たちのための学校開設を依頼しようと、一旦は考えたが、この会とパッカナーリとのかつての絆を憂慮して考え直したのである。今度は、聖心会のかつてのパッカナーリとの絆がアルマンド・ドゥ・コーザンを困惑させた。彼女は聖心会の歴史のこの部分と距離をとらねばならないと感じた。ルイーズ・ノーデが会員たちに会いにトリニタ修道院を訪れると、アルマンドたちはすっかりうろたえた。ルイーズが入会を希望していると誤解したのである。だが、ルイーズはたんに会員たちに挨拶をし、修道院に落ちついたかどうかのご機嫌うかがいをしにきただけだった。彼女はとくにソフィーの近況を知りたがった。

マダム・ルイーズは、ただ、わたしたちを歓迎なさりたかったのです。そしてマザー・バラのことをずいぶんと語っておられました。マザーのことをなつかしく思いだされ、賞賛を惜しまれませんでした。

当時、ルイーズ・ノーデはローマにひとりで暮らし、ロザヴェンが彼女の聴罪司祭だった。ソフィーもルイーズのことをなつかしがり、アルマンド・ドゥ・コーザンに温かく迎えるように頼んでいる。何年も前に、アミアンで自分の指導者としての才能を後押ししたのがルイーズだったことを、ソフィーはアルマンド・ドゥ・コーザンには語らず、聖心会がルイーズに多くを負っているとのみ伝えている。ソフィーが懸念したのはサン＝ドゥニの修道会のことだった。すっかりサン＝テステヴに見捨てられ、聖心会への入会を希望しているという噂が流布していたのだ。ソフィーはテレサ・コピナをのぞき、彼女たちの入会には反対だった。コピナはイタリア人なので、新しい修道院で役に立つだろうが、「ほかの会員たちの質はおそまつです」

　アルマンド・ドゥ・コーザンは、もしテレサ・コピナが聖心会にうけいれられると、ローマで噂の的になる、とソフィーに述べた。ドゥ・コーザンは合併を好まないうえに、合併があったボルドーでの状況がいかに苦しいものだったかをユーフロジーヌ・フォーに聞いていたのかもしれない。自分自身がこれほど厄介で困難な事例をあつかったことがなかったので、ソフィーはこの点に固執しなかった。ルイジアナのフィリピーヌ・デュシェーヌの場合と同様、アルマンド・ドゥ・コーザンの場合も、意思決定の大部分をソフィーは彼女に委任した。遠く離れた場所から具体的な状況を判断するのはむずかしいことを知っていたからだ。一方、ロザヴェンのことはなんの疑問もいだかずに信頼し、アルマンド・ドゥ・コーザンに彼の助言に従うようにと勧めた。ソフィー自身も、学費の問題をのぞき、たいていは彼の意見に従っていた。学費については、ローマのほかの修道会が運営する学校のものとすくなくとも同額にしてほしいと求めている。このソフィーの意見をロザヴェンは無視して、高額の学費を課そうとしたが、教皇に阻まれた。教皇は学費をより適切な額にひきさげるように求めたのである。

　ローマの新しい修道院設立のための膨大な企画や会議や書簡は、ソフィーには重荷だった。一八二八年四月、ソフィーはフィリピーヌ・デュシェーヌにこうつづる。

> わたしが強いられた長い沈黙は……苦しいものでした。理由はおわかりですね。わたしは三か月間も病気だったのです。……ローマの新しい修道院のことはご存知ですね。……教皇聖下がお示しくださった格別のご好意のことも。……わたしのか弱い両肩にかかる責任におののいています。その重荷は修道院の新設が増えるたびに、日々、大きくなっていくばかりです。ローマの新設のためにすくなくとも一五人の会員が必要です。……ここで筆をおかねばなりません。……神経にこたえ、ひどい頭痛をもたらす仕事にいまだにうまく対処できずにいます。

病と大量の仕事のせいで、ソフィーは寂しく、心細かった。フィリピーヌの境遇にも思いをはせている。手紙のなかでフィリピーヌは、ルイジアナでいかに隔離されて孤独な思いをしているかをほのめかしていた。ソフィーはつぎのように答えている。

……わたしたちはタボル山〔三人の愛弟子の眼前で、イエスの姿が変容して光りかがやき、預言者モーセとエリヤが現れたとされるイスラエルの山、転じて「神の啓示をうけた聖なる場所」の比喩〕でともにすごしました。なんと束の間のヴィジョンだったことでしょう！　そののち、カルヴァリオ〔イエスが磔刑に処せられたゴルゴタの丘のラテン語名、転じて「厳しい試練」をあらわす比喩〕を経験しましたね。……あなたとともに生活したサント＝マリー〔＝ダン＝オー〕、そしてルイジアナに、わたしはもっとも頻繁に目をむけている、ということを、信じていただけますか？　もし、こののち、わたしがフランスから逃れざるをえなくなれば、わたしの心はあなたが生きる土地へと飛んでいきます。神が許してくださるなら、わたしはしばらくのあいだ、ふたたびしあわせを味わうことでしょう。「フィアット」〔「神のみ旨がおこなわれますように」を意味するラテン語〕。あなたの孤独のことを少し話してくださいましたね。イエスがあなたにその埋め合わせをしてくださいますように。また、イエスがあなたのもっとも忠実な友でありますように。それなら、孤独をうけいれることもできましょう。実をいえば、長年、ひとびととともにすごすと、愛着が薄れていくものです。あなたの母であるわたし自身も、これほど多くの愛に囲まれていても、あなたとおなじような孤独のうちに生きているのです。あなただけに打ちあけました。このことを理解できるひとは少ないでしょうから。それでも、それはもっとも尊い贈物なのです。〔たいせつなのは〕神ただひとり、なのです。

一八二七年から二八年の冬にかけての病が、ソフィーの内省の触媒になった。だが、それ以前からしばらくのあいだ、ソフィーは仕事にともなう責任に打ちのめされていた。財政問題は深刻な懸念材料で、ソフィーは聖心会の負債を心配して、幾夜も眠れぬ夜をすごした。各修道院や学校の現実的な必要と、全員を援助するための資金を調達することのむずかしさのあいだでひき裂かれていた。一八二六年、総会が聖心会の財政状況を考慮しなければ、自分は辞任する、とフィリピーヌ・デュシェーヌとユージェニー・オーデに打ちあけている。

わたしはなんという責め苦にあっていることでしょう。……あなたがたそれぞれに、必要な額を即座に与えられずにいます。わたしの注意と絶えまない勧告にもかかわらず、わたしたちはいまだに多額の負債をかかえていますが、あなたがたがわたしたちの困難と負債をめぐるわたしの終わることのない心配をご存知だったら。……あなたに打ちあけますが（あなた〔ユージェニー・オーデ〕とマダム・デュシェーヌだけです）、まもなく開催される集会（総会）が、昨年一年で二〇万フランも増えたこれらの負債を減らすための厳格な措置を打ちださないなら、わたしは総長を辞任する、と決めました。秩序を欠き倹約をしたがらないがために、聖心会が消滅するのを、見たくないのです。わたしはなんという夜をすごしたことでしょう！　魂のうちに、なんというひっきりなしの心配をかかえていることでしょう！

健康で元気があるときは、ソフィーは自分の役割の重圧にうまく対処できた。仕事を再開できるようになると、有能で決断力があり、明晰さと勇気にみちて行動できた。しかし、できごとに動揺することもあった。たとえば一八二六年、パリの学校のふたりの若い少女の死に心を痛め、とくに若い生徒の死が家族や生徒たちにおよぼす影響を心配した。亡くなった生徒たちの家族と面会する勇気がないと言って、ユージェニー・ドゥ・グラモンに面会をまかせた。ジョゼフィーヌ・ビジューには、そういうときの心境を打ちあけている。

このような十字架を担うと、カルメル会に入会しなかったことを悔やみます。「フィアット」の心でうけとめると魂は鎮まりますが、至難のわざです。

聖心会の統率という仕事への全面的な専念が、ほかのすべてをおいて優先された。そのため、ソフィーは家族の問題にあまり関与しなくなっていく。姪や甥が教育を終えておとなになったいま、家族における自分の役割も終わったと考えたのかもしれない。姪や甥たちと姉マリー＝ルイーズへの関心を失うことはなかったが、彼らのために割く時間は必然的に減っていく。（一八二三年に亡くなった）ドジテーとゾエをのぞき、デュソッソワ家の娘たちはみな、会員になっていた。ソフィーは彼女たちが会の生活に溶けこみ、特別な配慮を求めないことを期待した。好きなときにいつでもパリで妹たちに会おうとする甥のスタニスラス・デュソッソワには立腹した。それでも、ソフィーが亡くなるまでとくに手紙を交わしつづけたのは、スタニスラスである。彼がもっとも自分の支えを必要としていることを、ソフィーは察知していた。スタニスラスが叔母に見捨てられたとか、叔母が冷たくなったとか不平を述べると、ソフィーは手紙を送り、たんに仕事に忙殺されているだけだと説明した。

わたしの仕事や責任は増える一方です。すべての時間が仕事に捧げられています。それを、あなたは無関心ととりちがえたのです。あなたにはいまでも、以前ほど愛情を表にださないかもしれませんが、変わらぬ愛情をいだいています。とりわけ神の御前で祈るときには。

病にもかかわらず、一八二八年六月にはソフィーはトリニタ修道院の人員を指名した。フランス政府の要求に応えて、全員がフランス人だった。彼女たちはカトリーヌ・ドゥ・シャルボネルに率いられ、一八二八年秋、新しい学校の開設に合わせてローマに到着した。翌年には、軌道に乗せたい修練院の中核となる会員の指名が、ソフィーを待ちうけていた。これは難題だった。霊的指導者としての才能があり、イタリア語に精通し、召命を見分け、イタリア人の修練女を訓練できる人物を探さねばならないからだ。アルマンド・ドゥ・コーザンとロザヴェンが修練院と貧しい子どもの学校にふさわしい建物を探すあいだ、ソフィーはたえず人員を求めていた。これらの計画は、一八二九年の教皇レオ一二世の死、ピオ八世の選出と二か月後の彼の死、および一八三一年のグレゴリオ一六世の選出によってしばし中断された。建物が購入されると、ソフィーはローマのあらたな修道院を訪問しようと決め、一八三二年一〇月中旬、一八二八年以来、その地で起こったことを確認するために旅立った。

ローマの修道院の新設は、一八二七年の第三回総会以来、ソフィーの主たる関心事のひとつにすぎなかった。ほかの計画ももちあがっていた。たとえばスペインへの扉を開けるのを期待されたペルピニャンの修道院や、ハプスブルグ帝国への入口として計画されたミラノの修道院の新設である。だが、訓練され責任を負う用意のある人員が不足していることを、ソフィーは痛感していた。人員不足の要因は三つあった。ひとつは、聖心会への入会を希望する女性たちの実際の能力の問題である。それぞれにみな、理想や才能があり、短い訓練期間をへて、あらたな修道院や学校を開設する責任を担える女性もいた。しかし、そうした女性は少数で、仕事をまかせられた女性たちでさえ、ソフィー・バラの期待に応えるために、生涯、苦労した。入会した女性のほとんどは、霊的生活を深め、教育者としての訓練を継続あるいは開始するために時間を要した。ある女性は若く、ある女性は病弱で、それぞれの修練女が会内部でたずさわる仕事を探りあてるのに、ソフィーと養成の責任者たちは洞察力を働かせねばならなかった。

修道院長は霊的指導者であることが期待され、修道院内の会員に霊的指導を与え、教会の祝日に定期的な霊的講話をおこなわねばならなかった。また、修道院と学校の円滑な運営の責任も負った。修道院内のさまざまな役職、とくに修練長、校長、修道院の会計に会員を任命した。また、助修女の監督を兼ねる自分の個人補佐も任命した。修道院長は地元の政府当局や司教にたいして修道院を代表し、修道院と学校にかかわるさまざまな業務を両者と交渉した。さらに、修道院の利益と聖心会のより広範な責任を守るのも、修道院長の仕事だった。加えて、各修道院長はあらたな会員を会にうけいれ、彼女たちが霊的生活の養成をうけ、教職にせよ家事にせよ、修道会内でおこなう仕事の訓練をうけられるよう、保証せねばならなかった。現実的な意味で、聖心会の会員の質は、各修道院長たちの判断に依拠していた。修道院長職は包括的な役割で、高い管理能力と個人的な意思疎通の才能を要した。一九世紀ヨーロッパにおける女性の役割と立場をかんがみるならば、ソフィー・バラが才能ある女性にいだいた期待と要求は、高い理想だった。そのような女性を手にいれたいなら、自分で訓練せねばならないことをソフィーは思い知る。即戦力になる才能ある女性は、めったに現れなかった。イタリアにおける修道院新設の可能性が提案されると、ソフィーはマリー・ドゥ・ラ・クロワにしたためている。

イタリアがふたたびわたしたちに手招きしています。すでにわたしたちはとても魅力的な修道院設立の可能性を断っています。理由は指導者不足です。頭数だけならそろっているのですが。指導の役割はひとりの人物がたくさんの資質をあわせもつことを求めます。なによりもしっかりとした美徳、堅実さなどですが、これらはめったに同一人物に認められない資質です！　イエスの聖心(みこころ)がわたしたちに何人か与えてくださいますようにお祈りください。

ソフィーはひとりひとりの女性が聖心会にもたらす資質を正しく認識し、実際、彼女たちを評価する能力に長けていた。フィリピーヌ・デュシェーヌはソフィーの才能を認め、手紙のなかで残念そうに打ちあけた。

わたしたちの共通の母〔であるあなた〕は、その調和をもたらす才能で、各人を適切な場に配属することができます。わたしにはその才能がありません。

アデライド・ドゥ・ロズヴィル（一七八〇―五五）をブザンソンの修道院長に任命すると、ソフィーは主として手紙をとおして彼女を訓練した。ソフィーのとった方法には、激励、尊重、評価、そして愛情が入りまじっていた。まちがいや判断の誤りや、修道院の運営面でのずさんな管理のための失敗を叱責するとき、ソフィーは率直だった。彼女自身、なるべく多くの仕事をほかの会員に委任し、ほかのひとにもそうするように勧めた。たとえばドゥ・ロズヴィルにこうしたためている。

これを神の御前で検討した結果、つぎの結論に達しました。あなたにこう勧めねばなりません。あなたの責任の一端を……ほかのひとに委任することで、運営の詳細から自分を解放するよう努めなさい。……ご存知のとおり……もっとも完璧な管理者とは、詳細にとらわれずに統率できる人物です。彼女は、距離をおいて、すべての誤りをみてとって、修道院内の個人のおかしたものであれば、すぐに正します。彼女は個人的な祈りや修道院の霊的指導のための一定の時間があるように、自分の時間を確保します。このような統率を保ちなさい。そうすれば、あなたの魂と健康のためになることがわかるでしょう。

通常、ソフィーはある修道院からべつの修道院へ、ある仕事からべつの仕事への移動について、正式に個々の会員と相談しなかった。各修道院長を介して働き、人員の移動は各修道院長を介して実行された。それでも、会員の圧倒的多数について、ソフィーはきわめて高い水準の個人的な知識を示した。ところが、会の発展につれて、これを維持できなくなっていく。ソフィーの手紙はつきせぬ提案、意見、計画にみちていた。そのうちのいくつかは実現に移され、いくつかは実行不可能だとわかった。解決策を求めるときは、柔軟性と独創性に富んでいた。ある学校や修道院の仕事の要求と個々の会員の能力とを適合させるのが、彼女のやりかただった。

修道院や学校の指導者についての批判は避けられなかった。ソフィーは批判を創造的に利用した。修道院の会員や生徒の両親が、ある修道院長についての苦情をソフィーや総長補佐や顧問たちにもちこむと、ソフィーはこの苦情を修道院長本人に伝えた。一八二七年にカトリーヌ・ドゥ・シャルボネルがブザンソンを訪れることになると、彼女に生徒の両親からの批判に対処するように頼んだ、とソフィーは事前にドゥ・ロズヴィルに告げている。

おそらくマザー〔カトリーヌ・ドゥ・シャルボネル〕のほうから、おろそかにされた生徒についての責任をめぐる両親の苦情の話があるでしょう。食物が上質であることに注意を払い、みなが礼儀正しくすることを主張し、必要なものには出し惜しみせず、なによりも、子どもたちからの贈物をうけとらないようにしなさい。たとえ聖堂のためでも、うけとってはなりません。……ひとは気まぐれですから、ほかのどこかでよりよいものが見つかると思うのがつねです。ですから、あなたの修道院のそばでほかの学校が開校し、あなたの学校が不満の対象であれば、大勢の生徒が流出してしまうのです。

ソフィーの処置が誠実で正直だったとはいえ、批判された本人にとっては気が楽になるわけもなく、ドゥ・シャルボネルの訪問のあと、ドゥ・ロズヴィルは感情を害した。ソフィーはこれを予測し、ドゥ・ロズヴィルへの手紙のなかで、批判についてべつの次元で論じている。

勇気をふたたび奮いおこし、神にすがりなさい。あなた自身の力がつきたとき、ことに神の恩寵をいただけるように、信仰と忍耐とともに祈れば、神は助けてくださいます。祈りと神との一致が、神との交わりをよりやさしくします。修道院長が責任をうまく遂行しようと望むなら、これなしではいられません。また、日々、やさしさとかぎりない忍耐をたやさぬよう、とくに注意を払いなさい。……確固たる態度も必要ですが、この資質〔忍耐〕によってやわらげられねばなりません。忍耐は〔神の〕恩寵により人間の本性を克服しますが、破壊することはありません。

それでも批判はドゥ・ロズヴィルを傷つけ、数か月後、ソフィーはふたたびドゥ・シャルボネルの訪問について触れねばならなくなった。ソフィーはドゥ・ロズヴィルに彼女のおかした誤りを、しかも隠そうとした誤りのことを想起させたが、同時に、すべてを冷静に判断するよううながしている。

あなたはいささか神経過敏で、すぐに感情を害しやすいようです。なぜ意図しなかった誤りのことで、まる一日も悩むのですか？　むしろ、忍耐の欠如を示したことで自分を責めなさい。言葉ではなく、あなたの態度や表情などで示したことを言っているのです。……修道院長が完全な公平さを保ち、情け深く統率することが肝心です。この美徳が堅固さと両立することも理解せねばなりません。それなしでは修道院が熱意と規則正しさを長く維持することはできません。ビロードの手袋に包まれたヒマラヤスギの木彫りの手のようなものです。しっかりとにぎられても、絹のような柔らかい感触を感じると、あえて文句を言わないものです。

その地の市当局からの批判となると、ドゥ・ロズヴィルがブザンソンでなすべきことについて、ソフィーに迷いはなかった。

いったい、あの紳士がたがこのうえなにを期待しておられるのか、知りたいものです。わたしたちに博識な学者、あるいは天才であれ、とでも言いたいのでしょうか？　彼らの子どもたちがあらゆる意味で完璧を達成せねばならず、それも、妖精の魔法の杖で変貌させよとでも？

ばかげた要求です。けれども、教師のなかに悪習や不注意が忍びこんだことは事実です。これをよく確かめなさい。……休暇のあとまで待ち、要覧と政府に認可された会則以外の情報を与えないようにしなさい。……市長と知事を味方につけることが大事なのです。勉学の内容や生徒のふるまいについての苦情がないようにしなさい。

ソフィーはあらかじめ指導者のための青写真を描いていたわけでも、聖心会全体に導入しようとしたなんらかの流儀があったわけでもない。むしろ、各修道院長を個人の才能に応じて養成した。各地の修道院長の価値と役割に差はないが、それらを発揮させる方法は、個々人の能力に応じていた。当然、ソフィーが書簡や講話でもっとも推奨したのは、自分自身が生きようとした模範であり、任命した修道院長たちを激励するとき、自分自身の経験や直感に従っていた。たとえば、一八二八年、ブザンソンからアミアンへドゥ・ロズヴィルを移動させたとき、彼女も修道院の会員たちも変化に適応せねばならないと述べている。会員たちは前任者マリー・プレヴォの気さくで構えないふるまいに慣れ親しんでいたからである。

あなたの統率の方法で気づいたことを指摘します。あなたにはいささか不機嫌なところがあり、厳格すぎるきらいもあるかもしれません。マザー・プレヴォはすべてのひとを喜ばせ、幸せにしたいと願う性格の持ち主です。むろん、極端に走れば、とくに修道女にとって、このような性向は欠点になりえます。ですが、すくなくともあのかたはこれを直そうと努めていますし、わたしが送った叱責がきっと改善をもたらすでしょう。同時に、あなたにはある決意をしてほしいのです。あのかたの真似をせよと言っているのではありません。その部分は矯正しようとしているのですから。そうではなく、あなたにはもう少し寛容に、ようするにもう少し温厚になってほしいのです。あなたの規則の遵守のやりかたは、あまりにも厳しすぎます。とくに、いま、〔任期の〕最初の時期には。あの修道院〔アミアン〕にあなたの前任者が定着させた、ゆきすぎた自由と対照的です。この改革をおだやかに導入せねばなりません。なによりも、やさしく、目立たない方法で。あなたはその正反対をおこなっていると非難されています。すでにブザンソンで、このように責められる種を蒔いていますね。ときには性急な、あなたの無情な態度、そして怠惰や怠慢でしかないところに悪意を見いだす性向ゆえに。基本的に、これは、堅固さと親切さをあわせもつ修道院長がなしうる大いなる善を否定してしまいます。後者の美徳は、あなたに託された修道院の運営に欠くべからざるものです。わたしはイエスの聖心（みこころ）に、あなたや統率の仕事に召しだされたひとびとのために、この美徳をお与えくださいと、たびたび祈っています。

一八二九年、ポワティエにいたロール・デ・ポルトをリヨンの新しい修道院長に任命したときには、デ・ポルトにあらたな仕事に向かう手ほどきをするのを助けてほしい、とソフィーはアンリエット・グロジエに頼んでいる。

あのかたに誤解がないようにしてください。親切さとやさしさは、どこでももっとも重要です。堅固さはなければなりませんが、目立ってはいけません。しかし、悲しいかな、だれがこれを理解しているのでしょう？　よき統率とはすばらしいわざですが、それがめったに見られず知られもしていないことに、心を痛めています！

ソフィーが指導者に求めた善は、実際的かつ包括的で、みずからの指導者としての経験に根ざしていた。ドゥ・ロズヴィルには、修道院内の会員への判断が厳しすぎると指摘し、なにごとにも動揺してはならないと書きおくっている。

いかに聖人のような修道士や修道女の修道会でも、山のような困難がつきものです。……悲しいかな！　犯罪さえも起きることがままあります！　できるだけのことをしながらも、辛抱して、落ちついてこれに耐えましょう。神に信頼をおき、祈りましょう。そうすれば神はみわざを働いてくださいます。

わたしたちは天使と生活しているわけではないのです。ですから、人間の本性をがまんし、赦すことを学びましょう。あなたにはこのことを何度もうながしていますから、よくわかっているはずです。それなのに、あなたによれば正真正銘の深刻な欠点がある会員たちは、まったくあなたの助言に耳を貸さないどころか、欠点を隠そうとします。この場合、調和と一致のためにも、わたしなら彼女たちの立場に立ち、彼女たち自身の目で彼女たちを判断します。わたし自身の怠け癖がこの態度に合うのです。わたしがより厳しい光のもとで彼女たちを判断しても、彼女たちを説得できないのなら、結局、いかなる目的が達成されるというのですか？　わたしなら待つでしょう。

聖心会に入会したいと望む女性は、その地の修道院長に審査され、修道院長が受け入れの諾否を決定した。歌隊修道女にせよ助修女にせよ、個々の修道院長が入会を許した志願者の質について、ソフィーはたびたび手厳しく批判している。

これまでのように、大勢のひとを無差別にうけいれていたら、かならずやわたしたちの会は徐々に衰退していくでしょう。そのひとびとを使わねばなりませんが、今日の手に負えない子どもの教育のことをなにもわかっていません。こうした子どもの教育に必要なのは、美徳だけでなく、良質な教育、如才のなさ、礼儀正しさなどで、この点でわたしたちは欠けているのです！

一八一五年の会憲は、会全体の修練院をパリに定めると規定した。アミアンからパリに移ったとき、ソフィーが計画したとおりに。ところが実際は、パリのヴァレンヌ通りにはたしかに修練院があったものの、フランス全体のための修練院ではなかった。一八二〇年の第二回総会は、修練女が全員、パリで訓練されることが不可能だという現実をうけとめ、各修道院が修練女をうけいれ、聖心会の名のもとに終生誓願を立てることを許した。この決定は一八二六年の第三回総会中に修正された。第三回総会は、歌隊修練女がすくなくとも一定期間をパリの修練院ですごすか、それが無理なら、リヨンの分館ですごすことを勧告した。パリでひとりひとりの修練女を養成しようというソフィーの希望は、入会する女性があまりにも多かったため、実現不可能だった。それでも、早くも一八二三年、ジョゼフ・ヴァランはソフィーに指摘している。

修練女たちはいまだにさまざまな修道院に散らばっています。これでは彼女たちが聖心会の精神を吸収する助けになりません。

修道院長たちへの手紙で、ソフィーは聖心会への入会の条件を示しつづけた。そして安易に女性たちを入会させ、女性たちにおざなりの養成しか与えない修道院長たちのことを嘆いた。終生誓願を立てる志願者をうけいれるのは、ソフィー自身の役目だったので、永続的な入会を誓う段階にきた女性たちを紹介されたときにはじめて、ソフィーが問題のある女性たちに気づくことが多かった。通常、修練女たちは数年間、ひとつの修道院ですごしていた。だが、ソフィーは経験を重ねるとともに、難のある修練女たちに終生誓願を遅らせたり、退会を求めたりすることが多くなっていく。修道生活に向かないひとびとは、本人のみならず修道会に多くの害をもたらすからである。修道院長が個人的な理由や、ことに司祭たちからの圧力に屈することなく、会憲に示された条件を守ることをソフィーは期待した。肝心なのは、修道院長たちが充分に審査したのちに志願者をうけいれることだ。しかし、ソフィーの尽力や助言が報われることはまれだった。

各修道院長が何年ものあいだ、入会を希望するひとを全員うけいれているため、わたしたちの修道会には、才能や美徳の欠如ゆえに無能なひとびとが何人もいます。良心に照らすと、あなた［フィリピーヌ・デュシェーヌ］にこういうひとを送るわけにいきません。あらたな志願者がなにより求められています。このひとびとをしっかりと訓練せねばなりません。彼女たちには、すくなくとも堅固な召命がなければなりません。

ソフィーはこうもフィリピーヌに語っている。

歌隊修道女を訓練するのには一〇年かかり、しかも大半が終生誓願を立てる前に亡くなってしまいます。

これがソフィーの大いなる失望のもとだった。大勢の若い女性が死んでいき、ソフィーはなすすべもなく、見守るしかなかった。一八二四年一年間をとっても、一二名が病に倒れ、「あのひとたちはもっともよく教育され、みな、学校の教師です」。女性たちを教師として訓練するのに、すくなくとも一〇年から一五年という長い歳月がかかった。ソフィーはこのひとびとの早世が会に深刻な打撃を与えると考えた。会員たちの健康管理を懸念し、一八二七年に六人の若い女性が末期症状を示すと、ソフィーは修道院長たちにみなの健康を第一に優先するようにうながした。アデライド・ドゥ・ロズヴィルにこう記している。

文句は言えませんが、わたしを困らせるひとびとのうち、なんと多くがすばらしく頑健でしょう。ところが、もっとも優秀なひとびとは死んでいきます。

「もっとも優秀なひとびと」を求めて、ソフィーは各修道院の指導者の養成に専念した。しかし、これはこれで欠点があった。ひとたびある修道院のための指導者をうまく訓練すると、その人物をほかの修道院に移動させるのがむずかしくなった。当該の修道院と学校は指導者の継続性が失われることで混乱し、両親や聖職者は苦情を述べた。本人もある特定の状況下で自分の統率の方法を見いだすと、べつの修道院に適応するのに苦労した。ソフィーは会の全体像を思い描いてはいても、実践では思うように行動できないことが多かった。フィリピーヌ・デュシェーヌも同様の困難に直面していた。ソフィーは彼女に同情を示している。

信じてください。検討された移動を実行してはいけません。各個人だけでなく、どの修道院も不満をいだき、あなたは数限りない妨げを経験するでしょう。わたしはこれを試みましたが、高い代償を払いました。もっとも、必要なことではありましたが。アミアン、ボーヴェ、リヨンの修道院長を移動させたとき、これらの修道院がどれほど心配の種になったか、想像もおよばないでしょう。同時に、新しい修道院長としっくりいかない会員を何人か移動させねばならなかったのです。一般のひとびとは長年、責任者だったひとびとに慣れ親しみ、新しい責任者たちに不満をもつものです。そのため、いまや、わたしは一度にひとりの修道院長しか解任しません。とはいえ、[ポワティエで] 現存するような状況を避けるため、時折、修道院長の移動は必要です。自分の修道院をかたちづくり、三年以上も運営してきた修道院長は、自分の修道院の女王になり、会全体の善を見失うのです。

ソフィーは修道院長をある修道院からべつの修道院へ移動するのに難儀したが、当の修道院長たちは、修道院内の扱いに困る会員を移動してほしい、とつねにソフィーにせっついた。即刻これを実行できるとはかぎらず、ソフィーは、とりあえずその人物に修道院内のべつの仕事を担当させ、ようすをみてはと修道院長たちに提案した。また、原因が身体的なものかどうか、健康診断をうけさせることも勧めた。どちらも解決策にならずに困難がつづいた場合、ソフィーが行動にでようとしても、操作の余地はかぎられていた。

どの修道院もこうした会員を何人もかかえています。全員を一か所に集めるわけにもいきません。ですから、どの修道院にも扱いのむずかしい会員の割り当てがあるのです。全員をひとつの修道院に集め、わたしがその修道院の院長になりましょう、と言いました。ただ、そうすれば、わたしは手一杯になりますから、だれかほかのひとが会を統率せねばなりません。顧問たちはほほえむだけで、わたしに耳を貸しませんでした。したがって、わたしたちは分担してこの重荷を背負わねばなりません。

　あらゆる段階で修道会を統率する仕事は困難ずくめで、ソフィーは自嘲気味に述べている。「モーセでもなければ、わたしたちに託されたひとびとを導くことはできませんが、わたしはモーセに遠くおよびません！」。こなさねばならない仕事量に圧倒されるときもあり、それが原因で、たびたび過労で倒れている。この状態はいまに始まったわけではなかった。一八二三年、すでにジョゼフ・ヴァランはソフィーに三通の手紙を送り、彼女がかかえる仕事量が殺人的だと述べている。同年三月、ソフィーは重病にかかっており、ヴァランに自分の立場を見直すように勧められたときは、まだ回復の途上にあった。

極度に衰弱しているうえに、総長補佐たちから隔離されたいまの状態で、現在進行中の仕事はおろか、たまった仕事の重みまで、いったいどうやって担うというのですか？　いまこそできるだけ人手を頼りなさい。会全体の統率に専念し、詳細をほかのひとびとに委任するのです。加えて、会の統率そのものも、補佐と分かちあわねば、あなたは潰れてしまいます。行動的かつ警戒を怠らず、つねに機能する統率のかたちが必要な段階を、あなたがたの修道会は迎えています。

　数か月後、ジョゼフ・ヴァランはふたたび懸念を述べ、聖心会の成功、ことに急速な発展こそが不安材料だと指摘した。ふたたびソフィーが病に倒れ、修道会の試みそのものが覆されることを心配したのである。

あなたが補佐たちに支えられることを望んでいます。日々、かさんでいく業務の重責にあなたが持ちこたえられるように。

　これはもっともな心配であり、ソフィーは感謝したものの、制度の変更は当面できないこともわかっていた。ジョゼフ・ヴァランはフランスでの復権以降、イエズス会が導入した構造を示し、なぜソフィー・バラも同様の構造をとりいれないのかいぶかった。既存の修道院や新設の修道院にゆきわたる指導者がたりず、ソフィーが自分のそばに総長補佐たちをおく贅沢を許されないことが問題だった。総長補佐たちには必要に応じて、総長の言葉を伝える使者、各修道院を訪問する訪問者、新修道院の準備にあたる創設者、外部との協議をおこなう交渉者の役割をあてがわねばならなかった。当然ながら、彼女たちがつねにソフィーとともにすごすことはできなかった。ジョゼフ・ヴァランの助言はまっとうであり、ソフィーと彼女の健康と聖心会のよき統率を心配してのものだった。ソフィーがこの助言をうけいれるには、何年もかかった。

一八二六年の第三回総会後の歳月は、ソフィーの生涯でもっとも多忙な時期のひとつだった。しばらく元気だったが、まもなく体力が衰え、以前の症状が再発した。病で弱ったものの、仕事をつづけ、体調をおして、ローマのトリニタ修道院の創設の交渉にあたった。また、家族の問題にも目配りし、姪のゾエが病を得ると、心配した。ゾエが家で看病されるように手筈を整えてほしい、と甥スタニスラスに頼んでいる。ルイ・バラも姪のことを気にかけ、ジョアニーで彼女とともに数日すごすつもりだ、とソフィーに知らせている。一八二九年、エリーザ・デュソッソワが聖心会への入会を決意すると、スタニスラスは妹たちが修道院に入会するのにうんざりだ、と叔母ソフィーにもらしている。妹たちに会えなくなってしまうし、なんにせよ何人かは結婚すべきだ、とこぼした。ソフィーは甥に述べている。

妹を苦しめないように。なんの役にも立ちませんから。あの子は、すくなくとも、召命を試みることになります。あなたがそれに反対なら、あの子をフランスのどこか遠くの端へ、さもなければローマに送ってしまいますよ！　あの子は決意しましたし、わたしも決意したのですから。あなたのお母様はあなたよりずっと賢明です。結婚のもたらす辛い苦しみと、財産もなく、のちになれば支援もなくなる若い女性が、人生においてさらされる危険をご承知なのです。

スタニスラスは叔母の叱責に慣れっこだった。妹エリーザの決定をうけいれるが、パリで定期的に妹に会いたい、と述べている。また、兄ルイにパリの職を紹介してほしいので、公教育・宗教大臣フレシヌス猊下の口ぞえを頼んでほしい、と叔母にすがっている。ソフィーはこのふたつの要望を断り、自分自身の経済状態を管理し、うるさくせっつかないように、とスタニスラスに言いわたしている。叔母と甥は親しい関係にあり、スタニスラスは歳を重ねるごとにこの関係に依存していくことになる。

だが、ソフィーはあまりにも多忙すぎ、過酷な仕事に追いたてられていた。一八二九年四月、転倒し、右腕を痛めた。同年五月、ふたたび転倒し、今度はひどく足を痛め、身体の片側があざだらけになった。六月には五月の転倒で痛めた左腕が使えないと訴えている。八月にも、一二月にも転倒した。ソフィーは一年間で七回も転倒した、と述べている。年末には痛みが悪化し、歩けなくなった。

ここ数週間、七度目の転倒のせいで痛めた足をさらに悪化させ、ベッドか安楽椅子でじっとしています。

足の痛みに悩まされたが、パリには満足に整骨できる医者がいなかった。松葉杖をついて歩こうとしても、少しするとベッドか安楽椅子にもどらねばならない。挫折感に打ちのめされる生活のなかで、否応なく仕事量を減らしたものの、苦痛からは解放されず、真の休養にもならなかった。翌年、パリで七月革命が勃発した。一八三〇年七月、ソフィーは聖心会の将来とパリの学校についての決定を迫られ、怪我にもかかわらず、ふたたび旅をつづけることになる。

第一〇章　進行と前進
一八三〇―三三年

一八二六年の第三回総会後の手紙のなかで、ソフィーはたびたびパリとフランス全土に広がる社会不安に言及している。一八一五年、ルイ一八世（在位一八一五―二四）のもとでブルボン王朝が復権し、平和と安定のきざしをもたらす。フランス革命とナポレオン帝国により長びいた混乱期のあとで、国民は安堵とともにこれを歓迎する。ルイ一八世の治世の初期には、革命派と反革命派のあいだにそれなりの和解と均衡が達成される。ところが双方の善意は徐々にすり減り、一八二四年にシャルル一〇世（在位一八二四―三〇）が即位したころ、急進的な反革命派が優勢になる。反革命派はアンシャン・レジームのかつての栄光に憧れ、アンシャン・レジーム期には教会と王権が緊密な調和を保持し機能していたという幻想をいだいていた。このような反革命派による過去の改竄は、自由主義者と反教権論者を協力体制に追いこみ、より過激な革命分子をあおって、パリやフランスの主要都市で決起させる。これがフランス革命の悪夢の記憶を呼びさます。恐怖時代のおぞましい日々は遠い過去ではなかった。社会の不穏はその日々がよみがえるかもしれないという恐怖と予感をもたらす。まぎれもなくソフィーはパリにおける社会不安を鋭く感じとっていた。聖心会の仕事が危険にさらされるだけでなく、無に帰する惧れさえあるのではないかと。フォーブール・サン＝ジェルマンの中心に位置するヴァレンヌ通りは急進的な王党派の本拠地で、オテル・ビロンは宮廷および貴族と同一視されていたからである。

聖心会を直接に脅かした兆候のひとつは、政府の両院においてイエズス会のフランスにおける教育活動を禁止すべきとの声が高まったことだ。一八二七年、ソフィーはフィリピーヌ・デュシェーヌに政情への懸念をもらし、聖心会のフランスにおける修道院が弾圧されることもありえると憂慮している。イエズス会士たちがフランスの学校から追放されるのは時間の問題で、その波紋を覚悟している旨を、その翌年までにフィリピーヌに伝えている。もし聖心会も学校閉鎖に追いこまれれば、ルイジアナはあらたな人員の恩恵をうけられるだろう。そしてこう打ちあける。

あなたに会いにいくことばかり夢見ています。もし、この長旅にでることになれば、わたしは二度とフランスにもどりたくありません。

迫りくる政治的危機にあって、ソフィーはフランス国外の修道院新設の利点を意識し、あらたな地域に会が拡大しうる要請を歓迎した。ミラノに開設を検討中の修道院についてルイーズ・ドゥ・リマングに書きおくり、人員不足を嘆いている。

……このイタリアの風光明媚な地に、聖心会をしっかりと根づかせる機会を確実に逃してしまいます。そして、その結果、オーストリア皇帝に会を知っていただくこともできなくなります。……事実、これ〔ミラノの修道院設立〕はことさら時節にあうのです。フランスではイエズス会追放の余波にさらされ、地歩を譲らざるをえなくなったのですから。いくつかの修道会はわたしたちを模倣しようと、信じがたいほどの努力をしてきました。むしろ、やすやすとわたしたちを追いこしています。あるいは神がこれをお許しになるのは、ほかの修道会がおよばない、フランス国外に会を拡大せよとの思し召しかもしれません。ある意味で、いろいろと考えあわせた結果、もし要請があれば、ミラノ〔の修道院新設〕をうけいれる覚悟ができました。ですから、大使夫人には、わたしたちの会による修道院新設をご提案くださるよう、ひとこと申しあげてください。

いつなんどきフランスから追放されるともかぎらない状況下で、ローマに新設されたトリニタ・デ・モンテ修道院がいっそう重要性をましていくのは、ソフィーの目にあきらかだった。ソフィーは市内のふたつめの修道院新設の可能性を歓迎した。ローマでの拡大の結果が自分個人になにを意味するかまでは怖ろしくて考えられない、とフィリピーヌに打ちあけているが。そのときすでに、いずれ聖心会の中心をやむなくパリからローマへと移す時期が到来するかもしれない、と予見していたのである。ローマとの接触を重要視し、アルマンド・ドゥ・コーザンが連絡を怠ると、苦情を言った。ローマからの書簡は、会のすべての修道院に回覧され、各修道院近隣のイエズス会修道院にも写しを送るように、との示唆も添えられていた。実際、ソフィーと同僚たちは、イエズス会とのより近しい絆を求めつづけていた。とはいえ、依然としてソフィーにとっては、構造上ではなく霊性上の提携を意味していた。

実際、決定的なこの時期に、ソフィーがイエズス会とのより緊密な絆を迫ることなど、問題外だった。これまで以上の絆を築けば、聖心会が政府の不興を買うのは目に見えていた。一八世紀のブルボン王朝はイエズス会の権力を嫌い、一七六三年、会の弾圧を強行した。一八一四年、教皇ピオ七世によりイエズス会が復権すると、皮肉なことにイエズス会は復興したブルボン王朝と同一視されるようになる。イエズス会の学校で教育をうけさせるべく貴族たちが子弟を送り、イエズス会は保守主義や王党派と同一視されたのだ。実際、イエズス会士たちが男子校の教育に占める権威が、イエズス会の唱える明白な教皇権至上主義（ウルトラモンタニスム）とともに、政府の大臣や両院議員たちの疑念と批判を招いた。たとえその意志があったとしても、シャルル一〇世がフランスのイエズス会を保護することはできず、一八二八年六月、イエズス会がフランスで運営する八校の学校が閉鎖された。イエズス会士の秘密主義や隠された権力が大げさに取り沙汰され、国家にとって危険視された。奇想天外な噂が飛びかい、イエズス会のモンルージュの修練院が兵営に変えられ、地下のトンネルでルーヴル宮につながっているなどと囁かれた。王党派でガリカニスムを信奉するモンロジエ伯爵が、イエズス会への攻撃を始めると、いくらでも耳を貸すひとがいた。

　一八二八年以来、パリでは不穏な空気が漂い、不吉な予感が市を覆った。聖心会がイエズス会と近しいとされるため、ソフィーはパリやフランス各地の聖心会の学校も閉鎖に追いこまれるのではと怖れた。革命の衝撃をまともにうけるパリについては、不測の事態にそなえ、計画を練った。何度も転倒した末、歩行困難になり、存分に動けないソフィーには難業だった。一八二九年と三〇年春の大部分は、転倒の怪我から回復しようと努めたが、不自由な身体のせいで統率の仕事は普段にもまして重荷だった。さまざまな治療も試みたが、パリの医者たちは有効な治療法を見いだせなかった。何週間かの静養もさして効果がなく、松葉杖を使って歩こうとしても、すぐにベッドか安楽椅子で休まねばならないありさまだった。安楽椅子は介添人が引き、修道院のなかを移動できるように工夫されていた。いずれにせよ、パリからの緊急脱出の計画と実行にあたるには似つかわしくない姿だった。

　ソフィーは、テオドール・ドゥ・ニコライ侯爵（一七八二—一八七一）とその家族との縁にひとつの解決を求めた。一八二八年のイエズス会の学校の閉鎖後、ドゥ・ニコライは息子たちをフライブルクの学校に転校させ、その後、王政の崩壊を予測してスイスに引越し、ジヴィジエに城を借りようと考えていた。ドゥ・ニコライ家はブルボン王家の命運と深くかかわっていた。テオドール・ドゥ・ニコライの父と兄がギロチンにかけられた恐怖時代の思い出は、いまだに生々しかった。旧姓ドゥ・レヴィのマダム・オーギユスティーヌ・ドゥ・ニコライは、兄弟ドゥ・レヴィ公爵をとおしてダングレーム公爵家やドゥ・ベリー公爵家と親戚筋だった。一八三〇年の七月革命の動乱期に、ブルボン王朝との親しい絆ゆえ、ドゥ・ニコライ家がパリにとどまるのは危険すぎた。マダム・ドゥ・ニコライは、退位し亡命したシャルル一〇世に、オーストリアの亡命宮廷で孫娘(のちのパルマ伯爵夫人)の家庭教師役をしてほしい、と頼まれている。ドゥ・ニコライ家の年長の娘たちエマルディーヌとポーリーヌは、一八二四年以来、ヴァレンヌ通りの学校の寄宿生で、ソフィーはこのふたりをとおして一家と親しくなった。テオドール・ドゥ・ニコライは、パリを去りスイスに落ちつく計画をソフィーに話した。聖心会がパリを逃れ、学校と修練院を国外で営まざるをえなくなる場合、修道女たちや生徒たちの宿舎をみつけるまで、ジヴィジエの一家とともにすごすことを、ドゥ・ニコライはソフィーにもちかけた。これを不測の事態の手立てと決めて、ソフィーは不安のうちにパリで情勢を見守るしかなかった。

一八三〇年七月、政情は一触即発になった。七月二六日、シャルル一〇世が憲章(一八一五年以降に打ちだされた革命派と反革命派の合意)にもとづく権限を行使し、四つの法令を布告した。これらが報道の自由を妨げ、議会の選挙権を、フランスのもっとも富裕な土地所有者である少数にほぼ限定した。これらの措置は立憲君主制を実質的に崩壊させ、国王への支持を減じた。七月二七日には、パリの不穏が高まったため、両親たちはヴァレンヌ通りの学校から娘たちを引きとりはじめ、数日のうちに一六〇人もいた寄宿生が五〇人になった。この決定的な一週間に、校長ユージェニー・ドゥ・グラモンは、ドゥ・クラン大司教の司教区の神学校にほど近い、コンフロンの大司教の邸宅で療養中だった。市中の動乱を耳にしたユージェニーは、即座にカトリーヌ・ドゥ・シャルボネルとアンリエット・デュシスとともにパリをめざし、苦労しながら七月二七日の夕方にヴァレンヌ通りに到着した。翌朝、パリで革命が勃発し、国王と急進的な王党派と縁が深いフォーブール・サン゠ジェルマンが、革命分子の攻撃の的になる危険が迫った。ソフィーはユージェニー・ドゥ・グラモンと修道院にいる顧問たちに説得され、コンフロンに逃れることになる。しぶしぶ承知したソフィーは、七月二八日の正午ごろ、ひとりの会員と甥スタニスラス・デュソッソワにつきそわれ、松葉杖をつきながら、コンフロンのドゥ・クラン大司教邸に向かった。

パリの暴徒の怒りはパリ市の範囲をこえ、七月二七日、コンフロンの神学校が攻撃される。ソフィーと付添人たちは近くにべつの宿舎をみつけ、七月三一日までそこにとどまり、危険が去るとヴァレンヌ通りにもどった。七月王政の先駆けとなった暴力と不安の長い一週間の末、ソフィーは修練院をパリから移す決意をする。シャルル一〇世は数日間で倒れ、代わりにオルレアン派のルイ・フィリップが王位につく。ノートルダム大聖堂のそばのパリ大司教の宮殿も、コンフロンの神学校とともに略奪にあった。パリやほかの地方で、イエズス会の修道院は攻撃され、略奪にあい、放火された。修道院は解散し、多くのイエズス会士がスイスで亡命生活に入った。つぎは自分たちの番かもしれない、とソフィーは思わずにはいられなかった。

一八三〇年八月八日までに、ソフィーはニコライ侯爵の申し出をうける決意をする。カトリーヌ・ドゥ・シャルボネルが侯爵家とともにジヴィジエに滞在し、修練院と学校にふさわしい建物を探すことになる。ソフィーとユージェニー・ドゥ・グラモンは秋に合流する予定だった。パリの修練院の修練女たちは二手に別れ、ブザンソンとラ・フェランディエールに収容された。スイスに適切な建物が用意されたのちに、当地で合流する計画だった。親が娘の教育をスイスでつづけてほしいと望む場合は、ヴァレンヌ通りの生徒の籍も確保する、とソフィーは約束した。首都の混乱がつづいた場合を考え、ヴァレンヌ通りのかわりに、トゥールに修道院を移す可能性も検討した。当面、パリでいつなんどき危険にさらされるともかぎらないあいだは、ヴェルサイユに家を借り、そこに生徒たちを避難させた。実際、オルレアン王朝がいつまでつづくかだれも見当がつかず、あらゆる不測の事態のための措置が計画されねばならなかった。いくつかの可能性が検討されるなか、一八三〇年八月一〇日の朝、ソフィー、ユージェニー・ドゥ・グラモン、アンナ・ドゥ・コンスタンタン（一七七九―一八八二）とマリー・パット（一七九五―一八四八）がパリをあとにした。留守中、修道院と学校の責任者にルイーズ・ドゥ・ヴァラ、その補佐にマダム・ドゥ・マルブフが任命された。

ソフィーと同僚たちがリヨンにたどりつくと、ラ・フェランディエールの修道院も攻撃の脅威にさらされていることを知る。フランスのほかの地域でも同様の状態が一八三一年春までつづく。たいていの場合は、各修道院の会員たちや生徒たちだけでなく、建物や土地も難を逃れた。怖れを見せずに暴徒と堂々とわたりあった会員たちの勇気のおかげだった。ソフィーはリヨンに長くはとどまらなかった。長旅で足の状態が思わしくなかったので、九月一三日から二四日まで、ユージェニー・ドゥ・グラモンとともに鉱泉療法のためにエクス゠レ゠バンを訪れた。ふたりがシャンベリーにもどってきたころ、スイスに来て候補の建物を視察してほしい、と求めるカトリーヌ・ドゥ・シャルボネルからの手紙が届いていた。一八三〇年一〇月八日、ソフィーたちはスイスに向かった。到着後、ソフィー、ユージェニー・ドゥ・グラモン、カトリーヌ・ドゥ・シャルボネルはドゥ・ニコライ家とともにすごした。どの記録も伝えるように、心地よくも牧歌的なひとときだったらしい。長女エマルディーヌ・ドゥ・ニコライ（一八一〇—八六）はこの経験をあざやかに覚えていた。カトリーヌ・ドゥ・シャルボネルの内気さ、ソフィーとユージェニーの魅力、到着したときの全員の風変わりないでたち、そして数週間のあいだ、家庭生活が修道院の日課にとって代わられたこと。ジヴィジエの城は亡命宮廷の様相を呈し、一家はおなじくパリを離れたひとびとの訪問をうけた。貴族や聖職者が多く、そのなかに聖心会の元聖職者総長ペロー神父および元公教育・宗教大臣フレシヌス猊下もいた。

一八三〇年一〇月、ふたつの物件が見つかった。シャトー・ドゥ・モントとシャトー・ドゥ・ミッドである。一年間、ミッドを借り、その間、モントを長期的な居住のために改装することが決定された。以前から新設の修道院のためにおこなってきたように、今回もカトリーヌ・ドゥ・シャルボネルは居住までに必要な準備をおこなった。一一月に、ラ・フェランディィエールとブザンソンから、それぞれフェリシテ・デマルケとアンリエット・コパンに率いられた修練女たちが到着し、徐々に新しい環境での生活を築いていった。一八三〇年一二月、ユージェニー・ドゥ・グラモンは早くパリにもどり、仕事を再開したがっていた。ソフィーは冬中、スイスにとどまろうと考えていたが、当地に漂う不穏な空気を避け、シャンベリーに向かうことにし、一八三〇年一二月二四日に到着した。ミッドとモント関連の交渉はカトリーヌ・ドゥ・シャルボネルにまかせられたが、かなり複雑な交渉になる。聖心会と、ドゥ・ニコライ家のような最近到着したフランス人家族の滞在は、当地の社会不安をかきたてていた。モントのあらたな持ち主たちに地元住民の敵意が向けられ、学校と修練院としての将来が危ぶまれた。しかし、モントの自治体から支持を表す正式文書が届くと、状況が好転した。文書はカトリーヌ・ドゥ・シャルボネルに、学校新設計画の認可の手続きに入ってよい旨を伝えたのである。とはいえ、フライブルクの警察長官が学校と教師についての提案書を是とし、学校がイエズス会と無関係であることを納得する必要があった。ソフィーの同意を得たうえで、カトリーヌ・ドゥ・シャルボネルは以下のように書面で答えた。開設を希望する学校は、修道会によって運営されていない。修道院を創設するつもりはない。学校の教師たちは修道服を着ていない。さらに当局は、学校が新設であること、安定した将来の見とおしがあること、フランスの政情に左右されないことを保証せよ、とドゥ・シャルボネルに要求した。彼女はこのすべてを肯定した。実際には修道会はよく知られた模範にのっとり、べつの修道院を設立中だったのだが。カトリーヌ・ドゥ・シャルボネルは当局につぎのように述べた。

ミッドに臨時に居住する聖心の婦人たちは、教会の観点からは真の修道女ではありません。〔修道生活の〕基本的な条件である禁域制度がないため、教皇が真の修道女とお認めにならなかったのです。

ここで約束する奉献はたがいへの奉献です。ミッドでこうした約束をした者はふたりだけで、これではとうてい修道会とはいえません。ここに修道会を設立しようなどと考えてもいません。

子どもたちの敬意を集める手段として、教師は略式の修道服を着ています。修道院とはまったく異なります。……みながレクリエーションに参加し、いなかに散歩に行き、男性からも女性からも事前に許可がなくとも訪問をうけます。この集団が真の修道会なら、このようなことは許されません。

カトリーヌ・ドゥ・シャルボネルの主張は、文字通りの意味において正しかった。聖心会は、彼女に質問した当局が理解する意味での、完全な教皇のもとの禁域制度には従っていない。ドゥ・シャルボネルはそれを承知しており、学校の認可を得るために利用したのである。

一方、ユージェニー・ドゥ・グラモンは、パリのあらたな現実とルイ・フィリップ率いる新政府に適応できずにいた。ドゥ・グラモン家はシャルル一〇世との絆が深く、ルイ・フィリップを簒奪者とみなしていた。これはドゥ・クラン大司教の見解でもあった。ドゥ・クランは新政府を認めず、国家行事に出席せず、新体制を信任する行動をいっさい拒否した。教皇の外交的な働きかけにもかかわらず、大司教は頑として見解を変えなかった。大司教はブルボン王朝、すなわち旧体制と縁が深く、自分の司教区と教会もろとも自説にひきずりこもうとしていた。ドゥ・クラン大司教の宮殿が略奪にあい焼失すると、パリのいくつかの修道院が大司教の仮住まいになった。そのひとつがヴァレンヌ通りのオテル・ビロンだった。あるひとびとはドゥ・クラン大司教の姿勢を頑なで愚かだと糾弾し、あるひとびとはそれを英雄的だと称えた。

ソフィーは自分の留守中のパリでなにが起こりうるかを認識していた。一八三一年の初頭、ユージェニー・ドゥ・グラモンに手紙を書き、慎重な対応をうながした。学校でも、ヴァレンヌ通りの修道院の応接室での訪問者の面前でも、ユージェニーもパリの修道院の会員もいっさいの政治的な発言を慎むように、と警告している。ジヴィジエ逗留中は、フランスの新政府についてはばからずに意見を述べることができた。パリではそうはいかない。

〔いかなる意見も〕現政府への支持でなければなりません。神がわたしたちにお与えになり、教会と政治権力が承認した政府なのですから。支持しないのは愚かです。この件について『コティディエンヌ』紙で読んだ記事についてお話ししましたね。あなたには、いかなる新聞も購読しないことを望みます。

例によって現実的なソフィーは新体制をうけいれたが、ユージェニー・ドゥ・グラモンは政治問題に無関係なふるまいができなかった。彼女はフォーブール・サン゠ジェルマンの中心で生きており、新体制が違法であり、従うに値しないと信じる家族や友人たちに囲まれていた。ソフィーとユージェニーは七月革命の結果について意見を異にした。一八三〇年はふたりの関係性に生じた変化の出発点となる。しだいに、一八一五年の場合と異なる、より深刻な対立が姿を表わす。いまにも荒れ狂いそうな嵐の兆候として、ソフィーとユージェニーが交わしあう愛称が以前にもまして頻出しはじめる。ソフィーはユージェニーを「わたしのトピナ」「わたしのネズミ」「親愛なる小さなネズミ」と呼び、ユージェニーはソフィーを「メロット」と呼んだ。愛称そのものは力強い愛情表現だったが、関係性はいまにも壊れそうだった。これまで保ってきたが、今後は保てそうにないものに、ふたりともしがみついていた。あるいは、ソフィーがユージェニーの手綱をひきしめようとしたのかもしれない。ユージェニー・ドゥ・グラモンが勝手に行動すれば、ソフィーと聖心会にもたらすであろう危険を、直感的にわかっていたからだ。

深刻な対立は数か月後にやってくる。当面は、ふたりとも別離を寂しがった。一四年以上ものあいだ、ともに暮らしていたふたりが、はじめてひき離されたのである。一八一六年以来、ふたりはともにポスト通り、その後、オテル・ビロンに住み、ヴァレンヌ通りで協力して学校の運営に当たってきた。七月革命以前の二年間、ソフィーもユージェニーも重い病におかされていた。ソフィーの病のもとは七回の転倒だった。ユージェニー・ドゥ・グラモンの病は胸部と肺の疾患で、身体的な障害もかかえていた。幾度となく瀕死状態になり、一時は再起できないのではないかとさえ、ソフィーは懸念した。ところが、一八三一年春には、ユージェニーが元気をとりもどし、学校の仕事を再開できたのにひきかえ、ソフィーはエクス＝レ＝バンで治療をつづけねばならなかった。ユージェニーがパリに無事にもどったのにたいして、ソフィーはシャンベリーへの道中、落胆する経験に見舞われる。ユージェニーには自嘲気味に八度目の転倒を経験したことを告げている。ソフィーと道連れは休憩のためにサン・ジュナンに立ち寄った。ふたたび馬車に乗るときのことだ。

> わたしは座っていたソファーから立ちあがろうとして……自分を支えて松葉杖をとるために、椅子に手をかけようとして手を伸ばしました。〔ところが〕だれかが椅子を急に引いたので、すでに前のめりになっていたわたしは、バランスを失いました。怪我をした踝を下にして、ふたたび転倒しました。痛めた足の上に全体重が乗ったのです。ご存知のようにわたしは空気のように軽いわけではないので、踝がポキッといきました。ひどい痛みに苦しめられています。

ソフィーは心底落胆する。三か月間、シャンベリーで足を休め、四月にふたたび鉱泉治療のためにエクス＝レ＝バンを訪れる。すべてが元の木阿弥で、ふたたび長く苦しい療養期間が待っていた。ソフィーは動けなくなった挫折感をユージェニーにしたためている。

> まず右に、そして左に行こうとしました。トゥラ、トゥラ、トゥラ。……それから転倒し、三か月のあいだ、床につかねばなりませんでした。この二年間のわたしの生活はこんな感じです。主がこれをお変えになりたくないと思し召しなら、忍従して、またおなじことを一からやりなおさねばなりません。

ソフィーは自分の孤独感や孤立感をユージェニー・ドゥ・グラモンに打ちあけ、自分の手紙の秘密を厳守するように頼んだ。こうして自分の無力感を自由に表現した。ソフィーは週日をエクス＝レ＝バンの医者の家に滞在した。医者は足の手当てをし、鉱泉治療の手筈を整えてくれた。心地よい、美しい環境だった。だが、ソフィー自身が認めるように、まったく孤独で、孤立していた。家の一階にある部屋を与えられ、小さな廊下の先には庭への扉があった。庭には小川が流れていて、その水音はソフィーを慰め、平安を与えた。週末にはシャンベリーにもどり、郵便物の整理や事務をこなした。孤独なソフィーはユージェニーに心のうちをしたため、庭の小川を眺めながら、ウェルギリウスの『牧歌』の詩行を想起した。一八三〇年九月、ふたりともエクス＝レ＝バンに逗留していたころ、ユージェニーはこの小川を気に入っていた。

そう、たしかにあなたが眺めていた小川です。わたしは毎日、そのほとりに座り、「わたしのネズミ」のことを考えます。ここでほんの少しでも会いたいものです。ちょうどいま、水が流れていて、［流れにそって］階段のようなものがあります。きっとあなたは上っていくでしょう。すると、プロジェクトゥス・イン・アウトロ［洞穴に腹ばいになって］、なんという喜びとともに、ドゥモーサ・ペンデーレ・プロクル、デ・ルーペ・ウィデーボ［あなたがいばらの生い茂った崖にしがみつくのを遠くに望む］でしょう。……ですが、悲しいかな！　いつふたたび巡りあえるのでしょう？　あなたはわたしを悲しい思いにひきもどします。この瞬間に楽しんでいる花の果実を集めないのではないかとわたしに思わせて。バルバルス・ハス・セゲテス（ハベビット）［異邦人がこの麦畑を占領するでしょう］。それでもわたしは望みを棄てません。災いの脅威にもかかわらず。カーウァ・プライディクシト・アブ・イリーケ・コルニス［左のほうからカラスが警告を発します、洞のあるセイヨウヒイラギカシの木から］。

　ユージェニーへの寂しさをつづる愛情にみちた手紙は、一方で不吉な予感を語っている。ソフィーが言及するカラスの警告は、寂しさのうちに想起し、悲しみのうちに表現した象徴である。おそらく個人的な含蓄には気づかぬままに。自分の過去をふりかえることで、将来を見とおし、ある種の表現を見いだしたのである。しばらくのあいだ、直感的に感じとっていたこと、すなわち自分が聖心会を掌握できなくなってきたことを、おぼろげながらも自覚する方法だった。すでにパリの状況はソフィーの掌からすり抜けていた。ソフィーのもとには、パリへのすみやかな帰還を求める手紙が届いていた。数日後、ユージェニーとソフィーの緊張関係が表面化した。ソフィーはすぐにパリにもどる、エクス゠レ゠バンで無力感と孤独感に悩まされるのはこりごりだ、とユージェニーに書きおくった。すると、ユージェニーはパリの自分の指導力への不信を読みとり、エクス゠レ゠バンのソフィーにそう訴えた。ソフィーは自分のパリ帰還の動機についてのユージェニーの解釈に驚愕し、意義を申したてた。

わたしの愚痴や帰還の願いに、あなたの健康への心配以外の動機があると、なぜ想像するのですか？　……だれもがあなたを称え、敬うのを喜んでいるこのわたしが？　それ以上のものをわたしは求めません。わたしにべつの考えがある、とあなたが思うなど想像できません。……もしそうなら、あなたに愛情と信頼の言葉を送ったでしょうか?

ソフィーは自分がヴァレンヌ通りからうけとるのは、学校や修道院でのユージェニーの指導について肯定的な手紙であると述べて、彼女を安心させようとした。事実、ジョゼフ・ヴァランはユージェニーの総長補佐への任命を勧めた。もっとも、これは総会を招集しないかぎり決定できない事項だった。ソフィーの手紙はすべて困難な状況にあるユージェニー・ドゥ・グラモンの健康を気遣っている。しかし、ソフィーがパリから得た肯定的な評価について言及したにもかかわらず、ユージェニーは自分への批判がソフィーの耳に届いていると感じ、これがふたりのあいだをぎこちなくした。当時、パリの空気は張りつめており、コレラの脅威が当地の修道院と学校の心配の種だった。実際にソフィーがパリにもどったのは一八三一年一〇月だった。すでにユージェニーの忍耐には限界がきていた。ソフィーがもどる時期を決めかねていると思ったのである。ユージェニーは同年九月の手紙で苛立ちを隠しきれなかった。ソフィーはひどく腹をたて、反論している。

では、病気になったのも、わたしのせいなのですね! 歩けないのも、わたしのせいなのですね! 〔パリに〕行けないのも、わたしのせいなのですね! コレラが発生すれば、それもきっとわたしのせいになるのですね! まったく、負け犬に追い討ちというものです。とはいえ、あなたにお会いするのを楽しみにしている気持を信じてほしいと思います。おかげで楽しみがややそこなわれましたが!

ソフィーはパリへの帰還に賭けていたが、当地に長くとどまるつもりはなかった。以前からローマに出向きトリニタ・デ・モンテを訪問し、第二の修道院の創設を見届けたいと願っていた。ユージェニーに同行してほしい、と手紙でくり返し述べている。ユージェニーを近くにおけば、ある程度は監督できるからだ。しかしユージェニーはローマにみじんも心ひかれなかった。彼女の関心はフランス、パリ、そしてフォーブール・サン゠ジェルマンにあった。それでも、ソフィーはふたりの旅を計画しつづけ、一八三二年に出発するつもりだった。この間、ドゥ・クラン大司教は、あらゆる名目でヴァレンヌ通りにいりびたった。学校を訪問し、学校行事を主宰し、会員に赦しの秘蹟をほどこし、ユージェニー・ドゥ・グラモンの話相手になった。学校の相談役をつとめていたルイ・バラは、ヴァレンヌ通りで何度も大司教に遭遇し、ソフィーへの手紙にもそのことを知らせている。ドゥ・クラン大司教がヴァレンヌ通りを足しげく訪れている事実をソフィーに報告するためであろう。

ソフィーははからずもこれに拍車をかけた。ドゥ・クラン大司教を彼女の霊的指導者に迎えてはどうか、とユージェニーに助言したのである。教皇大使ルイジ・ランブルスキーニが一役買っていた。ソフィーはエクス＝レ＝バンで鉱泉治療中にランブルスキーニに出会っていた。彼はこの案が建設的な手立てだと言って、肩入れした。ソフィーはランブルスキーニの意見をユージェニーに伝え、ドゥ・クラン大司教なら、ユージェニーがとくに健康問題についてだれかの忠告に耳をかたむけるよう説得してくれるだろう、と述べている。

あなたが従順をどのように理解しているかわかりませんが、この件〔健康〕では従順であったためしがありません。……あなたが従順なのは眠っているときだけです。……自分が病弱で、今度、病にかかれば、それが命取りになる、ということを気づかねばなりません。……もうこれ以上は言いますまい。わたしがなにを言っても効果がありませんから。

ソフィー自身も自分の霊的指導者ジョゼフ＝マリー・ファーヴルと連絡をとっていた。ファーヴルはソフィーがミッドにいた九月末に手紙を送っている。ソフィーの働きすぎる性向が、健康にも祈りの生活にも総長としての仕事をこなす能力にも影響するため、気をつけてほしいとしたためている。ソフィーは完徳の誓いを立てたいとファーヴルに頼んでいたが、彼はためらっていた。ソフィーには働きすぎる傾向があり、活動と祈りのバランスが崩れがちだったからだ。ファーヴルは一日の均衡を保つ助けになるので、毎日、聖体拝領にあずかるようにと手紙で勧めた。

〔祈りの内的な時間は〕あなたの性格の活発さを静めるでしょう。活発さは想像以上にあなたに害をおよぼすのです。あなたのなかで、鳩の素直さが蛇の智恵にまさることを望みます。機知に富んだ女性（ファム・デスプリ）や修道院長よりも、子どものふるまい、物腰、そして特徴をもちあわせるように。しかし、策略をめぐらし、不正をはたらき、おごり昂ぶるこの世にあって、子どものようになるのは、むずかしいことです！

ソフィーは活動の時間を減らし、祈りの時間を増やしたいとファーヴルに打ちあけ、これが個人的に従うべき声かとたずねた。ファーヴルはこれを否定した。多忙なひとは、仕事がむずかしく要求が多いとなればなおのこと、平和や静寂にひかれるものである、と言って。むしろ、ソフィーが生活における祈りと仕事とを調整し、このふたつの要素の均衡を保つ方法を会得するのを助けるのが、ファーヴルの関心事だった。そこで、仕事をつづけるようソフィーを励まし、彼女の内的な旅のために祈ると保証した。

この間、ソフィーはジョアニーの家族と定期的に連絡をとっていた。甥スタニスラスは手紙でマリー＝ルイーズとゾエのことを伝え、ソフィーはスタニスラスに彼の兄ルイのことを伝えた。このころ、ルイ・デュソッソワはフィレンツェでロシア人家族の家庭教師をしていた。だが、ソフィーはおそらくルイがそこに落ちつかないだろうと思い、彼は動きまわっているときしか幸せを感じないと述べた。スタニスラスは依然として結婚したがり、フランドルのドスレル嬢というぴったりの相手をみつけたと報告した。ソフィーはあまり感心せず、シャンベリー近郊に結婚を望む女性がいるのを耳にしたと甥に知らせている。ソフィーはこの女性に会い、結婚の可能性を打診してみると約束した。実際に会ってみると、魅力的な女性だったが、自分の階層より下の相手との結婚は望まず、信仰篤く、裕福な夫を望んでいることが判明する。ソフィーはスタニスラスにつづる。

……それに、わたしがあなたを聖人のようだと評しましたが、あの女性はあなたがもっと信仰篤いほうがいいと言いました。あなたがもっているより、ずっと財産が多いほうがいいとも言いました。……あなたが結婚するのはむずかしいと自覚しなければなりません。身分も財産もないのですから。……わかりますね。わたしは今回の件がうまくいかなかったので、落胆しています！　ですが、おそらくこれでよかったのでは？　いまのご時勢に結婚するのは勇気を要します。数か月もすれば、結婚しなくてよかった、とほっとするでしょう。自分の魂を救うだけでも手一杯になるでしょうから。

ソフィーはたびたびスタニスラスに家庭生活の困難を想起せようとうながし、ほんとうにその準備があるのかとたずねた。彼の結婚の希望につねに耳をかたむけ、落胆したときは手をさしのべた。スタニスラスに母親と妹のめんどうをみて、ジョアニーで善行をおこない、霊的な生活を送るように助言している。これらの仕事は自分の人生で達成できるものであり、価値あるものだとソフィーは請けあっている。

一八三一年一〇月に、ソフィーはパリへの旅を開始した。モントを訪問したのち、モントからパリへの道中、一〇月一五日、土曜日にジョアニーに立ち寄る、と姉マリー＝ルイーズに伝えている。ソフィーはまだ松葉杖をついており、スタニスラスに述べた。

あなたの家が山の上でなかったら、喜んで滞在したいところです。ですが、どうやってそこまで登っていけましょう？　松葉杖では無理です。それに、どうやって日曜日のミサに行けるというのです？　わたしたちはサンスか、またはモンローー近郊のシュルヴィル城、つまりムッシュー・ドゥ・ボールクイユの屋敷に泊まります。ですがあなたのお母様とゾエといっしょに、郵便の停車場まできてください。そこでちょっとお会いしましょう。だれにもわたしたちの訪問を知らせないでください。好奇の目にさらされるのは嫌ですから。……その日の朝に作ったグージェール〔チーズ入りシュークリーム〕と、小さなペストリーのお菓子と、わたしの旅の道連れのマダム・ドゥ・ヴァラのために小さな籠一杯のブドウを、お母様が持ってきてくだされば、とてもうれしく思います。

パリの状況に直面する前の、心地よいくつろぎのひとときだった。ユージェニーとソフィーが交わす手紙は相変わらず、すれ違いだらけで、ソフィーは自分のパリ訪問が意思疎通を容易にすることを期待した。だが、ヴァレンヌ通りの敷地内にあり、オテル・ビロンのすぐそばにある通称プティ゠オテルを無期限でドゥ・クラン大司教に提供したい、とユージェニーが提案すると、ソフィーは愕然とし、落胆を隠さなかった。つねに慎重で計算高いユージェニー・ドゥ・グラモンが、なぜそのような提案を思いつけるのか、ソフィーはいぶかった。ソフィーの旅の道連れでヴァレンヌ通りの学校で校長ユージェニーの補佐であるルイーズ・ドゥ・ヴァラも、あきらかにこの提案に反対しており、ソフィーは自分も絶対に反対である、とユージェニーに念を押している。ユージェニーのソフィーへの宣戦布告であり、ふたりの意志の闘いが始まった。ユージェニーは意志の強い女性で、自分が手にいれたいものは、なんとしてでも手にいれようとした。数週間後、ソフィーは述べている。

あなたがいたずら好きの小さな指をふりかざし、居丈高に命令するのが見えるようです。そして、あなたの怒りのこもった語調には、まったく油断がなりません！

以前にもソフィーは、パリで住まいを探しているふたりの女性に、プティ゠オテルの部屋を貸しだしてはどうかと提案していた。一八三一年一〇月のパリ訪問後は、ドゥ・クラン大司教がそこに無期限に住むのを阻止しようとして、この提案をくり返した。また、自分に相談せずにだれにもプティ＝オテルをわたさないように、とユージェニーには求めている。しかし、ユージェニー・ドゥ・グラモンが自分の意向に配慮などしないことも、ソフィーは承知していた。ユージェニーは修道院のほかの会員たちも無視した。一八三二年二月、ルイーズ・ドゥ・ヴァラが病に倒れ、翌年、亡くなると、修道院内でのユージェニーの支配力はさらに強まった。ドゥ・ヴァラの死は学校と修道院に深刻な打撃を与えた。いまやかつてのアミアンの日々の影がソフィーの上に投げかけられた。ソフィーは自分が排除されているのを察知した。そして、この感覚を薬の比喩で表現している。一八三二年一月、フランス内外を旅するにつれ、さまざまな薬に慣れてきた、と述べている。この内省をさらに進め、定住の地がなくなったいまの自分の人生の象徴である、と記している。「というわけで、いまや、わたしはあらゆる意味で世界的視野（コスモポリット）をもつようになりました」

ソフィーは霊性においても排除された。ジョゼフ＝マリー・ファーヴルの神学と霊的指導は、多くの司祭や修道者の目に度をこえて開放的に映った。一八三二年一月、彼の頻繁な、あるいは毎日の聖体拝領についての見解は完全に誤っており、教会と修道生活の規律正しさをそこなうと糾弾されていることを、ソフィーはファーヴルに伝えている。パリのひとびとは、ファーヴルが主張するほど近づきやすい神概念が理解できず、憤慨した。そのため、ソフィーはファーヴルの教義と判断力に疑問をいだいたが、彼は見解を変えなかった。ファーヴルはソフィーに前年の黙想会で彼女自身が得た洞察を想起し、その道を進むことがいかに大事かを伝えた。さらに、説得力をこめてこう述べている。

はたしてこれらの霊的指導者たちが、あなたの魂特有の必要、あなたが長いあいだ経験してきた恩寵の吸引力、［そして］あなたにとってのかなり確実な神の印を、深く、丁寧に精査したのか、わたしは納得するのにたいへん苦しみます。

一八二四年にふたりがはじめて出会ったときの自分の霊的な状態と、それ以来、自分と自分の内的世界に生じたことをふりかえるように、ファーヴルはソフィーに求めている。ファーヴルいわく、ソフィーの生活はきわめて多忙になった。彼女はとくにパリの上流社交界に注意を奪われている。自分の内的世界に働きかけるのを止め、霊的な領域で慎重になり、昔ながらの型に逆行している。聖心会の成功と、権力者たちからうけた好評に自尊心をくすぐられ、うぬぼれが強くなっている。この世界に居場所を求め、生きよという声が、彼女の持ち前の性急さや過度の活動性を助長している。あまりにも多くの旅を重ね、あまりにも多くの手紙を書き、あまりにも自分を気にしすぎる。ようするに、ソフィーは祈りと信頼のうちにキリストに従う、という当初の召命から遠ざかってしまっている。

ファーヴルの厳しい口調の手紙は、ソフィーを慰めもおだてもしなかった。ファーヴルはキリストへの奉献の目的を彼女に想起させた。深い祈りの生活を送り、生活のなかにキリストの印をうけ、評価やお世辞ではなく屈辱と失敗を経験する。そうすればキリストとともに、彼女は平和と歓喜、勇気と信頼を手に入れるだろう。ファーヴルはソフィーが幸せではなく、心の平安を失っていると述べた。

あなたはうちなる不安、良心の呵責、自己への不満、苦い後悔、悲嘆、意気消沈、不信と落胆をかかえています。これらすべてが、あまりにも慎重で用心深いがゆえに避けた屈辱や不面目よりもずっと多くの害を、あなたの気性におよぼしたのです。

ファーヴルは黙想会のときに得た洞察や決意にソフィーが立ちもどり、さらなる祈りのときに自分のうちなる状態を評価できるまで、なにも変えないことを提案した。祈りによって内的平安をとりもどせることを信じるように勧め、とくに赦しの秘蹟と聖体拝領については神を信頼するようにうながした。一八二七年以来、ファーヴルはソフィーが身体的苦行を減らすように説得せよ、とルイーズ・ドゥ・リマングに助言している。ソフィーが真に必要としているのは、神へのさらなる信頼、神を愛するさらなる勇気、より少ない危惧と不安、魂の、心の、良心のさらなる自由である。ファーヴルはドゥ・リマングのなすべき仕事は容易でないだろうと述べた。ドゥ・リマングはたえずファーヴルに助言を求め、ファーヴルはこう説明している。

あなたの親愛なるマザー〔ソフィー・バラ〕の心痛、良心の呵責、そして苦悩は、ある部分は彼女の気性ゆえ、ある部分は長いあいだ従ってきた偽りの指導ゆえのものです。しかし、なによりも悪魔のせいなのです。悪魔は、益なく自己に傾倒させ、リスがくるくると回るように良心を際限なく究明させて、彼女の貴重なときを浪費させることのみを目的とするのです。

長年、ソフィー・バラが経験したうちなる闘いを悟ったひとはきわめて限られていた。彼女は良心の呵責に悩まされつづけ、ルイーズ・ドゥ・リマングもファーヴルも力を尽くして彼女がそれを克服するのを助けた。ソフィーにとっての鞭であり重荷であり、彼女はそれをだれからも、ユージェニー・ドゥ・グラモンからさえも、うまく隠しとおしていた。ユージェニーへの数々の手紙には、一度もファーヴルの名前も、自分の内的な混乱も言及されていない。ソフィーはめったにユージェニーに自分のうちなる霊的状態を語らず、ファーヴルの神学が公に批判された一八三二年一月以降、以前にもまして打ちあけることがなくなった。その意味で、ソフィーには、ジョゼフ゠マリー・ファーヴルとルイーズ・ドゥ・リマングとともに生きるべつの世界があった。ソフィーとユージェニーがたがいを愛称で呼びあったのとおなじように、この三人もそうだった。ファーヴルは十字架のヨハネ、ソフィーは十字架のマグダレナ、ルイーズはアッドロラータ〔哀しみの女〕と呼ばれた。ソフィーがルイーズを略称でアッドと呼ぶこともあった。支援と世話をしあう小さな共同体であり、主としてソフィーを助けることを目的としていた。

　一八三二年三月、コレラがパリを襲った。ソフィーはその知らせに打ちのめされた。結果としてヴァレンヌ通りの修道院と学校はコレラの被害をまぬかれたが、パリでは多数の死者がでた。この時期、ドゥ・クラン大司教は市内で病人や死にゆくひとびとを訪問し、貧しいひとや孤児の境遇に注意をうながし、英雄的な活躍をした。ユージェニーはソフィーにこれを伝えており、実際、新聞にも報道された。遠くにいるソフィーは、自分になにができるか思いをめぐらせ、聖心会がコレラに両親を奪われ、孤児になった子どもたち一〇人から二〇人程度の世話をするという考えが閃いた。ユージェニーにこの計画を話し、意見をたずねた。ソフィーは言った。ドゥ・クラン大司教と相談し、実行可能かを確認してほしい。孤児たちは障害をもつ子どもに提供されている建物に収容し、寄宿生の古着を着せればよい。そのような事業なら、たくさんの寄付金が集まるだろう。とくにドゥ・クラン大司教が後援者となり、孤児院に収容する子どもの人選をするとなれば。

　ヴァレンヌ通りの修道院に孤児を収容するというソフィーの提案に、ユージェニーは即座に賛成した。

> 親愛なるメロット、二七日付のあなたの手紙が、わたしにもたらした喜びを言葉に表わすことができません。孤児院の設立を話題になさった、あの手紙です。……それに、わたしたちはわが不幸な母国に恩返しをせねばなりませんし、聖心〔会〕は手本を示さねばなりません。いまの時点で、事に手をつけるのは、わたしたちにかかっています。ほかの修道院はわたしたちにつづくでしょう。……あなたの手紙に心を動かされ、午前中の残りの時間は涙を流してばかりいました。わたしはあまりにもとり乱していたので、〔ドゥ・クラン〕

猊下に手紙を書き、この件をお伝えする以外、なにもできませんでした。……その日の午後、猊下がいらして、計画の相談に乗り、決定なさいました。……わたしとすべての手筈をお決めになると、猊下は寄宿学校にいらっしゃいました。そこには修道院の会員たちも集まっていました。そして、計画を発表なさったのです。

ユージェニー・ドゥ・グラモンがいともたやすくドゥ・クラン大司教に接触できた事実に、ソフィーが気づかなかったはずはない。一日のうちに、ユージェニーは大司教と連絡をとり、戦略を練り、ともにパリの聖心会のあらたな事業を告知できたのである。ソフィーの明白な意向を無視して、大司教がプティ＝オテルに住み、寄宿学校と修道院内に自由に出入りしていることはあきらかだった。ソフィーが主導権を保とうと試みたにもかかわらず、ユージェニーはすでに行動し、ソフィーが許せない状況を作りだしていた。必然的に、これが深刻な対立に発展する。

ソフィーの唯一の関心がパリの状況と、フランスとサヴォワとイタリアの修道院だけだったとしても、気力も指導力もすべて投入し、無理を強いられただろう。実際、健康で動きまわれる女性でさえ、この業務で消耗しただろう。ところが、ソフィーは病をかかえ、足の有効な治療をうけられないままでいた。障害にもかかわらず、ソフィーはミズーリとルイジアナ、ローマとモントの展開を把握し、加えて修道院新設を計画し、交渉し、実行しようとした。一八二六年の第三回総会以降、ルイジアナのラ・フォーシュの修道院新設と、ミズーリのセントルイスの修道院の再開に同意していた。一八三三年の次回総会では、増える一方のアメリカの修道院の必要に対処せねばならない。

一八二八年、ペルピニャンに新しい修道院が開設され、ソフィーはいたく満足した。これを聖心会のスペインへの入口とみなし、フィリピーヌ・デュシェーヌとユージェニー・オーデに、この修道院が将来、いかに重要になるかを語っている。つづく一八か月のあいだに、アヴィニヨンにあらたな修道院が計画された。ソフィーの構想では、この修道院がグルノーブルのサント＝マリー＝ダン＝オーの代わりになるはずだった、サント＝マリー＝ダン＝オーがこれ以上存続できる見込みがないとわかっていたソフィーは、まもなく閉鎖されるだろうとフィリピーヌに告げている。聖心会がグルノーブルのほかのふたつの教育機関に生徒を奪われたことを理由にあげた。実際は、一八三三年の閉院は市当局の決定による。一八〇五年一月二六日にフィリピーヌ・デュシェーヌがうけた権利を市当局が廃止したのだ。ソフィーは将来を考え、修道生活への召命が多いプロヴァンスの基点を失いたくなかった。事実、多くの修道院がもつこの側面は、つねにソフィーの関心事だった。

修道会の合併もつづいた。一八〇〇年にアルデッシュ地方のアノネーに創立された小さな修道会がソフィーに連絡をとり、聖心会への吸収の可能性を打診した。この会は生徒数の多い寄宿学校と通学生の学校があったが、聖心（みこころ）に捧げられた、定評のある修道会に加わりたいとつねに望んできた。彼女たちは、パリの状況と、聖心会の修道院がしばらく閉鎖されたことを耳にしていた。これを接触の機会とみて、ラ・フェランディエールのマリー・プレヴォに声をかけ、聖心会の一部になるという望みをかなえるきっかけになればと、会に宿舎を提供したいと申しでた。ソフィーはこの要請に同意し、マリー・プレヴォに交渉を委任した。七月革命以来、ソフィーはトゥールに修道院を新設したいと望んでいた。革命の年一八三〇年にソフィーは聖霊修道会と称するトゥールの修道会から聖心会との合併の要請をうけていた。この修道会は、プルシェリー・ショブレによってトゥールに創立された。プルシェリーは、一八〇六年、ポワティエの聖心会修道院にはじめて入会した会員のひとり、リディ・ショブレの妹だった。合併は修道会そのものよりもむしろ地元の司教からの要請だったため、一八三〇年当時、ソフィーは機が熟していないと考えた。この小さな修道会との接触は何年か保たれ、一八三六年、聖心会との合併が成立した。聖心会の文書にはつぎの一節がある。

> ユージェニーとドゥ・クラン大司教がパリに孤児院を計画していたころ、一八三二年三月、ソフィーはマリー・プレヴォとエクス＝アン＝プロヴァンスに到着し、その地における修道院新設の可能性を確認した。いつもの手順がソフィーを待っていた。サン＝ピエールの婦人会の元会員の女性ふたりが、エクスに学校を開設していた。学校はしばらく成功したが、修道会のもつ安定と支援を必要としていた。ほかの多くの場合とおなじく、ソフィーは要請を詳しく検討した。そして合併に同意することにした。生徒たちやふたりの創立者にせがまれたのと、フランスのこの地域に召命が多いというのが理由だった。ソフィーはカトリーヌ・ドゥ・シャルボネルにエクスに来て、合併のための交渉を見届けてほしいと頼んだ。その後、ソフィーはローマへと向かった。ユージェニーがアヴィニヨンとエクスのふたつの修道院を近接して置くのは賢明か、とソフィーにたずねると、ソフィーは決定の理由をあげ、危険は承知のうえだと答えた。

一八三二年五月、ソフィーはトリノに到着した。足がいまだに痛み、松葉杖がなければ歩けなかった。足の状態は悪化していた。パリの医者たちは切断さえ検討し、この意見にトリノの医者も同意した。ソフィーは鉱泉治療のためにエクス＝レ＝バンにもどりたいと望んだ。しかし、ルイーズ・ドゥ・リマングは、才能ある外科医にして宮廷の専属医ロッシ氏にソフィーの足の診断を頼んだ。ソフィーは述べている。

医者は足の二本の骨が、いまだに指の幅一本半分ほど広がっているのを発見し、毎朝、包帯を当てがいにきてくれました。そのおかげで、もうすぐ歩けるようになる、と請けあってくれました。

それから三週間たたぬうちに、ソフィーはユージェニーに手紙を書き、治療が効き、エクス＝レ＝バンに行かなくてすむと報告した。包帯さえ巻けば、踝の骨を固定し、再度の脱臼を防げたのだ。足が完全に癒えるには時間がかかり、ソフィーはしばらく、とくに長旅のあとに踝の痛みを感じた。それでも、ロッシ氏の治療が転機となり、ほぼ四年ぶりに歩けるようになった。ユージェニーはトリノの外科医の能力に疑念をいだいたが、ソフィーは彼がじつに有能だと請けあっている。一八三二年八月、ソフィーは外科医の治療の成功を証明するために、ユージェニーに自分の足についての彼の報告を送っている。

ソフィーはローマに行くべきか、ローマ訪問を延期し、かわりにモントを訪問すべきかで迷っていた。だが、ユージェニー・ドゥ・グラモンがぞんざいにローマ行きをうながすと、ソフィーは気を悪くした。

あなたもそう思うのですね、マダム。わたしの心は少し傷つきました。ですが、まもなく、あなたが体現する理性の光を見て、あなたが正しいことに気づきました。フランスにもどる件ですが、わたしをそちらで待ちうけるすべての業務の遅れをとり戻す時間がありません。そのままにしておき、わたしがもどってきたときに、再開するのがいいのでしょう！ ですが、わたしは小さな娘、「わたしのネズミ」なしでローマに行くことになります。たぶん一年間は彼女〔ユージェニー〕に会えないでしょう。

ドゥ・クラン大司教がヴァレンヌ通りのプティ＝オテルに滞在するいま、ユージェニーはだれよりもソフィー・バラに会いたくなかったのである。聖心会の中心であるヴァレンヌ通りに、大司教が引越してきたことを、ソフィーは知らされていなかった。ソフィーはいまだにプティ＝オテルの住人を探そうとして、パリで治療をうけねばならない子どもをトリノで発見すると、その子どもにプティ゠オテルに二室を、メイドにもう一室を与えてはどうか、とユージェニーに提案している。このころ、ユージェニー・ドゥ・グラモンとドゥ・クラン大司教は、ソフィー・バラから秘密を守るゲームに興じていた。

一八三二年の秋、トリノからの帰路にソフィーはジョゼフ゠マリー・ファーヴルに会うつもりでいたが、予定を変更し、トリノから直接ローマに向かうことに決めた。そこでソフィーは、翌年までシャンベリーにもどれないとファーヴルに伝えてほしい、とルイーズ・ドゥ・リマングに頼んだ。ソフィーのうちなる闘いを知っていたファーヴルは、手紙をとおしてソフィーを助けようとした。彼女が神を信頼できないために、健康がそこなわれていると示唆し、信頼と愛が命を与え、魂を広げ、人生の仕事への活力を与えると指摘した。ファーヴルはたずねた。これほど神にたいする根深い恐怖と不信をいだきながら、いかにして祈り、有能な指導者たることができようか？　ファーヴルの言葉はソフィーのジャンセニスムにもとづく教育の核心を突き、キリストの聖心に奉献された修道会の指導者としてのソフィーに再考を迫った。

> 信頼と神への愛こそが、心を喜ばせ、魂をひきあげ、もっとも大いなるわざを可能にします。それにひきかえ、怖れと不信は魂を衰えさせ、沈ませ、身体の健康をそこない、霊的生活のリズムを崩します。神が地上に下りられたのは、怖れられるためでなく、愛されるためです。なぜ……あなたを無限に愛され、あなたの健康と幸福のみを願われる神を信じずにいられるのですか？　なぜあなたを救うために苦しまれ、多くの犠牲を払われ、あなたがその栄光と宝にあずかるようにしてくださった、あなたのいとしい、情け深い兄弟イエスを信じずにいられるのですか？　……なぜ愛され、愛を与えることのみを願う、愛にあふれるやさしい聖心を信じずにいられるのですか？　その不信はまさしく悪魔からくるのです。……断じて意図的な不信にしてはなりません。

ファーヴルはソフィーの良心の呵責がいかに彼女を抑圧しているかを理解し、二点において自分の助言どおりにしてほしいと求めた。ひとつは、前年に彼女が自分におこなった総告解〔洗礼後のすべての罪を告白する包括的な赦しの秘蹟〕が「死の瞬間にも、完全に妥当で、適度に詳しく、充分に包括的で、慰めを与える」ものだと信じることだった。たとえ死の淵にあっても二度と総告解にあずかってはならない。ファーヴルは自分が神の御前で彼女の責任を負うと約束した。ふたつめは、神の愛を意識して生き、神の善を信じ、自分を悲しませ、うちのめし、滅入らせるあらゆる考えを棄てることだった。ファーヴルはこれを祈り、仕事、レクリエーションの適切なリズムを見いだすことと結びつけ、ソフィーに念を押した。「たくさんのことをやりすぎるひとは、なにもやらないに等しいのです」

　同日、ファーヴルはルイーズ・ドゥ・リマングに手紙を書き、この時点でのソフィーと彼女の必要を相談した。ふたりともソフィーに日課が与えられるべきだと意見が一致した。ソフィーがあきらかに必要としている均衡を保つ一助になり、彼女の良心の呵責をやわらげるすべにもなるからだ。ドゥ・リマングが日課の案を作成し、ファーヴルに送って意見をあおいだ。ファーヴルはつぎの点を強調した。ソフィーは充分な睡眠をとらねばならない。祈り、仕事をするためである。たとえ、口にあわなくとも、病の引き金にならないかぎり、差しだされた食べ物はなんでも食べなければならない。医者からとくに許可をもらわぬかぎり、断食をしてはならない。健康を回復するまで、苦行をしてはならない。ソフィーが健康と食生活の点で命じられたとおり実践するならば、トラピスト会の修道者と同等の苦行をするに等しいだろう。

　一八三二年のソフィーの内的闘いの型を見ていると、ジョアニーと後年パリで兄ルイ・バラに与えられた養成から逃れるのが、どれほど困難だったかがうかがえる。長年にわたり、ソフィーは友人に助けられてきた。ジョゼフ・ヴァランはつねに神を信頼し、健康に留意することを勧めた。ジャン・モンテーニュはサン＝テステヴとアミアンの危機に立ちむかう力を貸した。ピエール・ドゥ・クロリヴィエールは一八一五年の第一回総会の準備のときの支えだった。しかし、ソフィーのより奥底のうちなる自己を助けることは、だれにもできなかった。しかも聖心会会憲が、キリストの聖心（みこころ）に顕わされた神の愛について美しい文言をふくんでいるにもかかわらず、その内実はソフィーによって自身の生のうちにいまだ経験されていなかった。ジャンセニスムの支配は、ソフィーだけでなく、会内部の同僚たちやフランス教会一般にまで深く根づいていた。ファーヴルの教義が議論の的になったのは当然だった。ファーヴルが説くほど愛情深い神をうけいれるのは、たやすいことではなかった。ファーヴルの神学は、当時の神学を覆し、罪の赦しの秘蹟と聖体拝領をあらたな視点から見直し、まったく新しい神概念を要求した。ファーヴルはあらたな方法で神について考え、祈り、仕事をすることをソフィーに示した。この霊性こそ、当時のソフィーの必要にかなっていたが、この新しい教皇権至上主義（ウルトラモンタン）的な霊性と、幼年時代と初期の修道生活の霊性とのあいだで、板ばさみになって苦しんだのである。

一八三二年九月、ソフィーは聖心会に書簡をしたため、トリノでの足の治癒を報告した。ローマ訪問を告知し、一八三三年にパリで次回総会を開きたいと提案した。総会の準備として、総会にあわせて、ソフィーは各修道院における財政、人員、修道生活の質についての報告書の作成にとりかかるよう、修道院長たちに求めた。ローマ訪問中、ソフィーは自分の権限の一部を何人かに委任した。カトリーヌ・ドゥ・シャルボネルはエクス゠アン゠プロヴァンスに住み、オータン、ブザンソン、リヨン、アヴィニヨン、エクス、ペルピニャン、およびグルノーブルの各修道院に目を配ることになった。アンリエット・グロジエは自分が院長をつとめるポワティエのほかに、ボルドーとニオールの修道院の責任をもつことになった。マリー・プレヴォはラ・フェランディエールのほかに、アノネーの新設の修道院の担当となった。ユージェニー・ドゥ・グラモンはパリ、アミアン、ボーヴェ、ル・マン、カンペール、およびメッツの各修道院の担当となった。モント、イタリア、ピエモンテ、およびアメリカにかんしては、ソフィーがみずからの権限を維持した。ユージェニーがソフィーに与えられた責任に抗議すると、ソフィーは会の急速な発展の現実を指摘した。「わたしはなにからなにまでできません。あなたの助けが要るのです」。内心、ユージェニー・ドゥ・グラモンはソフィーの手助けをするのが嫌ではなかった。むしろソフィーがパリを留守にしているせいで、自分の地位が高められたことを喜んでいた。

ソフィーはルイーズ・ドゥ・リマングとマリー・パットとともにトリノをあとにした。途上で、ケルビーニ伯爵夫人の別荘に滞在している。夫人の娘はかつてトリノの学校の生徒で、のちに聖心会に入会した。ソフィーはここで湯たんぽに触れて、足にひどい火傷を負った。深部に達する火傷だったため、一八三二年一〇月二五日、ようやくトリニタ・デ・モンテに到着すると、ソフィーはすぐに床につかねばならなかった。ローマへのはじめての訪問で、なんとしても避けたい事態だった。総長が松葉杖をついて登場するのはいかにも見栄えがしないため、ローマ訪問をどう乗りきるかのソフィーの悩みが、トリノでの足の治癒によってようやく吹っ切れたばかりだったというのに。到着の数日後、教皇がトリニタに彼女を訪ねたとき、ソフィーは表玄関に出迎えに行けず、ばつの悪い思いをした。かわりに教皇が彼女の部屋を訪れ、ソフィーが回復したときにヴァチカンで謁見する相談をした。もっとも火傷は転倒とはくらべものにならず、一八三三年の春には、ソフィーは自由に歩きまわれるようになっていた。

ソフィーのローマ訪問の目的は、市内の第二の修道院創設の監督だった。アンドロシッラ侯爵夫人とジャン・ロザヴェンが創設計画を立て、ソフィーが市内に滞在中に完成に漕ぎつけようと切望していた。貧しい子どもたちの学校と修練院として選ばれたのは、サンタ・ルフィーナと呼ばれるトラステヴェレの修道院だった。ソフィーは建物の視察に出かけ、ローマの第二の修道院として適切だと判断した。建物が整えられているあいだ、ソフィーはアンヌ・ボードゥモンを訪問することにした。そのもようをユージェニー・ドゥ・グラモンに書きおくっている。

わたしたちはサン＝ドゥニに立ち寄りました。そこでは、丁重に迎えられました。マダム・ボードゥモンもコピナも歳をとり、苦しみをかかえていますが、りっぱに耐えています。おそらく境遇を変えたいと思っていないでしょう。それには神に感謝します。わたしたちにとって役に立つというよりは重荷になるでしょうから。わたしを訪ねにくるようにと招待しました。その許可は簡単に得られるようです。サン＝ドゥニはほんとうにみすぼらしい建物で、いまだに借家として住まっているようです。ふたりがわたしたちの会から分離し、結局、こんなところにたどりついたのは、ほんとうに残念です。ふたりは自分たちのおこないを充分に償っています。ですから、ふたりに会ってわたしがなんの恨みもいだいていないことを伝えたかったのです。あなたとマダム・デュシスの近況を熱心にたずねていました。ムッシュー・ドゥ・サン＝テステヴですが、ふたりを完全に見捨ててしまいました。こうなるしかなかったのです！

ソフィーはルイーズ・ノーデにも連絡をとった。一八〇四年にアミアンで出会った内気な若い女性とは別人のようなソフィー・バラに会い、ルイーズは深く心を動かされた。一八〇四年にルイーズがアミアンを訪問したあと、ふたりとも幾多のできごとを経験していた。ソフィーは古くからの友人と再会して、心を打たれた。ルイーズはソフィーの指導者としての才能に気づき、励ましてくれたのである。ソフィーはアンリエット・グロジエにルイーズのことをつづっている。

〔ルイーズは〕ラ・グロジエとラ・バラには以前とおなじく好意的です。唯一無二のひとです！……なんという勇気！ですが、同時に、なんという頑なさ！　あのかたは、ひとり、ローマの自室で生き、死にたいと願っています。わたしには想像できます。ほかのひとととともには生活できないのです。あのかたがほかのひとにどれほど過度に親切に世話をなさるか、あなたはご存知ですね。

ソフィーは毎日、イタリア語の手ほどきをうけた。すでに前年、エクス＝レ＝バンにいたころに勉強を開始していた。教皇とイタリア語で話し、ローマ滞在中にイタリア語を完璧に使いこなせるようになった。一八三三年五月初旬、サンタ・ルフィーナの準備が整い、修練院は時間をかけてトリニタからトラステヴェレの新しい建物に引越した。ソフィーは当面のローマでの仕事が終わったと判断し、フランスに帰り、次回総会の準備をする予定を立てた。慣例どおり、教皇に表敬訪問をしたのち、六月三日、ソフィーはローマを去り、パルマに向かう。パルマにはマリー＝ルイーズ大公妃の招きで修道院を創設することになっていた。

ローマ滞在はソフィーにとって重要な学びの経験だった。教皇グレゴリオ一六世に三回の謁見を賜った。トリニタで教皇を迎え、滞在中、教皇からいくつも贈物を賜った。グレゴリオ一六世はすべての修道女が教皇のもとの厳格な禁域制度を守るべきだと公言していたものの、聖心会の教育の仕事に好意的だった。ローマでソフィーははじめてジャン・ロザヴェンに出会い、印象づけられ、彼を聖心会の「最良の友」と称した。イエズス会士や司教・聖職者聖省に影響力がある彼の支援は重要だった。加えて、ソフィーは一八二六年の会憲認可の手続きの際の彼の助力に感謝していた。彼はトリニタの修道院創設の熱心な推進者であり、修練院がローマのみならずイタリアでの聖心会の発展に不可欠だとして、サンタ・ルフィーナの第二修道院創設をうながした。とはいえ、会内部に干渉する権利があると思いこんでいる節があった。彼と当時トリニタの一員だったエリザベス・ガリツィンは、ナタリー・ロストプチンを処分してほしいとソフィーに迫った。ロシア人のロストプチンはパリの修道院の会員で、軽率な言動でサンクト・ペテルブルクのロシア人家族へのロシア皇帝の疑念を招いていた。ユージェニー・ドゥ・グラモンはロザヴェンの干渉に激怒し、ソフィーは彼女に答えている。

あなたを苛立たせたのがロザヴェン神父であるのは、よくわかりました。わたしの場合はロシア人たちです。

ロザヴェンがローマの聖心会内部に口出しを始めているのをよそに、総会長ヤン・ローターンに率いられたイエズス会は、聖心会をふくむ女子修道会と距離をおきたがっていた。ロザヴェンは、とくにフランスにおけるイエズス会内部のこの動きに当惑を隠せず、あらたな見解に賛同する人物たちが任命されるのを止めることができなかった。ソフィーがこれを感じとったのは、イエズス会の新しいフランス管区長、フランソワ・ルノーの任命だった。ソフィーと聖心会の古くからの友人で忠実な支持者ジュリアン・ドリュイエの後任者である。この人事が、信仰の霊父会すなわち後年のイエズス会と、キリスト教教育婦人会すなわち後年の聖心会との関係の終焉を告げた。聖心会とイエズス会があまりにも同一視されるために、ソフィーも問題を感じていた。その地にイエズス会士がいないというだけの理由で、ルイーズ・ドゥ・リマングがフィレンツェの修道院新設の可能性を斥けたのを耳にし、ソフィーは落胆した。ソフィーはルイーズの軽率さをたしなめ、聖心会がイエズス会修道院のある町にしか存在しないというのは事実ではない、と指摘した。

〔この種の決定は〕あっというまに広がり、二重に残念な思いがします。わたしたちの修道院が設置される場所にイエズス会の修道院があることは、必要でも不可欠でもありません。フランスには、そうでない町がいくらでもあります。〔彼らがいなくても〕わたしたちはまともにやっていっています。それに、イエズス会士がそこにいないほうが、かえって自由にわたしたちは助けを得られるのです。

ローマでソフィーはドゥ・クラン大司教についてのあらたな見解を耳にする。復活祭の時期に、ソフィーはドゥ・クラン大司教を批判する数人のローマの枢機卿たちに会う。批判の理由は、大司教のルイ・フィリップの政府への態度とローマの意向の無視である。ローマ出発の前に、ソフィーはトリニタの状況に対処した。学校の生徒数は増えず、排他的な性格がローマの多くの家族の反感を買っていたのである。

貴族だけをうけいれるという条件のために、大勢を敵にまわしています。両方の階級の子どもをうけいれることができたら、わたしたちのもとに六〇人以上もの寄宿生が集まるでしょう。たしかに、ブルジョワ家庭の娘をひとりうけいれたその日に、貴族たちがわたしたちのもとを去るだろう、というのは真実です。というのも、この聖なる市〔ローマ〕でも、ほかと同様、完徳は存在しないからです。なくなることのない偏見です。あるいは、最終的に彼らが正しいのかもしれません。

ソフィーはしばらくローマのアルマンド・ドゥ・コーザンの指導力に不安をいだき、彼女がなぜ手紙をよこさないのか、いぶかっていた。ソフィーはルイーズ・ドゥ・リマングとアルマンド・ドゥ・コーザンの文通に反対した。イタリアでのできごとや展開から自分を排除しかねないからだ。一八三二年一〇月、トリニタに到着したとき、ソフィーの疑念は深まる。トリニタではアルマンド・ドゥ・コーザンが自分の修道院長の権限にこだわり、フェリシテ・デマルケが近くにいると機嫌が悪いことに、ソフィーは気づいた。総長補佐のデマルケが院長の地位を脅かすためだ。アルマンド・ドゥ・コーザンの態度があまりに露骨なので、デマルケへの謝罪を求められたほどだ。あまりの落ちつきのなさに、ソフィーはドゥ・コーザンのことを心配している。

> いま、バレル神父様がたいへんよい黙想会をしてくださっています。マダム・アルマンドは集中するのに苦労しているようでした。邪悪な霊が彼女の気をそごうとしました。ですが、あのひとは持ちこたえているようです。きっと益をひきだすでしょう。

一八三三年六月初旬、ローマを去ったとき、ソフィーはローマ訪問の経験から多くを得ていた。健康は回復し、歩行も楽になったが、それでも重荷は相変わらず感じていた。歩行も手紙の執筆も困難な状態で、四年近くも聖心会を統率してきて、すっかり意気消沈していた。身体的に強いられた緊張に加えて、聖心会はきわめて急速に成長し発展し、ソフィーはフランス国内、スイス、イタリア、そしてミズーリとルイジアナにおける拡大を監督せねばならなかった。それぞれの国の現実は異なり、どの修道院にも、奨励され養成され強化されねばならない修道院長たちや会員たちが存在した。膨大な仕事だった。ソフィーは仕事をほかのひとびとに委任することを学ばねばならなかったが、修道院長たちの養成はできるだけ自分でおこなった。自分が一致の絆を束ね、中心人物であることを承知していた。そしてルイーズ・ドゥ・リマングにはこう言った。自分は出産する母親であり、母性的な愛情の象徴であり、それこそが自分の召命である。一八三三年の第四回総会を間近にひかえたこの時期、会員の何人かが自分の指導に従っていないのを直感的に察知していた。

第一一章　結束か崩壊か
一八三三―三六年

ソフィーはローマからパルマまで旅し、そこからトリノに進み、一八三三年七月一七日、シャンベリーにたどりつく。当地で、ファーヴル神父の指導のもとで黙想に入る。黙想を終えると、ソフィーは聖心会会員に手紙を書き、ローマ訪問のようすを伝える。サンタ・ルフィーナの新しい修道院とローマ教会の経験をつづり、聖心会がイエズス会になぞらえられたことにも触れる。

　教皇と枢機卿の皆様は確信されています。……わたしたちがみな、聖人、あるいは聖人への道を歩んでいると。そしてわたしたちの修道会を、会員の数だけの宣教者や聖人を輩出している［イエズス］会になぞらえてくださいます。

ソフィーは外部が考える聖心会のイメージと実像のあいだの乖離を憂慮していた。しかし、直感的に、またファーヴルの見解をとおして、激励の重要性も知っていたため、困難な状況にあって各会員や修道院がおこなっている善を肯定して、手紙を締めくくる。深いうちなる生を生きることに専心し、祈り、内省し、霊的な核をもって生きるように励ました。中途半端な奉献は魂を衰えさせ、精神を縛るだけだ、とも指摘している。聖心会の霊的状態が最大の関心事ではあったが、教育の仕事の抜本的な見直しの必要性も痛感し、一八三三年の第四回総会でこの件を真剣に討議しようと考えた。ローマ滞在中、ソフィーはドゥ・クラン大司教のある決定を知る。

　あるひとびとがパリから便りを送り、ムッシュー・コンバロには多くの追従者がいると知らせてくれました。……このひとびとは、［ドゥ・クラン］猊下が彼［コンバロ］に権限を与えたことに驚いています。彼がひきつけるのはとくに若いひとびとで、わたしたちの生徒たちもそうかもしれません。学校でそのように養成されているので、彼の方法を好むのでしょう。この司祭は、ラ・フェランディエールにいる彼の従姉妹の関心をひこうとして、わたしたちの会に似た女子修道会を創立したいと打ちあけたそうです。この会がわたしたちの会にとって代わるのだそうです。教育によって、わたしたちがする以上に女性の勉学を奨励するなどして、この計画を成功に導くことができる、という主張らしいです。……［ドゥ・クラン］猊下がパリの修道院への彼の出入りを容認なさると聞き、驚いています。……この若い男性は若いひとびとをひきつける才能を持ちあわせています。わたしたちはなんという損失をこうむることになるでしょう！

数年来、聖心会は学校の学習水準が不充分で、教師たちの訓練がおざなりであると批判されていた。一八三二年、アデライド・ドゥ・ロズヴィルが学力の劣る子どもの助けになりうる新しい教授法について、ソフィーの見解をたずねると、ソフィーは答えている。

この教授法を会得し、わたしたちの友人［イエズス会士］たちとともに、せめて、遅れをとる子どもや能力的に劣る子どものために応用できるか、検討してみなさい。……この場合、より能力に恵まれた子どもにも、わたしたちの学習指導要領に応用できる部分は利用できるでしょう。とくに、どの学校でもわたしたちの教授法が劣る綴り方については。……この点において、より規模の小さい通学生のための学校や寄宿学校の子どもよりも、わたしたちの生徒たちは達成度が低いのです。……この理由のために、なんと多くの生徒を逃したことでしょう。わたしはたえずこのことを言いつづけてきました。顧問会でもこの件に充分な注意が払われていません。改革を避けているのです。この点を再考したいと望みます。さもなくば、決意の固さがたりないことになります。魂を勝ちえるとなれば、神がその手段を気になさると思いますか？その手段が、ペンか、鉛筆か、木切れか、紙かを？

一八三三年八月一日、ソフィーはシャンベリーを去り、総会の準備のためにパリに旅した。総会は九月末にヴァレンヌ通りの修道院でおこなわれる予定だった。一八三三年九月二九日、第四回総会が開かれ、聖心会の統治にかかわる一二名が出席した。一八一五年、一八二〇年、および一八二六年の総会時とおなじく、ジョゼフ・ヴァランは総会の初日に発言し、聖心会の源とこれまでの旅をふりかえった。翌日、ソフィーと顧問会は、ヴァレンヌ通りの敷地内に住むドゥ・クラン大司教を訪問した。ソフィーの留守中、ユージェニー・ドゥ・グラモンは、オテル・ビロンから数ヤードしか離れていないプティ＝オテルに住居をかまえるよう、ドゥ・クラン大司教を招いたのである。この進展についてのソフィーと顧問会の見解は記録されていない。修道院の日誌は、一八三〇年七月と一八三一年二月のパリのできごとのあとに、大司教がプティ＝オテルに到着したことを淡々と記している。

総会の仕事は一〇月三〇日までつづき、会のいくつかの要となる問題をあつかった。イエズス会を模範とする指導書（ディレクトリ）の作成も決定された。指導書（ディレクトリ）には、聖心会の日常生活と仕事についての規則が掲載されるはずだった。ひとたび会憲と会則がローマで教皇に認可された以上、これらを総会で議論する必要はなくなった。指導書（ディレクトリ）は、発展する聖心会が達した日常業務と安定の印であり、船が航路からそれないための手引書のようなものである。また、会の修道生活をふりかえるために顧問会が招集されるときに、機構内の改革や変革を実施する方法でもあった。それはさておき、総会の討議が集中したふたつの議題は、学校の教育の質とアメリカの会の現状だった。

一〇月一四日から二四日にかけて、総会は修道会内の教育の水準を討議し、学習指導要領が検討され、見直された。一〇月二〇日、ニコラ・ロリケが総会を訪問し、学習指導要領への修正をめぐり、助言した。通学生の学校とボーヴェの孤児のための生活規定が、いくつかの修正入りで承諾された。しかし、ソフィーは学習指導要領そのものよりも、むしろその大半が会員である学校の教師にこそ、問題があると指摘した。総会後の聖心会への回状で、ソフィーは学校教育の質について、みずからの懸念を述べる。

長年、わたしたちはこの件について不満をもち、わたしたちの召命が求める聖なる義務が完全にははたされていない、と感じていました。あらゆる方面からよせられる不満や、世俗の寄宿学校がわたしたちの学校以上に達成した成果は、わたしたちをおおいに苦しめました。わたしたちはこの失点について慎重に調査しました。まず、学習の軽視です。つぎに、生徒に倹約、質実、秩序と有益な仕事を好む性向を養うことへの熱意の欠如です。たいていの生徒は、わたしたちの学校でさまざまな教科を学びながらも、どれも深くは学ばずに卒業していきます。どの教師もみずからが充分な教育の基礎をそなえておらず、教科の表面をなでているにすぎず、自分が好きな教科に集中し、ほかの教科はおろそかにしています。その結果、多くの生徒は綴り方、基本的な数量的思考能力、そして正しく感じのよい手紙を書く方法を知らずにいるのです。

ソフィーは教師たちに自己陶冶の励行をうながし、教師たちが授業を準備する時間を確保できるよう、修道院長に配慮を求めた。学校にたずさわる会員に、生徒の高慢さや奢侈に流れる趣味に迎合しないよう求めた。娘たちがその両方を学校で身につけ、家庭でがまんならない態度をとると報告した両親が何人かいた。聖心会が俗っぽいという評判はつとに定着しており、一八三三年の第四回総会中、ルイーズ・ドゥ・リマングは、会員が貴族の出自を示す「ドゥ」を苗字から削除することを提案した。提案は検討されたが、法廷であつかわれる法文書を無効にする変更であるとして却下された。

一八二七年の第三回総会決定で、ルイジアナとミズーリの修道院のための総長補佐職が設けられたが、いまだに施行されていなかった。六年後、アメリカの修道院が深刻な事態を迎えたため、行動が必要になる。一八一八年にルイジアナにわたった五人の一行は、開拓地（フロンティア）の過酷な状況下で働き、短期間で多くをなしとげていた。一八二七年、フィリピーヌ・デュシェーヌはパリの修道院にこう書きおくる。

> 粗末な建物、初期の貧しさ、人数の少なさ、異なる地域や言語や習慣がもたらす困難を目の当たりにしたとき、わたしたちは自分の状況を自覚します。修道院と学校に規律をゆきわたらせようとすると、さまざまな障害が立ちはだかります。規律はなんとしても必要なので、いまは心をこめて努力するしかありません。

フィリピーヌは筆まめで、会員の健康と全般的な状態とともに、宣教地域の発展について、ソフィーに多くの情報を供給した。ソフィーはすべてに関心をいだき、フィリピーヌ・デュシェーヌと同僚たちを励まし、宣教のための資金を集めた。聖心会のアメリカでの存在が、会の将来にとって有する重要性を認識していた。ヨーロッパで休暇中の宣教師たちがヴァレンヌ通りを訪ねると、ソフィーは関心をもって歓迎し、聖心会の現状や今後についての意見を求めた。一八二七年、ソフィーはアメリカの聖心会の誓願を立てた会員たちに最初の正式書簡を送り、当地訪問の希望と、それが即座にかなわぬことを残念に思う旨を伝えた。

ルイジアナとミズーリのふたつの宣教地域における仕事と責任の性質上、勇気、自発性、独立心は不可欠だった。当時の開拓地（フロンティア）の状況は、生存するのがやっとの最低水準にあった。もっとも頑健なひとのみが生きのび、フィリピーヌ・デュシェーヌによると、つまずき、衰えたひともいた。フィリピーヌ・デュシェーヌはそのひとびとを責めなかったが、指導力のある会員は少数だとソフィーに指摘した。はじめはグラン・コトー、その後はセントマイケルズの修道院長ユージェニー・オーデ、グラン・コトーの修道院長ザヴィア・マーフィ、ラ・フォーシュの修道院長エレーヌ・デュトゥール、およびセントルイスの修道院長カトリーヌ・ティエフリなどだ。各修道院長はそれぞれ遠く離れた地域に住んでいた。連絡をとるのも不規則にならざるをえず、それぞれが異なる文化、言語、背景や教育の現実に対処し、同時に心をひるませる状況のなかで学校を開設し、定着させねばならなかった。そして、アメリカ国内の地理的距離が遠い以上に、アメリカとフランスの距離は広漠たるものだった。そのうえ、フロンティアの教会とフランスの教会とのあいだに、アメリカの聖心会とフランスの聖心会とのあいだに、創りあげられた距離が存在していた。ソフィーはこれらの距離を乗りこえようと試み、いくつかの現実はすぐさま把握したが、これほど離れていては理解するのがむずかしい、あるいは不可能な現実もあった。

ソフィーは当面、アメリカには四つの修道院で充分と考え、拡大する前に各修道院の地固めを望んだ。しかし一八二七年九月、南部ルイジアナのラ・フォーシュの十字架の修道会が聖心会との合併を要請したとき、この方針が試された。同会の会員のほとんどがフランス語を話さず、学校の子どもたちを教えられなかった。ソフィーはこの要請を聞きいれ、合併の実行について指示をフィリピーヌに送った。すなわち、十字架の修道会会員はひとつの集団としてではなく、それぞれ個としてうけいれる。各人が修練期間をへて、聖心会に助修女として入会する。ラ・フォーシュはフランスの聖心会の孤児院を模範とする。また、セントマイケルズの孤児たちをラ・フォーシュに送ってほしい、とユージェニー・オーデに頼んだ。さらにソフィーは指示した。ラ・フォーシュの学校は下層中流階級の寄宿生をうけいれることができるが、学習水準は寄宿学校、つまりセントマイケルズとグラン・コトーの学校より低いものとする。ラ・フォーシュの学費は、両親の選択で、現金で支払われても物品で賄われてもよい。修道院の会員の大半は助修女とし、歌隊修道女は数人とする。ユージェニー・オーデが十字架の修道会の吸収を見届けるのだが、ラ・フォーシュはセントマイケルズの一部やその事業の延長ではなく、あくまでふたつの修道院は異なる目的を有する、別個の修道院としてとどまる。このことをソフィーはとくに強調した。

この件を監督するのは、フィリピーヌにとって大仕事だった。フィリピーヌ・デュシェーヌが一八一八年にソフィーに権限を委任された事実を想起するよう、ソフィーは各修道院に呼びかけた。フィリピーヌは以前から指導の仕事が苦手だったが、アメリカにわたった小さな一行が北部ルイジアナを中心としていたころは、フィリピーヌの役割に疑問の余地はなかった。聖心会が南部ルイジアナにおいて、まずグラン・コトー、ついでセントマイケルズ、そしてラ・フォーシュへと拡大すると、ほとんどの問題はあらかじめフィリピーヌの意向を聞かずに、すみやかに対処されねばならなかった。各修道院間の距離が遠く、通信が困難かつ不定期で、相談してから決定する時間などなかったのである。加えて、この女性たちはフロンティア精神あふれる独立心旺盛なつわものぞろいで、事業に献身していた。ソフィーはユージェニー・オーデとザヴィア・マーフィと連絡をとりつづけ、フィリピーヌに話さずに彼女たちに対応することが多かった。しかし、長期的な方針にかかわる件となると、ソフィーはつねにフィリピーヌに最終決定をまかせるべきだと主張した。それでも、ソフィーが発信する二重のメッセージはフィリピーヌに自信を失わせ、しだいに自分は指導者として不適格だと思わせた。一八二七年にセントルイスに到着したエレーヌ・デュトゥールは、ソフィーにフィリピーヌ・デュシェーヌの修道院の監督方法に不満を述べ、ソフィーはこれをとりあげ、フィリピーヌ・デュシェーヌにしたためる。

> マダム・デュトゥールが修道院［セントルイス］と個々の会員がひどくだらしない、と不満をもらしています。たしかに問題です。より徹底的に洗濯をおこなうように注意し、修道院内の規律を保ちなさい。

フィリピーヌは赤貧と耐乏のうちに生活していた。初期の仲間たちにはうけいれられていたが、新参者には衝撃を与えた。ソフィーはこうした批判に耳を貸し、修道院と敷地をきちんと手入れするようフィリピーヌに求めたが、彼女をよく知っていたので、禁欲的な生活を無理に改めさせようとはしなかった。それに、デュトゥールはアメリカに到着したばかりだった。彼女は翌年、ラ・フォーシュの修道院長に任命された。それでも、彼女がいだいたフィリピーヌとその監督方法の第一印象は参考になったので、ソフィーはそれを重要視した。だが、ユージェニー・オーデがフィリピーヌ・デュシェーヌに見せた態度は、より対処しにくいものだった。

フィリピーヌはユージェニー・オーデの身勝手さをソフィーに訴えていた。ソフィー自身もフィリピーヌの訴えの意味を、セントマイケルズの修道院にかかわる一件で経験することになる。ソフィーはこの件を間接的に、会のリヨンの差配人リュザン氏をとおして知る。ソフィーはオーデに述べている。

> リュザン氏は、ちょうど規則書を印刷している最中なので、修道会の規則をご存知です。その彼が、……あなたの手紙をわたしに送ってきました。セントマイケルズのために、一覧表に記された古典書と、ウールの生地三〇〇オーヌ［一オー

ヌは約一・一八メートル〕分を送るように依頼していますね。彼はそれらをあなたのもとに送る前に、わたしの許可をほしがっています。……なので、古典書を送るのはよいが、もうひとつの注文は放置しておくようにと、彼に伝言をしました。彼がかかわる問題ではないので、わたしがひきうけ、あなたに話をする、と彼に言いました。

……そちらの暑い地域で、なぜウールの生地など注文するのですか？　南仏はむろんのこと、パリでさえ、わたしたちは夏の制服にウールの使用を禁止しているというのに。加えて、しばしば生徒の両親の苦情の種になるこの高価な生地の価格が、輸送費や関税でさらに跳ねあがることを考えなかったのですか？　それに、なんらかの事故でもあり、繊細な色がそこなわれたら、四〇〇〇フランもの損失です。そう、それがあなたのほしがるウール生地の値段なのです。そのうえ、リユザン氏に委託すれば、彼は生地を製造地のランスからリヨンにとりよせ、リヨンから生地が輸送のために船積みされるボルドーへと送ることになります。途方もない金額をご覧なさい！　わたしの言葉にうながされ、あなたがこの計画をとり消すことを願っています。

一八二〇年にオテル・ビロンが大金で購入されたときの自分の驚愕を、ユージェニー・オーデはすっかり忘れはて、いまやセントマイケルズを南部ルイジアナのオテル・ビロンにするつもりなのはあきらかだった。学校の制服生地の購入をソフィーに手紙で相談していたが、返事が来ないので、しびれを切らしたのかもしれない。一八二八年四月、要求の一覧表をふくめユージェニー・オーデの手紙をいっさい失くしてしまったと、ソフィーも認めている。

フランスに大量の生地を発注したのみならず、ソフィーの事前の承諾なしに聖心会の差配人を使うユージェニー・オーデの身勝手さは、アメリカの宣教団内の意思疎通のむずかしさを物語っていた。一八二八年九月、フィリピーヌはユージェニー・オーデとの意思疎通は自分の能力をこえる、とソフィーに訴えている。ザヴィア・マーフィも、助言と支援が必要なときにユージェニー・オーデが手紙に答えず、セントマイケルズの自分の世界にひきこもっていると訴えた。数か月前からグラン・コトーの修道院をオペルーサスに移動する可能性がもちあがり、これほどの大きな決定をひかえて、アメリカの修道院長全員が智恵をだしあって協力する必要があったというのに。加えて、ラ・フォーシュに着任して一年のエレーヌ・デュトゥールは、学校を格上げして、グラン・コトーとセントマイケルズと同格にしたがり、一八二七年にソフィーが打ちだした方針を覆そうとした。ラ・フォーシュがソフィーの方針どおりの位置づけを保つためにも、ユージェニー・オーデの協力が必要だった。一方、フィリピーヌは北部ルイジアナのセントチャールズの修道院の再開設のために、学校の成功を保証する経験ゆたかな修道院長と校長が必要だと考えた。彼女はユージェニー・オーデが適任者であると考えたが、これほど大きな配置転換はソフィー自身にしかおこなえないと思った。

> マダム・ザヴィアも……わたしとおなじく、マダム・ユージェニーの沈黙のことをこぼしています。事情はまったくわかりませんが、あのひとのいるところでは賞賛と追従が多すぎて、それがわたしたちの一致の絆をゆるめ、あのひとをそこなうのではないかと危惧します。
> ……これらの変更が承認されれば、たくさんの不満が吹きでるでしょう。これを防ぐには、あなたが各自に持ち場を与えてくださることです。ひとりひとりに角を立てずに任務を与える才能が、わたしたちの共通の母〔であるあなた〕にはあります。わたしにはその能力がありません。

これらの手紙が手元に届くころ、ソフィーは病あがりで、ヴァレンヌ通りで何度も転倒を経験していた。一八二八年一〇月、南部ルイジアナの状況を誤解してはいけないので、とくにラ・フォーシュについての詳細を送ってほしい、とユージェニー・オーデに頼んでいる。ユージェニー・オーデ自身のセントマイケルズにおける成功は、ソフィーを驚かせ、フランスのいくつかの修道院のように性急に規模を拡大せず、緊急事態のために予備金をおくとよい、と彼女に警告している。すぐに成功したがために、建物を急速に拡大した何人かの修道院長たちがいたからだ。

> 〔しかし〕あわただしく、思いがけず承認され、実行された支出や事業は、神に祝福されませんでした。これらの修道院はほとんど衰え、生徒もいないのに、巨大な、たいへん凝った建物だけが残っています。

ユージェニー・オーデは、リヨンのリュザンへの注文をソフィーに厳しく咎められ、まだその打撃から立ちなおれずにいた。彼女が詫び状を書いてきたので、ソフィーは気をつかい、この件を水に流す、とやさしく述べた。それでも、修道院の会員を情け深くあつかい、ほかの修道院、とくにより困窮している修道院には礼儀正しく、気前よくしてほしい、とユージェニー・オーデに念をおした。セントマイケルズは裕福だとする世評が、北部ルイジアナの宣教団にも影響を与えている、とフィリピーヌはソフィーに訴えた。聖心会に宛ててフランスから送られた献金を、司教がわたしてくれない。オテル・ビロンの風評もフィリピーヌの状況を助けるどころではない。じつのところ、一八二八年一一月のソフィーの理解とは裏腹に、ユージェニー・オーデは制服の布地を買う計画をなかなか断念できずにいた。ソフィーがリュザンへの注文の取り消しを知るのは、一八二九年七月になってからだった。

　ユージェニー・オーデの高飛車な行動を咎めながらも、ソフィーは相変わらずラ・フォーシュの状況をオーデに打ちあけていた。当地の学校の問題は、一八二七年と一八三三年の総会であつかわれた聖心会全体にかかわる懸念の一部だと説明した。一八二八年一一月、書面でそれをユージェニー・オーデに説明し、エレーヌ・デュトゥールがラ・フォーシュの学習水準を引きあげるべきではないと主張した。

> ラ・フォーシュがあなたの学校の水準まで引きあげられることは、あきらかにわたしの意志に反します。二次的な水準の学校でなければならず、知識は少ししか教えてはなりません。この学校ではボルドーの二番目の寄宿学校とおなじく、宗教、手芸、読み書き、綴り方を少し、そして計算を教えるべきです。そのために、あなたの修道院の孤児たちを送ってほしいと言ったのです。……そうすれば、あなたの学校の生徒の古着をラ・フォーシュに送っても差し支えないですし、生徒たちの衣類を当地で作らせてもよいでしょう。この学校があなたの学校の害にならないために、マザー・デュシェーヌとの合意に達しなければなりません。神のより大いなる栄光のためです。わたしはマザー・デュシェーヌに手紙を書き、このことをお伝えします。川を下り、あなたがたの修道院を訪問していただきましょう。もし都合がよければ、あなたの修道院で三人の修道院長たちに会いなさい、マザー・ザヴィア、マザー・デュトゥール、そしてマザー・デュシェーヌに。そして、この小さな集いのために、聖霊に祈り、たがいに相談しあい、もっとも大いなる善をもたらす決定を下しなさい。

　ソフィーは約束どおりフィリピーヌに手紙を書き、南部ルイジアナを訪れ、修道院長たちのあいだに有効な意思疎通のかたちを確立してほしい、と依頼している。ソフィーには南北ルイジアナをめぐる具体的な構想があった。三校の寄宿学校をそれぞれグラン・コトー、セントマイケルズ、およびセントルイスまたはフロリッサンに設置し、それぞれに「貧しい子ども、孤児、ふつうのひとびと、[そして]北ではネイティヴ・アメリカンのための」学校（コレージュ）を設置するという構想だ。セントマイケルズに行き、そこで修道院長会議を開き、アメリカの聖心会の将来を決定してほしい、とフィリピーヌに求めたとき、ソフィーは会議にそれ以上を期待していた。聖心会の生活の基本、つまり会憲と会則、儀式次第、および学習指導要領にかかわる実践に統一をもたらすことを、フィリピーヌに期待していたのである。また、セントチャールズの繁栄を確実なものにしたいと望み、やがて「この修道院こそが最善をなしとげるかもしれない」と思っていた。

ソフィーの最大の懸念は、ユージェニー・オーデのラ・フォーシュとフィリピーヌへの態度だった。一八二八年一二月、耳が不自由で修道院内の仕事の責任をとれない修練女をラ・フォーシュに送ったことで、ソフィーはオーデを叱責した。あらたな修道院で会員の負担を増やすだけだと指摘し、そのうえ、オーデが障害のあるひとにたいして思いやりに欠けると考えた。また、フィリピーヌへのひどい対応も咎めている。

あのかた〔フィリピーヌ〕は役立たず以下の会員ふたりを、あなたが自分の修道院から送りこんだと報告しています。もうひとりは結核で瀕死状態です。ほかの会員の重荷ですし、かの地の寒い気候では、さらに命を縮めるでしょう。〔フィリピーヌたちは〕極貧状態にあるのに、この会員たちの旅費に五〇〇フラン支払いました。どうやらリュザン氏の口座にわたしたちが支払った二五〇〇フランを、おわたししていないのですね。あの尊敬すべきマザーにすぐにその資金を差しあげなさい、と頼んだはずです。あのかたはたいへん困窮しています。あなたがなぜこのようにマザー・デュシェーヌをあつかうのか理解できません。あのかたはそちらの地域で聖心会設立のためにたいへん苦労なさったというのに。……慰めをおおいに必要としているこのよき女性にみせた、あなたのずいぶんと失礼な態度を反省することを望みます。

ソフィーはフィリピーヌとユージェニー・オーデのあいだの連絡が途絶えたことに気づき、フィリピーヌに南部ルイジアナに行き、みずから問題を解決するよう求めた。フィリピーヌが南部への旅も、ユージェニー・オーデ、エレーヌ・デュトゥール、ザヴィア・マーフィとの会合も望んでいないのを、ソフィーは知っていた。なぜユージェニー・オーデがこれほど手に負えないのか見当がつかないと言って、ソフィーはフィリピーヌを慰めた。ユージェニーがフィリピーヌとは異なる見解と貴重な洞察をもちうることは認めたが、彼女の態度は正当化のしようがなかった。フィリピーヌを励ましながら、ユージェニー・オーデに叱責の手紙を書き、フィリピーヌ・デュシェーヌへの態度に失望している旨を述べた。「ルイジアナの聖心会の創立者たるこのかたに、配慮をみせるのが最低の礼儀です」

ソフィーは南部ルイジアナでの会合に大きな期待をよせていた。同時に、ソフィーはアメリカ東海岸のニューヨークにあらたな修道院の創設を計画しはじめた。この構想はその場の思いつきではない。フィリピーヌ・デュシェーヌとユージェニー・オーデとの見解の不一致に困りはて、聖心会の真の精神をはぐくむ、あらたなアメリカの中心地が必要だと考えていたのだ。ユージェニー・オーデにこの計画を話し、協力を求めた。

わたしたちにとって必要不可欠となったニューヨークの修道院新設に貢献することで、あなたは大きな仕事をするでしょう。べつの手紙で計画をお話しします。きっと気にいるでしょう。アメリカの聖心会を固め、わたしが構想する方法でアメリカに会の真の精神を広めることになるでしょう。ですが、あなたにこれを伝える機が熟していません。それまでは、祈り、信仰を深め、資金を集めなさい。

一八二九年冬、ながらく計画されていたフィリピーヌ・デュシェーヌの南部ルイジアナ訪問が実行され、フィリピーヌはソフィーに報告書を送っている。フィリピーヌは一一月初旬、ラ・フォーシュで数日間すごし、一一月一六日から一二月二〇日までセントマイケルズですごした。最初のソフィーへの手紙は、セントマイケルズで一二月一三日に書かれ、フィリピーヌはソフィーがサント＝マリー＝ダン＝オーの戸口に到着してから、二四年が経過したことをふりかえった。いまやソフィーと自分とを分かつ距離と、アメリカでの重責を痛感していた。フィリピーヌはラ・フォーシュの状況に専念した。エレーヌ・デュトゥールは訓練のために修練女たちをグラン・コトーに派遣するのではなく、修道院内に修練院をおきたがっていた。デュトゥールはグラン・コトーやセントマイケルズと同等の学習水準を望み、生徒のための宿舎を増築し、修道院と学校のための聖堂を建てたがっていた。セントマイケルズにおける会合で、修道院長たちはデュトゥールが学校の学習水準を引きあげず、当初構想された学校に必要なものにかぎって建築計画を縮小することを決定した。とはいえ、ソフィーの代理であるフィリピーヌは、ラ・フォーシュについてソフィーの構想に従うようにデュトゥールに強制しなかった。ソフィーはこのことに気づく。

フィリピーヌはエレーヌ・デュトゥールの状況のむずかしさをソフィーに説明する。いわく、ほぼ隣あわせのふたつの学校（ラ・フォーシュとセントマイケルズ）が、かたや下層の家庭を、かたや富裕な中産階級を対象にし、それぞれ異なる学費と教育課程をかかげることは、アメリカでは議論の的になりうる。これがミズーリで実際に困難をひきおこしており、ソフィーがラ・フォーシュに課した条件から発生した問題は理解できるものである。同年のそれ以前に、ロザティ司教がラ・フォーシュを訪れ、新設の修道院についての印象をパリのソフィーに書きおくっている。

なんの誇張もなしに、この修道院が期待以上に栄えているのを見て、大きな喜びを感じました。そこには三三人の寄宿生と、マダム・デュトゥールをふくめて四人の修道女がいました。……すべてが簡素に質素に運営されていますが、たいへん正しく、きわめて秩序だっています。ここにうかがう前に、マダム・デュトゥールのお噂はかねがね聞いていました。ここにいるひとびとはみな、彼女をおおいに尊敬しています。……この国にはさまざまな資源があります。住民は裕福ではありませんが、子どもたちにある程度の教育をうけさせるだけの資金はあります。……子どもたちを二流の寄宿学校には入学させません。階級の区別のない共和主義の国では、そんなことをすれば自尊心が傷つくからです。

ロザティ司教はラ・フォーシュの学校を二流の寄宿学校と呼ぶことなく、簡略化した教育課程を教えうることを、ソフィーに示唆した。そうすれば、つつましい家庭の娘をひきつけ、同時にセントマイケルズとのあからさまな比較を避けることができよう。

一八二九年一二月二〇日、セントマイケルズで四人の修道院長の会合が終了し、ザヴィア・マーフィとマリー・レヴェックとともにグラン・コトーに赴く道中、フィリピーヌはソフィーへの二通目の報告書を書いた。セントマイケルズとユージェニー・オーデについての印象をザヴィア・マーフィと話しあったが、セントマイケルズは聖心会のほかの修道院とまったくちがう、というのがふたりの達した結論だった。修道院の要職はすべてユージェニー・オーデ自身が兼任していた。院長、校長、修練長、および会計係である。修道院の霊的指導も担当し、訪問者の世話もした。会員たちはたいてい若く未経験で、自分で会員を訓練したいオーデには好都合だった。しかし、彼女たちが訓練も監督もうけておらず、修道院のなかになんの秩序もない、とフィリピーヌの目には映った。一一月二一日〔カトリック教会暦で聖母の奉献の記念日〕の前夜、志願者見習たちのだれひとり、翌日、奉献を更新する〔見習い中は会への奉献を一年ごとに更新する〕ことを知らなかった。霊的読書やまじめな祈りの生活への専心の形跡も、フィリピーヌには見えなかった。こうした状況に直面して、フィリピーヌは自信をなくし、自分が不適任だと思わせられた。

セントマイケルズはこれまでのわたしたちの修道院とおなじ形態をとってはいません……。わたしはこれらすべてに見解を表明しましたが、姉妹らしい友情を示すのはいいが、その他の点では介入すべきではないと説きふせられました。ここでわたしにどんな影響力があるというのでしょう？　ここでは修道院内外のみなが、修道院の霊的および世俗的側面の両方において、みごとに指導している修道院長に敬服しているのですから。わたしのおかれている状況はまったく異なります。おかげで、わたしの意見はとりあげられません。

フィリピーヌはザヴィア・マーフィとうちとけ、ユージェニー・オーデやエレーヌ・デュトゥールよりも、彼女のほうに親しみを感じていた。彼女が修道院長をつとめるグラン・コトーへの訪問は心地よく、なんの問題もないだろうと予測していた。ところが、フィリピーヌいわく「修道院は小ぎれいな在俗の家のよう」だと判明し、大きな衝撃をうける。修道院はだれにでも開かれており、ひとびとは簡単に出入りしていた。会員たちは森や畑で散歩し、会うひとにはだれでも話しかけた。フィリピーヌがどのように禁域制度を保っているのかとたずねると、禁域制度は生徒やその両親にとって厳しすぎ、不快感を招くとのことだった。フィリピーヌは黙っていられなかった。彼女の批判は会員たちの反感を買い、歓迎されなかった。フィリピーヌはひるまず、改革が必要と思われる一五の問題点をソフィーに書きつらね、返事を求めた。そのなかにはつぎの点があげられていた。禁域制度の遵守、聖心会の学習指導要領の使用（もっとも、このときのフィリピーヌ自身もそれが実施されているか否か知らなかった）、そして、プロテスタントの生徒が学校に多いため、宗教教育の重視である。フィリピーヌは、修道生活への奉献に必須の、定期的な霊的つとめの必要性を指摘した。また、とくにザヴィア・マーフィの助修女たちの扱いを批判し、修道院と離れた場所にある彼女たちの宿舎が手入れされ、安全に整えられるよう強調した。生徒を訪問する両親の世話により留意すべきだと示唆し、なぜ修道院付司祭がぞんざいにあつかわれるのかをいぶかった。ザヴィア・マーフィが生徒の両親には愛想よく、修道院の会員にはややそっけないのも見逃さなかった。フィリピーヌはグラン・コトーを去ってほっとした。グラン・コトーでも、彼女の出発は到着とおなじくらい歓迎された。南部ルイジアナの生活は北部とかなり異なっており、フィリピーヌは困惑し、理解に苦しんだ。

修道院長の会合とフィリピーヌの修道院訪問の報告書を

読んだソフィーは、失望を隠せなかった。フィリピーヌの訪問とラ・フォーシュの状況についての、ほかの修道院長たちの手紙も届いていた。ソフィーは当初いだいていたラ・フォーシュの構想が機能しないことに気づき、ラ・フォーシュが年長のクラスではセントマイケルズとおなじ学習水準まで教授することを提案した。ただし、情操教育（アール・ダグレマン）はセントマイケルズに限定し、ラ・フォーシュでは実践的な養成や生計を立てるための準備に重点をおくよう勧めている。それぞれの学校に異なる目的をもたせて、両校のあいだで生徒を奪いあう可能性を減らすことを願ったのだ。しかしフィリピーヌに忠実で、彼女の立場を思いやり、フィリピーヌの同意を条件としてこの方針を公認した。一方、フィリピーヌには、自分の妥協案が斥けられれば、ロザティ司教も一般のひとびともラ・フォーシュに満足しないだろうと言いそえた。それに、聖心会の修道院間の対立と分裂を防ぐ手段になるとも。

　ソフィーはフィリピーヌのグラン・コトーについての批判に答え、アメリカの修道院の生活にかんしては、ある程度の柔軟性が必要だろうと示唆した。また、フィリピーヌが送った二四の質問事項にもひとつひとつ答えた。質問事項は、フィリピーヌが学校や修道院で悪弊と考える問題についてだった。ソフィーはフィリピーヌに寛容な対応をうながし、学校の祈りにラテン語ではなく英語が使用されるのを許し、午後のクラスで英語が教授されるのを許し、プロテスタントの生徒がカトリックの公教要理を覚えずにすむように保証し、会員たちが森や畑を散歩するのを許し、入会の通常のほかの条件をみたすかぎり混血児や婚外子を会員としてうけいれ、気候を考慮して助修女たちに歌隊修道女たちとおなじ生地の修道服の着用を許し、日曜日に助修女たちが作文の練習するのを許すよう求めた。

　これらは重要な問題で、ソフィーはアメリカの必要がヨーロッパとはいくつかの面で異なることを認識する。これらの問題は、どれほどアメリカが新しい指導者を必要としているかも示唆した。一八三一年になると、ソフィーはフィリピーヌがセントルイスの修道院長を退任するときがきたと判断した。この件をロザティ司教と相談し、フロリッサンかセントチャールズのふたつのうち希望する修道院に行くよう、フィリピーヌに提案した。

> 思うに……あなたの高齢と多くの苦労を考慮すると、あらゆる意味で手間のかかるこのアメリカの寄宿学校の開設は、あなたの体力の限界をこえています。長年来、セントルイスを訪れたひとは、その無秩序、雑然、耕地の手入れ不足に不満をもらしています。……あなたを責めているのではありませ

ん。あなたが達成したすべてと、あなたの大いなる苦労を、わたしはあまりにもよくわかっています。ですが、時代が変わってきたのです。わたしたちも適応し、変わらねばなりません。また、自分の経験からも、修道院長がひとつの修道院に長期間とどまるのは、望ましくないのを目にしてきました。

フィリピーヌ自身は責任からの解放を喜んだが、ロザティ司教は同意せず、ソフィーに再考を求めた。

あなたの会の会員のなかで、マザー・デュシェーヌがここで集めるほどの信頼を得られる修道女は、ほかにいないと確信しています。彼女を知るひとはみな、彼女の美徳ゆえに尊敬し敬愛します。加えて、彼女の高齢と、この国での長い滞在中に身につけた経験が、すべてのひとの真の敬意をうながすのです。この信仰篤い修道女ほど、わたしが尊敬するひとは少ないのです。彼女は奉献の真の精神をもち、わたしだけが知るさまざまな機会に、……その顕著な証を示しました。……あなたが耳にし、変化の提案にいたらしめた彼女についての不満から察するに、彼女のことがあなたに誤って伝えられています。

ロザティはフィリピーヌにかんする不満への釈明をおこなった。フィリピーヌはフランスとまったく異なる状況に対処してきた。学校の寄宿生の少なさ、開墾されないままの耕地、および裕福な後援者マランフィー氏へのフィリピーヌの対応への不満は、脈絡から切り離されてソフィーに伝えられたのだと。これほど強力なフィリピーヌ弁護の手紙をうけとると、ソフィーは決定を撤回せざるをえず、フィリピーヌにこう述べている。

司教のご意向に心から喜んで同意します。あの決断は苦しいものでしたから。あなたがながらく声を大にして述べた意向に応じたのですが。そのうえ、多くの事情通のひとびとが、この点についてのあなたの考えと同感でした。彼らがまちがっていたと判明し、また、あなたの申し出は、たんに謙遜ゆえのものとわかり、わたしはたいへんうれしく思います。

この間、ラ・フォーシュの状況は手に負えなくなってきた。エレーヌ・デュトゥールが建設計画を強行したため、数か月のうちに修道院は深刻な負債をかかえた。一八三一年四月、ソフィーは彼女を解任し、後任としてジュリー・バジール（一八〇六―八三）を修道院長に任命した。また、ユージェニー・オーデには財政的危機に対処するよう頼んだ。しかし状況は好転せず、聖心会内部のみならず、借金未返済の実業家や賃金未払いの職人とのあいだに緊張関係が生まれた。一八三二年三月、ソフィーは修道院を閉鎖し、会員たちをセントマイケルズとグラン・コトーに分散させることにした。ユージェニー・オーデにこの決定の実行役を頼み、ふたたびアメリカの修道院やセントルイスの状況に注意を向けた。ソフィーは懸念をユージェニー・ドゥ・グラモンに打ちあける。

オペルーサスからの二通の手紙を……あなたに送ります。目をとおし、最新情報を把握してくだされば、助かります。セントルイスのマダム・ドゥ・コパンの手紙には誇張があるかもしれませんが、マダム・デュシェーヌについての記述の核心は真実です。あのかたはもはや職務をはたせません。それに、わたしたちの精神にもとづき統治なさったためしはありません。マダム・ティエフリとあのかたを交代させようとすると、司教が不満を述べたのをご存知ですね。こうしてわたしたちの前進の道は妨げられます。あきらかに、わたしたちのうちのだれかが、アメリカを訪問せねばならないでしょう。

翌年、ソフィーはふたたびユージェニー・ドゥ・グラモンにつづる。

マダム・ドゥ・コパンがまったく見当ちがいというわけではありません。マザー・デュシェーヌがこの修道院におられるかぎり、修道院は成功しないでしょう。あのかたを交代させようとしたら、司教が反対なさったのをご存知ですね。こうして、わたしはいつも妨げられるのです！　この善良にして信仰篤いマザーは、〔かつて自分が入会していたサント゠マリー゠ダン゠オーの〕訪問会の精神を絶対に変えようとしないでしょう。いったいどうすればいいのでしょうか？　辛抱しましょう。だれもあそこに派遣できませんので。ですが、わたしたちのだれかが訪問すれば、アメリカにとっては有益でしょう。

秋の第四回総会で、緊急の対応が望まれるアメリカの問題がとりあげられた。ソフィーはあらかじめアメリカの各修道院に、ルイジアナの総長補佐候補者を送るよう、呼びかけていた。これは役職選挙のおこなわれた総会最終日に検討された。四人の候補者が指名されていた。ユージェニー・オーデ（七票）、フィリピーヌ・デュシェーヌ（四票）、ザヴィア・マーフィ（五票）、カトリーヌ・ティエフリ（一票）である。この結果をうけて、ユージェニー・オーデがアメリカの総長補佐に任命された。総会が正式に閉会したのち、ソフィーはユージェニー・オーデに書きおくっている。

急いでお知らせします。……総会は昨日閉会しました。昨晩、一〇月三一日に、役職指名をおこないました。その一覧表を同封します。あなたがルイジアナの総長補佐に選出されました。総会の決定は、あなたをよく知る、アメリカの、誓願を立てた会員たちの票数の結果です。わたしたちは……この重荷を背負うようあなたに呼びかけます。……この手紙が届いたらすぐに、健康が許せば、オペルーサス、セントルイス、セントチャールズ、およびフロリッサンの四つの修道院訪問を開始しなさい。それから船でフランスに来て、宣教団の報告をしなさい。ここに長くはひきとめないよう心がけますから。

ところが、すでにユージェニー・オーデの健康は危うくなっていた。一八三三年春にコレラが南北ルイジアナに猛威をふるい、セントマイケルズの会員からもっとも多くの犠牲者がでた。ユージェニー・オーデは、一八三三年五月から八月のあいだに、コレラや関連の病で院内のすくなくとも七人の会員の死に直面し、打ちひしがれた。どの病人も亡くなるまで看護したオーデは、疫病の容赦ない進行に悲嘆にくれた。長年の骨の折れる、厳しい仕事のはてに、このとき強いられたストレスと緊張のために、ついに健康をそこなったのである。一八三三年、彼女はヨーロッパにもどってソフィーに再会し、休養したい旨を書きおくる。もはや精力を使いはたしていたのである。

この手紙は一八三三年一一月九日にパリに届く。ちょうど総長補佐選出の知らせをソフィーがユージェニー・オーデに送った朝だった。その晩、ソフィーはふたたびユージェニー・オーデに手紙をしたため、病気を押しても、任命をうけ、アメリカの各修道院を訪問し、その後、パリに旅するようにと頼んだ。将来については、パリで会ったときに相談し、決定すればよい。任務が体力的に無理なら、続行しなくてよい。ソフィーはユージェニー・オーデの各修道院訪問を当てにしていた。ぜひともアメリカの修道院の現状の一次情報がほしかったのだ。ユージェニー・オーデは要請どおり各修道院を訪問したのち、ヨーロッパに向けて出航した。ユージェニー・オーデがもたらした情報と彼女の経験は、ソフィーがアメリカの修道院を統治するうえできわめて重要な意味があった。しかし、ユージェニー・オーデの危険な健康状態が、ソフィーによりさし迫った問題を突きつけた。ユージェニー・オーデの病が重く、アメリカにもどれない場合、総長補佐の後任にだれを任命できるのか。アメリカの修道院間の一致と、当地とフランスの聖心会の中央指導体制との一致が達成されるには、アメリカにおける強力な指導体制が必要だった。

ユージェニー・オーデの任命はフィリピーヌを解放した。一八三三年一〇月、ようやくネイティヴ・アメリカンのもとに行き、宣教への召命の当初の希望をかなえたい、とソフィーに申しでた。そのころ、ソフィーは、サント゠マリー゠ダン゠オーの修道院の閉鎖という悲しい知らせを彼女に伝えねばならなかった。フィリピーヌにとっては大きな分岐点だった。フランスに二度と帰国しなくとも、つねにサント゠マリー゠ダン゠オーを霊的な住処とみなしていたからだ。サント゠マリー゠ダン゠オーの喪失がフィリピーヌにとってなにを意味するかを察したソフィーは、資金とネイティヴ・アメリカンのもとでおこなう仕事についての詳細を送るよう彼女にうながした。一八三三年のクリスマス、ソフィーはふたたびフィリピーヌにセントルイスの修道院長職辞任を提案した。ソフィーはぶっきらぼうにこう述べた。

思うに……あなたは現職をつづけねばなりません。すくなくとも、マザー・ユージェニーの帰国までは。その後、アメリカの修道院を再編成します。この命令は決定的なもので、だれもそれに反対しようとしないと思います。

フィリピーヌはこの言葉に傷つき、一八三四年四月のソフィーへの返信に述べる。

あなたの手紙の言葉に傷つきました。「マザー・ユージェニーの帰国後、命令は決定的なもので、だれも反対しないことを望みます」という言葉です。だれが反対すると予期されたのでしょう？　なぜ反対があるという危惧が生まれたのでしょう？

ソフィーは自分の唐突な口調がフィリピーヌを傷つけたことに気づき、一八三四年七月にその理由をフィリピーヌに説明している。

あなたにとくにひとこと申しあげたいのです。まず、あなたが最近の手紙で触れているわたしの言葉ですが、あなたがべつの修道院に移動する件で、わたしが経験した反対についての言及なのです。あのとき、わたしが折れざるをえなかったのをご存知ですね。ですから、マザー・ユージェニーが障害をとりのぞく手助けをしてくれるのを願うと述べたとき、あなたのことを念頭においていたわけではありません。実際、その場にいる会員のほうが、わたしよりも適切な判断ができます。そのため、これまであなたがたの修道院を統治するに際して、わたし自身はとても慎重だったのです。いまやわたしは情勢に追いつきましたので、あなたが修道院を移動する決定を、ためらわずに下しました。それに、適任者がいないのならべつですが、ひとつの修道院に修道院長がとどまるのは六年間だけというのが、わたしたちの不文律のひとつです。そのうえ、わたしの親愛なるフィリピーヌ、あなたには休養が必要です。ですから、より負担が軽い役職につくべきです。セントルイスのあなたの職にマザー・ティエフリを呼び、フロリッサンの彼女の職をあなたがひきうけるのです。マザー・ユージェニーがこの手紙とおなじ便で、あなたの司教様にこのことを伝えに手紙を送ります。わたしが書いたほうがよいのでしょうから、それができるならば、自分で手紙を書きますが。

一八三四年五月二六日、ユージェニー・オーデはパリに到着し、最近の修道院訪問と一六年間の経験にもとづいて、アメリカの修道院と学校について、ソフィーに詳しく報告した。ふたりが交わした会話に照らし、ソフィーはルイジアナの会員たちに向けて書簡をしたためた。一八三四年から一八三六年のあいだに彼女たちに宛てた一連の書簡の第一通に当たる。

ソフィーが送る聖心会の会員一般宛ての書簡は、会内部の展開について各修道院に情報を与える手段だった。これらの書簡を利用して、ソフィーは会内部の修道院や学校で改革が必要な問題をあつかった。書簡の多くは、ぶっきらぼうで単刀直入な口調でつづられていた。しかし、ヨーロッパの会員の多くは、個人的な手紙や修道院訪問をとおして、ソフィーを個人的に知っていた。そのため、正式の回状が届くと、ソフィーが会の生活のさまざまな面について主張しても、彼女の声が聞きとられ、意味が理解された。ソフィーは以下の面を強調した。会員各人が深い霊的生活を求める努力を払うこと。修道院長たちがこれを第一の義務として会員にうながすこと。教育であれ家事であれ、新会員は会内部における仕事にふさわしい充分な訓練をうけること。学校が破綻なく運営され、教師が監督されること。修道院と学校の運営は、節約と倹約に特徴づけられること。食物が衛生的で充分あること。会員と生徒の健康に充分な注意が払われ、予防医学がおこなわれること。また、ソフィーは各修道院が収入の十分の一を本部に献納することと、ある修道院からべつの修道院に移動した会員に適切な援助があることにも、会員の注意を喚起した。会員の持参金の運用を規定し、法律と会員の家族の意向をふみはずさないよう確認した。この歳月に、長年の個人的な指導の経験に照らし、ソフィーは会内部に、各修道院や各校に、ある一定のリズムを定着させた。そして、アメリカの修道院とも同様の意思疎通を確立したいと願っていた。

ところがアメリカの各修道院は、ソフィー・バラとの個人的接触もなければ、彼女が身近にいるという認識もなかった。ソフィー自身もこれを意識し、この時期、ルイジアナの各修道院を訪問したいとくり返している。一八三四年当時、アメリカの各修道院の七一人の会員のうち、ソフィー・バラと面識があるのはたった一七人だった。アメリカの修道院に宛てた書簡で、ソフィーは修道院や学校の欠点や弱点を指摘し、一九の悪弊をとりあげた。その一部は以下のとおり。権威への批判と修道院長たちの身勝手。レクリエーション時のくだけすぎる態度。過度な学業成績の強調。学校、修道院のべつなく見られる（とくにフランス人とアメリカ人のあいだに顕著な）人種の区別。たがいの仕事への干渉。口論や際限ない私語。寄宿生にすぐに悟られ話題の種になる会員間の分裂や緊張。各修道院に任命された修道院付司祭以外の数人の聴罪司祭の存在。司祭との食事。過度に親密な子どもたちとの触れあい。さまざまな理由での教育課程からの宗教教育の省略。信心の養成をそこなう世俗的な学習の優先。寄宿生と孤児の充分な監督の欠如。

一年後、ソフィーはアメリカの修道院にふたたび書簡を送り、さらに一三の悪弊を指摘し、将来に向けての方針を打ちだした。今度は、学校の問題に集中している。とくに両親が訪問したとき、寄宿生が監督されること。通学生と寄宿生が交流しないこと。孤児が寄宿生とも通学生とも交流しないこと。クラスや教育課程の構成は、会の学習指導要領に従うこと。世俗的な芸術作品よりも宗教的な芸術作品が学校内で展示されること。教師が威厳を保ち、つねに礼儀正しくあること。服装に変化を加えるのは生徒や両親に悪い模範を示すので避けること、学業成績を誇示せず、授賞式は私的に校内でおこなうこと、学校で必要な水準の英語が教えられること。そしてソフィーは、これらの問題点とのとりくみを各修道院の院長たちが六か月ごとに査定し、結果をパリに送るよう提案している。

一八三六年一二月、ソフィーはアメリカの修道院に宛てて、かさねて説諭の書簡を送り、六つの悪弊を指摘している。おおかたは以前の問題点の反復で、生徒と修道院内の生活の適切な監督にかかわる。学校におけるアメリカ人生徒の精神への対処と、アメリカの会員間の関係への対処の二点が特徴的である。

> わたしたちはたえず努めて子どもたちに精神と心の従順を教えねばなりません。身勝手と知的傲慢の助けを借りて、誤謬

〔プロテスタントの教義〕が広まり支配しうる彼らの国にとっては、従順がそれだけ必要なのです。アメリカ人とフランス人のあいだの不快な区別を永遠になくしなさい。

訓告にみちた三通の書簡のなかで、ソフィーはアメリカの修道院にたいして批判的で否定的な総長である、という印象をつくりあげた。ソフィーは自分が知る状況から、フランスの文化と精神性に立脚して語った。悪弊を列挙した一覧表は、それらの背後の感情や心配をわかりやすく説明するひともないまま、粛々と郵送された。当然、受け手のなかでこころよく耳を貸すひとは多くなかった。この時期、ソフィーは聖心会一般に多くの説諭の書簡を書いているが、アメリカの修道院へのこれらの書簡ほど厳しい口調はほかに見られない。アメリカとの距離が影響をおよぼし、ユージェニー・オーデがあげた問題点をすべて網羅しようという焦りが働いたのかもしれない。ソフィーがヨーロッパの修道院に手紙を書くときは、名宛人たちを見知っていた。ところが、アメリカに書く手紙は、未知のものに向けられていた。言語も妨げになった。アメリカの修道院の会員たち、とくに助修女たちには、フランス語を知らないひとびともいた。そのため、だれが書簡を翻訳するか、どのような翻訳がなされるかが大きく左右した。これはソフィーも意識していた。翻訳を介することで、自分と自分が導こうとするひとびとのあいだに距離が生まれると知って、とくに心を痛めた。彼女の統治の概念が、個人的な関係性や、個人的で継続的な接触にもとづいていたからだ。これらの書簡がおよぼす修道院への影響を、即座にみてとったわけではないが、三年のあいだに、書簡への反応や指導にたいする各修道院の会員たちの感じかたを、少しずつ収集していった。

一八三四年から三六年は、ソフィー・バラが会への回状の大半を執筆した時期であると同時に、忙しく旅し、あらたな修道院を創設し、会との合併の要請をうけた時期でもある。一八三三年一一月の第四回総会閉会以降、ソフィーはほぼ休みなくフランスを旅した。数か月のあいだに、ソフィーが訪問した地はつぎのとおり。ボーヴェ、リール、およびアミアン（一八三三年一一月―一二月）、ル・マン、トゥール、ポワティエ、ニオール、ボルドー、リヨン、シャンベリー（一八三四年二月―五月）、シャルルヴィル、ブザンソン、リヨン、ラ・フェランディエール、シャンベリー、モント（一八三四年八月―一八三五年五月）、ボーヴェ、（ベルギーの）ジェット・サン゠ピエール、シャルルヴィル（一八三五年六月―七月）。すでに軌道に乗っている修道院では、会員と学校の生活を見直し、変更や改善を提案した。修道院の新設も相次ぎ、一八三四年八月、リールの数家族の要請をうけてブリュッセルに旅し、その地での修道院新設の交渉を開始した。二か月後、カトリーヌ・ドゥ・シャルボネルがベルギーを訪れ、ブリュッセル近郊のジェット・サン＝ピエールに適当な建物をみつけた。改装が必要だったため、翌一八三五年六月、ソフィーは再度ベルギーに旅し、改装工事の進捗状況を確認した。一八三六年春にすべてが整い、同年三月、新しい修道院と学校が開かれた。

ひきつづき、いくつかの小さな修道会が聖心会との統合を要請していた。シャルルヴィルの神の御摂理修道女会は一六七九年に創立され、フランス革命を生きのびたが、しだいに自力での存続が困難になっていた。神の御摂理修道女会はメッツのサント＝ソフィーの婦人会との絆があり、一八二四年に同会が聖心会に吸収されたとき、シャルルヴィルの神の御摂理修道女会会員のうちの数人がその例にならいたいと望んだが、ようやく一八三四年にソフィー・バラに聖心会への加入を申しでた。シャルルヴィルを訪れたのち、ソフィーは合併の成立を見通して、交渉に入った。まずはソフィー自身が、つぎにマリー・プレヴォと、最後にジョゼフ・ヴァランが、同会会員に聖心会の会憲や精神の手ほどきをした。これは最終的な合併を実施する前に必要な手続きだった。一八三五年九月、すべての準備が整った。

一八三五年、マルセイユのサン＝ピエールの婦人会も聖心会への統合を希望した。同会はグルノーブルに創立された。その地でピエレット・ドゥ・ブールセ・ドゥ・ラセーニュがグルノーブルの裕福な家庭の娘の教育のための小さな学校を開校していた。ちょうどフィリピーヌ・デュシェーヌがサント＝マリー＝ダン＝オーの復興にのりだした時期である。実際、マドモワゼル・ドゥ・ブールセの姪、ルイーズ・ドゥ・ブールセは、サント＝マリー＝ダン＝オーの学校の生徒だった。マドモワゼル・ドゥ・ブールセの事業は、フランス革命後、発展し、彼女は会則のある修道会を設立し、姪を説得し、自分の事業に参加させた。マドモワゼル・ドゥ・ブールセが亡くなると、一八一七年、姪ルイーズはグルノーブルの修道会の修道院長に就任した。会員のひとりジュヌヴィエーヴ・シャニアックはグルノーブルを去り、エクス＝アン＝プロヴァンスに学校を開いた。数年後、ルイーズ・ドゥ・ブールセは、エクスの修道会にグルノーブルの修道会への合併を呼びかけたが、これは頓挫した。その後、一八二八年にルイーズがサン＝ピエールの婦人会の学校をマルセイユに開校すると、即座に成功した。このふたつの修道会は相互の合併に合意できなかったが、それぞれが聖心会に合併を申請することには合意した。一八三二年、交渉が開始され、一八三四年、ユージェニー・オーデの働きで成立した。ユージェニー・オーデがすぐにアメリカにもどれないことに気づいたソフィーは、彼女をマルセイユに派遣し、サン゠ピエールの婦人会と聖心会との合併の実行を依頼したのである。

監督業務とひっきりなしの移動のさなかにあっても、ソフィーは家族を忘れなかった。一八三三年九月、まもなく姪ゾエが結婚するという知らせにがっかりし、姉マリー゠ルイーズがなぜそれを勧めるのか理解できなかった。ゾエは病弱で、相手の若い男性は人柄にとくに問題はないが、財産はなく、仕事も父親に依存していた。結局、この結婚は実らなかったが、ゾエはいつか結婚するという望みを諦めなかった。ソフィーのもうひとつの心配は、姉マリー゠ルイーズの健康だった。甥スタニスラスが狼狽し、ソフィーに母が重篤だと訴えたのである。マリー゠ルイーズは虚弱だったが、深刻な病ではなかった。スタニスラスは一年の数か月間をパリに住み、そこで仕事に従事していたため、ゾエは長いあいだジョアニーにひとり残され、母と一家のブドウ畑の責任を負わねばならなかった。家を売ってパリに引越せば解決になるかもしれないとソフィーは考えたが、変化を生きのびる健康も能力もそなえていない姉には、できない相談だということも気づいていた。ソフィーはスタニスラスに、ときどきゾエの肩代わりをして、ゾエを年に数週間はパリに連れてくるよう頼んでいる。ソフィー自身もパリへの帰路にジョアニーに寄って、一家をできるだけ助けようと約束している。新しい鉄道のおかげで、必要とあらば一か月に一回、パリの自分に会いにくるのも可能だと言って、スタニスラスを慰めている。さらに、聖心会がゾエから毎年ワインを購入するように手配した。ゾエが家庭以外の仕事をしたがっているのを察知し、ジョアニーの貧しい子どもたちの世話をしてはどうかと提案した。数年後、一八三七年、トゥールの愛徳姉妹会がジョアニーの町に学校を開校すると、ソフィーはゾエに授業の手伝いをしてはどうかと勧めている。

一八三三年一一月の第四回総会終了から一八三五年一月まで、ソフィーは過酷な予定をこなした。一八三四年クリスマスには疲労困憊し、一八三五年一月から三月にかけて、リヨンで重い病を患った。移動の疲労、書簡を交わしつづける緊張、急激に成長する事業を指導するという重責と、人生の仕事と折りあいをつけようとする自分のうちなる闘いの結果だった。聖心会を統治し、同時に旅をつづけるのは不可能だった。なんとしても解決法を見いださねばならない。アメリカに宛てた書簡のように、ソフィーの声音(こわね)と統治の方法にとげとげしさが感じられるようになっていた。かつて一八二三年、ソフィーはグルノーブルで過労のため、倒れた。そして、会の統治機構が急速な発展に対応していない、とジョゼフ・ヴァランに警告をうけた。この助言は、一八三五年には以前にもまして適切なものだった。リヨンで得た病はソフィーにとっての贈物だった。数か月のあいだ慎重に考えぬいたある計画を、いかに導入するかを検討する時間の猶予を与えてくれたのだ。ソフィーはこの計画こそが、聖心会の統治の問題を解決する手立てであると確信していた。

第一二章　くじけずに
一八三四―三五年

一八三三年の第四回総会の後、聖心会の発展と複雑化にかんがみ、ソフィーは会における自分の立場と役割を本気で検討しはじめた。一八〇〇年にささやかな船出をして以来、自分の指導力を脅かした危機を何度となく乗りこえ、聖心会の舵をとって一応の安定へと導いてきた。聖心会にはみずみずしい活力があり、若い女性をひきつけ、社会一般における教育の需要のいくつかをみたしてきた。未来は保証されているかにみえた。教皇への会憲の提示とそれにともなう認可は、聖心会にいっそうの安定をもたらした。これらすべてが今後の会の発展における自分の役割について、ソフィーに考えさせた。総長職の辞任さえ考えるほどだった。ソフィーは総長の仕事そのものにたじろぎ、うちなる葛藤やすぐれぬ健康に悩まされつづけた。そこでジョゼフ゠マリー・ファーヴルに手紙を送り、このような身体と精神の状態で、どうやって聖心会の指導がつづけられるだろうと問うた。一八三四年初頭、ファーヴルは意気消沈のソフィーを見て心から悲しみ、返事を書いた。

あなたがいまだに不安、不信、そして心配の不幸な奴隷であるのをみてとり、わたしは心を痛め、おおいに悲しんでいます。これらの感情のすべてがあなたの魂を弱め、勇気をくじき、心を頑なにし、あわれな自己にとらわれたあなたにむなしく痛ましい時をすごさせています。これはすべてを台無しにし、根本的な義務からあなたの気持をそらせ、意思をかよわせる力とひとの心をひきつけるあの穏やかな働きかけを奪うのです。心身の健康をそこない、神とあなた自身とあなたのよき隣人に益をもたらしません……。わたしたちのやさしき慈愛深い救い主の名において命じます。怖れや気づかいをあなたへの愛に燃ゆる聖心(みこころ)にゆだねなさい。

ファーヴルは助言をくり返した。告解をやりなおさず、神の赦しと愛を疑ってはいけないと。良心の呵責はソフィーの力を殺ぎ、あいかわらず彼女は神の赦しを得られないと思いこみ、怖れのうちに生きていた。ファーヴルが頑なな怖れと呼ぶものが、彼女を内向きにさせ、「蝶番で開閉する扉のように」きりなく自分の行動を見直させた。これはまちがった生きかたで、神への捧げものにならず、彼女の人生の助けにもならない。そうファーヴルは言いつづけた。

自分が聖心会の統治方法を助言する立場にないことを承知しつつも、ファーヴルは彼女が仕事をこなすための三つの方法を勧めた。まず、祈りと内省のリズムを保つことを勧めた。内的世界を養い、通例の活動全般の均衡を保つ一助とするために。つぎに、なるべく多くの仕事をひとに委譲すること、つまり、「歩兵としてではなく将軍として行動すること」を呼びかけた。ソフィーの役割は聖心会のヴィジョンを保つことにあり、統治の詳細はほかの会員たちにまかせればよい。最後に、ファーヴルは苦行に重きをおかず、彼女の世話をするひとびとの助言にもっと耳をかたむけることを求めた。彼女に与えられた役割そのものと、祈りと内省の深い内的生活を生きるという自制は、苦行以上のものなのだから。また、ファーヴルは再度、まともな食事をとることのたいせつさも強調した。

ソフィーのうちなる苦悩はやわらいでいなかった。自己不信と神への怖れにつきまとわれていた。ジャンセニスムが存在の奥深くまで入りこんでいたので、キリストの聖心（みこころ）に顕われた神の愛に照らして、自分の意識をあらたな平安と自己受容の場に移すことができずにいた。聖心会の賜物（カリスマ）は、ソフィーにとって大いなる難業だった。深刻な不安のうちにありながら、懸命に内的な自由を求めねばならなかった。六か月後、ファーヴルはふたたびソフィーに手紙を送った。霊的な状態が向上するどころか、総長職を辞したいと訴えた彼女の手紙への返事である。ソフィーは三つの問いを記していた。自分の告解は有効か、神が計画された人生の場に自分はいるのか、総長としてどのように生きるべきか、である。

ファーヴルは以前とおなじく、こう答えた。彼女の告解は有効である。くり返すことで罠におちいってはならない。自分を信じてほしい、ソフィーを欺くことはしない、と約束した。彼女が神の計画された人生の場にいることは疑いの余地がない、とも述べている。

そのままの場にとどまりなさい。そして能力のかぎり、役割をはたしなさい。神にあなたが託されたこの責任を放棄するという考えは、幻想なのですから、忘れなさい。責任の放棄は、利己的な道をたどることにほかならないのです。もはやふりむいてはいけません。ふりむいたりすれば、ロトの妻のように、塩の柱に変えられかねません。

三番目の問いにたいして、ファーヴルは一月の助言をくり返して、祈りのリズムを維持し、健康に留意し、恒常的な働きすぎを避けるために仕事をなるべく委譲せよ、と答えた。あらゆる意味で聖心会の模範をみずから示すべきだ、とソフィーが考えているのを、ファーヴルは承知していた。そのため、ソフィーは並外れた祈りの修道生活を生き、並外れた苦行をおこない、並外れた日課をこなしたがっていた。ファーヴルはこれがきわめて愚かであり、「正真正銘の幻想」だと言った。これが不可能であることは、心の奥底でソフィーも承知していた。ポワティエにいた初期のころから、自分が思い描く模範的な指導者になろうとして挫折していた。理想は維持できても、実現はできずにいた。完全でありたいという希望が、自分の脆さを否定させた。ファーヴルはソフィーに会の共同の修道生活を生き、信仰篤くあるための通常の方法や手段を守るように助言した。謙虚になり、幻想を手放し、自分の状況の現実のなかに生き、小さな子どものように神に導かれ、聖性への簡素で普通の道を歩むよう、彼女を強く説得した。

数か月後、ファーヴルは味わいうる自由に向かうようにとソフィーをいざなった。神を信頼し、自己をうけいれることを習得しさえすればよいのだと。

> あなたに呼びかけます。あなたに願います。愛、従順、信頼、そして聖なる自由への道を歩みはじめなさい。……もはや心配してはなりません。もはや意図的にひき返してはなりません。あなたの心をながらく求めておられる、わが善き、愛にみちたイエスへの歓喜、信頼、愛、勇気、ただそれだけです。イエスは待っておられます。あなたがやさしく、無邪気に、愛情深く、小さな子どものように、イエスの聖なる、愛にみちたご保護に、子どものようなまったき信頼をもって自分をゆだねる瞬間を待っておられます。そうすれば、あなたへの愛で燃える聖心（みこころ）の、言葉を絶する賜物を明かし、あなたに与えてくださるでしょう。

これはソフィーが人生のなかで直面したもっとも大いなる挑戦だった。自分の神概念、自己イメージ、そして同僚や世間一般に見せようとする自分の姿をとり消さねばならなかった。修道生活においてこれほど脆くなり、しかもキリストの聖心（みこころ）の霊性を映しだすことなどできるだろうか?

ソフィーと同僚たちは、聖心会を創りあげていた。会はフランス国内をはじめ、国境をこえて拡大し、地の果てまでも到達するきざしさえ見せていた。会の目標には、いまだ追求されていない大いなるヴィジョンがあった。いまやソフィーはこのヴィジョンを、会が根づいた場を、キリストの聖心（みこころ）の栄光がもちうる意味への霊的な覚醒でみたすことを求められていた。修道女や、聖心会の仕事に触発されたひとびとのために。

ジャンセニスムにもとづく幼少期の教育に加えて、ルイ・バラの養成の影響をうけていたので、このような内的な旅は、ソフィーにとって自己のやり直しを意味した。それは怖ろしいことであり、ソフィーは直感的にこれに抵抗した。解放の歓喜と内的な平安に向かいたいと憧れていたが、それさえもジャンセニスムの教義と喜びへの不信にそこなわれていた。ここに、ソフィーの内的生活の分裂が痛ましくもあらわになる。ソフィーには最愛の友人が何人もあり、愛情深い手紙を書きおくってきた。書簡、講話、修練女や誓願を立てた修道女の養成において、ソフィーはキリストの聖心（みこころ）の愛を生き生きと魅力的に語っていた。しかし、その深い愛を自分の祈りの生活に持ちこむとなると、圧倒されてしまうのだった。自分にとって、神はそのような愛の神なのか？　あれほど雄弁に語った愛を、自己のうちに、自分の生活のなかに招きいれられるだろうか？

ファーヴルはこれらの問いを肯定し、ソフィーにそれを信じ、それに照らされて生きよ、とうながした。一八三四年一一月、彼はソフィーへの助言をくり返し、祈りの生活と活動の均衡を保つよう勧めた。そうすれば、人生における仕事が求める気力と深みを得ることができるだろう。これは肝心なことであり、日常生活に根ざしており、実行が可能なのだ。達成はむずかしくとも、彼女自身の聖性と、会員たちの聖性の立脚点なのである。ファーヴルは述べる。

> 摂理の通常の道筋において、神は聖人によってのみ聖人をお創りになります。ですから、あなたはほかのひとびとの聖性のために、みずから聖性を得なければなりません。わたしたちは満たされたもののなかからしか、与えることができません。自分をすっかり空にしないためです。……自分の栄養を怠る母親は、自分自身も子どもたちも殺してしまいます。

一八三三年にルイーズ・ドゥ・リマングはソフィーの進言（アドモナトリクス）者に選出されており、この役割において、聖心会の事柄についてソフィーを助言する義務を負っていた。ふたりともファーヴルの霊的指導をうけていたため、彼はルイーズ・ドゥ・リマングにソフィーの霊的指導者を兼ねるよう提案した。しかし、聖心会の事柄の進言（アドモナトリクス）者と霊的指導者のふたつの役割をルイーズが維持するのは不可能で、まもなくふたりの女性のあいだはぎくしゃくした。ソフィーはルイーズ・ドゥ・リマングに耳を貸さなくなる。ソフィーに厳しすぎる、とファーヴルはルイーズに注意している。

……あなたがたの会憲に述べられ、説明され、規定されている、あなたの進言者（アドモナトリクス）としての役割だけに、純粋に単純に限定して行動しなさい。ささいな無分別や、過度の苦行や恐怖や不安については、あまり心配しすぎないことです。これらのささやかな不都合は、遅かれ早かれ、導かれざる生活は水先案内人のいない船のようなもので、感情の風や嵐や、人間の気まぐれや身勝手や優柔不断の隠された岩にさらされることを意味する、とあのかたに気づかせるのですから。……あなたの指導は、あのかたにとってもあなたにとっても、なんの助けにもなりません。……あなたはあのかたを従わせようと、精力、熱意、心遣いをつぎこみすぎました。あのかたはまだ信頼と従順の必要を感じていません。信頼と従順から益を得て、あなたの助言や指摘を喜んでうけいれるにはいたっていないのです。

一八三四年には、ルイーズ・ドゥ・リマングは聖心会からの脱会と、観想修道会への入会を検討しはじめていた。抜本的な改革がなければ聖心会は崩壊すると考え、ファーヴルの助言をあおいだ。ファーヴルは会に残り、ソフィー・バラを支えることこそが彼女の運命であり、ソフィーとの関係性が、彼女のたどるべき神への道の一部なのだと主張した。ただし、（まずありえないが）聖心会がほんとうに崩壊すれば、その現実にあわせて行き先を選びなさいと提案している。

〔あなたの愛と世話によって〕、愛する総長の干からびた心を広げるのです。あなたは聖心（みこころ）の栄光と、あらたに生まれた会の繁栄を進めるのです……
わたしは心から欲し、願います。むなしい恐怖やはてしない疑念や混乱した見解にもかかわらず、この魂が完全な信頼と単純さで、なによりも完全な自由をもって、従順の聖なる道に従い行動するのを目にしたいと。そのようなおおらかな、勇気ある、従順なふるまいは、あのかたを呑みこみかねない呵責の覆いから解放するのです。呵責はもっとも重要な仕事からあのかたをそらし、聖心（みこころ）の愛と修道的完徳からあのかたを遠ざけるのです。

ファーヴルはソフィーを助ける最良の方法は、仕事と祈りの均衡を探るのをうながすことだと主張した。総長として直面する仕事の膨大さを承知していたのだ。当時、聖心会を導くのに必要な才能や資質が自分にあるのか、とソフィーが問うたのも無理はない。内的世界で神への怖れと不信を感じていた一方、とくに一八三三年の第四回総会以降は、危機感をもって会の将来と対峙していた。一八三六年当時、ソフィー・バラは、フランスだけでなく、アメリカ、イタリア、スイス、およびベルギーにある聖心会の三八の修道院を統治していた。各修道院を個人的に統治すること、定期的に訪問すること、継続的な通信によってあらゆる状況を把握しつづけることが不可能なのを、苦しみつつ学んでいた。個人的なつながりによる統治を望んでいたものの、つねに襲いくる体調不良、際限ない疲労感、そしてたび重なる転倒が、みずから築いた統治のかたちを続行できないことを示唆していた。

あらたな統治のかたちが必要だったが、一八二六年、聖心会が一八一五年の会憲の決定的な認可をうけたため、ソフィーは会憲の文面に記された統治体制に甘んじねばならなかった。聖心会の総会がそう望まないかぎり、またローマの教会権威の承認がないかぎり、ソフィーには統治体制を変える権限がなかった。拡大をつづける会という現実に適合しきれない統治体制を抜本的に変革する方法を探らねばならない、という結論に達し、イエズス会の統治体制の要素をさらに盛りこむことに変革の可能性を見いだした。ソフィーはルイーズ・ドゥ・リマングとともにジャン・ロザヴェンに手紙を書き、イエズス会の統治機構とそれらを聖心会に応用する可能性についての意見をあおいだ。ロザヴェンは待ちかまえていたかのように助言を差しだし、のみならず効果的な統治についてソフィーの思考を積極的に導く気構えでいた。

とはいえロザヴェンは、自分の役割が伏せられ、自分の見解が公の席で言及されないという条件をつけて、ソフィーへの助言をひきうけた。ソフィーはこの条件を了承し、ロザヴェンは聖心会の将来的な統治体制についての提案を送ってきた。これらの提案はイエズス会を模範としていた。聖心会の総長の権威があまりないのは、総長補佐たちに与えられた権力が大きすぎるからだ、とロザヴェンは考えた。すくなくともローマでは、総長補佐のフェリシテ・デマルケが聖心会の権威として尊敬されている、とソフィーに報告している。デマルケは一八二二年から三五年までに大勢の修練女を訓練し、よく知られ、愛されており、彼女のほうがソフィーより会内部で目立っている、とロザヴェンの目には映った。ソフィーには皮肉を交えてたずねている。聖心会にふたつの権威の源があり、公式の源がソフィーだとすれば、非公式な源はデマルケとほかの総長補佐たちではないのかと。

ソフィーはロザヴェンがなにを指摘しているかを承知していた。会の拡大とそれを統治する仕事、ソフィーの絶え間のない旅、および、とりわけ一八二八年以降の健康状態は、必然的に、会のあらゆる要素と個々の会員との直接的な接点を彼女がもはや維持できないことを意味していた。入会した第二世代の会員たちとの接触をしだいに失っていたため、彼女たちに影響をおよぼす手立てを見いださねばならなかった。会の事業がつづき、栄えるには、ソフィーと初期の仲間たちを核として第一世代をつなぎあう熱意と絆が、第二世代にも伝えられねばならない。ソフィーが困難と闘っているうちに、総長補佐たちは彼女の想像をこえて大きく注目され、影響力をふるっていた。ロザヴェンはすでにソフィーが痛感していること、すなわち聖心会のあらたな統治機構の必要性を強調した。なによりも、ローマでフェリシテ・デマルケが享受しているのと似たような地位と評判を、いまやヴァレンヌ通りの修道院を支配しているユージェニー・ドゥ・グラモンが得ているのを見て、ソフィーはみずからの立場を徹底的に考えざるをえなかった。聖心会内部に、権力と指導力の集団がいくつか形成されていた。ソフィーの役割はそれらをひとつに束ね、全体を率いることであり、総長職は一致の焦点だった。その対極は、いくつかの権力中枢が別個の独立した統一体として成長することだった。当初から、ソフィーの直感では、聖心会はひとつの中枢を核にまとめられた女子修道会であり、世界のいたるところに存在し、キリストの聖心（みこころ）の栄光という共通の構想のもとに一致するはずだった。

ソフィーは、パリに中枢つまり本部修道院をおき、みずからそこに住み、会を統治するという一八一五年に到達した当初の直感にたちもどった。パリに修道会の養成の中心、つまり総修練院にして終生誓願の準備の場を設立せねばならない。修練女たちはそこで会の精神を吸収し、それを世界中に伝えるのである。女性たちは入会すると同時に、その雰囲気にとりこまれる。すべてが、そしてだれもがパリの吸引力にひきつけられ、すべてがパリから発せられる。そして、だれであれ総長は会の中枢に存在する。ソフィーはこの当初の構想を見失ったわけではなかったが、この構想はその後のできごとによって、パリにおけるユージェニー・ドゥ・グラモンとドゥ・クラン大司教の存在や、会の急速な発展とそれに付随するヨーロッパとアメリカ各地への会員たちの分散によって、大幅に修正されたのである。

一八三五年、ソフィーは長年自分が逃していた構想を実現するきっかけをつかむ。自分の長期計画にのっとって、ソフィーはパリの修練院の再開を決意する。しかし、ヴァレンヌ通りには設置しない。七月革命後、ソフィーはパリの修練院をスイスのモントに移した。しかし、一八三四年ごろには、フランス本国および首都パリの政情は比較的安定してきていて、聖心会に入会を希望する娘たちが遠方に旅せねばならないことに、両親たちは不満を述べたてるようになっていた。今回、ソフィーはオテル・ビロン、およびユージェニー・ドゥ・グラモンとドゥ・クラン大司教との決定的な訣別と距離を意図していた。ヴァレンヌ通りの孤児たちの人数が増えすぎ、より広い宿舎が必要になったとき、ひとつの解決法が浮上した。ドゥ・クラン大司教がコンフロンの邸宅を提供しようと述べ、ユージェニー・ドゥ・グラモンはこの申し出に飛びついた。ユージェニーはすぐにでも孤児たちを移動させたがったが、ソフィーは躊躇した。大司教の申し出には条件があり、その条件とは、コンフロンには聖心会の総修練院とともに孤児だけが収容される、というものだった。大司教はその地での寄宿学校の設立に反対していた。

ユージェニー・ドゥ・グラモンの懇願にもかかわらず、ソフィーはこの申し出を断った。修練院も孤児院も、寄宿学校と併設されなければ、経済的に成り立たないからだ。いずれにしろ、フェリシテ・デマルケとカトリーヌ・ドゥ・シャルボネルがコンフロンに修練院をおくという案にまっこうから反対した。この提案を耳にしたジョゼフ・ヴァランも同感だった。ドゥ・クラン大司教が譲歩し、寄宿学校の設立を許可すれば、コンフロンの修練院設立計画への反対がなくなる、とソフィーは考えた。しかし、これはまちがっていた。ユージェニー・ドゥ・グラモンが大司教を説得し、大司教が寄宿学校設立を許可したあとも、彼らは相変わらずコンフロンの修練院設立への反対を崩さなかった。軋轢の真の源は、ヴァレンヌ通りのプティ＝オテルにおけるドゥ・クラン大司教の存在と、ユージェニー・ドゥ・グラモンと大司教とその側近たちとの交流だった。ソフィーはふたつの派閥のあいだでひき裂かれ、最終的に自分で決断せねばならなかった。大司教から邸宅を借りることに同意し、コンフロンの修練院設立を反対するひとびとの説得にあたった。建物と敷地は七月革命中に荒廃していたため、即座に引越すことはできなかった。皮肉なことに、ドゥ・クラン大司教が会の無期限の賓客として何年もプティ＝オテルを使用していたにもかかわらず、修道会は毎年の家賃のみならずコンフロンの改修代も支払った。

ユージェニー・ドゥ・グラモンには大司教の宿舎についてつぎの計画もあった。一八三四年二月、ソフィーがパリを離れると、ユージェニーはヴァレンヌ通りに大司教のためにさらなる居住空間を整えた。それまで、ドゥ・クラン大司教は日中の業務のためだけにプティ＝オテルを使用していた。いまや、プティ＝オテルに加え、ユージェニー・ドゥ・グラモンはオテル・ビロンそのものの内部に、家具調度品をそなえつけ、ドゥ・クラン大司教の私室を用意した。フェリシテ・デマルケとジョゼフ・ヴァランはソフィーに手紙を書き、彼女の介入を求めた。ソフィーはひどく落胆し、パリの聖心会の評判を心配し、彼らが自分に忠告したことを、ユージェニーに伝えた。

> その理由は、あなたがすみやかにご友人〔ドゥ・クラン大司教〕のために整えた私室のことです！　あなたに打ちあけた不謹慎な噂のことを覚えていると思いますが、まちがいなく噂はさらに広まるでしょう。……とくに、最新の状況をうけて広まり、もはやわたしたちの力で抑えきれなくなります。ご友人にこの件をお知らせなさい。すくなくとも一年ほどは、あのかたが私室を使わないようにしなさい。そこで夜をすごすなど、もってのほかです。……あのかたは、わたしがこう提案する理由をきっとおわかりになるでしょう。わたしはだれよりもあのかたを尊敬しています。そして、そう申しあげてもよいなら、だれよりもあのかたに好意をもち、支持したいと願います。……ですから、部屋を整えるに際して、あのかたの私室、いえ、すくなくともあのかたの寝室ではないことを明白にしなさい。ときどき、そこで一日をすごすために、あのかたが訪れるのを妨げるものではありませんが。
> これらの懸念の理由を長々と説明しますまい。出発前にあなたに伝えたことを想起すればわかるでしょう。そのときでさえ、わたしは耳に入ったすべてを話したわけではないのです！

パリ大司教のこととなると、ユージェニー・ドゥ・グラモンが自分の意見を無視することを、ソフィーは知っていた。ユージェニーの考えでは、オテル・ビロンと会の物品や人員はすべて大司教のためにある。したがって大司教の意向と安寧は、聖心会の利益やソフィー・バラの意向をはじめとする他のすべてに優先された。ソフィーの不在や長びく病のあいだに、ユージェニーの権力と影響力が増大し、その地位は難攻不落の砦となった。七月革命以降、ドゥ・クラン大司教がヴァレンヌ通りに居を構えたことで、聖心会は、教会や一般社会において、ルイ・フィリップ〔ブルジョワに推挙されたブルボン王朝傍系の王で保守派貴族には不人気〕を正統なフランス国王と認めない一派と同一視された。パリにおけるドゥ・クラン大司教の姿勢を特徴づけたのは、シャルル一〇世、ブルボン王朝、およびボルドー公〔シャルル一〇世の孫でブルボン王朝最後の王位継承候補者〕への揺るがぬ肩入れと、いっさいの妥協の拒否だった。大司教は教皇と妥協を勧めるひとびととの説得をよそに、いまだにルイ・フィリップの宮廷に参上していなかった。フォーブール・サン＝ジェルマンの中心にあるヴァレンヌ通りで、彼の説を信奉する聖職者に囲まれ、ドゥ・クラン大司教は殉教者にして預言者として歓迎されていた。だれよりもユージェニー・

ドゥ・グラモンによって。一八三〇年七月以降も政治体制はいっさい変化していないという虚構を、総力をあげて維持しつづけたのである。

すでに一八三三年以前に、ヴァレンヌ通りの大司教の存在が聖心会そのものの評判を危うくしていることに、ソフィーは気づく。みずからの指導的役割が侵食されていたが、賢明なソフィーはこの時点であえて自分の限界を試そうとはしなかった。ジャン・ロザヴェンがローマでフェリシテ・デマルケが総長のごとき権力を行使しているとあてこすっても、ヴァレンヌ通りの状況を目の当たりにしているソフィーには、さほど深刻な問題とは思えなかったかもしれない。ユージェニーはソフィーへの愛情を言いつのったが、一八三四年の一件が、自分の総長としての立場と、ユージェニー・ドゥ・グラモンとの関係における立場とをソフィーに明示した。同年一一月、ユージェニー・ドゥ・グラモンは、ヴァレンヌ通りの学校付司祭ジャム神父の補佐になる聴罪司祭を推薦してほしい、とイエズス会に頼んだ。管区長フランソワ・ルノーはルイ・バラを指名したが、ユージェニー・ドゥ・グラモンはこれを断り、ルノーはほかにだれも指名できないと突きはなした。ユージェニーの拒否の理由はともかく、ソフィーはこの行為に傷つき、なぜルイがうけいれられないのか理解に苦しむ、とユージェニーに訴えている。実際、パリのイエズス会士たちもユージェニーの拒否に首をかしげた。パリのほかの学校では兄ルイがうけいれられている、とソフィーは指摘した。

あのかた〔ルイ・バラ〕は、レ・ゾワゾーでも、サン＝トマでも、そのほかの学校でもうけいれられました。ですから、わたしたちの学校があのかたを断ったことに驚きの声があがりました。……あなたの立場をもってすれば、この老いた司祭を、なかでも行儀がよく従順な生徒二〇人ほどの霊的指導者としてひきとめることが、賢明な選択だったはずです。

すでに学校付司祭ジャム神父についての噂が流れ、ソフィーの懸念材料になっていた。神父は生徒たちになれなれしい態度をとり、学校のクラスや食堂にも自由に出入りしていた。ルイ・バラのような厳格なイエズス会士を同僚に迎えるのは、都合が悪かっただろう。ふたりの極端な相違が目立ちすぎるからだ。ユージェニーがルイを断ると、ソフィーはジャムが生徒たちの告解を聴くときは、告解場の扉を開けたままにすること、ジャムが夜遅くまで学校にいないこと、そしてジャムが学校の食堂ではなく大司教と食事をとることを要求した。ルイ・バラをヴァレンヌ通りの聴罪司祭に迎えるのを断ることで、ユージェニーは学校付司祭ジャムのふるまいを黙認したのである。事実、ドゥ・クラン大司教を訪問にきた多くの聖職者が学校も訪問し、学校のレクリエーションに参加することもしばしばだった。

ソフィーの助言者や友人たちは、いまだにコンフロンへの修練院の移転に反対していた。フェリシテ・デマルケとカトリーヌ・ドゥ・シャルボネルのみならず、ジョゼフ・ヴァランも、時期は問わず、かの地への修練院の設置に反対した。ヴァランが聖心会のできごとを軽率にもらすのを知っていたソフィーは、パリのイエズス会士たちもコンフロンへの修練院移転の可能性を耳にしているだろうと予想した。事実、イエズス会士たちはこの計画に猛反対し、一般のひとびとも同感だった。ソフィーは一通の無記名の手紙をうけとり、ユージェニー・ドゥ・グラモンにその一部を送っている。手紙にはこうつづられている。

あなたの修練院がC［コンフロン］に移転するかもしれないとうかがいました。これは賢明ならざる動きとしか思えません。わたしは反対です。この移転にはあなたの分別が感じられません。このむずかしいご時勢にあのような建物を譲りうけるなど、なぜ考えようとするのですか？　すでにあらゆるところで、それが事実にせよ想像にせよ、あなたの会の富と虚栄が話題になっています。なによりもコンフロンが大司教の所有物であり、好ましくない地域に位置し、さらにひどい地区に隣接していることを考えあわせると、表立った悪意の標的になることが目にみえています。あなたのよき友［ドゥ・クラン大司教］は、このようなお荷物をあなたの肩に背負わせて、真の友情の証をみせたとは言えません。命とりになりかねない贈物です。

これは友人からの忠告だったが、ソフィーはすでにドゥ・クラン大司教の巧妙な申し出をうけていた。聖心会が改修費用をまかない、一八三五年三月、コンフロンに寄宿学校と孤児院が開設された。修練院の設置場所の問題は解決していなかった。だが、大司教と側近たちがプティ＝オテルのみならずオテル・ビロンにまで居座っているこの時期、ヴァレンヌ通りに修練院の再開を検討することなど不可能だった。コンフロンの件とオテル・ビロンにおけるドゥ・クラン大司教の滞在をめぐる対立に加え、ユージェニー・ドゥ・グラモンとフェリシテ・デマルケは総長補佐としてのそれぞれの権利をめぐり、始終、争っていた。ソフィーは第一総長補佐であるフェリシテ・デマルケを擁護し、ユージェニー・ドゥ・グラモンの越権行為をたしなめた。しかし、こうした小競り合いは、ユージェニーが自分の権力を、会内部のだれにも、たとえソフィー・バラ本人にたいしてさえも譲らないことを示していた。一八三四年四月、よき牧者の祝日に、ドゥ・クラン大司教に挨拶をするために、修道院の会員全員が夜の一一時まで待機していたことを耳にすると、ソフィーはユージェニーに目を覚ますよう求めた。フォーブール・サン＝ジェルマンは噂の温床であり、ヴァレンヌ通りのできごとは、控えめに言っても、好奇心の的だった。数か月後、ソフィーはまたもやユージェニーをたしなめた。修道院と学校の生活があきらかにドゥ・クラン大司教の日課を中心に営まれていたからだ。

悪い評判のもとになる件について、警告します。〔ドゥ・クラン〕猊下のミサが、寄宿学校にもたらす困難と混乱のことです。なんの誇張もなく言いますが、生徒や両親や院内の多くの会員がこれを嫌がっています。すでに過去にこの件についてお話ししましたね！　それをよそに行動したのには、あなたなりの理由があるのでしょう。ですが、いまや寄宿学校には多くの生徒がおり、猊下の日課がとうてい規則的とはいえない以上、子どもたちにとってはまったくの時間の無駄です。彼女たちにミサは一回で充分です。

この状態は一夜にして生まれたのではない。一八二五年以降、修道院の日誌には、大司教と側近たちとの接触が増加し、頻繁になるようすが記されている。当初、ソフィー・バラをはじめ会員たちは、ヴァレンヌ通りの修道院とパリ大司教の絆が深まっていくのを歓迎した。何年かのあいだに、ソフィー・バラ、ユージェニー・ドゥ・グラモン、フェリシテ・デマルケ、およびカトリーヌ・ドゥ・シャルボネルをふくむ会員たちと、学校の生徒の何人かが、大司教のいなかの邸宅であるコンフロンに滞在したことがあった。ソフィーが病に倒れると、ドゥ・クラン大司教は療養先にコンフロンを提供した。一方、大司教はヴァレンヌ通りで公式業務をおこなっていた。ヴァレンヌ通りの聖堂で司教や司祭が叙階され、プティ＝オテルで司教会議が開かれていた。フェルディナン・ドネ（一八三七―八二）はこう回想する。

一八三三年五月、わたしはパリのヴァレンヌ通りの聖堂で、フォルバン＝ジャンソン猊下によりローザ司教およびナンシー補佐司教に叙階された。……このおなじ聖堂で、教皇グレゴリオ一六世の代理に任命されたドゥ・クラン猊下の手により、ボルドー大司教としての肩衣（パリウム）をさずけられた。聖堂の最前列の席には、マザー・バラとマザー・ドゥ・グラモンが座っていた。

事実上、ドゥ・クラン大司教は、パリの業務上の会合にプティ゠オテルを日常的に使用した。大司教は学校で初聖体や堅信式をとりおこない、毎年、授賞式で生徒に賞を与えた。ときおり、ドゥ・クラン大司教みずから司式をつとめる洗礼式や、結婚式までもがヴァレンヌ通りの聖堂でおこなわれた。会員たちの告解を聴き、霊的講話をおこない、会員のレクリエーションを主催することもあった。パリにある自分の宮殿とコンフロンの私邸が略奪にあうと、ドゥ・クラン大司教はヴァレンヌ通りを訪れ、なにが起きたかを招集された会員たちと生徒たちに語った。大司教と聖心会とのあいだに深まる親密な関係は、ソフィーの頻繁な不在により助長される。一八三〇年八月一〇日、七月革命のあと、ソフィーはパリを離れ、一八三一年一〇月一七日までもどっていない。ソフィーがユージェニー・ドゥ・グラモンに表明した危惧にもかかわらず、ソフィーの留守中に、ドゥ・クラン大司教は事実上プティ゠オテルに居を構えていた。ソフィーが総長としての本拠地であるヴァレンヌ通りにもどった夜、ソフィーの危惧は具体的なかたちで現れた。ソフィーがこれほど長く留守だったにもかかわらず、ソフィーが到着した夜、修道院の会員のだれも彼女を出迎えなかった。ドゥ・クラン大司教が会員のレクリエーションを主催していたからである。

ソフィーはこの状況に異議を申したてず、三週間後、一八三一年一一月一〇日にパリを去り、一八三三年九月一二日までもどらなかった。そのときもパリに長くはとどまらず、フランス北部の修道院を訪問し、その後、パリに短期逗留して、ボルドー、リヨン、およびシャンベリーに向けて出発し、一八三四年五月七日までもどらなかった。ソフィーが長らく留守にしていたあいだに、学校と修道院におよぶパリ大司教ドゥ・クランの支配が定着し、ソフィーにはそれを覆すことができなかった。ユージェニーに訴え、懇願するしかなかったが、実際にはなんの効き目もなかった。ドゥ・クラン大司教がプティ゠オテルだけでなく、オテル・ビロンにも、つまり学校のただなかにも居場所をもったことで、ソフィーはむずかしい立場に追いこまれ、身動きがとれなくなっていた。

一八三四年一二月、ソフィーは修練院をコンフロンにもヴァレンヌ通りにも設置できないことに気づく。設置となるとソフィーが主導権をにぎるしかなく、自分とユージェニー・ドゥ・グラモンのさらなる対立を招くのは必至である。かつての影が忍びよった。サン゠テステヴ、アンヌ・ボードゥモン、そしてユージェニー・ドゥ・グラモンがソフィー・バラをアミアンから締めだしたころの影である。サン゠テステヴが占めていた場所をドゥ・クラン大司教が占め、今回のユージェニーの最大の関心は大司教の安寧、大司教の利害、そして大司教の意向だった。ソフィー・バラはあらゆる意味で二の次だった。ソフィーはこの状況を意識的に認めることができなかった。ユージェニー・ドゥ・グラモンへの愛情と、パリにおける聖心会の発展とが分かちがたく結びついていたからだ。長年、ソフィーがユージェニーに注いだ時間と精力にもかかわらず、ふたりの友情はたがいに信頼しあう段階には達しなかった。それでもソフィーは、大司教と自分との対立を招くまでには事を突きつめずに、パリの状況になんとか対処せねばならなかった。一八三四年一二月、ソフィーは夢を見た。現実に根ざしていると思いたくない夢だったらしい。悪夢だったのかもしれない。彼女はあきらかに動揺し、ユージェニー・ドゥ・グラモンにこう述べている。

> 疑念を助長するたぐいの一種の啓示でしたが、わたしはめったにこの種の知識に頼りません。自分の想像力の産物となれば、なおさらのことです……。

一八三四年いっぱい、ソフィーが自分の総長としての能力に疑問をいだき、はたして自分は正しい場にいるのかと、ファーヴルに問うたのも無理はない。ファーヴルは神のソフィーへの愛を信じるように励まして、この不安に対応した。ソフィーの不安や迷いを理解し、ソフィーが内的な平和を保ち、生き、行動できる場へと導こうとした。

> これらの不安、懸念、後悔、疑念、すなわちイエスの聖心を喜ばせない心配に、なぜいまだに屈するのです！　このような益のない危惧は悪魔のものです。悪魔はわたしたちの心をしめ殺し、愛と信頼を閉ざそうとするのです。さもなくば、自分自身の善行に頼ろうとするわたしたちの傲慢が原因です。……イエスの名において、そしてイエスへの愛において、ながらく潰され、しなび、抑えられ、くじかれてきたあなたの心を、愛と信頼に向けて開きなさい。過去の失敗や、現在の不完全や、恩恵の誤用が、あなたにいささかも不信をもたらしませんように。

一八三四年の冬から三五年の春にかけて、ソフィーはパリの修練院の所在地を決定した。リヨンで冬をすごし、一月に過労で倒れ、熱病に苦しんだ。三か月間、仕事ができず、その間、じっくり考え、将来についてのいくつかの結論に達した。以前もそうであったように、ソフィーは長期の体調不良ののち、重要な決定を下した。五月、体力を回復し、ソフィーはモントを訪れた。そこで、古くからの友人ドゥ・ニコライ侯爵に会った。侯爵は、聖心会が修練院のための恒久的な建物をみつけるまで、ムッシュー通りの屋敷を短期的に貸すことに同意した。ムッシュー通りはヴァレンヌ通りにさほど遠くない場所にあったが、オテル・ビロンとの断絶を決行するには充分に離れていた。ソフィーは総修練院のみならず、聖心会の執行部と終生誓願の中心をそこに移そうと決意した。一撃で、ソフィーはヴァレンヌ通りから会の養成の中心と自分の住居を分断した。ムッシュー通りの新しい修道院は、ヴァレンヌ通りの修道院よりも優先され、聖心会の中枢、すなわち修道院本部（母院）として位置づけられた。ソフィーはこのことを、同年したためた正式書簡で二度にわたり強調している。一八三五年六月、ソフィーは聖心会への書簡につぎのように記す。

> いまだ幼年期にあるこのささやかな修道会は、これまでかなりの前進をみせてきました。……しかし、わたしたちの会をいわば完全なものにする計画の実現にあたり、障害となる状況がありました。……そこで会を完全なものにするべく、わたしたちは本拠地を擁することにしました。これが修道会の母院、すなわち本部修道院になります。すべての業務はここに集約され、すべての計画はここから発せられます。すべてのフランスの修道院のための総修練院、第二修練期、および第三修練期は、可能なかぎり、すべてここにおかれます。修道会の総会計、秘書部、および文書庫もここにおかれます。わたしの通常の住居および総長補佐の住居になります。総長補佐はこれまでのように各修道院を旅しなくなります。やがて、進言者（アドモナトリクス）と一名の総長顧問に加え、すくなくともふたりの総長補佐がここに常駐することを保証するつもりです。……わたしの業務を助け、常任顧問会を構成するためです。

ソフィーの書簡に記された内容は、一八一五年の会憲に含意されており、新規なものではなかった。しかし、ソフィーの決定のもつ意味は広範におよんだ。ヴァレンヌ通りの外部に修道院を設立し、修練院も移すことで、ソフィーはユージェニー・ドゥ・グラモンにあらたな道が選択されたことを知らせた。おなじく一八一五年の会憲で規定された総長補佐にかかわる（総長補佐が母院に住むという）規定を実施する意図を宣言することで、ソフィーは修道会におよぼす自分の権威を強化する意図を示した。さらに一か月後、ふたたび会員への書簡を執筆し、ムッシュー通りの修道院についてのヴィジョンを強調する。

> ……［ムッシュー通りの］この修道院は、修道会の中心になり、その結果、真の精神が湧きでて、広められる源となりま

す。そして、この大いなる家族を構成するひとりひとりの会員に霊感を与えねばならないのです。

一八三五年一月、ソフィーは聖心会に回状を書き、修道生活に入ったときの高い理想に従って行動するよう、会員たちを激励した。各修道院に蔓延し、会員の奉献生活の質に響き、各修道院の雰囲気に作用する三つの弱点を指摘した。ある会員は自分の住む修道院や課せられた仕事について不満をもらし、ほかの会員は指導的立場にある会員を批判し、さらに多くの会員は修道院内で噂話に興じ、偏狭で冷笑的な小集団を作り、共同生活の中心的な趣旨や目的をそこなっている。これらは深刻な、基本的な問題であり、ソフィーが指摘したのはこれが最初ではなかった。各個人が自分のふるまいを精査することで、問題と向きあい対処せよ、とソフィーは主張した。こうした書簡をつづるとき、ソフィーの念頭にあったのはパリだったにちがいない。不満や噂のことや、それらがほかの修道院に広められ、自分の指導力をそこなったのを知っていたからだ。回状の最後に、ソフィーは大いなる智恵を要し、修道会全体の安寧にかかわる特別の対象のために祈るよう全員に呼びかけた。

ソフィーは、ムッシュー通りへの引越しがおこなわれる以前に、あらたな修練長を任命すべきだという結論に達していた。自分ソフィーが会の第二世代との絆を失っているというロザヴェンの見解を真摯にうけとめたのである。あらたな修練長を任命することで、ソフィーは会における若い女性の養成に自分の印を刻みこんだ。加えて、これがデマルケとユージェニー・ドゥ・グラモンの対立をやわらげる手立てになることを期待した。ふたりともふたつの要職を兼任していた。デマルケは第一総長補佐兼修練長であり、ドゥ・グラモンは第三総長補佐兼ヴァレンヌ通りの学校の校長だった。ロザヴェンは同一人物がふたつの要職を兼任するのが、よき統治と、会内部のソフィーの権威をそこなうことも指摘していた。ユージェニー・ドゥ・グラモンから役職を剝奪することは、当時のソフィーには検討できなかった。しかし、あらたな修練長の任命なら、すぐにも、さほど反感をもたれずに実行に移せた。ソフィーはフェリシテ・デマルケをあらたな修練院の院長に任命し、彼女の後任の修練長として、当時、モントにいたユーラリ・ドゥ・ブショーを任命することにした。パリでほかの宿舎が見つかるまで、ふたりともヴァレンヌ通りに滞在することになる。ユーラリ・ドゥ・ブショー（一八〇二―四四）はたしかに第二世代の会員のひとりだった。姉エマ（一七七九―一八六三）と妹エリーザ（一八〇四―八一）とともにリヨンの修道院に入会していた。ユーラリもエリーザも修練期間をパリですごし、養成をモントでしあげ、ユーラリは一八三三年一二月、その地で終生誓願を立てた。すでにソフィーはユーラリならフェリシテ・デマルケの後継者に適任であり、霊的指導の領域に才能がある、とマリー・プレヴォに述べていた。ユーラリ・ドゥ・ブショーは一年間、モントでアンリエット・コパンと働いたのち、ソフィーの呼びかけでパリに来た。

一八三四年一二月、ユージェニー・ドゥ・グラモンはヴァレンヌ通りの会員たちに、ユーラリ・ドゥ・ブショーが院長補佐に任命され、デマルケの後任として修練長に就任することを告知した。誓願を立ててまもない会員だったユーラリをたじろがせる仕事だった。三二歳のユーラリは、修練期間ののちの養成期間が五年間から三年間に短縮された事実も手伝い、この役職に就任するにはかなり若いと思われた。ソフィーはとくに自分の留守中、修練院で起こることすべてを報告せよ、とユーラリにうながした。一八二二年以来、修練長をつとめてきたフェリシテ・デマルケの後任がたいへんな重責だと知っていたソフィーは、ユーラリに激励の手紙を書いている。

あなたは不信と小心をあらわにしすぎます。わたしは毎日、これを克服する勇気をあなたにお与えください、とよき主にお祈りしています。あなたの立場で、彼女たちを怖れていることや関係を築くのが苦手だということを、修練女たちに悟らせてはなりません。傲慢からではなく、聖心の栄光のために働いているのですから、安心しなさい。……数週間後、この聖なる決意の経過を知らせなさい。

ルイーズ・ドゥ・リマングはパリの母院と養成の中心地についてのソフィーの計画をロザヴェンに話した。ロザヴェンは、この計画を、聖心会に堅実で中央集権的な統治体制を確立する第一歩にすぎないと考えた。ソフィーは一八一五年の会憲で規定ずみの内容を実行したが、ロザヴェンは一八一五年の会憲で制定され一八二七年で認可された一二名の会員からなる常任顧問会は、崩壊寸前の統治体制だと考えていた。修道会とソフィー・バラには、会の発展を強化するためにさらなる体制が必要である。ロザヴェンはイエズス会の統治体制が、とくに総会長補佐の権限を規定するのに最適だと考えた。そして、助言し援助する権限はあるが、決定権をもたない総会長補佐としての、自分の経験を話した。会の修道院を訪問したときも、イエズス会の総会長補佐は、イエズス会の総会長にとくに権限を付与されないかぎり、訪問先でなんらかの変更を導入する権限はなかった。ロザヴェンいわく、各修道院とソフィーの絆を強めるために、彼女は管区長、つまり彼女が任命し、彼女にのみ報告責任を負う、各地域の指導者をおくことを構想すべきだ。これも総長補佐の権限を縮小するだろう。

ロザヴェンは会の体制について相談するためにローマに来るようソフィーをうながした。

あなたがもっとも信頼し、助言であなたを支える立場にある会員を二、三人、同伴するといいでしょう。総長補佐や顧問であるなしにかかわらず、周囲の尊敬ではなく全体の益を念頭に人選をおこないなさい。ここで得る助言をもとに、〔会憲に〕加えるべき変更の草案を作り、教皇に認可していただくのです。その後、フランスに帰国したとき、〔一八〕四〇年を待たずに、臨時総会を開催しなさい。一二名だけでなく、なるべくすべての修道院の代表から構成される総会にするのです。そしてローマで認可された変更を採択するのです。これは重要な案件です。一刻の猶予も許されません。これを達成できるのはあなただけです。……あなたの死後には、解決は困難になり、おそらくは不可能にさえなるでしょう。あなたの後任者には、あなたにいだくような信頼を会員たちがいだかないからです。きっと早晩、不和が生じ、あなたが達成しようと骨を折っている良き仕事を、台無しにするひとびとが現れることでしょう。

一八三五年以降、ソフィーはイエズス会型の統治体制を導入することで、修道会そのものと自分の位置づけを中央集権化しようと構想していた。ルイーズ・ドゥ・リマングもロザヴェンも勇んで手を貸し、ロザヴェンは首を長くしてソフィーのローマ訪問を待ち望んでいた。ルイーズ・ドゥ・リマングは喜び、ファーヴルへの手紙のなかで、ソフィーが改革に進んで身を投じ、決定的な行動に打ってでることを期待している旨を述べた。しかし、ソフィーがこの計画を進めるに先立って、ムッシュー通りに足場を固め、修練院があらたな環境にしっかりと根づいたことを確認する必要があった。一八三五年七月二二日、新しい修練院が開設されると、ソフィーとドゥ・クラン大司教のあいだの良好な関係を示す外見上の形式が守られた。その日、大司教はムッシュー通りの修練院を正式に訪問し、表面的にはすべてが感じよく穏便に進められた。事実、ムッシュー通りに修練院と母院を設置するという決定は、ヴァレンヌ通りにおける大司教の行動の自由を拡大した。以後、ソフィーがヴァレンヌ通りを訪問するにあたっては、数日前に予告せねばならず、彼女の訪問の日には、大司教は敷地にいないように気をつけた。

新設の修練院の最初の数週間でもっとも重要な仕事は、

新会員に修道会の霊性を養成することだった。修道会の創立時の物語や神話をあらためて語る時期だった。ソフィーは初期の状況を問われても、レオノール・ドゥ・トゥルネリのことは語らなかった。その物語はジョゼフ・ヴァランにまかせた。ヴァランは定期的に修練院を訪れ、物語を語り、修道会がフランス革命前後にいかに発展したかを語った。ソフィーはむしろシュザンヌ・ジョフロワの物語を、聖心会についてのネクトゥ神父の予言を語った。これは意図的な選択だった。この選択により、ソフィーは自分自身に焦点を当て、一七八七年にはまだ人形遊びをしていた少女が、やがて聖心会をフランスにもたらすという予言に注意をうながした。ソフィーはまたアミアン、グルノーブル、ポワティエにおける会の揺籃期をふりかえった。物語を語ることで、ソフィーは自分の役割と地位を固め、自分を聖心会の歴史の中心にしっかりと据え、自分自身を参照すべき焦点とした。これこそ彼女の得意とする仕事だった。個人的な次元で会を統治し、個人的な魅力でひとの心を勝ちとり、未来の会員たちへの牽引力を強めたのである。

しかし、ソフィーが修道会の第二世代の会員たちにこの種の影響力をおよぼすには、パリにいなければならない。ゆえに、なるべく長いあいだムッシュー通りにとどまった。だが一八三六年四月には、フランス、サヴォワ、およびスイスの修道院への訪問を延期できなくなっていた。さらに、その後、懸案事項である修道会の統治体制についてジャン・ロザヴェンと相談するために、ローマに向けて出立せねばならなかった。この計画はローマにおける会の必要にも合致していた。一八三四年一二月以来、カトリーヌ・ドゥ・シャルボネルがローマに派遣されていたが、トリニタ・デ・モンテに逗留するうちに、「彼女〔ドゥ・シャルボネル〕にあえて肩入れする気などさらさらなかった」アルマンド・ドゥ・コーザンの敬意を勝ちとっていた。このころ、サンタ・ルフィーナの状況は緊急の対応を必要としていた。アンドロシッラ侯爵夫人が資金を使いはたし、会についてやや批判的になっていたからだ。そのうえ、サンタ・ルフィーナが修練院と貧しい子どもの学校の両方を収容するには小さすぎることが、カトリーヌ・ドゥ・シャルボネルの目にはあきらかだった。そこで、ソフィーにローマ訪問をうながし、市内に三番目の修道院設立を検討してほしいと訴えた。

第一三章　暗雲たちこめて
一八三六—三八年

ソフィーは一八三六年四月から一八三七年一月まで、南仏ですごす。四月から七月にかけてラ・フェランディエール、アヴィニヨン、ペルピニャン、マルセイユ、エクス＝アン＝プロヴァンス、およびアノネーの修道院を訪れる。七月から一二月末まではシャンベリー、モント、トリノ、およびパルマを訪れ、最終的に一八三七年一月一一日、ローマに到着する。一八三六年一〇月、シャンベリー滞在中、ソフィーは恒例の黙想の指導をマリー＝ジョゼフ・ファーヴルに依頼した。だがファーヴルはソフィーの期待に応えられなかった。友人ファーヴルにある決定について相談したかったソフィーは失望した。その決定とは、自分が主導権をとり、個人的にドゥ・クラン大司教に手紙を送り、ヴァレンヌ通りの修道院における彼の長期滞在が教会と聖心会の評判に与える影響について、彼の見解をただすことだった。

パリを去る前に、ソフィーがドゥ・クラン大司教と対決しなかった理由はわからない。あまりに気の重い仕事だったのか、ユージェニー・ドゥ・グラモンの反応を怖れたのか。いずれにせよ、パリを去って数か月がすぎるまで、この件をもちださなかった。一八三六年一〇月一四日、ソフィーはシャンベリーからドゥ・クラン大司教に正式の書簡を送っている。

> わたしの深刻な不安を猊下に申しあげるべきかどうか、長いあいだためらっておりましたが、意を決して申しあげます。良心に照らして最優先の義務であるとの確信にいたったからでございます。
>
> ご承知と思いますが、……猊下のご滞在について恥ずべき嘲りや噂がささやかれています。その噂はいたるところに広がり、どこに行ってもわたしはそれを耳にし、うちひしがれております。俗悪な新聞がこれらの噂を遠くローマにまで広めております。関係するかたがたの美徳が問題なのではありませんが、これらの汚らわしい誹謗の原因をとりのぞけずにいるために、これらの噂の火種が絶えないことに、ひとびとは驚いております。私自身も容赦ない非難や脅迫にさらされております。とはいえ、それが一番の心痛の種ではございません。猊下、むしろこの状況により、あなたご自身がこうむら

れる害に心を痛めております。……さらに、認めましょう。聖心会の評判とその存在さえもが、かくも深刻に危険にさらされるのを目にして、わが良心はおののきます。したがって、猊下に懸念を申しあげるのは、神の御前においての義務だと信じております。

一八三六年一〇月二三日、ソフィーはすぐに返信をうけとる。幻想の世界に住み、自尊心が強く、傲慢なドゥ・クラン大司教は、ソフィーが手紙で描いた現状を把握できなかった。大司教は軽蔑もあらわにソフィーの手紙を一蹴した。噂は自分の関知に値せず、とりあげること自体、自分の威厳を、そしてソフィー・バラの威厳をもそこなうものである、とほのめかした。さらに、ヴァレンヌ通りの修道院を去り、サン゠ミシェル修道院のかつての住まいにもどるつもりだと偽った。これからコンフロンに赴き、孤児に賞を授与せんとするときに、ソフィーの手紙が届いたのだという。ドゥ・クラン大司教はソフィーのもてなしに礼を述べ、ソフィーと聖心会を大げさに褒めそやし、預言者をうけいれる者は預言者からの報いをうけるだろうと、皮肉たっぷりに福音の言葉を引用した。自分の人生を旧約聖書の長老たちやキリストの弟子たちのそれになぞらえ、ソフィーに祈りを捧げてほしいと求めた。大司教の返信は大嘘だった。ドゥ・クラン大司教は、プティ゠オテルも、一八三四年にユージェニー・ドゥ・グラモンが用意したオテル・ビロンの住まいもひきはらう気はさらさらなかった。

ドゥ・クラン大司教が聖心会の評判に多少の配慮をみせるかと期待したソフィーも、この返事をうけとり、当面はなにも改革できないことに気づいた。大司教に希望するだけ滞在するのを歓迎すると答えたものの、流布する悪評に心を痛めているとくり返した。

さきの手紙の目的は、ひとえに猊下にまつわる評判にお気をつけになるように申しあげることでした。猊下のお智恵とご見識をもってすれば、評判をふり払うすべをお考えくださると存じておりました。そのようなすべに訴え、昨今のむずかしい情勢のなかで、賢明さに照らして許されるような接触を、ヴァレンヌ通りの会員たちと保つことができるのではないでしょうか。

ソフィーは大司教の智恵と賢明さなど信用していなかったが、パリの現状を維持せざるをえなかった。だが、事態は満足のいくどころではなく、ますます否定的な中傷を生むばかりだった。大司教を弁護するひとびとの議論も、以下のたぐいのおそまつさだった。

わたしたちの社会道徳が男性よりも女性を保護するものである、と［ドゥ・クラン大司教］はご存知です。ひっそりと生きる弱々しい女子修道会よりも、司祭からなる男子修道会のほうが、抗議する者どもの侮辱、冷遇、そして怒号によほど深刻にさらされるのだと。

ドゥ・クラン大司教はヴァレンヌ通りの修道院で手厚く保護された。事実、ソフィーは大司教への最初の手紙のことを知ったユージェニーの怒りを買った。ユージェニーは何週間か手紙を送らないことで、ソフィーを罰した。やっと手紙を書いたときも、ソフィーに反論し、大司教を弁護するためだった。ユージェニーはほかのひとびとにも不平を述べ、ソフィーが狡猾で不正直だとほのめかした。ユージェニーもドゥ・クラン大司教も、ソフィーがルイ・バラやその友人たちの見解に左右され、彼らに言われて手紙を送ったのだろうと思いこんだ。ソフィーはこれをきっぱりと否定し、ひさしく対策を講じねばならないと考えていたのであって、突然の衝動や他人の圧力で手紙を書いたわけではないと、ユージェニーに反論した。

おわかりだと思いますが、物事をむりやり動かすのは、わたしのやりかたにも性格にも合いません。……慎重であるべきだとあなたに警告しましたが、時期尚早になにかを急がせるつもりはありませんでした。わたしがもどってから、ふたりで賛否両論を天秤にかけましょう。

ソフィーはクリスマスをトリノですごし、一八三六年一二月、当地から聖心会に手紙を送った。この手紙でソフィーは聖心会を統治する仕事と、会員たちと個人的な接触を保つことが、以前よりもむずかしくなっていると述べた。院長たちとでさえ、個人的に接触することが容易ではないのだから。

旅と絶え間ない仕事により……その楽しみを奪われました。実際、すべての会員と親密に文通できれば、ほんとうに喜ばしいことです。［イエスの］聖なる心が慈悲深く与えてくださった会員ひとりひとりに、彼女たちにいだく関心と母のごとき愛を表わすことがかなえられるならば、ですがこれは不可能です。自分のエネルギーを倍にし日数を増やすことはできないのですから。これがほんとうに不可能なのはすぐにでもおわかりですね。聖心会がこれほど拡大されたのですから。

この手紙で、ソフィーは月末のローマへの旅を最後に、パリにもどると明言している。フェリシテ・デマルケを自分の代理に任命し、パリにおける聖心会全体の統治にかかわる事柄を依頼した。ソフィーの不在が暫定的なものにすぎず、不在のあいだも、ユージェニー・ドゥ・グラモンにはなんの公式な権限もないことを、ユージェニー本人とパリの会員たちに明示したのである。ソフィーは聖心会の会員にたがいをより親切にあつかうように呼びかけ、公の場での言及や対応に気を配ってほしいと念をおした。また、生徒たちにも同様な世話と愛情を与えねばならない。しかし、会員同士であれ、学校の生徒にであれ、この愛情は軟弱で感傷的なものでなく、表現においては毅然として、真の意味で愛情深くなければならない。卒業から何年もたって、生徒たちは自分がどのように遇されたかを思いだし、良きにつけ悪しきにつけ、それを口にするだろう。また、若い修道女たちが仕事に必要な助けや指導をうけられるように請けあってほしい、と各修道院の院長たちに頼み、若い教師たちの訓練計画を確立しようと提案した。彼女たちに共通の計画にのっとった適切な養成を与えるためだ。

一八三七年一月一一日、ソフィーはルイーズ・ドゥ・リマングにともなわれてローマに到着した。目下の仕事は修練院にふさわしい物件を購入する交渉だった。また、サンタ・ルフィーナの修道院の院長が後援者のアンドロシッラ侯爵夫人と何度も衝突し、ふたりのあいだの交流がとだえたことをソフィーは知る。サンタ・ルフィーナ修道院の後援者アンドロシッラ侯爵夫人は修道院と会員にかかわるすべての件で相談をうけることを期待した。ところが若い院長アデル・カイエはこれに同意できず、あっというまに事態は悪化した。侯爵夫人の保護下にあるひとりの修練女が病気になり、聖心会を去るように申しわたされたのである。その後、ほかの修練女が亡くなり、何人かが病に倒れた。ローマの家族が噂話をはじめ、聖心会を批判しはじめた。アデル・カイエが非難され、指導者として若すぎ、経験がなさすぎるとされた。ソフィーはアデル・カイエを解任せねばならないと気づき、一八三五年二月、カトリーヌ・ドゥ・シャルボネルを後任の院長に指名した。経験豊富なドゥ・シャルボネルなら、会員たちのために状況をたてなおし、一般のひとびととの関係をつくろうことができるだろう。

トリニタが教皇の要請で設立されたローマにおけるフランス政府の修道院であるのにひきかえ、サンタ・ルフィーナの修道院はローマ市内の施設でありフランスと無関係だった。そのため、市内のイタリア人家庭と折りあいをつけ、うけいれられることがぜひとも必要だった。いかなる反目も摩擦も解決されねばならず、その優先課題のためにアデル・カイエは犠牲になり、斥けられた。ドゥ・シャルボネルには経験があり、総長補佐および総会計の役職を兼任する点でも好都合だった。加えてローマ滞在の経験もあった。一八二八年一二月から一八二九年七月にかけて、アルマンド・ドゥ・コーザンとともにトリニタの設立にあたったときである。一八三四年、ローマにもどると、カトリーヌ・ドゥ・シャルボネルは聖心会に向けられた批判に気づく。つぎのような批判である。

〔多くのひとが当惑したのは〕修道女たちが禁域制度を守ると称しながらも格子窓の背後におらず、修道院付司祭の同伴なしに外出し、四〇歳にさえ達していないのに修道院長に就任する、などなどといった事柄でした。……これらすべてが異常で疑念の余地があると思われるのです。……わたしたちの生活の詳細でさえ、〔ここローマでの〕習慣と異なるのです。

サンタ・ルフィーナ修道院で批判されたのはアデル・カイエだけでなく、修練長アデル・レオンも槍玉にあがった。レオンも職務をおこなうには若すぎると思われ、批判がパリにいたソフィーの耳に届いた。しかし修道院長と修練長を同時に移動させるわけにいかない。そのため、アデル・レオンには慎重に行動するように手紙にしたためた。いずれにせよ、カトリーヌ・ドゥ・シャルボネルの存在がサンタ・ルフィーナの状況を一変させた。ドゥ・シャルボネルはアデル・レオンがうまく対応している、とソフィーに報告した。一八三五年中にカトリーヌ・ドゥ・シャルボネルはサンタ・ルフィーナの状況を安定させ、修練院に適した物件を探しはじめた。一八三五年にボルゲーゼ家が所有するテヴェレ川沿いの広大な物件、ヴィラ・ランテ〔ランテ荘〕とパラッツォ・ランテ〔ランテ宮〕が市場に現れた。すぐに合意に達するならば、聖心会に有利な値で売りたいというのがボルゲーゼ家の意向だった。そこでひとたび一八三七年一月にソフィーがローマに到着すると、交渉がおこなわれ、同年三月に譲渡の手続きが完了した。パラッツォ・ランテはしばらく空き家になっており、荒れていたため、修復が必要だった。だが、パラッツォから独立したより小さな建物ヴィラ・ランテはすぐに使用できたため、ソフィーは修練女たちとルイーズ・ドゥ・リマングとともにそこに移った。のちにカトリーヌ・ドゥ・シャルボネルも加わり、ドゥ・シャルボネルの後任にイポリット・ラヴォダン（一七九二―一八六七）がサンタ・ルフィーナの修道院長に任命された。

ソフィーはテヴェレ川沿いの新しい物件が気にいった。ユージェニー・ドゥ・グラモンにこう書きおくる。

眺めは魅力的です。全ローマが見わたせます。しかも街の美しいほうの側にあります。聖ピエトロ大聖堂のすぐそばで、りっぱな丸屋根（クーポラ）を見おろせます。花壇や小道は果実がたわわに実るレモンやオレンジの木にふちどられています。……ですが、手入れがゆき届いていないので、当面の出費はかなりかさみそうです。

ローマに到着したときから、ソフィーとルイーズ・ドゥ・リマングはヴィラ・ランテの新しい修練院の設立に没頭し、同時に、ほど近いトラステヴェレにあるサンタ・ルフィーナ修道院にも気を配っていた。一八三七年一月から五月までふたりが滞在したトリニタの修道院にも、緊急を要する課題があった。一八三四年に、ソフィーは院長のアルマンド・ドゥ・コーザンの解任を検討したことがあった。ドゥ・コーザンはローマの教会の権威筋や貴族たちと固い友情を結んだものの、主として禁域制度の遵守が手ぬるいと思われたせいで、何人かの敵も作っていた。加えて、ソフィーはトリニタとサンタ・ルフィーナ修道院のあいだに緊張関係があるのを承知しており、両修道院の院長の同時解任が問題を解決する一助になると考えた。しかし、一八三四年の当時、アルマンド・ドゥ・コーザン解任にふみきるのを待つようにとロザヴェンがソフィーに助言した。サンタ・ルフィーナ修道院で解決すべき問題が山積し、突然の人員交代が多すぎると、ローマで聖心会が安定性に欠けるという印象を与えかねないからと。一八三七年一月、ソフィーがトリニタに到着したときには、修道院内の問題を検討する状況になかったため、現状維持のままにし、せめてヴィラ・ランテへの引越しが完了するまで持ちこすことにした。

ローマの修道院の対立は、一八三七年夏、悲劇的なかたちで表面化した。同年、イタリアにコレラが蔓延し、夏の盛りにローマにも襲いかかったと八月初旬にソフィーはユージェニー・ドゥ・グラモンに書きおくっている。描写によると、市中を行列が練り歩き、教会で儀式がとりおこなわれ、教皇がローマの街路に姿を現わし、ローマ市が壊滅的な打撃を与えられないように祈った。コレラがローマ中を襲ったものの、聖心会の修道院は無事であることを、数日後、ソフィーはユージェニーに知らせている。じつは、サンタ・ルフィーナ修道院のことが最大の気がかりだった。トラステヴェレがローマのなかでも最初にコレラが流行した地域だったためだ。ヴィラ・ランテに隔離され、パラッツォ・ランテの修復を監督していたソフィーは、万事が無事で、聖心会の修道院はすべてコレラの猛威をまぬかれたと信じていた。ところが九月はじめになって、トリニタで七人の会員がコレラで命を落としたことを耳にし、衝撃をうけた。一か月間、情報を与えられなかったことはひどい心痛の種になった。ソフィーはユージェニーに書きおくる。

悲劇の大きさを知ったいま、あなたにお話しせねばなりません。信じられますか？　マザーたちはまる一か月のあいだ、わたしに伏せていたのです。トリニタ修道院の七人の会員が、コレラの破壊的な打撃に見舞われ、むごい死を迎えたという知らせを。トリニタについては、疫病の猛威から守られていたように見えたので、なんの心配もないと思いこんでいました。むしろ、死者や瀕死の病人に囲まれていたサンタ・ルフィーナ修道院のほうが気がかりでしたが、ご存知のようにあそこではだれも感染しませんでした。一方、もうひとつの修道院は土台まで揺るがされました。わたしがどんなに苦い衝撃をうけたか、筆舌につくせないほどです。死にそうになりました。……［マザーたちは］これほど多くの死者がでるたびに衝撃をうけないように、わたしを守ったつもりなのでしょう。ですが、このような衝撃は、あまりといえばあまりです！

トリニタの死者について内密にしておくことを決断したのはだれだったのか？　また、それはソフィーを守るためだったのか？　知らせをうけていたら、ソフィーは確実に瀕死の病人たちを見舞うと言い張っただろう。ソフィーはつねに病弱だった。ローマでコレラが猛威をふるっていたとき、ユージェニーにこう述べている。「ご存知のように、わたしはすべての流行病を患っています」。いずれにしろ、トリニタ修道院の会員たち、とくにアルマンド・ドゥ・コーザンは深い孤立感を味わった。会員の死亡率の高さは意気消沈させるもので、ソフィーからなんの精神的な支援もなかったことが、当時と以降のアルマンドとソフィーの関係に影を落とした。ソフィーも一〇月初旬のトリニタ訪問の辛さを伝えている。死者はすでに九人に達していた。

昨日、マザー・ドゥ・コーザンとマザー・ドゥ・コリオリスに会いました。悲劇的なできごと以来、はじめてのことです。なんと辛い出会いだったことでしょう！　彼女たちの修道院では多くの命がコレラに奪われました。すくなくとも九人が亡くなりました。

ローマの会員の何人か、そしてユージェニー・ドゥ・グラモンやそのほかのフランスの会員たちは、ソフィーに事実を伏せた張本人としてルイーズ・ドゥ・リマングを迷わず糾弾した。一方、ソフィーは最良と思ったことをしたまでだと言って、ドゥ・リマングを弁護した。トリニタの惨状を知れば、ソフィーがヴィラ・ランテにじっとしていないとドゥ・リマングは承知していたのだろう。ローマでは厳格な強制隔離が敷かれ、市内の動向は当局に監視されていた。だが、トリニタとサンタ・ルフィーナ両修道院間にすでに存在していた緊張関係に照らすと、ルイーズ・ドゥ・リマングがトリニタを排除したとみなされ、修道院間の不和を悪化させた。

ローマ市内を自由に往来できるようになると、ソフィーはコレラの犠牲者の惨状に応えて、街路で見かけた捨て子たちにサンタ・ルフィーナ修道院の門戸を開けるように求めた。コレラに襲われた修道院を見舞いにトリニタに到着した日に、ソフィーは正面玄関で物乞いをするふたりの子どもに出くわした。そのようすをつぎのように伝えている。

なぜあなたがたは学校に行かないのですか、とわたしはたずねました。「子どもたちは答えました。」「ああ！　先生は亡くなりました。……それに学校は閉鎖されています」。この悲しみは、ほかの悲しみとともにわたしを、刻々、深く苦しめました。……わたしはマザーたちに授業を再開するように求め、教師たちがそろうのを待つあいだ、助修女たちに手伝ってもらうように言いました。あなたがよくご存知のシスター・アデルならできますから。この子どもたちを長いあいだ街路を走りまわるままに放っておいたら、わたしたちの学校の教師たちは、これまでの何年もの努力の果実を失います。……これまで授業をうけて、怠惰で堕落した子どもたちが生まれ変わりました。この国ほど、この階級の子どもの教育が必要な国はありません。人口が密集した地域すべての責任をひきうけられれば、どんなによいでしょう！　不可能ですが、すくなくとも身近なひとびとの世話はせねばなりません！

サンタ・ルフィーナ修道院を訪れると、またもや父親も母親もいない子どもたちの惨状を目にする。ソフィーはこう語る。

サンタ・ルフィーナ修道院で、また同様の痛ましい光景を目にしました。孤児院を訪問すると、心をひき裂かれました。両親を失い、道端におきざりにされた子どもたちに会いました。この子たちは、みずからも家族の世話をしている不幸なひとびとに拾われたのです。子どもたちはいっしょに肩をよせあい、ひとつの藁のマットレスを分かちあっていました。まるで同時にかえったヒナのようで、わたしは思わず涙しました。遺棄された子どもたちを集めるように、とマザーたちに呼びかけました。大きな家［パラッツォ・ランテ］が整えば、すぐに収容しましょうと言って。ですが、マザーたちも借金をかかえています。貧しいひとびとは宿代を払えないのですが、それがサンタ・ルフィーナ修道院の唯一の収入源だからです。それはかまいません。貧しいひとびとが世話をされているのですから。神がお助けくださいます。

トリニタとサンタ・ルフィーナ修道院はコレラの影響から徐々にたちなおっていったが、サンタ・ルフィーナの指導者の問題は解決されなかった。イポリット・ラヴォダンは院長の職責を担いきれないと感じ、ソフィーが自分の指導力に満足していないことを自覚していた。サンタ・ルフィーナの修道院長に任命される以前は、院長補佐をしていた。そのときでさえ、ソフィーは修道院の運営と会員の世話、とくに助修女の扱いを叱責する手紙をラヴォダンに送っていた。

この修道院の助修女たちはたいへん働き者ですから、朝、スープか混ぜものなしの牛乳つきの食事を与えるべきです。週に三回、牛乳をふるまうといいでしょう。スキムミルクではいけませんから、気をつけなさい。冬場に濃すぎるときは、ほんの少しの水を加えたほうがいいでしょう。

修道院長ラヴォダンと修練長アデル・レオンの結託にソフィーは気づいていた。ふたりとも一八三七年九月にソフィーに失礼な手紙を書いていた。当時、ソフィーは即座に謝罪を求めた。もっとも、ふたりとも悪意ではなく、無知と経験不足ゆえの誤りであるとわかっていた。修道会の第二世代によりいっそう注意を払わねばならないことに、ソフィーは気づいた。多くの修道女がおざなりな訓練しかうけていなかった。修道会のさしせまった必要のために養成期間が短縮されたことに原因があった。自身が目撃して嘆いたフランスの現状と、フィリピーヌ・デュシェーヌから伝え聞いたアメリカの状況とが蒔いた種の結果を、ソフィーはローマで刈りとったのである、

アメリカの聖心会の状態はソフィーの懸念材料だった。総長補佐となってユージェニー・オーデが当地にもどる望みは砕かれた。重病になったユージェニー・オーデが当地にもどる望みは砕かれた。重病になったユージェニー・オーデがソフィーに病的に依存するようになったからだ。ユージェニー・オーデは宣教活動で燃えつき、フランスに帰国したころには疲れはてていた。ソフィーへの依存は病であり、助けを求める叫びだった。オーデの病はソフィーの大きな心痛の種になった。かわりにルイジアナとミズーリを訪問する人物を探しても、その仕事に少しでもふさわしいと思えるひとはだ

れもいない。ソフィーはユージェニー・オーデにこうしたためる。

あなたに送るのは……アメリカからの手紙の入ったひと包みです。丁寧に読んでください。……これらの手紙にかんするあなたの意見や感想をわたしに送りかえしなさい。手紙にひどく心を痛めています。アメリカから手紙をうけとるたびに、わたしの魂は荊に貫かれるようです。解決のすべがあるなら、なんでもないことですが、いったいどこに改善法があるのでしょう？　この国〔アメリカ〕には心身ともに強靭な指導者が必要です。自分にゆだねられたすべての修道院を統治できる人物です。アメリカのひとたちに手紙を書き、励ましなさい。不幸なことに、わたしはそうしていません！

ミズーリとルイジアナからの手紙はソフィーに悪い知らせをもたらした。セントマイケルズの修道院の状況は危機的で、世間を騒がしていた。ラ・フォーシュの修道院が閉鎖されたときにセントマイケルズの修道院長に就任したジュリー・バジールは、その地のイエズス会士たちを説得し、建設事業のために借金を融通してもらった。修道院付司祭ブエ神父に支持されて建物の増築にのりだしたものの、計画が地域の利害で妨害されると、訴訟をおこしたのである。地域の新聞は聖心会を「イエスの聖心（みこころ）の女子イエズス会」と称して批判し、バジールの「イエズス会士を思わせる威厳」がとくに不愉快であると述べた。同時に、イエズス会士たちがバジールに借金の返済を要求した。問題がソフィーの耳に入ったのは、この時点だった。遠く離れていたため、ソフィーは状況をいかに理解すべきかわからず、当時、セントマイケルズの院長補佐だったアロイジア・ハーディ（一八〇九―八六）に手紙を送り、ことの真相をたずねた。これがきっかけで、アメリカの新しい世代の会員にしてアメリカ人の会員ハーディとのあらたな文通が始まった。アロイジア・ハーディがよせた見解にもとづき、ソフィーはバジールをグラン・コトーの修道院長に転任させ、アロイジア・ハーディをセントマイケルズの修道院長に任命した。イエズス会士たちには、ヨーロッパで自分ソフィーが資金を集める時間ができるまで、修道会の返済を待ってもらわざるをえないと告げた。ソフィーはセントマイケルズの修道院の状況に悩まされただけではなかった。グラン・コトーの修道院長ザヴィア・マーフィが死にいたる病に苦しんだかと思うと、悲劇的に急死したことに心を痛めていた。すでに修道院内部の分裂で弱体化したアメリカの修道院の指導体制にとって、マーフィの死は深刻な打撃だった。緊張感をやわらげ、会員たちを前進させる能力をそなえた人物がだれもいなかったのである。

各修道院内部の危機的状況と、ニューヨークに修道院を設立する必要を痛切に意識したソフィーはユージェニー・オーデに提案する。ひとたびニューヨークの修道院が設立されれば、自分が六か月間のアメリカ訪問の旅にでかけ、かの地での修道会の仕事を固めよう。

あそこ［ニューヨーク］に修道院があれば、到着したり出発したりするひとびとにさぞ便利でしょう。その後、フィラデルフィアに修道院を創設できます。わかりますね。アメリカのあの部分にゆりかごがあれば、わたしは満足のうちに死にましょう。あなたには創設を助けてほしいのです。……そうすれば、わたしたちの仕事は終わり、ほかのひとびとが残りをやるでしょう。ニューヨーク、あるいはその近隣に修道院があれば、訪問に六か月をついやしたいと思います。ローマに行くのと距離的にたいしたちがいはありません。なんの困難がありましょう？　往復の旅に五〇日間、そして四か月の滞在期間です。

ソフィーにはアメリカに行きたがるもっともな理由があった。セントルイスの修道院からの報告で、会員たちが不幸で分裂しており、ソフィー・バラに批判的な会員がいることを聞いていた。ある会員たちは、アメリカの修道院宛てのいくつかの手紙に記されるソフィーの指導をこころよく思わず、ほとんどの会員がソフィーに見捨てられたと感じていた。ユージェニー・オーデが総長補佐としてアメリカにもどらないと聞くと、遺棄されたという感情はいよいよ強まった。ユージェニー・オーデはセントルイスの修道院に断固たる口調の手紙を書きたいと望み、ソフィーの許可を得るために手紙の下書きを送った。だが、ソフィーはオーデの口調が厳しすぎると思い、このようなやりかたで対処しないでほしいと答えた。遠くから厳しく咎めれば、破滅を招きかねない。書かれた言葉はそれだけではむきだしで強烈すぎる。自分の手紙がアメリカで波紋を呼んだのだから、叱責の手紙はよりいっそうの敵意を生むだけだ。そのことをソフィーは理解していた。

ソフィーが理解しようとしていたのは、ながらく生存をかけて努力してきたミズーリの各修道院特有の困難だった。南部ルイジアナの各修道院のほうがずっと繁栄し、安定しているのにソフィーは気づく。にもかかわらず、ジュリー・バジールはセントマイケルズの修道院の未来を危険にさらしたのである。当時のソフィーがあまりにも心配するので、あらたな総長補佐が任命されるまで、エリザベス・ガリツィンが訪問者としてアメリカに行くことを申しでた。

ソフィーはこの申し出をやがて承諾することになる。このころパリにいたエリザベス・ガリツィンにソフィーはこうつづる。

わたしの十字架、すなわちルイジアナに話をもどしましょう。ふたりの院長を和解させるためにどうすればいいのか、もはやわかりません。マザー・バジールはきわめて軽率だと言わねばなりますまい。それに、あのひとの言うなりになってしまったイエズス会士たちのふるまいもです。……主のお守りがなく、ドゥ・ヴォス神父の助言に従っていなかったら、わたしは〔オーギュスト・〕ジャンジャン神父〔グラン・コトーとセントマイケルズの施設付司祭〕と争い、結果的に司教とも対立したでしょう。マザー・バジールの修道院の会員たちからの手紙ですが、あれはほぼまちがいなくマザー本人の提案で書かれたものでしょう。あのひとをもっぱら賞賛し弁護するだけなのですから。あのひとのすぐれた資質はわたしも承知しており、先入観をいだいているわけではありませんが、セントマイケルズの修道院にかんするあのひとの行動はいただけません。加えて、神父たち〔イエズス会士たち〕への負債がたいへん心配です。……あのひとの借金はとほうもなく、まったく不相応です。……マザー・バジールとイエズス会士たちの要求は理不尽です。たとえ要求がはるかに少なくても、アメリカ人をフランス人に敵対させるには充分です。とくに、配慮なくこのことを知らせるならば。

ソフィーが言及しているのは、バジールのセントマイケルズの修道院の運営だけでなく、イエズス会士ドゥ・ヴォス神父からの無礼な内容の手紙だった。ソフィーはこの手紙を一八三七年にうけとっていた。院長アロイジア・ハーディと院長補佐アロイジア・レヴェックが修道会から離脱するかもしれず、そうなればセントマイケルズ修道院は聖心会から独立する、と警告していた。ソフィーはユージェニー・オーデにつぎのように述べている。

アメリカ人の会員だけで構成された修道院が離脱することはたしかにありえます。しかも、あそこにフランス人の院長を送りこまねばならないのです！　ところが、だれもいません。ですから、神意にまかせるしかありません。ですが、あのような噂は信じられません。ふたりとも聖心会と深い絆を築いているようにみえます。ふたりのアロイジア〔院長のハーディと院長補佐のレヴェック〕のことですが。あなたの考えを聞かせてください。安心させてほしいのです。わたしはいま聞かされていることを信じませんので。

一時、ソフィーは疑念をもち、ドゥ・ヴォスを多少は信用した。しかしアメリカ人の独立の精神を知っていたものの、ソフィーにはアロイジア・ハーディが聖心会から離脱するように思えなかった。バジールの濫費の物語とイエズス会士たちへの借金があきらかになると、ソフィーはアロイジア・ハーディについてのドゥ・ヴォスの手紙が誹謗中傷だと気づく。しかしアロイジア・ハーディはソフィーの疑念に勘づいてしまったので、ソフィーとユージェニー・オーデからの頻繁な励ましの手紙だけが、疑念の投げかけた暗雲を晴らすことができた。セントマイケルズとグラン・コトーの修道院のあいだの不信はつづき、グラン・コトー経由でアロイジア・ハーディに送られた手紙が、グラン・コトーで開封され、その内容が巷に広められた。アロイジア・ハーディはこれに抗議し、パリでも自分の手紙が同様にあつかわれているのではないかと疑った。ソフィーはすくなくともフランスではこのような秘密の漏洩を防ぐことを約束し、ユージェニー・オーデにはアロイジア・ハーディ宛てのすべての手紙はパリを避けて送られねばならないと告げた。

セントマイケルズの修道院が聖心会から離れる可能性についての噂は、あきらかにヨーロッパにも広まっていた。それでもソフィーは、聖心会を離脱する意思があるかどうかを、アロイジア・ハーディに直接たずねなかった。むしろハーディに手紙を書きつづけ、ハーディの統治への信頼の印をみせた。ソフィーはアメリカ人の会員をいかに評価し大事に思うかを強調し、率先してアメリカのすべての修道院のあいだの架け橋を築いてほしい、とアロイジアに頼んだ。ソフィーはつぎのように、とくにジュリー・バジールとグラン・コトーの修道院との和解に触れている。

またもや、もうひとこと、グラン・コトーについて。不可能を可能にしなさい。……ふたつの修道院間の一致を保つために、相手を助ける機会を利用しなさい。そして、できるときは贈物を送りなさい。あなたがたのあいだに少しでも冷淡さがあれば、わたしは悲しみます。聖心会の座右の銘はこうです。ひとつの心とひとつの魂。それぞれがもっとも大いなる犠牲を払い、イエスの聖心（みこころ）がお喜びになるこのふたつの教えを実行するのです。

ソフィーはアロイジア・ハーディにさらに述べる。いっさいの噂、すなわちハーディ自身の言動や、ハーディについての記述や、セントマイケルズの修道院についての風聞を信じてはならない。また、それらに耳を貸してはならない。唯一の手段はじかに連絡をとり、調和を保ち、修道会内部のよき統治をつづけることだ。ときがくれば、修道会への入会を希望するアメリカ人女性がフランスかイタリアに送られ、パリかローマで養成をうけられるようになることを、ソフィーは望んでいた。ハーディにつぎのように記す。

これが、あなたの国で聖心会の精神を深く教えこむ最良の道です。のちに重要な役職につくような、とくに選ばれた志願者を送ってもらえるのであれば、アメリカでの聖心会にとって、これが計りしれない価値をもつでしょう。すくなくとも基本的な点では、より緊密な一致と統一とが得られるでしょう。習慣については異なるだろうと思いますから。……あなたが志願者たちに同伴できるといいですね！……はじめてのアメリカの娘たるあなたにお会いしたいのです。

アメリカの問題に没頭しながらも、ソフィーはヴァレンヌ通りの修道院をめぐるさらなる批判に対処せねばならなかった。批判はローマに届き、さまざまなところからソフィーに伝えられた。ドゥ・クラン大司教がプティ＝オテルだけでなく、いまやオテル・ビロンの本館に住んでいるという知らせは、多くのひとを驚かせ、ソフィーは批判を無視できなくなった。一八二八年一月、ユージェニー・ドゥ・グラモンへの手紙でプティ＝オテルを大司教専用に提供しようと提案した。これまで大司教はプティ＝オテルの何室かを自分の事務局として使用していた。今回のソフィーの提案は、大司教が住まいもプティ＝オテルに移し、オテル・ビロンの居室をひきはらう、というものだった。ソフィーは街路につうじるプティ＝オテルの正面入口が大司教とその訪問者たちに使用されるように求めた。また、ソフィーは以下の点も指定した。オテル・ビロンの建物に通じ、オテル・ビロンの正面入口近くのプティ＝オテルの入口は恒常的に閉鎖され、鍵を使えるのは数人の指名された人物にかぎる。修道会は大司教に住まいで使用するリネン類、銀器、ヴァレンヌ通りの修道院の庭の果物や野菜を提供する。ユージェニーは、全員にプティ＝オテルとオテル・ビロンのあいだのすべての交流を中止する旨を伝える。この決定について、ソフィーはつぎのように説明している。

親愛なるユージェニー、あなたにこれだけは言いましょう。もはやためらってはなりません。いまやわたしたちの［ランブルスキーニ］枢機卿がここに示された提案に賛成してくださったのですから。信じてほしいのですが、わたしがこの決定をうながすのは、これ以上ないほど緊急な対策が必要だからです。現状がつづけば、よりいっそう深刻な問題をひきおこすのは必至です。あなたには想像できないほど、この件については口頭や手紙での批判をうけとりました。しかも、あらゆる方面からです。そのうえ、親愛なるネズミ、こうした反対意見がなかったとしても、あらゆる点でわたしの提案はふさわしいと思います。ですから、うけいれるのになぜためらうのですか?

一八三八年一月二六日、ユージェニーは返事を書き、大司教がプティ＝オテルの専用使用というソフィーの提案をうけいれ、まもなくそのことを手紙で伝えるだろうとソフィーに述べた。ソフィーは大司教の前向きな姿勢に喜んだが、ついでにひとこと皮肉まじりに付言した。すでに政府がドゥ・クラン大司教に満足のいくパリの住まいを申し出たにもかかわらず、大司教がそれに同意できなかったのは残念であると。ユージェニーはドゥ・クラン大司教とヴァレンヌ通りの修道院、とくに自分自身を批判したひとびとの名前をソフィーに問いつめた。だが、ソフィーは多すぎるので名前は教えられないと断り、批判するひとびとのなかには枢機卿、司教、司祭たちもいることだけを明かした。

ある日、ある枢機卿がわたしに言いました。〔パリで〕おこなわれているような交流がイタリアでおこなわれたなら、関係者〔ユージェニー・ドゥ・グラモン〕とその修道院〔ヴァレンヌ通りの修道院〕は聖務停止に処せられると。パリから来た多くの司祭はヴァレンヌ通りの修道院のことなどを口々に取り沙汰し、あざ笑っています。とくに聖心会会員が食事に同席している点についてなどです。……ここでは省略しますが。……生徒たちは両親に話しているそうです。あなたが病気のとき、夜の九時ごろに訪問があったことや、そのほかにも頻繁に訪問があることを。何人ものフランスの司教たちがこの件について個人的に示した見解については、なにも言いますまい。

率直な物言いだった。だが、ドゥ・クラン大司教の手紙には、ひきつづきもてなしてくれることへの礼が述べられている以外は、提案についてなんの反応もなかった。ソフィーの懸念への大司教の態度は、一八三六年当時となんら変わりがなかった。当時、ソフィーは大司教がヴァレンヌ通りの修道院に滞在することで自分と聖心会がこうむる害に配慮してほしい、と訴えたのだが。そのときも、一八三八年の現時点でも、大司教はなにひとつ問題だとは思わなかった。幻想の極みだった。ソフィーはユージェニーにつぎのように突きつけた。

信じてほしいのですが、親愛なるネズミ、あなたと大司教はたいへんな思い違いをしています。批判を口にするひとびと――すくなくともわたしに批判を言うひとびと――は、たいていあのかた〔ドゥ・クラン大司教〕に好意的です。みな、大司教を尊敬し、あなたの妄想を批判しています。ようするに、なにが求められているのでしょうか？　あのかたがべつの場所に住まわれることです。そして、わたしたちはこれまでとおなじ便宜を提供するわけですから、なぜ良かれと思って注意してくれるひとびとの意見に従わないのですか？　そうすれば、それ以外の方法ではなくならない悪をとりのぞくことができます。何人もの重要人物がこの点をわたしに指摘しています。あのかたにたいする先入観がないことを証するために、わたしはプティ＝オテルの使用を提案したのです。ですが、あのかたがわたしの申し出をうけ、〔オテル・ビロンを〕去ることを望みます。

ドゥ・クラン大司教にオテル・ビロンをひきあげる意思がないことを確認すると、ソフィーはべつの提案をした。大司教がムッシュー通りの母院に引越してはどうかというものである。また、聖心会が建物の借家料をドゥ・ニコライ侯爵に支払いつづけることも請けあった。しかし、この提案も大司教を説得するにいたらなかった。ソフィー・バラがいかに深刻にこの問題をうけとめているか、自分の滞在がいかに世間を騒がせ、パリだけでなくフランスのほかの地域やローマで、いかに噂が流布しているかを認識しなかったのである。七月になっても、ドゥ・クラン大司教がムッシュー通りに移り住むとの確たる意思を示さなかったので、修道会の名誉を保つために行動をおこすつもりだ、とソフィーはユージェニーに警告した。

ムッシュー通りの母院は、恒常的な住まいというよりは、一時しのぎと考えられていた。修練院としても修道会本部としても、狭すぎたからである。そのため、ヴァレンヌ通りの修道院の敷地内に建物を増築する旨を、ソフィーはユージェニーに伝えている。問題は、プティ＝オテルに別翼を増築するか、バビロン通り側の庭の端に独立した建物をあらたに建てるかだった。ソフィーは前者を選択した。より安価だという理由もあったが、大司教にオテル・ビロンをひきはらうように告示する意味もあった。いずれにせよ、大司教に提供される住まいは臨時のものだ、大司教は自分の司教座聖堂ノートルダム大聖堂に近い界隈に帰りたいに相違ないだろうからと、ソフィーは示唆しつづけた。

ソフィーはヴァレンヌ通りの修道院についてのべつの批判にも対応せねばならなかった。ユージェニー・ドゥ・グラモンは年頃の子女をもつ裕福な家族のための結婚斡旋所を営んでいた。数年来、ソフィーはヴァレンヌ通りの修道院の聖堂で卒業生の結婚式があげられるのをやめさせようとしたが、効果はなかった。大司教が結婚式の司式をしていたので、ソフィーはなにもできないことを自覚していた。あらゆる意味で、ヴァレンヌ通りはパリの流行の発信地だった。パリでのユージェニー・ドゥ・グラモンの活動が、修道会の名誉を深刻に傷つけている、とローマでソフィーは多方面から忠告をうけた。たいていは修道会の敵ではなく、友人だった。ローマのひとびとはつぎのことを自分の耳に入れた、とソフィーはつづる。

パリの聖心会で生徒の統治をしている修道女が、正真正銘の結婚斡旋所を営んでいる〔とローマのひとびとが話題にしています〕。彼らによると、彼女は恒常的にそのような事柄をあつかい、ひとりひとりの財産を記した若い女性の一覧表を作成しているというのです。これにはローマのひとびとだけでなく、彼らから話を聞いたひとびとまでも憤慨させました。ほかの件に加え、これはローマでわたしたちの修道会に望ましからぬ評判を招いています。仕事の害にならないのなら、容認もできましょうが、本質において悪影響をおよぼしているので、改善すべきではないでしょうか？

大司教の住まいをめぐるソフィーの提案と、ヴァレンヌ通りの修道院でユージェニーが営む結婚斡旋所へのソフィーの批判は、ユージェニー・ドゥ・グラモンを激怒させた。総長としての役割をないがしろにされたソフィーもまた、心の底から腹をたて落胆した。一番の旧友の抵抗によって無力にされたからだ。パリの状況がいかに深刻になっているかを、ソフィーはユージェニーに説得できなかった。ソフィーの失望は、ふたりの関係が大きく変わったという意識をいっそう深めた。目前に迫るパリへの帰還は、幸先の悪いものにみえた。ソフィーはユージェニーに述べる。

あなたのごりっぱな客人〔ドゥ・クラン〕のおかげでもちあがった障害に怒りを覚えます。ヴァレンヌ通りの修道院のそばにおられる件で、修道会の状況はきわめて嘆かわしいものとなっています。……あなたとの再会を楽しみにしていませんいまの時点でもあきらかなので、あらかじめ言っておきますが、わたしがパリを去る前とは似ても似つかない出会いになることはまちがいありません。

ソフィーのうちなる世界は寒々としており、ファーヴル神父との交流で得ていた心の支えが失われつつあった。神父は病に倒れ、励ましや導きの手紙を書けなくなっていた。

ソフィーが彼から最後に手紙をうけとったのは、一八三七年二月のことだった。当時、ソフィーはトリニタ修道院におり、体調が悪かった。ファーヴルはソフィーにこう述べた。

あなたの健康がすぐれないと聞き、たいへん悲しんでいます。……処方された療法とともに休息と気晴らしを心がけなさい。あなたが望む方法ではなく、彼ら〔医者たち〕に最良と思う方法で、治療をほどこしてもらいなさい。……あなたが責任を負わねばならない義務を遂行するために、あなたには健康と活力が必要ではないのですか？　あなたの義務は格段に増え、種類もさまざまで、複雑で消耗させるものなのですから。マザー、あなたは過労、不眠、そして苦行によって自分の健康を害し、そうすることで修道会全体を弱体化させているのではありませんか？　……あなたのたいせつな責任を行使する障害になっている償いの苦行は、悪魔の嘲笑をさそうだけです。

ほぼ一二か月後、ファーヴルはルイーズ・ドゥ・リマングに手紙を書き、彼女のソフィーについての心配に答えた。ファーヴルがソフィーに頻繁に与えた助言は、あきらかになんの効果もおよぼさなかった。ソフィーは厳しい苦行を実践しつづけ、病気になるまで自分を追いつめた。ファーヴルはルイーズ・ドゥ・リマングに述べた。唯一の解決法はソフィーとともにいて、彼女を支え、励まし、なによりも、やさしく接することだと。

理解しなければいけません。……あなたの徳高いマザーは、恩寵の奇蹟でもないかぎり、ながらく慣れ親しんできた罪悪感や苦行をやめることはないでしょう。持病のように、やさしく、愛情深く、忍耐づよく対処せねばならない習慣です。……遅かれ早かれ、恩寵がすべての障害にうち勝ちます。障害がいかに大きくみえようとも。

ローマでは健康が衰え、気候が体質にあわない、とソフィーはこぼした。すぐに風邪をひき、一八三七年一一月から一八三八年一月にかけて、ひどい熱病を患った。フランスにもどらなければ病は癒えない、とソフィーは感じていた。一八三七年九月、ソフィーは右手の指に怪我をし、数週間、思うように手紙が書けなかった。医者たちは新鮮な外気を吸い、運動のための散歩をするよう勧めたが、ソフィーにはそれがむずかしかった。ルイーズ・ドゥ・リマングにつぎのように書きおくっている。

健康のためには……多少の運動と新鮮な外気が望ましいのです。それなのに、ほとんど散歩ができません！　仕事が招いています。それに、あなたもご存知のように、確たる目的もなく散歩するのには魅力を感じないのです。

修道会そのもの、その統治と人員、特定の危機にさらされた地域であるパリ、アメリカ、ローマ、それらの問題のすべてがソフィーに心痛と眠れぬ夜をもたらした。エリザベス・ガリツィンがパリのムッシュー通りにいたため、秘書の仕事を頼むこともできず、ほとんどの手紙を自分で書かざるをえなかった。ファーヴルになにを勧められても、ソフィーには自分の仕事の重荷を軽減するすべがなかった。罪悪感と罪の意識で消耗し、そのために苦行を自分に課しているのを、ルイーズ・ドゥ・リマングは見かねていた。だが、聖心会の責任を背負っていたソフィーは、事態がうまく進まないときに、その責めを自分の内部でかかえこみがちだった。ソフィーが苦しみながらも到達した認識は、以下のとおりだった。もはや問題は、急速に発展する修道会のなかで、自分の指導力を推進する統治体制を見いだすにとどまらない。修道会の深部の内的な改革が必要なのだ。創立のヴィジョンをとりもどさねばならない。修道会の未来を確保するすべは、ほかにない。

一八三八年二月、ソフィーはこのことを語った。ちょうどエリザベス・ガリツィンの姪が、聖心会と訪問会のどちらに入会すべきかを検討していた時期である。パリでは、ソフィーの古くからの友人ニコラ・ロリケが訪問会への入会を勧め、ソフィーはこれに心を痛めた。ロリケの推薦は、訪問会の美点を評価するのみならず、ヴァレンヌ通りの聖心会修道院の悪評への批判でもあった。ソフィーはエリザベス・ガリツィンにこう語っている。

聖心会に入会するのは活動生活に召命を感じる者のみである、という考えはまちがっています。観想生活がなければ、活動生活は息のかよわぬ亡霊になってしまいます。そして観想生活の活力なしには、わたしたちはいったいどんな善をなしうるのでしょう？　［イエズス会士たちは］観想と孤独にひかれるひとを追いはらうのではなく、より熱心にわたしたちに送りこむべきです。そのようなひとこそ、ほかのひとよりわたしたちに求められるのですから。……ためらいなく約束しましょう。入会したら、そういうひとは学校で教えるのではなく、修道会内部の仕事に従事し、修練院に充分な修練者数がそろえば、聖体の礼拝を日夜保つのに参加することになります。……あなたの姪御さんは……ポール・ロワイヤル修道院並みに世間から隔絶した孤独の生活を送ることができます。……わたしたちの会に入会を希望するひとは、外部とかかわる仕事だけに魅力を感じねばならない、という誤った考えのせいで、わたしたちはもっとも優秀な志願者を失うのだと確信しています。ですが、観想の生活の理想にひかれるひとも、ほとんどすべてわたしたちの会でうまくいっています。……このふたつの関心をいだくひとびとにより構成された修道会は、霊的に強靭であり、この強靭さが修道会の活動の大いなる支えになります。……このことを、神がわたしを御前にお呼びになる前に、わたしたちの修道会において確立せねばならないと強く感じています。そうすればすべてが再生され、わたしたちは堅固な観想の生活を維持するでしょうし、このことが修道会の仕事に害を与えることもないと付言しておきましょう。もっとも、不幸なことに、観想の生活にひかれて入会するひとは少数ですが。それでも、この修道会の観想的な側面は［将来の］修道院長や修練長などをはぐくむ苗床となるでしょう。

この時期、ソフィーは自分の修道会の統治の方法についてしばしば思案した。修道会内で自分の権威に異議が申し立てられたり無視されたりするので、考えざるをえなかった。性格上、ソフィーは慎重で、特定の立場を表明するのに時間がかかった。決断せねばならないときは、対象となる人物、修道院、学校、状況について、できるだけ情報を集めた。相談し、助言を求め、そのうえでゆっくりと決断するのがつねだった。一方、あらたな情報が浮上すれば、考えを変更するのも決定を再考するのも吝かではなかった。エリザベス・ガリツィンにこう述べている。

事前にある変革を熟考したのちに、すべてを目にし、あらゆる観点に耳をかたむけたあげくに、何度、見解を変えねばならなかったことでしょう。

ソフィーはもっとも卓抜した策やもっとも完璧な策よりも、ある具体的な状況で可能なかぎり最善の策をうけいれた。つねに現状に照らして期待を調整し、計画をあっさりと練りなおした。ソフィーは自分の行動に確信をもっており、ときには弱腰に見えたとしても、その統治の方法は真に、そして意識的に、自分のものだった。ソフィーはある理想をいだいていた。ユージェニー・オーデにこうもらしている。

統治するひとはみな、つぎの金言を守るべきです。ビロードの手袋をはめた鉄の手で修道会を統治せよ。わたしたちは決然と統治せねばなりませんが、会員たちが鉄を見ることも感じることもない方法でそうせねばならないのです。もし、鉄がむきだしであらわにされれば、会員たちは容認しないでしょう。

ソフィーはともに修道会を統治する立場にあるひとびとを信じた。緊張や問題が生じたときも、信じつづけた。ユージェニー・オーデに請けあっている。

性格からして、わたしは疑いをいだきにくく、多くを要求しません。たとえ悪をおこなうひとがいても、正しいことをしていると思いながらおこなっているかぎりにおいては。だれにもそれ以上は望みません。

ソフィーは修道会の統治の模範として、福音書のキリストの姿をかかげた。オーデに述べる。

やさしさは弱さではありません。その源がイエスの聖心から得られ、ライオンの口から流れる蜜のように注がれるなら。これを統治の方法にとりいれねばなりません。すなわち、適度に融通がきく体制と、やさしい言葉です。とはいえ、会員が成長しつづけることは主張せねばなりません。

修道院内にいるときは、ソフィーは自分が担っている重荷を感じさせないように配慮した。自分の人生でなにが起ころうとも、修道会でなにが進行していようとも、ともに生活するひとびとに心配しているそぶりを見せないように、最善をつくした。すべてが心のうちに収められていたが、手紙と、良心の呵責と、病のかたちで、心配があふれだした。アデライド・ドゥ・ロザヴィルにはこう語っている。

たいせつなのは、あなたの心配や失望が外部に現れないことです。あなたが率いる修道院の娘〔会員〕たちに、あなたが傷つくことがなく、彼女たちがこだわっているつまらぬ弱さを超越していると思わせることです。ですから、大いなる自己抑制と自制心を働かせねばなりません。威厳を保ちなさい。

ソフィーの統治の方法は少人数の集団には適していた。だが、つねに増加し拡大する修道院を統治する助けとなる体制を考案せねばならないことも、ソフィーは承知していた。あきらかなのは、修道会の中心との直接の、個人的な、首尾一貫した接触が欠けているため、ある修道院長たちは、好むと好まざるとにかかわらず、ほとんどの決定を独自で下していることだった。一八三八年にソフィーは皮肉まじりに述べている。

総長をおく意味がどこにあるというのですか？　地元の修道院長がだれでも好きなひとを任命し、そこの院長がうけいれるかどうかも知らずに、修道院内のだれかをべつの修道院に送っているのですから。その結果、修道院の会員たちが、目的も理由もなく、修道院から修道院へとわたり歩くことになるのです。どの修道院長も彼女たちをうけいれる権限はありません。第一の権威であるわたしから、従順の公式書状なしで移動しているのですから。……これが事実です。

　このような感慨は数年来の経験から生まれていた。そして、とくに統治体制の問題を検討する総会の招集が急を要することを裏づけた。一八三八年の復活祭には、ソフィーは総会の準備にとりかかり、開催地を決めるために、パリにもどることにした。教皇グレゴリオ一六世を訪問し、一八三八年五月一六日、ローマをあとにした。ローマ滞在はほぼ一八か月におよんだ。ソフィーの出発の一か月前、シトー会の総会計であるマリー＝ジョゼフ・ドゥ・ジェラン神父がローマを訪れた。ある日、テヴェレ川畔を散策していた神父は、ヴィラ・ランテの住人たちがだれかを知っているかと、ひとりの老人にたずね、そのようすを報告している。

「みなさんそろってお姫様ばかりです」と、老人は答えました。「そして院長様はフランス国王のご親戚です」。「院長様のお名前を知っていますか？」と、わたしはたずねました。「苗字は知りませんが、コレラの流行以来、「恩恵を施すかた」という呼び名がつけられました」……
「恩恵を施すかた」という呼び名については、老人の言うとおりです。この尊称はローマでの慈善事業を称えてつけられたものです。このひとが大勢の孤児の母となったからです。このひとがフランス国王の親戚であるという点ですが、……この院長とは、ほかならぬ善良で徳高いマザー・バラでした。

　当時のローマでは、アルマンド・ドゥ・コーザンとトリニタ修道院もこれに劣らぬ名声をはせていた。ドゥ・ジェラン神父はトリニタの学校についてこう解説する。

〔学校は〕ローマの貴族の娘たちのためのものです。……修道院長のマダム・ドゥ・コーザンはこの施設を知恵と美徳をもって統治しています。院長はそこに住むすべてのひとの愛情と、彼女を知るすべてのひとの尊敬を集めています。

　それでも、ソフィーは悪い予感とともにローマを出立した。一八三八年一月以来、トリニタは一触即発の状態にあり、その後、ローマのほかのふたつの修道院を巻きこみ、イタリアでの修道会の未来を危険にさらすことになる。

第一四章　嵐の始まり　一八三八―三九年

一八三八年二月、ある若い女性が原因で、ローマにおける聖心会が批判を浴びている、とソフィーはユージェニー・ドゥ・グラモンにしたためる。「イタリアの名家出身の修練女が、健康不良のため会を離れたのですが、このひとがわたしたちの悪口を言って、ひどい害を撒き散らしています」。このような批判はいっこうにおさまらず、トリニタ修道院にかんする噂話を広める媒介の役を演じた。この噂は聖心会内部の生活にかかわるもので、とくにアルマンド・ドゥ・コーザンとユーフロジーヌ・フォーが修道院内のすべてを牛耳っている、と取り沙汰された。数名の親たちは、寄宿学校の校長ジョゼフィーヌ・ドゥ・コリオリスの運営を批判し、ユーフロジーヌ・フォーはドゥ・コリオリスが校長職にふさわしくないと公言していた。噂はローマの教会関係者、とくにイエズス会やローマ貴族社会の一部に広まった。一八二八年のトリニタ創設以来、アルマンド・ドゥ・コーザンが修道院長をつとめてきた。院内でドゥ・コーザンの補佐役をつとめていたユーフロジーヌ・フォーは、サン・ピエトロ大聖堂やローマ市内での公式行事にも同行することが多かった。ふたりとも院内ではほぼ別々に暮らしており、フォーは修道院の重要な内務を一手にひきうけていた。

トリニタ創設のためにアルマンド・ドゥ・コーザンをローマに派遣するにあたり、ソフィーはドゥ・コーザンが教皇庁や貴族階級との交渉能力を活かしてこの任務をなしとげてくれると確信していた。しかし、同時にアルマンド・ドゥ・コーザンの限界にも気づいていた。修道院内部の問題、ことに会員の必要に対処する能力が欠けている点である。ドゥ・コーザンの補佐にユーフロジーヌ・フォーを選んだのは、このためだった。すでに一八三四年当時、トリニタ修道院の指導者の交代が望ましいことにソフィーは気づいていた。ただ、当時はアルマンド・ドゥ・コーザンの後任にふさわしい人物がいなかったため、これは実現できなかったのである。フランス政府が提示する条件をみたし、修道院内の霊的な必要に対応でき、さらに生徒の親やイタリア社交会と良好な関係を保つという資質を兼ねそなえた人物を探すのは容易ではない。何年もたった一八五三年になってようやく、アデル・レオンがサンタ・ルフィーナに居住し、トリニタと定期的に連絡をとりあうことになる。アルマンド・ドゥ・コーザンおよびユーフロジーヌ・フォーは、数年間の不在ののちローマにもどり、ふたたびトリニタに居住していた。アデル・レオンがソフィーに報告したところによれば、状況はほとんど変わっていない。

トリニタとの連絡はいささかむずかしくなってきています。マザー・フォーは〔修道院長〕補佐でもないのに、ますます実権をにぎっています。すべてを運営しているのです。会計の責任者ではないのに厨房を動かしており、病人に与えるものさえ決めています。リネンルームもふたたび掌中におさめ、状況は一八三八年に逆もどりです。マザー・ドゥ・コーザンは修道院の会議にも、そのうえ寄宿学校にも出席できないため、すべてをマザー・フォーの目をとおして見る傾向にあります。マザー・フォーがなんと言おうと、マザー・ドゥ・コリオリスの時代に寄宿学校の経営状態が悪かったとも、改革が必要だったとも思えません。……マザー・フォーに多くの長所があるとしても、謙遜さや共同生活を生きる能力において傑出しているとはいえません。

トリニタ内部の問題に加えて、アルマンド・ドゥ・コーザンとユーフロジーヌ・フォーはローマ中を自由に動きまわり、枢機卿や司教、諸修道会や教会を訪問していた。アルマンド・ドゥ・コーザンは教会関係者のあいだで高く評価されており、サン・ピエトロ大聖堂をはじめとするローマの主要な教会でおこなわれる儀式にもよく招待されていた。ローマの聖職者たち、とくにイエズス会士たちには、これを禁域制度に反することとみなす向きもあった。ずっと以前、一八二五年に、ロザヴェンはすでに聖心会が禁域制度を守っていないと不満を述べている。女子修道会はすべて窓に格子をつけ、完全な禁域制度を営むべきだと、ロザヴェンは考えていたが、これはイタリアではごく一般的な考えだった。盛式誓願を立て、教皇庁の定める厳格な禁域制度を守る修道生活のありかたは、フランスでは革命初期に廃止されたが、イタリアではそうではなかったのだ。イタリアではトリエント公会議が決定した厳しい条件が当然とされ、あらゆる修道女が守るべきものと考えられていた。

一八二三年に聖心会がトリノに進出すると、トリノ大司教は聖心会に教皇庁の定める禁域制度を強要しようとし、衝突は避けられなかった。ローマでも、カマルドリ会士である教皇グレゴリオ一六世は、トリノの大司教と同意見だった。教皇は修道女の禁域制度にかんする個人的な望みを隠そうともしなかったが、ソフィーに面会した際には、この点で聖心会の会憲を変えるよう要請することはなかった。にもかかわらず、聖心会がローマでの基盤を固めていくにしたがい、修道生活にたいするフランスとイタリアの解釈の相違があきらかになってきた。イタリアにおける禁域制度の厳格な解釈は、ソフィー自身にも理解しがたいものだった。「鉄格子。あのひとたちからすれば、これはなくてはならないものなのです！　こんなことはイタリアでしかありえません。ほかのところでは、鉄格子などにさほどの価値をおかないでしょうに」

それでもソフィーは、ローマにおける聖職者や家族による聖心会への批判を考慮に入れざるをえなかった。一過性の問題ではなかったのだ。数年後、アデル・レオンはソフィーにつぎのように書きおくっている。

現在、ローマにはまったく禁域制度を守らず、あらゆる儀式に参列している多種多様な修道女たち——灰色〔聖ヴィンセンシオ会・フランシスコ会〕、黒〔ドミニコ会〕、聖ヨセフ女子修道会、神の御摂理修道女会、聖ドロテア聖心会——がたくさんいます。わたしたちもこのひとたちとおなじだと思われがちです。このため、また以前にグレゴリオ一六世からうけたようなお叱りを避けるためにも、わたしたちは以前よりもっと禁域制度を厳守しなければなりません。

イタリア、ことにローマでは禁域制度の解釈に気をつけねばならないと、一八三八年のソフィーには確実にわかっていただろう。アルマンド・ドゥ・コーザンとユーフロジーヌ・フォーが社交上の行事や集まりへの招待をうけ、これを辞退するつもりなどないこともわかっていた。ロザヴェンと、ほかにもふたりのイエズス会士が、このふたりをトリニタから遠ざけるようにとうながしたが、ソフィーはいずれ自分で事態に対処するつもりだと答えた。ふたりの、とくにアルマンド・ドゥ・コーザンの顔をつぶすことなく、両者を異動させなければならない。しかも、ドゥ・コーザンの異動は静かにおこなわれねばならない。突然の変化はトリニタの修道院および学校、アルマンド・ドゥ・コーザン本人、さらにローマにおける聖心会のイメージにも影響を与えるのではないかという懸念を表明している。のちに批判の嵐がやわらぎ、トリニタが噂話の種にならないときがきたら、そのときに異動を決行するべきだとソフィーは直感的に考えていた。第五回総会の準備を手伝う者がすぐに必要となるだろうし、エリザベス・ガリツィンがアメリカに行けば、総秘書も必要となる。アルマンド・ドゥ・コーザンはソフィーの秘書をつとめたこともある。元の役職に復職してもだれも驚かないだろう。

ロザヴェンとルイーズ・ドゥ・リマングは、アルマンド・ドゥ・コーザンの即時異動をソフィーに迫りつづけたが、ソフィーは慎重な対応を望んだ。ルイーズ・ドゥ・リマングには、突然の異動がもつ意味をつぎのように説明する。

あのふたり［アルマンド・ドゥ・コーザンとユーフロジーヌ・フォー］をトリニタから遠ざけるために、いったいどのような立場をとるつもりですか？　再度、神父たち［イエズス会士たち］に相談してください。後任も決めずに移転許可状を与えることはできません。

さすがにソフィーにも、トリニタの状況はアルマンド・ドゥ・コーザンの交代ですむ問題ではなく、はるかに複雑だとわかっていた。アルマンド・ドゥ・コーザン、ユーフロジーヌ・フォー、ジョゼフィーヌ・ドゥ・コリオリスの三人は圧力や批判をうけ、たがいの個人的な軋轢はさておき、トリニタを聖心会から分離させ、独立の組織にする算段をたてはじめていた。このためソフィーは、修練女をうけいれるのはヴィラ・ランテに限定するとトリニタに告げた。サンタ・ルフィーナの修道院長イポリット・ラヴォダンがアルマンド・ドゥ・コーザンを支持すると、ソフィーはいっそう警戒を強め、ルイーズ・ドゥ・リマングに警告する。

なんという十字架でしょう、しかもわたしが思いもよらないことが原因で！　ですが、あのひとたちは自分自身をそこなっているのです。どのような成功の見込みがあるというのでしょう？　たとえ聖心会から分離しようとしても、わたしたちがパリの大臣にひとこと言えば、すぐに追いだされてしまうというのに。……実際には、マザー・ドゥ・コーザンには分別があるので、分離を画策しはしないでしょう。孤立してどうなるというのです？　この嵐はおさまると思います。わたしからの移転許可状があのひとたちに届くまで、だれもあのひとたちに干渉しなければ、ですが。届くのは二か月後になるでしょう。

トリニタはローマ市内のフランスの修道院であり、ローマに聖心会が存在するのは、慎重な交渉の末の合意のおかげだった。この合意から少しでも逸脱すれば、すなわち契約が破られることになる。アルマンド・ドゥ・コーザンはトリニタの創設者であり、聖心会の責任も理解していた。しかしローマでは有名人であり、愛と尊敬をうけていたドゥ・コーザンは、たとえ聖心会とトリニタとの関係が絶たれたとしても、周囲の評判と支持を当てにできたのである。ソフィーはどんなかたちの分裂であれ、それを直感的に避けるのがつねであり、またこのような公的な動きが聖心会全体の評判を傷つけうることもわかっていた。それだけではない。ソフィーはこのような動きがもたらす金銭的な影響をも怖れていた。とくにジョゼフィーヌ・ドゥ・コリオリスは入会時にかなりの資産を持参していたのだ。

ソフィーはまた、アルマンド・ドゥ・コーザンへの批判、とくにジャン・ロザヴェンとジョゼフ・ベッロッティによる批判は厳しすぎるとも感じていた。アルマンド・ドゥ・コーザンはトリニタを創設当初から助け、修道院のよい評判を築き、教会や貴族階級との折衝もみごとにこなしてきた。当地の閉鎖的な集団のなかでも自由に動けたからだ。トリニタを軌道に乗せるために挺身したドゥ・コーザンは、一八三七年にコレラで多くの会員を失った心の痛みから回復できずにいた。心身ともに疲れはて、修道院長職を解くというソフィーの計画に憤っていた。背後にルイーズ・ドゥ・リマングとジャン・ロザヴェンの圧力を感じていたからだ。

一八三八年七月には、アルマンド・ドゥ・コーザンとジョゼフィーヌ・ドゥ・コリオリスがすぐにも聖心会から分離するつもりでいる、とソフィーは気づいた。このころ、ローマのイエズス会は、直接の理由は不明ながら、トリニタへの典礼などの聖務を拒否するようになっていた。取り返しのつかないことになる前に問題を解消すべく、ソフィーはルイーズ・ドゥ・リマングに、トリニタにおもむき、アルマンド・ドゥ・コーザンとジョゼフィーヌ・ドゥ・コリオリスと話しあい、イエズス会となんらかの和解に達する可能性を探るように依頼した。たがいの意思の疎通がとだえたせいで、ローマでの聖心会の評判もトリニタの修道院も被害をこうむっていた。ソフィーはドゥ・リマングに書きおくる。

公正に判断せねばなりません。足並みを乱しているのはあのふたりだけで、それも本来の性格と健康状態のせいです。修道院そのものはわたしの訪問時にはしかるべく機能していました。なんにせよ誇張も多いのです。

もっとも深刻な問題は、イエズス会とトリニタ、またトリニタとルイーズ・ドゥ・リマングとのあいだの緊張関係が、公的な性質をおびていることだった。ローマで起こっている騒動の本質にたいする反応から、こみいった問題に対処するソフィー独自の手法がかいまみえる。

……このささいな意見の相違が、ふたつの修道院のあいだに、また親友同士のあいだに生じているのは、じつに悲しいことです。多くの痛ましいできごとを沈黙のうちに耐えたほうがはるかにましです。忍耐と神の助けによって、問題は解決されるでしょう。一方、心が刺々しくなってしまうと、その傷はだれにも癒やせないでしょう。この窮状があきらかになれば結果はおわかりですね。両者を和解させるために全力を尽くしてください。

すでにトリニタもサンタ・ルフィーナもルイーズ・ドゥ・リマングへの信頼を失い、ドゥ・リマングは自分たちに敵対してローマのイエズス会と共謀しているのだと考えていた。ソフィーは、意見の違いがどうあれ、問題を聖心会という家族の内部にとどめておくようにと頼んでいる。

ボナパルトが権力の座から追われたときに議会に述べた崇高な言葉を思いだします。的を射ており、わたしたちにも当てはまる言葉です。「貴殿らは、わが欠点を公の場で非難しておられるが、慎重を欠くふるまいである……汚れた肌着は内々に洗うべきなのだ」……。わたしたちもこの件で同様にふるまっていれば、粛々と解決できたでしょうに。

しかし、率先してトリニタに行くようにルイーズ・ドゥ・リマングを説得するのは困難だった。ルイーズ・ドゥ・リマングにはソフィー・バラのような洞察力も気配りも経験もなかった。ローマでの任務にかんするルイーズ・ドゥ・リマングへの指示には、ソフィー独自の統治の手法が認められる。

なんということですか。あなたはあのひとたちを苦痛と屈辱のうちに放置し、訪問もせず話しかけもせず、イエズス会に接触するよう励ましもしなかったのですか？　愛とはそのようなものでしょうか？　あのひとたちの過ちがもっと重大なものであったとしても、あなたはすべてを水に流して最初の一歩をふみださねばならなかったのに。わたしの権威を支持し、この権威を愛すべきものにするためには、とるべき方法ではありませんでした。あなたはわたしの統治方針をよくわかったうえで、自分がそれに従うどころか、それに従うひとを残らず批判しています。いいえ、わたしは言い分も聞かずに裁くことも、わたしに奨められている荒っぽい方策をとることも許しません。あなた自身もしだいに寛大になるべきなのに、逆にイエズス会の提案する厳格な処置に追随するありさまです。この一連のことでは深く悲しんでいます。

アルマンド・ドゥ・コーザンとそのトリニタでの指導力にたいするロザヴェンの厳しい意見に、ソフィーは同意しなかった。修道院長を交代させる必要があるとは認めたが、アルマンド・ドゥ・コーザンを屈辱のうちにトリニタから去らせてはならないと心に決めた。一八三八年八月には、イエズス会に堪忍袋の緒を切らし、アルマンド・ドゥ・コーザンへの反対運動にイエズス会が関与していることを公に知らしめたいと考えた。イエズス会がとったトリニタへの態度をソフィーは是認せず、ルイーズ・ドゥ・リマングにはロザヴェンとベッロッティに影響されすぎていると注意した。両者の善意は疑わないが、その行動は容認できないと。

だれにも影響されず、わたしならそれぞれの状況でどう行動し、なにを言うかを考えてください。つねに周囲のひとびとに助言を求めつつも、自分の考えをわたしの考えに合致する方向に導きなさい。わたしが自分の助言こそ最上だと思っているからではありません。わたしの責務にふさわしい助けを与えると、神が約束してくださったからなのです。ですから、あなたにもわたしの思考や行動の型に従うように勧めているのです。

アルマンド・ドゥ・コーザンをパリの総会に招いてトリニタから遠ざけ、その後に新しい役職に任命することこそ最上の計画だと、ソフィーは主張しつづけた。この点でも例によって、全面対決や最終的な分極化にいたるまで問題をこじらせまいと本能的に決めていた。イエズス会とルイーズ・ドゥ・リマングの目には、これは弱さや無能力と映ったが、ソフィーは自分の考えが正しいと確信しており、イエズス会に追随するのではなく自分を支持してほしいとドゥ・リマングに訴えた。数週間後、ルイーズ・ドゥ・リマングが、トリニタでの状況を考慮して、イタリアの聖心会により厳格な禁域制度の会則への導入を考える余地はあるかとたずねてきたとき、ソフィーはこれを断固として拒否した。真に必要とされているのはローマの修道院間の一致と調和であり、聖心会にまつわる醜聞や噂話を終わらせることだったからだ。しかし、状況は深刻さをつのらせていた。教皇グレゴリオ一六世は、トリニタにおける修道生活と戒律のありかたを調査する司祭を任命する権限をロザヴェンに与え、ソフィーを落胆させた。とりわけ調査の対象となるのは、禁域制度の問題だという。

ローマにいるわたしたちにとっては大打撃です。神のみ旨が実現しますように！　……わたしが驚いているのは、ロザヴエン神父が選んだ調査者です。いったいどういう司祭なのでしょう?

グレゴリオ一六世がトリニタへの視察を認可した可能性はおおいにある。とはいえ、この問題を教皇に知らせたのがロザヴェンだったのはまちがいない。しかし、アルマンド・ドゥ・コーザンにも、ローマの教会、とくに枢機卿に強力な友人がいた。トリニタ創設にあたってソフィーとの交渉をおこなった国務長官のランブルスキーニ枢機卿は、修道院内のあらゆるできごとに個人的な関心をよせ、アルマンド・ドゥ・コーザンの友人でもあった。この年の秋、修道院への枢機卿の訪問は目立って増えている。これを知っていたソフィーは、パリから外交的な綱渡りを注意深く進めねばならなかった。

ほんとうに、この憐れな修道院［トリニタ］の心配をしないためには、神へのまことの信頼が必要です！　……ランブルスキーニ枢機卿はあのひと［アルマンド・ドゥ・コーザン］を強く支持しています。実際、枢機卿はマダム・ドゥ・コーザンを評価し、好きなのです。……彼女が枢機卿に話したのに違いありません。……［ランブルスキーニには］トリニタに足しげくかよう習慣はおありにならなかったのですから。

アルマンド・ドゥ・コーザンは、パリ行きを快諾したいところであるが、健康上の理由ですぐに出発はできないとソフィーに告げ、事態を引きのばした。この時点でロザヴェンが介入し、ドゥ・コーザンをトリニタに残らせて、修道院長の職だけを解いてはどうかと提案した。これにソフィーは反対し、アルマンド・ドゥ・コーザンに猶予を与えるよう頼んだ。ロザヴェンはソフィーの願いを無視してことを進めた。トリニタにもソフィーの指導力にも批判的だったのだ。

わたしたちがロザヴェン神父のお気に召さないのであれば、わたしも今回の件ではあのかたをあまりよく思っていないと言わざるをえません。この尊敬すべき司祭はわたしの立場を考慮せず、トリニタの状況さえ理解していません。ともあれ、わたしは自分の良心に従っていますから、安らかな気持でいます。マダム・ドゥ・コーザンの出発を主張しつづけていれば、最後にはそうなると確信しています。……あのひとが兄弟とともにローマを去るのを拒否したのも、あきらかに時間を稼ぐためです。……友人たち［イエズス会士たち］はわたしたちを助けてきましたし、それを評価するに吝かではありません。ですが、あれやこれやの要求で多くの問題をひきおこしてもいるのです。せいぜい二、三か月もちこたえればよいのです。それまでは、絶えざる困難や予測しえない結果をひきおこす愚を避けねばなりません。忍耐が必要です。

二日後、ソフィーはローマでの緊張関係を緩和するのを断念する。ルイーズ・ドゥ・リマングに、ロザヴェンおよびベッロッティの両人に、聖心会の三つの修道院、すなわちトリニタ、サンタ・ルフィーナ、ヴィラ・ランテへの介入をひかえてほしいと言えと告げたのだ。いずれにしても、聖心会はこれ以上ローマでは存続できないと考えていたのである。

すべてをぶち壊すのはあのひとたち［ロザヴェンとベッロッティ］です。それもみな、わずかばかりの忍耐と寛容さを欠くばかりに。正直に言えば、わたしはこの状況の責任をひきうけるつもりはありません。

一八三八年五月、マリー・パットおよびカトリーヌ・ドゥ・シャルボネルとともに、ソフィーはローマを離れたが、冬のあいだの病気からまだ完全には回復していなかった。転地が必要だったが、つぎの総会の準備のためにパリにもどらねばならなかった。しかし、パルマに着くころには病状は悪化していた。ローマとパリ、そしてルイジアナの状況が、ソフィーに重くのしかかっていた。加えて、その年の夏の暑さは耐えがたいものだった。マリー・パットも旅の途中で病に倒れ、ソフィーはパリまでいっしょに旅をつづけられないのではないかと危ぶんだ。ソフィーはマリーをおおいに頼りにしていたが、マリーもソフィーの必要を気にかけ、理解し、この領域に他者が介入するのをいやがっていた。ソフィーの心を重くする心配ごとはもうひとつあった。パルマからトリノへと向かう途中でひいた風邪が喉と胸の感染症となって、入念な治療を必要としたのである。声が出なくなり、眠れなくなった。ソフィーは激しい孤独を感じていた。ルイーズ・ドゥ・リマングにつぎのように語っている。

あなたがいなくて、どれほど寂しく思っていることでしょう！……とても悲しいのです！　いまの自分の状態も、その一因です。仕事は増える一方なのに、体力は弱っていくばかりです。助けてくれるひともなく。いまは耐えがたいときです。主が助けてくださることを望みましょう。

ソフィーの孤独感に追い討ちをかけるように、ファーヴル神父の病状が深刻で危篤であると知らされた。ソフィーは奇蹟を願いつづけた。ファーヴルの指導はソフィーの支えだった。ファーヴルはソフィーをよく知っているし、パリへの帰還を怖れていることも理解してくれただろう。ソフィーはファーヴルに書いた。

神父様のおっしゃるとおりです。わたしは現在と未来に悲しみと心配をいだいています。この孤立は辛いものです。ですが、自分をうちのめす悲しみが外にあらわれないように懸命に努力をしています！

ソフィーの回復は遅々としていた。医者は喉と胸にヒルをあてがう処方をし、いくらか病状は回復した。また、発疱剤によって炎症がおさえられ、パリへの旅を続行するのはかなわぬまでも、通常どおりに手紙を書くことはできるようになった。一方で、トリノ近郊のピネロルに修道院を新設する交渉を終えた。修練院になるはずで、貧しい子どもたちのための学校と、のちには中流階級のための寄宿学校も併設される予定だった。ソフィーは体調がすぐれず、修道院であったこの物件を見にいくことはできなかったため、カトリーヌ・ドゥ・シャルボネルに訪問を委任した。近隣地域には絹の製作所があり、この修道院にも紡績所があった。したがって女工たちを日曜学校に集めるのは容易だった。地域の小教区で教理問答（カテキスム）を教える若い女性たちを訓練してほしい、と司教がソフィーに要請するような教育事情であった。修道院は美しい環境に建っており、一八二三年にトリノに創立された貴族のためのりっぱな学校の一部をなしていた。

六月が終わりに近づくころ、ソフィーは完全には回復していなかったが、ふたたび出発しようとした。医者がすすめた入浴は、健康によく元気の源となった。医者はロバの乳も奨めたが、気候が暑すぎてこの療法は向かないとソフィーは考えた。出立前、ソフィーはジョゼフ゠マリー・ファーヴルの死の知らせをうけた。ソフィーはルイーズ・ドゥ・リマングに簡潔に書きおくっている。

わたしたちの共通の友に会う望みはもはや絶たれました。あのひとは天国にいます。……聖人として崇められて。

ファーヴルの死が自分の人生に与えた影響について、ソフィーはなにも書き残さなかった。ファーヴルはソフィーの内面の闘いを理解する良き友であり支えであった。一八三八年一一月、ソフィーはルイーズ・ドゥ・リマングに、いまは自分自身と闘っており、助けとなる導き手も友もいないと書き、この喪失に簡単に触れている。

カトリーヌ・ドゥ・シャルボネルはピネロルの設立を見届けるためにトリノにとどまったので、ソフィーはユージェニー・オーデにマルセイユからトリノに来て、リヨンまで自分とマリーに同行するよう依頼した。ユージェニー・オーデのソフィーへの依存はつづいており、自分がソフィーのあらゆる面倒をみようとしたが、マリーにはこれが許せなかった。マリーはユージェニー・オーデのふるまいに腹を立て、ルイーズ・ドゥ・リマングに手紙を書いて文句を言った。ソフィーはルイーズ・ドゥ・リマングに額面通りにうけとらないように求めたが、ユージェニー・オーデとマリー・パットが実際に緊張関係にあることは認めた。一行は七月中旬にリヨンに到着したが、ソフィーの喉が弱っていたので、リヨンの医者はいっさいの発話を禁じた。さらに、嘔吐させて胆汁を出させようとしたが、熱が上がるだけだった。そこで熱を下げるために、まず下剤を与え、その後キニーネを処方した。この治療は功を奏し、ソフィーの体調はかなり良くなった。

二度にわたる下剤での治療で大量の胆汁が出て、キニーネを使うまでもなく熱はおさまったようです。

ソフィーはパリへの旅がつづけられるまでに回復した。パリへの旅をできるかぎり先送りしてきたが、ヴァレンヌ通りの修道院に近づくにつれて気持は沈んだ。決断すべき事柄はふたつあった。ドゥ・クラン大司教の住居の問題と、次回の総会の開催地の決定だ。パリへの旅路の最終段階として、オータンから出立する前夜、ソフィーは不眠を嘆き、頭と胃が重いのは心労の印だとルイーズ・ドゥ・リマングに訴えている。

眠りはいつでも苦しく、めったに訪れません。頭の神経がすりへっており、心配のせいで胃も不調です。でも、旅のくつろぎがあれば、両方の痛みをやわらげてくれるでしょう。あなたもご存知のように、旅だけがわたしが得ることのできる唯一の安らぎなのです。どこかの修道院に着くやいなや、安らぎなど夢のまた夢となります！

一八三八年八月三〇日、ソフィーはパリに到着した。事態はなにひとつ変わってはいなかった。ドゥ・クラン大司教は、九月のあいだは不在ではあったが、あいかわらず修道院に住んでいた。ルイ・バラは妹に留守中のできごとを伝え、ルイーズ・ドゥ・リマングにも書きおくっている。ソフィーは観念し、大司教に修道院の敷地からの退去を求めるという以前からの仕事を再開し、つぎの総会の準備もはじめた。この数か月間、ソフィーは総会をモント、リヨン、パリのいずれで開くべきかを考えつづけていた。しばらくのあいだはモントが最適だと思われたが、冬には寒すぎるとわかった。マリー・プレヴォはリヨンがよいのではと提案したが、ソフィーはその可能性を追求しようとはしなかった。ことに、もしジョゼフ・ヴァランが協議を手伝ってくれるのであれば、パリでの総会開催こそ、聖心会にとって絶好の機会となると感じることもあった。しかし、ソフィーはためらった。フェリシテ・デマルケの力がパリで強まっており、会の運営改善に必要となる構造的な変化に異を唱える可能性があると、パリにもどってくる以前にすでに感じていたからだ。変化が生じれば、デマルケの総長補佐という役職にも直接の影響が出るだろう。

マザー・D［デマルケ］は……わたしの留守中に、古参の会員たちのあいだで圧倒的な優位を占めるにいたったので、その意見や判断は大きな意味を有することでしょう……。このすばらしいマザーが……変化に徹底的に反対するだろうことは予測できます。

この状況にかんがみて、ユーラリ・ドゥ・ブショーはフェリシテ・デマルケの影響をうけすぎているので、パリの修練長職を解かれるべきだ、とソフィーは考えた。この役職はあまりに重要であり、とくに総会で導入しようとしている改革のことを考えれば、信用していない人間にはまかせられない。ソフィーはあいかわらずパリで総会を開く心づもりでいたが、一八三八年一〇月にドゥ・クラン大司教がヴァレンヌ通りにもどると、すぐに考えを変えることになる。総会をパリで開くことはできないと悟ったのだ。パリでの開催は、みずからの自由と聖心会の自由を脅かしかねない。一〇月から一二月にかけて、ソフィーは面会の日程を再三とりつけようとしたが、ドゥ・クラン大司教はプティ゠オテルでソフィーの客人となっているにもかかわらず、ソフィーとの面会を拒否していた。大司教はソフィーをあっさり黙殺し、ユージェニー・ドゥ・グラモンもふたりの仲介役をつとめる気はなかった。これは屈辱的な立場であり、ソフィーの総長としての役割を矮小化するものだった。ソフィーはルイーズ・ドゥ・リマングに、パリつまりヴァレンヌ通りでは孤独と隔離を身にしみて感じると書きおくっている。

おなじころ、コンフロンで急に健康を害した姪のエリーザ・デュソッソワのことも、ソフィーの心配の種だった。最後の手段として、治癒者として知られるホーヘンロー公に手紙を送り、一八三八年一月二一日から二八日まで姪の回復を祈ってくれるよう依頼している。さらに、身内やパリとコンフロンの諸修道院、および文通相手たちに、この「九日間の祈り」への参加を呼びかけた。しかしエリーザは回復せず、一八三九年二月一七日に息をひきとった。ソフィー自身の健康状態も芳しくなかったが、修道院内で強いられている緊張関係を考えれば説明がつく。九月だけをみても、睡眠不足、食欲不振、消化不良に悩まされつづけている。全般に虚弱で疲れやすくなっており、仕事をする活力はほとんどなかった。「一瞬の平和」もないのだから、驚くまでもない。全身が危機的な状況にあったが、これは聖心会の危機的状況の反映だった。ソフィーは年内の総会開催を希望していたが、パリの助言者たちは、その時期に計画を実行するには健康状態が悪すぎると諭した。また、総会を延期すればアルマンド・ドゥ・コーザンを説得して総会に来させ、ローマでの直接対決を避けることができるかもしれないという利点もあった。一八三八年の秋には、一八三九年初頭にモントで総会を開く方向で動いていたのである。

一八三八年のクリスマス前の数週間、ソフィーは総秘書のエリザベス・ガリツィンと、年内にスイスで招集される総会の時期について話しあう。ユージェニー・ドゥ・グラモンにはいっさいの詳細を伏せていたが、修道院内にはソフィーがすぐにもパリを発つのではないかという疑念があった。総会の議題はソフィーのローマ滞在中に準備されていた。ソフィーとルイーズ・ドゥ・リマングのふたりは、ロザヴェンの協力を得て議題の草案をまとめていたのである。ロザヴェンは管区長および管区への公的な訪問者にかんする会則を、イエズス会の形式にそって書きあげることに同意していた。ソフィーがローマを離れた五月にはまだ完成していなかったため、ルイーズ・ドゥ・リマングが総会のためにローマを発つ際に持参するよう頼んであった。この計画を知っているのはルイーズ・ドゥ・リマング、エリザベス・ガリツィンおよびジャン・ロザヴェンだけで、ソフィーは統治上の改編にあたって、この三人の支持を当てにしていた。拡大をつづける聖心会を率いていくためには、ぜひとも必要な改編だったのである。一八三八年一二月、ソフィーは会全体への書簡のなかで一八三九年春の第五回総会開催を伝えたが、議題の詳細は知らせず、学習指導要領が改訂される見込みを述べるにとどまった。ユージェニー・ドゥ・グラモンもフェリシテ・デマルケも、それぞれ理由は異なっても、事前にソフィーの計画に賛同するとは思えなかった。実際、聖心会への新しい統治機構の導入にあたってソフィーが頼りにしていたのは、一八一五年以降のすべての総会にみられた、自分にたいする会全体の善意と忠誠だったのだ。

ソフィーがパリで待機し、春に向けて体力と活力の回復につとめているあいだ、ローマから届く知らせは悪い予感を現実とした。一八三八年一二月七日の夜、アルマンド・ドゥ・コーザンとユーフロジーヌ・フォーが、だれにもなにも告げることなくトリニタを去ったのである。ふたりは静かに荷物をまとめ、修道院のだれもふたりの出立に気づかなかった。前週、アルマンド・ドゥ・コーザンはフランス大使ドゥ・ラ・トゥール゠モーブール伯爵に旅行許可を願いでていた。はじめは一二月初旬にトリニタを離れる理由を説明しなかった。なぜローマを離れるのか、留守を預かるのはだれかと大使にたずねられると、パリのマダム・バラに呼ばれており、学校と修道院のことはすべてジョゼフィーヌ・ドゥ・コリオリスが担当すると述べた。実際、ジョゼフィーヌ・ドゥ・コリオリスは修道院にとどまり、寄宿学校の世話もつづけたが、教皇の許可がおりしだい、自分も修道院を離れるつもりであった。三人とも追いつめられた心境で、これ以上もちこたえられないと覚悟を決めていた。このころにはランブルスキーニ枢機卿だけでなく教皇も、三人の決意をはっきりと理解していた。聖心会を離れるという決断は、ソフィー・バラではなく、ランブルスキーニおよび教皇との交渉によってもたらされた。アルマンド・ドゥ・コーザンからもランブルスキーニからも、ソフィーがこの一件を知らされることはなかった。ソフィーには無関係の問題であるかのように、あっさりと無視されたのである。

パリのソフィーは、クリスマス・イヴにジョゼフィーヌ・ドゥ・コリオリスから手紙をうけとり、一二月初旬にローマで起こったことを知った。すぐさまルイーズ・ドゥ・リマングに手紙を書き、トリニタの一件がローマで噂の種になるのを防ぐよう依頼した。さらにピネロルのカトリーヌ・ドゥ・シャルボネルにも手紙を送り、すぐにローマに行って、アルマンド・ドゥ・コーザンとユーフロジーヌ・フォーの立場が明確になるまで、トリニタの指揮をとるよう頼んだ。この段階ではまだ、アルマンド・ドゥ・コーザンとユーフロジーヌ・フォーが出立したのは、総会に出席するためにパリに向かったのだと取り繕えるのではないか、と期待したのである。すでに一二月初旬にはアンナ・デュ・ルウジエに手紙を送って、アルマンド・ドゥ・コーザンが兄弟とともにフランス南部に向かうかもしれないと伝え、手厚い処遇を要請してあった。その後ふたたびアンナ・デュ・ルウジエに手紙を書いたが、トリニタでのできごとには触れず、アルマンド・ドゥ・コーザンがトリノに到着したら知らせるよう頼んだ。この段階ではいまだ、アルマンド・ドゥ・コーザンとユーフロジーヌ・フォーがフランスに向かっているのは、パリで自分と合流するためだと期待していたのである。

このすみやかな対処によってローマでの聖心会の公的な体面は保たれていたが、これも一時しのぎにすぎないとソフィーにはわかっていた。カトリーヌ・ドゥ・シャルボネルの健康は緊張に耐えられなくなっていた。耳も目もかなり不自由になっていたのである。一八三九年一月一八日、アルマンド・ドゥ・コーザンの兄弟がソフィーに書状を送り、アルマンドを故郷のエクス＝アン＝プロヴァンスのコーザンに連れかえると言ってきた。アルマンドの健康状態の詳細は書かれておらず、手紙の調子は冷たく距離を感じさせた。数日後、アルマンド・ドゥ・コーザン自身がソフィーに手紙を書いてきたが、しばらく実家にとどまるという以外の情報はなかった。ソフィーの手紙への言及はあるが、これほど唐突にトリニタを離れた理由の釈明はない。この逃亡劇がローマで公になり、フランスの聖心会の修道院にもすぐに知れわたるだろうことはあきらかだった。ルイーズ・ドゥ・リマング、ロザヴェン、ベッロッティの行動が軽率で乱暴だったと、ソフィーはあらためて痛感した。ジョゼフィーヌ・ドゥ・コリオリスからの手紙でもこれを確認したソフィーは、ルイーズ・ドゥ・リマングにつぎのように告げた。

わたしがあなたに送るこの手紙は……節度があり事実にもとづくものだと思います。ご存じのように、わたしはイエズス会士たちの軽率さを最初から予見していました。ことは起きてしまい、あのひとたちは自己弁護をしています。それはそれでよいでしょう。しかし損害は甚大です。どうやって埋めあわせることができるか、慎重に考えてください……イエズス会士たちがわたしたちに害をなしたのはあきらかです。

もし自分の意志が尊重されたなら、状況がこのような袋小路におちいらなかったはずだ、とソフィーは確信している。アルマンド・ドゥ・コーザンのトリニタ脱出の知らせは内密にされただろう。また、イエズス会の介入が助けにならなかった領域はこれだけではないと示唆し、聖心会を実際に運営しているのはだれなのかと修辞上の疑問を投げかけている。ソフィーの統治方法と、聖心会会員ひとりひとりの扱いかたは、イエズス会の規範と対立した。しかし逆説的に、ソフィーはつぎの総会でイエズス会の統治形式を導入しようとしていた。拡大しつつある聖心会にふさわしい運営形式を作るためである。予期せぬできごとの網目に否応なく捕えられたソフィーは、すぐにローマにもどって自分の手でトリニタの問題に対処すべきだと決意した。スタニスラスに自分とマリー・パット、およびフェリシテ・デマルケの旅券を用意させ、できるだけ早急にパリを離れる計画を立てた。

一八三九年二月末、ソフィーはフェリシテ・デマルケにともなわれてパリを離れる。目的地はモントである。途中でブザンソンに立ち寄り、ルイーズ・ドゥ・リマングに手紙を送った。アルマンド・ドゥ・コーザン、ユーフロジーヌ・フォー、ジョゼフィーヌ・ドゥ・コリオリスの三名が聖心会を離れて、ローマの訪問会の修道院への入会を決意したことに衝撃をうけたと語っている。三人が数か月前、教皇に誓願からの解放を願い出ていたことがわかったのだ。アルマンド・ドゥ・コーザンとユーフロジーヌ・フォーは教皇から正式の文書による特免を得ていた。ジョゼフィーヌ・ドゥ・コリオリスはまだ得ていなかったが、それも時間の問題であった。アルマンド・ドゥ・コーザンがふたたび寄こした手紙に、ソフィーは驚いた。冷たくぞんざいな物言いだったからだ。三人とも幻想の世界に生きており、このような状況は長続きするまいとソフィーは考えた。しかしローマの一件は事実としてうけとめ、ルイーズ・ドゥ・リマングに警告した。

あの三人の意図については、いっさい幻想をもってはなりません。三人はローマにとどまり、訪問会に加わってから、わたしたちにとって代わろうとするでしょう。その後、べつの地域で新しい修道院を始めるはずです。このように疑う正当な根拠があります。ですから、三人が、すくなくともマダム・ドゥ・コリオリスだけでも、聖母訪問会に入会しないように、また寄宿学校の認可を得られないように、先手をうって阻止せねばなりません。これらの条件が充たせなければ、わたしたちがローマにとどまる意味はありません。競争や陰謀など煩雑な問題がつぎからつぎへと生じて、一瞬の平和も得られない状況になるでしょうから！

ルイーズ・ドゥ・リマングもカトリーヌ・ドゥ・シャルボネルも、すぐにローマにもどるようソフィーをせきたてた。ソフィーにもそれが賢明な対処であるとわかっていた。スイスではなくローマで第五回総会を開かねばならないのは、いまやあきらかだった。ときをおかずソフィーは出発し、モント、シャンベリー、トリノ経由でローマに向かう旅程を提案した。旅のあいだも、ローマでのできごとについて逐一知っておく必要があった。イエズス会総会長ローターンとロザヴェンは総会をローマで開くべきだと考えているが、教皇はモントで開催すべきだと考えているというのが、モントでうけとった知らせである。ソフィーは後者の意見は不可能だと考え、ローマに着きしだい、自分なりの理由を説明するつもりでいた。まだパリにとどまっている総秘書エリザベス・ガリツィンに慎重な配慮は期待できないので、ユージェニー・ドゥ・グラモン、パリの院長顧問たち、ジョゼフ・ヴァランには、ローマの会員が三人、聖心会を脱退したと伝えておくよう、ガリツィンに命じた。しかし、総会がローマで開かれること、ソフィーがすぐにローマに出立する予定であることは、ユージェニー・ドゥ・グラモンに伏せておくように付け加えた。いずれにせよ、トリニタでの危機を考えれば、モントよりローマのほうが総会開催にふさわしいと教皇を説得できるかどうかは心もとない。

ソフィーはグレゴリオ一六世に書簡を送り、アルマンド・ドゥ・コーザンが突然トリニタを去ったあとのローマにおける聖心会の現状を説明した。とくに、アルマンド・ドゥ・コーザン、ジョゼフィーヌ・ドゥ・コリオリス、ユーフロジーヌ・フォーの三人が、ローマの訪問会への入会を許されることのないようにと願った。教皇はこの要請をうけいれ、ローマおよびトリノの訪問会に入会しないことを、聖心会への誓願からの解放の条件とした。そこで三人はモデナの同会への入会を決めたが、アルマンド・ドゥ・コーザンはこの決定にはげしく動揺した。ドゥ・コーザンを説得して翻意させることができれば、ジョゼフィーヌ・ドゥ・コリオリスもユーフロジーヌ・フォーも聖心会にもどるだろう、とソフィーは気づいた。一八三九年一月、ソフィーはマリー・プレヴォにアルマンド・ドゥ・コーザンをコーザンの自宅にたずねて、近隣のアヴィニヨンにある聖心会の修道院に加わるよう頼んでくれと要請した。この計画は失敗に終わった。その後、ソフィーは旧知の友のナンシー司教ポール・ドゥ・フォルバン゠ジャンソンに、アルマンド・ドゥ・コーザンに近づいて、聖心会への復帰を考慮するよう勧めてくれと頼んでいる。司教はやってみようと約束し、すぐさまアルマンド・ドゥ・コーザンの自宅を訪問するために出発した。

ローマにもどるやいなや、ソフィーはアルマンド・ドゥ・コーザンのトリニタからの逃亡の衝撃を実感した。ローマにいるドゥ・コーザンの数多い友人たちは、ソフィー・バラが彼女をトリニタから追いだしたと考えていたのである。ソフィーは事実のすべてを公言するもならず、騒動の責めを負うしかなかった。ソフィーはユージェニー・ドゥ・グラモンに手紙を書く。

アルマンド事件のことはあまりお話ししないでおきます。あのひとのいとこがあなたに最新の情報を伝えているでしょうが、その意見には偏向があることを考慮に入れねばなりません。贖罪の山羊が必要とされており、あなたが話題にしているあのひとが選ばれたのです。ただ、わたしは両側の話を聞くべき立場にあるのに、いまだ事件を完全に理解できずにいます。双方とも雪のように潔白だというのです！　信頼の濫用と秘密事項の漏洩は明白で、これらは会の外部に由来します。なにより明白なのは、わたしたちをそこなおうとする悪魔の企みがあることで、これは現在もつづいています。この国で生き残っていくには、いっそうの慎重を期する配慮がなければならないのに、実際のところわたしたちはその配慮を欠いていました。確実に言えるのは、アルマンドの脱会とその前後に生じたいっさいのできごとが、完全には癒やせない深い傷をわたしたちに負わせたことです。……ああ！　わずかな思慮分別さえ働かせていたなら、すべてはいともたやすく解決できたでしょうに！　この事件が起こるのを神がお許しになったのは、わたしに苦しみを与えてくださるためなのです。今回の旅とローマ滞在は、わたしにとってあらゆる点で困難だったといえます。しかし後悔はしません。これも神の摂理のなかのできごとなのですから。

ソフィーがなによりも望んだのは、トリニタの主導権をめぐる不安定な情勢がつづくことなく、問題が解決されることであった。フォルバン＝ジャンソン司教が、みずからの立場を再考するようアルマンド・ドゥ・コーザンを説得し、ドゥ・コーザンは聖心会への復帰を願いでる決意を固めた。ソフィーはドゥ・コーザンをうけいれると同意はしたが、トリニタに戻すことには反対した。たとえソフィーが望んだとしても、ドゥ・コーザンをトリニタに戻すのは不可能だった。結局、ソフィーはアルマンド・ドゥ・コーザンをエクス＝アン＝プロヴァンスの修道院長に任命し、ユーフロジーヌ・フォーを同行させる。ジョゼフィーヌ・ドゥ・コリオリスはトリニタにとどまり、寄宿学校の責任者をつとめた。トリニタの院長職は、一八三九年六月に第五回総会が始まるまでソフィーがひきうけた。

ローマに到着したソフィーはすでに多くの予定をかかえていたが、そこに家族の問題が加わった。ルイ・バラがソフィーに手紙をよこして、姪ゾエに結婚の意志があり、自分もこれを奨励していると伝えてきたのである。ゾエの婚約者ピエール・クザンは、ゾエの家族から二万フランの持参金を要求しているとのことだが、ソフィーは金額が多すぎると感じた。このような要求からうけるクザンの印象はあまりよくない。しかし、ルイ、スタニスラス、ソフィー・デュソッソワが妹の未来のために持参金を払ってはどうかと、ルイ・バラは提案してきた。ルイ・デュソッソワは一銭たりとも払わないと言ったが、ソフィーはソフィー・デュソッソワが自分の収入からいくらかを譲るように調整できると考えた。その後、もう一通手紙が届き、結婚は中止になったと伝えられ、ソフィーを安堵させた。ローマの聖心会の切り回しに没頭しており、今後の行動計画に注意を向けねばならなかったのだ。

ソフィーは総会で聖心会の新しい統治方式を話しあうだけでなく、最近のトリニタの危機についても反省するつもりだった。聖心会の会員が三名、いともたやすく教皇と連絡をとり、総長たる自分にひとことの相談もなく会からの分離の交渉ができたという事実に、ソフィーは狼狽していた。表向きには双方を許していたが、自分の役割が理解され受容されるのが当然と思ってはならないと気づいたのである。教皇がアルマンド・ドゥ・コーザン、ジョゼフィーヌ・ドゥ・コリオリス、ユーフロジーヌ・フォーの三名と単独で直接話しあったのは、ソフィー・バラにたいする個人的な悪感情が理由ではなかった。三人の教皇への接触を斡旋したランブルスキーニが、この問題は例外的でローマの管轄だと考えたのである。それだけでなく、各修道院の分離独立という伝統的な修道会のありかたが、教会当局を機能させる精神的な枠組でありつづけた。事実、ソフィーはこの事件に個人的に介入するまで、決定の関係者として考慮されることすらなかった。この経験に照らして、ソフィーはつぎのように書いている。

総会の決定か、あるいは会憲への注釈に、今回の問題についての条文を挿入させるつもりです。いまの状態では、なんらかの理由で聖心会を離れたいという思いや誘惑にさらされた者はだれでも、総長になにも知らせることなく姿を消せるからです！　契約もなければ、絆もありません……。善なる神がトリニタでの今回の不幸な事件が起こるのをおゆるしになったのは、われわれにお教えになるためにちがいありません。……ことは起こってしまったのです。神がそこからよいものを創造してくださるよう望みましょう。

トリニタの危機は劇的なかたちで公になったが、ソフィーはほかにも対処すべき深刻な問題をかかえていた。ドゥ・クラン大司教がヴァレンヌ通りの修道院に居住していることは、批判と噂話の的でありつづけ、ソフィーはとくにローマではこの件を一刻も忘れることができなかった。ソフィーがパリを離れる前にも、聖職者のひとりドゥニ・アフルが、教会と聖心会の立場がひとびとの目にいかに深刻に映っているかを、ドゥ・クラン大司教に指摘している。

モンセニョール、あなたの足元に身を投げだしてお願い申しあげます。司教区のため、あなたご自身のため、また諸修道会のために、この修道院以外のどこかにお住まいをお移しください。はっきりと申しあげますが……わたしは、心からの善意のみにつきうごかされ、これをしたためております。それだけでなく、このような助言が完全に私心のない気持に由来することもお疑いにならないでください。猊下の名誉にもっとも忠誠を捧げるひとびと、もっともキリスト教精神にみちたひとびと、社会の最高の階級とブルジョワジーの両方の意見を判断する立場にあるひとびとと、同様の感情を分かちあっているという確信がなければ、わたしは沈黙を守りとおしたでしょう。

この懇願もむなしく、ドゥ・クラン大司教はヴァレンヌ通りに滞在しつづけた。万策つき、ソフィーにはこれ以上どうすることもできなかった。ソフィーは第五回総会が早急に開かれ、ながらく計画してきた改革が受諾され、支障なく可決されることを強く望んでいた。しかし、またあらたに迫りくる嵐の予感もあった。

聖心会も、政府とおなじように、危機に瀕していると感じています。会が危機に耐え、克服し、さらに清らかに強くなって甦りますように！

前年、ソフィーはアロイジア・ハーディへの手紙で、ヨーロッパの聖心会には一致があると主張していた。

すべてが合意のうえで、ヨーロッパに存在している調和と一致の精神にもとづいておこなわれねばなりません。ヨーロッパでは［マザーたちが］聖心会の利益と主イエスの栄光のために、調和と一致の精神にもとづいて一丸となって働いています。

年末にはソフィーはトリニタの事件に衝撃をうけていたが、第五回総会の開会時には、これまで直面してきたよりもはるかに困難な問題をあつかうことになる。事実、ソフィー自身の過去とユージェニー・ドゥ・グラモンの過去が明るみに出て、多くの聖心会会員は公に口を開かざるをえなくなる。もはや言い逃れではすまないだろう。一旦生じた事態は消えない。このさい徹底的に、直面し、払拭し、対処せねばならない。ソフィーは自分自身の核心まで旅し、同時に望まないかたちで仲間たちの思いや考えを知ることになる。その目に映るのは複雑かつ困難な問題であり、そこで得た自己認識は強烈で痛みをともなうものだった。

一八三九年五月、ソフィーは聖心会の総会会員に書簡を送り、六月の第一週にローマのトリニタに集まるよう依頼した。ローマを選んだわけについては、一般的な言葉で記した。全員がトリニタでの危機の詳細を聞いていたわけではないが、大多数はソフィーのローマ行きが早まったのはこのためだと知っていた。一八二六年の第三回総会や一八三三年の第四回総会とは異なり、ソフィーは第五回総会でとりあげたいおもな議題の概略を述べなかった。前年には総会で優先的にあつかうつもりでいた学習指導要領の刷新すらも、書簡にはふくまれていない。招集状に添付されたのは旅程にかんする指示だけで、旅行とその目的地は秘密にすべしという会員および修道院への警告がふくまれていた。ソフィーがこのような慎重さを求めたのは、当時のフランスの不安定な政情が原因だった。フランスではまだ、聖心会はブルボン支持の正統主義者の一派と関連づけられており、追放中のシャルル一〇世の宮廷を支持しているのではないかと疑われていた。ブルボン家の後継者シャンボール公爵は当時、フランス南部からサヴォワをとおってイタリアを旅行中だったが、これはソフィーがローマに向かう際にとった経路とほぼおなじであった。

総会会員のうち三人が総会に出席できないと手紙で伝えてきた。ユージェニー・ドゥ・グラモンは、ヴァレンヌ通りの修道院を長く留守にはできないと述べた。アンリエット・グロジエもジュヌヴィエーヴ・デゼーも、病気を理由に欠席を願いでた。ソフィーは三人に、ローマでの総会で討議され可決されたことは万事うけいれるという宣言に署名するよう求めた。

> すくなくとも、総会の決定に賛同するという文書を書いてわたしに送るよう願います。聖心会に真に堅固な土台を築くために、この総会は決定的でなければならないのです。

これは例外的な方策だったが、自分がこのような行動をとるのは、事前に議題を送るのには金もかかり総会までに時間もないためだと、ソフィーは説明した。実際には、事前に議題を送るつもりはなかった。討議すべき問題があまりに微妙だったためである。さらに、もはや聖心会の新しい統治方式を確立することだけが、ソフィーの意図ではなかった。会の成長のため、また総長としてのみずからの行動の自由のためにも、聖心会は本部をローマにおくべきだと考えていたのである。要請をうけて、ユージェニー・ドゥ・グラモン、アンリエット・グロジエ、ジュヌヴィエーヴ・デゼーは総会の全決定にたいする委任状を事前に送ってきた。ユージェニー・ドゥ・グラモンはまた、総会で自分を総長補佐に再選しなくてよいとも言明した。ドゥ・グラモンが総会の議題についてなにも知らないのは明白で、ソフィーもこの問題を話しあってはいなかった。反対されるとわかっていたのである。一八三九年二月にパリを離れる際にも、ユージェニーには旅程すら知らせていなかった。

第五回総会は一八三九年六月一〇日、トリニタ修道院で幕を開けた。参加者は、ソフィー・バラ、フェリシテ・デマルケ、カトリーヌ・ドゥ・シャルボネル、ユージェニー・オーデ、アンリエット・コパン、マリー・プレヴォ、マリー・ドリヴィエ、ルイーズ・ドゥ・リマング、アデライド・ドゥ・ロズヴィル、およびエリザベス・ガリツィンであった。ソフィーはテレーズ・マイユシューをローマに呼びよせておき、総会の開会時にマイユシューおよびエリザベス・ガリツィンが出席できない会員の代理に選出されることを提案し、承認を得た。さらにエリザベス・ガリツィンは総会の秘書にも選出された。総会会員のうち一〇名が出席したことで、総会が議事をおこなうに充分な人数が確保された。ソフィー・バラ、ジャン・ロザヴェン、ルイーズ・ドゥ・リマング、およびエリザベス・ガリツィンが総会の議事を掌握していることは冒頭から明白だった。議事は計画ずみで準備も整い、会員の討議を待つばかりであった。

最初の会合で、ソフィーはロザヴェンに、聖心会の統治について意見を述べ、会憲にどのような変更をくわえる必要があるかを指摘するよう依頼した。ロザヴェンは総会で演説し、聖心会の会憲にたいする自分の仕事はイエズス会総会長ローターンの完全な支持をうけていると会員たちに請けあった。周到に準備してきた文書には、ソフィーが数年かけてロザヴェンと話しあってきた問題がふくまれていた。すなわち、会の統治を容易にするための管区の創設、総長による管区長・総書記・総会計の任命、総会による総長・総長補佐・総進言者（アドモナトリクス）の終身任命、総会の招集は総長死亡の場合か会全体にかかわる必要が生じた場合にかぎること、総長および総長補佐は恒久的にローマに居住すること、イエズス会の統治方式により近い聖心会会憲の新版の刊行などである。さらに、盛式誓願は一〇年の養成期間を経た歌隊修道女が立てる、助修女は盛式誓願ではなく単式誓願を立てる、教職の負担があるので歌隊による聖務日課は中止とする、の三点も盛りこまれていた。

つづく数日のあいだ、ロザヴェンは全四七条にわたる自作の資料を総会に提示した。ほとんど論争もなく、すべてが可決された。六月一六日、日曜日の夕方、ソフィーは教皇グレゴリオ一六世に謁見を賜った。同行者はフェリシテ・デマルケおよびマリー・プレヴォである。ロザヴェンも教皇から同席の招待をうけていた。ロザヴェンは教皇に、聖心会総会のために準備した議事録を提示した。文書はイタリア語で書かれていた。教皇がとくに興味を示したのは、ソフィーのローマ居住にかかわる点だった。この謁見は総会の結果にたいする正式の承認ではないものの、議事録にある種の重みを与え、やがて第五回総会の成果を正当化するのに利用されることになる。七月五日には議事は終了し、文書が作成され、会全体に伝達されるとともに、承認をうけるために教皇に送付される記録となった。本文書の序文で、急速に発展する聖心会において改革が必要な理由が説かれている。良好な統治にはときに断固たる行動が要請される。よって、以下の決定事項が満場一致で可決されたのだと。エリザベス・ガリツィンの記録した、聖心会の将来の統治のための重要な条文は以下のとおりである。

・聖心会総長はローマに居住する。
・総長は統治において、四人の総長補佐の助力を得る。総長補佐は会によって選出され、可能なかぎり異なる国から選ぶものとする。総長補佐は総長とともにローマに居住する。
・総長も総長補佐も、単独で聖心会の修道院を訪問することはない。訪問の業務は総長に任命された管区長がおこなうものとする。
・聖心会内におく管区の数は、総長が決定する。管区長の任期は三年で、例外的に六年に延長される。各地域の修道院長も同様である。

聖心会会員にかかわる改訂事項は、基本的に以下のとおりである。

・歌隊による聖務日課は廃止するが、個人的に祈りを唱えるのは自由とする。この祈禱は聖心会の霊性の一部ではないと考えられるためである。むしろ、一日中声を使っている会員にとっては、半時間の祈りまたはロザリオの祈りのほうが、黙想の代わりとして、よりふさわしいと思われる。
・聖心会会員が三〇歳になる前に終生誓願を立てることは許されない。また、終生誓願前に一〇年間、会に在籍していることが条件となる。

ここには、歌隊修道女と助修女の誓願の違いについての決定や、歌隊修道女と助修女のどちらも最初の誓願時から信仰の印の十字架と指輪を身につけることが許されるという決定については、いっさい言及されていない。他方、一八三九年七月一三日にソフィーが会全体に送った書簡にはこの二点がふくまれていたが、自身がローマに居住することは省かれている。これは意味深長だ。書簡によれば、総長は一か所に居住し、以前のように各修道院を訪問することはないと述べるにとどまっている。また、第五回総会のあらゆる決定はこれから書き写され、各修道院に送られるとの説明もある。加えて、管区長たちには指針が作成されるとも。すべての資料の準備ができるのは秋になるだろう。その一方で、ソフィーはあらたに役職に選出された会員の名前と、聖心会の新しい管区の一覧を書簡に同封している。七月五日、カトリーヌ・ドゥ・シャルボネルは満場一致で選出され、ルイーズ・ドゥ・リマングも過半数を獲得したが、最後の一席にはエリザベス・ガリツィンとユージェニー・ドゥ・グラモンが同数票で並んだ。決選投票ではエリザベス・ガリツィンが過半数を獲得して当選した。ソフィーはエリザベス・ガリツィンを総秘書、カトリーヌ・ドゥ・シャルボネルを総会計にそれぞれ再任し、フェリシテ・デマルケは総会の選出により総進言者（アドモナトリクス）となった。総会の期間中に聖心会は管区に分割された。

　一八三九年の第五回総会決定の目的は、聖心会の抜本的な再構成である。ソフィーは何年にもわたって計画し、少数の会員とのみ話しあってきたことを三週間にも満たない期間中に文書の形で達成した。組織としての聖心会全体も、また総会会員たちも、これほど抜本的な変化にたいする準備は全般にできていなかった。ソフィーにとっては、一八三九年の総会決定は長年にわたる考えの実現だったが、大多数の聖心会会員にとっては、総会決定が提示したのは新しい理念だった。会に新しい統治機構を導入し、慣れ親しんだ修道生活のありかたに少なからぬ変化をもたらすものだった。しかし、ソフィーは自分の力を信じていた。訪問や書簡をとおして、またソフィー自身が会憲の改訂を求めているという事実によって、同僚と意思をかよわせ説得することができると考えたのだ。ただ、ソフィーが予測していなかったのは、ロザヴェンがローマでの総会の議事を独占した高圧的なやりかたである。また、多数の会員がロザヴェンにいだく敵意にも気づいていなかった。ソフィー自身もアルマンド・ドゥ・コーザンにたいするロザヴェンの態度は無礼であったと感じており、ロザヴェン本人にこそ言わなかったものの、ルイーズ・ドゥ・リマングにはためらわずそう語っている。さらに、ソフィーはルイーズ・ドゥ・リマングとエリザベス・ガリツィンの会内での評判にも気づいていなかった。ルイーズ・ドゥ・リマングがソフィーを蚊帳の外においているとみなす会員、エリザベス・ガリツィンをロザヴェンの傀儡とみて信頼しない会員も多かった。このように、第五回決定の内容自体が多数の会員にはうけいれにくいものであったが、加えてロザヴェン、ルイーズ・ドゥ・リマング、エリザベス・ガリツィンが、総会とソフィー自身に与える影響も原因となり、一八三九年の夏にローマでおこなわれたことはすべて、本当に賢明であったかと疑念をいだく会員もいたのである。

第一五章　反　動

一八三九年七―一二月

一八三九年の第五回総会は七月五日に幕を閉じ、翌日には出席者全員が教皇に謁見を賜ったが、これで総会の結論が正式に承認されたと解釈する向きもあった。イエズス会総会長ヤン・ロータースはトリニタのソフィーに表敬訪問をおこない、これもまた聖心会が統治においてイエズス会の構造の一部を採用したことの受諾とみなされた。すべてが平和と調和に満ちていると思われ、ソフィーは総会決定の文面に添えられるはずの回状を準備していた。これらは一八三九年九月初旬に配布される予定だった。

ソフィーとエリザベス・ガリツィンがローマにとどまり、全会員宛ての文書や書簡を準備しているあいだに、パリでは第五回総会の結果にたいする反発が勢いを得ていた。ユージェニー・ドゥ・グラモンの承諾が重要だとわかっていたソフィーは、総会のためローマに来るよう幾度となくうながしていた。ユージェニーの身体的障害のため旅行は苦痛をともない、ローマへの長い旅路が気力をくじくものだったのはまちがいない。いずれにせよ、ユージェニーはフォーブール・サン＝ジェルマンでの生活と、ドゥ・クラン大司教への個人的な献身に心を奪われていた。ソフィーは総会前から会期中にわたって何度かユージェニーに手紙を書き、詳細を知らせようとした。また、マリー・ドリヴィエには総会後、ボーヴェへの帰途でユージェニーを訪問し、ローマで下された総会決定を伝えるよう頼んだ。ユージェニー・ドゥ・グラモンの支持が得られれば、総会決定は聖心会内でうけいれられるとわかっていたからだ。しかし、総会決定にはいっさい関与したくないというユージェニーの決意を、ソフィーは失望とともに知ることになる。

第五回総会は、ユージェニー・ドゥ・グラモンの懸念を決定的にしたにすぎない。ユージェニーはソフィーの計画に疑念をいだき、エリザベス・ガリツィンが聖心会の記録文書を、ヴァレンヌ通りのものもふくめてすべてローマにもっていったと不満を述べていた。エリザベス・ガリツィンにしてみれば、ソフィーが将来的にローマに居住するのはすでに決定ずみの結論だったため、ヴァレンヌ通りから文書を撤去したにすぎない。ソフィーはエリザベス・ガリツィンに修道院の文書にさわってはいけないと警告していたが、忘れられたか無視されたのだろう。ソフィーはユージェニーにヴァレンヌ通りの文書の返還を約束する。だが、ユージェニーはすでに警戒態勢に入っていた。

一八三九年七月四日、ソフィーはユージェニーに長文の書簡をしたため、第五回総会の結果を詳しく伝えた。ローマ居住のもつ意味が重圧となり、気持が沈んでいることをソフィーは認めている。数年来、ソフィーは会憲に加えられるべき変更について計画を練り、発言もしてきたが、ここではとくに自身のローマ居住と聖心会内の管区の創設について語っている。ユージェニーには管区および管区長職の新設を伝え、北フランス管区の管区長へユージェニーの任命を正式に承認した。ユージェニーが総長補佐に再選されなかった点については、本人が総会欠席を選んだせいだと指摘しつつも、深い失望を表明した。

ユージェニーが総長補佐に選出されるように、総会のあいだずいぶんと努力をした、とソフィーはエメ・ダヴナスに述べている。ヴァレンヌ通りの修道院の会員たちはエリザベス・ガリツィンの選出に驚き、なぜユージェニーが無視されたのかを理解できずにいた。ソフィーはダヴナスに以下のようにつづる。

わたしたちの人選についてあなたが考えることは予想していました。ユージェニーは代わりに選ばれたひととはくらべものになりませんし、わずかな票差で敗れたとはいえ、わたしの心は傷つきました。総会会員のうち数人がもつ偏見をうち砕こうとしましたが、無駄でした。あなたもご存知の、ある特定の不満の種が消えなかったからです。これは〔ヴァレンヌ通りで開かれた〕一連の夕食会や、あのひと〔ユージェニー〕が斡旋したとされる結婚の結果です。……地方ともなれば、こういうことが誇張されて伝わるのです。……これらがみな悪いほうに働きました。この件では当地でとても恥ずかしい思いをしました。

ソフィーはユージェニーを慰撫するために、総会後には総長、管区長、各地域の修道院長が会内の真の執行権をにぎることになると指摘した。総長補佐は総長の相談役にすぎず、管区や修道院についてはいかなる権限もない。つまり、ユージェニー・ドゥ・グラモンは新しい役職についたほうが、総長補佐であるよりも多くの実権をもつことになるのだと。ユージェニーはソフィーの期待以上に熱心にこの点にこだわった。管区長に任命されたことで、実質的に一八一八年から居座っているヴァレンヌ通りの修道院長職に、この先三年または六年の留任が確実になったのだ。

七月中旬には、第五回総会の詳細はまずソフィー自身から、ついで総会からもどったアデライド・ドゥ・ロズヴィルとマリー・ドリヴィエの両名から伝えられていた。ドゥ・ロズヴィルもドリヴィエも、総会中にきちんと討議もせずに決定に署名するように圧力をうけたこと、議事の進行中、ロザヴェンが高圧的でありつづけたこと、さらにロザヴェンへの告解が強いられたことについて、おおっぴらに不満を述べた。エリザベス・ガリツィンは総会記録にこれらの苦情を記さなかった。聖心会が各地方の修道院長職についてイエズス会方式を採用したことに、ドゥ・ロズヴィルおよびドリヴィエは当惑しているのだと、ガリツィンは考えた。イエズス会方式によれば、延長される任期ではなく、あらかじめ固定された委任が是とされたのである。

ソフィーはユージェニーに、総会決定を拙速に判断せずに、春に自分がパリにもどるまで待ってほしいと頼んだ。そのころにはすべてがもっと明解になり、ふたりで将来の問題を話しあうこともできるだろうと。

フランスではあなただけがわたしの支えです。神の思し召しでしょうが、わたしのところには人材がほとんどいないのです！　ですから、あなたがいまは総長補佐になれないよう、神がとりはからってくださっているのでしょう。あなたがこれから就こうとしている役職のほうが、会にとってずっと有益だとだれもがわかっているのです。わずかに票がたりなかったのですが、総会に出席していたひとたちが勝利することになりました。やむをえなかったのです。

ソフィーはユージェニーに、総会決定の全体を見て、これが会に与えうる好影響を理解するように求めた。ここでもう一度、ひとつひとつ項目をあげて決定を説明している。自分の居住地の問題は非常に重要だが、すぐにではなく数年をかけて実施されるものだと考えている。また、数年たっても効果がないようであれば、フランスに帰るつもりだと。七月には自分のローマ生活の展望をユージェニーに語っていたが、このころには考えがかなり変わっていたことがわかる。しかし、管区長が緊急に必要とされていること、総長と総長補佐たちの恒久的な住居が求められていることを、ユージェニーは考慮すべきだと強調している。従来のやりかたをつづけることはできない。ソフィーのためにも聖心会のためにもならないのだから。さらに、一八一五年に設立された一二名からなる無期限の常任顧問会は、聖心会の必要にまったくそぐわないとも主張した。大多数の会員はこれを理解していた。各地域の修道院長の交代については、どの修道院においてもその必要性はこれ以上ないほどあきらかだった。だが、ソフィーはこれをユージェニーに直接伝えずにすんだ。新しく管区長に任じられたユージェニーは、ヴァレンヌ通りの修道院長にも留任できたからである。

固定された修道院長の交代が必要となりました。それぞれの修道院にあまりにしっかりと根を下ろしすぎて、中世の女子修道院長のようになるひとがいるためです。これは一般論としての移動ですから、だれも傷つけることはないでしょう。

ソフィーは手紙をつぎのように結んでいる。

短い考察を述べて終わりにします。これらの変化、というよりむしろ改善の実現には、わたしの死を待たないほうがよいでしょう。でなければ実現はおそらく不可能になるでしょうから。いずれにせよ、わたしたちはJ〔イエズス〕会の統治方式を採用すべきだと考えているのですから、あえて略式版にする必要があるでしょうか。わたしたちの会憲や統治計画においてイエズス会にほとんど似ていないのに、イエズス会との類似を誇るのはまちがっていると、かつてイエズス会士たち自身が非難したこともあったのです。つまらない正当化はもうやめにしましょう。あなたの反発も想像できます。

実際、ユージェニーは総会決定に反発しただけでなく、きっぱりと拒絶し、いかなる利点も認めようとしなかった。総会決定はユージェニーにとって寝耳に水だった。聖心会は一八二六年に成文化された会憲に〔実質的には〕二三年も従ってきたのであり、この慣行を変える計画が進行中だったとは思いもよらなかった、とユージェニーはソフィーに反論した。ソフィーが会に改善策を提示するつもりなら、これほど大きな変化をもたらすのにローマでの三週間では足りないはずだ。ようするに、ロザヴェン、エリザベス・ガリツィン、ルイーズ・ドゥ・リマングに押しきられたか、とって代わられたかで、ソフィー自身は本件に関与していないとしか考えられない。ヴァレンヌ通りの学校で教務を担当するエメ・ダヴナスも、ソフィーへの手紙で露骨に批判した。

あなたの総会は一七八九年の立憲議会を真似たのです。ほんの数日で組織を崩壊させたのですから。ですが、みなが神聖と考えるものを破壊するひとは、いずれは自身の仕事も破壊にさらされるでしょう。

ソフィーをさらに悩ませたのはジョゼフ・ヴァランの手紙である。ヴァランはユージェニー・ドゥ・グラモンから改編にかかわる情報を得ると、この情報をもとに怒りにみちた書簡をローマに送った。ローマでの総会の成果について、ヴァランはソフィーと総会出席者をこと細かに批判した。非難の的となったのは、会の基礎の破壊、助修女への屈辱的な扱い、そして聖心会創設当初からの目的の変更だった。

> 聖心会がこの総会を開いたのは、ローマ教皇もお認めになった会憲を完全な状態で守り遂行するという唯一の目的のためでした。ところが、総会はみずから会憲を完璧にくつがえし、その後すみやかに会そのものの消滅を宣言し、永遠にみずからを破壊してしまったのです。
>
> ……なにが語られたか想像がつきますし、助修女への不満の声も耳に入っています。しかし、彼女たちがときに不満の種であったとしても、だれのせいだとお思いですか？　ああ！　もし会憲が定めるとおり、助修女たちにしかるべき修練期の訓練が与えられ、正しい信仰を教え、また聖心会の精神（スピリット）に添うように育てる注意が払われてさえいれば、われわれももっぱらその模範的なふるまいを称賛したでしょうに。
>
> 最初の会憲に定められた条項、そしてもっとも根本的な条項でもあるのですが、この条項によると、聖心会はキリストの聖心（みこころ）のため、その栄光のためにのみ創設されたのです。これが聖心会の第一にして唯一の目的でした。会にかかわるほかのすべては、会員の救済と完徳にせよ、隣人の聖化にせよ、会の目標、すなわち、キリストの聖心（みこころ）の栄光を達成する手段とみなされるべきなのです。

数日後、ジョゼフ・ヴァランはマリー・ドリヴィエと長く話しあったのち、ふたたびソフィーに書簡を送って、第五回総会が聖心会の目的を変えてしまったという懸念をくり返した。ヴァランは、聖心会とイエズス会は目的が異なっている、また、もし一八三九年の総会決定を聖心会がうけいれるならば、創立当初から達成しようとしてきた目標が失われると主張した。

> 聖心会とは、われわれが三九年前にその誕生を見届け、そのつつましい揺籃にあなたを最初の会員としてうけいれ、あなたが神の恵みによってすばらしく発展させてきたものなのです。……ローマにいるイエズス会士たちに、自身の創立の理念を破壊するような総会をイエズス会はどう思うかと問うてください。……しかも、あなたは聖心会がもっとも繁栄しているまさにそのときに、会を破壊しようとしているのです。

じつに、ジョゼフ・ヴァランはレオノール・ドゥ・トゥルネリの霊的なヴィジョンを忠実にうけつぎ、フランスでの誕生時から聖心会とともにあった。ヴァランとソフィーはともに歩んできた。つねに容易な道のりではなかったかもしれないが、ふたりは年月とともに尊敬しあう間柄になっていた。ジョゼフ・ヴァランはこれまで聖心会の全総会に出席していたが、一八三九年の第五回総会については相談もされなかった。ヴァランの軽率さは悪名高く、ソフィーはローマで総会を開くという決定にいたるまでの数か月間、ヴァランに明かすことができずにいた。しかし、ヴァランは会の創設からその成長と開花にいたるまで深くかかわっていたため、道義的には発言権があった。総会決定にかんするヴァランの情報源はユージェニー・ドゥ・グラモンと、のちにはマリー・ドリヴィエだった。ここ数年、ソフィーのジョゼフ・ヴァランへの連絡は減っていたとはいえ、ソフィーが一通の手紙すら書かなかったことも失望を生んだ。一八三六年にはソフィーのローマ居住を議論することにさえ難色を示していたヴァランだが、一八三九年にはこれが会にとってなんらかの利点になりうると理解しはじめていた。テレーズ・マイユシューとマリー・ドリヴィエに、一八三九年六月に総会のためローマ入りした際に、自分の意見が変わったことをソフィーに伝えるよう要請している。しかしながら、ソフィーは全般的にジョゼフ・ヴァランには厳選した情報のみを伝える傾向があり、ほかの会員にも同様にするよう注意していた。

ジョゼフ・ヴァランの書簡はソフィーがもっとも怖れていたことを現実とした。ソフィーはルイーズ・ドゥ・リマングへの手紙で、まちがいがあったことを認める。

「七つの悲しみの聖母」に熱心に祈ってください。会はひどく揺れています。わたしたちはきわめて軽率な行動をとってしまいました。もっとゆっくりことを進め、計画は隠さねばならないでしょう。起こってしまったことはやむをえませんが、今後どれほどの困難を刈りとることでしょう！　わたしだけが苦しむのならかまわないのですが……。

ソフィーがとくに敏感に反応したのは、高圧的かつ恣意的に行動したというジョゼフ・ヴァランの非難だった。さらにソフィーを悩ませたのは、この意見が自分にではなく、ユーラリ・ドゥ・ブショー経由でフェリシテ・デマルケに伝えられたことだった。ソフィーは修練長だったドゥ・ブショーを叱り、この種の情報は自分に直接伝えられるべきで、たとえ総長補佐であっても他人を介在させるべきではないと告げている。ソフィーはデマルケに疑念をいだき、自分に代わって総長になりたがっているのではないかと感じていた。しかしユーラリ・ドゥ・ブショーを叱責したものの、ジョゼフ・ヴァランについては本心を打ちあけた。

この良き司祭がわたしに提示する論拠のなんと貧弱なことでしょう。落ち着いてほしいものです。すべてが天の配剤だと時がたてばわかるでしょう。ですから、岩のように断固として、わたしたちを支えてください。鳩のように純真であらねばならないとしても、同時に蛇の智恵も身につけねばなりません。

ソフィーはローマの総長補佐たちと、ジョゼフ・ヴァランの二通の手紙にどう返答すべきかを話しあった。なんらかのかたちでの説明が必要だった。ヴァランは聖心会に独自の地位を占めているだけでなく、彼に書きおくったことはことごとくパリ中に流布し、聖心会のほかの修道院にも転送されてしまう。のみならず、ヴァランは九月中にフランス西部の修道院で黙想会をおこなう予定になっていた。ソフィーは自分で返事を書かず、ロザヴェンの助けを得て手紙を書くようエリザベス・ガリツィンに要請した。また、ソフィーは慎重を期して、手紙の写しをヴァランが滞在する予定の修道院の院長にも送っておいた。このころには総会決定の内容がアンリエット・グロジエとジュヌヴィエーヴ・デゼーの耳に入り、ふたりはユージェニー・ドゥ・グラモンとジョゼフ・ヴァランとともに決定に反対していたのである。

エリザベス・ガリツィンが作成した手紙は、ジョゼフ・ヴァランの意見への理路整然とした反駁で、とくに第五回総会が聖心会の目的と趣旨を変えたという非難を否定するものだった。総会における助修女の扱いの問題が論じられ、このような決断にいたった理由が述べられている。

助修女にもはや終生誓願が認められなくなるのは事実ですが、大いなる必要に迫られての決断であります……それに、助修士に終生誓願を認めないというあなたがたの非常に賢明な決定を、わたしたちが取りいれていけない理由がありましょうか。だからといって助修女が信仰において劣るという意味ではないのですから。ただ、残念ながら彼女たちを修道会から出さねばならないときに、もし定住の誓願を立てていなければ、従来のように教皇に嘆願する苦労をしなくてもよいのです。

このわずか数日前、ソフィー自身がはるかに明瞭で温厚な説明をしたためている。

助修女にかかわる問題を当人たちにすぐに伝えたのがまちがいだったのです。新入会員を念頭においた議論なのですから。古参の助修女たちや満足のいく成果をあげた修練女たちは、終生誓願を立てる望みをいだいてよいのです。しかし彼女たちがうけいれられたのちには、すでに決まったことを蒸し返さないでください。結局のところ、誓願はどれもおなじですし、神の御前では違いはないのです。イエズス会でも助修士に〔一八三九年に提案されたものと〕おなじ待遇がなされ、だれもが幸せで満足しています。ですから、この条項のせいで問題が生じないことを願っています。他の条項にしても同様ですが。すくなくとも助修女たちは統制され、そうなればとても助かるのです。

　ロザヴェンはエリザベス・ガリツィンがまとめた手紙に追伸を書きくわえ、ジョゼフ・ヴァランを誤った前提にもとづき批判を展開していると咎めている。自分が総会を手伝ったのは、イエズス会総会長ローターンの完全な承認を得てのことであると、ロザヴェンは言明した。また、キリストの聖心の栄光こそが聖心会の唯一の目的だとするヴァランの意見を斥ける。ひとつの目的は他の目的を排除するものではなく、ひとつの優先事項があるからといって、他の事項が否定されるわけではない。したがって、キリストの聖心の栄光は、自己の完徳や隣人への奉仕を排除するものではない。これは言葉と理念による闘いだった。手紙の文体も言葉遣いもソフィーのものではなく、冷たく自己防衛的なこの手紙にソフィーの署名はない。この文書があらわすのは、論争好きで強情かつ決然たるエリザベス・ガリツィンとロザヴェンの態度である。ロザヴェンの役割は明白だった。ロザヴェンの追伸はエリザベス・ガリツィンの手紙を支持する。両者はパリとユージェニー・ドゥ・グラモンおよびジョゼフ・ヴァランへの、また自分たちが聖心会の安寧のために必要不可欠だと考える変化に反対するあらゆるものへの対決姿勢を表明する。もともとジョゼフ・ヴァラン宛てに書かれたこの手紙は、管区長、副管区長、総会決定を知って騒然としている修道院、ヴァランが九月に黙想会をする予定のトゥール、ニオール、ポワティエの各修道院にも送られた。

　ソフィー・バラは歌隊修道女および助修女の問題にながらく頭を悩ませてきた。会内の歌隊修道女の質の低さ、新入会員の指導能力や教師としての資質のなさ、真剣さに欠ける浅薄な人間を養成する困難を嘆くことも多かった。修道院長たちはこのような志願者を安易にうけいれ、なかなか脱会させようとしないと不満を漏らしている。なによりも、ソフィー・バラは会員が働くことを求め、歌隊修道女であろうと助修女であろうと、熱心に働かない、またはその意志のないものには批判的だった。与えられた仕事や社会的な出自にかかわらず、ソフィーは会員に真剣に働くことを求めた。一八二七年にはファーヴルに、助修女たちが修道生活のための充分な霊的養成をうけていると思うかとたずねている。ファーヴルは、会憲にある理論から判断するかぎりでは、適切な養成がなされていると思うと答えた。一方、ソフィーは疑問を呈することなく当時の階級差をうけいれていたので、生まれついた階級の範囲をこえた教育を助修女たちに与えようとはしなかった。事実、聖心会が生まれた社会の階級構造は聖心会内の修道生活にも反映されていた。フランスのみならず、聖心会が根づいたあらゆる国と文化においても同様であった。

聖心会において、助修女のもつ技術は必要不可欠だった。病人の世話、料理、掃除、編み物、縫い物、家畜の世話、農作物の管理ができる人材が継続的に入会しなければ、修道院も学校も存続できない。助修女の仕事こそ、全会員の生活を実質的に支える土台なのだ。これは重労働であり、助修女たちはしばしば過度の労働を強いられた。助修女の修道生活はナザレのイエスの観想生活を模範とするという会憲に記された理想は魅力的で、この理由で多くの女性が入会した。歌隊修道女と助修女の両方の修道生活の質を妨げたのは、聖心会の急速な拡大だった。これほど多くの仕事量を維持するには、会員の数が少なすぎた。志願者を入会させるにあたり、霊的な動機だけでなく労働力をも当てにするという誘惑に、修道院長たちはさらされていた。助修女になることは、修道生活への召命をうけて使用人の仕事をする集団に加わるという混合状態を意味した。ソフィーは修道院長たちに、修道院のうち三分の二が歌隊修道女、三分の一が助修女という比率を守るよう何度も命じている。

一八四三年までには、会内の助修女の数は歌隊修道女とほぼ同数になっていた。最初に統計が記録された一八四三年には、誓願を立てた助修女の数は一四八人、誓願を立てた歌隊修道女の数は四〇五人である。ところが、養成中の人員となると状況はまったく異なる。この状況に一八三九年の総会決定は対応しようとした。一八四三年には、助修女の志願者見習は四一三人、歌隊修道女の志願者見習は四〇七人であり、修練女では助修女が一七五人、歌隊修道女が一五六人であった。この事態は、対処すべき真の不均衡が迫ってきていることを示していた。解決法は入会時にすべての候補者を厳しく審査することで、ソフィー・バラは修道院長たちにこれを実行するよう要請しつづけた。だが、つねに一貫しておこなわれたわけではなく、ソフィーを失望させた。さらに、助修女は入会した修道院で修練期をすごし誓願を立てるため、ソフィーが当該の修道院を訪問したときか問題が生じたときでなければ、助修女と個人的に面会する機会がほとんどなかった。助修女にかんする一八三九年の総会決定が、会全体に多くの反省と批判を生んだことはまちがいない。

助修女についての総会決定は、ユージェニー・ドゥ・グラモンが拒否した決定のひとつにすぎない。ユージェニーは、第五回総会の結果を拒絶する怒りにみちた手紙をソフィーに送りつづけていた。なぜ、あのような総会の議事を認めることができたのかと問い、総長補佐たち、とくにエリザベス・ガリツィンとフェリシテ・デマルケを、以前には批判していたではないかと指摘した。これはソフィーの心を乱した。ユージェニーを信じて打ちあけた話だったからである。

例の打ちあけ話を思いださせて、わたしに反対するために使うのはまちがっています。ことに、このひとたち自身が真にすばらしい資質によって、意図的ではない欠点を埋めあわせているのですから。

ふたりの友情はかねてから限界に達していたが、ソフィーが詳細かつ痛烈な覚書をうけとるにいたって、緊張はさらに高まった。覚書には署名がなく、ヴァレンヌ通りの修道院の名前で送られてきたが、あきらかにユージェニー・ドゥ・グラモンと、学校での教務の責任者であるエメ・ダヴナスが作成したものだった。そこに示されたのは、ユージェニー・ドゥ・グラモンが従ってきた、そして万難を排しても守りぬくつもりの修道生活の規範であった。ユージェニーの覚書は総会決定であつかわれた問題を誇張する。総長のローマ居住については、聖心会はフランスの修道会であり、会員もほとんどがフランス人、評判もフランス国内のものだとユージェニーは主張する。さらに、フランスの司教たちはソフィーのイタリア居住を許さないだろう。ソフィーがあくまでローマへの転居を主張するなら、会が分裂する危険もあると述べている。ユージェニーは、聖務日課を公式に唱えることを禁止するのは、世俗的な印象を与えるという理由で拒否する。聖務日課の朗唱はユージェニーが考える修道生活に必要不可欠であり、省略するのは理解できない。とくにフォーブール・サン＝ジェルマンでは、ヴァレンヌ通りの修道院で「夕べの祈り」に出席するのが流行しているのだから。助修女にかんする総会決定が存続するならば、修道生活全体の調和と経済さえも影響をうけるだろう。かならずや脱会者が出るだろうし、そうなれば修道院や学校は手伝いを雇わねばならない。各地域の修道院長の定期的な交代もうけいれがたい。このような革新は修道院の円滑な運営の妨げになるだろうと。

オテル・ビロンの事情を考えれば、これらの論点はユージェニー・ドゥ・グラモンの立場がかかえる矛盾を暴露するものにすぎなかった。ユージェニーはあきらかにドゥ・クラン大司教の影響下にあった。両者とも骨の髄までガリカニストであり、ユージェニー・ドゥ・グラモンも大司教も、聖心会がローマに統治されることを望まなかった。聖務日課を唱えることで会の修道生活が守られるという論については、ヴァレンヌ通りの修道院の生活様式が噂の的となっていることを、ソフィーの度重なる指摘にもかかわらず、ユージェニー・ドゥ・グラモンは理解しなかった。助修女の扱いがひどいと不満を並べるくせに、その本人が学校や修道院では助修女にとくに要求が多かった。一方、自身の生活のありかたに改革が必要であること、その生活が噂話の温床であること、自分自身がその中心にあることを、ユージェニー・ドゥ・グラモンはついぞ理解できなかった。ユージェニーの修道生活はサン゠テステヴのそれを模範としていた。ユージェニーにとってオテル・ビロンはアミアンだった。長年にわたるソフィーの努力も、友のこの意見を変えられずにいた。

ユージェニーが拒否した一八三九年の総会決定は、聖心会の会憲をこれまで以上にイエズス会の会憲に近づけた。ユージェニーはソフィーに、聖心会の各修道院の院長にイエズス会士が任命されるという噂は事実かとたずねている。ありえない提案である。ユージェニーはこの背後に、フランスを離れて五〇年になるロザヴェンの介入を認めた。ソフィーが三週間という短期間にこれほど性急に抜本的な変化を押しとおす気なのであれば、あらかじめ会全体に相談すべきだった、とユージェニーはあらためて指摘する。一八一五年の会憲の作成と試行に一〇年を要したのだから、今回も同様にすべきではないのかと。たしかに正当な言い分だった。しかし実際には、会憲の修正にかんするソフィーの考えはすでに何年も熟考を重ねたものだった。ソフィーの心づもりでは、聖心会のよりよい統治を可能にする決定を通すために一八三九年の第五回総会を開いたのだが、ロザヴェンがエリザベス・ガリツィンとルイーズ・ドゥ・リマングの強い支持を得て、総会の議事をソフィーの手から奪ってしまったのだ。一方の極にユージェニー・ドゥ・グラモンが位置するとすれば、もう一方の極にはロザヴェン、ガリツィン、ドゥ・リマングがいた。その後の数か月、団結を強める両陣営のあいだで、ソフィーは調整を余儀なくされることになる。

ソフィーとしては覚書をうけとることに異論はなかった

が、あまりに攻撃的な言葉づかいに心を痛めた。ソフィーはエメ・ダヴナスに注意する。

……あなたの意見に異議を唱えるつもりはまったくありません。あなた自身の性質にも小さなマザー〔ユージェニー・ドゥ・グラモン〕の性質にも、嘘偽りがなく、わが道を突きすすむ傾向があるのは、周知の事実です。右へ左へと勢いよく進んで、行く手をさえぎるひとたちと衝突することもあるでしょう。一方、ひとが真実を伝えるとき、その真実のすべてを公言できるとはかぎりません。ですが、それは率直さの欠如とはなんの関係もないのです。

ソフィーはユージェニーに覚書の内容にとても悲しんでいると告げた。総会決定にたいするドゥ・クラン大司教の反対は、ほかならぬユージェニーの影響によるものだとわかっていた。大司教はパリで総会決定の実施を阻止するだけでなく、フランスのほかの司教たちにも同調するよう呼びかけるのではないかと危惧された。ユージェニーにさらなる説明を待つ気がないことはわかっていた。ユージェニーは粘りづよく、ソフィーもいやというほど知っているように、自分の主張のためには戦うことも辞さない。ソフィーはムッシュー通りの修練長ユーラリ・ドゥ・ブショーに手紙を送って総会決定への忠誠をうながした。ユージェニー・ドゥ・グラモンが新管区長に選ばれ、ムッシュー通りの責任者である以上、ユーラリ・ドゥ・ブショーは困難な立場におかれた。ソフィーはユーラリに、修練院の直接の運営にかかわることではユージェニーの指示をあおぎ、それ以外のいっさいはソフィー本人に報告する旨を伝えた。さらに悩みを打ちあけてもいる。

お手紙をうけとりました……感謝します。あなたが〔ヴァレンヌ通りの〕隣人たちから耳にするだろうことも、現状ではわたしに知るすべはほとんどないのですから。あのひとたちの反対はあきらかに〔ドゥ・クラン〕猊下の支持を得ています。騒動が起こりそうですが、キリストの聖心（みこころ）がわたしたちを救ってくださるでしょう。なんにでも耳をすまし、発言は控えめに、わかったことはすべて手紙で伝えてください。これがあなたの務めです。……火の手がこれ以上広がれば、わたしがパリに行く必要があるでしょうが、このことはいっさい口外無用です。……マダム・ドゥ・グラモンはわたしたちに害をなすかもしれない道、それゆえ本人が将来後悔するかもしれない道を進んでいます。あのひとの本意ではないでしょう。しかし、ひとたび人心が離れてしまったとき、つなぎ止めることはできるのでしょうか？

ユージェニーの覚書には署名がなかったため、ソフィーはみずから返答しなかった。かわりに、エリザベス・ガリツィンに返答の手紙の下書きを書かせた。手紙の一言一句が吟味されるため、とくに文書の文法と体裁には注意を払わせた。ヴァレンヌ通りの修道院ではエリザベス・ガリツィンは嫌われているので、その筆跡が最終稿には表われないようにせよと命じた。ユージェニー・オーデの筆跡ならばパリの大多数がうけいれるだろうと提案している。パリからの覚書に返信するにあたり、エリザベス・ガリツィンは、同年の総会決定の可決によって聖心会とイエズス会との絆が精神と統治の両面で強まったことにたいする喜びを隠そうともしなかった。ガリツィンの返答は三部に分かれ、各部分では第五回総会の実際の成果、総会の決定権、総会にかんする聖心会会員の義務があつかわれている。聖心会は全世界的な修道会であってフランスに限定されず、一八三九年の決定は聖心会をその真の姿、すなわちイエズス会に倣い、全世界の教会に奉仕する修道会としての姿に近づけることを可能にした。これが文書全体の基本的な主張である。ジャン・ロザヴェンの役割について言えば、近年創立された多くの修道会を調査するために教皇の委任をうけたロザヴェンの出席を得たのは、聖心会の特権とみなせよう。総会で可決された決定事項ではないが、もし各修道院に院長としてイエズス会士をおくことになれば、聖心会にとっては寿ぐべき幸運であろう。言葉による闘いが始まり、聖心会内に広がる分裂はフランスの各修道院にも飛び火しはじめた。

聖心会創立時からの会員のひとりジュヌヴィエーヴ・デゼーも、ソフィーとグレゴリオ一六世に抗議の手紙を送ってきた。ジョゼフ・ヴァランの書簡とユージェニー・ドゥ・グラモンの覚書にたいするエリザベス・ガリツィンの返答の写しを入手したのである。ジャン・ロザヴェン、ルイーズ・ドゥ・リマングおよびエリザベス・ガリツィンの画策のせいで、ソフィー・バラと聖心会がイエズス会に乗っとられるのではないかという懸念が表明されていた。エリザベス・ガリツィンの返信の口ぶりから、ソフィーが一八三九年にローマに帰還する前に自分が耳にした噂、つまりソフィーと聖心会をべつの方向に動かそうという計画が進行中だという話は事実だ、と確信したのである。デゼーいわく、ローマでの総会に出席できない三人の総会会員に事前に賛同の署名をさせたのは、ソフィー・バラによせられる信頼と権力の濫用である。みずからの主体性を放棄することがわかっていれば、三人とも署名しなかっただろう。デゼーはソフィーにつぎのように問う。

ドミニコ会士にカルメル会士になれ、またはイエズス会士にカプチン会士になれと命令したひとがいるでしょうか？　教皇は賛同を強いたり、威圧によってご自分の権力を押しつけたりはなさいません。そんなことをすれば、少数の会員が作成し、承認し、全員の義務であると宣言した総会決定に反対が出るでしょう。……今回の総会決定はわたしたちに完全性を求め、イエズス会の会憲の模倣を提案し、いえ、指示しています。イエズス会の会憲に反対しているわけではありませんが、なにごとにもそれなりの完全なかたちがあり、それぞれの修道会には固有の精神があります。女性は男性ではなく、フランスはイタリアではないのです。

九月下旬に届いたべつの手紙は、ソフィーにじっくりと真剣に考えるきっかけを与えた。ブザンソンの大司教で、ソフィー・バラの古くからの友であるセゼール・マチュウが、一八三九年の総会決定への失望を手紙で伝えてきたのだ。アデライド・ドゥ・ロズヴィルがローマから帰還し、マチュウに総会の結果を伝えたのだ。マチュウは修道院にはこの結果をうけいれ遵守するよう助言したが、個人的には決定が聖心会にもたらしうる影響を懸念していた。

修正や改革は、ことに生まれたばかりの修道会にとっては、きわめて微妙な問題です。修正や改革は不安を生みます。安心を与える港であるはずの信仰の土台を揺さぶる嵐を起こすこともあるのです。創立から二〇年たったいま、改革が始められているように、一〇年か一五年後にはさらなる変化が始まるでしょう。そして、若いころに修道会に入ったひとびとは、自分たちが生きているあいだに会の根本が変わってしまうのではないかと危惧をいだくかもしれません。

セゼール・マチュウはソフィーがローマに居住すべきではないと考えた。

あなたの会の修道院のほとんどはフランスにあります。会員のほとんど、なかでも修道院を支えるのに適したひとたちはフランス出身です。あなたはフランス人ですし、あなたの娘たち〔会員〕のほぼ全員を個人的に知っています。このような状況で会の中心を移すことなど前代未聞です。キリスト教の霊性の中心地は、聖心会の活動の物理的な中心でもなければ、霊的な中心でさえないのです。

セゼール・マチュウの考えでは、管区は必要ではなく、ソフィーが統治を助ける総長補佐を任命するには一八二六年の会憲で充分だった。各地域の修道院長を定期的に交代させる必要もない。ソフィーがだれかを異動させたいならば、命令は聞き届けられるはずだ。マチュウは総会決定における助修女の扱いにも当惑した。

助修女の盛式誓願廃止。あの気の毒な女性たちにとって、なんという後ろ向きの一歩でしょう！　多くは聖人のようで、ほとんどがとても善良なひとたちだというのに。かくもつつましい聖心会のなかで、歌隊修道女と一般の助修女のあいだに、かくも法外な区別をもうける必要があるのでしょうか？……この件では、あなたが万事においてイエズス会士に倣うという軽はずみな願望に導かれたのではないかと、わたしは危惧しています。男子修道会と女子修道会のあいだに存在せざるをえない本質的な違いを、あなたは充分に考慮していません。……総会の出席者が大挙して陥穽に落ちるのを防ぐために、まっとうな助言を与え、ごく単純な意見を述べることのできた真の友は、ただのひとりもローマにはいなかったのでしょうか？

この手紙は一八三九年九月一四日に書かれたが、大司教は蒸気船に乗って非公式にニームをめざしている最中だった。マリー・プレヴォもおなじ船に乗りあわせ、偶然マチユウを見かけた。ふたりは決定について長時間話しあい、セゼール・マチユウはドゥ・ロズヴィルから聞いた話とは異なる印象をうける。しかし、あらためてソフィーに手紙を書いて意見を修正することはなかった。

一八三九年秋にローマに届いた手紙には、四人の修道院長からのものもあった。トゥールのジェルトリュード・ドゥ・ブル、オータンのアグラエ・フォンテーヌ、ル・マンのアントワネット・ドゥ・グラモン、エクス＝アン＝プロヴァンスのアルマンド・ドゥ・コーザンである。四通の手紙にはおなじ意見が記されていた。修道院長たちはユージェニー・ドゥ・グラモンから充分な情報を得ており、ジョゼフ・ヴァランおよびユージェニー・ドゥ・グラモンの書簡にたいするエリザベス・ガリツィンの返答の写しも入手していた。院長たちがソフィーに伝えたところでは、各司教区の大司教たちは総会決定に批判的で、ドゥ・クラン大司教の立場に賛同し、じつに教皇に苦情を申し立てた大司教すらいた。教区の大司教たちがとくに関心を示したのは、各地域の修道院長の任命の問題だった。司教の統率権よりも総長の権威を上におくこの任命権は、司教の権威への脅威とみなされたのである。ポワティエには顕著な実例もあった。

アミアンにいた短期間をのぞき一八一五年からずっとポ

ワティエ修道院の院長をつとめていたアンリエット・グロジエを、ソフィーはここしばらく何度か異動させようと努力しながら報われずにいた。一八三九年八月、総会決定の後ろ盾を得て、ソフィーはふたたび挑戦を試みる。不当にひとびとを動揺させることなく決定をゆるやかに会内に導入したい。ついてはアンリエット・グロジエにはポワティエからボルドーへの異動を求めたい。これが当人への説明だった。一方で、三年後にはポワティエに復帰させると約束もした。アンリエットは聖心会の会員のなかでも最古参のひとりで、新しい決定への服従に先鞭をつけてくれるはずだと、ソフィーは好意的な返答を期待した。アミアンでの聖心会の揺籃期には会員はどこへでもすみやかに移動せねばならなかったことを思いおこさせ、今回も同様の対応を期待していると述べた。二週間後、ソフィーは、アンリエットにポワティエ教区を離れてボルドーに行くのを望むのは過大な要求だったと悟る。ポワティエ司教区内のニオールで修道院長がより緊急に必要とされていたので、アンリエットにボルドーではなくニオールに行くように依頼することになる。

九月、ポワティエ司教ジャン゠バティスト・ドゥ・ブイエ（在職一八一九—四二）がソフィーに書簡を送り、総会決定の正当な根拠を知らせるように要請してきた。とりわけ再考を求めたのは、ソフィーのローマ居住と、アンリエット・グロジエのポワティエからの異動である。司教の主張によれば、地域の修道院長の定期的な交代は生徒たちの両親によくない影響をおよぼす。聖心会の教育事業は社会の上流階級のためのものなのだから、安定した指導者の存在が重要なのだと。グロジエを異動させるなという主旨はあきらかだった。ソフィーは慎重に対応した。司教が自分に直接手紙を送ったことに謝意をあらわし、筋道をたてて以下のように答えた。聖心会の会憲に本体としての変更はないが、フランスだけでなく全世界へ会が成長する現実を反映して、追加の条項が明文化されたのだとソフィーは説明する。追加条項は一八一五年の聖心会会憲の源から、つまりイエズス会会則から採択されている。ローマこそ聖心会の本部をおくにふさわしい場所と考えている。政治的には外国であっても、宗教的にはローマはキリスト教世界の中心であり、聖心会はフランス国内にとどまらず世界的な組織となるべく運命づけられている。修道院長交代の問題については、生徒の両親には個々の聖心会会員ではなく団体としての聖心会への信頼を訴えたい。アンリエット・グロジエのニオールへの異動を主張せねばならないのは遺憾だが、ニオールの現修道院長は会のほかの場所で必要とされているのだと。さらに、ニオールもまたポワティエ司教の司教区内であり、ニオールでの任期終了後にグロジエがポワティエにもどる可能性があることに注意をうながした。

この手紙を送ったにもかかわらず、一八三九年一一月には、ソフィーはアンリエット・グロジエ本人、ポワティエの修道院の会員数名、地元の司教および聖職者たちから圧力をうけ、決定をくつがえさざるをえなかった。アンリエット・グロジエにポワティエの修道院長職留任を許可したが、ソフィーは総長の職権がないがしろにされたことに不満をおぼえた。

ひとりひとりが会の統治にいちいち口をはさみ、総長の一挙一動に逆らう権利があると思いこんだなら、いったい会はどうなるでしょうか。こんなありさまで、だれが総長職に就こうとするでしょう。

修道院長の交代にかかわる今回の困難はすべて、わたしに議論の余地のない権利があるにもかかわらず発生しました。こう一歩ごとに邪魔をされるのでは、会の統治も困難になってきたと認めざるをえません。

ソフィーが不安を感じたのは、第五回総会の決定について教皇に書簡を送った司教の数の多さだった。この種の苦情に対抗するため、ソフィーは会としての見解を示そうと決意する。覚書を作成し、ロザヴェンに見せたうえでグレゴリオ一六世に送付するよう、エリザベス・ガリツィンに依頼した。エリザベス・ガリツィンの攻撃的な調子にはロザヴェンですら面くらい、ロザヴェンは自己保身とイエズス会の防御に躍起になった。聖心会のなかで私的に権力をふるうことと、それが公式に知れわたることはべつの話だった。ローマのローターンとパリのイエズス会士たちは、聖心会の問題をめぐるロザヴェンの役割に批判的で、ロザヴェンが聖心会にこれ以上かかわることを望まなかった。

エリザベス・ガリツィンは教皇に、おもにふたつの論点を提示した。第一に、ソフィー・バラは自分のローマ居住が教皇の望みだと理解していること。第二に、聖心会はイエズス会の会憲を完全に導入することを望んでいること。文書を完成させると、ガリツィンはロザヴェンに目をとおすよう頼んだ。ロザヴェンはエリザベス・ガリツィンに、教皇がソフィー・バラのローマ居住を公式に推奨したことはないと思うと告げた。教皇はソフィーがローマに滞在することを喜び、つねに帰ってくるよう求めてはいたが、聖心会本部をローマに移すべしと主張したことはないと。もっとも、エリザベス・ガリツィンが述べたことは部分的には正しかった。一八三二年にソフィーがローマをはじめて訪問して以来、教皇はソフィーがローマにいることをいつでも喜び、ソフィーの頻繁なローマ訪問を望んでいた。これはフランスでは心配の種となり、ジョゼフ・ヴァランとユージェニー・ドゥ・グラモンは、ソフィーにローマ居住を考えないでほしいと一再ならず頼んだ。ところが、ヴァレンヌ通りの修道院の問題で手を焼けば焼くほど、ローマでの居住がソフィーには魅力的に映りはじめていた。

聖心会がイエズス会の会憲をとりいれることについては、ロザヴェンはさらに強硬な反応をみせた。「われわれの会憲を聖心会に適用しうるもっとも純粋かつ完全なかたちで採用したいとのことですが、この宣言に賛同はできかねます」

ロザヴェンは教皇にこのような宣言をおこなうことの意味を考えるように、エリザベス・ガリツィンとソフィーに求めた。フランス政府の耳に入れれば、聖心会はフランス国内でこれまで以上にイエズス会と同一視されるだろうとも。ロザヴェンはフランスで一八三九年の総会決定にたいする抵抗が強まっていることに気づき、ユージェニー・ドゥ・グラモンが覚書で提案した三年の試行期間を、緊張関係を緩和するのに利用してはどうかと示唆した。不服従と不一致によって聖心会がひき裂かれるかもしれない、とさしものロザヴェンも気づいたのである。ロザヴェンは覚書を聖心会の名において教皇に提出するのを断り、あきらかに聖心会にたいしてさらに距離をおこうとしていた。数年にわたって聖心会の会憲の修正作業に関与しておきながら、この期におよんで公的にその役割を認めることを渋ったのである。

> 残念ながら、正当な理由があまりに多く、……お断りせざるをえません。聖心会への関心を欠くせいだとは思わないでください。わたしがどれほど深い関心をよせてきたかは、神がご存知です。しかし、あなたがたにとって有益であるためには、この関心でさえも間接的にしか表わさぬほうが望ましいのです。

ロザヴェンはエリザベス・ガリツィンがどれほど熱狂的に自分に忠実であるかに気づかず、したがって、ガリツィンが他のあらゆるひとや物事を、ソフィー・バラのことでさえも（あるいはとくにソフィーのことを）、理解できなくなっていることに気づかなかった。アルマンド・ドゥ・コーザンがずいぶん前にソフィーに告げたように、ロザヴェンの唯一の明白な弱点はエリザベス・ガリツィンへの溺愛だった。エリザベス・ガリツィンは、自分がいだく聖心会の将来像に会員たちを従わせる能力があると思いこみはじめていた。エリザベス・ガリツィンをよく知るソフィーは、彼女が総秘書としての役割をうまくはたせても、指導者としての能力に欠けると考えた。とはいえエリザベス・ガリツィンは一八三九年の第五回総会で選出され、いまや聖心会内の権威ある三つの役職を兼ねていた。すなわち、総秘書、総長補佐、およびアメリカの修道院の管区長である。

一八三九年一〇月、ソフィーとエリザベス・ガリツィンの関係は悪化していた。第五回総会の結果へのエリザベス・ガリツィンの度をこした肩入れを抑えるのに、ソフィーは手を焼いた。ガリツィンは、聖心会の会憲をできるだけイエズス会に近づけるという自分の使命に夢中になり、ソフィーの慎重なことの進めかたに苛立ちをつのらせていた。ソフィーが聖心会におけるみずからの権威を擁護し、全員、とくにユージェニー・ドゥ・グラモンにたいして、一八三九年の総会決定のすみやかな遵守を求めることを望んでいたからだ。ソフィーがなぜ総会で可決された事項の実施をためらい、延期し、修正するのかわからず、八月下旬にこのような傾向が目につきはじめると、ガリツィンは不満を表明した。自分が描く聖心会の将来像に没頭するあまり、他のひとびとにおよぼす影響にまで気が回らなかったのだ。ソフィー自身は状況を把握していた。

あなたがわたしに与えてきた苦痛について……なにも言わなかったのは、あなたが自分のしたことに気づいていないというまさにその理由によります。当時のあなたは――いまでも変わらないとは思いますが――、わたしをあのようにあつかう権利があると思っていたのでしょう。わたしが自分の感受性に惑わされているのかもしれませんが、こちらのマザーたちが伝えるところでは、マザーたちはあなたのふるまいにたいへん傷つき、とくにひとりは心を病むほどに滅入ってしまったそうです。

といっても、わたしは謝罪を要求しているのではありません。あなたの場合は謝罪など無益だからです。あなたに言わせれば、自分はなにも悪いことをしていない、これが真実なのですから。またつぎの機会に、きっとおなじことをくり返すでしょう。あなたにその機会を与えることがないように願うばかりです。以後、わたしが注意深くあればよいのです。

ルイーズ・ドゥ・リマングはエリザベス・ガリツィンと話しあって、ソフィーに謝罪するよう頼んだ。しかし謝罪をうけたソフィーは、これが形式だけのもので、無益で空疎な仕草にすぎないとわかっていた。エリザベス・ガリツィンはみずからの義務と確信するものを追求する決意にみち、この点では父親的存在のジャン・ロザヴェンの支持も得ていた。実際に、エリザベス・ガリツィンは意図的にソフィーの邪魔をしつづけた。ソフィーは管区長たちにゆっくりと段階をふんで総会決定を実施するように伝えるよう要請したが、実際に送った書簡ではこの点に言及するのを都合よく忘れてみせた。短気で無礼なふるまいをする総秘書〔ガリツィン〕が自分に向ける遠慮のない個人的な敵意に、ソフィーは日ごとに直面しなければならなかった。第五回総会がロザヴェン、エリザベス・ガリツィン、ルイーズ・ドゥ・リマングに乗っとられただけでなく、自分が脇へ押しやられてしまったことを、一八三九年秋にソフィーは悲しみとともに理解した。数週間後にフランスから届いた知らせは懸念を確証にした。ソフィーは、総会決定への不満、とくにすべてが拙速に提案され可決されたという苦情には道理があることを認めた。ソフィーは総会の席でみずからの懸念を表明したのだが、その場で拒否されたのである。このことをソフィーはルイーズ・ドゥ・リマングに思いださせた。

事態は困った展開をみせています。自分の直感、いえ、立場ゆえに与えられた洞察の光に従わなかったことを悔いています。他のひとたちが察知できないものを認識させるのは、この光だというのに。これまで以上に祈らなければなりません。その必要があるのです。

ソフィーはエリザベス・ガリツィンが作成した覚書を、みずから教皇グレゴリオ一六世に送った。覚書では第五回総会で可決された決定の内容が詳しく説明されていたが、イエズス会の名前も、教皇がソフィーのローマ居住を口頭で承認したことも、まったく書かれてはいなかった。このため、教皇もロザヴェンも論争に巻きこまれずにすんだが、ソフィーはひとりで危機管理に当たらねばならなかった。そのせいでソフィーは孤立したが、最終的にはこの孤立は有利にもはたらいた。会内の分裂、不和、反乱の暗雲が厚く垂れこめる状況に直面したとき、独立し、孤独かつ自由である必要があったからだ。その後の三年は、ソフィーの人生でもっとも困難な時期となる。ソフィーは一八三九年一二月に六〇歳の誕生日を迎える。自身と聖心会がこの新しい局面を乗りこえるのを見届けるには、智恵と経験と内なるヴィジョンを必要とする。この局面を作りだしたのはソフィー自身だった。聖心会には変化が必要だと、以前からわかっていたのである。大半の会員はこれを理解せず、ソフィーからこの計画を奪おうとする者さえいた。一八三九年一一月にジョゼフ・ヴァランが手紙をよこし、九月の手紙を書いたのがソフィーでないとわかったと伝えてきたのは慰めとなった。

あの手紙には、あなたの精神も文体も認められませんでした。また、学識のあるイエズス会士のひとりが、この手紙を書いた人物がイエズス会を知らないのはあきらかだと指摘しました。……ああ！　あなたがあのような思慮を欠く手紙を廃棄して、その後まもなくマザー・プレヴォが直接わたしに伝えてくれた説明を頼りにしてくださっていれば、よかったのですが。……マザー・プレヴォの説明と、あなたからの最近の手紙の内容には、わたしが知っているあなたというひとが見えました。わたしが何度も言ってきたように、それこそが真の現状であり、優しさと智恵にみちた方法なのです。

ソフィーはこの手紙におおいに安堵した。ジョゼフ・ヴァランはあいかわらず衝動的で軽率ではあったが、自分が早合点していたとソフィーに告げるだけの寛大さと正直さも持ちあわせていた。なぜこれほど重要な手紙をエリザベス・ガリツィンにまかせたのかを追求しない点でも、ヴァランは寛大だった。それにしても、エリザベス・ガリツィンの署名があるだけでなく、ロザヴェンの手になる追伸までふくむこの手紙を、なぜソフィーがそのまま送らせたのか、ほとんどだれにも理解できなかった。

総会後にリヨンにもどったマリー・プレヴォは、決定にたいするユージェニー・ドゥ・グラモンの反発の知らせを耳にすると、これをソフィーに伝えた。ソフィーはこれに返事を送り、プレヴォとカトリーヌ・ドゥ・シャルボネルにヴァレンヌ通りの修道院を訪問し、ユージェニー・ドゥ・グラモンおよび修道院全体に決定を説明するよう要請した。しかし、これではうまくいかないとマリー・プレヴォにはすぐにわかった。ユージェニー・ドゥ・グラモンはソフィー自身の任命によって、フランス北部の修道院の管区長なのだ。ユージェニーには公式の権力があるが、マリー・プレヴォにもカトリーヌ・ドゥ・シャルボネルにも、ソフィーに任命された訪問者という以外に、変化をうながす実質的な力はない。マリー・プレヴォが提案できた唯一の解決法は、ソフィーがユージェニー・ドゥ・グラモンの管区長職を解くというものだった。ヴァレンヌ通りの修道院長には留任させればよい。そうすればカトリーヌ・ドゥ・シャルボネルは総長補佐として、マリー・プレヴォにともなわれてヴァレンヌ通りを公式に訪問できるだろう。

パリの状況についてのマリー・プレヴォの意見を裏づけるように、フランスの司教のうち数人は総会決定に批判的であると警告する手紙が、さらにソフィーのもとへ届いた。基本的に、司教たちは自分の教区内で、たとえ会内の修道生活にかかわる内容であっても、ローマからいかなる決定を押しつけられるのにも反対する。事前に相談をうける権利があると司教たちが主張したことで、ローマとフランス、ガリカニスムと教皇権至上主義とのあいだに格闘がくり広げられることになった。この意味では、拒否されたのはソフィー・バラでも聖心会そのものでもなく、聖心会とローマ当局との協力関係だったのである。ユージェニー・ドゥ・グラモンもエメ・ダヴナスも、ソフィーへの書簡では強く否定していたものの、フランスの司教たちや諸修道院と接触しつづけ、一八三九年の決定に反対する強力な一団を作りあげようとしていた。ジョゼフ・ヴァランも当初はユージェニー・ドゥ・グラモンの味方についたが、一八三九年の秋には総会決定への支持を断固として表明し、聖心会の全会員にも同様にするよう呼びかけた。ソフィーはこれを完全には信頼しなかった。実際、ヴァランはふたたび変心し、ユージェニー・ドゥ・グラモンとともに一八三九年の決定をくつがえそうとしていたことが、のちに発覚する。ソフィーはドゥ・ブショーに述べている。

あのかた［ジョゼフ・ヴァラン］はわたしたちを困らせ、足かせとなっています……あのかたとマダム・ドゥ・G［グラモン］との会話を伝えてくれたあなたには、おわかりだと思いますが。……どうすればよいのでしょうか？　神に信頼をおいて、神の助けのみを望みましょう！　わたしたちは四方八方から見捨てられつつあると言わざるをえません。

ロザヴェンはすくなくともローマでは、聖心会の問題におけるみずからの役割を慎重に隠していたが、フランスでは総会決定への反対派が、一八三九年の総会の結果はロザヴェン、ルイーズ・ドゥ・リマング、エリザベス・ガリツィンの責任だと非難の声をあげていた。エメ・ダヴナスはユージェニー・ドゥ・グラモンを擁護し、ドゥ・グラモンはガリツィンとロザヴェンによって贖罪の山羊として利用されている、とソフィーに訴えた。

あのふたりは、あらゆる醜悪な不平不満の責任を小さなマザー［ユージェニー・ドゥ・グラモン］に負わせ、うわべのみで感傷的に服従するふりをして、総長様との関係を維持しています。……わたしたちはほんとうにあなたに心を開き、良心にしたがってお話ししてきました。あのふたりに願うのは、おなじように誠実にふるまい、自分たちの問題にわたしたちを巻きこまないことです。わたしはこの手紙をあのかた［ユージェニー・ドゥ・グラモン］のかわりに書きました。小さなマザーがあれほど慈愛深くなく、また慎重である必要がなければ、あなたの羊の群れから奇妙なものが生まれはじめている印として、他の〔文書の〕写しをご覧にいれることもできるのですが。あのふたりは、あなたの前でわたしたちのことを勝手に「離脱者」と呼んでいます。「離脱者」という語は、離れていくひとをさします。ですが、わたしたちは「古くからの岩」との絆を持ちつづけています。……あのふたりの件であなたが沈黙を守っていることに、みなが傷ついています。その結果、わたしたちの多くはあなたに直接話しかけるのではなく、教皇に書簡を送ったり公的な場で語ったりしているのです。……小さなマザーはご自分の立場に悩みながらもすべてを打ちあけたのに、あなたはまったく信じようとなさいませんでした。あなたはいつもあのかたを愛してくださったのに、それでもあのかたではなく他のひとびとの助言を聞きいれていらっしゃる、とのあなたへの言葉をわたしに託されました。わたしもつぎのようにつけ加えます。会内でのあのかたの苦しみにたいして、あなたはなんの支えも与えてくださらなかったと。

エメ・ダヴナスはユージェニー・ドゥ・グラモンの代弁者であり、ソフィーへの手紙には脅しが隠されていた。ダヴナスはソフィーに、分裂を避けるには一刻も早くパリに帰ってほしいと頼み、ローマ居住の可能性がフランス政府の耳に入れば危険を招きかねないと警告する。そうなれば一八二七年の総会決定に違反し、聖心会は政府と衝突することになる。ダヴナスは古い聖心会を代弁していたが、ソフィーが望んだのは会を刷新し、活気づけ、未来にむけて推進させることだった。一八三九年の総会決定は、ソフィーをヴァレンヌ通りから、そしてフランスから恒久的に離れさせようとするエリザベス・ガリツィン、ルイーズ・ドゥ・リマング、ジャン・ロザヴェンの作戦だったという考えも、ある意味では一理ある。ヴァレンヌ通りの修道院は長年にわたってソフィーを拘束してきた。みずからの独立を守るために、ソフィーはユージェニー・ドゥ・グラモンと闘いつづけてきた。ドゥ・クラン大司教の存在が闘いをいっそう困難にした。ソフィーが今回の手順を何年もかけてみずから計画したこと、聖心会の統治構造を変えたいと思っていることを、パリの反対勢力は理解していなかった。しかしながら、ソフィー自身にも予測がつかなかったのは、それぞれの理由から一八三九年の総会決定を実施することを願うひとびとの多さだった。聖心会内のこの一派は、エリザベス・ガリツィン、ルイーズ・ドゥ・リマング、ジャン・ロザヴェンの三名にとどまらず、さらに多数かつ広範囲にわたっていたのである。会員の多くはヴァレンヌ通りの修道院にもユージェニー・ドゥ・グラモンにも、また長年にわたるソフィーのドゥ・グラモンにたいする不可解な寛容さにもうんざりしていたのだ。

一八三九年一一月にマリー・プレヴォがソフィーに書いた手紙は、こうした事情を反映していた。一一月一日、プレヴォはカトリーヌ・ドゥ・シャルボネルとともにパリに到着し、ふたりともヴァレンヌ通りではなくムッシュー通りに投宿した。カトリーヌ・ドゥ・シャルボネルにとっては辛い訪問となった。ユージェニー・ドゥ・グラモンとジョゼフ・ヴァランのみならず、同伴者のマリー・プレヴォまでが、ドゥ・シャルボネルをほとんど信頼しておらず、できるかぎり無視しようとしたのである。耳も遠く目もほとんど見えないドゥ・シャルボネルには、苦しく孤独な体験だった。ユージェニー・ドゥ・グラモンもジョゼフ・ヴァランも、カトリーヌ・ドゥ・シャルボネルに、フランス西部の管区長としての職務を遂行しないようソフィーに断りもなく忠告していた。しかし、ジョゼフ・ヴァランはマリー・プレヴォと数回会談したのち、第五回総会で決定されたことの背景とめざすところを理解し、支持を宣言した。また、古くからの聖心会の協力者であり、大半がもと信仰の霊父会の会員でもあるほかのイエズス会士たちもまた、一八三九年の総会決定を支持し、これが聖心会のあらたな必要に応える一助になると考えていることも、マリー・プレヴォの耳に入った。このイエズス会士たちは全員、ことにジョゼフ・ヴァランは、聖心会内で始まっている論争には介入しないと心を決めていた。のちには、パリとローマのイエズス会の上長たちから、聖心会と距離をおくようにと命じられる。

マリー・プレヴォがドゥ・クラン大司教と話しあううちに、ユージェニー・ドゥ・グラモンが一八三九年の総会決定をうけいれていれば大司教は介入しなかったと知ったのは、とくに意味深い発見だった。

> これは、あのかた〔ドゥ・グラモン〕がアッシジの聖フランシスコにたいするエリヤ修道士〔フランシスコの親しい友だったが、のちに清貧の教えに背いたと批判されたコルトナのエリヤ〕のような存在であることを、これまでになくはっきりと証明するものです。しかし聖フランシスコは、相手〔エリヤ〕を慈愛のマントに包みつつも、総会が決定したことを廃止あるいは弱めたいというその意志に譲歩することはありませんでした。気の毒なエリヤは仲間を集めてフランシスコに反抗し、フランシスコが大きな犠牲を払って作りあげたものを破壊しようとしたのです。しかしそこに主の手がはたらき、父であり師であるフランシスコにとって代わろうとしたエリヤの傲慢を打ち砕かれたのでした。

マリー・プレヴォが使ったアッシジの聖フランシスコと修道士エリヤの比喩によって、ソフィーは多くの会員の目に映る自分とユージェニー・ドゥ・グラモンの姿を知ることができた。マリー・プレヴォはソフィーに、会の初期にアミアンで起きたことを思いださせる。当時、ソフィーを総長の地位から追おうと画策したひとびとがいたように、現在も同様の画策が進んでいるのだと。プレヴォはソフィーに警告する。

あのひとたちはあなたを怖がらせようとしているのです……シャルル一〇世とおなじように。二五年前にあなたの地位を奪おうとしたひとがいま、あなたは自分ぬきでは会を統治できないのだとひとびとに信じさせ、証明しようと全力をつくしているのです。あのひとは勝手にあなたの手紙を検閲すらしています。

マリー・プレヴォがパリとフランス北部の修道院を訪問中に集めた情報に、ソフィーは心を痛めた。あきらかになったのは、ユージェニー・ドゥ・グラモンが総会決定への反対を公にしていること、総会決定とそれにたいする自分の意見を数人の司教や司祭に伝えていること、またエリザベス・ガリツィンの書簡と、一八三九年九月に会全体に宛てて書かれたソフィーの公式の回状のみならず、私的な手紙のうち数通をも会員から隠していることである。さらにソフィーの不吉な予感を強めたのは、マリー・ドゥ・ラ・クロワが手紙をよこし、一八一五年のアミアンとパリの記憶に苦しめられており、当時のできごとを現在ふたたび体験していると訴えたことだ。

神がわたしたちの指導者としてまた母としておつかわしになったソフィーから、わたしたちをひき離そうとする地獄の力の最初の試みを思いおこすと、血の涙を流して泣きたくなります。ああ、これらの新しい難題は不幸なことに事実なのです。……いまだに発酵しつづける古い葡萄酒の残滓のように。この不吉な前例をわたしたちはできるかぎり会員から隠しとおすべきです。

わたしたちの修道会は……もはや揺籃期にはありません。いまでは成熟した献身的な会員たちが城砦となって会を守ってくれています。……いまではもはや、少数の人間の変節が会を崩壊させる脅威となることはありませんし、一八一五年に悲しみと憂慮と嘆きの種となったようなことを、総長様はもはや怖れる必要はないのです。

マリー・プレヴォもまた、今回のことを一八一五年の危機と比較した。ユージェニー・ドゥ・グラモンがサン＝テステヴと共謀したとき、聖心会内の問題は一般には知られていなかった、とプレヴォは回想する。だが、いまでは状況はかなり異なっている。ユージェニー・ドゥ・グラモンは一八三九年の決定の問題をフランスの司教たちに知らせ、ソフィー・バラと聖心会の信用を傷つけている。総会決定はまだ印刷されておらず、パリに送られてすらいないというのに、すでに不満の声やソフィーの指導力の欠如を糾弾する声が司教たちの耳に届いているのだ。マリー・プレヴォはパリでルイ・バラと長い話しあいをもった。ルイは同僚のイエズス会士たちと同様、新しい総会決定を固守するよう励ました。べつのイエズス会士ルイ・スリエからは、ソフィーへのより直接的な批判が聞こえてきた。マリー・プレヴォはソフィーに報告する。

あのかた〔スリエ〕はあなたのひとの良さに憤っています。マザー・ドゥ・グラモンが、内密にあなたから言われたことを話したのです。たとえば、マザー・ドゥ・グラモンが総長補佐に選ばれるよう、あなたが全力を尽くして〔総会を〕動かそうとしたことなどです。会全体を見回しても会を運営できるのはマザー・ドゥ・グラモンしかいない、とあなたがローマでおっしゃったと、総会会員のひとりがあのかたに言ったそうです。現在のような時期には、この種の発言は不幸な結果を生みかねないと……あなたにもおわかりのはずです。……さらに、あのかたはこうも言われました。「聖心会を裏切った会員〔ユージェニー・ドゥ・グラモン〕を支持するなら、ソフィーは会の崩壊に自ら貢献することになると、わたしが再三言ってきたことを、あなたの総長は想起すべきだ」と。……わたしは、あなたがなんとしてでも総会決定を試みようとしていると伝えました。……「それは実際に見たときに信じることにしよう」というお返事でした。

一八三九年一〇月、クレマン・ブーランジェはイエズス会の総会長に書簡を送り、聖心会の問題へのロザヴェンの関与に苦情を申したてた。エリザベス・ガリツィンがジョゼフ・ヴァランに宛てた書状とロザヴェンによる追伸が槍玉にあがった。ガリツィンもロザヴェンもともに軽率であり、一八三九年の総会決定に反対している大多数のフランスの司教たちにたいして、イエズス会の信用を失わしめたというのだ。聖心会がイエズス会に説明責任を負い、聖心会総長はイエズス会総会長と同様にローマに居住するというエリザベス・ガリツィンの提案を、フランスの司教たちもフランス政府もうけいれはしないだろう。総会長ロータンはロザヴェンに、イエズス会パリ管区長であるアシル・ギデに書簡を送って、聖心会の問題に介入しパリおよびフランス全土におけるイエズス会の信用を失わしめたという告発にたいして釈明せよと求めた。ギデに宛てた書簡で、ロザヴェンはみずからの行動は最小限かつ間接的なものだと述べ、自己防衛のために真実を小出しにしている。一八三九年の第五回総会の会期中に聖心会からの接触をうけたことは認めたが、それ以前にもソフィー・バラと何年にもわたって交渉を重ねてきたこと、またエリザベス・ガリツィンおよびルイーズ・ドゥ・リマングとのつながりについては口をつぐんだ。総会決定の伝達をうけたことは認めたが、総会の会議に出席したことは言わずにおいた。

わたしの良心に咎めるところはなく、ひとの言うことに心を悩ませてもいません。わたしが聖心会総長やその他数名にとりいって、自分の望みを押しつけたなどと、だれかが大げさに言いふらしたからといって、それがわたしになんの関係があるでしょうか。こんなばかげた話は笑止千万です。……あらゆる善きわざの敵が、教会が大きな実りを期待している修道会のなかに不和の炎をかきたてようとしているのです。

ギデはこの釈明をうけいれ、一一月下旬には総会長ローターンに書簡を送って、ローターンの判断に賛意を表している。

聖心会の各修道院にイエズス会士を院長兼聴罪司祭に任命することをロザヴェン神父の意向だと主張する、マダム・××× ［エリザベス・ガリツィン］ のばかげた幻想を、あなたが斥けられたのは正しかったのです。この善良な婦人のゆたかな想像力が奇抜な考えを生みだすことはあなたもご存知ですが、今回ばかりはやりすぎで、笑いごとや非常識といった限界をこえています。

ローターンは、イエズス会士が聖心会の問題に巻きこまれている現状に警戒し、全イエズス会士が聖心会のいかなる修道院とも、またいかなる会員とも接触を絶つべきときが来たと考えた。

あの女性たちのあいだに分裂の種子が存在してきたこと、聖心会の統治形式ではこの分裂がつづき、悲しむべき結果を生むことが避けられないことは、わたしも長年知るところでした。すくなくとも、そのように言われているのです。……総長が総会会員数名の助言をうけ、総会を開くべきだと考えたのはこのためでした……。

オルレアンの元司教ジャン・ブリュモー・ドゥ・ボールガール（在職一八二三―三九）は、一八三九年一一月にローターンに書簡を送り、自分の目に映った問題をつぎのように描きだした。ドゥ・ボールガールは聖心会に感心してはいるものの、その統治上の構造は脆弱だと考えている。パリにほとんど居住せず、つねにフランスかイタリアの各地を旅しているソフィー・バラには批判的だった。ソフィーは権威主義的で、総会会員を招集することはめったになく、会員の大多数はそれぞればらばらに暮らしているのではないかとも示唆した。これらの指摘はおおよそ的を射ており、会の統治におけるソフィーの手法を反映している。ソフィー自身も、より安定した統治形式が必要だとわかってはいた。しかし、ローターンもドゥ・ボールガールも、ヴァレンヌ通りの修道院の状況には気づいていなかった。そこではドゥ・クラン大司教がユージェニー・ドゥ・グラモンと共謀し、会内と社会的認識におけるソフィーの役割と権威を弱めていたのである。

当時、フランス政府はとくにイエズス会に敵対的でありつづけた。もしイエズス会が再度の迫害をこえて生き残ろうと思えば、あらゆる論争、わけてもローマの権限にかかわる議論を避けねばならなかった。とはいえ、聖心会会員とイエズス会士たちは古くからの友人だった。革命時代にともにさまざまな問題を乗りこえ、一九世紀初頭には親しくともに働いてきたのである。ローマにいるイエズス会士たち、ことにローターンとロザヴェンは、この特殊な経験をもたなかった。パリとアミアンのイエズス会士のうち、多くが聖心会の問題に言及しつづけたが、ときにはこれが公的な発言となった。ソフィー自身を悩ますような発言もしばしばあった。アミアンの修道院長ロール・デ・ポルトは、ソフィーがユージェニー・ドゥ・グラモンを管区長に選んだことにたいする当地のイエズス会士の反応を伝えてきた。

小さなマザー〔ユージェニー・ドゥ・グラモン〕の管区長への選出に、スリエ神父をふくむ全イエズス会士は驚愕しています。管区内のほかの修道院にもマザーに固有の精神が広まってしまうだろう、あのひとには聖心会の精神がない、とスリエ神父は言っています。これもすべて、ながらくパリのサロンで噂になってきたドゥ・クラン大司教との関係の結果です……。

これらの手紙のやりとりはすべて、フランスの聖心会がいかに分極化してしまったか、なにがフランスにもどった自分を待っているかをソフィーに教えた。ソフィーを驚かせたのは、あふれでた感情の多さであった。古い葡萄酒がいまだに発酵をやめないというマリー・ドゥ・ラ・クロワの言葉がまさにぴったりだった。この古い葡萄酒、すなわち古くからの計画や争いをふくむ問題が、ソフィー・バラとユージェニー・ドゥ・グラモンの私的な関係、アミアンでのサン゠テステヴとユージェニー・ドゥ・グラモンの結託による挑戦、オテル・ビロンとプティ゠オテルにドゥ・クラン大司教が居住し執務しているヴァレンヌ通りの状況をとりまく諸問題が、公の領域にあふれでようとしていたのだ。破滅の種子、すなわち一八〇八年にジャン・モンテーニュが予見した聖心会の影の部分は、一八一五年をすぎても生き残っていた。一八三九年に危機が訪れると、古い苦痛や傷跡は再浮上し、対応を迫ってきたのだ。

この年の終わりには、ソフィーの心は失望と悪い予感で否応なくみたされていた。アルマンド・ドゥ・コーザンがトリニタ修道院を去った一八三八年一二月から、聖心会全体が揺れ動いた一八三九年一二月までの一年には、あまりにも多くのことが起こっていた。アンリエット・グロジエは手紙を送り、この圧力にソフィーの健康がもちこたえられるか心配だと言ってきた。自分を悩ませてきた張本人のひとりに健康状態を問われたのに苛立ったのか、ソフィーはつぎのように返答している。

いいえ……わたしの健康状態はよいどころではありません。いま会っても、あなたにはわたしだとわからないでしょう。総会以来、眠ることも食べることもできずにいますが、あいかわらずどちらも回復できていません。たいして食べられないのですが、その少量を消化することもできないのです。昼食はべつですが、食べるたびにその後すこし休まなければなりません。一昨日、医者もわたしの衰弱に驚いていました。このような生活をしていれば、こうなるしかないのでしょう。外部のひとに言っても仕方がありません。さいわい、この状況でもわたしはいつもどおりに働いています。力を使いきってしまえば、それで終わりになるでしょう。

フランスから日ごとに届く知らせにもかかわらず、ソフィーはほかのひとびと、とくにユージェニー・ドゥ・グラモンとエメ・ダヴナスを公の場で批判することはしなかった。生じたできごとについて聖心会のほかの会員を責めることはできないと知っていたのだ。第五回総会中に翻意を余儀なくされ、しばらくのあいだ自分の洞察力に自信を喪失したことを、ソフィーは自覚していた。ソフィーは何年にもわたり、総長としてより効果的な権限を持てるよう、聖心会の会憲に変更を加える計画を立ててきた。ローマ居住の可能性はここ数年にわたって討議されており、みずからの立場を確立するだけでなく、ヴァレンヌ通りの修道院での袋小路からの脱却を可能にするという利点もあった。歌隊修道女と助修女にたいする聖心会入会時の厳しい条件は、主張しつづけねばならないだろうとわかっていた。このため、ソフィーは歌隊修道女にも助修女にもより長期の養成期間を設けること、助修女には盛式誓願ではなく単式誓願を立てさせることを主張してきたのである。この処置が聖心会をこれほどの分裂に追いこむとは夢にも思わなかったソフィーは、総会決定がフランスのいくつかの修道院にもたらした影響にうちのめされた。マリー・プレヴォ、カトリーヌ・ドゥ・シャルボネル、デマルケはこの変化を支持し、ソフィー自身がこれを望んでいることはあきらかに思えたため、ロザヴェン、ルイーズ・ドゥ・リマング、エリザベス・ガリツィンとともに強力な圧力団体を形成した。しかし、パリ、トゥール、ポワティエ、オータン、ボーヴェでは、総会決定はまさに衝撃となった。総会の議事録が回覧されることもなければ、あらかじめ準備の要請もなく、事前の打診もなかったのだ。フランスから生まれた批判のうち多くは、真実であり常識にもとづいていた。ソフィーがローマで実質的に囚われの身にあり、今回の行動は強制されたものだと考えられたのも無理もない。実際、ソフィーは自分らしからぬ行動をとったと認めている。通常のソフィーの統治方式は、強制や主張ではなく勧めや提案によるものであり、それは会内にも広く知られていた。一八三九年の第五回総会後、ソフィーは自分への批判の厳しさに面くらっていた。アンリエット・グロジエにはこうつづっている。

まちがいなく……わたしの行動は強制されたものでした。いつものわたしの動きとはまったく異なっていますから。とはいえ、この数か月間というもの、数人のひとたちが押しつけてくる難題に、いっさい苦々しさを見せては……いけないのでしょうか。無礼な態度をとるだけでは不足とばかりに、あのような侮辱の言葉をヴァレンヌ通りに送りつけ、匿名でわたしに回送するように命じて楽しいのでしょうか？　しかも同時に、このおなじひとびとがわたしに服従を誓う手紙を書いてきているのです！　また、わたしを「へつらう犬」と呼ぶひとたちもいます。このような言葉づかいは……あなたのものとは思っていません。あなたの性質からも、わたしへの接しかたからも、こんな言葉はとても考えられないからです。しかし、このようなふるまいが、やさしく暖かい言動をわたしから引きだすものでないことはおわかりでしょう。

ローマでの第五回総会でみせたソフィーの運営方法がどうであれ、当時の聖心会の流れのなかで舵をとるには、今後、指導者としてのあらゆる技術が必要とされるだろう。一八一五年、さらにそれ以前にさかのぼる古い葛藤、態度、既得権益が総会決定によって表面化したことを、一八三九年のクリスマスには、ソフィーは理解していた。これらの問題に誠実に対峙すれば、会から破滅の種子を洗いおとすことができる。まず、ソフィー・バラは自分が心ならずも翻意させられ、みずからの権威を無視されたことを認めざるをえなかった。過ちの結果をうけいれ、それを直す努力をせねばならない。アンリエット・グロジエには怒りにみちた言葉を投げつけたが、ソフィーは自分の過ちを認め、ルイーズ・ドゥ・リマングにはつぎのように述べた。

> 多くのことは、人間の弱さが原因なのです！　わたしは四六時中これを目にしています！　わたしがこれほど寛大なのは、わたし自身のみじめさのゆえです。ひとびとがわたしを大目に見るには、たいそうな寛大さが必要となるでしょう。

一八三九年の自分は聖心会に進化をうながす新しい統治方式を導入していると思っていた、とソフィーは苦々しく回想する。ところが、それほど単純明快にはいかなかった。

むしろ、ソフィーは自分自身と、聖心会内外のひとびとのうえに、嵐をひきよせてしまったのである。

第一六章　分裂と不和
一八三九―四〇年

一八三九年に開催された聖心会の第五回総会は、なぜこれほどの動揺をもたらしたのか？　総会は、会の指導体制に影響をおよぼし、フランスの司教たちとローマやパリのイエズス会士たちから批判を浴び、教皇とドゥ・クラン大司教（のちにはその後任アフル大司教）との関係をしばらくぶりに緊迫させた。会の内的な問題、つまり女性の私的な世界が、共有される情報となる。聖心会は、教皇権の至上性を認める「ウルトラモンタニスム」対フランスの政治的・宗教的独立を唱える「ガリカニスム」の論争に巻きこまれ、教皇対フランスの聖職者（とくにパリ大司教）のあいだの緊迫した関係性を反映した。ソフィーがこのような結果を予測できたはずはない。ソフィーは聖心会のさまざまな次元で改革が必要だと感じていたが、一八三九年の第五回総会につづく危機は、彼女の認識を超えて、きわめて深刻な改革の必要性をあらわにする。アッシジのフランシスコとエリヤ修道士について語ったとき、マリー・プレヴォはソフィーに糸口を与えた。ソフィーは一八一五年以来の自分の選択、とくにユージェニー・ドゥ・グラモンへのほとんど際限ない寛大さという戦略がもたらした結果をつきつけられる。見境がないといえるほど忠実なソフィーだったが、ついにユージェニー・ドゥ・グラモンが、ほかの次元はさておき、霊的な理想の次元で自分に耳をかたむける日がくるという希望を、自分自身にたいしてもかかげつづけることはできなくなった。かくて一八三九年の危機は聖心会の物語のさまざまな層に、その歴史に、その影の世界に影響をおよぼす。聖心会がなんであるか、どのようなものになったのかを示し、どこへいくのか、だれにより導かれるのかという点に疑問を投げかけた。

しかし一八三三年の時点では総長であるべきかについて、あれほどとまどい、自信がなかったソフィー・バラが、今回は自分が聖心会の指導者であることにまったく疑いをいだかなかった。一八三九年一一月、ソフィーはふたたび会に回状を書く。同年の三通目の回状である。そのなかで、フランスにおける不安に終止符を打とうと、一八三九年の総会決定をさらに説明している。ソフィーは落胆を隠さず、総会決定をめぐる議論や討議により会がむしばまれたと述べ、さらにつづける。

これまで保たれていた善き精神が〔そこなわれました〕……この密な、親しい一致は、わたしの不安の重みをつねに軽減し、誕生以来、聖心会に投げつけられた無数の反対のさなかにあって、わたしの力であり支えでした。この青銅の壁は、この神の愛の難攻不落の砦は、会への最大の攻撃も撃退しました。この壁が、〔一八三九年の〕総会決定の折に弱められたのです。

ソフィーがもっとも嘆かわしいと感じたのは、多くの会員が、自分に手紙を書くのではなく、教皇、司教や聖職者たちに苦情をもちこみ、当初は総会決定に肯定的な態度をとった会員たちに文句を述べたてたことだった。ソフィーは総会決定がもたらした、あるいはあばいた分裂を考慮に入れ、ユージェニー・ドゥ・グラモンが覚書に記した提案を採用し、一八三九年の総会決定を三年の試行期間をもうけて施行することとした。そのうえで、総会決定が役に立たないと判明すれば、総会を招集し、無効にすることができる。だが、総会決定がうけいれられ、先入観に左右されない心で試すならば、会の修道生活にとって必要で有益なものとして経験されるだろう。

ソフィーは誤解を招いたふたつの問題に会員の注意を向けた。ひとつは聖務日課の朗唱である。ユージェニー・ドゥ・グラモンをはじめ、ある会員たちはこれが修道生活に欠かせないと考え、止めようとしなかった。ソフィーは以前の回状で述べたことをくり返した。教鞭をにぎり、一日中声を酷使する会員には、聖務日課の朗唱よりも、静かな、声にださない祈りがふさわしい。しかし、ある修道院で聖務日課を相応な威厳をもって朗唱する人員と能力があるなら、それを妨げない。もうひとつの問題は助修女にかんする総会決定である。ソフィーは回状につぎのように記す。

わたしたちの会の助修女のシスターたちの誓願にかんする条文について、さらに指摘したいことがあります。しばらく採用してきたイエズス会の会憲にもあるように、彼女たちは一〇年ののち、誓願を立てた助修女の段階に達します。この段階にいたると、定住の誓願を立てた場合とまったくおなじように、会に残る確信をもつことになります。単式誓願を解かれる必要のある欠点や短所は、定住の誓願からの解放を必要とする欠点や短所とおなじです。定住の誓願は、単式誓願の〔霊的〕価値になにもつけ加えません。教皇の宣言にもとづき、単式誓願は終身なので、盛式誓願とおなじく完全に修道的なのです。ですから、親愛なるシスターたちは、自分たちにかかわる措置は不利益にならないことに安心してよろしい。彼女たちの奉献と会への忠誠を評価しています。そして、彼女たちは自分に注がれるこれまでと変わらぬ愛情を当てにしていいのです。

ソフィーが公式に言えるのは、これがせいぜいであり、そのかぎりでは真実だった。多くの助修女が軽々に修道会にうけいれられた結果、まったく修道生活に向いていないシスターも少なくない、とソフィーが述べるわけにもいかなかった。目下のところ、助修女への終生誓願の禁止には実際的な目的があった。ソフィーは、誓願からの解放を求める事例がローマの権威に届くのを避けたいと考えていた。手続きのために大量の通信が必要なうえ、関係者と会の評判が傷つくからだ。しかし、候補者の選別の際の眼識の甘さが、歌隊修道女の場合にもあてはまり、彼女たちの誓願からの解放も厄介な問題だとソフィーは認識していた。これは核心をつく問題だったが、ソフィーは口にできずにいた。長年、ソフィーは聖心会内の歌隊修道女のあいだに序列を築こうと考えていた。以下がソフィーの構想である。会の中心には、指導と養成のために、慎重に選ばれ養成されたエリートの集団をおく。この会員たちだけが、定住の誓願とともに終生誓願を立てる。これは会内部における彼女たちの役割に即するものであり、理論上は、霊的な優越を意味しない。だが、助修女についての総会決定がひきおこした反応に示されるように、実際には優越を意味する。会内部のこの展開への道をひらく方法として、養成期間を一〇年に延長し、この期間が状況に応じて終生にわたり延長できることとする。最初の誓願は真の奉献だが、会員を聖心会に拘束するものではない。かくて、会には単式誓願だけを立てる多くの助修女と歌隊修道女見習が存在するようになり、一部の選ばれた会員のみが、終生誓願を立てる。

ソフィーは一八三九年の総会決定への批判が噴きでているこの時期に、この構想を示すことはできないとわかっていた。助修女が最終誓願を立てないという提案に強い抵抗があったのに照らすと、歌隊修道女見習を同様にあつかうと公言しようものなら、大混乱を招くだろう。当時、このような革新的な人員の再編成は考えられず、導入は不可能だった。回状の最後に、ソフィーは各修道院の院長への個人的な注記を加え、回状の内容を各地域の司教に口頭で伝えるように依頼した。文書よりも長年にわたってみずから築きあげた司教たちとの良好な関係を当てにしていたのである。

一八三九年九月以来、ソフィーとユージェニー・ドゥ・グラモンの関係は、徐々に冷えきったものになっていった。一八三九年一〇月、ユージェニーはソフィーにつづる。

またしてもお手紙をお書きするのがやむをえず遅くなってしまいました。……減らすことができない山のような事務に追われておりました。日々は矢のようにすぎていきますが、さいわい、人生も同様にすぎていきます。これだけがわたしの慰めです。そして、まもなくすべての問題に終止符が打たれるという意識が、天を待つ忍耐を与えます。……ですが、今日、そのことを申しあげるわけにはまいりません。いくつかの修道院や、派遣や交代の必要な何人かの個人についての詳細をお伝えしなければならず、それだけで今日は手紙に割ける時間がいっぱいになります。

総会決定について、三年の試行期間をもうける旨を発表するソフィーの会員への回状を読むと、ユージェニーは自分の提案が採行されたことに満足の意をあらわした。ソフィーが最初から試行期間を提案しなかったことだけが心残りだった。ユージェニーはかつて自分が示された総会決定を拒んだのは、良心に従った行動であると述べ、試行期間を開始し、自分が管区長として責任をもつ諸修道院に総会決定を紹介する、とソフィーに約束した。

パリでのできごとが一八四〇年に当地にもどる望みをソフィーに与えた。ユージェニー・ドゥ・グラモンが悲しみ、ソフィー・バラが安堵したことに、一八三九年中ほとんど病床に臥せていたドゥ・クラン大司教が、一八三九年一二月三一日、ヴァレンヌ通りの修道院で亡くなった。ユージェニーへの悔やみ状でソフィーは注意深く感情を隠している。

あのかたは天国の聖人の列に加わりました。わたしたちの守護者です。そう確信してはいますが、あのかたのために祈りましょう。そして会のすべての修道院であのかたのために祈りが捧げられるように手配しましょう。……羊たちにとってなんという喪失でしょう。……あなたはさぞお苦しみでしょう。

ユージェニーはヴァレンヌ通りの修道院でのドゥ・クラン大司教の最期の日々について、ソフィーに詳細をあかさなかった。大司教の遺体がノートルダム大聖堂に運ばれ、埋葬される以前に、ヴァレンヌ通りの修道院でおこなわれた数日の公式な喪の期間についても報告しなかった。大司教の死のもようをソフィーに伝えたのは、ユーラリ・ドゥ・ブショーとエメ・ダヴナスである。新聞で取り沙汰されたある一件が、ソフィーの気がかりだった。ユーラリ・ドゥ・ブショーにたずねている。

あなたがたのごりっぱな大司教様が亡くなったときと同時期に、パリであったとされる一件について、伝え聞いていますか？　ほかのひと同様、こちらもわかっているものと考えて、だれもこれを説明してくれません。ミュンヘンから、以下の便りが届きました。「ここではパリからの三通の手紙で報告された一件でもちきりです。「黒衣の女性と馬車の御者」についての報告です」

大司教の遺体が正式に安置されていたときに、ヴァレンヌ通りを訪れた謎めいた女性のことは、ソフィーを悩ませた。ソフィーは女性の正体をつきとめることはなく、ユージェニーもこの件にふれなかった。だが、当時、会員からのものを含めて、ローマからパリへのすべての手紙は検閲をうけていた。ボルドー公のトリニタ・デ・モンテとサンタ・ルフィーナ修道院訪問が、フランス政府の疑念を招いたのである。ユージェニーは、政府による検閲があるので、通信のなかで政治的・反体制的な言及を避けるように、とソフィーに警告している。

一八四〇年春、ソフィーはすくなくともひとつの障害が自分の目前から取り払われたと思った。ドゥ・クラン大司教が死後も生前と変わらず、ユージェニー・ドゥ・グラモンに絶大な影響力をふるうことを計算に入れていなかったのである。ところが、ユージェニー・ドゥ・グラモン、エメ・ダヴナス、およびエリーザ・クロフトは共同でドゥ・クラン大司教の伝記を執筆し、ユージェニーは大司教を記念する信心をはぐくみ、病気の治癒や奇蹟が大司教のはたらきによるものとされた。大司教がフランスにおける総会決定の導入に反対していたため、ユージェニーは自分の良心に照らすと、後任のパリ大司教が任命され、総会決定への正式な認可を与えるのを待たねばならない、とソフィーに告げた。ソフィーはこの点でユージェニーに反対できず、ユージェニーの判断が一八四〇年の夏までソフィーがパリにもどるのを実質的に妨げた。一月中旬、ユージェニーはソフィーへ無作法な手紙を書き、ソフィー自身とルイーズ・ドゥ・リマングおよびエリザベス・ガリツィンからの圧力に反対しなかった総会出席者を糾弾した。ユージェニーいわく、第五回総会以来、通信が不充分だと感じていたが、エリザベス・ガリツィンとマリー・プレヴォの担当なので、多くを期待できないと。そして、より急を要する仕事を理由に手紙を中断し、続きをうけとるまで返事はするな、とソフィーに指図した。三週間後、ユージェニーは手紙の続きを送り、フランスの司教たちと充分に意思疎通を図らなかったとソフィーを批判した。そして、総会決定はフランスの司教たちにも聖心会にも不要であるとくり返し、手紙をしめくくった。

二週間後、ユージェニーはふたたびソフィーに手紙を送る。今度はより友好的な口調だった。

お察しするに……わたしの手紙が苦痛をお与えしたのではないかと思います、お手紙をしたためるのは、わたしにとって苦痛ですが、わたしの考えをお伝えしないでいることなどできないのです。……そちらに送られているわたしについての報告は、不親切な推察や想定ばかりです。

この間、ソフィーはヴァレンヌ通りの修道院でなにが起こっているのか見当がつかず、ユーラリ・ドゥ・ブショーからの情報に頼っていた。ヴァレンヌ通りの学校付司祭ジャム神父がまもなくプティ＝オテルに居住するという噂を、ローマのある司祭から耳にしたソフィーは、即座にユーラリ・ドゥ・ブショーに手紙を書き、司教総代理モレル神父に連絡をとるよう指示する。

あのかたにわたしからの伝言として伝えなさい。もし、ヴァレンヌ通りの聖心会の修道院付司祭の職がジャム神父に与えられたら、たとえプティ＝オテルにお住みにならなくても、わたしの意志に反します。……当地におけるドゥ・クラン大司教の居住の件で、わたしは充分に苦しみました。大司教以外のひとがそうしようものなら、さらに問題になります。……ヴァレンヌ通りのできごとを、わたしがどんなに遺憾に思っているかを強調し、それに歯止めをかけたいと申しあげなさい。

ソフィーはつづいてモレルへの私信を送り、すくなくとも自分がパリにもどるまで、あるいは新しいパリ大司教が任命されるまで、ジャムはおろか、だれもプティ＝オテルに住まわせないように求めた。ソフィーは一八三九年の総会以来の会内の状況を説明し、ヴァレンヌ通りの修道院が総会決定を拒んだことを述べた。そして、総会決定を導入するために、モレルの支持を求めた。だが、自分の手紙のことは内密にしてほしいと頼んでいる。ユージェニー・ドゥ・グラモンにはなにも言わず、大聖堂参事会の会議でも、彼に申し入れをしたことを黙っていてほしいと念をおした。このとき、ソフィーは苦しい二者択一を迫られた。おおっぴらにユージェニーと対立するか、モレルに慎重な対応を求めるか。いずれにしろ、聖職者たちとユージェニー・ドゥ・グラモン自身からの批判に自分の身をさらすことになる。手紙をユーラリ・ドゥ・ブショーに送り、遠く離れた場所から自分が書きおくった内容が明瞭であるかを確認するために、まずジョゼフ・ヴァランに見せてからモレルに送るように指示している。

モレルはソフィーの手紙を内密にすることに同意したが、ソフィーとユージェニー・ドゥ・グラモンとのあいだの不和に巻きこまれる気はなく、状況を充分に承知していないし、自分の司教区への任命は新しい大司教の推挙までの一時的なものであると主張した。モレルはソフィーがユージェニー・ドゥ・グラモンに抵抗するのはむずかしいだろう、とユーラリ・ドゥ・ブショーにもらしている。以下はユーラリ・ドゥ・ブショーの報告である。

マダム・ドゥ・グラモンはたいへん抜け目ない女性で、とくに自分といるときは打ちとけることがない〔のを、モレル神父様はご存知です〕。……つねにプティ゠オテルで〔ドゥ・クラン〕大司教のおそば近くを飛びまわっていたから面識があるにすぎないそうです。……ヴァレンヌ通りでは、大司教について語るときはばかばかしいほどの熱意と尊敬をこめて語ることしか許されません。……〔モレル神父様が〕驚いたのは、……総長様にはそうなさる権限が完全にあるにもかかわらず、ご自身でマザー・ドゥ・グラモンにムッシュー・ジャムにかかわる不満をおっしゃらないことです。

翌日、一八四〇年三月三日、モレルがヴァレンヌ通りのユージェニー・ドゥ・グラモンのもとを訪ねた、とユーラリ・ドゥ・ブショーはソフィーに報告する。モレルはそのあとでユーラリ・ドゥ・ブショーと話し、事態を救うために自分ができることはほとんどない、と述べた。モレルは言う。ジャムはドゥ・クラン大司教とプティ゠オテルに住んでいたため、いまになって彼を斥けるのはむずかしいだろう。それに、フォーブール・サン゠ジェルマンに住む生徒の両親たちは、ジャムの学校付司祭からの解任に憤慨するだろう。モレル自身も一か月後、ソフィーに手紙を送り、ソフィーが大聖堂参事会では自分の手紙を読まないようにと言ったため、ジャムをプティ゠オテルから追放することはできない、と述べた。聖職者たちは状況が不適切で改善されるべきだという点でソフィーに同意したものの、新しい大司教の任命まで待つべきだと判断した。数日後、ヴァレンヌ通りの修道院で初誓願式の説教をしていたとき、モレルはユージェニー・ドゥ・グラモンの側にまわったことを示す。モレルは説教中、彼女の一八三九年の総会決定にたいする態度を評価し、誓願を立てる会員たちに一八二六年の聖心会の会憲にしたがって生きるように、と勧めている。説教ののち、ユーラリ・ドゥ・ブショーが香部屋でモレルと落ちあい、ジャムのことをどうするのかと問うと、モレルは答えた。自分にはなにもできない。ユージェニー・ドゥ・グラモンとフォーブール・サン＝ジェルマンの圧力団体の反対に立ちむかうなど、自分には無理だ。ソフィーはひとりでジャムに対処せねばならないだろう。自分やほかの聖職者にはできない相談だ。

ソフィーは心底落胆したが、安易な解決を期待してはいなかった。ユーラリ・ドゥ・ブショーにこう書きおくる。

> わたしがその場にいたなら、なにも怖れなかったでしょう。ヴァレンヌ通りに居をかまえ、そうしたなら、わたしが行動するのを止められるひとがいたでしょうか？　ですが、援助もなく、これほど遠くにいるため、慎重に進まざるをえませんでした。すくなくとも、それが相談しえた方々の助言でした。というわけで、わたしたちのふたりの友人［ニコラ・ロリケとルイ・バラ］に相談しなさい。行動に移さずに待つ余裕があるのか、あるいは、なんらかの手段を講じねばならないほど悪い状況なのか。もっとも、手段を講じたところで、うまくはいかないでしょう。

ソフィーは兄ルイとニコラ・ロリケの助言を頼り、行動に出る以前にふたりに相談するよう、ユーラリ・ドゥ・ブショーに指示している。ソフィーはジョゼフ・ヴァランには相談しなかった。ヴァランは彼女を支持すると言っていたが、一八三九年の総会決定が一八二六年の会憲に示された聖心会の第一の目的、すなわち聖心（みこころ）の栄光を廃したのではないか、といまだに疑っているのをソフィーは知っていた。ルイ・バラは、毅然とした態度をみせるよう、ソフィーにうながした。ヴァレンヌ通りだけでなくフランスのいくつかの修道院においてユージェニー・ドゥ・グラモンが指揮する圧力に屈してはならない、と言って。イエズス会総会長ヤン・ローターンがパリのイエズス会士たちに手紙を書き、聖心会の事情に関与することと、自分たちのあいだや外部のひととのあいだで聖心会のことを話題にすることを禁じた、とルイはソフィーに警告している。いずれにせよ、ロリケはソフィーが自分の助言に耳をかたむけないので、もはや手紙を書かない、と言ってきた。フランスの聖心会に平和をもたらすすべは、ユージェニー・ドゥ・グラモンの解任だけだ。ロリケも同僚ルイ・スリエもそう考えていた。

一八四〇年五月、ソフィーは教皇に謁見を願いでた。ローマを去るときの慣例の儀礼である。このころ、グレゴリオ一六世は聖心会内部の事情に気づき、ソフィーがパリにもどり、不安を鎮めるよう努力すべきだとして、彼女の意向に同意した。ソフィーと教皇は、一八三九年の総会の要の決定であり、パリでもっとも反対を招いたソフィーのローマ居住の問題について話しあった。教皇はソフィーに述べた。

> わたしは状況を判断するほど事情を熟知していない。あなたを完全に自由にしよう。政治的な状況をかんがみて「ローマ移住を」延期すべきと考えるのなら、むろん、そうしてよい。……ランブルスキーニ枢機卿の助言をあおぐように。枢機卿はフランスと、かの地の状況を知っている。あなたがフランスを去る時期について、よりよい助言を与えるだろう。……修道会が若い女性の教育にかんしておこなう善ゆえに、教皇庁はつねにあなたを保護しよう。

　当時のほかの教育に携わる女子修道会と同様、聖心会はフランスだけでなく、ヨーロッパとさらに広い世界で、教会における必要をみたしていた。この意味で、教皇は聖心会の存続、わけても会がエリート家庭の娘たちを教育しているフランスにおける存続に関心をよせていた。修道院の学校で若い女性が教育をうけることは、教会がそれらの女性の家族のなかに入りこむ糸口をつかむことを意味した。グレゴリオ一六世はドゥ・クラン大司教をよく知っており、ソフィーが長年、ヴァレンヌ通りから大司教を退去させようとしたが、努力が実らなかったのもわかっていた。教皇はドゥ・クラン大司教が自分にもおなじように頑なな態度をとり、いかなる説得にも応じないのを経験していた。教皇とローマの聖職者たちがルイ・フィリップの政府の正統性を認めるようドゥ・クラン大司教を説得できなかったため、ソフィー・バラが大司教をヴァレンヌ通りから退去させなかったからといって、彼女を厳しく判断しなかった。グレゴリオ一六世はソフィーに自分の支持と関心を保証し、パリへと発つソフィーになんら条件を課さなかった。一方、エリザベス・ガリツィン、ルイーズ・ドゥ・リマング、およびジャン・ロザヴェンは、ソフィーがヴァレンヌ通りに到着次第、自分の権威を行使し、きっぱりとユージェニー・ドゥ・グラモンに対処すべきだと主張した。これは不可能な要求だった。いかに正式な権威に訴えようと、問題を解決できないことを、ソフィーはだれよりも知っていた。ヴァレンヌ通りはユージェニーの帝国であり、その帝国に指一本でも触れれば、無事ではすまされない。

　一八四〇年二月、ソフィーはパリへの帰還を計画している旨をユージェニーに伝える。これまでユージェニーが拒んできたにもかかわらず、ソフィーはヴァレンヌ通りで総会決定を施行するよう、ふたたびユージェニーに頼む。聖心会の善のために、ふたりで力をあわせて働きたい、と希望を述べて。カトリーヌ・ドゥ・シャルボネルの自分への支持を評し、ソフィーはユージェニーに想起をうながす。

「わたしのネズミ」とのあいだも、かつてはそうでした。なぜ、たったひとつの状況がわたしたちの調和を妨げたのでしょう。一時的なものであることを願います。……もっとも過酷な十字架にあっても、わたしたちをながらく支えてきたあのたいせつな調和を。重荷をいっしょに担うと、その重さをほとんど感じないものです！　総会決定を実行に移すのを、もはやためらってはいけません。わたしの正当な望みに応じたという返事が、ついにあなたから届くのを期待しています。

このころには、ふたりの個人的な関係はひき裂かれ、ソフィーは悲しみとともにそれを認めた。ユージェニーはヴァレンヌ通りとフランスのいくつかの修道院で一八三九年の総会決定への抵抗の旗頭となり、煽動しつづけていた。ソフィーの要求には応えようとしなかった。総会決定の実施についてだけでなく、カトリーヌ・ドゥ・シャルボネルの旅の同伴者兼秘書としてアンリエット・デュシスを貸してほしいという要求もつっぱねたのである。カトリーヌ・ドゥ・シャルボネルがあきらかに困っており、フランス西部の諸修道院を緊急に訪問せねばならない事実も、ユージェニーを動かすことはできなかった。このころ、西部の諸修道院がいかにユージェニー・ドゥ・グラモンに影響されているかを、ソフィーはまだ充分にはわかっていなかった。一八三九年の総会決定を支持する総長補佐ドゥ・シャルボネルの訪問を、ユージェニーはぜひとも避けたかったのである。ソフィーはユージェニーを説得しようと、あらゆる手を尽くした。ヴァレンヌ通りの評判が傷つけられ、ユージェニーの名誉がそこなわれる、と言って。

ふしぎなことに、ヴァレンヌ通りの修道院や一八三九年の総会決定と関係のない業務をおこなうとき、ソフィーとユージェニーは協力しあって仕事にあたった。長年、そうしてきたように、フランス国内の必須の交渉にかんして、ソフィーはユージェニーを頼りつづけた。この次元でふたりの関係はきわめて円滑で事務的でありつづけ、ソフィーは必要な情報を得て、取引を遂行するのにユージェニーを信頼しつづけた。一例は、一八四〇年四月、ボーヴェの建物の危険な状態をソフィーが耳にした際の対応にみられる。当地の修道院長マリー・ドリヴィエは、寄宿学校の建物が危険な状態にあり、すぐに修理が必要だとソフィーとユージェニーに訴えた。ソフィーの依頼をうけ、ユージェニーは学校を訪問し、生徒たちの安全を確保するためになにをすべきかを調査した。建物は市当局に所有され、一八一七年以来、一連の複雑な取り決めが市当局と会のあいだで交わされていた。ソフィーはマリー・ドリヴィエの状況に対処する能力を危ぶみ、彼女の修道院長職からの異動を検討した。ドリヴィエはながらく当地の修道院長をつとめていたため、彼女を異動すれば、あらたな総会決定の精神に適うことになる。ソフィーはユージェニーに言う。

マザー・ドリヴィエは同僚たちを支持せず、規律を重んじないため、各人が好きなようにやっています。いかにして状況を好転させればよいか、訪問中にあなたにわかるでしょう。

ユージェニーはボーヴェを訪問し、ソフィーへの報告で困難を明晰に指摘し、ボーヴェの将来にかんするソフィーの選択肢をまとめている。

ボーヴェからもどったところです。……くたびれ、風邪をしょいこみ、気分がよくありません。……当地にいるあいだ、ずっと具合が悪かったのですが、それでも懸命に働きました。まず、建物の問題にあたりました。まったくひどい状態で、一陣の風や嵐やどしゃぶりの雨でたちまち流され、倒れ、住人を押しつぶしてしまいそうでした。……怖い思いをして、最初の晩は一睡もできませんでした。……マザー・ドリヴィエはなにも心配せず、わたしの懸念を笑いとばしました。建築家によると、非常に深刻な問題で、建物全体を建てなおさねばならないそうです。市長は……市の財源の当てがないのを知っているため、簡単な修理で充分だと主張して、わたしを納得させようとしました。ですが、それは市長の勘違いです。建物のなかで金槌がふるわれれば、とたんに崩壊するでしょう。……経費が七、八〇〇〇フラン以上かかるようなら、市は責任を負いません。建物を朽ちるまま放置し、わたしたちの費用で建て直すよう求めるでしょう。市は……わたしたちに土地を売りたがっています。そうすれば建物はわたしたちのものになり、好きなように建てられます。……わたしたちが［ボーヴェを］去ることにすれば、市は建物分の値段しか払わないそうです。……ご決定をお知らせください。この件をどのように解決するのをお望みか、おっしゃってください。

二週間後、ソフィーはユージェニーに自分の決定を伝える。聖心会は学校全体を建て直す資金がなく、ボーヴェを急に閉鎖することも不可能である。そのため、もっとも現実的な解決法は、小ブルジョワ層のための第二寄宿学校を閉鎖し、貴族と富裕ブルジョワ層のための寄宿学校とボーヴェの孤児たちのための学校を維持することである。そうすれば、会が市当局と交わした合意を守り、同時に将来のための安定した経済的基盤を確保することになる。会は市長が差しだす八〇〇〇フランを受けとり、法外な金額でないかぎり、修理に必要なそのほかの金額を負担する。教師の数も以前より抑えられるため、ふたつの学校の運営は向上し、生徒の世話も行きとどくだろう。ソフィーはユージェニーに指摘する。

> 今年の終わりにマダム・ドリヴィエの後任者を探しましょう。ここだけの話ですが、彼女にはもはや修道院長をつづける能力がありません。自分の書き物に熱中しすぎています。その書き物たるや凡庸なものですが、やめさせることはできません。あなたの指摘どおり、あのひとはすべてを自分の手で運営し、ほかのひとびとに参加する余地を与えません。あのような指導のもとで修道院が機能するのは不可能です。ですから、屋根の修繕を監督するように、マダム・ドゥ・ランを遣わし、わたしの指示を伝えさせなさい。

行政的な問題での協働において、ソフィーとユージェニーは調和し、効果をもたらした。ふたりの意見の相違は、それぞれがかかげる教会、修道生活、および王権のヴィジョンの次元のものだった。ジャムと彼のプティ＝オテル滞在は、ふたりのさらなる二極化をあらわにした。ユージェニーはジャムをかばいつづけ、ローマで流布している彼とヴァレンヌ通りの修道院についての噂を否定した。さらに、とユージェニーはつづける。

> 〔パリでは〕ローマからもどったフランス人はローマの地そのもので、ローマのひとびと、枢機卿たち、およびランブルスキーニ枢機卿に感じる雰囲気に満足していません。あのかたがたは［ルイ・］フィリップに買収され、手もなく騙されているのです。

ソフィーはヴァレンヌ通りの修道院にもどったとたん、ユージェニーの抵抗に直面することを承知していた。一八四〇年六月、あらたなパリ大司教ドゥニ・アフルが任命されたため、ソフィーの帰還は近づいていた。しかし、フランスにもどる以前に、ソフィーはアメリカの諸修道院の正式訪問に旅立つエリザベス・ガリツィンに指示を与えた。一八三三年のユージェニー・オーデの帰国以来、当地に指導者がいないことを考えあわせ、とくにアメリカで一八三九年の総会決定を実施する仕事は急を要する、とソフィーは確信していた。ソフィーはエリザベス・ガリツィンに一八四〇年夏にアメリカに向けて出発し、ル・アーヴルに向かう途中、パリに立ち寄るよう指示した。パリで新しい大司教に会い、前年、ローマで第五回総会がなにを達成しようとしたかを述べたソフィーからの手紙をわたすようにと求めて。

一八四〇年七月、エリザベス・ガリツィンはムッシュー通りでアフル大司教に面会した。会話中、大司教は総会決定を支持しているふしがみられ、ユージェニー・ドゥ・グラモンが抵抗をやめるべきだとガリツィンに同意した。アフル大司教はユージェニー・ドゥ・グラモンにもヴァレンヌ通りの修道院にも友好的ではなかった。大司教候補者として彼の名前が示されるのを耳にしたユージェニーが落胆したほどだった。アフルはドゥ・クラン大司教の長期にわたるヴァレンヌ通り滞在に批判的だった。アフルがドゥ・クラン大司教に批判を書きおくったという事実は、それだけでユージェニー・ドゥ・グラモンの敵意を買うのに充分だった。ユージェニーは自分の見解を隠そうとしなかった。ソフィーはこのことを当時、ヴァレンヌ通りの修道院の一会員だったバティルド・サリオン（一七九一―一八七五）をとおして知る。以下がサリオンの報告である。

わたしが外部の知り合いをとおして知りえたかぎりでは……マダム・ドゥ・グラモンと新しい大司教の敵対関係は、世間でずいぶん取り沙汰されているようです。噂によると、マダム・ドゥ・グラモンがフォーブール・サン＝ジェルマンの論調の発信源で、みな、あの方とおなじ考えをいだくのを名誉に思っている、ということです。聖母被昇天の祝日に、プティ＝オテルでかなり大掛かりな晩餐会が催されました。その場には、ムッシュー・モレル、［ムッシュー・］ジャム、［ムッシュー・］モリニエ、［ムッシュー・］スラと若いガリツィン皇子がおられました。モレル神父に子犬のようにつき従うマダム・ドゥ・ケルサビーはずっと同席していました。（あそこに行きたがらない）マダム・ダヴナスも呼びだされ、仕方なく同席しました。

プティ＝オテルの晩餐会は、新しい大司教を批判し、ドゥ・クラン大司教について熱っぽく懐古する機会だった。閉鎖的な世界が内向していた。ドゥニ・アフルがパリ大司教に推挙されたとき、追い風になったのがフォーブール・サン＝ジェルマンの住人たちの気に入らないだろうという予想だった。アフル大司教はユージェニー・ドゥ・グラモンとヴァレンヌ通りの会員たちにひとしく批判的だった。そしてこれを隠そうとせず、ヴァレンヌ通りで横行しているソフィー・バラの権威への反対を、公の席で好きなように語った。また、ユージェニー・ドゥ・グラモンの独裁的な統治方法も批判した。ユージェニーは補佐も助言をうけるべき顧問もおかず、ヴァレンヌ通りの通信を厳しく管理したため、ソフィー・バラに忠実な会員の手紙は、イエズス会士などの友人に秘密裏にわたされ、郵送された。アフルはユージェニー・ドゥ・グラモンが修道会の財政を不正に管理しているといって、ユージェニーを告発した。アフルによると、妹アントワネット・ドゥ・グラモンが姉ユージェニーに自分の取り分である収入をにぎられていると訴えており、そのせいでアントワネットが修道院長をつとめるル・マンの修道院の財源の一部が失われている。一八四〇年九月中旬、大司教がヴァレンヌ通りを訪れると、香部屋でユージェニー・ドゥ・グラモンと声高に言い争った。面会中、激怒した大司教はユージェニーに伝えた。ジャムと、かつてプティ＝オテルでドゥ・クラン大司教につき添っていたスラ神父を、住まいにしている当館から追放する。議論や調整の余地はなかった。アフルの行為はユージェニー・ドゥ・グラモンの力を試し、彼女の指導権に挑戦状をつきつけた。

　アフル大司教のヴァレンヌ通り訪問の数日後、ソフィーはパリのムッシュー通りにもどった。ユージェニーはいまだにアフルの訪問の衝撃から立ち直れず、ジャムの解雇に納得していなかった。ジャムの追放をソフィーとエリザベス・ガリツィンのせいにして、ふたりを責めた。七月にアフルに会ったときにこの件を相談するよう、エリザベス・ガリツィンにソフィーが指示したからだ。アフル大司教はソフィーの望みどおり行動し、ソフィーはその迅速な決断に安堵した。とはいえ、アフルの行動は、ソフィーのパリへの帰還をさらに困難にし、ユージェニーとの関係をさらに緊迫したものにした。一八四〇年八月初旬にローマを発ち、六週間かけてイタリア、サヴォワ、フランスを旅するあいだ、ソフィーはパリにもどったとき、自分を待ちうけていることへの準備をした。ソフィーはなんの幻想もいだかず、不安をかかえ、懸念と危惧のせいで体調を崩した。ルイーズ・ドゥ・リマングに書きおくる。

　ムッシュー・ジャムはすでにアフル大司教に解雇されました。あとは、わたしの帰還後です！……パリでわたしがおかれる状況は、あらゆる意味で、いかなるものになるのでしょう［？］ですが、イエスはあらゆるところにおられるではありませんか！　怖れることなどありましょうか！　ほとんど眠れませんが、健康はもちこたえていますので、それにありがたく守られています。きっとパリでは安眠を回復できないでしょう。とはいえ、いま一度、信頼をいだきましょう。力以上に試されないように。神は選ばれた者のめんどうをみてくださるではありませんか！

ソフィーは自分がどのように感じているかをユージェニーに隠さなかった。パリに自分がいてほしくないとユージェニーが思っているのを意識し、「生徒がするように、なるべく道草を食うつもりです」と述べている。パリに到着すると、ソフィーは行動の作戦を決定する以前に、状況を観察しようと考える。「わたしは観察し、耳をすまし、祈り、ほかのひとにも祈りをうながしています」。これまでもさまざまな経験をしてきたが、ソフィー・バラは自分をパリで待ちうけているものほど複雑な問題をあつかったことはなかった。にもかかわらず、二週間以内にムッシュー通りから引越し、ヴァレンヌ通りに住もうと決意する。この時点でユージェニー・ドゥ・グラモンを降格させる可能性はなかったが、ソフィーはヴァレンヌ通りにみずから住むことで、修道院内に一八三九年の総会決定を導入し、改革をおこなうのに有利な立場にわが身をおくことを期待した。

ソフィーの予想どおり、ジャムの解雇はたいへんな不評を招いたが、おかげで、しばらくはソフィーとアフル大司教の関係が良好になる。なぜジャムの解雇がこれほどむずかしく、なぜこれほどソフィーと大司教が批判されるのか、ルイーズ・ドゥ・リマングには理解できなかった。するとソフィーはこう答える。

いいえ、あなたにはここでムッシュー・ジャムの解雇がもたらした影響がほとんどわかっていません。フォーブール・サン＝ジェルマンの住人たちは、わたしも大司教も許さないでしょう。この件ではわたしが責任の一端を担っていることを、あなたはよくわかっているはずです。のちになって、世間はわたしたちの対応を称えるでしょう。ひとは些細なことで左右されますから。いずれにしろ、世間は好きなようにすればいいのです。わたしの評判など、とっくの昔に地に落ちているのですから！

実際、パリでのソフィーの評判は会内外でおとしめられていた。フォーブール・サン＝ジェルマンには噂が広まっていた。ソフィー・バラが心変わりしたか病を得たかで、聖心会を統治する能力を失った、というひとがいれば、彼女が何人かの会員のせいで道をふみはずしたと考え、ヴァレンヌ通りのソフィーを訪問し、本人にそう述べたひともいた。ユージェニー・ドゥ・グラモンのほうがソフィーよりもよほど有能な総長になりうる。ソフィーはもはや総長職にとどまることができないだろう。そうした噂がまことしやかにささやかれていた。ソフィーはパリへの帰還が苦痛にみちたものであり、自分の状況はさらに悪化するだけだ、とユージェニー・オーデに端的に書きおくっている。

一八四〇年から四一年の冬になると、ソフィーは一八三九年の総会決定がローマとパリでいかにうけとめられているかの見当がついた。だが、アメリカの諸修道院への影響をまだ確認していなかった。ソフィーはエリザベス・ガリツィンの南北ルイジアナの各修道院訪問に期待をかけており、ガリツィンの手紙を心待ちにしていた。ソフィーはエリザベス・ガリツィンのアメリカ管区長任命にともなう危険を意識していた。ガリツィンの判断力の欠如、衝動的な性格、ロザヴェンへの狂信的な傾倒、およびソフィーの意志を無視する勝手な行動に、ソフィーはしばしば疑問を表明してきた。アメリカ訪問に出立するエリザベス・ガリツィンに、ソフィーは詳細な指示を与えた。人員や修道院にかんする決定を下す前に、相談と熟考をするようくり返し勧めた。なによりも、慎重、中庸、および柔和な態度をうながした。アメリカではこのような態度が肝要である、とソフィーはエリザベス・ガリツィンに警告している。

むら気や短気を表さないようになさい。これらの欠点はすべてを台無しにします。世界中のひとびとのなかで、困難な状況にあってもっとも沈着さを失わないのは、アメリカ人と日本人です。ですから、神に奉献したひとびとが、世俗のひとびとや異端者よりも不完全だと知れば、彼らはたいへん驚くでしょう。

ソフィーはエリザベス・ガリツィンへの指導の手紙のなかで、自分ソフィーが許す問題についてだけ話すようにと述べる以外は、一八三九年の総会決定に触れていない。そのほかの点では、聖心会の会憲や会則と、会に普及している教育の仕事にかかわる文書を使用するように、とエリザベス・ガリツィンに言いわたしている。

また、ソフィーはル・アーヴルの港にいたるまでのイタリアとフランスの旅についても、エリザベス・ガリツィンに指示を与えている。さらに、ヴァレンヌ通りに滞在するときも、イエズス会士に話をするときも、パリではきわめて慎重にふるまうように、と助言している。

ヴァレンヌ通りでは質問をされるでしょうから、用心するように。……イエズス会士たちにも慎重にふるまいなさい。ここ［ローマ］での彼らの同僚たちとわたしたちとの接触にかんしてはとくに慎重に。なにもかもが伝えられ、［イエズス会」総会長に書きおくられますが、たいていあまり正確ではありません。兄にはより詳しく話してもかまいません。兄は信用できますから……。

あのすばらしきヴァラン神父については、なんと助言していいのやらわかりません。あのかたにあなたが信頼をお寄せしているのをお見せし、これまであのかたの苦痛のもとになったことを残念に思っている、とお伝えしなさい。わたしがまもなくそちらに行くこともお伝えしなさい。あのかたは慰められるでしょう。そして、わたしが出発を延期したのは胸部の熱だとご説明するのです。いま、実際に患っているので、わたしがこれを理由にしてもさしつかえありません。

ソフィーはエリザベス・ガリツィンに、ヴァレンヌ通りでは沈黙を守り慎重なふるまいをするよう指示した。一方、エメ・ダヴナスとは個人的に話をして、一八三九年の総会決定の実施への執拗な拒否によって、ユージェニー・ドゥ・グラモンの評判がおとしめられていることを伝えるよう求めている。ユージェニーが管区長として統治する諸修道院で三年の試行期間を導入するようにとエメ・ダヴナスがガリツィンの説得に当たることを、ソフィーは望んだのである。

一八四〇年六月、ソフィーはアメリカの諸修道院に正式書簡を書き、エリザベス・ガリツィンの訪問を発表した。ソフィーは、はるか以前に訪問がおこなわれることを期待していたが、アメリカの全会員と会いに、みずから当地に赴くことができず残念である、と述べている。また、エリザベス・ガリツィンの助言と、彼女が会の名において勧めることをうけいれるよう、アメリカの会員たちにうながしている。

すでにルイジアナでこれほど栄えている聖心会は、これらの総会決定の実践により、さらに固められ、完全になるのです。総会決定を会憲に加えたとき、念頭にあったのは、このことです。

一八三九年一一月、前年七月に第五回総会の決定事項がローマで承認された旨を、ユージェニー・オーデはアメリカのアロイジア・ハーディに伝えている。オーデは説明する。総会決定はソフィー・バラが聖心会のよき統治のために望んだものだが、妥当で正確な版が印刷されるまでは、広く伝えてはならない、というのがソフィーの意向である。印刷までの間、修道院長たちとそれぞれの院長顧問会は、第五回総会後にとり急ぎ記録された版について議論することができる。彼女たちは、総会決定についてソフィー・バラに自由に意見を述べてかまわない。それらの意見は考慮される。ユージェニー・オーデはつづけてアロイジア・ハーディに述べた。もし、ハーディかほかのアメリカの修道院長がすでに修道院の会員全員に総会決定のことを伝えている場合は、ソフィーがアメリカの諸修道院への公的な訪問者をみつけるまで、状況をそのまま温存するように。ところが、ソフィーがエリザベス・ガリツィンのアメリカ派遣を決定したときには、すでに三年の試行期間の導入が決定されていた。そのため、ソフィーはアロイジア・ハーディに、以前、ユージェニー・オーデが伝えた正しい助言を無視し、熱心に総会決定を実践するように、と求める羽目になる。とはいえ、数週間後のハーディへの手紙で、ソフィーはエリザベス・ガリツィンについて感じているみずからの不安をかいまみせる。

> あなたがあのひとと会い、慰めを得るのをうれしく思います。あのひとにふさわしい心からの信頼と忠誠を、あなたがきっと寄せることと思います。あのひとを助け、その重荷を分かちあい、軽減するために費やす心遣いは、すべてわたしのためのものです。わたしがあなたを訪問できたなら、あのひとはわたしの補佐にして旅の同伴者にすぎなかったのですが。……そちらの国の習慣や、ある措置や規則や実行などなどがひきおこしうる問題を、あなたの訪問者に教えることは、完全なる従順の実践に反しません。……　あのひとは、あなたの洞察や意見から多くを得るでしょう。

一八三九年の第五回総会でソフィーは、総会決定がゆっくりと時間をかけて伝達されることと、まず正式な版が印刷された上で、ローマの権威に提示され、認可されてはじめて全面的に伝達されることを求めていた。しかし、ユージェニー・ドゥ・グラモンが三年の試行期間を提案したとき、ソフィーはこの方針を変更せざるをえなくなった。そのため、一八三九年の総会決定が、あわてて書きとめられたまま、たいていは未訂正のかたちで、管区長や各地の修道院長のあいだに回覧されるのを、ソフィーは認めざるをえなくなる。そのときでさえ、ソフィーは総会決定がローマで認可されるまでは、各修道院が総会決定の写しを保管することを望まなかった。エリザベス・ガリツィンはソフィーの意向を無視し、ローマで、そしてその後、ル・アーヴルの港への道中、リヨンとパリで総会決定の写しを配布した。ミズーリでも同様であった。ソフィーはこれに面くらい、ロザヴェンでさえ、彼女の乱暴なふるまいに驚いている、とエリザベス・ガリツィンに書きおくる。

……この件にかんするわたしの条件を覚えているはずだと思いますが？　それに照らすと、あなたのルイジアナでの行動を理解できません。……北部ルイジアナであなたがおこなった誤った伝達をいかにして取り消すか、相談役たちと話しあいなさい。

このような行動が諸修道院で誤解や不安を招いた。ある修道院では、総会決定の試行期間が始まっていた。ほかの修道院では、会員たちは総会決定について聞いたこともなかった。べつの修道院では総会決定のことを耳にしていたが、試行期間は始まっていなかった。エリザベス・ガリツィンがアメリカであからさまに自分ソフィーの権威をくつがえしているのを知り、ソフィーは愕然とした。そして聖心会よりもヴィラ・ランテの修道院付司祭ミトライユ神父のほうが、よほどガリツィンのことをよく知っている、と皮肉交じりに述べている。エリザベス・ガリツィンが権威ある地位に就任すれば修道会にはたらきうる害を、神父はソフィーに警告していたのである。

エリザベス・ガリツィンは一八三九年の第五回総会の直後からソフィーの権威にゆさぶりをかける。のちに判明したとおり、当時、ガリツィンは思慮に欠ける長文の手紙をユージェニー・ドゥ・グラモンに送り、ソフィーの総会の指導を批判した。ガリツィンは返信がソフィーの手にわたるのを怖れて、ユージェニー・ドゥ・グラモンに返事をしないように、と求めている。さらに、ソフィーがローマのアルマンド・ドゥ・コーザンとトリニタ修道院の状況について語ることをだれにも許さなかったと言って非難した。ソフィーはジョゼフィーヌ・ドゥ・コリオリスを信頼しているかのようにふるまい、アルマンド・ドゥ・コーザンを南フランスの修道院のひとつの修道院長に任命しようとしていた。これがガリツィンの失望を招く。ガリツィンはドゥ・グラモンに述べる。

ことは決定ずみです。わたしたちは相談されなかったので、なにも言えません。ですが、この不運が実現した場合、［ソフィーに］手紙を送り、意見することを、あなたに頼みます。あなたの言葉は、ほかのだれの言葉よりも、あのかたに効果がありますから。

フランスの司教たちを動揺させないよう、ソフィーの今後の居住地がローマであると文書で述べないほうがよい、とランブルスキーニ枢機卿がソフィーに助言したことも、エリザベス・ガリツィンはユージェニー・ドゥ・グラモンに伝えた。これは害をなし、ローマでなにが起こったかをユージェニーに勘づかせた。これはガリツィンが決定的に判断力に欠けており、当時、ソフィーの指導力を傷つけようと画策していたことを物語る。その一年後、エリザベス・ガリツィンがひとりでアメリカにわたると、ソフィーは詳細な指示を与えたにもかかわらず、総長補佐ガリツィンを抑制できないことを思い知る。

この間、ソフィーの仕事量は増える一方だった。総秘書エリザベス・ガリツィンがアメリカに出発して以来、秘書業務の手助けがなかったからだ。ソフィーはそのつけが自分に回ってくるのを予測していた。カトリーヌ・ドゥ・シャルボネルはパリのヴァレンヌ通りのソフィーのもとに合流し、フェリシテ・デマルケはムッシュー通りにもどり、修練院長の職に復帰した。ふたりはソフィーの相談相手になり、ソフィーは通信の一部をふたりに委任した。しかし、通常ならば、総秘書とふたりでおこなう膨大な通信があり、いまやソフィーはこれをひとりでこなさねばならなかった。膨大な仕事に押しつぶされそうになると、ソフィーはヴァレンヌ通りかムッシュー通りの会員たちに手紙の手助けを求める羽目になる。だれも率先して手伝いを申しでなかった。ソフィーはルイーズ・ドゥ・リマングに日課を書きおくり、いかにして毎日を乗り切ったかを述べている。早朝五時に起床。その後、二時間の祈り。ミサと朝食ののち、八時半に手紙の執筆を開始。正午、あるいは必要に応じて正午をすぎて、いったん、執筆終了。午後は面会や訪問。その後、時間が許せば、さらなる手紙の執筆。医者の勧めに反して、くつろいだり、散歩をしたり、休憩をする時間をとることができない、とソフィーは認めている。

一八四〇年九月末、ソフィーはアンリエット・グロジエにしたためる。

なんと大量の仕事がわたしを待ちうけていることでしょう！　のちほど、そのことをお話ししましょう。……イエスがお助けくださいますよう、お祈りください。イエスのお助けがなければ、仕事はじつに厳しいものです。いまのところ、わたしの勤勉な秘書の代わりを見つけだせません。わたしの秘書〔エリザベス・ガリツィン〕はじつに四人分の仕事をしていたのです！

手紙の執筆と聖心会の会員や聖職者たちとの面会に追われながらも、ソフィーはアミアン、ボーヴェ、コンフロン、ボルドー、およびニオールの各修道院長の異動を計画する。そのことを、アンリエット・グロジエにねらいを定めて述べたのである。ソフィーのもっとも困難な仕事は、ヴァレンヌ通りの会員たち、とくにユージェニー・ドゥ・グラモンとエメ・ダヴナスに対処することだった。ソフィーはユージェニー・オーデにもらしている。

明日、ヴァレンヌ通りに行きます。重く辛い仕事が待っています。神がわたしに力と仕事をする能力をお与えくださいますように。ですが……起こったことすべては、なんとたやすく避けられたことでしょう！　だれからも言われます。「ああ！　総長様ご自身が総会決定を持ちかえってくださっていたら！　だれも抗議など思いもよらなかったでしょう」。先日、マダム・ドゥ・グラモンにこれを指摘されました。そうであったら、嘆かわしい結果が避けられたでしょうにと。……もはやすんだことです。……この状況をつくろうことができるでしょうか？　それはわかりません。

一八三九年の総会決定の伝達方法がもたらした亀裂をつくろう仕事は、時間がかかり、ソフィーを疲労困憊させた。ユージェニー・ドゥ・グラモンとの関係は変化し、「すくなくとも、ある問題にかんしてはかつての親密さ」を失った、とソフィー自身も認めている。加えて、ソフィーは指導者としての自分の評判が、パリとローマで深刻な打撃をこうむったことを意識していた。ユージェニー・オーデには、ローマの枢機卿たちに「わたしは向こうみずだと思われています」ともらしている。しかし、これらの重圧にもかかわらず、一八四〇年一〇月、ソフィーは自分の健康状態がよいことに驚く。ところが同年一二月、これは一変した。ソフィーが自分と一八三九年の総会決定への反対運動の広がりを知ると、彼女の気力と体力がそこなわれはじめる。ひどい風邪をこじらせ副鼻腔炎にかかり、数週間、病床に臥した。この間、仕事をすることも聖心会を統治することもできなかった。そのあいだにも、あるひとびとは、それぞれの計略をめぐらせるのに余念がなかった。

一八四一年三月、ソフィーがようやく回復に向かうころ、フランス、イタリアおよびアメリカにおける聖心会はさらに二極化し、分裂していた。ユージェニー・ドゥ・グラモンがフランスの反対派を率いていた。エリザベス・ガリツィンは、一八三九年の総会決定を南北ルイジアナの諸修道院に伝えつづけていた。ルイーズ・ドゥ・リマングとジャン・ロザヴェンは一八三九年の総会決定を固持し、ペディチーニ枢機卿とランブルスキーニ枢機卿に情報を与えつづけていた。加えて、マリー・ドリヴィエはボーヴェの第二寄宿学校を閉鎖するというソフィーの決定を拒絶した。当地の司教に後押しされ、ボーヴェの修道院の会からの分離を教皇に嘆願したのである。一八四一年三月、きりなく押しよせる難題の数々に苦しむソフィーは、ユージェニー・

オーデにこうつづる。

回復は遅々とした歩みです。眠ることも食べることもままならず、いまだに体力がありません。これほどの心配と苦悩をかかえ、回復などできるでしょうか？　……できるだけ調べてください。［聖心会から］分離しようとして、ヴァレンヌ通りの修道院と結託しているのは、どの修道院なのか！……ル・マン、オータン、およびボーヴェの修道院ではないかと疑っています。あとのふたつでは、修道院長だけが反対しているのだと思いますが。

一八四一年夏、ソフィーは聖心会の状況が崩壊の危機にさらされており、自分はローマにもどり、次回総会の時期を決定せねばならないと確信する。それこそが、会員たちのあいだに一致をもたらし、会内でふくれあがる分裂と不和を解決する唯一の方法だったのである。

第一七章　崩壊への道
一八四一―四二年

一八四〇年の冬はソフィーにとって辛い時期だった。病に苦しみ、うちひしがれ、自分の世界が崩れおちていくかのように感じていた。ルイーズ・ドゥ・リマングからの手紙はなんの助けにもならなかった。ドゥ・リマングは将来の苦難、目前の暗黒の日々、そして自分の迫りくる死について語った。重苦しい抑鬱がソフィーにのしかかり、これほど陰気な手紙を書くときは、パリにいる自分のことを考えてほしい、と友人に求めている。

〔もし、ルイーズ・ドゥ・リマングが亡くなれば〕、わたしの魂はこの世のなかで孤独になります。……この言葉がなにを意味するかをおわかりですね。あなたがわたしの立場を、わたしが支援を得るべきひとびとが事を悪化させ、わたしを責めさいなんでいるのを知っていれば。そのことをあなたに話せば、きっと驚くでしょう。……詳細をつづることはできませんが。

ソフィーは多くの問題をかかえ、活力をとりもどせずにいた。不眠に悩み、食欲をなくし、仕事のための体力を回復することができないのではないかと怖れた。ユージェニー・ドゥ・グラモンと共謀する各修道院を訪ね、個人的な関係をとおして自分の指導力を回復したいと願っていた。病に苦しみながらも、ソフィーはボーヴェの問題に対処せねばならなかった。教皇がボーヴェ司教ピエール・コトレ猊下（在職一八三八―四一）とマリー・ドリヴィエから正式書簡をうけとったからだ。当初、ふたりはソフィー・バラがボーヴェの第二寄宿学校〔小ブルジョワ層の子女のための学校〕を閉鎖しようとしていることに苦情を述べ、ついで、ボーヴェの修道院や学校が聖心会から離脱する許可を求めた。グレゴリオ一六世は司教・修道者聖省の長官パトリッツィ枢機卿を介してパリのソフィーに彼女の見解を打診した。ソフィーは覚書を記し、自分の立場とボーヴェの第二寄宿学校閉鎖を決断するにいたった理由を説明した。また、聖心会の財政状況を概観し、会が近年、五〇万フランの損失をこうむったため、ボーヴェの学校を再建する経済的な余裕がない、と教皇に伝えた。ソフィーはローマのユージェニー・オーデに覚書を送り、ルイーズ・ドゥ・リマングとジャン・ロザヴェンと密接に協力し、本件についての聖心会の見解を表明するよう指示した。同時にソフィーは、前年、ボーヴェの問題に対処したユージェニー・ドゥ・グラモンにふたたび当地へ赴き、状況を司教に率直に話すよう求めた。ユージェニーが膠着状態を解消したいきさつは、ヴァレンヌ通りでの成功をもたらした技と魅力を彷彿させる。ユージェニーは一時間半を司教とすごし、司教を褒めそやし、終わりのない冗談に耳をかたむけ、面談が終わったときにはソフィーの望みを達成していた。ソフィーにこう報告している。

> 会話は打ちとけて、明るく、楽しいものでした。司教様のお話に笑いころげました。これほど魅力的でいらしたことはありません。すべてに同意され、第二寄宿学校のことは主張すらなさいませんでした。マザー・ドリヴィエは第一寄宿学校〔貴族と富裕ブルジョワ層の子女のための学校〕が第二寄宿学校に支えられていると申しあげたそうですが、わたしはそれがむしろ逆であることを司教様に納得していただきました。総長様にくれぐれもよろしくお伝えするようにとおっしゃいました。

ボーヴェにかんするローマのパトリッツィ枢機卿の問いかけにたいして、ソフィーは説得力ある言い分を手に入れ、自分の行為の正当性を認められるとの自信を得た。ユージェニー・オーデにはこう打ちあける。

> たいせつなのは、わたしがふたつの立場のどちらかの気まぐれに従えば、修道会を統治できなくなることを、教皇様におわかりいただくことです。……ボーヴェの司教は同僚にまともに相手にされていません。先日、まったく異なる問題を話しあっていたとき、あるかたがわたしに言いました。「ふん！　ボーヴェの司教の頭は愚かしいたわごとでいっぱいだ！」……このことは、むろん、あなたの胸のうちにしまっておくように。

ローマでのソフィーの入念な申しひらきには説得力があり、教皇はソフィーの見解に同意した。もっとも事態が落ちつくには一八四一年八月までかかった。マリー・ドリヴィエとボーヴェ司教の嘆願がローマで好意的にとりあげられたなら、会にもたらしたであろう危険にソフィーは気づく。彼らが成功したなら、ほかのフランスの司教たちからの嘆願もつづいただろう。ソフィーはオーデに語る。

> その理由は、まず、ほとんどの司教たちが総長のローマ居住に反対している点、そしてつぎに、フランスの司教が〔会の〕

［聖職者］総長に就任すべきだと考えている点です。［フランスの］司教の大半がわたしたちに反対すれば、わたしたちに忠実な修道院はほんの少しになってしまいます。……また、これらの修道院でさえも、何人かの会員が、分裂し、反対にまわるきっかけを待っているのです。

ソフィーはこれを痛感し、ボーヴェの危機の解消にユージェニー・ドゥ・グラモンがはたした役割を評価した。ユージェニー・オーデに述べている。

本件では、マザー・ドゥ・グラモンがりっぱに役目をはたし、大いにわたしの力になりました。ボーヴェではだれもがあのかたに敬意を払い、あのかたは正直に行動したのだと確信しています。あのかたの性分では、思っていないことは口にしません。そんなことは性格に反するのです。このたびは全面的にわたしを支持しました。

実際、ユージェニー・ドゥ・グラモンには聖心会もソフィー・バラも破滅させる気はなかった。一八三九年の総会決定をめぐりソフィーと対立し、フランス国内の総会決定への反対派を率いていたが、マリー・ドリヴィエを支持することになんの関心もなかった。ながらくマリー・ドリヴィエの教育観に異論を唱え、ボーヴェの第二寄宿学校の成長を、経済的な将来をあやうくする危険な展開とみなしていた。さらにドゥ・グラモンは、一八二六年の第三回総会で中流階級〔都市と地方の小ブルジョワ層〕の教育の可能性が提案されたとき、マリー・ドリヴィエの見解に打撃が与えられたことも知っていた。第三回総会時の反応は、人員不足という理由でこの可能性に否定的だったのだ。ソフィーはマリー・ドリヴィエが自分の才能を開花させる余地を必要としていることを認め、そのためにボーヴェの現職に任命した。マリー・ドリヴィエの教育観には先見の明があったが、修道院と三校の学校を運営する能力に欠けていた。貴族と富裕な中産階級のための寄宿学校を良好な状態で維持し、第二寄宿学校と孤児院の経済的基盤として活用できたなら、マリー・ドリヴィエはソフィー、そして会全体にこれまでと異なる教育の型を示すことができたかもしれない。しかし、これはかなわず、一八四一年には、ソフィーはマリー・ドリヴィエが会を離れ、ソフィーが長期的には支えることのできないべつの道を歩むことになると気づく。当時も、それ以後も、なぜマリー・ドリヴィエの見解や目標を聖心会がうけいれることができないのか、とソフィーが問うことはなく、ドリヴィエの脱会によって自分がなにを失うかを理解することもなかった。マリー・ドリヴィエは脱会後もソフィーに手紙を送りつづけたが、ドリヴィエ家が会にたいしておこなった経済的な申し立てのせいで、ふたりの関係はぎくしゃくした。ソフィーはめったにドリヴィエの手紙に応えず、ふたりが再会することはなかった。

この時期をとおして体調不良に悩まされていたソフィーだが、なんとか仕事をつづけていた。ほかに選択肢はなかった。回復期には、緊急に解決を要する問題が山積していた。いまだに不眠に悩まされ、食も細かったが、ボーヴェの問題を首尾よく解決できた。だが、五月になっても体力がなく、充分に眠ることも食事を消化することもできなかった。口内炎に悩まされ、回復を願って腕に発泡剤をつけてみた。神経をすりへらしていたため、パリの医者はほかの場所で療養するよう提案した。ソフィーは転地療法に期待をかけ、アミアン、リール、およびジェットを訪問することにした。もっとも、実際の旅は緊張を強い、くたびれると認めている。ジェットでまたもやひどい風邪をひき、体中に湿疹がでたため、眠ることも休むこともできなかった。天候は雨が多いうえに寒く、ソフィーはひっきりなしに下痢に襲われ、すっかり体力を消耗し、気が滅入った。急死した場合にそなえて、甥スタニスラスには遺言状の執行人になるよう頼んでいる。一八四一年七月、ソフィーは八か月間も仕事ができないでいるとこぼしている。意識的にせよ無意識にせよ、ソフィーは病気を一種の自己防衛の手段として利用するようになっていた。とくにアミアンとリールへの訪問の折には、各修道院の会員たちに話をする体力がないと訴えることができた。ユージェニー・ドゥ・グラモンは一八三九年の総会決定を北フランスのどの修道院にも導入しておらず、ソフィーは体調不良のおかげで、この問題に公の席で立ちむかうことをまぬかれた。とくにサン゠テステヴの記憶がたやすく呼びさまされるアミアンでは、ぜひとも避けたい事態だった。

この期間中、ソフィーはジャン・ロザヴェンが自分を優柔不断で意志薄弱であるとみなし、しびれを切らせているのを意識していた。ロザヴェンはできるだけ早くローマにもどるように、とソフィーにせっついた。すでにルイーズ・ドゥ・リマングにはソフィーが助言に従わないと苦情を述べ、ドゥ・リマングはこのことをいくつかの修道院に言いふらしていた。ソフィーはといえば、ロザヴェンがフランスとフランスでの聖心会の現実を把握していないことに気づく。後悔の念とともに、過去において自分が過度にロザヴェンに影響をうけていたことを認め、この時点で彼の助言に従えば、会が独自の道を見失うことを意識していた。一方、ローマではロザヴェンを味方につけておかねばならないこともわかっていた。ロザヴェンが司教・修道者聖省の一員として影響力があり、聖職者のあいだで知られ、イエズス会士たちの支持を得ていたからである。ロザヴェンを敵にまわす余裕はなかったので、彼の不満を耳にしたソフィーは懸念をいだく。エリザベス・ガリツィンとルイーズ・ドゥ・リマングがいかにロザヴェンを敬愛しているかを知っており、この点で自分にはなんの力も影響力もないこともわかっていた。そのため、大勢の敵を作りたくなければ、ロザヴェンとともに働く以外の選択肢がなかった。だがロザヴェンはいよいよ業をにやし、ソフィーの病がどれほど深刻か、彼女が各修道院に一八三九年の総会決定を無理やり押しつけることがいかに不可能かを理解しようとしなかった。ソフィーは皮肉まじりにエリザベス・ガリツィンにもらしている。「わたしにはよき神がおゆるしになるよりも早く歩むことはできません！」

ソフィーの人生は寒々と寂しいものになっていく。フランスとベルギーの会員たちは、ソフィーの長患いに気づいていないかのようだった。しかしソフィーは公の席で多くを隠しとおす羽目になり、不安の源をあかすわけにいかなかった。エリザベス・ガリツィンにこう述べている。

> 仕事に追いたてられています。いまだに気分が悪く、回復しないのではないかと案じています。秘書の助けはありません。この点について、だれも同情を示さず、手をさしのべず、わたしはひとりでなんとかやっていくしかありません。できるだけのことはしましょう。総会を楽しみにしています。そしてひとたび事が解決すれば、迫りくる死の準備をする以外、わたしにはなにもなすことはありません。わたしたちの主がわたしの使命をはたす時間をお与えくださいます。

ソフィーは秘書業務の手助けを求めつづけた。エリザベス・ガリツィンのアメリカ訪問中の数か月間、アデル・カイエを秘書として送ってほしい、とマリー・プレヴォに頼むも断られる。ラ・フェランディエールの学校でカイエの代理になる人手がないというのが理由だった。ソフィーはそれ以上せっつかず、代わりにユージェニー・ドゥ・グラモンにパリでだれか人手を探すように依頼した。ユージェニーは多少の努力はしたが、秘書は見つからず、ソフィーはほとんどの通信を自分ひとりでこなしつづけることになる。これが完全な回復を妨げた。病気のときもソフィーは聖心会内の要となる会員や動きと接触を保ったが、会の発展の決定的なこの時期に、それだけでは充分な指導にならないとわかっていた。各修道院で会員たちの前にあらわれ、一八三九年の総会決定を説明し、全般的に自分の権威を示さねばならない。一八四一年六月、仕事に公式に復帰した折、聖心会の会員宛ての回状をしたためる。一八四〇年秋、フランスに帰国したが、相次ぐ病のために各修道院を訪問できなかったことを説明し、すみやかな改革を必要とする会内部のいくつかの問題に焦点をしぼり、多くの会員が以前の総会や以前の自分の手紙で示した勧告を無視していることを指摘した。

ソフィーの回状は一八三九年の総会決定を直接あつかわなかった。ソフィーは会内部の実際的な問題に集中し、よき統治と訓練の条件を打ちだした。とくに、ある修道院からべつの修道院への異動を命じられたときや、ある学校や修道院でおこなっている仕事を変えるようにうながされたとき、会員たちは権威への従順を実行すべきである、と呼びかけた。ソフィーは、聖心会においては清貧の誓いが物品の分かちあいによって実践されていることを全会員に想起させた。だれも自分の使用のために財産を私有する権利がなかった。それでも何人かの会員が家族から贈られた金銭やそのほかの贈物や、生徒の個人教授の謝礼を保持していた。また、何人かの会員は自分の財産がいかにして、どこで使われるべきかを指定したがった。こうした態度は会一般の必要、とくにあらたな修道院の必要を無視し、拡大する修道会のより多岐にわたる必要に目を向けず、特定な地域、特定な状況への固着を強めた。また、ソフィーは会員の多くが自分たちの家族に過度に依存していることをとりあげた。学校に姪が在籍する会員には、姪たちの世話をする教師たちに口出ししないように注意している。

各修道院の会員の事情に明るく、会員たちに実際的な物言いができる女性からの実際的な勧告だった。財産の分かちあいや、各修道院の領域を超えたより広い地平線を示すことで、ソフィーは会員たちに、修道会をフランス、そしてヨーロッパよりも大きく広いものとしてとらえるようにうながした。さらに、当初からいだきつづけた構想、すなわち、聖心会が中央の統治体制にあずかる諸修道院から構成されており、複数の修道院の連合ではなく、各修道院は自律的で独立したものではないという構想を強調した。すべての修道院は相互依存関係にあり、たがいに交流を保つべきである。ソフィーのかかげる修道会のかたちを実現させるためには、人員の可動性、財産の共有、および家族の絆からのある程度の自由が不可欠だった。ソフィーにしてみれば、回状はたんなるお説教ではなかった。自分がいだく聖心会のヴィジョンの核心と、一八三九年の総会決定の精神についての彼女の理解を示していた。つまり、聖心会は、ローマに住み、世界中の修道院を統治する総長に率いられるべきだという確信である。この精神にもとづき、ソフィーはいくつかの修道院の新設を告知し、ニューヨークの修道院とフィリピーヌ・デュシェーヌが尽力しているネイティヴ・アメリカンのための修道院について特筆した。ソフィーはフィリピーヌの夢の実現にあきらかに心を打たれ、固有の資源をほとんどもたないこのあらたな試みを支持するよう会員たちに求めた。

回状をしたためた同日の一八四一年六月一六日、ソフィーは各修道院長と院長顧問たち、および何人かの会員に宛てたもう一通の手紙を書く。そのなかで聖心会の財政状況についての詳細、会における禁域制度の問題、若手の会員の監督、そしてとくに会の各修道院で裕福な女性たちが老後の人生をすごす習慣を廃止する必要を述べた。そして次回総会が一八四二年に開催予定であると念を押し、手紙をしめくくった。

どちらの手紙も明晰で力強い文章でしたためられ、聖心会内の悪弊を厳しく摘発した。アンリエット・グロジエはソフィーの回状の内容、とくに人員の配置転換の困難を嘆く箇所に動揺した。心を痛め、その箇所が自分に向けられているように感じる、とソフィーに訴えている。ソフィーは回状が特定の個人に向けられていない、と如才なく答えた。

なぜ回状があなたの心痛のもとになったのか……わかりません。熟慮したうえで言及した悪弊は、あなたに向けられたものではなく、何人かの会員に向けられています。この会員たちは、嘆かわしいことに、すべての地域に散見され、真の修道者にほど遠いのです。……親愛なるマザーにして友よ、過去においてわたしたちに痛みをもたらしたかもしれないことについて、これを最後にもはや考えてはなりません。もし、わたしたちが手近にいてたがいに顔をあわせていたら、面と向かって話しあい、たがいにかかえる問題をすみやかに解決したでしょうに！

一八四一年夏には、聖心会内部のローマの教皇権至上主義派が、ローマを中心に、イタリアと南フランスの修道院、とくにリヨン、エクス＝アン＝プロヴァンス、マルセイユ、およびボルドーにおいて権力の中枢を築きあげていた。フランスを基点としたガリカニスム派はパリ、ル・マン、オータン、およびポワティエに集中し、パリ大司教と、聖心会が修道院や学校をおくフランスの司教区のほとんどの司教たちに支持されていた。ソフィーとユージェニーのあいだの個人的な関係はますますむずかしく、緊張にみちたものになっていく。ソフィーはユージェニーの冷ややかで皮肉な態度と一八三九年の総会決定への絶え間ない批判に苛立っていた。一八三九年の総会決定を表面的に判断し、聖心会にとっての内的な価値を評価していない、とユージェニーに述べた。そしてユージェニーがいつになったらほかのひとに、つまり指導者としてのソフィーに従うのか、とたずねている。

とはいえ、あなたにこれを述べても無駄でしょう。あなたは自分のほしいものがほしいのです。そうではありませんか、親愛なるユージェニー？　この点において改心したとき、あなたを聖人と認めましょう。ですから、早くなさい！

　しかし事態は変わらず、翌月、ソフィーはふたたびユージェニーを叱責している。

あなたとうまくやっていけるときはうれしいですし、あなたが示す理由がもっともなものなら、いつでもそうします。……のちになって、あなたが気づくことを望みます。あなたに反対することでわたしがいかなる代償を支払ったか、何人ものひとの前であなたを正当化し、あなたへの非難をそらすために、わたしがこうむった痛みや使いはたした愛情を。ここで筆をおきます。あなたへの変わらぬ愛情をいだく者とあなたが和解する瞬間を、主がお選びくださるのにゆだねます。あなたはそれを信じねばならないのです！

　ユージェニーはすぐにこの手紙に肯定的な返事を送り、ソフィーはそれに慰めを得て、ふたりの友情の根源が、一八三九年以来、深まる溝を超えてふたりが生きのびる後押しをするのではないかと期待した。実際には、ソフィーが病床にあった時期と、アミアン、リール、ジェットの各修道院を訪問中に、一八三九年の総会決定への反対はひそかに深刻化していた。一八四一年八月中旬、パリにもどると、ソフィーは自分の健康が許せば、ローマに行き、翌年にひかえた次回総会の準備をすることを決める。この間、ジョゼフ・ヴァランと長い話をする機会があった。ヴァランは八月初旬にイエズス会総会長ローターンに手紙を書き、イエズス会士は聖心会会員との接触を禁じられているが、ソフィー・バラと話をしてもいいかとたずねた。自分は四一年間、聖心会を知り、愛しており、すくなくともフランスで会が自分の目の前で崩壊の危機に瀕しているのを見て、心を痛めている、とヴァランは説明した。ヴァランによると、過去二年間、聖心会の修道生活は崩壊の一途をたどっている。さらにヴァランは言う。

長いあいだ、すべての者が総長の帰還を待ち望み、総長の存在だけが苦痛にあえぐ者に癒やしをもたらすと思われました。総長がこちらにもどって一〇か月になりますが、これまでのところ、総長を動かした熱意は病のせいで麻痺し、病がぶりかえしては総長の力を弱めています。……しかも、総長は［総長］補佐の援助をほとんどうけていません。補佐たちはほかの機能をはたすべく遠くにいるか、老齢や病で弱っているかなのです。しかし、痛みのもっとも深い源は、力の絶頂にあってもっとも才能ある会員たちが失われることにあります。……死が彼女たちを奪いさるのです。……一方、……召命はとだえ、……新設の修道院や援助を必要とする修道院の予備費として貯えられていた多くの資金の損失については、ここで述べますまい。破産や不正による損失です。……マダム・バラはくり返しわたしに言われました。「わたしが［ベルギーから］帰ったとき、神父様とお話せねばなりません」と。

ローターンはヴァランの要請にすみやかに答え、この禁止事項はヴァランに当てはまらないと述べた。ヴァランはソフィー・バラと自由に話してよいが、聖心会内の指導的な役割をひきうけてはならない。とくに、ソフィーや会のことでパリ大司教と連絡をとってはならない。当時のソフィーとジョゼフ・ヴァランの面会についての記録は現存していない。しかし、ジョゼフ・ヴァランが自分ソフィーの立場を理解せず、ユージェニー・ドゥ・グラモンと結託し、一八三九年の総会決定の廃止に向けて運動している、と、数か月後、ソフィーはユーラリ・ドゥ・ブショーにもらしている。おそらくヴァランはパリに在住するイエズス会士の立場と、当時のフランスにおける聖心会の必要と理解するものにもとづき、自説を展開したのだろう。

九月にソフィーがパリをしばらく留守にすると述べたとき、行き先がローマであることを伏せていた。ユージェニー・ドゥ・グラモンにも悟られなかったらしく、ユージェニーはローマのサンタ・ルフィーナ修道院のアデル・レオンに書きおくっている。

いま、そちらに総長様がおられなくて、寂しく思っていることでしょう。ですが、総長様はあなたがたのもとに長くおられたのですから、今度は、わたしたちの番です。わたしたちは二年近くも総長様を奪われていたのですから。

一八四一年九月一六日、ソフィーはパリを発ち、マリー・パットとフェリシテ・デマルケをともない、旅に出た。オータンへの道中、ジョアニーに立ち寄り、姉マリー＝ルイーズを訪問している。甥スタニスラスはその場におらず、のちにソフィーは手紙で姉と再会してうれしかった旨を伝えている。特別な訪問だった。一八四一年の夏、姪ゾエがふたたびピエール・クザンとの結婚を発表し、今回こそ結婚が現実のものとなる。ソフィーはこれをうけいれ、スタニスラスにふたりの結婚を祝す手紙の手伝いを求めている。ジョアニーでピエール・クザンに会い、ゆっくりと吟味する時間があった。故郷ジョアニーでの滞在を楽しみ、人生においてまれな気楽な時間をすごした。だが、依然として病は重く、下痢の発作に襲われ、滞在を切りあげることになる。スタニスラスにこう報告している。

> きっとジョアニーからの便りでわたしのことを耳にしたでしょう。心配をかけたのではないですか？　事実、ジョアニーに着いたときは、ひどく患っていました。何時間か静養すると、容態が落ちつき、それ以来、気分がよくなりました。……家族は元気でした。お母様はゾエのよろこびを見て満足しています。相手の若者はなかなかよいひとです。もう少し教育があり、洗練されていればとは思いますが。素地はあります。ゾエがしあわせなのですから、わたしたちもしあわせでいなければなりません。……ジョアニーに手紙を書く暇がないので、あなたに書いてもらえればうれしいです。わたしのことを知らせ、いっしょにすごすことができて、いかによろこんでいたかを伝えてください。

　オータンで一〇日間すごしたのち、ソフィーは南へと旅をつづけ、リヨン、シャンベリー、およびトリノの各修道院を訪問した。一〇月下旬、ローマに向かい、道中、パルマとロレートで数日をすごす。一一月一九日、トリニタ修道院に到着すると、ユージェニー・オーデが重病で臥せっていた。ソフィーはこれにすぐに対処しながら、教皇、ランブルスキーニ、およびペディチーニ枢機卿との接触を再開した。ペディチーニ枢機卿が聖心会の保護枢機卿だったが、ソフィーはランブルスキーニの助言を求めがちだった。ペディチーニよりもはるかにパリのことを熟知していたからだ。ランブルスキーニは聖心会の友人で、とくにユージェニー・ドゥ・グラモンと親しかった。また、教皇とじきじきに連絡をとることができた。さらに、司教・修道者聖省の一員ではなかったため、直接ジャン・ロザヴェンに対処することがなかった。非公式にジョゼフィーヌ・ドゥ・コリオリスと会合を重ね、彼女をとおして会内部の動きを承知していた。

　この間、アメリカに到着するとすぐに、エリザベス・ガリツィンは訪問したすべての修道院で総会決定を示したため、アメリカの聖心会のほとんどの会員たちは一八三九年の第五回総会の内容を知っていた。そして一八四一年二月、エリザベス・ガリツィンはアメリカの諸修道院に手紙を送り、不正確な点が訂正され、文言が次回総会で承認されるまで、会憲の修正版を読むのを中止するよう、ソフィーから要請されたことを伝える。だが、エリザベス・ガリツィンは自分の見解も加え、一八三九年の総会決定がアメリカで歓迎されたことを指摘し、アメリカの各修道院に総会決定の価値は失われないと請けあっている。「のちに、聖イグナチオが定められた会則を、わたしたちが充分に、無制限に実施することを望みます」と言って。エリザベス・ガリツィンはアメリカの会員たちに強い印象を与えた。実際、彼女の到着は歓迎され、何年も放置されていた修道院や状況に時間と注意を惜しまなかった。ガリツィンの立ち居ふるまいは堂々としており、彼女のロシアの出自に畏敬の念をいだく会員もいた。総長補佐、管区長、および総秘書の三職を兼任している事実も、権力と影響力の源だった。ガリツィンは各修道院で講話をおこない、個々の会員と面談し、学校を訪問し、地元の司教や聖職者に面会した。各修道院の訪問をしめくくり、修道院長に報告書を書き、将来のための詳細な勧告をおこなった。ガリツィンの評判は高く、尊敬を集めた。そのため、ソフィー・バラに一八三九年の総会決定の実施を求める手紙を書くようにとガリツィンが修道院にうながすと、会員たちがその要請を拒む理由がなかった。これが一種の組織的な働きかけであり、ユージェニー・ドゥ・グラモンとヴァレンヌ通りの修道院が総会決定の撤回にこぎつかぬよう保証する方法だと、当時、アメリカの会員たちには知る由もなかった。

たとえば一八四一年四月、セントチャールズの修道院を訪問したとき、エリザベス・ガリツィンは会員たちにソフィー・バラがこれ以上ガリツィンに一八三九年の総会決定について解説しないようにと望んでいる、と伝えた。そして総会決定を読むのは止めても、その精神を保ちつづけるようにと助言し、その場で会員たちに署名を求め、みずから持ちかえり、ソフィーにわたすと約束した。エリザベス・ガリツィンがポタワタミ族の居住地のシュガー・クリークの修道院を訪問した際、同様のことがくり返された。フィリピーヌ・デュシェーヌは率先して署名した。ソフィーが以前から聖心会のためにイエズス会の会則を望んでいたと思っていたからだ。かくて、エリザベス・ガリツィンはソフィー・バラの指示に字義通りに従いながらも、総会決定の実施に向けて働きかけるのを止めなかった。そうすることで、そして各修道院からの陳情を活性化することで、エリザベス・ガリツィンはソフィーの権威を弱体化させ、各修道院の会員たちにソフィーがエリザベス・ガリツィンほど有能な指導者ではないと思わせた。巧妙な名誉毀損であり、ソフィーがアメリカの諸修道院と個人的な接触を失っていたため、より深刻な被害を招いた。

アメリカ訪問中、エリザベス・ガリツィンはアメリカとカナダにおける修道院新設の可能性を追求し、国内にいるあいだに決定を下さねばならなかった。ソフィーはこれを予期し、一八四一年一一月、当地の顧問たちの助言を参考にするようにと求めつつ、エリザベス・ガリツィンにその権限を委任する。レジス・ハミルトンとカトリーヌ・ティエフリが顧問だった。エリザベス・ガリツィンに権限を委任したとき、ソフィーにとっての唯一の安心材料は、それが短期的なものだということだった。エリザベス・ガリツィンが一八四二年晩春には次回総会のためにヨーロッパにもどらねばならないからだ。

ソフィーに権限を委任されたことは、エリザベス・ガリツィンに必要とする行動の余地を与えた。アメリカでの自分の地歩を固めつづけ、まもなく一八三九年の総会決定が聖心会全体に正式に採用されるという期待感を各修道院で盛りあげた。ソフィーはアメリカの諸修道院におけるガリツィンの行動に疑念をいだき、一八四二年一月、修道院長だけが総会決定の写しを所有すべきであり、これは参考のためで実施のためではない、と念を押している。ソフィーはロザヴェンがこの点において同意しているとガリツィンに伝え、彼女がそれに納得することを期待した。聖心会とフィリピーヌ・デュシェーヌの古くからの友人ロザティ司教はエリザベス・ガリツィンの態度にも行動にも感心しなかった。ソフィーは会が司教の支持を失う余裕はない、とガリツィンに注意している。

さらに、エリザベス・ガリツィンから、ソフィーに教皇への誓願を立てるようにとうながす長文の手紙が届くと、ソフィーは一八三九年の総会決定にかんするガリツィンの極端な思いいれに気づく。一八四一年一二月、厳格さで知られ怖れられているドゥ・トゥー神父の指導のもとにグラン・コトーでおこなった例年の黙想のときに、エリザベス・ガリツィンはこの発想を思いつく。


祈っていると、ひらめきました。会を救い、決定的にその統治体制を固めるためには、総長様が、聖イグナチオのように、教皇庁への特別な奉献の誓願をおこなうべきです。すべての総長は、この誓願を個人的に教皇様に捧げ、「聖心」会を教皇聖下に捧げるのです。誓願を立てた会員を、聖下が指定されるあらゆる宣教にお遣わしになれるように。会の誓願を立てた会員たちも、教皇がお遣わしになる場所へ、どこへでも行く用意があるよう、誓願を立てるべきです。

エリザベス・ガリツィンは聖心会総長と総長顧問会がすべての決定をイエズス会総会長に提出すべきだと提案した。教皇が聖心会の修道生活の詳細すべてを個人的に指示できないからだ。ガリツィンは述べる。

〔そうすれば〕ローマの教皇庁とイエズス会によって〔聖心会は守られます〕。……聖心会は事実上イエズス会に従属しますが、そのような正式な名称を戴くことはありません。……こうしてすべてが友好的に解決され、イエズス会が憤慨することもなんらありません。

黙想の最後にエリザベス・ガリツィンはふたつの誓願を立てた。ひとつは自分の評判に頓着せず、聖心会のために休みなく働くというものである。もうひとつは、ドゥ・トゥー神父を承認に立てた盛式誓願であり、聖心会における一八三九年の総会決定の実施のために命を捧げ、いまにも反撃に打ってでると彼女が考える会内部の破壊的な力から会を救うというものである。エリザベス・ガリツィンは会の将来の統治体制について検討したことをすべて話さなかった。手紙では、ソフィーが個人的に教皇に従順の誓願を立てるという提案にとどめた。ソフィーにはこの助言が常軌を逸したものに思えた。ソフィーの役割をイエズス会総会長の役割に近づける試みだったのである。

この時期、ソフィーは日記をつけはじめ、そのなかに一八四二年春、ローマでおこなわれていた交渉について記している。一八四二年二月、ソフィーは将来の居住地と一八四二年夏に予定される次回総会の開催地について、教皇庁の国務長官ランブルスキーニ枢機卿に相談した。ランブルスキーニは教皇にこれを伝え、この二点についての助言をあおいだ。グレゴリオ一六世もランブルスキーニも、ソフィーが、パリとはかぎらずともフランスに居住し、総会もフランスで開催されるべきだと考え、総会の開催地はパリではなくリヨンが望ましいとした。ランブルスキーニはソフィーが自分または教皇と緊急に連絡をとらなければならない場合にそなえて、ソフィーがいつでも自分の私設秘書ガンバロ猊下に接触できるように計らった。ランブルスキーニはソフィーにローマやほかの場所で、聖心会の北フランスの各修道院から会を分離させようとする強硬な動きがあると警告する。ランブルスキーニはこの圧力の背後にだれがいるのかをあかさなかったが、ソフィーはフランスの司教の何人かがその源は自分ソフィーであると考えているのをくみとった。

ソフィーの日記には、ヴァレンヌ通りからローマに覚書が送られてきたが、前年の抗議文の写しなのかあらたな抗議文なのかわからない、と記されている。ソフィーはエメ・ダヴナスに率直な手紙を書いた。ソフィーはユージェニー・ドゥ・グラモンの賛同を得て抗議文を書いたのがダヴナスだと見当をつけていた。

……あなたは不平を言い、記録を書き、議論し、なんでも好きなことをやってきました。それにはとくに問題を感じません。あなたにはそうする自由がありますし、だれの意志にも重荷を押しつけるつもりはわたしにありません。わたしになにを言ってもかまいませんし、なにを送りつけてもかまいません。……しかし、あなたがどうしても正当化できないのは、フランスで、ローマで、そのほかの場所で物議をかもしたことです。そのせいで、会は深刻な打撃をうけました。わたしたちのなかで合意に達していたら、避けられたはずです！　わたしはこのことについて証拠をにぎっています。

ソフィーはアミアンの修道院の会員たちやマリー・プレヴォが口にしたユージェニー・ドゥ・グラモンの批判がアルジェリア司教デュピュシュ猊下によってユージェニーに伝えられたことを知る。これは初期のアミアンにおける対立をよみがえらせ、フランス国内の諸修道院をさらに二極化する結果になる。ソフィーはこれがつづけば長年の仕事が台無しになり、会内の反対、分裂、そしてついには会の崩壊へといたるのではないかと怖れた。一八四二年二月一六日、ソフィーはサンタ・ルフィーナ修道院でフェリシテ・デマルケ、ルイーズ・ドゥ・リマング、およびジャン・ロザヴェンと会合をもつ。ソフィーの居住地については教皇の意向が尊重されるべきだ、と出席者全員が合意に達したらしい。居住先としてパリが名指しされたわけではないが、ソフィーはいつでも必要と感じたときにローマに自由に来られることも承認された。このときすでに、ドゥ・リマング、デマルケ、ロザヴェンはソフィー自身が率先してローマに居住すると発表する気がないことに気づいていた。そこで次回総会に期待をかけることにした。しかしソフィー自身には、自分の居住先がヴァレンヌ通りの修道院でなければならないとわかっていた。ほかの居住地を決定すれば、聖心会の一致を危険にさらすことになる。ソフィーは可能な選択肢について、以下のように指摘している。

ヴァレンヌ通りについては、利点と欠点、どちらもあります。長年、会の中心地であり、政府や司教たちから母院として知られています。ヴァレンヌ通りをわがものにし、権限を簒奪しようとするひとは、かならずや成功するでしょう。さもなくば、会に深刻な打撃を与えるでしょう。

一八四二年一月末に書かれた手紙で、ソフィーはユーラリ・ドゥ・ブショーに自分の考えを述べ、二月初旬にランブルスキーニに会う前にパリへの帰還を決めたことを示唆している。

［ヴァレンヌ通り］四一番がつねにすべての焦点にして中心であるというのはほんとうです。これは避けがたいことであり、そこから遠く離れている総長は、つねに不安をかかえることになるでしょう。

数日後、ソフィーは会員たちに回状を書き、一八四二年夏、フランスで次回総会を開催する旨を伝えた。このとき、総会の開催時期と場所は伝えず、五月に知らせると約束している。その間、討議事項を作成するために議題があれば寄せるように、とソフィーは管区長たちに求めている。手紙は会員のなかの一致と愛（カリタス）への長文の呼びかけであり、寛大な頭と心で総会に出席するようにうながしている。ソフィーはキリストが受難前夜に述べた言葉「わたしはまことの葡萄の木である」を『ヨハネ福音書』（一五章一節）より引用し、みながこの葡萄の木の枝のごとく親しい絆を保つようにと祈った。また、手紙が年長の会員と危機の存在を知っている会員だけにわたされるようにと指示している。いかなる状況のもとでも、この手紙は外部の一般信徒や聖職者の手にわたってはならないと言って。

一八四二年四月一日、ソフィーはロザヴェン、ドゥ・リマング、およびデマルケと総会の準備を相談しはじめた。会内部に信頼を再構築する最良の方法は、すべての観点に耳が貸されるよう、全会員を代表する人数を招集することである、と彼らは判断した。そのため、一八三九年の第五回総会に出席した会員だけでなく、一八三三年の第四回総会に出席した会員も招集された。一八三九年に任命された管区長も招集され、各管区長は自分の管区の会員ひとりを同伴できると定められた。総長としてソフィーは総会に出席すべきと思われる会員を招集する権利を有していた。数日後、エリザベス・ガリツィンがユージェニー・ドゥ・グラモンとエメ・ダヴナスを相手に、言論戦を開始したことをソフィーは知る。ソフィーは日記に記している。

四月五日。マダム・ガリツィンがアメリカでわたしに反対する派閥を作り、フランスで会員をひきいれようと画策しているという悲しい知らせを聞いた。わたしたちの主が、会の天使である一会員に霊感を与え、彼女がエリザベス・ガリツィンからうけとった手紙をわたしのもとに送らせた。この手紙を読み、わたしはすべてを知った。

八日。この件についての助言が必要なため、ロザヴェン神父やマザーたちと会議。全員がマダム・ガリツィンの軽率な行動を糾弾し、非難した。被害をつくろうすべは、マダム・ガリツィンが手紙を送った相手にこちらからも手紙を送り、彼女自身にも手紙を送ること。また、総会で封印をされた手紙の束をうけとらないこと。

一八四二年四月、ソフィーは憤慨と失望のいりまざった口調でエリザベス・ガリツィンにつづっている。

あなたはアメリカの誓願を立てた会員を相手に、なんという向こう見ずな一歩をふみだしたのでしょう！　総会の権威を利用し、あなたの解釈にもとづく会憲の採用をわたしたちに強制しようとして。なんという反抗への扉を開いたのでしょう！　しかも、アメリカの会員たちのあいだで。さいわい、あなたがヨーロッパで計画の続きを実行する以前に、わたしは知らせをうけました。本件についてのあなたの提案を全面的に拒否するよう、ここヨーロッパの管区長たちに急いで警告しました。

エリザベス・ガリツィンはソフィーが一八三九年の総会決定を採用する気がないと予想していた。一八四一年九月、ユージェニー・ドゥ・グラモンが協力的で親切で、自分は次回総会が終了次第、総長を辞任すると伝えるソフィーの手紙をうけとると、ガリツィンの予想は裏づけられた。エリザベス・ガリツィンは動揺し、ルイーズ・ドゥ・リマングにソフィーは教皇権至上主義の一派、すなわちローマ教皇、およびイエズス会を見捨てたと訴える。ユージェニー・ドゥ・グラモンに軍配が上がったと言って。さらに、次回総会がローマではなくフランスで開催される予定だと知ると、ガリツィンはいよいよ警戒心を強め、これはソフィーがユージェニー・ドゥ・グラモン、アフル大司教およびフランスの大多数の司教に屈した証拠であると解釈した。エリザベス・ガリツィンのフランスへの帰還は、聖心会をこれらの圧力の暴虐から救い、アメリカの諸修道院への約束を守り、ソフィー・バラを救いだすかその死を見届けるという、一種の十字軍になった。ガリツィンにとっては、あきらかに、普遍的な教皇権至上主義のローマ教会と、それにたいする独立したガリカニスムの教会との抗争だった。

ソフィーがエリザベス・ガリツィンに「マダム・ドゥ・グラモンはとても親切で、わたしたちが現在おかれた立場に照らし、わたしの望みどおりにしています」と述べたとき、ユージェニー・ドゥ・グラモンに忠実で、慎重な物言いをしていた。実際にはヴァレンヌ通りの修道院のあつかいにてこずり、ユージェニーと衝突をくり返していた。友人についての寛大な言葉は、状況にかなっていた。この歳月に多くのひとがソフィーに他人の悪口を伝えたが、彼女自身は批判に乗じなかった。友人や同僚に忠実なのは、ソフィーの古くからの特徴である。ソフィーはエリザベス・ガリツィンに述べている。

よかれと思うあなたの意図ゆえに、あなたは神とわたしの前でゆるされますが、多くのひとはそれほど寛容ではありません！

当時、ソフィーは思慮深くあらねばならなかった。彼女のすべての言葉や文章が、手紙の読み手の立場に応じて解釈され、批判されていたからである。

エリザベス・ガリツィンの行動はソフィーに衝撃を与えたが、ドゥ・リマングとロザヴェンは驚いたふりをしただけだった。ふたりともエリザベス・ガリツィンを完全に支持し、ガリツィンはアメリカ滞在中にふたりと定期的に通信していた。ソフィーはエリザベス・ガリツィンの手紙に内包される危険を読みとった。手紙には一八三九年の総会で議論すらされていない提案が書かれていたからだ。一八三九年の総会決定は、一八二六年に認可された会憲に実質的な変更を加えたわけではなかった。しかし、ガリツィンの提案はきわめて急進的だったため、採用するには聖心会がローマにあらたな認可を求めねばならない。エリザベス・ガリツィンは、フランスのいくつかの修道院やフランスの多くの司教たちの一八三九年の総会決定への抵抗に落胆し、一八三九年の第五回総会が達したよりもさらに先まで事態を押しすすめていた。彼女は聖心会を率いるソフィーの能力を信頼していなかった。ガリツィンによると、ソフィーはユージェニー・ドゥ・グラモンに屈服したのである。ソフィーはこれを否定し、エリザベス・ガリツィンについてマリー・プレヴォに書きおくる。

［エリザベス・ガリツィンは］完全にまちがっています。わたしがマザー・ドゥ・グラモンを怖れるがゆえに、エリザベス・ガリツィンの仕事をうけいれ、会に示すのを拒んでいると示唆しているのですが。わたしにはより高い次元の理由があります。あえて言うなら、会のより大いなる善だけを念頭に置いているのですから。

ソフィーはユージェニーが自分にたいして陰謀を企てていることを信じられず、彼女の行動をたんなる無思慮として片づけた。「あのひとは、心底では会の利害をたいせつにしているのです」と言って。当時、ロザヴェンは自分の聖心会への関与がローマとパリで知られ、自分の同僚たちやフランスの司教たちに厳しく批判されていることに気づく。エリザベス・ガリツィンの主張が公になり、ロザヴェンの名前が結びつけられていた。ガリツィンはロザヴェンの支持を隠そうとしなかった。一八四二年六月、ソフィーは会員に宛ててさらなる回状を書き、同年夏、七月末に総会がリヨンで開催されることを発表した。総会構成員も発表し、総会において一致と平和がみなぎり、会内部の分裂が修復されることへの希望をふたたびつづった。両方の派閥ともに相手にたいして、これでもかとばかりに、書面で言論戦を展開してきた。いまや、面と向かい、徹底的に議論し、なんらかの妥協に達するときだ。ソフィーは六月の回文で「これを達成するのは、あなたがたにかかっています」と、会員に呼びかけている。次回総会は、聖心会の命運を左右するはずだった。

第一八章　試される指導力
一八四二年

一八四二年初頭、ソフィーはユージェニー・ドゥ・グラモンに希望を語る。ふたりの関係が修復され、かつて味わった友情のしあわせが完全にとりもどされるなら、どんなにいいことか。最近の緊張関係は空にかかる雲にたとえられ、その雲さえ吹きとばされれば、「わたしたちのあいだの親密な一致」が残るだろう。ソフィーはそう思おうとした。だが、それが容易ではないことをまもなく思い知る。ポワティエで病床にあるアンリエット・グロジエを見舞わないままソフィーがフランスを去ったことを、ユージェニーに咎められたからだ。自分の立場を理解しようとしないユージェニーに、ソフィーは面くらう。

> あなたがあのひとにいだく愛情をとやかく言いたくありませんが、せめて公平に判断してほしいものです！　「ローマに向けて」出発したとき、わたしはこれ以上の感情の重荷を背負えませんでした。それに、あのひとの発作を予見することなどできたでしょうか？……これだけは信じてください。……このことであなたを悪く思いませんし、あなたがながらく保ちつづけたわたしへの愛情を、いつもたいせつに思っています。

しかしふたりの関係が修復される見込みはほとんどなかった。意見の相違の源があまりにも深かったのである。沈黙を守り、一八三九年の総会決定への反対の表明を次回総会までなぜ待てなかったのか、とソフィーはユージェニーにたずねている。もっとも、この問いかけは率直さに欠けていた。一八三九年の第五回総会は即座に決定を実施し、ローマから認可を得るのを意図していた。そのため、当初は総会決定を次回総会で議論するという可能性はなかった。ユージェニー・ドゥ・グラモンが総会決定の受け入れを拒否したときに、はじめてその可能性が浮上したのである。ソフィーはやむなく決意する。これ以上ユージェニーと議論すまい。「不愉快な物言いをされるだけで、あなたを満足させることはできないのですから」

それでもソフィーはかつての友情の喪失を嘆きつづけた。数日後、深い悲しみとともに、もっとも古くからの、もっとも親しい友情が絶たれたことを認めている。一八四一年九月のパリでの辛い別れは、痛ましい思い出としてソフィーにつきまとった。

あなたには黙っていましょう。……すべてがあの悲しい記憶にもどっていきます。のちになれば、たがいにわかりあうこともできるかもしれません。心底から、それを願います。わが主がご存知のとおり、わたしはそれに向けてかならずや熱心に働きかけましょう。これまでも、機会をとらえておこなってきたように。

うちなる痛みはソフィーの健康をそこない、一八四二年春、ソフィーは仕事をしようと奮闘しながらも、つねに疲労困憊していた。風邪や高熱に苦しみ、ヒルによる治療が試みられても咽喉の炎症が治らなかった。不眠に悩まされ、運動したり外気を吸ったりする暇がなかった。トリニタ・デ・モンテの修道院では、ユージェニー・オーデが瀕死の床にあり、ジョゼフィーヌ・ドゥ・コリオリスは重病だった。ヴィラ・ランテ修道院でもルイーズ・ドゥ・リマングが病を得ており、どちらの修道院でもソフィーの仕事を補佐できるような人手は望めなかった。ソフィーはトリニタ修道院が小さな病院のようで、「わたしの手紙を代筆できるひとはだれひとり、猫さえも」いなかったと述べている。ふたたびユージェニー・ドゥ・グラモンに手紙の手助けをするひとを探しだすよう求めているが、だれも手が空いていなかったため、ソフィーは膨大な仕事量を背負いこみ、意気消沈した。ソフィーは自分の人生のありさまにくたびれ、ルイーズ・ドゥ・リマングに宛てて思いをめぐらせている。

ああ！　自分の運命を見とおせたなら、あらゆる勉強を拒み、助修女になったでしょう。益のない悔いだとわかっています。状況を生かし、苦しみ、愛することが最善なのです。

ソフィーが手紙で述べている過労は、一八三九年以来、聖心会が直面していた危機的な状況に費やさざるをえなかった時間とエネルギーにのみもたらされたのではない。聖心会の修道院や学校の運営はフランス、イタリア、サヴォワ、アメリカ、スイス、およびベルギーでつづいていた。ソフィーは相談し、決断し、決断を伝達せねばならなかった。ときには管区長たち、ときには地元の院長や個人を相手に。一八三九年以来、聖心会の歩みはとどまらず、いくつかの修道院が新設され、近い将来の新設が計画されていた。一八三九年から四一年にかけて、あらたな修道院がキーンツハイム（アルザス）、ロレート（イタリア）、ナンシー、ラヴァルとモンペリエ（フランス）に開設された。会はアメリカのシュガー・クリーク、ニューヨーク、マックシェリスタウン（ペンシルヴェニア）、およびカナダのモントリオール近郊のサン＝ジャック・ドゥ・ラシガンなどのあらたな地域へと発展した。一八四二年初頭、ソフィーはアイルランドのロスクレアとイングランドのベリーミード、およびイタリアのサルッツォ、サン・エルピディオ、パドヴァ、ガリシア（ポーランド）のレンブルク、さらにアルジェリアに修道院の新設を計画していた。これらの修道院は当時、実際に設立されたが、ほかにもラテン・アメリカ（ペルー）、インド（コルカタ（カルカッタ））、オーストラリア（シドニー）、ビルマ、北アフリカ（チュニス）およびヨーロッパの数か国というように、ほぼ世界中からソフィーのもとに新設の要請が舞いこんだ。創立以来、聖心会がこれほど多くの要請をうけたのは、はじめてだった。

　ソフィーは拡大をつづける人員と資金があるか否かをつねに自問しつづける。市場性の高い場所と条件をみたす場合にかぎり聖心会の修道院や学校を設置すべきである、という基本的な現実を見失うことはなく、生涯、その点に気を配り、あらたな地域、国、または大陸に拡張する勇気を失わなかった。聖心会は事業であり、競争相手に事欠かない市場で前進しつづける必要があった。あるとき、ソフィーはなぜあらたな修道院を計画しつづけるのかと問われ、つぎのように答えている。

> 実際には……生きた信仰をもち、善き主におすがりせねばなりません。主はわたしたちの貧しさを補ってくださいますから。その一方で、わたしたちは多くをひきうけすぎるとして糾弾されますが、超人的な努力をしなければ、ほかのひとびとにとって代わられ、わたしたちは徐々に死んでいくでしょう。わたしがブールジュとレンヌをひきうけたのは、そのためです。

　だが、ヴァランがローターンに指摘したとおり、すべての新設の修道院を維持できるほど大勢の女性が聖心会に入会しておらず、そのうえ、会の財政状態は不安定だった。世話と注意を要する個々の会員もいた。ソフィーはとくに身体的、精神的に病をかかえる会員、召命がないまま入会した会員、途中で挫折した会員のことを口にした。一八四一年、ソフィーはアンナ・デュ・ルウジエに、とくに聖心会が比較的新しく修道院を設立したベルギーとイタリアで会への召命が少ないことへの心配をもらした。聖職者たちが若い女性の入会に反対しているのを感じとり、「わたしたちは聖職者の支持を得る才能に欠けています」と述べている。エリザベス・ガリツィンがアメリカの修道院新設の交渉の途上にあったとき、ソフィーは彼女に派遣する人員がないことを警告している。

もっともすぐれた会員たちは亡くなっています。数週間で一〇人も亡くなりました。……それ以前にも、今年の初めには同数が亡くなりました。いまも八人が死にいたる病に倒れ、今年中にわたしたちのもとを去るでしょう。みな、若い女性ばかりです。さらに、入会する志願者はほんの数人です。この四か月間、パリではひとりもいませんし、今後もまったく当てがありません。おわかりでしょう。わたしたちは立ち止まらねばならないのです。ここで、そうせざるをえません。きっとアメリカでは志願者がいるでしょう。いまや、あなたはそちらでよく知られているのですから。

ソフィーは聖心会内の多くの若い女性の死を悼みつつも、一方であまりにも簡単に入会を許された何人かの会員の質の低さを嘆いた。

〔多くの会員には〕才能も洗練も教育もなく、なにより嘆かわしいことに、修道召命がありません。これがつづけば、聖心会は消滅してしまいます。より少ない修道院数と、より多くの修道精神と真の誠実さが望まれます。これらなくして、わたしたちは目的を達することができず、消えゆくのみです。

ソフィーはパリのムッシュー通りの修練長ユーラリ・ドゥ・ブショーに宛てて、聖心会に入会者をうけいれるときは、細心の注意を払うようにとうながしている。候補者は基本的に健康に恵まれ、修道生活の理解と実践において成長する可能性をもちあわせ、意志強固でなければならないと言って。

わたしが思うに……修道生活を理解し実践するのに必要な資質をそなえていない女性をうけいれてはなりません。のちになれば、このひとびとは〔会の〕助けになるよりもむしろ妨げになるでしょう。わたしたちになんら益をもたらさない口うるさい女性たちにくらべれば、一癖ある性格でも魂とエネルギーにみちた女性たちのほうが、よほどましです！

ソフィーは多くの志願者、修練女、志願者見習を退け、ほかの院長たちも同様にふるまうことを望んだ。起こってしまったことを嘆いて、こう言った。

この二〇年でわたしたちの会がおちいった状況をごらんなさ

い。かつてとおなじ会とは思えません！　わたしがもっとも懸念するのは、わたしたちに害をおよぼすひとびとをすべて追放できないことです。……ムッシュー通りには、修練女も志願者もほとんどいませんが、それでもほんとうに信仰篤いとはいえないひとが大勢いるよりはよいのです。召命の源は枯れてしまったようです。もっともすぐれたひとびとは天国にいます。

これらの心配の種に加え、一八四一年秋には聖心会の財政状況が危機的な局面にいたっていた。ソフィーが教皇グレゴリオ一六世に述べたとおり、ずさんな管理や不運が聖心会の経済的な活力を脅かし、ソフィーが慎重に集めた資金は使いはたされた。ソフィーは管区長や各修道院長たちが実際の必要を超えて建物を建設しつづけ、借金をかかえ、中央資金に例年支払うべき年収の十分の一を払えなくなったことを嘆いている。

この調子で事が進めば、聖心会はもはや長くは存続できません。どの管区長も自分の管区だけ、どの修道院長も自分の修道院だけしか目にはいりません。それでも聖心会全体は、できることなら存続しつづけようとしているのです！

疲労困憊し、ほとんど運営上の助けがなかったにもかかわらず、ソフィーは聖心会を統治しつづけた。エリザベス・ガリツィンにアメリカとカナダの修道院新設の交渉を委任する一方、ユージェニー・ドゥ・グラモンにはアイルランドのロスクレアとイングランドのベリーミードの修道院新設の責任を割りあてた。もっとも、関係する司教たちとはみずから連絡をとりつづけたが。アイルランドとイングランドの修道院は、ソフィーにとって重要だった。聖心会に英語を話す会員をもたらし、やがてこの会員たちがアメリカやオーストラリアの修道院新設に助力することになるからだ。イングランドはプロテスタント国だったため、ソフィーにとって挑戦であり、宣教の機会でもあった。アイルランドはイングランドへの道を切りひらくと思われた。エメ・ダヴナスにはこう述べる。

差しだされているふたつの立地のうち、生徒については、［イングランド］のほうがアイルランドよりも歓迎できます。志願者はといえば、アイルランドのほうがずっと大勢をひきつけられるでしょう！　それに、ふたつとも得ることができれば、神の摂理の真のはたらきです。ですから、小さなマザー［ユージェニー・ドゥ・グラモン］があちらに派遣されるマザー・クロフトによい助言を与えますように。この二匹の魚が聖心の網にかかりますように！

一八四二年の夏、聖心会内部に分裂をもたらす問題がついに解決されることを望みつつ、ソフィーはリヨンで開催予定の総会の最終的な準備に入る。ユージェニー・ドゥ・グラモンには総会出席のためにリヨンに旅するように、また、総会の同伴者としてエメ・ダヴナスを選ばないようにと勧めている。ところが、ユージェニーはこれをはねつけ、同伴者を選ぶという管区長としての自分の権利をおかすとしてソフィーを責めた。だが、総会の場にユージェニーがいるだけでも扱いに難儀するというのに、ユージェニーとエメの一八三九年の総会決定への激しい反対運動のあと、ふたりともその場に出席すれば耐えがたい状況になることを、ソフィーは承知していた。この緊張関係は次回総会のよからぬ前兆だった。不安をかかえつつ、ソフィーはローマを離れ、七月末の到着をめざし、何段階かに分けてリヨンに向けて旅した。

シャンベリーでソフィーを待ちうけていたのは、アフル大司教の総会にたいする妨害の知らせだった。ソフィーは衝撃をうける。アフルは司教区に聖心会の修道院があるフランスの司教たちに書簡を送り、ソフィー・バラがリヨンで会の総会を開催する意図を自分に伝えず、パリ以外で総会を開催する許可を自分から得ていないことを説明した。ソフィーがこれまで遭遇しなかったアフル大司教の一面である。一八四〇年に、ソフィーとアフルは同意のうえで、協力してジャム神父をヴァレンヌ通りの学校付司祭職から追放した。ところが、いまやソフィーがアフルから独立し、彼が大司教の権利と考えるものを無視すると、事態は一変した。大司教就任当時、アフルがまっさきに手がけたのは、パリ大司教とその司教区の男子および女子修道会との関係の再構築を軌道にのせることだった。その主たる目的は、諸修道会にたいして疑問の余地なく自分の権威を確立することにある。ユージェニー・ドゥ・グラモンとエメ・ダヴナスにとって、次回総会を開催せずに一八三九年の総会決定を廃止するほうが好都合だったので、ふたりは大司教と結託した。大司教の依頼に協力して、一八三九年の総会決定についての自分たちの意見や批評の写しを大司教に送付し、大司教はこの書類をフランスの司教たちへの書簡に同封した。一八四二年七月、ユージェニーはソフィーに宛てて自分の立場を弁解している。

起きていることについて、すこしご報告をさせていただかねばなりません。わたしがご説明しなければきっとお咎めがあるからです。ですが、わたしには責められる理由はまったくありません。パリ大司教は総会がリヨンで開催されることをこころよく思っておられません。たいそうご立腹で、それを広く公言されています。同時に、ローマの［一八三九年の］総会の新しい総会決定へのご不満を表明されています。……さらに、二年前、ご就任のときに、わたしが総会決定の試行期間を開始する許可を申しでると……主要点を文書にするようにと求められました。……そのため、二年前、わたしはそのとおりにして、それ以上、この件を大司教にお話ししませんでした。総会が開催されるとお聞きになり、この文書を持っていかれ、司教のみなさまに書簡をお送りになりました。そして、すべてがいかに欠点にみちているかを示すために、わたしの文書も司教のみなさまに送りたい、とおっしゃいました。……わたしはそんなことをなさらないでくださいと懇願し、できるだけお止めしようとしたのですが。……信じていただきたいのですが、わたしは残念に思っておりますし、このことはわたしの責任ではありません。……大司教のご機嫌をそこねたり、お怒りを買ったりしないのがよいかと思います。どうぞお気をつけになりますように。

アフル大司教はリヨンに総会を招集した件でソフィー・バラを批判するだけでなく、ユージェニー・ドゥ・グラモンに総会出席を禁じた。これをうけいれがたいと感じたソフィーは、パリを離れる権利を主張するようユージェニーに求めた。だが、ユージェニーはアフル大司教の怒りに直面できないのかその気がないのか、ソフィーに総会開催地をリヨンからパリのヴァレンヌ通りかコンフロンに移すように頼んだ。そう決断することだけが、アフルの怒りを鎮めるすべだと言うのである。ユージェニー・ドゥ・グラモンは総会で同僚たちと顔をあわせずにすむのを喜んだが、一方で、アフルを支持せねばならなかったことに腹を立てていた。つい最近までアフル大司教の批判者として知られていた自分が、彼に同意せざるをえなかったからだ。ユージェニーはこうしたすべての不都合を、ソフィーと一八三九年の第五回総会の出席者のせいにした。アンリエット・グロジエが一八四二年七月に亡くなると、アンリエットが亡くなるまで一八三九年の総会決定に反対しつづけた事実を、ユージェニーはソフィーに想起させた。

あのかたは死と神の審判に直面してなお、総会決定への反対を後悔したり、撤回したりしませんでした。総会決定が修道会にとってまったくまちがっており、災いを招くといつも信じていたのですから。……総会会員はこのことを知り、黙想中にこのことを瞑想すればいいのです。あのかたがたは、無思慮に会憲に首をつっこんだのですから。むしろ会憲を尊重し、ほかのひとびとにも尊重するよう教えるべきでしたのに。それこそがあのかたがたの責任だったのです。会憲を変更するのではなく。

一八四二年七月半ば、ソフィーはアフル大司教から無愛想な手紙をうけとる。大司教は聖心会の会憲を議論する総会の開催を禁じ、今後は上長としての自分に従うように要求した。七月二四日、ソフィーはアフル大司教に答えて、自分の立場を弁護し、自分は聖心会の会憲に正式に記されているとおり、総長としての権利にもとづき行動したと述べた。さらに、自分の総長としての役割にかんしては、ローマの保護枢機卿に報告義務があるとつけ加えた。この状況のもとで、聖心会が修道院をおくすべての司教区の司教に報告しなかったのと同様、パリ大司教にもリヨンでの開催予定の総会について報告しなかった。また、ソフィーはドゥ・クラン大司教が総会を開催する権利に反対したことはないと指摘した。するとアフル大司教はすぐさま返事をよこし、ソフィーの答えにはまったく納得していないと述べた。

自分の手抜かりを正当化するそのやりかたから、いかにあなたが自分の独立を信じこんでいるかがうかがえます。完全なる独立だと思いこんでいるのはあきらかです。あなたにとって、パリ大司教に報告するのは、たんに外交辞令にすぎないようです。

アフル大司教はローマの保護枢機卿が自分の上長であるというソフィーの主張を斥け、彼女と聖心会への自分のパリ大司教としての権限を主張した。保護枢機卿の役割を利用して自分から独立しようとしているとソフィーを糾弾し、彼女が自分の権威に従わないなら、聖心会を抹殺するつもりだと脅した。ソフィーは長年、フランスやそのほかの地域で、司教区の聖心会の修道院への司教たちの権利要求と闘ってきた。聖心会の構想と相容れない要求である。フランスのカトリック教会が認めた政教協約（コンコルダ）と憲法条項によると、フランスの司教の権限は政府によって制御され制限されていた。政府が司教間の連絡をよしとしなかったため、司教たちに回状を書くことで、アフル大司教は越権行為をおこなったのである。ある意味で、ソフィー・バラには司教より独立した行動の余地があった。ことに理論上はフランスにおける女性の法的存在が厳しく制限されていた時代にあって、これが敵意を生んだ。さらに、フランスの司教たちはローマの要求からの独立に固執しており、聖心会がローマの保護枢機卿を戴いている事実がさらなる緊張関係の種になっていた。これらの問題が、当時のアフル大司教と聖心会の敵対関係の底流にあった。アフルはリヨンでの総会開催を聖心会に許可したドゥ・ボナル枢機卿に矛先を向け、枢機卿に脅迫めいた手紙を宛てた。アデル・レオンの手記にはこう記されている。

〔その手紙の〕主旨は、全フランスの首席大司教の称号を戴くからといって、〔ドゥ・ボナル枢機卿に〕ほかの司教の権利をふみにじる権限が与えられたことにはならない、というものである。

ドゥ・ボナル枢機卿は屈伏し、自分の司教区における総会開催を認められない、とソフィーに伝えた。アフル大司教の攻撃に立ちむかえず、権利闘争に巻きこまれるよりは降参するほうがましだ、と枢機卿は認めたのだ。この知らせをうけとると、ソフィーは窮地におちいり、ふたたびアフルに宛てて自分の主張を述べる以外の選択肢がなくなった。ソフィーの手紙は要を得て、明晰だった。ソフィーいわく、アフルの妨害をうける以前は、つねに聖心会の総会を招集する自由があると理解していたが、どうやらアフルの考えとは相容れないようだ。その事実に照らし、当面は、さらなる解明が得られるまで、総会の延期を決断した。アフル大司教へは簡潔な手紙をしたためたソフィーだったが、ユージェニー・ドゥ・グラモンには長い手紙を書き、ユージェニーが自分を支持し、立場を大司教に説明すべきだったと指摘した。

あなたは、いだいてもいない意図をわたしたちに帰することが多いようですね。安心しなさい。……あなたがこの件になんら関与しなかった、というあなたのわたしへの言葉を信じます。マザーたちも同意見です。

迫りくる運命の感覚が頭上にたちこめ、ソフィーは聖心会の行く末を案じていた。ユーラリ・ドゥ・ブショーに述べている。

あのひとびとはなんという深淵にわたしたちの仕事を突きおとしているのでしょう。わたしたちの修道院があるところではどこでも、支持され、保護されるべき仕事を。

ソフィーはランブルスキーニ枢機卿に手紙を書き、パリ大司教が主張する聖心会への権利について、教皇グレゴリオ一六世に相談するよう依頼した。ソフィーはアミアンでの揺籃期から一八三九年までの聖心会の歴史を概観してみたが、パリ大司教が聖心会の聖職者総長と考えられたことは一度もない。また、ソフィーは総長としての自分の権限を概観し、自分がその権限をふみはずしていないことを指摘した。さらに、保護枢機卿の役割を解説し、世界中に拡大する運命にあり、ローマからの正式認可を得た修道会には、この役割がよりふさわしいことも主張した。ソフィーは教皇に嘆願し、聖心会の総長がパリ大司教の権限のもとに属さないことをあきらかにする声明を求めた。

教皇とパリ大司教の関係は厄介な問題だった。ソフィーがグレゴリオ一六世に提示した件は、ガリカニスムを信奉する大司教と教皇権至上主義の教会権威のあいだの権力抗争の試金石になった。すでにアフル大司教はローマの修道院について、パリ大司教としての自分の権利を争点とし、その態度と行為は教皇庁法廷の敵意を買っていた。これがソフィーの有利に働き、彼女が教皇の共感を得る一助となる。教皇はソフィーの要請に応じ、八人の枢機卿を彼女の件の究明に任命した。枢機卿たちはパリ大司教にたいするソフィー・バラの権利を正当と判断した。一八四二年八月一六日、教皇はこの決定を聖心会の保護枢機卿ペディチーニに正式な小勅書のかたちで伝え、ペディチーニは小勅書をリヨンのソフィーに転送した。

教皇小勅書に添えたべつの手紙で、ペディチーニは聖心会が修道院をおく司教区の司教たちにこの決定を伝えるようソフィーに依頼した。これで総会がリヨンで開催されると思ったペディチーニは、ふたたびユージェニー・ドゥ・グラモンをリヨンに呼び、総会に参加させるようソフィーに助言した。ところが不運なことに、添付されるべきこの手紙は送られず、ソフィーが八月下旬にうけとったのは、グレゴリオ一六世の小勅書だけだった。ペディチーニの手紙が届いたのは、九月になってからだった。このころ、すでにアフル大司教の圧力に屈したドゥ・ボナル枢機卿が、自分の司教区で総会を開催する許可を撤回していたため、ソフィーは総会を中止するほかなかった。参加者たちは黙想会と、一般的な業務についての会議のあと、散会し、各自の修道院にもどった。

ランブルスキーニ枢機卿は教皇小勅書の写しをパリの教皇大使アントニオ・ガリバルディに送った。ガリバルディがこれを正式にアフル大司教に手わたすと、案の定、大司教は激怒した。ガリバルディ猊下はサン・ジェルマン゠アン゠レーの別荘にいるアフルに面会し、アフルに罵詈雑言を浴びせられた。アフルは自分の主張とパリ大司教としての権利を無視したと教皇を責めた。ソフィー・バラに体現される聖心会が自分と自分の大司教としての権威に勝利し、自分が同僚の前で面目を失ったと感じていた。ソフィー・

バラは自分に従うべきだと主張しつづけ、ガリバルディのランブルスキーニへの報告によると、こう息巻いた。

聖心会にかかわる問題全般について、もはや自分に相談してはならない、と政府に告げよう。まもなく、総長をパリに呼びだし、釈明させる。……パリに居住しつづけ、自分パリ大司教に従うつもりなのかをただし、さもなくば……［聖心会は］ほかの司教区にいってもかまわない。

政府がアフル大司教の決断に気づけば、教皇小勅書が公になる。これは深刻な問題に発展する可能性をはらんでいた。教皇の教令をはじめ、いかなる外国の権威の法令もフランスでうけいれられる以前に、政府の認可が必要だった。この事情をかんがみて、ガリバルディは節度と慎重さをうながしたが、アフルは聞く耳をもたなかった。数日後、ヴァレンヌ通りの修道院を訪れ、長い面会のあいだ、ユージェニー・ドゥ・グラモンに見解をぶつける。するとユージェニーは全面的に大司教に味方し、聖心会を危険にさらしたと言ってソフィーをなじった。

なんという誤った一歩を……ふみだされたのでしょう……教皇庁にこれほど尊大な行動をさせ、大司教に向けてなんの根拠もない申し立てをさせ、教皇庁の威厳をおとしめるとは？　なにを得るとお思いですか？　……なぜ司教にたいしてこのようなふるまいにおよび、その同意なしに行動するのですか？　いまやあのかた［アフル大司教］はあなたへのご不興を、ますます募らせておられます。

ユージェニー・ドゥ・グラモンはソフィーを糾弾した。司教たち、そしてだれよりも自分ユージェニーになんの相談もなしに、ソフィーが聖心会の構造と総長の居住地を変えたがっている、と責めた。しかし、ユージェニーとドゥ・クラン大司教が聖心会の成長と霊的活力に加えた拘束から会を解放しよう、とソフィーはとっくに腹を決めていた。ソフィーの決意は、パリの外へ、フランス国外へ、広い世界へと聖心会を導くための賭けだった。ソフィーにはわかっていた。会があらたな場所へと前進せねば、収縮し、消滅してしまう。抜本的な変更がなされなければ、パリで息の根を止められてしまうのは目にみえている。ユージェニー・ドゥ・グラモンは自分が君臨する古い世界が崩れ去ることを感じとり、すべての変革を拒んできた。そして、ソフィーが自分のヴィジョンを実現化しようと奮闘しているこのとき、あらたなパリ大司教が立ちはだかり、思うように行動して聖心会を統率する彼女の自由を制限すべく脅しをかけてきたのである。

アフル大司教はフランスの司教たちの前で失った面目をとりもどそうとする。九月中旬、司教たちに第二の書簡を送り、ソフィー・バラは自分の権威に従わねばならないと主張した。フランス政府に本件を告げる、とガリバルディに息巻いたのが本気だったことが判明する。アフルの解釈によると、一八二七年にフランス政府に提出された聖心会の規約が認可された以上、会は政府のもとにあり、政府の権威はパリ大司教をとおして行使される。パリ以外の修道院新設の要請、および会員の持参金にかんする案件や不動産にかんする交渉は、すべてパリ大司教をとおしてなされねばならない。アフル大司教は抜け目なく指摘した。

政府は、行政官としてではなく、司教区の霊的指導者として自分の意向をたずねるべきである。

アフルは保護枢機卿の存在が、聖心会へのパリ大司教の権威を修正あるいは超越するという議論を斥けた。とはいえ、ローマの権威に相談もされず、ソフィー・バラに自分の意向を誤り伝えられたにもかかわらず、教皇と枢機卿たちの決定をうけいれる、と司教たちに請けあった。自分は聖心会へのいかなる主張もせず、会を監督せず、その役割はローマからおこなわれる、と政府に助言すると言って。

聖心会への悪意にみちた、効果的な一撃だった。フランス政府は国内のいかなる修道会もその管轄外、とくにローマから命令をうけることを許さず、アフルはこれを承知のうえだった。手紙には、フランスの何人かの司教の見解も記し、なかでもソフィー自身への手厳しい批判を引用した。

マダム・バラがかくも軽々しくあつかう本件は、彼女が真剣に反省すべき重要性を有する。

ソフィーは数週間のあいだ、この書簡の内容を知らないままだった。その間、ほかの件をあつかっており、さいわいなことに、このころにはブザンソン大司教セゼール・マチュウに、自分のまわりに渦巻く権謀術数のなかで道を見いだす手助けをしてほしい、と頼んでいた。ソフィーはブザンソンにおもむき、とくにアフルにたいするつぎなる対策を話しあいたいと願った。

〔ブザンソン〕大司教様のご洞察にお助けいただきたく思います。わたしたちの権利を守ることで、わたしが良心にもとづき行動している、と確信をもたせていただくために。

セゼール・マチュウはすぐに応えて言った。むろんソフィーに力を貸す。ふたりは古くからの友人であり、パリ大司教との関係で彼女がいかに深刻な立場にあるかを知っている。ソフィーがリヨンの総会を延期したのは正しい判断である。ソフィーは九月中旬にブザンソンに旅したが、セゼール・マチュウは所用で一時的に留守だった。彼の帰還を待つあいだ、ソフィーはペディチーニの手紙をうけとり、ひどく動揺し、すぐさまリヨンにもどった。パリ大司教はリヨンに総会を招集したことでソフィー・バラを糾弾したが、ペディチーニ枢機卿はソフィーが総会を中止したのを叱責した。枢機卿は八月中旬、ローマから小勅書に添えて送ったはずの手紙がソフィーの手元に届いているものと思いこんでいた。だが、ソフィーはその手紙をうけとっておらず、小勅書の内容を聖心会とフランスの司教たちに自分が最良と思う方法で伝えるものだと思っていた。ソフィーはペディチーニ枢機卿の手紙の口調と内容に驚愕した。ブザンソンにもどったセゼール・マチュウはすぐにローマに手紙を書き、ソフィーがペディチーニからの指示の手紙をうけとらなかった旨を説明した。かたやロザヴェン、ドゥ・リマング、およびガリツィンがくみする教皇権至上主義の立場があり、かたやフランスの司教たちに支持され、あらたに共通の主義主張で手を組んだアフルとユージェニー・ドゥ・グラモンが信奉するガリカニスムの立場があった。ソフィーはこのふたつのあいだで板ばさみになる。

総会会員が解散したのちもリヨンに残っているエリザベス・ガリツィンが、ロザヴェンとドゥ・リマングにフランスのできごとを伝えていることを、ソフィーは承知していた。ローマからは、ルイーズ・ドゥ・リマングとロザヴェンがペディチーニを操ってソフィーに圧力をかけつづけた。彼らはアフル大司教とユージェニー・ドゥ・グラモンがソフィーの指導力におよぼす影響だけでなく、ソフィーの健康が重圧にもちこたえられないのではないかと心配した。エリザベス・ガリツィンは将来を悲観していた。クリスマスまでにはソフィーが亡くなるものと思いこみ、ソフィーが亡くなった場合、自分たちがフランスでいかに行動すべきかを探るように、とルイーズ・ドゥ・リマングにうながしている。すでにフランス政府は聖心会の内部事情への調査を開始していた。ローマのフランス大使館は調査に答え、一八三二年以来、ソフィー・バラが定期的に当地に滞在していることを認めた。ガリツィンにとっての悪夢は、ユージェニー・ドゥ・グラモンがソフィーの後任として総長におさまることだった。ガリツィンは言う。

〔噂ではフランス政府は〕総長様に辞任を迫り、かわりにマダム・ドゥ・グラモンを総長に据えるそうです。実際、「小さなご婦人」〔ユージェニー・ドゥ・グラモン〕が総長に選出された噂をなんども耳にしています。あるいは、すぐにそうならなくとも、政府が彼女の総長補佐への任命を要求するそうです。マザー・ドゥ・コーザンからそうお聞きしました。……わたしたちにはどんな関与ができるというのでしょう？　……政府はわたしたちを無能あつかいしています。

想像力ゆたかなエリザベス・ガリツィンは、パリで開かれる架空の総会の場面を思い描く。

このおごそかなる総会を主催するのは、きっとパリ大司教でしょう。右手には宗教大臣か、または、スータン〔カトリックの聖職者が着る法衣〕を着ているか否かはわかりませんが、その代理人がはべります。大司教の左には彼の神学者たる「小さなご婦人」が座ります。彼女の下座には、総長様。大臣の向こう側には、マダム・ダヴナス。……大司教は破門を言いわたし、一八三九年の教会法にそむく総会にアナテマを宣言するでしょう。……「小さなご婦人」はフランスの偉大なる聖職者〔パリ大司教〕を称えて乾杯の音頭をとり、宗教大臣とグラスを合わせて乾杯します。

ロザヴェンもソフィー・バラを見捨てていた。エリザベス・ガリツィンには、ソフィーの指導力についての彼女の見解に同意すると述べている。

総長の存在にもかかわらず、会を救うべく、われわれができるかぎり尽力すべきとのあなたの意見に賛成です。しかし、あなたがたを統治するひとの克服できぬ無関心あるいは弱さゆえに、われわれの努力がむなしく頓挫することを怖れます。あのひとはつまらぬ手段や術策に訴えることしか知りません。通常の状況での一時的な手当てには充分であっても、会の救済にかかわる重大な問題となると、あのような手段では、きわめて不充分で役に立ちません。……保護枢機卿に手紙を書いていただくようお願いしました。ここにその写しあるいは翻訳を同封します。総長本人はあなたにこの手紙のことを話さないに決まっていますから、わたしがあなたに見せるのです。

ロザヴェンはボルドー大司教フェルディナン・ドネ〔在職一八三七―八二年〕にも手紙を書いた。ドネはリヨンの総会を延期するというソフィーの決定に批判的だった。当時、ドネはフランス政府とのいかなる対立も避けたがっていた。とくにアンリ・ラコルデール〔ドゥ・クランの庇護をうけていたが、ローマで教皇権至上主義者となり、ガリカのボルドー訪問を一一月にひかえ、最終準備をしていたからだ。ロザヴェンは手紙で述べた。ドゥ・ボナル枢機卿が自分の司教区で総会を開催する許可をなぜ撤回したのかわからないが、おそらくアフル大司教に威圧されたのだろう。だが、ドゥ・ボナルとアフルのあいだでなにが起きたかを無視しながら、ロザヴェンはソフィー・バラを糾弾した。

> ここローマでは、総長に自分の権威を維持するだけの力も活力もないことが残念に思われています。……優柔不断と気弱さのせいで窮地に追いこまれ、そこから脱するのはむずかしいでしょう。怖れと意志の弱さはよい助言者といえません。……あのひとは大司教の脅迫や高圧的な口調に怖気づいたのです。実際の力以上のものを大司教がもっていると信じこんでいます。……とはいえ、女性はすぐに怖気づくものです。女性には援助、激励、そして保護が必要で、それらを与えられるのは司教たちしかありません。

　ソフィーへの高圧的な手紙が問題解決の糸口になるだろう、とロザヴェンはペディチーニに入れ知恵し、ソフィーの指導力にさらなる打撃を与えた。ロザヴェンが用意した手紙の草稿に、ペディチーニが署名した。ソフィーはセゼール・マチュウに打ちあけたとおり、手紙の口調と内容に面くらったが、しばらくして手紙の由来に気づき、そのなかにこめられた攻撃性を理解できた。パリの教皇大使ガリバルディが手紙の写しを目にすると、友人セゼール・マチユウにこうもらしている。

> わたしの見解では、保護枢機卿ペディチーニにあのような歯に衣着せぬ口調の手紙をしたためるのは不可能です。枢機卿はおとなしく、気のいい人物で、実際、怠惰といってもいいでしょう。

　手紙にはソフィーへの一連の質問と、居丈高な命令が書きつらねられていた。すべてが教皇への個人的な従順を強調していた。ロザヴェンは以下の三点を主張した。ソフィーはリヨンで総会を開催すべきだ。ユージェニー・ドゥ・グラモンは総会に出席すべきで、出席しないなら職を剝奪すべきだ。なによりもソフィーはパリにもどってはならない。これらの主張は三点とも見当違いだった。総会は延期されなければならず、参加予定の会員たちはすでに解散していた。この時点でユージェニー・ドゥ・グラモンをリヨンに呼びよせる意味はなく、ソフィーはアフル大司教に対処し政府の批判を鎮めるために、パリにもどらざるをえなかった。この威圧的な手紙をうけとる以前に、ソフィーはこれ以上ロザヴェンとは仕事ができない、とエリザベス・ガリツィンにもらしている。ソフィーの気遣いの多い立場をロザヴェンは理解できず、柔軟性が解決法を見いだせる場合でも頑なに持論をゆずらなかった。ソフィーは自分の立場、とくにドゥ・ボナル枢機卿の決定についてロザヴェンに説明するように、エリザベス・ガリツィンに求めている。ロザヴェンとガリツィンが深く結託し、ソフィーがもはや総長にふさわしくないという共通認識にいたったことに、ソフィーはいまだ気づいていなかった。

　一八四二年九月末、ソフィーはペディチーニに宛てて長い手紙をつづる。そのなかで、以下のように説明した。総会の出席者を呼びもどせるのは、早くて翌年の春である。また、すぐにユージェニー・ドゥ・グラモンをヴァレンヌ通りから転任させるわけにはいかない。世間で物議をかもさないためには、人事異動は念入りに計画されねばならない。アフル大司教に禁止されなければ、ユージェニーはリヨンに行くつもりだった。そう言ってソフィーはユージェニーをかばっている。そして自分自身もなるべく早急に総会を開催したいと考えている、とペディチーニに請けあった。さらに、総長を辞任する意向をあらわしている。

> わたし自身の立場とわたしを挑発するために設けられた束縛のおかげで、わたしはもはや聖心会を統治できません。それゆえ辞意を表明したいと存じます。マザーたちのなかで、わたしよりもよい統治をおこなうことができる候補者を探すのは、むずかしくありません。パリにもどる以前にうけとるべく、お返事をお待ちしております。

　ソフィーはエリザベス・ガリツィンにはペディチーニの手紙のことを打ちあけなかったが、ガリツィンは手紙の存在を知っており、ソフィーにその内容についてたずねた。ソフィーは手紙について議論し、自分の考えを悟られるのを避けた。ソフィーが教皇の明白な意思に反し、侮辱したかどで破門されるかもしれない、とエリザベス・ガリツィンに示唆されると、ソフィーはその解釈に苦笑し、いまはユージェニー・ドゥ・グラモンを解任する時期ではない、と言うだけにとどめ、さらなる議論に巻きこまれるのを拒んだ。ローマに端を発する圧力団体が、自分の聖心会の指導の流儀とまったく異なる方法で行動するようにせっついている、とソフィーはセゼール・マチュウに訴える。

> わたしとわたしの仕事の方法にたいする陰謀がローマで画策されているのはほんとうです。彼らが教皇の名のもとに行動

するため、わたしは行動を制限され、もはや身動きがとれません。彼らはマダム・ドゥ・グラモンをパリから異動させ、彼女の責任をとりあげ、結果として彼女の評判をおとしめるように、とわたしに迫ります。また、［総会決定に］反対するひとびとをいくつかの修道院から異動させるように、と言いはります。このひとびとこそ、より慎重なあつかいが必要であるにもかかわらず。彼らはわたしにパリには行くなと言います。実際、彼らはわたしからあらゆる自由をとりあげようとしており、そのため、いまや会の統治をまかされるのは、［総長］補佐たちだというわけです。もし彼らがわたしに辞任を求めているのなら、これは妥当でしょう。ですが、最悪なのは、わたしが自分の洞察と良心にそむかねばならないことです。これがわたしのおかれた立場です。

ソフィーの指導力についての批判は、ローマからだけでなく、フランスの数人の司教からもわきおこっていた。一八四二年九月、ボルドーの大司教フェルディナン・ドネはロザヴェンに聖心会についてしたため、さらにボルドーの修道院長アンリエット・グラノンに危機的状況について問いただしている。グラノンがソフィーに助言を求めると、ソフィーは自分とヴァレンヌ通りの修道院の何人かの会員とのあいだに意見の相違があることと、アフル大司教との友好関係が終わったことをグラノンに伝えている。それでも、ヴァレンヌ通り、ことにユージェニー・ドゥ・グラモンの自分の扱いにたいする批判にはなんら根拠がない、とも述べている。

［ヴァレンヌ通り］四一番がもどってくれば、かならずやすべてが終わるでしょう。いまのところ、わずかながら和解の兆しがみられますが、もっとも有効なのは、フランスの司教たちと聖心会総長の和解でしょう。わたしはあらゆるばかげたことで責めを負っています。わたしへの嘲笑がまかりとおっています。このことでマザー・ドゥ・グラモンを非難しているのではありません。あのひとにそんなことはできなくとも、友人たちにはできるのです。この回転木馬はもうすぐ終わります。これらの屈辱を主に感謝します。主の聖なる心の慈悲がわたしたちにもたらされるのなら。

聖心会のふたつの派閥によって、それぞれの目的のために、ソフィーの公のイメージと評判は徐々におとしめられていた。ヴァレンヌ通りの修道院から発せられる批判はとくに痛みをもたらし、ロザヴェン、ガリツィン、およびドゥ・リマング同様、ユージェニー・ドゥ・グラモンが自分の名誉毀損に参加しているという事実をソフィーはうけいれられなかった。ソフィーを抑圧し、悲しませたのは、自分の一挙手一投足が監視されているという意識だった。日がたつにつれ、ソフィーはセゼール・マチュウから届く手紙がリヨンで好奇の的になっていることに気づき、一八四二年一〇月二日、ヴァレンヌ通りを郵便物の宛先として使用することを提案する。同日、ソフィーはセゼール・マチュウから手紙をうけとる。マチュウによると、アフル大司教がフランスの司教たちに第二の書簡を送り、ソフィー、一八四二年夏のリヨンでの総会招集、および一八三九年の総会の三者をあわせて告発したという。あまりにも衝撃的な内容だったため、ソフィーはこの期におよんでセゼール・マチュウが自分の友人でいつづけるか自信を失った。セゼール・マチュウはソフィーの気持を察し、すぐに手紙をしたため、自分は誠実な友でありつづけ、ソフィーを見捨てないと請けあった。マチュウはソフィーをキリストになぞらえ、自分の役割は聖心会の歴史におけるこの決定的な瞬間に彼女の必要に応え、彼女に仕えることだと考えた。また、聖心会の成功とフランスやその他の地域における世間的な評判そのものがこの危機を招いた可能性を示唆した。

わたしにあなたの背負う十字架を分かちあい、その重荷を経験させてください。キレネのシモンはゴルゴダの丘への道中、聖なる主をお助けしたとき、自分自身も苦しみにあずかることができるのをよろこびとしました。……あなたの修道会には希望をいだくことしかできません。いま、吹き荒れている嵐は成功の意味するものをあなたに示しているのです。……会の成功がその存在そのものを危機にさらしています。ですが、わたしの考えでは、天があなたに謙遜を教えているのです。そのため、敬意にみちた沈黙と完全なる信頼のうちに、大いなる平静とやさしさで、あなたはこの十字架をうけいれ、担わねばならないのです。

九月にソフィーの姪ジュリー・デュソッソワがコンフロンで危篤状態におちいった。ユージェニー・ドゥ・グラモンもマリー・ドゥ・ラ・クロワもジュリーを看病したが、まもなく姪が亡くなるだろう、とソフィーに伝えている。ジュリーは九月二一日に亡くなった。ソフィーはその知らせを聞くと、スタニスラスとソフィー・デュソッソワにそれぞれ手紙を書き、ジュリーの死への羨望をほのめかしている。ルイーズ・ドゥ・リマングにも同様のことをしたため、総長職辞任の意思も伝えている。その日を早めるかのように、ソフィーはリヨンを去り、パリにもどることを決意する。辞任の決意を胸に、一八四二年一〇月四日、フェリシテ・デマルケにともなわれ、リヨンを発つ。ふたりはオータンに旅し、そこでペディチーニの返事を待った。危険の多い旅だった。ロザヴェンとドゥ・リマングをはじめ、ローマの権威たちは、ソフィーのパリ行きに反対だった。ソフィーは同伴者デマルケがエリザベス・ガリツィンとルイーズ・ドゥ・リマングの見解に同情的なのを知っていたため、監視されているのを意識した。セゼール・マチュウにこう述べている。

［フェリシテ・デマルケは］あまりにも凝りかたまった、まちがった考えの持ち主なので、合意するのは不可能だと思います！　……これら数々の障害物、わたしのまわりのいたるところにある抵抗は、わたしの精神を頑なにします。ときどき、忍耐の限界まで追いつめられます！

オータンでソフィーはフランス政府が総長の居住場所の問題を自分にまもなく突きつけるだろう、というパリからの知らせを受ける。一〇月中旬、法務と宗教大臣マルタン・デュ・ノールはアフル大司教に手紙を書き、聖心会をめぐる状況を概観した。デュ・ノールが関知するかぎりにおいて、聖心会は自発的に政府と合意し、その合意は一八二七年、シャルル一〇世により署名された法令にかかげられている。フランス政府は、当時も、それ以後も、聖心会が教皇から会憲の認可を与えられたことや、ローマに保護枢機卿がいることも認識していない。たとえ総長がフランスに居住しようとも、フランス政府が彼女の役割も権限も認知したことはない、と大臣は大司教に念を押している。すべての修道会の権限は、各司教区の司教のものである。これがソフィー・バラと聖心会にも適応される。最近の［一八三九年の］総会はこの現実を無視しており、聖心会がみずから国王に提出した一八二七年の規約を遵守するとソフィー・バラが政府に保証しないかぎり、一八二五年五月二四日の法律を適応し、政府は聖心会を解散する。

ソフィーはパリの司教総代理グロ猊下からこの手紙の写しをうけとった。グロ猊下は政府の早急な動きへのアフル大司教の当惑をソフィーに伝えた。ソフィーがこのように大臣に直接対決を迫られる事態を、大司教は想定していなかったことを信じてほしいと言って。アフル大司教はパリやフランス各地の聖心会の学校が閉鎖に追いこまれることを意図していなかったものの、彼の怒りにみちた言葉が的を射たのである。大司教はできるだけ早くパリに来るように、とソフィーにうながした。セゼール・マチュウは、もしローマからの批判があれば、ソフィーの決断の理由をローマに説明する、と請けあった。実際、修道会の事情についてのソフィーの相談役としてのセゼール・マチュウの役割が、ローマで肯定的にうけとめられている、とランブルスキーニがすでにマチュウに伝えていた。解決への道をひらくために、ソフィーはアフル大司教に宛てて、まもなくパリにもどること、および政府にかんして自分の立場を解明したい旨をしたためた。アフル大司教はソフィーの決断を歓迎し、彼女に助力しようと申しでた。ただし、アフルはいまだにパリ大司教としての権利を主張しつづけ、この申し出には、ソフィー自身および聖心会への自分の権威をソフィーが認めるという条件がついていた。これは不吉な脅しであり、政府のいかなる脅しよりもかわしにくい脅しだった。ソフィーは自分がパリで必要とされていることを知っていたが、当地でいかにふみだすかについて、確信がもてずにいた。ユージェニー・ドゥ・グラモンとの関係は張りつめており、セゼール・マチュウにみずから認めるように、「かの地で、わたしには真の友がいません」

それでもソフィーは、パリで教皇大使アントニオ・ガリバルディの助力を得ることになる。ガリバルディはセゼール・マチュウの親しい友人で、つづく三か月間、ガリバルディとマチュウはソフィーと密接に協力し、聖心会を危機から救いだすという共通の目的に向かう。一八四二年一〇月一五日、ガリバルディはランブルスキーニにつぎのように説明した。ソフィー・バラは法務・宗教大臣の要求に対処するためにパリにもどらねばならない。大臣は、一八二七年の規約に従うというソフィーの文書による宣言を求めている。また、ガリバルディはランブルスキーニに述べる。ここまで事態がこじれ、政府がこれほど強硬に反対しているのは、一八二七年の規約への違反だけでない。ガリバルディはアフル大司教の衝動的な行動を無責任だと批判し、アフルの行動が聖心会を本物の危険にさらしていると述べた。いまやアフルはみずからの行動を後悔していたが、ときすでに遅く、政府が行動に打ってでたのである。実際、政府は聖心会を攻撃するきっかけを虎視眈々とねらっていた、とガリバルディは考えている。

友人や敵ばかりでなく、政府自体がこのきわめて傑出した修道会にたいして、ある偏見をいだいています。この修道会はフランスに大いなる益をもたらしたのですが。実際、政府は聖心会が現体制とまっこうから敵対する精神を原動力としていると考えています。イエズス会に似た修道会、あるいはイエズス会が影響をふるう修道会と［みなされています］。……現時点でそのような偏見がフランスにおいていかなる影響を与えるかを、おわかりいただけると思います。

第一九章　深淵へ

一八四二―四三年

一八四二年一一月四日、ソフィーはパリにもどる。つづく三か月は、生涯をとおしてもっとも辛く、苦難にみちた時期になる。ほぼ毎日といっていいほど頻繁に送ったセゼール・マチュウへの手紙のなかで、ソフィーは自分の健康がこれほどの重圧に耐えうるか自信がない、ともらしている。ソフィーを一番悩ませたのは、自分が道を見失ったのではないか、根本的に誤った判断を下し、聖心会を破滅の道へと導いたのではないか、という疑問だった。自分こそ「破滅の種子」ではないのか？　神の意志と自分および聖心会の神意による運命に従っているのを確信できれば、勇気を保つことができる、とセゼール・マチュウに打ちあけている。だが、確信を得られぬまま、ソフィーは自身と聖心会にとって展望の開けた安らぎの場をみつけるまで、一歩一歩、辛い道をふみしめねばならなかった。

ソフィーはまず教皇大使アントニオ・ガリバルディと面会し、聖心会内部の教皇権至上主義者たちをいかに制するべきかわからないこと、および、この一派にローマでの自分の評判が致命的な打撃をうけたのではないかと案じていることを打ちあけた。パリのイエズス会士の何人かが批判的で、自分について否定的な見解をローマのイエズス会士に送っていることも承知していた。パリに隔離されたソフィーは、教皇をはじめとするローマの関係者がパリの聖心会の動向への関心を失い、自分を見捨て、ひとりで危機を解決せざるをえなくなる事態を怖れた。これがまずはロザヴェンからの脅し、ついで一種の罰であり抑圧である彼の沈黙によってほのめかされた。ソフィーはセゼール・マチュウにこう述べた。

このような脅しはロザヴェン神父に由来するのではないかと思いますが、わたしはなんの説明もうけていません。神父は大きな影響力がおありですから、手をお引きになるとすべてが失われます。たしかなのは、意図的な陰謀がわたしの周囲で生じていることです。……この状況がつづけば、自分が屈服してしまうのではないかと心配です。

総長たる自分のローマ居住の提案をめぐり、フランス政府が聖心会と争う態勢を整えていると耳にすると、ソフィーはすぐにエリザベス・ガリツィンにそのことを伝えた。事態の深刻さを示し、政府の態度の含意を説明してみせた。自分がローマに居住するという提案を正式に断念する、と聖心会が政府に告げないかぎり、フランスにおける聖心会のすべての学校が世俗化され、大学当局の管轄のもとにおかれることが予測されるからだ。ソフィーはエリザベス・ガリツィンにこう記した。

わたしたちを待ちうける不幸を見とおすにつけ、わたしの魂は打ちひしがれます。それらの不幸について語る勇気が失せるほどに。……郵便が届くたびに、激変の知らせが舞いこみ、わたしの神経は極限にまで追いつめられています。ペンを持つのがやっとです。

自分がパリでうけている圧力を、ほかの総長補佐たち、管区長たち、およびローマのロザヴェンに、聖心会総秘書としての職責において伝えてほしい。ソフィーはそうエリザベス・ガリツィンに頼んだ。彼らが事態の深刻さを理解し、自分がパリで政府とアフル大司教と直接交渉するという決断を支持してくれると信じてのことだった。ところがエリザベス・ガリツィンの意見は正反対だった。ガリツィンはソフィーに主張した。一八三九年の第五回総会の決定を固持し、政府との交渉を拒み、どんな犠牲を払ってもパリに行ってはならないと迫った。総長たるソフィーのパリ行きは、聖心会の全員に、そして確実に教皇や枢機卿たちに、フランス教会と聖心会内部のガリカニストたちへの譲歩を示すことになる、という理由である。一八四二年の夏、アフルはソフィーに総会を中止させた。ゆえに今後、聖心会はローマだけに支持を求め、アフルが聖心会の問題を管理するのを拒否すべきだと、ガリツィンは考えた。実際、ガリツィンはソフィーに相談もなく、アフルがフランスの司教たちに宛てた九月付の手紙にたいする、詳細な長文の反論を書いて、これを会員に回覧させた。そして、いまパリに行けばソフィーは破門され、聖心会は教皇に廃止されるだろう、とソフィーを大仰に脅かした。ソフィーはこの反応に面くらった。

あなたはわたしたちの修道会の解散について、ずいぶん早急に決めつけるのですね。率直に言いましょう。わたしがこのような物言いと、それに端を発するそのほかの仕打ちをがまんするのは、主への愛ゆえです。天がわたしをこの苦しみからお守りくださいますように。さもなくば、わたしには耐えられません。死んでしまいます。

わが修道会がパリ大司教のお手紙に反論した回状をいくつか

の修道院に送ったことは、大司教のお耳に入っています。大司教はなんとしても回状を手に入れようとなさっています。わたしの手元にある唯一の手紙は、あなたが総会決定のために起草したものです。そのなかでアフル大司教のお手紙に言及したのですか？　もしそうであれば、いまの時期にはきわめて軽率な行為です。そうしたのなら、あなたは回状を送った院長全員にすぐさま手紙を書き、だれにも見せてはならない、いや、だれにも見たいと言わせないために、燃やしてしまいなさい、と伝えなければなりません！　わたしたちはなんと怖ろしい危機に直面していることでしょう。

ソフィーは聖心会をひき裂くふたつの派閥をもはや容認できないと感じていた。落胆と悲しみのうちに、唯一の解決法は一八三九年の第五回総会の決定事項の完全な撤廃しかないという結論に達した。だが、管区という制度と管区長の役職を保持することだけは認めてほしいと願った。よき統治に不可欠だからだ。おそらくスラ神父と思われるパリのある司祭が、すぐにローマに行き、ソフィー・バラにかわって、教皇に一八三九年の総会決定の無効を願いでようかと提案した。ソフィーはセゼール・マチュウと相談したが、この方法は聖心会内部の教皇権至上主義者たちをいっそう過激化し、ソフィーを贖罪の山羊に仕立てあげるだけだと判断した。そのうえ、そのような自主的な行動に出れば、フランスの司教たちまでも敵にまわすことになる。それでも、ソフィーは早急な行動の重要性も承知していた。ソフィーが主導権を発揮しなければ、エリザベス・ガリツィンや総長補佐たちが確実に動きだす。以下はセゼール・マチュウへのソフィーの手紙である。

総長補佐たちをご理解になれますか？　あのような精神構造のひとたちをどうすればいいのでしょう？　しかるべき能力と権力をもった、たったひとりのひとがいれば、すべては覆る、とはよく言ったものです。マダム・ガリツィンが総会会員でなかったころは、大いなる調和が存在していました。ローマへの傾倒という名目で、あのひとはほかのひとびとをそそのかしたのです。……そしてロザヴェン神父は保護枢機卿に影響力をふるい、飼い犬のように操っておられますが、神父ご自身はマダム・ガリツィンに操られていらっしゃるのです。神父があのひとを偏愛していらっしゃることはよく知られています。それこそがわたしの境遇の変化の核心にあります。……ですからあの女性たちのことは理解しがたいのです。……［これまで］わたしは彼女たちをつねに導いてきましたのに。いったいどんな解決法があるのでしょう？　ひとつだけありますが、早急になさねばなりません。すなわち一八三九年の総会決定の撤廃です。

一八四二年一一月末、ソフィーはマルタン・デュ・ノール大臣とアフル大司教と面会した。大臣と交渉する余地はあると感じたが、大司教は交渉に応じる気配さえ示さなかった。大司教はソフィーに最後通牒を突きつけた。ソフィーが署名を迫られた二枚の声明文だ。一枚はパリ居住と一八二七年の総会決定の遵守を約束する文書、もう一枚はアフル大司教の主張への同意を教皇にうながす文書である。大司教は、聖心会会則は一八二七年の政府認可の規約に準ずべしと主張していたのだ。ソフィーはすぐに気づく。一八二七年の規約を遵守する文書への署名ならまだしも、聖心会の会憲にかんするアフル大司教の条件への同意はできない。一八二七年の規約の遵守への同意でさえも、事実上一八三九年の総会決定の廃止を意味し、聖心会内部の教皇権至上主義者たちとの直接対決につうじる。さらに、いくつかの修道院がソフィーの指導力から離脱するのに拍車をかけ、聖心会の一致を崩壊へと導き、何年もかけてソフィーが築こうとしたすべてを台無しにしかねない。

アフル大司教は、ひとたびソフィーが一八二七年の規約に従うことを誓う文書に署名すれば、ソフィー・バラも聖心会も自動的に自分の管轄下に入ることを承知していた。ソフィーもそれがわかっていた。そのため、つづく二か月のあいだ、アフルがしきりに署名を迫っても、署名を拒みとおした。熟慮し、相談し、忠告を求める時間がほしいと訴えた。この遅延作戦は大司教を激怒させた。大司教はソフィーが署名しなければ聖心会を司教区から追放すると脅迫した。この間、セゼール・マチュウは頻繁に励ましの手紙を送ってソフィーを支え、ソフィーが智恵を競いあうのに疲れたときも、みずからの姿勢は正しいという自信をソフィーに与えた。アフル大司教の戦略は脅しにすぎず、パリから聖心会を追放するという最終手段には打ってでないだろう。そうマチュウは請けあって励ましてくれた。

ソフィーはアフルの攻撃的な態度に狼狽した。「パリ大司教の脅しにあわてて、怖い思いをしました」とセゼール・マチュウに打ちあける。大司教は無礼で、ぶっきらぼうで、神経を逆なでする態度で、自分の既得権を守るのに汲々としていた。アフルを理解する鍵は、彼が骨の髄までガリカニストだという認識にあり、パリ大司教たる自分の権限にローマが疑義を示すなら、抗議せずにはいないだろう、とガリバルディはランブルスキーニに述べている。アントニオ・ガリバルディの考えはこうだ。一八四二年九月付のフランスの司教たち宛ての大司教の第二の手紙は、大司教側の戦略の誤りであり、すでに司教たちの一部と敵対していた大司教は、自分への支持よりもソフィー・バラへの同情を集めることになる。一見、なんの力も権力もなさそうでも、パリだけでなくフランス中のほとんどの司教区で、このなりゆきを導いているのはソフィー・バラのほうだった。「マザー・バラが示す礼儀正しさや丁重な対応にもかかわらず」みずからが築いた悪しき関係性の網から、アフルはどうやって脱するつもりなのか、とアントニオ・ガリバルディは頭をひねった。

アフル大司教に抵抗することで、ソフィーはあらゆる次元で高い代償を支払った。一一月と一二月は、セゼール・マチュウとの往復書簡に助けられながら、ひとり、パリでこの状況と闘った。マチュウには自由に手紙を書き、できごとの現実的な評価をうけることができた。マチュウはソフィーに、オータンで交わした会話を思いおこすようにうながした。すでにそのとき、ソフィーはパリでなにが自分を待ちうけているかを予測していたではないか。自分と聖心会を襲ったできごとに疲れはて悲しみにくれるソフィーは、周囲のひとびとを信用できなくなっているとも、マチュウは指摘した。そして、ヴァレンヌ通りの修道院がソフィー・バラと訣別して絆を絶つという最終手段に訴えることはない、と確信させた。絶たれるにはあまりにも強く、深く、長年かけてしっかりと結ばれた絆なのだから。大司教と大臣の要求に署名を拒みつづけるソフィーの慎重さと首尾一貫性を、マチュウは肯定した。そしてソフィーがアフル大司教の策略に翻弄されるままにはしておかない、と教皇もランブルスキーニも書面で保証したことをくり返した。実際、ローマにはソフィーを見捨てる余裕などなかった。大司教がパリとローマにおける自己の権限を主張すべく論戦を張ろうとしていたからだ。聖心会はこの手順の一部だったのである。

しかしヴァレンヌ通りの修道院内で、ソフィーは孤立していた。だれと話したか、どのような訪問者があったか、一挙手一投足が見張られ、アフル大司教に報告された。ソフィーの手紙さえも途中で盗まれた。ソフィーはセゼール・マチュウに訴える。

ここでわたしはつねに見張られています。［アフル］大司教は、わたしがだれと会うか、だれから手紙をうけとっているかさえご存知です。あなたや教皇大使について言及なさいます。だれかほかのひとに宛名を書かせ、無地の封印を使い、わたしに直接手紙をお送りください。わたしのおかれた状況は想像を絶します。なにもかも調べられ、報告されます。大臣に見ていただきたかった書状には返事がありません。途中で盗まれたのだと確信する有力な理由があります。……ほかの手段で大臣にご連絡します！

セゼール・マチュウは自分の秘書カヴェロ神父を伝書使に起用して困難を乗りきった。一一月と一二月中、ソフィーとセゼール・マチュウの往復書簡の機密性を保つために、神父はブザンソンとパリを往復した。一方、教皇大使ガリバルディは、ソフィーがアフル大司教の圧力にいつまでも抵抗はできないことに気づく。そこで、元ストラスブール司教のタラン猊下に大司教への仲裁を頼み、タラン猊下は聖心会についての権利を主張するのをしばらくやめるよう、大司教を説得した。この説得が功を奏し、アフルは気づく。自分の行動に憤慨したフランスの司教たちは、聖心会をめぐる自分の権利をうけいれないだろう。司教区の聖心会修道院についての司教たち自身の権利と根本的に衝突するからだ。アフル大司教は司教たちとの関係修復を迫られた。教皇との関係も修復せねばならなかったが、面目を失うのを怖れ、覚悟できずにいた。大司教の要請をうけ、ソフィー・バラはグレゴリオ一六世に手紙を書くことになった。ランブルスキーニ枢機卿への手紙でガリバルディはこう書いている。

おそらくなんらかの不面目をこうむるのを怖れるあまり、ご自身はその勇気がないので、［アフル大司教］は、パリ大司教として聖心会にかんする事柄について政府に意見を述べてもよいか、と教皇聖下にうかがうようにマザー・バラに依頼しました。［一八四二年八月の］教皇小勅書にもかかわらず、です。……アフル猊下ご自身で教皇聖下にうかがうべきなのに、周知のとおり、その覚悟がないのです。一方、マザー・バラは教皇聖下にこのような要請をする羽目になり、厄介で屈辱的な立場にありますが、聖心会の財政的な運営のためには、パリ大司教の協力が必要なのです。

アフルには聖心会をめぐる権限を放棄する気などさらさらなかった。一八四三年にソフィーはこれを思い知ることになる。しかしすくなくとも一八四二年一二月、政府の権利要求が早急な解決を必要としていた時期に、アフル大司教は短期間ながらソフィーへの圧力をひかえた。おかげでソフィーには時間の猶予が与えられる。政府への声明文、つまり一八二七年の法令に正式に記された同意を遵守するという内容の文書に署名すべきか否かについて、時間をかけてガリバルディとタランに相談できたのである。進むべき道が徐々に見えてきた。教皇が聖心会総長のローマ居住を主張することはないが、フランス政府の支持があれば喜んで迎える旨を、教皇庁のフランス大使ドゥ・ラ・トゥール＝モーブール伯爵はフランス政府に伝えた。大使は一八四二年八月の教皇小勅書へのアフル大司教の反応に批判的だった。その反応のせいで、聖心会の一八三九年の総会決定に政府が注目する結果となったからだ。ソフィー・バラにも批判的だった。ソフィーが司教区の司教たちにたいして自分の権利を保持する必要があるのは認めたが、そのためにローマ居住を提案するのは不可解な行動だと考えたのだ。ソフィー・バラの指導力が傲慢で衝動的であるというアフルの批判を引用している。もっとも大使自身は一八三九年の総会の背景を承知していた。ローマの大勢の意見は、聖心会へのイエズス会士の影響力が増大しすぎ、ロザヴェンが一八三九年の総会を乗っとり、とくに教皇がこれに不賛成を表明した、というものだった。

しかし、法務・宗教大臣マルタン・デュ・ノールと外務大臣フランソワ・ギゾーは、総長の居住先をローマに移す計画を聖心会が放棄したことを信じようとしなかった。ガリバルディとの会見のなかで、ギゾーはソフィー・バラと聖心会を批判した。ヴァレンヌ通りの修道院の、とりわけユージェニー・ドゥ・グラモンのブルボン王家擁護の評判、ドゥ・クラン大司教の長期滞在、聖心会の古くからのイエズス会との関係を考えるならば、ギゾーの疑念はもっともだった。そのギゾーにガリバルディは働きかけ、問題を政治的な焦点にしないように、マルタン・デュ・ノールにソフィー・バラとの合意の調整を頼んだ。一一月中旬から一二月中旬にかけてデュ・ノールとソフィーの合意が成立し、マダム・バラは一八二七年の政府認可の規約を遵守する意向である、とギゾーはローマのドゥ・ラ・トゥール＝モーブール伯爵に伝えた。一八三九年の聖心会の第五回総会が行動を急ぎすぎたことをソフィーが認めたのである。

ギゾーに時期を待つべきだと確信させたのは、アントニオ・ガリバルディの説得だけではなかった。とくに一八三九年の総会決定の無効化を求めるというソフィーの決断のおかげで、政府との交渉において聖心会の立場は有利になった、とセゼール・マチュウはソフィーに指摘する。マチュウはマルタン・デュ・ノールの意向をソフィーに解説した。

聖心会を解散すれば、三〇もの聖心会の修道院を閉鎖し、ほぼ同数の司教区のみならず、フランス屈指の名門の一二〇〇もの家長に影響を与えることになる、という結果の重大さを検討するにちがいありません。それも、ただ、売り言葉に買い言葉の争いのために……。

ソフィーが交渉に当たっているあいだ、ルイジ・ランブルスキーニ、アントニオ・ガリバルディ、およびセゼール・マチュウは聖心会にかんする外交書簡を交換し、一八四二年一一月下旬には解決の基本的な輪郭をまとめた。ローマとの接点となる有力者たちが動いているという事実が、教皇とランブルスキーニが聖心会を見捨てるというロザヴェンの脅しが事実無根であることをソフィーに確信させた。フランス政府との問題が解決に向かっていることに自信を得たが、依然としてロザヴェン、ルイーズ・ドゥ・リマング、およびエリザベス・ガリツィンに対処せねばならない。ソフィーは一八三九年の総会決定の廃止は必要だと覚悟を決めたけれども、それを自分が提案すればかならずや聖心会の分裂をひきおこす、とソフィーはガリバルディとタランに訴えた。当初は、みずから総会決定を廃止するために聖心会の総会を招集しようと考えたが、その後、思いなおし、教皇に総会決定の廃止を願いでるべきだと示唆した。ただし、自分の名前や意向はこの計画から排除されねばならない。もし自分の要請にもとづくことを勘づかれれば、万事休すだ。ロザヴェン、ドゥ・リマング、ガリツィンは、たとえ教皇のものであれ、いかなる決定もうけつけないだろう。

　マチュウ、タラン、ガリバルディはソフィーのこの見解をすんなり理解し、うけいれた。そして三人は、一八三九年の総会決定の廃止を教皇に正式に申請するよう、自分の司教区に聖心会の修道院があるフランスの司教たちに依頼することを決定した。マチュウはフランスの司教区にカヴェロ神父を遣わして文書で同意を得ることを請けあい、一八四三年一月、ブザンソン大司教としてのローマへの定期的教皇謁見（アド・リミナ）を予定しているため、みずから教皇にこの嘆願書を運ぶと申しでた。ところが、この計画は、理論上はすぐれているが、実行されえなかった。しばらく前から、ドゥニ・アフルとセゼール・マチュウのあいだには個人的な緊張関係がつづいていた。マチュウが教皇公認のソフィー・バラの個人的な相談役だと知り、アフルが機嫌をそこねたのである。ガリバルディとタランに言わせれば、この潜在的な緊張関係はこの計画を覆す可能性を秘めていた。セゼール・マチュウの手紙がフランスの司教たちに送られれば、アフルはソフィー・バラを贖罪の山羊に仕立てかねない。

　マチュウはいやいやながら現実をうけいれた。そこで三段階の計画が練られた。第一段階として、ランス大司教、トゥール大司教、ナンシー司教とタランが教皇宛ての覚書を記し、パリでのソフィー・バラと聖心会の状況を報告する。第二段階として、一八三九年の総会決定の廃止を教皇に嘆願する回状を司教区に聖心会の修道院がある司教たちに送り、彼らの同意と署名を求める。計画は即座に実行された。セゼール・マチュウがローマに出発するまでに、カヴェロ神父はなるべく大勢の司教を訪問し、マチュウ自身もフランスを通ってローマに向かう道中、何人かの司教を訪問した。タランは北フランスの司教たちを担当した。とりわけ重要なのは、スラ神父が嘆願書をル・マン、ポワティエ、トゥールーズ、ボルドーに届けることで、ヴァレンヌ通りの修道院とその友人たちがこの計画を知っていることを示したことだ。アフルは自分宛ての文書をうけとったが、覚書にも手紙にも協力しない道を選んだ。計画の第三段階として、司教全員が署名した回状がローマに送られることになっていた。セゼール・マチュウは一八四三年の新年早々に定期的教皇謁見（アド・リミナ）のためにローマを訪れるとき、司教たちを代表する予定だった。ランブルスキーニもこの計画を支持し、この件では表に立たぬようにとガリバルディに忠告した。これはソフィー・バラの利害を考慮し、嘆願書の発起人が全面的にフランスの司教たちであると見せるためだった。

　難局を早急に打開する可能性について、ガリバルディはマチュウに熱意をこめてしたためた。宗教大臣テストに話をすると、大臣は発案を歓迎し、この知らせをローマのフランス大使に伝え、一連のできごとにおけるセゼール・マチュウの役割を知らせた。テストはイエズス会の友人で、かつて六か月間、ローマのイエズス会のもとに滞在したことがあった。ローマのイエズス会士たちが一八三九年の総会決定の廃止への動きを阻む可能性にそなえ、テストが個人的に懇意なイエズス会総会長ローターンへの手紙を書いた、とガリバルディに述べた。ガリバルディはマチュウにこの手紙のことを知らせた。ローマでマチュウが手紙に言及する必要が生じたときのためだ。手紙には警告がしたためられているという。

　聖心会が倒れれば、フランスの司教たちやそのほかのひとびとの怒りがすべてイエズス会に向けられ、イエズス会の修道院の閉鎖につながることもありえます。手紙は長文で、よく練られており、まがうことなき真実を伝えています。強い印象を与え、恐怖を呼びおこすでしょう。

　ローターンはパリのイエズス会管区長クレマン・ブーランジェだけでなく、タランからも手紙をうけとっていた。タランの文面はランス大司教、トゥール大司教、ナンシー司教の意向を代弁していた。このとき、本件にかんする一連の通信においてはじめて一八三九年の第五回総会の折のロザヴェンとベッロッティの役割が公にされた。

あなたのイエズス会の会員の何人かが、それを意図しないものの、尊敬され有能でもある聖心会を、事実上、破滅の縁へと導いたのです。

タランはつぎのように説明した。ひとりかふたりのイエズス会士（ジャン・ロザヴェンとベッロッティ）が当初、イエズス会の会憲にもとづく草案を作ってほしいと、ソフィー・バラに依頼された。草案は聖心会の総会に提案される手筈だった。急速に発展する聖心会の統治機構を築くためである。イエズス会士たちは熱心に賛同し、一八三九年、ローマで開催された聖心会の第五回総会で草案を発表した。短い議論の末、提案された変革は総会の決定事項として採択され、聖心会全体に提案された。ところが、いくつかのフランスの修道院がこの決定に反対し、これが聖心会とソフィー・バラ自身とを深刻な危機へと追いこんだのだ。とくにロザヴェンにはソフィー・バラの想定をはるかにこえる包括的な変革案を強引に通過させた責任がある、というフランスの司教たちの見解を、タランはイエズス会総会長ローターンに伝えた。そして万が一、フランスの司教たちの嘆願書が成功しなければ、イエズス会が非難されるだろうと警告した。当時、イエズス会のローマ教皇庁への影響力、ことにロザヴェンがペディチーニ枢機卿におよぼす影響力はよく知られていた。ブーランジェもパリからローターンに手紙を送り、ロザヴェンの聖心会への関与がフランス、とりわけパリのイエズス会士たちの信用を落としたと警告した。さらに、ロリケが聖心会の教皇権至上主義を奉じる一派を支持したことが、アフル大司教の怒りを招いたことを伝え、ローマとパリのイエズス会は聖心会と距離をおくべきだと提案した。

ローターンはタランに返事を送り、事態を自分の視点からこう分析する。いわく、自分は数年来、イエズス会と聖心会の接触を減らそうとつとめてきた。一八三九年の聖心会第五回総会の準備にはたしかに自分もかかわったが、提案された決定事項を聖心会会員の一部がこれほど極端にまで押し進めるとは想像もしなかった。さらに、一八二七年に聖心会が署名した規約に記されたフランス政府と聖心会の同意については、自分もロザヴェンも知らなかった（もっとも、ロザヴェンのこの主張は不可解だった。一八二六年と二七年にとくにこの件についてソフィー・バラの相談をうけていたからだ）。だが、ロザヴェンは聖心会に助言をしたにすぎず、一八三九年の総会決定にかんしては起案も署名もしなかった、とローターンは主張した。さらにローターンはこう打ちあけた。

わたしはこれ以上、聖心会とかかわりたくありません。……修道女とは、全面的な支えが必要なブドウのつるのようなものだと思ってきました。……彼女たちの役割が、男性の役割と同等になることなど、ありえません。聖心会の会員はイエズス会司祭たちの支えがほしいのでしょう。しかし、これは叶わない。女性のイエズス会会員など、これまで存在しなかったのだから。……だが、総長をいただき、各司教区に散らばった女子修道会が、いかにして同時にこれまでの慣習どおりに各地の司教に従属するのか？　認めよう。これこそわたしには解決法が見えない難問であることを。

ロザヴェンの聖心会への深い関与を、イエズス会総会長ローターンはうかがい知らなかったのだ、と教皇庁のフランス大使ドゥ・ラ・トゥール＝モーブールとマチュウは信じた。一八四二年一一月、聖心会がイエズス会士たち、とりわけロザヴェンに悪しき助言をうけたのだ、と大使はパリの宗教大臣に報告した。聖心会の件で最大の役割をはたしたのはロザヴェンだと考えられたのである。ソフィー自身はパリでガリバルディに忌憚のない意見を述べた。アフル大司教とユージェニー・ドゥ・グラモンの圧力に屈した、と自分を糾弾する手紙をエリザベス・ガリツィンとルイーズ・ドゥ・リマングから何通もうけとっていることを打ちあけて。この事件が長びけば長びくほど自分の立場はむずかしくなり、自分の人格や評判はローマで、イタリアで、フランスの一部で、そしてアメリカでそこなわれている、とも訴えた。アントニオ・ガリバルディはローマのランブルスキーニにこれを伝えた。

マザー・バラによると、フランスの修道女たちの動揺は以下の思いこみにもとづいています。聖心会がローマで支持されているものの、ローマでの総長の評判が悪く、教皇と猊下が一九三九年の総会決定の実施を望んでおられる、なかでも総長のローマ居住にかんする条項の強制を望んでおられる、と思いこんでいるそうです。マザー・バラは、あの高名なるイエズス会のロザヴェン神父を介してマザー・ドゥ・リマングの広めている風聞がこの思いこみの元である、と確信しています。

ランブルスキーニはロザヴェンと折合いがよくなかった。ロザヴェンの聖心会への関与についてのソフィーの見解は、国務長官の見解を裏づけた。ガリバルディとランブルスキーニの説得に成功したソフィーだったが、聖心会総秘書エリザベス・ガリツィンを説得することはできなかった。ガリツィンに重ねて事情を説明したが、フランスの聖心会がおかれている現状と妥協の必要性を認めさせられなかった。ソフィーは説明した。一八四二年八月付の教皇小勅書が教皇とフランス政府の外交関係への違反とみなされると。

フランスの法律によると、［教皇小勅書は］国務議会に届け出ないかぎり、フランスに導入されてはならないのです。大臣がこのことをアフル大司教への手紙に述べていらっしゃいますが、残念ながら、そのとおりなのです！　たしかルイ一四世の在位中だったと思いますが、フランスは似たような件でローマ教会から分裂する一歩手前までいきました。政府がプロテスタンティズムに歩みよっているいま、彼らはすくなくとも悶着を起こしたくてうずうずしているのです。

この情報をもってしても、エリザベス・ガリツィンを譲歩させることはできなかった。ガリツィンは、政府と大司教の圧力に持ちこたえるように、とソフィーに迫るだけだった。ガリツィンいわく、ソフィーがパリで下した決断は、圧力に負けた結果にすぎず、無効とみなされる。ソフィーはたしかに総長だが、ひとりで聖心会の命運を決する権限も自由もない。政府とパリ大司教に膝を屈するよりは、フランスの聖心会が廃止されるほうがましだ。狂信的な教皇権至上主義者のエリザベス・ガリツィンは、みずから熱狂的な活動をくりひろげ、高い代償を払ってロシアでローマ・カトリック教会に帰依していたので、教会への忠誠を証する生涯の試金石を本件に見いだしたのである。エリザベス・ガリツィンとローマで親しかったアデル・レオンは、何年ものちにこう述べている。ガリツィンは才能ある知的な女性だったが、独善的で融通が利かなかった。「自分がうけた独裁者然とした育ちの影響で、人間を機械のように操れると思いこんでいたようです」

このころ、ソフィーはつぎにエリザベス・ガリツィンがいかなる手段に訴えるかを怖れるようになっていた。率先して自分に反旗を翻しているのはあきらかだった。

あなたはわたしたちをいかなる苦境に立たせるつもりですか？　わたしにはわかりません。……ローマと聖心会全体に、あなたがわたしに反対していると述べるのは、辛いことです。その間、わたしはすべてのひとの善のために自分を犠牲にしているのですが！

数日後、ソフィーはエリザベス・ガリツィンがフランス南部と西部、ローマ、およびイタリア北部でなにを画策していたかを知ることになる。ガリツィンは総長補佐たち、管区長たち、そして何人かの修道院長たちに嘆願書を書くように呼びかけた。同年はじめにアメリカで呼びかけたのと同様の嘆願書である。ガリツィンは嘆願書のことをペディチーニとロザヴェンに知らせた。また、総長補佐たちや管区長たちには、アフル大司教に抗議文を書くように働きかけた。ソフィー・バラをパリに拘束し、彼女自身の意志と聖心会の総会の総意に反した行動を強制した、と糾弾するためだ。予想どおりアフルは、まずエリザベス・ガリツィンの手紙に、そしてほかの会員からの手紙に激怒した。矢面に立たされたソフィーはガリツィンに述べた。

> アフル大司教から、あなたがあのかたに送った信じがたい手紙について知らせる文面が届きました。……大司教の驚愕を想像できますか？　わたしも抗議の言葉を耳にして、大司教に劣らず驚きました。……
> 大司教とわたしのことで、あなたは重大な思いちがいをしています。一一月一七日の今日にいたるまで、わたしはなにもうけとらず、なにも署名せず、すべてを拒んできました。わたしが躊躇し、あなたの助言を求めた唯一の点は、政府が頑として譲らない、わたしの居住の問題だけでした。……当時、わたしが現在ほどあなたのことを知っていたら、助言を求めるのに慎重だったでしょう。次回は、今回の教訓を生かすつもりです。

総長補佐の全員がいまや自分に反対し、アフル大司教に抗議文を送ったと聞いて、ソフィーは衝撃をうけた。唯一の例外はフェリシテ・デマルケだった。一八四二年の夏以降、デマルケもソフィーの行動に批判的だったが、ソフィーがいかなる文書にも署名していないのを知っていたので、抗議文が書けなかったのだ。エリザベス・ガリツィンはソフィーを非難し、聖心会の創立者さえ、総会の決定に従わねばならないと念を押した。ジュヌヴィエーヴ・デゼーが一八三九年の総会決定に反対したとき、ジョゼフ・ヴァランの名が聖心会の創立者として取り沙汰されたのは、さほど昔の話ではない。いまや、ソフィーの創立者としての役割が、一八三九年の総会決定を温存するための最後の手段として利用されている。ソフィーはまったく動じずに答えた。

> 悲嘆と信頼のうちにあっても、わたしは友人にするようにあなたに手紙を書き、読みかえす手間をかけませんでした。率直に言うと、あなたがこれほど早く、深刻にわたしの信頼を裏切るとは思いもよりませんでした。そうです。……聖心会がわたしたちに審判を下すでしょう。わたしは怖れずに聖心

会にたいして自分の行動を説明します。もし聖心会があなたとおなじ意見を共有するのであれば、わたしは自分を慰めます。聖心会の信頼を失ったことで、わたしは自分が心から願っているものをたやすく手に入れられるのですから。つまり、無になることです。もし、反対に、聖心会がこの危機から回復すれば、わたしはこれだけの苦痛と屈辱を味わったことを幸せに思うでしょう。それに、死はさほど遠くないでしょう。これだけの悲しみに苦しめられて、無事でいられるわけはないのですから！

エリザベス・ガリツィンはソフィーを追いつめるためにあらゆる手を打った。パリのルイ・バラに何度も手紙を出し、フランスの聖心会崩壊の危険をおかしてでも一八三九年の総会決定を堅持するよう、妹ソフィーを説得してほしいと頼んだ。ガリツィンは聖心会の困難とソフィーのパリ拘束を、ユージェニー・ドゥ・グラモンのせいだと非難した。ガリツィンがルイと接触したのはこれが最初ではない。一八三九年の総会決定をアメリカで回覧しないように、と一八四〇年にソフィーが頼んだとき、エリザベス・ガリツィンはパリのルイに手紙を送り、助言を求めている。一八三九年にローマで開催された第五回総会のあいだ、ユージェニー・ドゥ・グラモンが自分のローマ居住をうけいれない、とソフィーがくり返し述べたことや、当時、自分が数人のアメリカの修道院長にユージェニー・ドゥ・グラモンとヴァレンヌ通りの修道院を批判したことも、ルイに報告している。アメリカでガリツィンは当地のイエズス会管区長ピーター・ジョン・ヴァーハーガンとも話し、ヴァーハーガンはソフィーの指導力への疑問を表した。もっともエリザベス・ガリツィンはこのことはルイへの手紙で触れず、聖心会の分裂の責任をユージェニー・ドゥ・グラモンに帰した。ユージェニー・ドゥ・グラモンがフィリピーヌ・デュシェーヌに総会決定を批判する手紙を書いたことも、ガリツィンはルイに報告した。だが自分がその手紙を押さえたので、フィリピーヌが目にすることはなかったと。ガリツィンはルイに言った。

わたしはゆえあってマザー・ドゥ・グラモンの油断ならない影響力を怖れています。……聖心会が心血を注いで養い育んだにもかかわらず、恩をあだで返す蛇のごときあわれなひとです。……あのかた［ソフィー・バラ］がはじめに牙をむいていたら、いまになって非常手段に打ってでる必要はなかったのです。そして、あのかたがそのような手段を選ばなければ、壊疽が心臓部を襲うでしょう。……あのかたのあまりにもやさしいお人柄が、固い決意を麻痺させているのです。

一八四二年一〇月、エリザベス・ガリツィンはルイ・バラとの通信を再開した。教皇への忠誠を最優先する聖心会内部の動きをルイは支持する、とふんだからだ。一八四二年の夏以来の聖心会のできごとをルイ・バラに報告し、妹ソフィーについての意見を詳細に記した。そのなかでガリツィンはこう述べている。ソフィーは聖心会を導く能力に欠け、アフル大司教とユージェニー・ドゥ・グラモンを怖れて、総長補佐たちやペディチーニやロザヴェンをはじめとするローマの聖心会の友人たちの助言を聞けない、あるいは聞く意志のない女性である。ロザヴェンについては「わたしたちの修道会の忠実で熱狂的な友」と称した。またガリツィンはルイ・バラが好んだパリの呼称、つまりバビロンを持ちだし、ソフィー・バラがそこで囚われびとになっている、と嘆いてみせた。

ルイ・バラはガリツィンへの返信で、一般論としては聖心会が教皇に忠実であることを望む、と述べた。これに励まされ、エリザベス・ガリツィンはローマでのソフィーの悪評を示すために、ソフィーを糾弾するペディチーニの手紙の写しをルイに送り、ソフィーの指導力にさらなる攻撃を加えた。しかも、教皇小勅書に添えられた手紙が失われたことも、ドゥ・ボナル枢機卿が総会をリヨンで開催する許可を撤回したことも、ルイには伏せた。エリザベス・ガリツィンの手紙にはさまざまな悪口や糾弾が書きつらねられていた。とくに槍玉にあがったのは、「〔ヴァレンヌ通り〕四一番の荘園の女主人」ユージェニー・ドゥ・グラモンだった。ガリツィンは自分の手紙をロリケ以外には極秘にしてほしい、とルイに求めた。ジョゼフ・ヴァランもソフィーもガリツィンの手紙について知らなかったが、ガリツィンは妹に話をするようにとルイにせっついた。ソフィーがずっとパリにとどまることを怖れたのである。一〇月初旬にリヨンを去る前、エリザベス・ガリツィンはソフィーが手の内を明かすのを聞いて愕然とした、とルイにつづる。

あのあわれな女性は情熱をこめてこう言ったのです。もし四一番が聖心会から分離するなら、わたしは四一番に行きます。そうすれば、聖心会がどこにあるかわかるでしょう。

一八四二年一二月、ガリツィンはふたたびルイ・バラに手紙を送った。一八三九年の総会決定の廃止によって聖心会内部の緊張が解決される、とソフィーが宣言するのを耳にした、というのである。しかし、総長補佐たちの反対のせいで分裂は避けられない、とソフィーが考えていることもエリザベス・ガリツィンは承知していた。イタリアとフランスは袂を分かち、イタリアが一八三九年の総会決定を採用し、フランスが一八一五年の会憲を温存するだろう。

ソフィーがエリザベス・ガリツィンと兄ルイの通信を知っていたという記録も、ソフィーが聖心会の危機について兄と語ったという記録も残されていない。兄と妹の交流の唯一の記録は、ヴァレンヌ通りの修道院の一員によって残された。当時、ソフィーがたびたび兄のもとに告解に行き、告解室から涙にくれて出てきた、とこの会員は記している。おなじ時期、兄は幼い自分に厳格だったとソフィーが何度か述べたことを、覚えている会員もいた。ルイは確実に教皇権至上主義を支持しただろう。ルイは生涯、聖職者市民法〔一七九〇年、憲法制定国民議会は聖職者にローマではなくフランス国家への忠誠を課した〕への忠誠を誓ったことを激しく後悔していた。宣誓を撤回し、投獄されて代償を支払ったにもかかわらず。また、ヴァレンヌ通りの修道院の生活様式に批判的で、定期的にソフィーに不満を述べていた。ルイの思考と霊性は、黙示録的な文学と神学、終末、反キリスト、および切迫した最後の審判にもっぱら収斂していた。このような脈絡で考えるならば、教皇権至上主義者との提携以外に、ルイの助言はありえなかっただろう。

ヴァレンヌ通りの修道院の情勢は依然として深刻だった。ソフィーはユージェニー・ドゥ・グラモンとエメ・ダヴナスが煽動する反対派に対処せねばならなかった。ユージェニーはソフィーにひどい扱いをうけたとこぼしつづけたが、ソフィーはこれを否定した。

> わたしはあなたを不公平にあつかっていません。いつか、わたしのうけた苦しみのすべてが、あなたにもわかるときがくるかもしれない、とだけ言っておきます。それだけです。こうした微妙な問題を書き記すのを好みません。祈りと沈黙。つねに心の底で、この試練のときのあと、主がわたしたちをお助けくださるという希望を持ちつづけてきました。わたしたちが試練から学ぶすべを知ることができれば、ですが。

この数か月間、ソフィーはひとりで旅をつづけた。ヴァレンヌ通りの修道院への帰還を、キリストの受難になぞらえ、カルヴァリオ〔ゴルゴタ〕の丘を登る道ゆきにたとえた。ユージェニーに述べたとおり、沈黙を守った。これがソフィーは囚われびとである、という印象を周囲に与えた。ヴァレンヌ通りの修道院に住んでいた助修女のひとりヴィルジニー・ルウ（一八一〇—七八）は、何年ものちに当時を回想している。一八四二年から四三年の冬に、ソフィーはマリー・パットとともにヴァレンヌ通りの修道院に到着し、修道院の会員とまったく隔離されて生活していたという。

ひとりで食事をし、修道院の祈りや集会に参加しなかった。それればかりか、ユージェニー・ドゥ・グラモンが修道院の会員たちに、絶対にソフィーに話しかけてはならない、と命じ、ソフィーもだれにも話しかけず、挨拶もせず、廊下ですれちがうときも、だれも目に入らないようすだった。ヴァレンヌ通りの修道院の庭を散策するときも、ひと気のないところを選んでいた。ソフィーもヴァレンヌ通りの修道院内の自分のまわりの雰囲気を意識していた。秘密、沈黙、待ちの姿勢。信頼できる人物はだれもなく、日々の郵便で届くのは、聖心会の各所からのさらなる裏切りの知らせだった。友人だと信じていたひとびとの裏切りである。

ソフィーが隔離の戦略を選んだのは、自分の身を守り、独立を保つためだった。ユージェニー・ドゥ・グラモン側とルイーズ・ドゥ・リマングとエリザベス・ガリツィン側のどちらの見解にせよ、一方に肩入れしていると思われたら、これまでの努力は水の泡だ。そのため、ヴァレンヌ通りの修道院内のすべてのひとと完全に関係を絶たねばならなかったのである。外部の目には、ヴァレンヌ通りの修道院は牢獄にみえた。また、ヴァレンヌ通りの修道院は牢獄だ、とまことしやかに伝えられ、ソフィーがパリで下す決断を拒絶する口実としてローマのルイーズ・ドゥ・リマングによって利用された。ソフィーがパリで署名した文書はすべて無効で拘束力がない、というわけだ。しかし、この間、ソフィーはいかなる文書にも署名しなかった。政府の大臣、パリ大司教、聖職者、および一般信徒と定期的に面会した。大司教と政府双方からの圧力に抵抗し、疲労困憊した。耐え忍ぶことでソフィーが支払った代償をヴィルジニー・ルウはかいまみている。ある面会のあと、ソフィーは香部屋に行き、二時間も泣いていたという。

ソフィーはたびたび総長補佐たちに自分とフェリシテ・デマルケのいるパリに来るように求めたが、ことごとく拒否された。はじめ、エリザベス・ガリツィンは体調不良を口実にした。当時は事実だったものの、ガリツィンはのちに体調が回復しても、良心が咎めるのでパリには行けない、と言った。カトリーヌ・ドゥ・シャルボネルは身を裂かれる思いで泣く泣くソフィーの誘いを断った。エリザベス・ガリツィンに言いくるめられ、教皇かガリカニスムへの忠誠の二者択一を迫られている、と思わされたのだ。ドゥ・シャルボネルの拒絶はソフィーにことさらひどい打撃を与え、深い傷を残した。ソフィーは三度カトリーヌ・ドゥ・シャルボネルに手紙をしたため、三度とも断られた。この一件は、聖心会内部の離反の深刻さをソフィーに思い知らせた。もっとも古くからの、もっとも忠実な仲間のひとりだったドゥ・シャルボネルが自分を支持せず、パリに来ようともしない。古い友人のドゥ・シャルボネルが苦渋の選択にどれほど苦しんでいたかをソフィーが知るのは、ずっと後年のことである。ルイーズ・ドゥ・リマングはフランスからの働きかけにはいっさい協力できない、とソフィーに述べた。

生か、さもなくば死か、の問題なのです。修道女であるか否かの問題です。中立の立場などありえません。ああ！　わたしの親愛なる、慈愛深い、愛すべきマザー、どうか利用されるのをやめてください。あなたを騙したことなどないひとびとの声に耳をかたむけてください。善き牧者姉妹会が示すお手本をごらんください。マザー・ドゥ・コリオリスが昨日、力づけてくださったのです。わたしたちと似たような問題について、ローマの代牧枢機卿が修道院長と四人の補佐たちの言い分を聞いてくださったそうです。

フェリシテ・デマルケにはパリでソフィーとともにすごす以外の選択肢がなかった。デマルケはドゥ・リマングとエリザベス・ガリツィンと文通をつづけ、ソフィーの動向や決定や手紙や健康について、こと細かに報告した。当時、デマルケはとくにユージェニー・ドゥ・グラモンに批判的で、ヴァレンヌ通りの修道院でソフィーを操ろうとしている、と糾弾した。エリザベス・ガリツィンは教皇が個人的に自分たちを心から支持しているといって、フェリシテ・デマルケとカトリーヌ・ドゥ・シャルボネルを安心させた。ガリツィンいわく、ペディチーニが彼女らのパリ行きを禁じ、パリの修道会は見捨てられた。ローマ側の会員だけが真の聖心会と認められた。当方がソフィーを助ける手立てを尽くしたにもかかわらず、彼女が聖心会の敵に取りこまれたのはじつに残念である。

一八四二年一二月には、ソフィーはロザヴェン、ガリツィン、ルイーズ・ドゥ・リマングが聖心会内部の分断を計画していることを知る。管区長や何人かの修道院長への手紙が用意されていた。総長補佐たちは自分たちの立場と分離の決断を説明する、ソフィー・バラ宛ての正式文書を起草していた。ねらいはパリのソフィー・バラといくつかのフランスの修道院を孤立させ、そのほかのフランスの修道院や、イタリア、サヴォワ、スイス、アメリカの修道院のために、ローマにあらたな本部をおくことにあった。この計画はローマのペディチーニ枢機卿とパトリッツィ枢機卿の支持をえた。アントニオ・ガリバルディがまもなくパリから移動させられる、という噂が飛びかった。理由の一端がガリバルディのソフィー・バラとフランス教会のガリカニスム派の支持にある、という憶測もソフィーの耳に入った。

一八四二年一〇月、フェリシテ・デマルケはソフィーが「深い憂鬱のうちに籠っている」とルイーズ・ドゥ・リマングに伝えた。ソフィーは総長補佐たちの支持と存在が必要な時期に、彼女たちに見捨てられたと感じていた。彼女たちからの手紙は保存した。これらの手紙が聖心会の公文書庫に収蔵されるまで無事に保管しないと、なにが起こったかをだれも把握できなくなる、とセゼール・マチュウにもらしている。マチュウは相変わらず友人、そして相談役でありつづけ、傍目にはどうであれ、ソフィーは慎重かつ賢明に行動している、とふたたび励ました。マチュウはソフィーのうちにある最良の自己、幾多の危険を冒した自己に訴えた。自分が設定した根本的な目標に焦点をあわせる努力をせよ、と助言したのである。

外部の状況が複雑になればなるほど、あなたは純真に歩まねばなりません。与えられた情報はうけとりなさい。ですが、心の奥底に入れてはいけません。

たやすいことではなかった。ソフィーはときどき癇癪を起こしたことを認めている。聖心会につぎつぎと怒濤のごとく襲いくる危機にたいするおのれの反応に当惑したのである。自分のなかに警戒すべき感情を見いだし、こう打ちあけている。

なにごとにも執着せず、動じず、あのひとたちの策略を忘れるという能力を失いました。そしてあのひとたちの行動を、かつてのわたしさながらに批判してしまいました。あのひとたちに歯に衣着せぬ手紙を書いたのです。

セゼール・マチュウはこれに直接、反応するかわりに、聖心会創立当初の物語をふり返り、ソフィーの記憶と信仰のヴィジョンに訴えた。

聖心会の創立のときにも、あなたはたくさんの十字架を背負いましたが、聖心会が繁栄すればしたで、ほかの多くの十字架を呼びよせることになりました。あなたが偽りの安心感に誘われないためのものです。

マチュウはソフィーの苦しみを過小評価せず、「信じがたいほどの苦悩」と称した。ソフィーのほうも、みずからの苦悩をマチュウに隠そうとしなかった。

わたしはなんという人生を歩んでいるのでしょう。……最後の日々は内輪もめと争いごとばかりです！　これは神のみ旨であるとたえず思いおこさなければ、耐えられそうにありません！　そうであれば、償いをすることがいっぱいあります！　ですからわたしは観念しましょう。力の許すかぎり、働きます。

つねに疲労困憊していたソフィーは、祈ることができなかった。これはソフィーを動揺させた。内的な祈りの生活が、仕事をつづけ、耐え忍ぶ勇気を与えてくれるものと信じていたからだ。ソフィーの内面は深く悩んでいた。かつての懸念がよみがえった。人生において誤った道を歩んだのではないか。誤った選択をしたのではないか。くり返し自問した。

ここ数年、わたしは茨の道を歩き、計画は実りませんでした。日中はほとんど祈る時間がありません。夜、祈らねばならないのですが、疲労と眠気で疲れはてています。わたしが最初のカルメル会への召命を捨てたので、神がわたしを罰していらっしゃるように思えます。イエスの十字架が、わたしが耐える苦痛や恥辱が、その償いとなるでしょうか？　この試練のときに、自分の多くの欠点やおのずとわきおこる反応が入り乱れ、心配がつのります。ですから、お祈りください。……わたしがイエスの聖心（みこころ）から憐みの赦しをいただけますように。わたしにはぜひともそれが必要なのですから！

心は悲しみでみたされています。わたしがこれほどの悪を引きおこした張本人であるならば、どれほどの責任があるでしょう！　イエスのつぎに、あなただけがわたしの支えです。

マチュウは祈ろうとするあまり自分を追いつめないように、とソフィーに忠告した。ソフィーの仕事は聖心会を救うことであり、健康を害したら、すべてが失われてしまう。

あなたを慰めるのにぴったりの言葉が聖書にあります。施しを与えることは祈りである。それなら、なぜ、あなたの背負う十字架が祈りの源になりえないのでしょう？　わが主が十字架上でわたしたちのためにお祈りになったのです！　ですから、日中、祈る必要はありません。あなたにはその時間がない。また、疲労困憊したあなたが徹夜の祈りをすることもありません。そんなことをすれば、日中、必要な体力がなくなってしまいます。一身を捧げ、愛をこめて十字架にしっかりとすがりつきなさい。そしてこの聖なる十字架に、いや、わたしたちへの愛から十字架に架かりつづけるわが主に、あなたのために祈っていただきなさい。この思いが、たいそう穏やかなまことの真実の思いが、あなたの心に安らぎをもたらすでしょう。

一八四二年一二月、ソフィーの旧知の友人のひとりで、当時、アミアンの修道院長だったアデライド・ドゥ・ロズヴィルは、パルマの修道院長イポリット・ラヴォダンに手紙をしたためた。ドゥ・ロズヴィルはソフィーの評判と指導力を弁護し、友人のラヴォダンにイタリア発の噂は事実無根だと述べ、ソフィー本人についてはこう語った。

あのかたは働き、祈り、平静で、勇敢です。あのかたは苦しんでいます。それについては疑いようがありません。……［あのかたは］霊的な広さと魂の偉大さがおありなので、はりめぐらされた偏狭な見解の罠に捕らえられはしません。あのかたは狭量な動機を無視します。……一八三九年以来、だれもあのかたから離れて行動すべきではなかったのです。

自分のうちなる世界でひとりきりだったソフィーは、仕事にもひとりで対処した。ローマへの文書もすべて個人的に準備した。この件に関与していることを悟られないために。これは難業だった。関係が良好のときでさえ、ローマの枢機卿たちと交信するのは苦手だったので、これまではエリザベス・ガリツィンのイタリア語とローマの外交儀礼の知識をありがたく使ってきた。それが不可能になった。それどころか、いまやガリツィンの知識は、ローマでソフィーをおとしいれる目的でドゥ・リマングとロザヴェンの力となっていた。ソフィーは枢機卿のなかでランブルスキーニ枢機卿にもっとも意志を伝えやすいと判断し、ランブルスキーニに宛てる内密の手紙の草稿を書く助けを、セゼール・マチュウに求めた。一八三九年の総会決定の廃止を求める理由を示すためである。

疲労と周囲のできごとへの失望にもかかわらず、ソフィーはエリザベス・ガリツィンにたびたび説明を求め、自分の個人的な権威にこれほど反抗した理由を問うた。自分は同僚たちを信頼しすぎたのだろうか、長年、彼女たちに自由を与えすぎたのだろうか、とガリツィンに嘆いてみせた。指導のやりかたに欠陥があったのだろうか？　ソフィーはガリツィンに決然とした手紙を書き、相手の想像を絶する軽率さと無神経さを責めた。ソフィーと聖心会がみずからの道を守るのを助けようとしただけだ、とガリツィンが反論すると、ソフィーはぴしゃりと反論した。

わたしたちが聖心会を崩壊させる分裂を避けようと最大限の

努力をしているこのときに、あなたは、ローマに送った覚書のなかで、あえて三つの修道院の分離を要求するのですね。司教たちと、あなたの総長たる〔わたし〕についてさえ、きわめて不適切な物言いをしています。……それでわたしを助け支えているつもりなのですか。むしろ祈りと悔い改めた態度をもって助けてほしいものです。

当時、マチュウがソフィーにとって一番の支えになったのは、一度たりとも状況の重大さを過小評価しなかったことにある。新年早々ローマに出かける予定だ、と一八四三年一月はじめにソフィーに告げる手紙では、マチュウはつぎのように記している。「フランス教会はここ二〇年間、これほどの深刻な危機を経験したことがありません」。一方ソフィーは、フランスの司教たちの嘆願書への教皇の結論が発表されるまで、聖心会の派閥をまとめるという仕事をつづけた。ソフィー自身は一連の計画を他言しなかったが、これほど多岐にわたる通信をともなう計画を内密に運ぶのは不可能である。何人かの司教は教皇に送られた嘆願書やまもなく下されるはずの決定を口にした。それでもソフィーにとって都合がよいことに、一連の企てにおける彼女の自発性と活動は気づかれなかった。もっともエリザベス・ガリツィンとルイーズ・ドゥ・リマングは疑念をもったが。教会内部でも社会一般でも、女性は交渉にかかわらないものだという思いこみが、ソフィーの匿名性を保証した。加えて、ソフィーを批判したひとびとが彼女を無力で無能な指導者に仕立てあげたせいで、うまい目隠しができたのだ。実際にはソフィーが聖心会の一致を保つために動き、マチュウ、タラン、ガリバルディの助力を得て、自分の計画に同意するようにフランスの司教たち、ランブルスキーニ、そして教皇を説得したのだった。一八四三年一月、保護枢機卿のペディチーニと、司教・修道者聖省長官のオスティーニ枢機卿の両名が、教皇大使ガリバルディを介してソフィー・バラに手紙を送り、教皇が何人かの枢機卿たちに一八三九年の総会決定を審理させることに同意したこと、および、しかるべきときにその結果が伝えられることを知らせた。セゼール・マチュウは必要とあればソフィー・バラの言い分を代弁する覚悟でローマに発った。トンネルの出口はすぐそこにある、と思われた。

しかしエリザベス・ガリツィンが四人のフランスの司教の覚書の存在に気づく。一八三九年の総会決定の廃止を求める二五人のフランスの司教の嘆願書に添えられた覚書である。ガリツィンは逆上し、何通もの攻撃的な手紙を書き、ヴァレンヌ通りの修道院を「頭のおかしい怒れる女たちの修道院」と称して批判した。さらに、教皇への長文の覚書を作成し、フランスの司教たちと聖心会の指導体制を糾弾した。こうした行動は、ガリツィンが身を捧げる大義をそこない、信用を落とし、逆にソフィー、マチュウ、ガリバルディが推進する企ての成功を保証した。マチュウはリヨンでドゥ・ボナル枢機卿からガリツィンの文書の写しを入手した。ローマに到着すると、マチュウは、やはり教皇への覚書のかたちで詳細な反論を用意し、エリザベス・ガリツィンの論点をことごとく論破した。また、その機会を使ってソフィー・バラの人格と名誉を擁護した。ソフィー・バラが当初は一八三九年の総会決定の導入を望んだが、さまざまな困難が生じ、もはや教皇から正式の認可を求める段階に進めないと決断したこと。そのため、逆にソフィー・バラは総会決定の廃止を求めたこと。これらのいきさつを説明したのである。

この痛ましい件について、わたしはソフィー・バラに助言を与えました。ソフィー・バラは、魂の力、聡明な見通し、慎重な行動、教皇庁への忠誠、自分の修道会への奉献、修道女たちへの深い愛情、そのすべてに欠けることはありません。その愛は、よかれと思いながらも彼女に深刻な危険とはかり知れぬ困難を与えた者どもにまでおよびます。

八人の枢機卿は、二月一七日、三月二日、三月三日と会合を重ねたうえで、決定に至った。セゼール・マチュウはこれらの会合についてソフィーに詳しく伝えた。枢機卿たちは一八三九年の総会決定が廃止され、聖心会が一八二六年にレオ一二世に是認された会憲遵守にもどることを推薦した。マチュウはこの知らせに大喜びし、三月三日の夜、トリニタ修道院に走っていき、呼び鈴を一〇回押した。夜も遅かったので、だれも応じなかった。翌朝、マチュウはふたたびトリニタ修道院を訪れ、知らせを告げ、その後、サンタ・ルフィーナ修道院を訪れ、同様の発表をおこない、聖心会の病は終わったと宣言した。するとアデル・レオンはそっけなく答えた。「ですが、回復は長く危険にみちたものになるでしょう」

第二〇章　立場を回復して　一八四三―四四年

一八四三年三月初旬、聖心会の内部分裂を解決する基盤と、フランス政府の要求を満足させる決定を手に入れて、ソフィーは安堵のため息をついた。ローマからの帰り道につづった長文の手紙のなかで、セゼール・マチュウはソフィーに一部始終を知らせ、三月四日の枢機卿たちの最後の会議の詳細を伝えた。一八三九年の総会決定の廃止により、聖心会は自動的に一八二六年の会憲の遵守にもどる。同時に、聖心会のすみやかな成長と発展が認められるとともに、ソフィーによる全修道院の正式訪問が物理的に不可能であることもまた認められた。そのため、管区の制度と管区長の職務は撤廃されたものの、総長の名において修道院や地域を訪問する代理を任命する権限がソフィーに与えられた。そのほかの会の職務と統治体制は、一八四五年に開催予定の次回総会までそのまま維持されることになった。一八四五年以前に辞職する総長補佐がいれば、ソフィーは後任を選び、教皇に認可を得て任命できた。マチュウはソフィーがエリザベス・ガリツィンをすべての職責から解任しようと考えているのを知っていたが、それは慎んだほうがいいと忠告した。そして枢機卿たちがユージェニー・ドゥ・グラモン、アントワネット・ドゥ・グラモン、アグラエ・フォンテーヌをそれぞれ修道院長の職から解任したいと望んだが、個々人にかかわるよりも、聖心会の現実的な必要を視野に入れて法的制度を整えたほうがいい、と自分が反論したことを説明した。マチュウはソフィーに言い聞かせた。いわく、ソフィーの仕事は聖心会内部に平和をもたらすことだ。ある一派をべつの一派より優遇することではない。もっとも大事な仕事は、「あなたの会員の目に、最大限可能なかぎり、あなた自身の権威を回復すること」である。ソフィー同様、マチュウもローマの決定を聖心会会員にどう伝えるかに心を砕いた。そこでソフィーが必要に応じて推敲して使えるように、数通りの手紙の雛型を用意した。

ソフィーは安堵と感謝にみちて会議の詳細な報告やセゼール・マチュウの手紙の雛型に目をとおした。セゼール・マチュウの忠実な支持とローマでの積極的な仲介に、何年分もの恩義を感じた。加えて、今後の支持も頼みの綱だった。聖心会のふたつの派閥を率いる仕事が困難なのは目に見えていた。自分の統治力がローマで痛烈に批判され、気弱で優柔不断だと揶揄されたことも承知していた。枢機卿たちの決定に先んじる数週間に、ジャン・ロザヴェン、ルイーズ・ドゥ・リマング、そしてリヨンにいたエリザベス・ガリツィンは、ソフィーとユージェニー・ドゥ・グラモンが率いるいくつかの修道院が分離を画策しているという噂を広げていた。一八三九年の総会決定の廃止についての教皇への嘆願書の存在に気づいたからである。ドゥ・リマングもガリツィンもふたたびルイ・バラに手紙を送り、妹ソフィーにローマに背を向けないように忠告してほしい、と頼んだ。彼らの目にはソフィーの行動がローマからの離反にみえたのである。また、保護枢機卿ペディチーニと司教・修道者聖省長官オスティーニ枢機卿にも陳情した。ジャン・ロザヴェンが一八三九年の総会決定の検討のための教会法弁護士としてオスティーニ枢機卿により正式に任命されたとき、彼らの計画の成功は確実なものとみえた。

一八四三年の春、教皇権至上主義派に属する聖心会内の修道院長の人数は相当数に達していた。ルイーズ・ドゥ・リマングとエリザベス・ガリツィンに率いられ、カトリーヌ・ドゥ・シャルボネル、フェリシテ・デマルケ、マリー・プレヴォ、アルマンド・ドゥ・コーザン、ユーラリ・ドゥ・ブショー、ロール・デ・ポルト、アンリエット・グラノン、ジョゼフィーヌ・ドゥ・コリオリス、アデル・レオン、ロール・ダヴィエルノ、イポリット・ラヴォダン、アンナ・デュ・ルウジエ、アロイジア・ハーディ、そしてマリア・カッツによって構成されていた。彼女たちは聖心会内で勢力のある派閥であり、彼女たちに自分の指導をうけいれさせるのは大仕事だと、ソフィーにはわかっていた。それぞれ個人的に知っていたので、教皇権至上主義派に属する動機もひとそれぞれに複雑だということもわかっていた。マリー・プレヴォ、ルイーズ・ドゥ・リマング、そしてエリザベス・ガリツィンの動機は理解できた。マリー・プレヴォはヴァレンヌ通りの修道院の状況を一八一四年と一五年のアミアンの修道院の状況の再現だと考えていた。ルイーズ・ドゥ・リマングは一八三〇年以来、ソフィーがユージェニー・ドゥ・グラモンに毅然と対決し、ヴァレンヌ通りの修道院に滞在するドゥ・クラン大司教を退去させ、修道院の改革を実行することを望んできた。エリザベス・ガリツィンもヴァレンヌ通りの修道院についてルイーズ・ドゥ・リマングと見解をおなじくしていただけでなく、ローマ教会、わけても教皇そのひとを狂信的に支持していた。ガリツィン自身、ロシア正教会からローマ・カトリシズムへの帰依の旅を経験したことで、ガリカニスムをふくみ、ローマから独立したあらゆる見解は破門に値すると考えていた。加えて、聴罪司祭で父親代わりのジャン・ロザヴェンに極端な愛着と忠誠をいだいていた。

またソフィーは、聖心会会員の多くがいだくユージェニー・ドゥ・グラモンへの敵意にも対処せねばならなかった。ソフィーとユージェニーの個人的な友情は、つねに非難の的だった。ソフィーのユージェニー・ドゥ・グラモンへの対応は、批判的なひとびとにはソフィーの意志薄弱、あるいは溺愛、あるいはその両方の証とみえた。ソフィーがヴァレンヌ通りの修道院の改革にどれだけの努力を払ったかは、聖心会会員のほとんど、あるいはだれにも知られていなかった。ソフィーは生涯、ユージェニーに忠実で、公の席で彼女が非難されるのを許さなかった。自分の耳に入った批判は本人に伝えたものの、ほかのひとには打ちあけなかった。ユージェニーをめぐる状況がこれほど手に負えず、周囲の反感をこれほどかきたてるものでなかったら、エリザベス・ガリツィンもルイーズ・ドゥ・リマングもここまで広範な支持を得られなかったはずだ。対立は対立を呼んだ。とはいえ、この対立は聖心会内部のより深い緊張関係の表れだった。聖心会はフランスで創設され、国境を越え、ヨーロッパ、そしてさらなる遠隔地へと発展した。ヴァレンヌ通りの修道院は、フランス的でガリカニスム的なものすべての象徴だった。成長する聖心会にとって、必要であると同時に束縛ともなる要因、つまり文化的・霊的帝国主義の表象だったのだ。聖心会全体がソフィー・バラに体現される創立期のエネルギーにあやかりたいと願う一方、フランス国外の聖心会は国内の聖心会と異なっていた。差異がかならずしも優越を意味するとはかぎらない。だが、差異を認め、差異に配慮する必要はあった。

一八四三年二月以降、ソフィーは一八三九年の総会決定が教皇に無効化されることを確信し、危惧をいだきながらも、聖心会内の自分の権威をいかにして回復すべきかを検討していた。ことに四人の総長補佐たちが問題だった。ソフィーは自分の指導に逆らった補佐たちと、あらたなかたちの意思疎通と協力関係を築きあげねばならなかった。一八四二年から四三年にかけての冬と春、ひとりひとりに手紙を書きつづけたが、緊張をともなう気の抜けない作業だった。ユージェニー・ドゥ・グラモンと親しく、彼女をヴァレンヌ通りの修道院長から解任する意志または能力を欠くとみえたので、ソフィーは個人的に弱い立場にあった。総長補佐の何人かが辞職することは予測できたし、すぐに後任となれる人材が少ないことも承知していた。現総長補佐たちと仕事を再開するのは気が進まなかったが、辞職者が少ないほうが望ましいこともわかっていた。新しい総長補佐を任命することになれば、フランスの多数の聖心会会員と、アフル大司教やほとんどのフランスの司教がユージェニー・ドゥ・グラモンの任命を期待するはずだ。おなじ理由で、もしソフィーがユージェニーを総長補佐の後任とせず、かつヴァレンヌ通りの修道院長の職を解くならば、このひとびとから非難されることになる。

ローマのルイーズ・ドゥ・リマングとジョゼフィーヌ・ドゥ・コリオリスに先手を打って温かい手紙を書き、ふたりに忠誠と支持を呼びかけることを、セゼール・マチュウはソフィーに提案した。ソフィーは聖心会の一致を再創造する必要性にかけてはマチュウと同意見だったが、ルイーズ・ドゥ・リマングに手紙を書くという提案にしりごみした。

あのひとたちのやりかたの詳細をお話ししたら、あなたはわたしになけなしの威厳のかけらを保つように、と助言されると思います。あのひとたちはわたしの信仰を疑い、教皇庁への忠誠を疑い、ほかのひとびとにその疑念を吹きこんだのです。わたしになんの説明も求めずに。……いまになってあのひとたちに手紙を書き、謝り、信頼をみせるのは、わたしにはかなりむずかしいことに思えます。あのひとたちのほうからわたしに歩みよれば、むろんそれを好機に、善意と理解を示し、過去を水に流すこともできます。ですが、わたしのほうから先に手紙を書く、となると、それはどうでしょう！

何か月ものあいだ、総長補佐たちに会ってともに仕事をする瞬間をソフィーは怖れていた。彼女たちはみな自分の意志でソフィーに叛旗を翻したのだ。自分から先に交信を始めることはできないが、相手から働きかけがあれば応じる、とソフィーは決めていた。それならば、自分の誠実さを保てるし、起こったことの現実や彼女たちの行動についての判断をむりやり歪めずにすむ、と考えたのだ。この件について、セゼール・マチュウはソフィーの感情を尊重したが、ソフィーの見解をうけいれながらも再考をうながした。

あなたのような深刻な事態におちいった場合、すなわち人間の思慮分別が極限まで試された場合、できるかぎり高潔な態度で行動せねばならないことはあきらかです。また、人間の目には愚行と映るものが、神の目には叡智なのです。いま、あなたの立場でもっともむずかしい仕事は、たがいに深く疎外されたひとびとの精神と心を和解させることです。これをなしとげるためには、ふたつのことをせねばなりません。ひとつはあなた自身のことで、もうひとつは聖心会の統治のことです。あなた自身については、よりやさしく、より謙虚に、より愛情ぶかく、より忍耐づよくあらねばなりません。ほかのひとびとがそうでない分、なおさらです。支配してもなにもなしえませんが、愛想よく接すればかなりのことをなしえます。ですから、わたしはあなたに手紙を書くように助言したのです。けれども、あなたが謝るべきだとは思っていません。彼女たちにたいして心になんのわだかまりもないかのように、思いやりぶかく、やさしく語りかけさえすればいいのです。あなたがより遠くから歩みよれば、それはイエス・キリストのために、欠点のあるわたしたちのほうに自分から歩みよってくださるキリストのためにおこなうのだ、ということはおわかりですね？　聖心会の指導にかんすることでは、すべてのひとにやさしく親切でありながら、きっぱりと、もっとも包括的な意味での権威をもって行動しなければなりません。これをなしとげるためには、自由や愛情をだれかに絡めとられてはなりません。わが主への愛の名において、すべてのひとに腕を広げなさい。それだけです。

セゼール・マチュウは、ヴァレンヌ通りの修道院、とくにユージェニー・ドゥ・グラモンを念頭において書いている。パリの修道院への批判はおさまらず、ランブルスキーニはユージェニー・ドゥ・グラモンを酷評し、ソフィーが彼女の修道院長職を解くことを望んだ。セゼール・マチュウはたびたびこの件でソフィーに警告していた。ソフィーが聖心会内部で権威をふたたび獲得するには、ユージェニーからの独立を示さねばならない、と述べ、つぎのように忠告した。

友人たちから超然としていなさい。なぜなら、たとえ善意からであっても、もしあなたが彼らの手中に身をゆだねるなら、あなたを地獄の淵まで連れてゆきかねません。彼らはすべてをおのれの視点からしか見ないからです。

さらにセゼール・マチュウは、フランス政府が一八二七年の政府認可の規約の遵守に同意する文書への署名をソフィーに求めていることも告げた。一八三九年の総会決定への結論を教皇が示すのをうけて、ソフィーが即刻かつ断固たる行動に出なければ、ローマで流布する優柔不断の評判を正当化してしまう。

忘れないでください。ここローマでは、あなたは行動を避けるために相談に逃げこむ優柔不断な人物だと思われています。わたしはこの見解と戦わねばなりませんでした。相談したのに署名しなければ、ひとびとはこの批判をむしかえすでしょう。

ソフィーがどのように前へ進むべきかを思案していたころ、ルイーズ・ドゥ・リマングから辞表が送られてきた。ドゥ・リマングはほかの総長補佐たちに自分の決断を知らせていた。これがほかの総長補佐たちにも進退を検討させる意図的な戦略だ、とソフィーは考えた。そこでソフィーはセゼール・マチュウにドゥ・リマングの辞表の写しを送った。ソフィーの実務能力がうかがえる。

ほかの総長補佐たちに自分の辞意を知らせる彼女のやりかたと計画についてのご意見をうかがいたいと思います。これは彼女たちを同様の行動にかりたてる計画です。もしわたしがこの辞表を認めれば、ほかのひとたちの辞任にも同意することになります。そうすれば、とくにマダム・ドゥ・グラモンの件で、わたしも聖心会も厄介な立場に立たされます。アフル大司教はご不満です。……わたしはこうしたひとたちすべてに対応せねばならないのですが、どうすれば全員を和解させられるか、見当もつきません！　もろもろの問題やわたしへの反対を目にすればするほど、ますますブザンソンに行き、あなたとご相談したい気持がつのります。……マダム・デマルケが辞任しない決断をするなら、彼女を同伴させるべきだと思います。あなたが彼女によい影響をおよぼしてくださるかもしれません。彼女の存在は緊張を強いるでしょう。総長補佐のだれもが望んでわたしとふたたび働こうとはしないのですから。総長補佐たちは強制されなければもどってこないでしょう。わたしたちをこの難局に導いた状況の力も、わたしたちがこれほどの代価を払ってようやく聖心会を救えることも、彼女たちには理解できないからです。

ソフィーは四人の総長補佐たちがそろって辞任するのではないかと懸念していた。そうなれば、後任者を任命するという大仕事が待ちうけている。ユージェニー・ドゥ・グラモンを任命するという選択がないとなれば、なおさらだ。実際、ユージェニー・ドゥ・グラモンを解任せよというローマの圧力は、ソフィーには矛盾に思えた。両派閥が聖心会内部で与えた害を天秤にかけると、ローマ側の派閥のなした害がより大きいではないか。延々とつづくと思えた数週間のあいだ、待機し、精査した末、ソフィーは古い友人ユージェニーとの位置関係を的確にとらえた。

マダム・ドゥ・グラモンを是が非でもすべての職責から解任せよ、と求めるローマのいくつかの声には、公平さも必然性もないと思います。聖省も教皇も、一八三九年の総会決定が問題の元凶なのだから廃止せねばならないと思うのなら、なぜ、そもそもそれを指摘した「聖心会内部の」側のせいにするのでしょう？　彼女たちが総長の処遇をあやまったとしても、ローマ側の派閥はもっとひどい過ちをおかし、総長により大きな害を与え、ゼロにまでひきおろしたのです。マダム・ドゥ・グラモンを弁護するのは、わたしの個人的な愛情のためではなく、純粋に聖心会の利益のためだということを、どうか寛恕の心をもって信じてください。わが主は、わたしのなかの人間への愛着を切り離されました。いえ、そういったものを浄化されました。この教訓をわたしは学びました。

とはいえ、ヴァレンヌ通りの修道院の精神が聖心会内で支配的になることに多くのひとがいだく懸念に、ソフィーも気づいていた。加えて、一八三九年の総会決定がとりわけフランス国外で熱烈に歓迎された理由のひとつが、聖心会内部のフランスの影響力、ことにヴァレンヌ通りの修道院の影響力の弱体化にあったというのもわかっていた。ソフィーの当時の日記に、ブザンソンにセゼール・マチュウが帰ってきたときに相談したい要点が記されている。


ムッシューXX［セゼール・マチュウ］のための覚書
管区長全員をどのように交代させるか？

一八四五年の総会の前に何人かの総長補佐を入れかえるべきか？

……いかにして特定の修道院を改革できるか？　詳細と例を引用せよ。

すべての編制を次回の総会に持ちこし、それまで現行の体制のままにしたほうがよいのではないか？　それでも、マダム・ドゥ・リマングは入れかえたほうがよい。

パリでのわたしの状況について相談。いかなる姿勢で臨むべきか。［アフル大司教］

一八四三年三月二五日、アメリカにもどって、当地の修道院に状況をみずから伝える許可を求めるエリザベス・ガリツィンの手紙をソフィーはうけとった。教皇が一八三九年の総会決定の廃止にふみきったことにアメリカの修道院が落胆するだろう、とガリツィンは予想していた。翌日、ふたたびソフィーに手紙を書き、総秘書と総長補佐の職からの解任を求めた。ヴァレンヌ通り、オータン、ル・マンの修道院が自分の総長補佐就任に神経を逆なでされ、自分の能力に疑問をいだいているので、ソフィーに辞意を認めてほしいと。ガリツィンがヴァレンヌ通りの修道院で生活し、仕事をするのは不可能であり、辞任が唯一の解決法と思われた。ソフィーは懸念をいだき、セゼール・マチュウにしたためる。イタリアからの帰り道にリヨンを訪れ、すくなくとも一八四五年の次回の総会まで辞任を思いとどまるように、エリザベス・ガリツィンを説得してほしい、とマチュウに頼んだのである。マチュウはトゥーロンから返信を送り、事態はいまだ予断を許さないと述べた。ソフィーに危機が去ったわけではないことを示す事柄について口頭で伝えたい、と言いそえて。ガリツィンとドゥ・リマングの辞意表明は、危機の継続を物語っていた。彼女たちの辞意を認めるべきであり、彼女たちにかぎらず、辞表を提出する者がいればすべてうけとり、いまこそ行動すべきときだ、とマチュウはソフィーに忠告した。

強制されてあなたとともに残るようなひとといっしょに聖心会を導くことができると思いますか？　意見を異にするひとたちと一八四五年の総会の準備ができますか？　聖心会を崩壊寸前にまで至らしめたこのひとたちとともに、精神や心を癒やすことなどできますか？　なににたいしても堅固でありなさい。……慎重さや優柔不断ゆえに、わたしの努力の果実を逃さないでください。……いまや、行動のための お膳立ては整ったのです。

総長補佐として信頼できる会員がいたなら、ソフィーの選択はずっとたやすかっただろう。自信をもって推薦できるのはアンリエット・コパンだけだったが、コパンは病気だった。ユーラリ・ドゥ・ブショーは信用できず、このころはアンナ・デュ・ルウジエについても確信がもてなかった。また、アメリカの修道院の訪問にだれかを派遣するべきだとわかっていたが、この件についてはエリザベス・ガリツィン以外の人物が思い浮かばなかった。セゼール・マチュウはガリツィンのアメリカ派遣に反対し、悪さのしようのないどこかの修道院にガリツィンを送ることを提案した。

〔一八四三年三月の〕聖省の決定以前に、アメリカの管区、すなわちかの地の修道院が一八三九年の総会決定を支持する強い論調の文書をローマに送ったことは確実です。そのなかで、残念ながら、パリの修道院〔ヴァレンヌ通り〕を批判していました。かの地はきわめて混乱しています。マダム・ガリツィンが混乱を引きおこしたと考えるのは性急ではないでしょう。……彼女が総長補佐とアメリカ管区の担当に居座れば、あなたは難題を背負いこむことになります。

セゼール・マチュウはリヨンでエリザベス・ガリツィンとマリー・プレヴォに面会した。ふたりはローマの決定をうけいれているかのようにふるまっていたが、マチュウは大きな不安を覚えた。

ふたりはわたしを「聖心会の救世主」と呼びました。まちがいなく一か月前は海の底に沈んでしまえと思っていたはずの、このわたしのことを。あなたのために保管しているマダム・ドゥ・ガリツィンの最新の手紙は完全な撤回です。おそらくマダム・ドゥ・リマングにそそのかされたのでしょう。あらたな計画が始まったようです。マダム・ドゥ・ガリツィンは過去のあなたへのふるまいについて、ひとことも謝りませんでした。それどころか、マダム・ドゥ・ガリツィンは義務を遂行したままでだ、とマダム・プレヴォは言いはりました。わたしに言わせれば、誠意はみじんも感じられません。策略が練られています。気をつけなさい。ことに、マダム・ドゥ・ガリツィンは来週の水曜日にパリに向けて出発したい、と言っていましたから。

数日後、ようやくブザンソンにもどったセゼール・マチユウは、確実に陰謀が企てられており、エリザベス・ガリツィンをアメリカに派遣すれば、命取りになりかねない、とソフィーに警告した。それでもソフィーはエリザベス・ガリツィンのアメリカ行きを望んだ。ガリツィンとのあいだの物理的な距離をできるだけとりたかったのかもしれない。エリザベス・ガリツィンが総長顧問会に加わる以前、ソフィーが聖心会のおもだった会員たちに反対されたことはなかった。ガリツィンはいまだに総長補佐たちに影響力をふるい、行動力と確信で威圧していた。同時に、ユージェニー・オーデが一八三四年にヨーロッパにもどって以来、アメリカの聖心会会員を個人的に知っているのはエリザベス・ガリツィンだけだった。ソフィーはエリザベス・ガリツィンが聖心会におよぼす害が、ヨーロッパよりアメリカのほうが少ないのではないかと考えた。

アフル大司教は一八三九年の総会決定の廃止に満足したものの、ふたたび聖心会への権限を主張し、ソフィーとアントニオ・ガリバルディに手紙を送った。アフルいわく、ソフィーがフランスの聖心会の修道院の創設や廃止について政府の認可を求めれば、自分は協力しない。パリ大司教たる自分が聖心会総長と聖心会にもつ権限をソフィー・バラが認めなければ、聖心会の法的・財政的業務を支持しない。ソフィーがパリ司教区外で聖心会の総会を招集することを禁じる。いかなる用件でもパリ司教区を離れたい場合、ソフィーは大司教の許可を求めねばならない。大司教は憲法条項に記された法律をソフィー・バラに応用したのである。フランスの司教が司教区を離れるには政府の許可が必要だった。女性には聖職者の資格がなかったため、この法律が適応されなかったが、司教たちは修道女の可動性をこころよく思わず、抑制しようとした。アフル大司教の場合は、あらゆる段階でソフィー・バラの行動を監視しようとした。

アフルの横槍に阻まれ、ソフィーは自分の計画を実行できなかった。ソフィーは聖心会の要となる数人をブザンソンに集め、そこでつぎの施策をセゼール・マチュウに相談したいと望んでいた。しかし、この計画を断念し、ひとりかふたりの会員をともない、従来の習慣だった修道院の訪問を再開してはどうか、とアントニオ・ガリバルディはソフィーに提案した。ソフィーはフェリシテ・デマルケを連れていくつもりだったが、訪問先の会員たちと自由に話せなくなると思ってやめた。ソフィーがブザンソンにでかけようとしていた矢先、アフル大司教が介入し、ソフィーと総長顧問会が自分の聖心会総長と聖心会への権限をうけいれないかぎり、旅にでてはならない、と主張して立ちはだかった。行きづまったソフィーは、アフル大司教に面会を求め、耐えがたい状況におかれたことを訴えた。すると大司教の不興をかったのは、ブザンソンで会う相手がセゼール・マチュウであることに起因すると判明する。ソフィーはふたたびふたりの大司教の競争関係や緊張関係の板ばさみになった。ソフィーは観念し、パリをすぐに離れることを諦めた。パリでひとり仕事に専念し、アフルが態度を軟化させるのを待ち、その年の下旬にでもセゼール・マチュウと会うことに望みをかけた。ソフィーの判断は賢明だった。六月になると、アフル大司教が一時的に反対をとりさげたからだ。とはいえ、アフル大司教は気まぐれで、その後ふたたびソフィーに圧力や脅しをかけてくる。ソフィーは大司教のそんな態度を予測するようになっていった。

だが、一八四三年四月の時点では、ソフィーはパリにとどまり、ルイーズ・ドゥ・リマングの後任を探さねばならなかった。パリの修練長ユーラリ・ドゥ・ブショーは適任ではなかった。

> ……あのひとほど、精神、ものごとの見方、判断の方法、修練女の指導においてわたしと一致していないひとはいません。それどころか、［総長］補佐たち、なかでもマダム・デマルケと一心同体です。訪問会によく似た、狭い、窮屈な修道生活の様式と、ときには修道精神もが、彼女たちをヴァレンヌ通りの修道院やそのほかの修道院とこれほどまでに対立させるのです。わたしはというと、［修道生活の］ふたつの表現の中間を好みます。

同時に、ソフィーはヴァレンヌ通りの修道院の状況がひきつづいて改革を要することを痛感していた。エクス＝アン＝プロヴァンスのアルマンド・ドゥ・コーザンを訪れたとき、セゼール・マチュウは彼女からヴァレンヌ通りの修道院のことを聞いていた。ソフィーはマチュウが聞いたのは物語のほんの一部にすぎないと認め、「わたしはここ［ヴァレンヌ通り］でまったくなにも動かせません。それどころか、指一本触れることさえできません」と打ちあけた。ユージェニー・ドゥ・グラモンがヴァレンヌ通りの修道院で、ソフィーの権威をいかに無効にしたかを物語る屈辱的な告白である。また、総長補佐たちはルイーズ・ドゥ・リマングの後任がユージェニー・ドゥ・グラモン以外ならだれでもいいと考えているはずだ、とソフィーはセゼール・マチュウにもらした。一方、ドゥ・リマングとガリツィンのほうが、ユージェニー・ドゥ・グラモンとヴァレンヌ通りの修道院よりも、ソフィーと聖心会にとって大きな脅威である、とマチュウは考えた。たしかにヴァレンヌ通りの修道院の改革は必要だが、批判のなかにはたんなる風聞も混じっている、とソフィーに注意している。そしてルイーズ・ドゥ・リマングとエリザベス・ガリツィンへの対応が遅いことで、ソフィーを責めた。マチュウにはなぜソフィーがふたりの辞意を認めるのを引きのばすのか理解できず、行動しなければ主導権を失いかねない、とソフィーに警告している。

落胆してはいけません。……気をたしかにもちなさい。いまこそ、あなたは断固として、すべてを手中に収めねばなりません。それがあなたの義務だ、とさえ言いましょう。さもなくば、すべてが水の泡です。

行動せよとせっついたにもかかわらず、セゼール・マチュウはだれよりもソフィーの苦労がわかっていた。ソフィーは閉じこめられ、情報は無きにひとしく、同僚からもまったく支持は得られなかった。ソフィーが自分の助言に頼っているのもマチュウにはわかっていた。その助言でさえ、アフルが態度を軟化させ、ソフィーにフランス国内の旅を再開する許可を与えるまで、手紙のかたちでしか与えられない。不自由で複雑な状況はソフィーにのしかかった。ソフィーは信頼できる相手と腹を割って話したかった。とくに難問はルイーズ・ドゥ・リマングの扱いだった。ローマではドゥ・リマングがヴィラ・ランテ修道院とサンタ・ルフィーナ修道院に大きな影響力をふるっている。とくに後者の修道院長アデル・レオンはドゥ・リマングの配下にある。彼女たちはひきつづき聖心会からの分離を企てているのだろうか。それにひきかえ、トリニタ修道院のほうは変化していた。修道院長ジョゼフィーヌ・ドゥ・コリオリスは少しずつ地位を奪回し、ソフィーへの忠誠を示した。ソフィーはマチュウに言った。

あなたの助言を待ってから、サンタ・ルフィーナの修道院長［アデル・レオン］に手紙を書きます。あのひとはマザー・ドゥ・リマングに従っています。マザーの言葉をそのまま復唱するほどに。能力が限られていて、ほかの表現を思いつけないのです。それに、なにもかも上長の指導のもとでおこなうのに慣れているのです。これがマザー・ドゥ・リマングをローマにおくことの不利益のひとつです。

当時のルイーズ・ドゥ・リマング、エリザベス・ガリツィン、アデル・レオンのあいだの通信によると、彼女たちがローマの下した判断にいかに深く絶望したかがうかがえる。三人は一八三九年の総会決定がフランスでうけいれられずとも、ローマ、ピエモンテ地方、そしてアメリカの修道院ではひきつづき温存を許されることを期待していた。一八四五年の総会の準備として、一八三九年の総会決定を復活させるための陳情をつづけた。一八四五年までに総会がフランス国外の修道院に支持された嘆願書をまとめ、枢機卿たちの決定を覆す、という計画のためである。これが聖心会の総会の権威を回復する唯一の方法であり、さもないと、将来、総会の決定に異議が唱えられることになる、とアデル・レオンは主張した。

過去にそうしたように、今回もジャン・ロザヴェンは保身に走った。イエズス会総会長ローターンと司教・修道者聖省にたいして自分の信用を落とすのを怖れ、エリザベス・ガリツィンと私信を交わさない、とアデル・レオンに告げた。自分はガリツィンに手紙を書かないので、ガリツィンにこのことを伝えてほしい、とアデル・レオンに言って。そこでレオンはガリツィンに書きおくる。

あのかた［ロザヴェン］はあなたに手紙をお書きになりません。この嘆かわしい状況［一八四三年三月の決定］以来、あなたと音信がない、といつでも正直におっしゃることができるように。あのかたのお立場はつねにもまして微妙です。イエズス会の決定への反対を率直に述べるようにとうながされたそうです［が］、決定を批判する噂があれば、確実に出どころはあのかただと疑われるでしょう。そうなれば、枢機卿たちとイエズス会総会長にたいして、あのかたの評判が著しく悪くなるでしょう。ですから、あのかたはご自分のためにいつも以上に用心するように、とあなたに求めていらっしゃいます。

一八四三年四月初旬、セゼール・マチュウとソフィーは、ソフィーが聖心会に回状を書くときが到来した、と判断した。ソフィーは一八三九年の総会決定の廃止のいきさつを説明し、聖心会に一致と平和を呼びかけねばならなかった。回状の草稿を書き、セゼール・マチュウに写しを送り、意見を求めた。そのなかで、ソフィーは一八三九年以来の聖心会のおもなできごとを概観した。一八四二年に総会を招集しようと自分が試みたこと。一八二七年に署名された規約の背景と、一八三九年の総会決定が前述の規約に違反するとフランス政府が判断したこと。一八三九年の総会決定が採用されれば、すべてのフランスの修道院を廃止すると政府が脅したこと。差し迫った危険を考慮して、自分が教皇に懇願し、教皇が枢機卿の一団にこの問題の検討を命じたこと。一八三九年の総会決定の廃止を枢機卿たちが教皇に勧めたこと。こうして教皇による決定廃止の事情を説明したソフィーは、あらためて聖心会会員に自分への忠誠を呼びかけた。同月、日記に簡潔に記している。

［一八四二年六月のローマ］出発以来、今日、すなわち一八四三年四月にいたるまで、わたしの苦しみを表わそうとすれば、書物一冊分が必要でしょう。

聖心会への回状では、一八三九年以来、自分の身に起こったことにも触れている。

この数か月間のこれらの危機と情勢がもたらした痛みと辛さのことは言いますまい。わたしの魂をひき裂いた残酷な不安も語りますまい。イエスがすべてをご存知です。わたしにはそれで充分です！　聖心会が救われるならば。聖心会のすべての会員が、意見の不一致を忘れ、たがいに傷つけあったことに目をつぶり、神のみ旨を神の代理者［教皇］の決定のうちに認め、たがいに赦しあい、これまで以上に熱意をかたむけて、わたしと心をひとつにして、聖心会内部に隣人愛を、一致を、会憲と修道的完徳への忠誠を固めるために、ともに働くことができるなら、わたしと会員のみなさんが経験せねばならなかった厳しい苦難を主に感謝しましょう。つねに十字架が命の木であることを悟りましょう。そこからすべての善がわたしたちのもとにもたらされるのですから。

ソフィーの聖心会会員への回状はエリザベス・ガリツィンをひどく動揺させた。一八二六年の会憲への回帰を明確に打ちだし、一八二七年の規約についての政府の解釈どおり、総長がパリに居住することを公認したからである。エリザベス・ガリツィンはルイーズ・ドゥ・リマングとジャン・ロザヴェンに手紙をしたためた。ただし、ロザヴェンへの手紙は聖省の一員として送ったのだと断ったうえで、ロザヴェンにはソフィーの回状を保護枢機卿ペディチーニと司教・修道者聖省に知らせるよう頼んでいる。また、三月四日の枢機卿たちの決定についてのソフィーの解釈を論駁してくれるよう頼んだ。ガリツィンの手紙はセゼール・マチュウがリヨンを訪れたときに勘づいたとおり、三月の枢機卿たちの決定の異なった解釈にもとづくもうひとつの計画がローマとリヨンで練られていることをうかがわせる。この解釈は一八三九年の総会決定の試行期間が一八四五年に予定される総会まで有効であるという理解をよりどころにしていた。この解釈が背景にあったため、エリザベス・ガリツィンはソフィーの会員宛ての回状が、アフル大司教と、とくにユージェニー・ドゥ・グラモンからの圧力の証拠であると考えた。

エリザベス・ガリツィンは、たとえ聖心会が一八三九年の総会決定を即座に回復できなくとも、ソフィー・バラの死後は回復できると考えた。そのため、聖心会の公文書庫に総長補佐たち宛ての機密文書を提出してほしい、とペディチーニに求めた。

この文書は、機が熟したときに聖心会を救うためのものです。総長の生前に不可能でも、死後は可能かもしれません。聖心会の安全のためにそなえるのはわたしたちの務めです。現在、あるひとたちが聖心会から奪おうとしている活力と生気を、のちの決定が回復することを確保することで。

ガリツィンはマチュウにも内密の手紙をつづり、ソフィーが聖心会に宛てた回状への失望を表わした。マチュウは即座に返事を送った。マチュウいわく、ガリツィンはローマの決定に誤った解釈を加えているが、枢機卿たちの真意は、聖心会が例外なくレオ一二世に公認された一八二六年の会憲の遵守にたちもどることにある。ジャン・ロザヴェンも公式に同席した聖省会議でこれに同意している。ジャン・ロザヴェン本人もソフィー・バラには当分パリに住む以外の選択肢がないと認めたことに、とくにガリツィンの注意をうながしたい。

ロザヴェン神父はこれが公平な決定である、とわたしにおっしゃいました。［一八二七年］当時、政府はこれを条件に会憲を認可したからです。

また、マチュウはガリツィンにたいして、ソフィーが手紙で聖心会の会員全員にローマの決定の内容を伝えたのは、総長としての当然の権限にもとづく、とソフィーを弁護した。実際、ソフィーはローマの議事にかんする報告の正確さを期して、マチュウに手紙の草案を送っていた。

……ですからあなたの気にいらない点があれば、わたしを責めなさい。ほかのひとを責めるのではなく。……わたしはとても悲しい。あなたのせいで、聖心会の立場、それにフランス教会の立場は深刻な危険にさらされたのです。これほどの混乱から回復するすべは、隣人愛、相互信頼、従順、そして自己犠牲にあります。会員がそれぞれ自分勝手に動き、ほかのひとの動機や行動を探り、疑いつづけるならば、すべては失われます。……聖心会はようやく嵐を抜けだしましたが、わたしたちの頭上ではいまだに雷が鳴っています。時間と隣人愛という癒やしの膏薬がすべての傷を癒やすでしょう。だが、聖心会そのものがおのれの生か死かの判決を決めるのです。みずからをひき裂き、分断するままなら、死ぬでしょう。たがいを支えあい、ひとつになるならば、すべては癒やされるでしょう。

ガリツィンをアメリカに派遣する、というソフィーの計画にマチュウが不安をいだいたのは、ガリツィンからの手紙のせいだった。だが、マチュウはガリツィンの手紙にたいする守秘義務があったため、ソフィーに警告し、助言することしかできなかった。エリザベス・ガリツィンがどれほど枢機卿たちの決定に反対しているかを、ソフィーが知る由もなかった。一方、ルイーズ・ドゥ・リマングが一八三九年の総会決定は廃止されていないという見解を示した、とソフィーがセゼール・マチュウに伝えると、マチュウは率直に自分の意見を述べた。ドゥ・リマングはローマで会員の一致の求心力になりえないため、彼女をローマから配置換えすべきだと。ドゥ・リマングもエリザベス・ガリツィンも総会決定が廃止されていないと主張した。ふたりは一八四五年の総会に希望をつないだ。この数週間のあいだ、セゼール・マチュウさえも聖心会に平和と調和がもたらされることに絶望しかけた。エリザベス・ガリツィンはアメリカに出発する前に、自分の個人的な文書がローマに保存されるように手配した。一八四五年の総会出席のためにヨーロッパにもどった際、使用できるように、という意味がこめられた行為だった。ソフィーの目に触れては困る文書や書類である。聖心会の文書は、一八三九年の第五回総会のために運びこまれて以来、ローマに保管されていた。やがてソフィーがパリへの返却を求めるだろう、とエリザベス・ガリツィンにはわかっていた。

アメリカ出発にそなえ、コンフロンの修練院に滞在中、エリザベス・ガリツィンはフェリシテ・デマルケと一八四五年の次回総会のための計画を練った。エリザベス・ガリツィンはふたたびルイ・バラと連絡をとった。一八四五年には一八三九年の総会決定が完全に導入されることを期待している、とルイはガリツィンの計画を励ました。ローマの枢機卿たちの決定について、ルイ・バラはこう記した。

本件でもっともよかったのは、総会が一八四五年まで延期されたことです。……そのころには……法的な権威にせよ、ガリカニスムの権威にせよ、なにも怖れるものはなくなっているでしょう。……真の聖心会を回復する機会があるでしょう。そのときは決定的に。

ルイはエリザベス・ガリツィンのパリ滞在中に面会することに同意した。とはいえ、場所はコンフロンの修練院以外ありえないと言った。それほどヴァレンヌ通りの修道院を唾棄していたのである。

セゼール・マチュウがにらんだとおり、一八四三年六月、エリザベス・ガリツィンがアメリカに向けて出航したとき、ガリツィンはアメリカの聖心会に一八三九年の総会決定を導入する、という明確な計画を携えていた。ガリツィンはパリのフェリシテ・デマルケ、リヨンのマリー・プレヴォ、ローマのルイーズ・ドゥ・リマングとアデル・レオンと連絡をとりあう予定だった。一八四一年にアメリカで築いた団結は健在で、一八四五年には総会で勢力を発揮できると期待していた。ソフィーはアメリカの修道院の多くがエリザベス・ガリツィンを支持しているのを知っていたが、ガリツィンの影響力の大きさまでは把握していなかった。マリア・カッツとブラン司教にアメリカの修道院内で緊張関係が生じるかもしれないと警告するように、とソフィーはアロイジア・ハーディに託した。このふたりなら信頼できるが、ほかのひとびとはとなると、そうはいかない。

わたしはルイジアナに手紙を書くことができませんでした。かの地の修道院長たちを知らないからです。それに、マダム・ガリツィンが彼女たちにどの程度自分の考えを吹きこんでいるか、見当がつかなかったのです。

ソフィーはエリザベス・ガリツィンの渡米以前にアロイジア・ハーディに手紙を送り、ガリツィンがアメリカにもどる目的は三月のローマの決定を伝達するためだと説明した。ローマの決定に反対がないことを願い、ガリツィンの訪問のようすを知らせるように、とアロイジア・ハーディに頼んでいる。一八四三年六月、ソフィーはアメリカの聖心会に正式の文書をしたため、全会員に一八二六年に公認された聖心会の会憲に従って生活してほしい、と呼びかけた。短い手紙だったが、そのなかでソフィーはエリザベス・ガリツィンが事態の詳細を説明する、と請けあった。むろん、ガリツィンはアメリカの会員に説明を怠らなかった。だが、ソフィーの意向とまったくかけ離れた説明だった。

六月初旬、エリザベス・ガリツィンがアメリカに向けて出発すると、ソフィーはアフル大司教の一時的な好意を利用することにした。ユーラリ・ドゥ・ブショーの病が重く、転地療養が必要だったため、コンフロンの修練院をフェリシテ・デマルケに託した。そしてユーラリ・ドゥ・ブショーをともない、ル・マン、ナント、トゥール、オータンの修道院の訪問にでかけ、七月二四日、ついにブザンソンに到着した。ここでセゼール・マチュウとふたりきりで計画を相談し、聖心会の現状についての自分の認識が正しいかどうかを確認することができた。マチュウはルイーズ・ドゥ・リマングの後任の総長補佐としてアンリエット・コパンを任命するという決定と、モントとリヨンで修道院長たちの会議をおこなうという計画に賛同した。自由に、自信をもって話ができて心底ほっとしたソフィーは、マチュウと計画を詳細に話しあうことができた。そののち、八月九日にブザンソンをあとにしてモントに向けて旅をつづけ、八月一二日に到着した。モントでは、テレーズ・マイユシュー、アンリエット・コパン、そしてアンナ・デュ・ルウジエとじっくりと話した。ソフィーはアンナ・デュ・ルウジエと話し、聖心会についての彼女の見解を聞き、たいへん喜んだ。一八四二年の夏以来、ルイーズ・ドゥ・リマングとエリザベス・ガリツィンは、ローマとピエモンテ地方の聖心会の修道院をフランスの修道院から分離させる計画にデュ・ルウジエを引きこもうと、執拗に働きかけていた。ソフィーはアンナ・デュ・ルウジエが自分に手紙をよこさなくなり、ドゥ・リマングとつねに連絡をとりあっているのに気づいていた。さらにルイーズ・ドゥ・リマングの提案で、アンナ・デュ・ルウジエはジェノヴァ大司教、サルッツォ司教、ピネロル司教、およびシャンベリー大司教に一八三九年の総会決定の支持を要請する手紙を書いていた。

一八四三年三月に枢機卿たちの判断が発表されると、ソフィーはアンナ・デュ・ルウジエに手紙を書き、なぜ交信を絶ったのか、とたずねた。デュ・ルウジエはすぐに返信し、ソフィーがアフル大司教とユージェニー・ドゥ・グラモンに囚われ、自由に行動できないと思いこまされていたからだ、と答えた。ソフィーはこの説明をうけいれた。そしてアンナ・デュ・ルウジエに以前、交信した大司教や司教たちに一八三九年の総会決定を廃止する知らせを伝えてほしいと頼んだ。このいきさつがあったため、一八四三年八月、モントで会ったとき、ソフィーはアンナ・デュ・ルウジエが自分の指導をうけいれているのをみて喜んだ。ソフィーはアンナ・デュ・ルウジエに職責をまかせられること、およびピエモンテ地方と北イタリアの修道院が自分に忠実に従うことを確認できたのである。

モントに三週間滞在したのち、ソフィーはリヨンに向かい、マリー・プレヴォ、アルマンド・ドゥ・コーザンやそのほかの南仏の修道院長たちと会った。気の張る、打ちとけない集いだったが、意外な人物が加勢してくれた。ユーラリ・ドゥ・ブショーが見解を改めたのである。一八三九年以来、ソフィーが闘っていた事態の重大さを、ある程度、把握したのである。ブザンソンの修道院長で最初からソフィーに忠実だった姉妹のエマ・ドゥ・ブショーがユーラリの心変わりにひと役かったにちがいない。モントのアンリエット・コパンもユーラリに影響を与えた。ソフィーとともにリヨンに到着したとき、ユーラリ・ドゥ・ブショーはソフィーを支持して発言する心づもりができていた。ソフィー自身もリヨンの会員たちが自分よりユーラリ・ドゥ・ブショーと自由に意見を交わすのに気づいた。ソフィーはこれをまったく気にしなかった。実際、日記には、自分の訪問は有益だったものの、平和と調和をもたらす過程の第一歩にすぎない、と記している。

リヨン滞在中、ソフィーの手元に、フェリシテ・デマルケからパリに急いでもどるようにうながす手紙が届く。デマルケにとって、ソフィーがいないパリはあまりに大きな重圧だった。ソフィーはしぶしぶ承諾し、アンリエット・コパンがパリを訪れる日を心待ちにして帰途の旅についた。すくなくともアンリエットは「わたしを理解し、支持してくれる」からだ。九月末、ソフィーはパリにもどった。まもなくアフル大司教はソフィーと聖心会への圧力を再開した。大司教はソフィーに長い声明文を送り、自分の権限とソフィーの義務を主張し、この文書をうけとったという文書を送るようにソフィーに求めた。賢明なソフィーは大司教の要求に応じなかった。そっとボーヴェとアミアンの修道院への短い訪問にでかけ、一〇月末にはコンフロンの修練院にもどった。このころ、ソフィーは体力も気力も使いはたし、感染症と戦う抵抗力をなくしていた。風邪をひき、発熱し、一八四三年一一月二日、活動を停止せざるをえなくなった。二か月のあいだ、重い病に倒れ、元気を回復するにはその後三か月もかかった。一八四三年一〇月、ソフィーの手紙の執筆を手伝っていたシャーロット・グールド

(一八〇四—四九)が、イギリスのキャニングトンの修道院の創設に駆りだされたため、ふたたびソフィーには秘書役がいなくなった。一八四一年、ソフィーはエリザベス・ガリツィンのアメリカ訪問中、当時リヨンにいたアデル・カイエを代わりの秘書役として呼びよせたいので承知してほしい、とカイエの上長マリー・プレヴォに頼んだことがある。そのとき、マリー・プレヴォは首を縦にふらなかったが、今回はソフィーが助けなしでは仕事をつづけられないことに気づいた。プレヴォはアデル・カイエの総秘書への任命を提案した。アデル・カイエの就任は重要な抜擢だった。カイエは秘書的な才能に恵まれていたのみならず、一八三九年から五〇年の時期を中心に、聖心会の歴史について綿密な記録や詳細な報告を残したのである。

一八四四年三月、ソフィーがセゼール・マチュウとの交信を再開したとき、聖心会内外でいくつかの重要な変化が起きていた。まず、一八四三年一二月、エリザベス・ガリツィンがセントマイケルズの修道院で思いがけず急死した。ガリツィンは一八四三年六月二〇日にル・アーヴルを出航し、七月二五日にニューヨークに到着した。ニューヨークとマックシェリスタウンで何週間かすごしたのち、北に旅し、カナダ東部のサン゠ジャックに向かった。九月にはニューヨークにもどり、二週間すごしたのち、ミズーリに向けて出発した。冬の到来とともに、ガリツィンは発熱とセントルイスの極寒に悩まされた。再発する発熱に何年か苦しめられていたガリツィンは、温暖な南のセントマイケルズの修道院に行くように勧められた。南部で黄熱病が流行していることを、セントルイスではだれも知らなかったのである。一一月一四日にエリザベス・ガリツィンが到着したとき、すでにセントマイケルズの修道院では黄熱病が蔓延していた。ガリツィンはしばらくのあいだは元気そうで、病人や瀕死のひとびとの看護を手伝った。ところが一二月一日、病に倒れる。病状は急速に悪化した。一二月七日、ガリツィンが回復する見込みはなくなった。このときエリザベス・ガリツィンは四八歳で、生涯の仕事はいまだはたされていなかった。多くの計画をかかえ、多くのなすべきことがあり、黄熱病で命を落とせば、聖心会のための夢の実現に向けて奮闘できなくなる。最期を看とったひとびとは、エリザベス・ガリツィンの苦悶があまりにも壮絶で、枕元にいるのが耐えがたかったという。一二月八日の午後、ガリツィンは苦しみとすさみのうちに亡くなった。

ソフィーは一八四四年一月にエリザベス・ガリツィンの死の知らせを聞いた。生前の意見の食いちがいはともかく、ガリツィンの死が悲劇的だったことはまちがいない。セゼール・マチュウが指摘したように、エリザベス・ガリツィンは生涯、一八四三年三月四日の決定を承諾しなかった、とソフィーはマチュウに書きおくった。ガリツィンの死後、ソフィーは彼女がアメリカで一八三九年の総会決定の遵守を奨励しつづけていたことを知る。ガリツィンはそれらが一八四五年には聖心会で正式に施行され、教会に公認されると確信していたのだ。ソフィーはまだ体力不足で長時間の仕事に耐えられなかったが、アメリカの修道院については個人的に責任を担い、三人のおもだったひとびと、アロイジア・ハーディ、マリア・カッツ、バチルド・サリオンと私信をとおして関係性を築くことにした。彼女たちの忠誠と指導力に確信をもつことができれば、アメリカの修道院が聖心会から分離する危険は弱まる。ソフィーはアロイジア・ハーディに手紙を書き、アメリカの修道院の組織についてのエリザベス・ガリツィンの計画と、ガリツィンがハーディ自身に話した計画の報告を求めた。また、エリザベス・ガリツィンの個人的な書類をパリの自分宛てに送るようにと頼んだ。例外はガリツィンの日記で、これは燃やすように提案した。ソフィーのアロイジア・ハーディへの手紙はぶっきらぼうで直截だった。アロイジア・ハーディとエリザベス・ガリツィン、ルイーズ・ドゥ・リマング、ロール・ダヴィエルノのあいだに交わされた膨大な書簡に面くらったソフィーは、ハーディの自分への忠誠と、アメリカの同僚たちにたいする扱いに疑問をもったのである。一八四〇年に渡米したエリザベス・ガリツィンを歓迎し、あらゆる手助けを惜しまず、ガリツィンを総長代理と考えよ、とそもそもハーディにうながしたのは、ほかならぬソフィー自身だったのだが。いまやソフィーはアロイジア・ハーディを試しつづけた。これにくじけたハーディは、なぜ自分を修道院長の職にとどめるのか、とソフィーにたずねた。ソフィーはこう答えた。

> わたしの批判はむしろ警告なのです。もしあなたを信頼していないなら、解任し、もはやなにも言いません。神の霊は愛する者を懲らしめると言います。ほかのひとたちが口にするあなたの批判をあなたに伝えるとき、おなじ感情がわたしを導くのです。それに、わたしはひとの言うことの四分の一も信じていません。

ソフィーはグラン・コトーの修道院長マリア・カッツにも手紙を送り、エリザベス・ガリツィンについての個人的な回想とともに、アメリカの修道院についてのガリツィンの計画をふりかえってほしいと頼んだ。一八四四年五月、ソフィーはアロイジア・ハーディとマリア・カッツをアメリカの聖心会の責任者に任命し、カッツにはルイジアナとミズーリの修道院、ハーディにはニューヨーク、マックシェリスタウンとサン＝ジャックの修道院をゆだねた。バチルド・サリオンは両地域の会計責任者に任命した。エリザベス・ガリツィンは一八四三年三月のローマの決定を誤解したのだ、とソフィーは三人に説明し、一八三九年の総会決定の写しをすべて燃やすように指示した。厳しい措置だと自認していたが、なんとしても聖心会内部の対立に終止符を打ちたかった。自分もいくつかの総会決定事項を保持しようと試みたが、聖心会の派閥のせいで、自分の努力をもってしても例外は認められなかったことも説明した。最後に、修道院と学校の業務の解決法について三人が会議を開くことを指示した。

ソフィーがアメリカの聖心会に自分の権威を知らしめていたころ、ジョゼフィーヌ・ドゥ・コリオリスから数通の手紙をうけとった。ドゥ・コリオリスはローマにおける聖心会の現状を報告した。ヴィラ・ランテ修道院とトリニタ修道院のあいだの古くからの緊張関係は、ますます険悪になっていた。ことにジョゼフィーヌ・ドゥ・コリオリスとルイーズ・ドゥ・リマングの対立がそれに拍車をかけた。ジョゼフィーヌ・ドゥ・コリオリスは聖心会に残ることを決心し、一八三八年に脱会しようと考えたのはまちがいだった、とソフィーに認めた。ドゥ・コリオリスは聖心会が一八二六年の会憲の遵守にもどるべしとする一八四三年の枢機卿たちの決定をうけいれたのである。一方、ルイーズ・ドゥ・リマングは一八三九年の総会決定が廃止されていないと主張しつづけた。一八四四年二月、ジョゼフィーヌ・ドゥ・コリオリスはローマにおける聖心会の批判についてソフィーにつづった。ルイーズ・ドゥ・リマングの親友のボルゲーゼ公妃〔ヴィラ・ランテはボルゲーゼ家の所有だった〕が、聖心会を、とくにソフィー・バラ本人を公の場で糾弾したのだ。

おもにあなた〔ソフィー・バラ〕についての批判でした。……あなたが槍玉にあげられ、本件ではゆゆしき意志薄弱さを露呈した、などと言われました。……あなたが聖心会を排他的でフランス的なものにしたと。……それからあのかたは余談としてつぎのような文言を挿入されました。「わたしはマダム・ドゥ・リマングに全幅の信頼をよせています。あのかたはわたしの友人です。総長様はフランスの総長ですが、マダム・ドゥ・リマングこそイタリアの聖心会総長です、などなど」。きっとジャン・ロザヴェン神父が公妃にわたしたちの事情をお話しになったのではないかと、わたしはにらんでいます。……遅かれ早かれ、聖心会は〔トリニタとロレートをのぞき〕イタリアの修道院を失ってしまうのではないかと怖れます。

ボルゲーゼ公妃は教皇権至上主義者で、フランスのラコルデールとマダム・スウェチーヌ（ソフィア・ペトロヴナ・スヴェトチナ。ローマ・カトリックに改宗したロシアの神秘家で、パリのサロンで名をなした）と親しかった。ソフィー・バラには友好的で、頻繁なフランス訪問の折に、パリのソフィーからローマへの手紙を運んでいたが、ソフィーがガリカニスムに加担しているという勘違いから批判したのである。ローマの聖心会内部の不和は新聞にも書きたてられ、ジョゼフィーヌ・ドゥ・コリオリスはパッカ枢機卿に反論するように求められた。ボルゲーゼ公妃はローマの公の席で聖心会を批判し、ルイーズ・ドゥ・リマングへの肩入れを宣言した。ルイーズ・ドゥ・リマングとジョゼフィーヌ・ドゥ・コリオリスの、すなわちヴィラ・ランテ修道院とトリニタ修道院の不仲は、それぞれの修道院に帰属する修練院のあいだの緊張関係にも反映された。当時、トリニタ修練院の一員で、聖心会への入会を検討していたアメリカ人コーネリア・コノリーは、この緊張関係を生々しく体験することになる。

コーネリア・コノリー（一八〇九―七九）はもともと夫ピアスと家族とともに、グラン・コトーの修道院の所有地に住んでいた。ピアス・コノリーはカトリック教会の司祭職への召命を感じ、コーネリアに結婚生活と子どもたちの世話に終止符を打ってもよいかともちかけた。コーネリアは同意し、夫妻がローマに行き、グレゴリオ一六世に相談すると、結婚の無効を与えられた。ピアスはイエズス会士になることを望み、はじめコーネリアはピアスの提案で聖心会会員になることを検討した。一八四三年の冬、ふたりは子どもたちをともない、ローマにやってきた。数か月間、ジャン・ロザヴェンの指導をうけたのち、一八四四年四月九日、コーネリアは修道女志願者としてトリニタ修練院に入った。コノリー夫妻の友人だったボルゲーゼ公妃は、ヴィラ・ランテ修道院のルイーズ・ドゥ・リマングを訪れ、ヴィラ・ランテで修練期をすごす可能性を相談してはどうか、とコーネリアに勧めた。コーネリアはドゥ・リマングと面会したものの、深い印象をうけず、そのままトリニタ修練院にとどまることにした。だが、トリニタ修道院とヴィラ・ランテ修道院の分裂はあまりに激しく、ローマの聖心会の霊性はあまりに厳格で魅力に欠けていた。数か月後、コーネリアは聖心会への入会を断念し、ほかの道を選んだ。

ソフィーはジョゼフィーヌ・ドゥ・コリオリスの手紙に心配をつのらせ、ローマに行かねばならない、とセゼール・マチュウに話した。（娘が聖心会会員である）ブートゥリーヌ公妃がローマの聖心会と、とりわけソフィー自身への批判を公言してはばからないことも耳にしていた。ソフィーは聖心会の内部事情がローマの新聞に報道されることを懸念した。聖心会の内部構成の変更の必要性が取り沙汰されることは、すなわち一八四三年三月の教皇と枢機卿たちの決定への婉曲な批判なのである。一八四二年七月以来、ソフィー・バラとルイーズ・ドゥ・リマングのあいだの関係は悪化しており、一八四二年一〇月から四三年一月、および四三年九月から四四年五月のふたりの往復書簡のほとんどが失われているのは偶然ではない。一八四三年一月には、ふたりのあいだに深い溝が横たわっていた。ソフィーはこのとき、自分がパリの聖心会の深刻な状況を説明しようと心を砕いたにもかかわらず、友人と恃んだドゥ・リマングがとった立場への失望を表わし、考えを変えなければどうなるかをドゥ・リマングに警告した。

かならずや聖心会の崩壊につながります。……分裂は避けがたく、対立するふたつの派閥は、片方の翼しかない二羽の鳥のようになります。それぞれ機能しつづけることはできても、たどたどしく、ばらばらな動きとなるでしょう。……わたしは決意を固めました。わたしたちを脅かす崩壊を防ぐべく、できるあいだはひとりで奮闘します。

一か月後、セゼール・マチュウがローマを訪れ、ヴィラ・ランテ修道院でルイーズ・ドゥ・リマングに会ったのをうけて、ソフィーはドゥ・リマングに手紙を書き、自分の苦痛と友の裏切りに感じる失望をつつみ隠さず述べた。

真の友たる主ほど、わたしの苦悩を理解していらっしゃる方はいません。襲いくる艱難辛苦だけでなく、言いだしたのがだれかを知って感じたわたしの苦悩を。……わたしの心は苦しんでいます。誤解され、わたしの分身と恃んだ友人に、説明も事実の確認もなく見捨てられたのです。彼女たちはすくなくとも信頼のかけらぐらいは返すべきだったわたしではなく、それ以外のすべてのひとを信じたのです。ですが、なにもかも神のみ心のままにおまかせしましょう。神がこれらのできごとを許されたのですから。いつの日か、神の目的はわたしたちにもあきらかになるでしょう。

一八四三年六月、ソフィーはルイーズ・ドゥ・リマングの辞表をうけとる覚悟ができた。辞任がドゥ・リマングにローマで一八三九年の総会決定の維持のために働き、一八四五年の総会に向けて戦略を練る自由をもたらすことも承知のうえで。一八四四年五月、画家ポーリーヌ・ペルドロゥがローマを訪問すると聞き、ソフィーは彼女にルイーズ・ドゥ・リマングへの贈物を託した。ドゥ・リマングへの手紙のなかで、ソフィーはドゥ・リマングに自分の行動と、なぜボルゲーゼ公妃が聖心会の内部情報に精通しているのかにかんする説明を求めた。ルイーズ・ドゥ・リマングは聖心会の内部事情についてボルゲーゼ公妃に話したことはないと主張した。ドゥ・リマングいわく、きっと公妃はコーネリア・コノリーからトリニタ修道院での生活を耳にしたのだろう。パリの情報源やラコルデールとマダム・スウェチーヌの影響で、フランスの聖心会の修道院、とくにヴァレンヌ通りに批判的になったのだろう。自分は公妃に聖心会のことを話さないようにつとめたが、公妃の追求から逃れるのは容易ではなかったと。

この手紙をうけとったソフィーは、なんとしてもみずからローマに行かねばならないことを確信した。ローマにおけるトリニタとヴィラ・ランテの両修道院間の分裂に終止符を打ち、ルイーズ・ドゥ・リマングに一八三九年の総会決定の廃止を認めさせねばならない。一八四三年一二月にエリザベス・ガリツィンが亡くなると、ルイーズ・ドゥ・リマングは一八三九年の総会決定の温存のためにともに働いた盟友を失った。ドゥ・リマングはエリザベス・ガリツィンの生涯が聖心会会員にどのように伝えられるか、ガリツィンの晩年にはたした自分とロザヴェンの役割がどのように語られるかを気にしていた。追悼文ではガリツィンの自分への個人的な敵対や一八四三年の教皇決定への反対について触れない、とソフィーはドゥ・リマングを安心させた。読む者に配慮して、ガリツィンの痛ましい死の描写はやや緩和された。また、ソフィーはアメリカではエリザベス・ガリツィンの記憶が尊重されるだろう、とドゥ・リマングを慰めた。

ソフィーのローマ訪問は、聖心会内部の分裂を解決することが唯一の目的ではなかった。一八四三年三月の決定によると、一八四五年に次回総会が予定されている。ソフィーは公になにも発表していなかったが、四五年の総会招集は不可能であると考えていた。聖心会のあらゆる場所で、分裂の傷はいまだ癒えていない。加えて、アフル大司教は聖心会への自分の権限を執拗に主張している。それは、一八四二年にリヨンで開催予定だった総会が中止された理由でもあった。ソフィーが総会をローマで開催すれば、アフルは彼女を告発し、フランス政府はただちに聖心会を解散させるだろう。一方、総会をパリで開催すれば、フランス国外の修道院が分離し、フランス国内のいくつかの修道院も分離に加わるかもしれない。同時に、より大きな土俵上で、教皇権至上主義とガリカニスムのあいだの緊張関係はつづいていた。ソフィーはパリでもローマでも足元をすくわれぬよう、注意せねばならなかった。こうした理由のため、ソフィーは教皇グレゴリオ一六世とランブルスキーニに自分の窮地を相談しようと考えたのである。ランブルスキーニは一八四四年一月のペディチーニの死後、聖心会の保護枢機卿に任命されたばかりだった。しかし、ローマへの旅を計画する前に、ソフィーは英仏海峡をわたり、イギリスの新しい修道院を訪問することにした。

第二一章　みずからの修道院で　一八四四―四九年

一八四三年の秋、クリフォード卿がイギリスの第二の修道院をキャニングトンに設立するように、とソフィーに依頼した。人材にも財政にも過度な負担がかかるため、ソフィーは躊躇したが、不本意ながらクリフォード卿とイギリスの使徒座代理司教の説得に応じた。数か月後、ふたつの修道院は維持できないことを知り、一八四四年六月、みずからイギリスを訪れ、ふたつの修道院を訪問したうえで、どちらを閉鎖するかを決断することにした。イギリスでひと月すごし、かの地でキャニングトンの修道院の閉鎖を決定した。パリでは自分の健康と危険の多い船旅に不吉な予感をいだいていたのだが、航海中は具合がよく、旅にでかけて転地したことで気分も明るくなった。七月と八月初旬にソフィーはリール、ジェット、アミアンの修道院を訪問した。八月中旬にパリにもどると転倒して右腕に怪我を負い、しばらく働くことができなかった。そのため、ローマへの出発が遅れ、一〇月下旬になってようやく旅立った。

今回はマリー・パットと総秘書のアデル・カイエにともなわれていた。ブールジュに向かい、そこでソフィーはジャック・デュ・ポン（在職一八四二―五九）司教と当地に修道院を設立する可能性を相談した。つぎにオータンに向かい、ラ・フェランディエールの修道院に到着するが、そこでソフィーはひどい風邪をひき、一一月をまるまる療養についやした。一二月初旬、一行は旅をつづけ、アノネー、アヴィニヨン、エクス＝アン＝プロヴァンスの修道院を訪問した。ソフィーの誕生日に当たる一二月一二日、アヴィニヨンとエクスのあいだを旅している道中、天候が悪化した。雪が降りしきりミストラルが吹きあれ、旅は困難になった。エクスに到着すると、馬車の御者は修道院の住所がわからず、かなり離れた場所でソフィーを下ろした。雪のなかを歩いたことでソフィーの万全とはいえない体調が変調をきたし、ふたたびひどい風邪を患った。

一か月後、一八四五年一月一三日、ソフィーは旅をつづけられるまでに回復し、マルセイユのふたつの修道院を訪問した。当地でソフィーは聖心会に短い手紙を書き、自分の旅程の概要を記し、年次書簡やカタログ（聖心会の修道院と修道院会員の一覧表）のための正確な報告を求めた。通常の業務が再開したことを示す証である。マルセイユからソフィーは甥スタニスラスに兄ルイ・バラの容態をたずねた。ルイの健康状態は急速に悪化していた。パリを発つとき、ソフィーはルイの死期が迫っており、もはや会えないのではないかと感じていた。スタニスラスから旅先でうけとるルイの容態の知らせは、ソフィーに自分の予感が正しいことを確信させた。一八四五年一月一七日、ローマに向けて出航、途中、ジェノヴァで最近アンナ・デュ・ルウジエとアルマンド・ドゥ・コーザンが設立してまもない修道院を訪問した。一月二三日の朝、ソフィーを乗せた船はチヴィタ＝ヴェッキアに入港した。同日の夜、ソフィーはヴィラ・ランテ修道院に到着し、ルイーズ・ドゥ・リマングに迎えられた。ふたりの話しあいはぎこちなく、不首尾に終わった。一八三九年の総会決定の撤廃についても、ローマの聖心会修道院間の緊張関係についても、同意に達しなかった。ソフィーのローマ滞在中、アロイジア・ハーディはソフィーにエリザベス・ガリツィンの手紙や書類を届けた。これらの書類に目をとおしたソフィーは、とくに一八四一年から四三年のあいだのエリザベス・ガリツィン、アロイジア・ハーディ、ルイーズ・ドゥ・リマング、そしてロール・ダヴィエルノが交わした往復書簡について、これまで自分が知っていたことを再確認した。そこで、ヴィラ・ランテの修道院長補佐ロール・ダヴィエルノとの文通を止めるように、とハーディに書きおくった。ダヴィエルノが頑として一八四三年三月の決定を認めないからだ。その一方で、ソフィーはハーディにはときおりルイーズ・ドゥ・リマングに手紙を送ることを許した。ドゥ・リマングは、なにも悪いことはしていない、自分は「雪のように白い」と主張していた。ルイーズ・ドゥ・リマングの無分別はエリザベス・ガリツィンの影響なのだと、ソフィーはハーディに述べた。

もめごとの煽動者だったエリザベス・ガリツィンに影響され、導かれるのを是としたあのひとは、まちがっていました。ガリツィンはいまや天国にいます。これ以上なにも言いますまい。彼女もよかれと思ってやったことですから。

その年のローマの冬は寒さが厳しく、ソフィーはふたたび病に倒れ、数週間、寝たきりになった。この五年間に強いられた緊張と不安がたたり、以後、まれな例外をのぞき、ソフィーは生涯、毎年一一月から二月、三月まで病に臥すことになる。一八四五年初頭、セゼール・マチュウに打ちあけている。「わたしは年をとりました。少しでも疲れると、つぎからつぎへと病気にかかります」

ローマの冬の数か月間、ソフィーは病気だったが、彼女がローマにいるという事実が当地の三つの修道院に平和と安定をもたらした。ソフィーはローマでの歓迎ぶりをセゼール・マチュウにしたためた。ランブルスキーニはソフィーを温かく歓迎し、ヴィラ・ランテ修道院で療養中のソフィーを見舞い、春になって彼女がトリニタ修道院に移ってからも何度も訪れた。一般にローマのほとんどの聖職者は友好的だったが、司教・聖職者聖省の一員のある枢機卿だけはよそよそしく冷淡だった。ソフィーはその原因が自分のパリ居住とガリカニスム支持の疑いだとわかっていた。体力を回復すると、ランブルスキーニと正式の面会をくり返し、聖心会内部の事情と、アフル大司教とのあいだにつづいている困難について説明した。ランブルスキーニはソフィーがその年に総会を開催できないことを即座に理解し、翌四六年まで待ってから決断するように、とソフィーに助言した。ソフィーが毎年自分の見解をランブルスキーニに書きおくり、それをもとに決定を下すことにふたりは同意した。結局、アフル大司教の態度と一八四八年の革命を頂点とするヨーロッパの不安定な政情ゆえに、聖心会の次回総会は一八五一年まで延期されることになる。その間、ソフィーは一八二六年に公認された会憲に従って聖心会を導いた。また、一八四三年三月に与えられた権限にもとづき、ソフィーの代理の総長補佐またはソフィーに任命された個人が聖心会の修道院を公式に訪問することも可能になった。

次回総会の開催を待てない案件がひとつあった。ランブルスキーニは、ソフィーが聖心会内の分裂の根源であるヴァレンヌ通りの修道院をめぐる論争に対処するべきだと主張した。ソフィーはこれを予測し、戦略を提案した。まず、自分が修道院の公式訪問をおこなう。つぎに総長かつ院長としてヴァレンヌ通りの修道院に居を構える。こうすればユージェニー・ドゥ・グラモンは修道院長でなくなる。ランブルスキーニもソフィーも、ヴァレンヌ通りの修道院の状況が一八三九年の総会決定をめぐる聖心会の二極化の主たる原因であると判断した。ヴァレンヌ通りの修道院の改革が徹底的であればあるほど、聖心会内外の批判は絶えるはずだ。一八四三年三月の枢機卿たちの決定は、ユージェニーとヴァレンヌ通りの修道院の会員に予期され、歓迎された。その時点で、彼らはすべてが正常にもどったと理解していた。だが、ソフィーは修道院と学校の改革の旗頭になろうとした。ところが学校の経営について正そうとすると、ユージェニー・ドゥ・グラモンだけでなく校長エメ・ダヴナスにも阻まれた。当時ヴァレンヌ通りの修道院にいたヴィルジニー・ルウは、ユージェニー・ドゥ・グラモンとエメ・ダヴナスが公の面前でソフィーに失礼な態度をとった気まずい集会のことを覚えていた。ソフィーは自分への無礼に反応せず、聖パウロの隣人愛の行使についての言葉は、じつは「社会で礼儀正しさあるいは細やかな配慮と呼ばれるものにほかなりません」と修道院の会員一般に述べたという。エメ・ダヴナスが公の席で無作法にふるまってソフィーへの苛立ちを表現したのにひきかえ、ユージェニー・ドゥ・グラモンは皮肉を用いることが多かった。ヴィルジニー・ルウによると、ある集会のとき、ソフィーは聖心会会員には学問よりも霊的な深みのある修道女を求めると述べた。

あるとき、あのかたは自分の大きな望みは、わたしたちが内的深みのある生活を送るのをみることだとおっしゃいました。そのことに多くの期待をかけていらっしゃるとも。……するとマザー・ドゥ・グラモンは皮肉たっぷりな口調で答えました。「では、学識ある修道女なしで、聖心会をどうなさるおつもりですか？」。わたしたちのマザー［ソフィー・バラ］はとてもやさしくお答えになりました。「学識ある修道女が必要ないと言いたかったのではありません。神と一致している者だけが、人間の魂のなかで神の仕事ができる、と言いたいのです。これはとくに修道院では真実です。そこでなされる仕事は、学識あるひとではなく、深い内的生活を送る魂によってなされるのです」

ヴィルジニー・ルウのような修道院の会員たちは、修道院内の何人かがソフィーにいだく敵意に気づいていた。一八四一年にローマからもどったとき、ソフィーを迎えたのは冷淡さと拒絶だった。一八四二年一一月にも同様の反応がおき、一八四三年三月の一八三九年の総会決定の廃止にもかかわらず、その後も事態は変わらなかった。ドゥ・クラン大司教の死がヴァレンヌ通りの修道院の世俗的な生活習慣に終止符を打ったわけではなかった。ユージェニー・ドゥ・グラモンが設立した結婚斡旋所はいまだに健在だった。エメ・ダヴナスは匿名ながら、パリの新聞に定期的に記事を書いていた。学校付司祭たちはつねに生徒たちとともに学校ですごし、これがパリで世間の非難や噂を招いていた。学校は世間の注目を集め、その華やかさや裕福さが評判になり、パリの名士たちとの親密な交流があった。かつてセゼール・マチュウは、聖心会のもっとも深刻な問題はエリザベス・ガリツィンとルイーズ・ドゥ・リマングに率いられた派閥に対処することだ、とソフィーに主張したが、ヴァレンヌ通りの修道院の状況もまた深刻で、みずから対処せねばならない、とソフィーは承知していた。目前の道は険しかったが、いまこそヴァレンヌ通りの修道院を改革するときがきた、というランブルスキーニの提案に同意したのはそのためである。

　そこでソフィーは今回のローマ滞在中に、変革にそなえるようにとユージェニー・ドゥ・グラモンに働きかけた。ユージェニーへの手紙をしたため、こう伝えた。ヴァレンヌ通りの学校の学校長の職からエメ・ダヴナスを解任するときがきた。ダヴナスには才能はあるが、学校の運営には不適任で、修道院の会員にも生徒の両親にも人望がない。学校と聖心会の評判を落としている。才能ある執筆者で学校のための有益な教科書をすでに数冊出版しているダヴナスには、教科書の執筆の仕事を与えてはどうか。さらに、ソフィーはこれが構想している変革の第一歩にすぎないこともユージェニーに警告した。ランブルスキーニと二度にわたって聖心会の事情について長時間の相談をもったことも述べ、ランブルスキーニの発言を引用し、自分の意見をカッコ内に示した。

　フランスから訪れた、地位も高潔さも尊敬すべきひとびとは（……おそらく聖職者ですが、なかには一般信徒もいたようです）、わたしがあなたの聖心会の保護枢機卿だとわかると、ヴァレンヌ通りの修道院における目にあまる悪習のことを忠告してくれました。ご存知ですか？

まず、修道女たちがかかわっている結婚のことです。若いひとたちやその婚約者を招きいれ、修道女たちが若い男女の付き添い役をするそうです。噂が広がり、世間を憤慨させているそうです！（批判というのは誇張されがちです）

つぎに、ヴァレンヌ通りの修道院のある修道女〔エメ・ダヴナス〕は、修道生活の精神も徳もないが、修道院長に全面的に信頼され、大きな害をなしています。作家です。新聞に記事を書いています。ひとことでいえば、啓蒙哲学者（フィロソフ）です。イギリスに送られたとき、批判の的になりました、などなど（これはあまりに手厳しいと思います）。

　ソフィーはランブルスキーニの情報に自分の意見を添え、パリの学校での実例をユージェニーに想起させようとした。パリのサロンだけでなく、さらに広範囲に社会で噂の種になった例である。とくにヴァレンヌ通りの学校の寄宿生に拒絶された若い求婚者の事件は、当時、辛辣な批判を浴びた。ソフィーはどこにいっても批判を耳にすると述べた。

どの町に行っても、どの手紙をうけとっても、かならずこの修道院［ヴァレンヌ通り］についての苦情を聞きます。寄宿学校のことですが。信用のおけるある司祭が、聖心会の会員に言ったそうです。召命を感じているヴァレンヌ通りの学校の何人もの生徒は、ヴァレンヌ通りの修道院に入りたくないと言っていると。修道院内に一致の精神がまったく認められず、修道女たちはあまりにも霊性に欠け、あまりにも軽薄だというのです。残念なことに、これはまがうことなき真実です。

これはいまに始まったことではなかった。何年にもわたってソフィーは、いたるところで耳にするヴァレンヌ通りの修道院についての苦情を、口頭でも文面でもユージェニーに伝えていた。それでもユージェニーはなにも改めず、今回も改める気配を感じさせなかった。実際、一八四五年九月下旬にソフィーがコンフロンの修練院にもどると、ヴァレンヌ通りの修道院でユージェニー・ドゥ・グラモンがとりもった男女の結婚式が、学校の聖堂であげられたことを耳にする。ソフィーはもはやこれ以上の無礼や自分の権威への侮辱を許さず、ついに改革に打ってでる決意を固くした。加えて、ランブルスキーニとの会話をとおして、一五年間にわたる批判に対処せねばならないことが明確になったのである。聖心会の総長が自分であることを示すためだけでも、改革の意味はある。

ソフィーは六月上旬にローマを発った。ローマでは教皇グレゴリオ一六世に二回謁見した。教皇は出発を数日後にひかえるソフィーをヴィラ・ランテ修道院に訪ね、無事を祈り、贈物をわたした。ソフィーはアデル・カイエ、マリー・パット、そして修練女ポーリーヌ・ペルドロゥと旅した。サン・エルピディオとロレートまではルイーズ・ドゥ・リマングも同行した。その後、ソフィー一行は北に旅をつづけ、パルマとトリノの修道院を訪れた。旅行中、ソフィーはあきらかにくつろいでおり、四人は御者のジョルジオとともに毎日、旅程を計画し、楽しいときをすごした。トリノの修道院に着くと、ソフィーはアンナ・デュ・ルウジエからルイ・バラが一八四五年六月二一日に亡くなったと聞かされる。最後の六か月間、ルイはひどい水腫に悩まされていた。脚がむくみ、日夜、肘掛け椅子に座ったままだった。そのため、ソフィーは兄の苦しみが終わったことに安堵した。そして一日中、ひとりきりで静かにすごし、兄の死をうけいれたいと述べた。おそらくまずジョアニー、ついでパリでの兄との生活をふりかえったのだろう。ルイが修道院を支え、修道院のために論文や歌を書いた聖心会創立当初に思いをはせただろう。ソフィーはルイがヴァレンヌ通りの修道院をこころよく思っていなかったことを知っていた。ルイは聖心会内の教皇権至上主義派を励ましていた。エリザベス・ガリツィンとルイーズ・ドゥ・リマングのルイへの手紙について、ソフィーはどれくらい知っていたのか？　生涯でもっとも困難なときに、ルイに裏切られたと思ったのか？　ソフィーの感慨を知る由もない。ルイの死から六年後、スタニスラスは伯父の伝記を書こうと思いたち、イエズス会から情報を収集してほしい、と叔母ソフィーに頼んだ。ソフィーは断った。ルイは深い霊性をうかがわせる文章を書いたが、説教の話しぶりはよくなく、思考の道筋がわかりにくかった。そのうえ、たいていは告解室で世間から隠れた生涯を送ったのだ、と言って。

一日、ひとりですごしてから、ソフィーはトリノの修道院の訪問をつづけ、ジェノヴァ、マルセイユ、エクス＝アン＝プロヴァンス、モンペリエ、およびリヨンへと旅をつづけた。しばらくリヨンの修道院ですごしてから、パリへの帰途の旅の最後に、ブザンソン、モント、キーンツハイム、ナンシー、メッツの修道院を訪れ、一八四五年九月一七日にコンフロンの修練院に到着した。ローマ滞在と道中の聖心会修道院の訪問に満足したソフィーは、さっそくヴァレンヌ通りの修道院の改革にのりだした。これは困難だった。ソフィーへの二通の手紙で、ユージェニー・ドゥ・グラモンは自分の領分を侵された場合は抵抗する、と告げていた。これにたいして、学校と修道院を改革するささやかな変更にさえなぜ憤慨するのか、とソフィーはたずねた。長年、いや、あまりに長いあいだ、ヴァレンヌ通りの修道院でユージェニーを忠実に支えつづけたことも述べた。

> いくつかの問題をあなたと相談するのがむずかしいのはおわかりですね。そのひとつが助修女の問題です。……わたしはヴァレンヌ通りの修道院の入会や寄宿学校の経営の悪習に耐えてきました。あなたに充分お話しましたね！……あなたとともに調和のうちに働き、イエスの聖心（みこころ）があなたに与えられた仕事を完成させるために、ともに仕事を進められれば、どんなにかしあわせでしょう。……なぜ、ともに「批判の」理由をとりさり、世間の評判を回復できないのでしょう？　それをなしとげるためには、わたしがあなたをヴァレンヌ通りの修道院長から解任するのではなく、わたしたちが一致の絆を強めねばなりません。……あなたを解任しなければならないとすれば、これほど辛いことはありません。信じてください。もしそうなれば、わたしの意向ではなく義務のためにするのです！　ですが、いまだに、あなたが認めようとしない確かな筋からの報告や、あなたが改めようとしない悪習があります。……改善しなければ、あなたの修道院は完全に崩壊します。そうなれば、長年そこで働いてきたあなたにとって、そしてわたしにとっても、なんという悲しみでしょう。
> 美しい天候です。わたしたちに会いに来ませんか？

ユージェニーは誘いに応じず、コンフロンの修練院のソフィーのもとを訪れなかった。これは彼女がしばしばソフィーにたいして用いる手段だった。一か月後の一八四五年一二月、ソフィーはランブルスキーニに手紙を書き、聖心会全体と、とくにヴァレンヌ通りの修道院のことを報告し、依然としてユージェニー・ドゥ・グラモンを動かすことはできないが、さらに悪い結果を招かない方法で事態に対処していると説明した。だが、ソフィーはランブルスキーニに、ユージェニー・ドゥ・グラモンとの対決や彼女からの非難の手紙については黙っていた。また、学校付司祭の件をめぐる学校の問題についても詳細を説明しなかった。アフル大司教は相変わらず学校や修道会でイエズス会士が学校付司祭や霊的な役割をはたすことを禁止していた。ソフィーの見解では、アフルがヴァレンヌ通りの修道院やコンフロンの修練院に任命する教区司祭は不適任だった。ヴァレンヌ通りの学校で学校付司祭をつとめ、修練女たちの司牧にあたるのは、教区の仕事とまったく異なる、とソフィーは大司教に指摘した。アフルは自分が任命した司祭たちに問題があることを認めたものの、態度は変えなかった。ある学校付司祭をヴァレンヌ通りの学校から解任してほしいとふたたび求めると、アフルは案の定、激昂し、ソフィーとの面会で怒りをあらわにした。

この時期、ユージェニー・ドゥ・グラモンとアフル大司教のあいだでも、学校付司祭の件で、大量の、そしてしばしば闘争的な書簡が交わされていた。一八四〇年にアフルが任命される以前は、ユージェニー・ドゥ・グラモンがヴァレンヌ通りの学校付司祭として任命を望む司祭の名前をあげ、ドゥ・クラン大司教がその人物を任命していた。ソフィー同様、ユージェニーもせめて黙想や特別な祝日だけでもイエズス会士を任命してほしい、とアフル大司教に申し入れては断られていた。ソフィーと大司教の緊張関係の原因はもうひとつあった。一八四六年三月、聖心会の修道院にたいして司教座聖堂参事会員による視察をおこなう、とアフルが提案したのだ。ソフィーはこれを拒み、パリとコンフロンの修道院の聖職者上長に任命されたゴーム神父に視察をしないでほしいと頼んだ。アフル大司教は例によって激怒し、ゴーム神父に視察を実行するように命令した。ソフィーにできるのは、視察がヴァレンヌ通りの修道院についての噂を解消する一助になるのを願うことだけだった。

一八四六年初頭、ソフィーは自分が四五年のクリスマス以前に送った手紙へのランブルスキーニからの返信をうけとった。ランブルスキーニは四五年一二月付のソフィーの手紙に愕然としたという。ユージェニー・ドゥ・グラモンとヴァレンヌ通りの修道院における彼女の指導にいまだに対処していない、とソフィーが告げたからだ。ランブルスキーニの返信は、ローマで相談した計画を遂行せよ、と単刀直入に要求した。しかし、変革へのユージェニーからの徹底的な抵抗に加えて、学校付司祭の問題もあったため、ソフィーは一八四五年一〇月の面会以来、彼女にその話題をもちだしていなかった。そのうえ、クリスマスすぎにソフィーはふたたび病に倒れ、六週間のあいだ床についた。体力を回復すると、ランブルスキーニにゆきづまった状況を説明し、これ以上のことはできないと述べた。ランブルスキーニはすぐに答えた。自分はソフィーを変わらず個人的に尊敬しているし、ソフィーが直面している困難を過小評価してはいないと。実際、一八三〇年にパリを発ったとき、ドゥ・クランへの手紙でユージェニー・ドゥ・グラモンのことを気にかけてほしいと頼んだのは、ほかならぬ自分だということをランブルスキーニは忘れていなかった。当時、彼はこう書いていた。

あのひと［ユージェニー・ドゥ・グラモン］は尊敬すべき人物で、胸を張ってご推薦します。神に親しい魂で、むずかしい立場にありますので、聖なる司牧者の堅実な助言と実際的な指導を必要としています。

その意味では、ランブルスキーニ自身も現状の責任の一端を担っていた。また、ランブルスキーニは自分と教皇グレゴリオ一六世がいかにドゥ・クラン大司教に手こずったかも覚えていた。ソフィーは古くからの問題の最終段階に対処していたのである。ランブルスキーニの手紙は七月初旬にコンフロンの修練院に届き、ソフィーはつぎのメモを添え、その手紙をすぐにヴァレンヌ通りの修道院に転送した。

今朝、あなたに手紙を書きましたが、……それを読んで動揺するのではないかと思います。ですが、わたしがそうする理由をわかってください。あなたを深く、心から敬愛する母［であるわたし］といっしょに住むことを、それほど辛いことだとは思わないでください。枢機卿からのあの気がかりな手紙をうけとったら、ひとこと知らせてください。手紙を送りかえしてもらってもかまいません。だれにもその存在がわからないように、燃やしてしまいたいのです。

ユージェニーからすぐに返事が届く。彼女はランブルスキーニとソフィーの手紙に動揺していた。手紙に述べられた中傷に愕然として、ヴァレンヌ通りの修道院から完全に去ると言ってソフィーを脅した。批判はむろん誇張だが、まったく事実無根ではない、とソフィーは念をおした。また、自分がヴァレンヌ通りの修道院に住むこと、およびエメ・ダヴナスの後任としてエマ・ドゥ・ブショーを校長に任命することをふたたび知らせた。つづく数週間のあいだ、ソフィーとユージェニーの関係は緊迫していた。自分を信頼してほしい。その必要がなかったならヴァレンヌ通りの修道院の変革を求めなかったことをわかってほしい。ソフィーは何度もそうユージェニーにつづった。また、ふたりの関係がほかのひとの目には不可解に映っていたことも指摘した。

長年、わたしたちに向かってくすぶる嫉妬のようなものに気づいていました。わたしはとくになにもしませんでした。漠然とした批判で、なにかが特定されていたわけではなかったからです。ところが、この二、三年は、むろん誇張されてですが、事実があげられています。そしてひとびとはそれを信じ、真にうけています。わたしたちの評判はおとしめられています。諦めて耐えねばならない試練ですが、批判の口実をとりのぞく努力をせねばなりません。……ああ！　耳にすることに、そしてなによりもあなた自身の嘆きに、わたしがどれほど心を痛めているか、あなたは知りますまい。

一八四六年七月、ソフィーはヴァレンヌ通りの修道院を訪れ、公式訪問を開始した。寄宿学校の新任の校長エマ・ドゥ・ブショーにともなわれていた。ユージェニー・ドゥ・グラモンもエメ・ダヴナスも、一八四五年の春にソフィーがローマから知らせて以来、来たるべき変革のことはわかっていた。しばらくユージェニー・ドゥ・グラモンとエメ・ダヴナスの関係がぎくしゃくしていたので、ソフィーにとってエメ・ダヴナスを校長から解任しやすい状況だった。その年の夏、ソフィーはダヴナスにジェット、リール、アミアン、ボーヴェの学校を訪問するように求めた。パリにもどったあとのダヴナスには、ヴァレンヌ通りの学校の学務だけの責任をとることになると告げた。

ソフィーの計画のすべてが即座に実行されたわけではない。ソフィーが到着した週に、学校と修道院に伝染病が流行した。ソフィーは八月のまる一か月間、全員が回復するのを待つ羽目になる。ソフィーは修道院の会員がみな善意を示していると記し、自分の到着がユージェニー・ドゥ・グラモンに阻まれなかったことに安堵した。ランブルスキーニはヴァレンヌ通りの修道院長からのユージェニー・ドゥ・グラモンの解任を強く望んだが、ソフィーはその一歩をふみだしかねていた。ソフィーと聖心会に世間の批判や糾弾を招くのみならず、ユージェニー・ドゥ・グラモンには立ちなおれないほどの打撃になるだろう。ソフィーの到着、長期にわたる訪問をおこなうとの告知、みずから修道院長として業務をおこなう決意の表明、これが変革の合図だった。九月に学校の新学年が始まったとき、ソフィーはヴァレンヌ通りの修道院に住んでおり、自分がユージェニー・ドゥ・グラモンに代わって修道院長に就任したと公に発表しなかったものの、ソフィーの存在自体がその事実を修道院の会員になによりも明確に伝えた。

ユージェニー・ドゥ・グラモンは自分の力が失われたことを悟り、一八四六年秋に病を得た。容態は急速に悪化した。その年のクリスマス近くになって、あらゆる治療を尽くした甲斐もなく、ユージェニーに死が迫っていることがソフィーの目にもあきらかだった。ソフィーが精力と関心をかたむけ、自分の愛する力をはぐくみゆたかにした友情が、いま、こぼれ去っていく。ユージェニー・ドゥ・グラモンの病気の末期にソフィーを目撃したひとびとは、彼女が古い友人に示した愛情と手厚い世話に感動した。ソフィーはユージェニーの病床を片時も離れず、彼女の身体的な苦痛と精神的な苦悩をやわらげようとした。ユージェニーは長年ソフィーを苦しめたことをくり返し謝った。ソフィーはすべて終わったことなので忘れるようにとユージェニーに言いつづけ、すべては許されたのだからと安心させた。ユージェニーは一八四六年一二月一九日の夜に亡くなった。五七歳だった。

ユージェニー・ドゥ・グラモンの死はパリで大事件としてとりあげられ、日刊紙各紙がこの驚くべき女性への賞賛と賛辞にみちた長い追悼文を発表した。葬儀の準備はユージェニーの家族がとりしきった。ヴァレンヌ通りの修道院でとりおこなわれる葬式の招待状を送り、パリ・コンサヴァトワールの楽師たちに葬送ミサで演奏するように手配した。ソフィーには葬儀についての事前の相談がなかったため、ミサで演奏をするべくオーケストラが聖堂で待機しているのを見ても、いまさら阻止できなかった。ソフィーはミサのあとに遺族に挨拶をする気持になれなかった。彼らが自分のことをどう思っているのかを承知していたので、自室にもどってしまった。長年、ユージェニー・ドゥ・グラモンの家族とフォーブール・サン゠ジェルマンの住人たちは、ソフィーがユージェニーの学校の運営に反対しているのを知っていた。ヴァレンヌ通りの修道院におけるドゥ・クラン大司教の滞在や、プティ゠オテルにおけるジャム神父の滞在や、パリの若い男女のためのユージェニー・ドゥ・グラモンの結婚斡旋所が、ソフィーにとって不本意だったのを知っていたのである。新聞に掲載された追悼文のひとつは、あからさまではないがソフィー・バラへの批判をもりこんでいた。なんの相談もうけていなかったソフィーが、友人の葬儀に賛同できなかったのも無理はないのだが。

ソフィー自身は聖心会の発展におけるユージェニー・ドゥ・グラモンの役割について説明した。一八一八年にソフィーはユージェニーをパリの学校の校長に指名した。彼女の貴族的な出自がフランスの貴族や上層中流階級から生徒をひきつけることを承知していたからだ。ユージェニーはソフィーの戦略に必要だった。パリにかぎらず、ヨーロッパや海外において、ユージェニー・ドゥ・グラモンは聖心会を市場に売りだす（マーケティング）手段だった。ドゥ・クラン大司教との交友関係をとおしてユージェニーはフランスの司教たちの知己を得ており、彼女の人脈の力が一八三九年の総会後の危機の際に浮上することになる。もし一八三九年の総会決定が廃止されなかったなら、ヴァレンヌ通りの修道院は、フランスの司教たちに支持されて聖心会から分離し、多くの修道院を道連れにしたかもしれなかった。

良きにつけ悪しきにつけ、ユージェニー・ドゥ・グラモンは聖心会創立の要石のひとりであり、その生涯をパリの修道院と学校に捧げた。ソフィーはこれを評価し、自分に計り知れない個人的な苦悩と悲しみをもたらした女性への愛にみちた友情をたやさなかった。いつでもあらゆる批判からユージェニーを守りとおした。トリノの教皇大使が聖心会の修道院長たちが世俗的すぎると思っている、とアンナ・デュ・ルウジエから聞いても、ソフィーはうけいれようとしなかった。だが、批判の対象がだれかはわかっていた。そしてアンナ・デュ・ルウジエに述べた。裕福な印象を与える唯一の聖心会の修道院は、フォーブール・サン＝ジェルマンの中心にあり、その立地が原因なのだと。

ですが、マザー・ドゥ・グラモンは、神の摂理ゆえに学校に預けられた生徒の質とその立地がもたらす華麗な外見にうつつを抜かすことはありません。……マダム・ドゥ・グラモンほど修道的なかたはありません。ご自分にかかわることとなると、貧しい、質素といえる生活を送っていらっしゃいます。……高貴な出自を鼻にかけることも言及なさることもありません。

何年ものちの一八五八年に、ジョアニーの従兄弟のひとりがソフィーにドゥ・グラモン家のひとに出会ったというと、ソフィーの記憶がよみがえった。ドゥ・グラモン家を賞賛し、つぎのように打ちあけた。

いまだにマダム・ユージェニー・ドゥ・グラモンが亡くなったことに慣れることができません。あのかたはわたしにとって大事なかたでした。パリの修道院長兼校長であり、生徒たちの教育に不可欠な存在でした。

ソフィーはすべての友人に忠実だった。わけてもユージェニーへの忠実さは抜きんでていた。一八四七年、テレーズ・マイユシューに述べている。

わたしの数少ない、つたない美徳のなかで、いや、わたしの欠点のなかでと言うべきでしょうか、もっとも顕著なのは、変わらぬ忠誠心かもしれません。

一八四六年一二月二三日、ソフィーは当時、短期間ル・マンの修道院に滞在していたエメ・ダヴナスへの手紙で、自分が昨晩、コンフロンの修練院に滞在したのち、ヴァレンヌ通りの修道院にもどったばかりだと述べている。

なんという空白。……今朝、わたしは修道院の集会を招集しました。……今後、この修道院が総長の住まいになることを発表しました。……次回の総会まで有効な措置です。

ソフィーはユージェニーの死を悼みながらも、修道院の会員には率直に話し、自分がコンフロンの修練院からヴァレンヌ通りの修道院に居を移した理由を述べた。主導権をにぎり、学校に変革をもたらすつもりだった。もっとも今後ずっとヴァレンヌ通りの修道院に住むとは考えていなかった。修道院本部〔母院〕は学校の一部ではなく、独立すべきだと考えたからだ。いまやソフィーは一八三九年から四三年の苦悩について会員たちに自由に語ることができた。

あなたがたに事実をお話ししましょう。……教皇グレゴリオ一六世は母院をローマにおくことを望まれました。ですが、フランス政府がこのことを知ると、障害がもたらされました。……議論を重ねた末、母院はパリにおかれることが決定されました。……わたしが総長ですから、この修道院の修道院長も兼ねるべきなのです。ですが、マザー・ドゥ・グラモンは長年いらしたこの修道院を愛していらっしゃいました。あのかたを悲しませたくなかったので、あのかたに責任を預けたままにしたのです。

それでも最後の瞬間にソフィーはユージェニーのいわば帝国にふみこみ、彼女から奪ったのである。死がユージェニーを連れさる前にソフィーがそれをなしえたことは、ソフィーの精神の安寧と誠実さにとって重要だった。同僚たちがそのようすを見守り、その模様は広く伝えられた。ソフィーがアメリカへの書簡とローマへの訪問でなしとげたことは、今度はヴァレンヌ通りの修道院に居をかまえることでなしとげられた。ソフィー・バラはみずからの権威を回復し、もはや彼女の指導力に疑義を呈する者はいない。ユージェニー・ドゥ・グラモンの死とともにヴァレンヌ通りの修道院は崩壊するだろう、と予測した者は多かった。ところが、ヴァレンヌ通りの修道院はあらたに生まれ変わり、ソフィーはそれを見届けるまでとどまった。ソフィーは聖心会全体にも同様な変革を意図しており、一八五一年の次回総会で辞任する意向だった。

聖心会をゆるがす難問と個人的な緊張感と喪失感を経験した時期にもかかわらず、ソフィーは修道院設立の計画も監督していた。開始されたばかりのものもあれば、交渉中の件もあった。とくにソフィーが関心をよせたのは、スペインのバルセロナ近郊のサリア、オーストリアへの修道会拡大の糸口となるグラーツ、およびオランダとプロイセンの国境に接するブルーメンタールの修道院設立計画だった。ルイジアナとカナダの修道院のことや、それらの修道院からより適切な場所への仕事の移動は、ソフィーからアロイジア・ハーディ、マリア・カッツ、バチルド・サリオンへの手紙に定期的にとりあげられた話題だった。フランスではとくにブールジュ、レンヌ、モンフルーリ、アミアンのラ・ヌーヴィルの修道院の件と、トゥールの修道院のマルムティエへの移動に注意をかたむけた。フランス、ヨーロッパ、アメリカ、北アフリカにおいて、聖心会修道院のさかんな需要に疑問の余地はなかった。ソフィーがくり返し述べたとおり、積極的に応対できる範囲をこえて、たくさんの修道院設立の勧誘が舞いこんだのである。

ソフィーの最大の関心事は、聖心会の生命の根幹にかかわる三つの問題だった。すなわち会員の養成、学校における教育の質、および望ましき財務上の実践である。聖心会の仕事は拡大の一途をたどっていたが、ソフィーは一八三〇年代後半から一八四〇年代前半に召命が減ったことを気にかけていた。入会する会員の数が、事業を維持し、あらたな事業を開始するには不充分だということがわかっていた。それでも、一八四六年になると、コンフロンの修練院の修練女の増加を記している。修練女は二九人になっていた。とはいえ、聖心会のすべての事業を維持し、あらたな事業を開始するためには、ソフィーの概算では、コンフロンとラ・フェランディエールの各修練院に五〇人ずつ、そしてローマ、モント、およびセントマイケルズといった聖心会のそのほかの修練院にさらに一〇〇人の修練女が必要だった。

一八四四年五月にユーラリ・ドゥ・ブショーが亡くなる

と、ソフィーはフェリシテ・デマルケを修練長に再任した。聖心会の修練女の人数が減少する一方、会員の死亡は増加し、ソフィーはつねに指導力と責任を期待していたひとびとの死を悼んでいた。悲劇的なことに、これらの死は一八三九年から四六年の困難な時期に集中し、ソフィーが会の統治にあたるひとびとに同僚や友人を必要とした時期だっただけに、大きな損失だった。ソフィーはまったく新しい世代の指導者を養成せねばならないことを実感する。創立当初の友人の輪はほぼ空になった、とソフィーは当時ブールジュの修道院にいたテレーズ・マイユシューに嘆いている。

会員の養成について、修道院長たちに入会希望者を念入りに審査するように、とソフィーはふたたび求める。修道生活への召命のない希望者をうけいれているとして、自分自身をふくめ、聖心会の指導者たちの判断の誤りを嘆く。召命のない希望者の入会は、歌隊修道女の場合にもあてはまるが、ソフィーによれば助修女の場合にいっそう顕著である。あまりにも多くの女性が見境なくうけいれられ、聖心会で数年間すごしたのち、送りかえされていた。ソフィーもみずから大勢の歌隊修道女や助修女を送りかえすのに苦痛を覚えていた。これが起こると、司祭や当該の女性の家族が聖心会に反感をもった。聖心会の評判にも悪影響を与えた。ソフィーはそれぞれの修道院内の助修女の人数がつねに歌隊修道女の人数を下まわるべきである、と修道院長たちに注意した。一年後の一八四五年一二月、ソフィーはこの問題にたちもどり、聖心会がイエズス会を模範とするように、と呼びかけた。イエズス会の修道院では、助修士が三分の一、司祭が三分の二を構成していた。聖心会がこの均衡を保持せず、ある修道院では助修女の人数が歌隊修道女の人数を上まわっていることをソフィーはふたたび指摘する。ソフィーはカルメル会への入会にかんして厳格な基準を保ったアビラのテレジアの例をあげた。

〔入会希望者の適性に疑念をいだいたとき、テレジアは〕容赦なく修道会から排除しました。……もっとも、あのかたの修道会にはわたしたちが要求する教育の基準はありませんでした。わたしたちは、子どもの近くで働く助修女にさえも、教育の基準をみたす特別の選考をおこなうべきです。審査と不適任者の除外の過程が修練期におこなわれるのがよいでしょう。誓願を解いて還俗させることがひきおこす深刻な問題を避けるためです。……フランス以上に信仰の篤い国々では、誓願を解かれることが汚点として残り、当該の女性たちにとって生涯の不名誉になるのです。

　一八三九年にソフィーは助修女に、より長い養成の期間を課するべきであり、彼女たちが単式誓言をおこなうべきである、と提案していた。これは当時、そしてその後も、あらゆる方面から批判を浴びた。ソフィーはみずからの統治の経験から、聖心会にあまりにも多くの女性が助修女としてうけいれられ、その多くが修道生活を真に選択するのに充分な準備を経ていないという見解に達していた。彼女たちの動機と、彼女たちを聖心会にうけいれた修道院長たちの判断に疑問をいだいていた。この点において、ソフィーは自分の生きた時代の価値観に従い、階級制度や階級差を既定の事実としてうけいれていた。自分の家族にかんしても、一八二〇年代の短期間をのぞき、ソフィーは彼らがみずからの社会的地位を越えることに加担しなかった。聖心会にうけいれられたのは、会の教育活動にたずさわる能力を有し、歌隊修道女に任ぜられる女性か、修道院や学校の家事に参加し、助修女に任ぜられる女性のどちらかだった。まちがいなくソフィーは、だれであれ勤勉に働かない者には厳しかった。ソフィーの勤労観は厳格であり、幼年時代以来、定着していた。

　より広く一九世紀の社会一般では、修道生活を一種の社会的上昇のかたちとしてとらえる見方があった。修道生活は、ある女性にとって活動の領域や自立を意味し、ほかの女性には冒険や結婚生活からの自由を意味していた。べつの女性には、厳しく要求の多い人生において安全と安楽を得る機会を意味していた。ソフィー・バラは、さまざまな動機が入り混じっていること自体は問題にせず、肯定的な、信仰への奉献さえあればよしとした。そのため、召命を慎重に見分ける必要性を強調しつづけた。終生誓願以後に聖心会を離れる過程は、教皇に誓願からの免除を申請することを意味した。長い手続きを要し、しばしば辛辣な対立を招いたため、ソフィーはこれを避けたかった。テレーズ・マイユシューにはこう述べている。

> そうです。……信仰の精神に欠け、召命も中途半端な女性たちは、わたしたちに害をなすのです！　このことに留意しなさい。死ぬその日まで、これがわたしの「両雄、並びたたず（カルタゴは滅ぼさねばならぬ）」です！　すべての手紙の末尾でこの件に触れましょう。

　ソフィーは聖心会に入会した者の奉献の質を心配し、入会に高度な基準を要求するかたわら、会に残った会員たちにも高い水準を要求した。一八四四年二月、会員への手紙で長年主張しつづけた点をくり返した。一八三九年から四三年の波瀾にみちた経験に照らして、ソフィーはあらたに熱をこめて呼びかけた。会員に神との関係を省察し、たがいの関係において、また上長との関係においてどのように思考し、行動し、反応しているかを反省し、ゆだねられた仕事をどのようにはたしているかを顧みよ、とうながしたのである。修道会の会員が各自で答えられるように質問表を作成し、すべての会員に指導者たちを信じ、だれよりも自分ソフィー・バラを信じるようにと力づよく呼びかけた。ソフィーは会員ひとりひとりが聖心会に入会した理由を思いおこすようにと注意を喚起し、会員にあらたな一歩をふみだすようにと勧めた。

翌年、ふたたび会員への手紙でソフィーは各人に自分の生活を省み、どのようにキリストへの奉献を実現しているかを自問せよ、と呼びかけた。ある会員たちの傲慢なふるまいと独立心旺盛な態度ゆえに、聖心会は批判を浴びることが多かった。ソフィーはこの批判が多分に誇張されていることを認め、聖職者の多くが聖心会の独立心をこころよく思わないことをよく承知していたものの、批判に根拠がなくもないことを証する材料も把握していた。創立以来、聖心会はふたつの階層を教育する道を選んでいた。エリート層と貧困層である。貧困層の必要に応じることが、聖心会のエリート層のための学校の教育において社会の成員およびキリスト者たる者の責任として示されることを、ソフィーは首尾一貫して求めた。これこそソフィーと同僚たちが構想し、開発した包括的な方針だった。しかし、聖心会がエリート階級を教育し、裕福な家庭の子女の召命をひきつけた事実は、修道院内部でも社会習慣や風習がそのまま通用する結果を招いた。ソフィーはこのこと自体を批判しなかった。ただし、聖心会に入会したのちの会員のふるまいを批判した。入会は聖書が説く価値に従って生きることへの奉献を意味するからだ。ソフィーは各自が入会当初に選んだこの基本的な選択を想起せよ、と呼びかけ、すべての会員にキリストの聖心(みこころ)に啓示される神の愛に応ぜよ、とうながした。そうすれば、大いなる個人的なしあわせを経験し、自分の召命をみたすのに必要なものを見いだすだろうと請けあった。そして、これが一般に認識されているよりも困難なことであり、一種の地獄である闇と否定に囚われることがいかにたやすいかも想起させた。最後に、それぞれの人生と奉仕により、自分の世界に影響をおよぼし、社会一般におけるキリスト教的な価値を再生する一助になろう、と約束して手紙をしめくくった。

この問題と関連して、ソフィーは学校の教育水準を案じていた。訓練が不充分な教師や教育のゆきとどかない生徒について、苦情を耳にしていたのである。これがつづけば、聖心会はほかの教育修道会や一般信徒が経営する学校に生徒を奪われてしまう、とソフィーは警告した。教育の仕事はたゆまぬ努力を要し、ソフィーはそこにこそ真の奉献と自己犠牲がある、と述べた。学問の水準は高くかかげられねばならず、若手の教師のための一種の教員養成講座を設立するのがソフィーの長年の望みだった。これはいまだ実現されていないものの、ソフィーは学校を巡回し、教師を助け、学習指導要領がどのように施行されているかを調査することを聖心会の一、二名の会員に依頼したいと考えていた。

大学当局の視察を拒否せねばならないと良心に照らして信じているわたしたちには、この弱点は重大なものです。教育の技術が低下すれば、敵に攻撃の手がかりを与えてしまうのです。あるフランスの町で実際にあったことです。生徒の両親が視察官の注意をひき、わたしたちの学校が視察を必要としている、と訴えたのです。

ここでソフィーはみずからの人生と思想をつらぬくテーマをとりあげる。自分たちの内省の質と、沈黙のうちに生きる能力を見直し、余裕と時間をとって仕事のリズムを見いだすように、と教師たちに呼びかけたのである。ひとたびこれを定着させ維持できれば、善く、深く、熱心に働くことができる。ソフィーは多くの教師が過重労働を強いられていることを認めながらも、彼らに時間を有効に活用するようにと励ました。祈りと勉強の時間は驚くほど見いだせるものであり、これを達成できれば、その経験のうちに神を発見できるだろうと。

怠惰な生活ほど神の霊に逆らうものはありません。仕事も学問も好まないひとびとは、なにをして時間をすごすのでしょう？　規則正しく有益になすべきこともなく、無益なおしゃべりにうつつをぬかし、あちこちと走りまわり、……できごとを傍観して暇をつぶし、想像力を野放図にふくらませるだけです。

財政問題はソフィーの頭から離れず、手紙でも頻繁に触れられた。一八四四年三月、先月の手紙の補遺をつづり、聖心会の財政状況への危惧を述べた。負債は膨大で、借金の返済に支払う利子は大きすぎる。それでも多くの修道院がそれぞれの財産を頼った慈善活動をかかえ、聖心会の中央資金に通常支払われるべき収入の十分の一を支払えないでいるのを、ソフィーは見逃さなかった。経済的損失につながるもっとも深刻な原因は、無料の教育をうける生徒の人数だった。学校が赤字のまま経営されるため、修道院そのものを維持できず、中央資金からの送金が要求されることも多かった。また、付属の孤児院がある修道院では、彼らを維持する修道院の財源や庇護者の財政能力をこえた人数の孤児がうけいれられていることが多かった。これは孤児にも修道院のほかの事業にも不当なことである。この状態がつづけば、すべての修道院から学校や孤児院において無料で世話をうけている者の名簿を求めざるをえなくなる、とソフィーは警告した。経済的な理由から、無料でひきうける生徒の人数は制限されねばならず、ソフィーは選択の基準として聖心会会員の姪か貧しい貴族階級の子女をあげた。もっとも、自分の姪たちのことを承知しているので、つぎのようにつけたした。

人物をえり好みするという意味ではありません。ただし、自分や両親の地位ゆえに自分の階級の相手と結婚したり、店で働いたり、自分の生計を稼がねばならない若い女性にとって、わたしたちの施す教育が、益よりも害をなすという残念な経験があるのです。わたしたちの教育が彼女たちにどのような影響があるかは容易に認められます。彼女たちの重荷になる場合もあれば、怠惰をもたらす場合もあります。多くの女性には手立てが欠けているため、うけた教育を活用することができないのです。

対処せねばならない聖心会の負債のことも、ソフィーは率直に語った。一八四四年当時、負債は六〇万フランにまでふくれあがり、中央資金は底をついていた。聖心会にできるのは、負債を清算するための借用金の利子を払うことだけだった。危険な状況だった。ソフィーは警告した。もし革命が起これば、聖心会の資産は価値を失い、破産を余儀なくされる。聖心会の負債は早急に支払われなければならない。この目的のために、ソフィーは各修道院に建物の建設や資産の獲得や大きな品物の購入を差しひかえるように申しわたした。また、修道院がたがいの負債を減らすために協力しあうように、とソフィーは呼びかけた。中央資金は補充されねばならず、ソフィーは各修道院に、それぞれの負債が返済されるまでは、ふたたび収入の十分の一か、せめてその一部を支払うことを目標にするよう求めた。中央資金がなければ、あらたな修道院の創設は不可能で、聖心会の宣教任務はあっというまに枯渇してしまう。これらの提案があらたなものではなく、長年呼びかけつづけたものであることも、ソフィーは会員たちに指摘した。財政的責任の問題にかんする過去の回状にも言及した。つぎにソフィーは会員の可処分所得の問題に触れた。地代や贈物のかたちで収入のあるものは（自分が所属する修道院での使用のために）一〇〇〇フランを手元にとどめ、残金を中央資金に供出するようにうながされた。財産を相続した会員は、それがすべて、例外なく、会員が生活する修道院ではなく中央資金に収められることを告げられた。修道院に宛てた手紙で、すでにその年に中央資金に送金されるべき金額をソフィーは提案していた。これは相談をせずにみずから決定した件であり、批判はあるが、決定を覆す気はない、とソフィーは宣言した。次回の総会で自分の決定を追認するか修正すればいい。

会員の養成、教育の質、および財産の集中化という三つの主要案件に集中することで、ソフィーは指導の手綱をしっかりとひきしめた。とりくむべき案件について総会の開催を待たなかった。アフル大司教との関係が解決されるまで、パリでもパリ以外でも総会を開催できないことを承知していたからだ。一八四五年、ローマ滞在中に、ソフィーはしばらくひとりで聖心会を統治せねばならないことを覚悟した。総長補佐のうち、信用できるのはアンリエット・コパンだけだった。カトリーヌ・ドゥ・シャルボネル、フェリシテ・デマルケ、ルイーズ・ドゥ・リマング、そしてエリザベス・ガリツィンは一八四二年から四三年にかけてソフィーに楯突いていた。また、一八四三年以降、デマルケ、ドゥ・リマング、およびガリツィンは一八四五年に予定されていた総会まで待ち、そのときに一八三九年の総会決定の採用を要求するという計画をもくろんでいた。もっとも、エリザベス・ガリツィンの死によりこの計画は打撃をこうむり、一八四五年のソフィーのローマ訪問は当地でのルイーズ・ドゥ・リマングの影響力を弱めてはいた。

パリでともに働くことは、総長補佐たちにもソフィーにもたやすいことではなかった。ソフィーは一八三九年以前にくらべ、総長補佐たちに相談することが少なくなった。聖心会の制御をこえる諸状況や同僚の裏切りの経験が、より個人的で、専制的にさえ見える統治のかたちにソフィーを向かわせた。聖心会創立の初期に選び、とりくみ、はぐくんだ方法とは正反対だった。しかし、いまやソフィーは歳を重ね、疲れており、一八三九年に聖心会に導入しようとした統治体制も実現がかなわなかった。そのうえ、公式には総会計のカトリーヌ・ドゥ・シャルボネルはほとんど視力を失っていた。解任するにしても次回の総会を待たねばならない。ソフィーは必要に迫られて財政問題についても自分で決定を下し、ほかの会員をその職務のために訓練せねばならなかったのである。

一八四七年になって、ようやく聖心会についての肯定的な知らせをランブルスキーニに書きおくることができる、とソフィーは感じた。分裂の傷が癒えはじめた、と実感したのである。

心と心が和解し、一八四二年と四三年の不幸なできごとがもたらした痛ましい結果が徐々に薄れてきています。それでもある種の不安が残り、総会だけがそれを解消できるでしょう。［しかしながら］［アフル大司教の］権威の否定的な態度がその開催を阻止しているのです。

たとえ聖心会そのものの総会開催の態勢が整っても、ソフィーは近い将来に開催する見込みを見いだせなかった。「あなたがご存知の事情［アフル大司教］にふたたび悩まされ、せっつかれています」。そのうえ、ソフィーの予感どおり、政治的事件が聖心会を巻きこんだ。一八四八年と四九年にヨーロッパの不穏な気配が高まり、革命が勃発した。聖心会の修道院のなかでも、トリノ、ピネロル、サルッツォ、およびジェノヴァの修道院は、閉鎖を余儀なくされ、そのまま再開されなかった。ヴィラ・ランテ修道院はしばらくジュゼッペ・ガリバルディ［イタリア統一運動の闘士］に占領され、サンタ・ルフィーナ修道院も脅威にさらされた。ふたつの修道院の会員たちはトリニタ修道院に移り、フランス大使はそこをローマ在住のフランス人の家族の避難所に指定した。ソフィーはこの処置が修道院同士を一致させる手助けとなることを期待したかもしれない。ローマの修道院間でつづいていた緊張関係が、彼女の心に重くのしかかっていたからだ。レンベルクの修道院は一年間閉鎖された。三年のあいだ、州当局から圧力をかけられていたスイスのモントの修道院は一八四八年に閉鎖された。一八四八年二月、パリで革命が勃発した。ソフィーは市内に家族が住む若い会員は帰宅させたが、修道院の会員を分散させないことを決定した。ルイ゠フィリップが退位すると、ヴァレンヌ通りの修道院にいたソフィーは既視感（デジャ・ヴュ）にとらわれた、と打ちあけている。ソフィーは生涯において何度も革命を生きぬいてきたが、だからといって今回の困難がうけいれやすかったわけではない。一八四八年に聞いた「マルセイエーズ」の歌声が一七九三年の恐怖時代の痛ましい記憶を呼びさました、と告白している。

ヴァレンヌ通り修道院は攻撃されなかったが、すくなくとも二度にわたり、重傷を負った兵士たちに助けを求められた。兵士たちは傷が癒えるまで看護され、彼らの家族はそれを知らされ、見舞いを歓迎された。国家警備隊の士官が、負傷者とその家族からの正式の感謝状をソフィーに送った。オテル・ビロンの正面に自由の樹を植えに中隊がヴァレンヌ通りの修道院にやってくると、ソフィーは彼らと交渉した。会員たちが庭から木を一本掘りおこすあいだに、兵士たちはオテル・ビロンの正面に穴を掘り、そこにその木を自由の名において植える、という取り決めが成立した。ソフィーは兵士たちにワインとパンとチーズをふんだんにふるまった。夕方までにヴァレンヌ通りの修道院に桑の木が植えられ、兵士たちは自分たちの仕事に満足して帰っていった。また、ソフィーは二月革命で両親を亡くした六人の少女の教育を申しでて、このことは新聞に報道された。

一八四八年六月になると、パリの不穏は深刻化した。バリケードで調停を試みていたアフル大司教は十字砲火を浴び、致命傷を負った。教会にたいする意図的な攻撃ではなく、悲劇的な事故だった。大司教はすぐに息をひきとらず、個人的な別れの挨拶を送る時間が残された。ソフィー・バラに詫び状を送り、長年にわたる彼女の扱いを遺憾とする旨を伝えた。大司教の死により、ソフィーとの激しい、困難な関係に終止符が打たれた。ソフィーは重大な決断を実行せずにすんだ。一八四〇年以来、アフル大司教はソフィーを悩ませつづけ、ソフィーにはその苦しみから解放される見込みがなかった。大司教は比較的若く、壮健で、長年生きる可能性があったからだ。そこで、パリで修道院や学校が必要とする霊的な助けが得られなければ、聖心会はパリ司教区を去らねばならない、とソフィーは結論づけた。そのため、聖心会が創立期以来、パリでイエズス会士からうけてきた司牧の恩恵を記した声明文を準備した。修道院や学校でイエズス会士が司牧をおこなうことを大司教に禁止されたため、ソフィーはみずからの責任でほかの司教区に移動し、司牧の手立てを得ようと覚悟していたのだった。

アフル大司教の死はべつの意味でもソフィーを解放した。聖心会総会の開催の検討にのりだすことができるようになったのである。とはいえ、即座に総会を招集したいと望んだとしても、ヨーロッパの革命がその年の開催を許さなかった。また、翌一八四九年には教皇領が激変にさらされたため、総会の開催はかなわなかった。一八五〇年になってはじめて、一八四五年以来延期されていた総会開催の機が熟した、とソフィーは判断した。そして総会を招集する前に、ローマのランブルスキーニを訪れ、聖心会の統治体制に加える変更について相談したいと考えた。一八五〇年は聖心会の創立五〇周年にあたる。この年に総長の職務を辞任したい、とソフィーは心から願っていた。

第二二章　ひるまぬ足どり
一八五〇―六五年

一八五〇年にソフィー・バラは七一歳だった。四六年のあいだ、総長職にあった。はじめて未来に向けて第一歩をふみだしたのは一八〇〇年一一月二一日であり、聖心会はこの日のソフィーの奉献を聖心会誕生につうじる創立の推進力とみなした。実際、一八〇〇年一一月二一日当時、みずからの個人的な旅や仲間との旅を、人生のゆくえを、たちはだかる障害を、ソフィーも仲間たちも予見していたわけではない。ソフィーは徐々に指導者として頭角を現す。ソフィーの権威は認められ、長年にわたり試され、ようやく一八五一年に聖心会全体にうけいれられる。ゆっくりとした道のりだった。ソフィーの統治の方法が役割や権威に頼るのではなく、友情のかたちで仲介されたからだ。しかし一八五〇年まで長期にわたり、ソフィーは自分の指導力の影の部分を経験する。ソフィーの統治の方法が包括的で信頼をはぐくむものだったため、聖心会の会員たちに大いなる活躍の可能性と、個人的な成長と決断の余地を与える。責任を負う能力をそなえた、意志堅固な、独立心あふれる人物であることを、聖心会の発展そのものが女性たちに求めた。そのため、数人の会員が個人的な権力基盤を構築し、ソフィー・バラ本人のカリスマ性との接点を失う。安定、相互依存、および一致を保証する統治体制を設立しようとしたとき、ソフィーはこの隔たりを埋める仕事にとりくむことになる。聖心会内部の抗争のため、当時この目的の達成はかなわなかったものの、たゆまぬ努力を重ねなければならない。そうソフィーは確信したのである。

一八五〇年の春、数か月間ガエタに亡命していた教皇ピオ九世がローマにもどる。これを合図に、聖心会の統治体制の構造的不均衡を解決すべくローマに旅立つことをソフィーは決意した。聖心会の会憲に加えるいくつかの条項を教皇に提示し、ひとたび教皇の認可を得られれば、聖心会の総会を招集し、それらの条項を聖心会が採択するよう発議する心づもりだった。だが、パリを出発する前に、ソフィーは聖心会の揺籃であるアミアンの修道院を訪問せねばならなかった。ここ数年、当地の修道院付司祭のドゥ・ブラント神父（一八一二―一九〇三）が修道院内で徐々に影響力をふるっていた。アデライド・ドゥ・ロズヴィルが修道院長だったあいだは、問題はなかった。経験豊富なドゥ・

ロズヴィルがしっかりと指導力を発揮していたからである。事実、パリの聖心会がイエズス会士に聴罪司祭や黙想会の指導者を依頼するのをアフル大司教に禁じられたとき、ソフィー自身もドゥ・ブラント司祭にコンフロンの修練院での司牧を依頼したこともあった。ところが一八四五年以降、アデライド・ドゥ・ロズヴィルの健康が衰えたため、一八四七年一一月、ソフィーはあらたな修道院長を任命せねばならなかった。ソフィーはアンジェリク・ドゥ・ボワボードリィを任命した。ドゥ・ボワボードリィはコンフロンの修練長だったが、統治の経験は少なかった。しばらく体調が思わしくないドゥ・ボワボードリィの療養に転地が役立つだろうとソフィーは考えた。ソフィーはコンフロンの修練長に当時三〇歳で誓願を立ててまもないジョゼフィーヌ・ゲッツを任命し、アンジェリク・ドゥ・ボワボードリィをアミアンに派遣した。しかしドゥ・ボワボードリィが病弱で経験不足だったため、ドゥ・ブラント神父が修道院の主導権をにぎる。ドゥ・ブラント神父は、彼を慕う修道院内の数人の会員と共謀する。以前、サン゠テステヴがおこなったのと類似の方法である。ドゥ・ブラント神父は日夜、何時間も修道院内の二、三人の会員とすごす。それが常軌を逸したため、ほかの会員たちが彼の存在に疑念をいだく。修道院内外からの手紙をとおして、ソフィーは状況を察知したのである。

一八四九年一一月、ソフィーの古くからの友人かつ批判者だったルイ・スリエがアミアンの修道院の事態を案ずる手紙を送ってきた。当地の修道院が混乱し、修道生活の質が低下していることをスリエは感じとっていた。スリエはある若い女性に助修女として聖心会に入会することを勧め、その女性は希望にみちてアミアンの修道院で修道生活を始めた。仕事の量が過剰だったが、それがこの女性の不満の原因ではなかった。アミアンの修道院内に祈りと真剣な仕事への奉献が足りないことに失望したのである。聖心会にとどまりたいと願っていたが、自分を支え、試すために熱意あふれる共同生活を求めていた。この手紙に注意を呼びさまされたソフィーはようすを探った。すると、近年、ドゥ・ブラント神父と修道院内の数人が聖心会の改革を計画していることが判明する。一八五〇年の聖心（みこころ）の祝日の時期に、ドゥ・ブラントは当修道院での公の説教でこの構想を説き、ソフィー・バラの後継者が選ばれた、と聴衆に断言した。そのうえ、パリ、ボルドー、ニオール、およびトゥールーズの聖心会修道院にも連絡をとり、自分はソフィー・バラに全幅の信頼を寄せられ、ソフィーこそが自分の改革の構想の原動力であり、彼女がきわめて重要な仕事を自分に託したと述べたのである。

一八五〇年七月、アミアンの修道院を訪問し、ことの真相を確認するように、とソフィーはカトリーヌ・ドゥ・シャルボネルに依頼した。ソフィーの姪ソフィー・デュソッソワがカトリーヌ・ドゥ・シャルボネルに同行し、訪問の記録を残している。ソフィーは修道院が秘密めいた沈黙に支配され、だれも自分にもカトリーヌ・ドゥ・シャルボネルにも話そうとしない、と叔母に報告した。ドゥ・ブラントが沈黙を強制したのである。彼はカトリーヌ・ドゥ・シャルボネルの訪問を嫌がり、不要だと言いはった。それでもソフィー・デュソッソワはへこたれず、彼らの計画を聞きだした。ソフィー・バラを辞任に追いこみ、後任にエマ・ドゥ・ブショー（一七九九―一八六三）またはオランプ・ドゥ・コーザン（一七九六―一八六七）を据える、という計画だった。ドゥ・ブラントはすでに聖心会のあらたな会憲を起草し、自分の改革は一六世紀のルター同様、劇的なものであると吹聴していた。ソフィーは迅速な行動に打ってでた。一八五〇年八月二日、当地の司教にも、修道院にも、ドゥ・ブラントにも予告せずに、マリー・プレヴォとアデル・カイエとともにアミアンに到着し、すぐに修道院の公式訪問を開始した。訪問の報告書は包括的で厳格だった。ソフィーは修道院長を解任し、後任にエステル・ドゥシエール（一七九九―一八八二）を任命した。ドゥシエールが着任するまで、ソフィーはマリー・プレヴォとアデル・カイエにソフィーの権威を示す力強い存在としてアミアンにとどまるように頼んだ。アミアン滞在中、ソフィーはドゥ・ブラントに会い、当修道院についての自分の計画を毅然として伝えた。ドゥ・ブラントは再度の面会を望んだが、ソフィーは八月一五日にパリにもどった。聖心会の総長がだれであるかをソフィーはドゥ・ブラントに疑問の余地なく示したのである。聖心会を改革する必要があるなら、改革をおこなうのは、ドゥ・ブラントではなくソフィー・バラなのだと。

ソフィーの出発はドゥ・ブラントの逆鱗に触れ、ドゥ・ブラントはマリー・プレヴォに怒りをぶつけた。ドゥ・ブラントいわく、ソフィー・バラが修道院を混乱させ、自分の許可なく訪問し、自分の承認なく変更をおこなった。マリー・プレヴォに修道院に居残るよう依頼する権限はソフィーにない。そう言ってドゥ・ブラントはマリー・プレヴォに出ていくように命じた。プレヴォはそれを拒み、ソフィー・バラが自分に残るように依頼したのであり、ソフィーが聖心会の会員にそのような依頼をする権限を有するのは当然である、と反論した。ドゥ・ブラントは三度プレヴォに出ていけと命じ、そのたびにプレヴォは首を縦にふらず、ドゥ・ブラントが聞きそこねないように朗々と答えた。

ドゥ・ブラントは自分の無力を悟り、激怒して荒々しく部屋から飛びだしていった。それでも、アデル・カイエが皮肉交じりに述べたとおり、朝食の時間には平静をとりもどして席についていた。ドゥ・ブラントはこの騒々しい面会のあと、ソフィーに手紙を書き、彼女の訪問が修道院を混乱させ、とりわけ病身の修道院長を動揺させたと主張した。加えて、マリー・プレヴォの態度は無礼で傲慢だと訴えた。ソフィーはいつもどおりの落ちついた表現で答えた。ソフィーいわく、自分のアミアン訪問が修道院と修道院長を動揺させたというドゥ・ブラントの主張に驚いている。なんといっても修道院の訪問は総長の通常の業務であるのだから。また、これまでマリー・プレヴォが失礼な態度を示したり、癇癪をおこしたりするのを見たことがない。ドゥ・ブラントはかならずやプレヴォのすぐれた資質に敬服するだろう。

翌週、ソフィーはアミアンの修道院に手紙を書き、アンジェリク・ドゥ・ボワボードリィはパリで静養が必要なため、後任の修道院長が到着するまでマリー・プレヴォが残ることを知らせた。（当時ブザンソンにいた）新任の修道院長エステル・ドゥシエールはアミアンでの仕事の性質について知らされ、一八五〇年八月二八日に着任した。ところが修道院長の交代はドゥ・ブラント神父に効果をおよぼさず、彼は修道院と聖心会への権限を主張しつづけた。夏にソフィーは司教にドゥ・ブラントの解任を求めなかったが、いまやその必要性を認識した。同年の暮れにはアミアン司教がドゥ・ブラントを解任した。それでも彼は聖心会に影響力をふるいつづけた。ルーヴァンクールのべつの修道会の修道院付司祭をつとめ、一八五五年に同様の問題を起こし、解任されている。一八五六年から七二年に亡くなるまでミサの司式を禁じられなかったものの、告解を聴くことは禁止された。数年後、アミアンの修道院からふたり、ボーヴェの修道院からひとりのあわせて三人の聖心会会員と、ルーヴァンクールの修道会の会員がそれぞれの会を脱会し、ドゥ・ブラントに率いられたあらたな修道会を結成する。修道会は「改革聖心会」と称した。

ソフィーはアミアン訪問のため、ローマへの出発を遅らせたが、一八五〇年一〇月なかばに出発の準備が整い、留守中、アンリエット・コパンにヴァレンヌ通りの修道院を、フェリシテ・デマルケにコンフロンの修練院をそれぞれまかせた。ラ・フェランディエールの修道院から聖心会に短い手紙を書き、ローマ訪問の理由を説明した。短い訪問の予定なので、業務上の通信はパリに送るように指示した。一一月一一日、ソフィーとマリー・プレヴォはマルセイユからローマに向けて出航し、一一月一六日にローマに到着した。ヴィラ・ランテ修道院に行くと、一一月二一日の聖心会創立五〇年祭の準備が進んでいた。ソフィー自身は五〇年祭を熱狂的に祝う気持になれなかった。修道院間に一致と調和をもたらそうと奮闘するのに疲れきっていた。同時に、いまだに聖心会に満足な統治体制を築いていないことを憂慮していた。自分の指導力にかんしては、自分を辞任に追いこもうとするさらなる陰謀を経験してフランスをあとにしたばかりだった。夏のアミアン訪問で人数は減ったものの、聖心会内部にドゥ・ブラントの信奉者がいることはあきらかである。一一月一七日、ジャン・ロザヴェンが自分のもとを訪れると、ソフィーはローマと聖心会内部での自分のかつての苦闘を想起させられた。ロザヴェンはいまや老齢で病弱だったが、ソフィーを訪れ、厚意を示した。ふたりの会合やその席での会話の記録はない。一八四一年以来の面会で、最後の面会となった。ロザヴェンは一八五一年四月二日に亡くなる。

いかなるものであれ、自分の指導力を祝う儀礼はソフィーにとって重荷だった。一一月二一日当日は痛ましい記憶にみちたパリやアミアンから離れ、ほっとしていた。総長補佐たちはソフィーの承認を得て、ソフィーと仲間たちがはじめて奉献した日にパリの小さな聖堂にあった聖母マリアの画の模写を配布用に用意した。ソフィーは個人としての自分ではなく、聖心会創立への第一歩につうじ、自分と同僚をあらたな空間とあらたな道へとうながした内的動機に、祝典の焦点をあわせることを是としたのである。それでもソフィーはローマにおける祝典で挨拶をせねばならず、一一月二一日の夜、しばらく修道院の会員たちに語りかけ、自分の気持を表わし、聖心会の創立当初の思い出を話した。敬愛をこめてレオノール・ドゥ・トゥルネリとジョゼフ・ヴァランについて語った。だが、どちらも聖心会の創立者とは呼ばなかった。ソフィーは言った。ほかの修道会には会員に霊感を与えて導いた創立者がいるが、聖心会は異なる。ゴルゴタの丘の十字架上のイエス・キリストの、貫かれた聖心（みこころ）の像に顕された愛とあわれみの神こそが、聖心会の創立の原動力である。一八五〇年一一月二一日の祝典の源泉と起源がここにある。ソフィーは講話のなかでこれを強調し、キリストの言葉を引用した。「わたしは心やさしく、へりくだっているから……わたしから学びなさい」（『マタイ福音書』一一章二九節）。キリストのうちに神のすべての活力が顕わされ、聖心会の会員が手に入れられるものとなり、会員はかならずやこの活力を自分の人生、自分の修道院、そしてこの世界への奉仕のなかに映しだすことができる。ソフィーの真意への手がかりは、彼女のこの確信にある。それこそがソフィーにとっての聖性であり、祝典の理由だった。

ヴィラ・ランテ修道院の会員たちは、ソフィーの言葉にあふれる確信を見て、深く心を打たれた。ソフィーが心底から語っており、偽りの謙虚さなどみじんもないことを実感した。あまたの成長と成功、幾多の失敗と悲劇、屈辱と拒絶の中心だったソフィーが、聖心会の五〇周年にたどりついたとき、信仰と確信の次元に、すべての会員の人生における霊性の卓越に目を向けることによってのみ、これまでの軌跡に意味を見いだしたのだ。会員たちはこのことを胸に、眠りについた。翌日は延々と祝典がつづき、ソフィーにはいよいよ耐えがたかった。イエズス会総会長ヤン・ローターンが、これほど長い在任期間の指導者はめずらしいと述べ、彼女の五〇年間の指導を讃えた。するとソフィーは当意即妙に答えた。「それはわたしへの賛辞ではありません。……わたしほどまわりからよく世話をされたひとはいないのですから！」

とはいえ、ソフィーはローターンの訪問に感謝し、ローマ滞在中に司教・聖職者聖省との交渉についての意見を聞く機会をとらえた。その晩、ある聖職者が感謝の祭儀の司式のためにヴィラ・ランテ修道院を訪れた。その聖職者は聖心会の業績について説教し、ソフィー・バラの仕事を讃えはじめた。ソフィーは聖堂をそっと抜けだし、私室にもどった。あとでルイーズ・ドゥ・リマングに説教師の名前をたずね、今後ヴィラ・ランテ修道院に招かないように求めた。偽りの追従と思えるものがうけいれがたかったのである。

一八五〇年のクリスマスすぎに、ソフィーは聖心会の統治体制の問題を最終的に解決するための準備にのりだした。保護枢機卿のランブルスキーニは健康がすぐれず病に倒れ、当時、ローマにいなかった。ソフィーはランブルスキーニがいつ復帰できるか見当がつかなかったため、ただちに教皇に働きかけ、聖心会の会憲への変更を認可するように請うことにした。ところが教皇は問題を直接あつかうことを拒み、聖心会の保護枢機卿ランブルスキーニをとおして手続きを開始するように求めた。このころランブルスキーニは回復し、ローマにもどり仕事に復帰していた。ソフィーが自分の頭を越したことに気を悪くしたが、彼女の説明をうけると、願いを司教・修道者聖省に提出することをひきうけた。結局ソフィーは外交儀礼を割愛することができなかったのである。それでも動じることなく、ランブルスキーニへの謝罪の手紙のなかに、長期的な善き統治体制のために聖心会が必要とするものの概要を再度もりこんだ。

わたしは聖心会全体に流れる雰囲気を存じております。ついに聖心会が確固たる、耐久性のある基盤にもとづき確立されることを、すべての会員が望んでいるいま、中途半端な措置ではその効果が疑わしい、と確信して申しあげます。実際、管区長［の名称と任務］を訪問者におきかえるのは、妥協的な対応としかみなせません。

　嘆願書のなかで、ソフィーは教皇に聖心会の統治体制の三つの要となる変更を認可するように求めた。

一、聖心会の管区と呼ばれる地理上の地域への分割。各地域を監督する管区長の任命。ソフィーは訪問者ではなく明確に管区長の任命を求めた。訪問者は臨時の役職であり、用語そのものはもはやフランスで認められていない。

二、聖心会の一二名の監督職によって構成される総会の統治の廃止。代替として総長、総長補佐、管区長、および聖心会の各管区からの一、二名の誓願を立てた会員によって構成される総会の導入。

三、総長の死から彼女の後任者を選出する総会の開催までの期間に聖心会を統治する暫定的後任者を指名する総長の権限。

五月になって聖省の構成員が教皇に嘆願を拒否するように勧告したと聞き、ソフィーは落胆した。聖省の構成員たちは一八二六年の会憲に記された統治体制を変更するさしたる根拠を見いだせなかったという。ソフィーは公の席では黙っていたが、ローマは情報網がはりめぐらされた共同体だったため、ソフィー・バラが拒絶されて意気消沈していることがピオ九世の耳に入る。教皇は聖省の一員ルッキアルディ猊下をソフィーのもとに遣わし、彼女が個人的に考える聖心会に不可欠な統治体制を聞きだした。ふたりの会談を考慮にいれて、教皇は聖省の決定を無効とし、ソフィー・バラの嘆願書を検討し、決定を提示するように三人の枢機卿を任命した。

　最終的に、妥協案が導きだされた。五月二八日、ソフィー・バラの嘆願をうけて総会決定事項が発効した。管区と管区長の導入は拒否された。そのかわり、聖心会は地理上の代牧区（ヴィカリエート）に分けられ、終身の代牧（ヴィカー）が各代牧区を統治する。代牧が一二名からなる総会の代替となる。ソフィーは代牧長を指名する権限を与えられる。代牧長はソフィーが亡くなったとき、臨時にその後任となり、後任の総長を選出するために総会が開催されるまで聖心会を統治する。ソフィーが望んだ変更そのままではなかったものの、充分といえる措置だったため、ソフィーは秋に総会の開催を決心した。一八五一年六月一四日、ソフィーはローマを去った。ローマ滞在は予期していたよりも長期にわたり、体力を消耗させた。マルセイユに到着すると、ソフィーは病に倒れた。ローマで認められた総会決定を導入する仕事にふたたび向かうまで体力を回復するのに数か月かかった。秋に総会を招集し、統治体制への変更を提示し、聖心会の正式の承認を得ることを決めた。総会には一八三九年以来、自分の代理として各地域を訪問するように任命された会員全員を招集した。

この会員たちのなかから、総会は総長補佐を選出し、そのなかから、ソフィーがあらたに代牧となる会員を任命することになる。ソフィーは総会の開催地としてリヨンが最適だと考えた。そしてその理由をパリ司教区の聖心会の聖職者上長であるアレクシス・ゴームに説明した。一八四九年にアフル大司教の後任となったマリー・ドミニク・オーギュスト・シブール（在職一八四八―五七）は、政府の目につきにくいリヨンが聖心会にとって最良の開催地であると同意した。病みあがりで体調は万全でなかったものの、ソフィーはラ・フェランディエールの修道院に向かった。一一月一三日、当地で第六回総会が開催された。一八三九年以来の開催だった。会議は事務的にとりおこなわれ、議事はもりだくさんだった。冒頭でアデル・カイエが用意した議題が出席者に提示された。最初にローマからこれ以上の譲歩をひきだすのは無理である、とソフィーが示唆し、前年五月にローマで認められた総会決定への失望を隠そうとしなかった。出席者はこれをうけいれ、仕事にとりかかった。総会会員は会憲担当の委員会、教務担当の委員会、および養成担当の委員会に分けられた。各委員会の報告は本会議で議論され、決議は波瀾なく可決された。胸をなでおろしたソフィーは、ランブルスキーニに二通の議事進行の報告書を送る。

さらに、ソフィーは聖心会会員に長文の手紙をしたため、かねてからうちに秘めていた感情を表わした。会員全員との個人的な接触の喪失を遺憾に思うことを述べた。これは聖心会の急速な発展と統治の要求によるところが大きかった。この数年間、会員に定期的な回状を書かなくなった理由もソフィーは説明した。一八四三年から四八年にかけてのアフル大司教との対立には触れず、ながらく総会を招集したかったものの、まずフランス、ついで教皇領での政治的事件に妨げられたと述べた。第六回総会が開催され、教皇とランブルスキーニと交渉した統治体制が議論され、採択されてはじめて、ソフィーはふたたび聖心会会員宛てに正式文書をつづる心境になったのである。

一八五一年一二月のソフィーの手紙は、第六回総会中に彼女の個人的な権威が確認され、聖心会全体が彼女の指導のもとに一致したことを示した。ソフィーは会員に議事進行を報告し、各人に会議の結論をうけいれるように呼びかけた。しかし、決議は聖心会の外的なかたちにすぎないことも認め、詳細な報告に入る前に、各会員のうちなる霊的な動機に向けて語りかけた。会員は気づかなかったかもしれないが、手紙のこのくだりは、ソフィーがみずからと聖心会にとって、きわめて重要なうちなる旅を終えたことを示した。孤独、仲間の裏切り、友人の喪失、公衆の面前での評判の失墜を経験し、ソフィーはひとり自分の足で立たざるをえなかった。ソフィーは友情と仲間意識をとおして聖心会を率い、この友情と仲間意識のおかげで長年支えられると同時に、一〇年以上も厳しく試されもしたのである。狭く怖ろしいものと見えた深淵はあらたな、広大な空間へとつうじ、それが彼女の心をあけ放ち、あらたな次元へと開かせた。自分を拘束し、妨げた、古い足枷や内心の傾倒からソフィーは抜けだした。ジャンセニスムの神の像を、温かい、愛にあふれた存在であるキリストの聖心（みこころ）に変貌させた。ファーヴル神父の長年の激励が、孤独と拒絶の歳月への備えになった。すべてが実を結んだ。いまやソフィーはひとりで、自己とともに、彼女の神とともに生き、生涯の果実を、甘くかつ苦い果実を味わうことがかなったのである。

一八三九年から五一年のあいだにソフィー・バラがたどったうちなる旅のひとつの表れは、ルイーズ・ドゥ・リマングとの交流を再開した方法にある。一八四五年のローマでのふたりの面会はぎこちなく重苦しかったが、一八五〇年になると、時の経過とともにふたりの女性は深いふれあいをふたたびとりもどした。過去を水に流し、変わらぬ信頼をもちつづけている、とソフィーはドゥ・リマングにくり返して安心させた。信頼の証として、一八五一年にソフィーはルイーズ・ドゥ・リマングをオーストリアの諸修道院の代牧に任命した。ようやくドゥ・リマングは、解任され降格されたと思わずにローマを去ることができた。それはさておき、ソフィーがみずからに起こったことと、みずからがたどりついた内的自由をかいまみせたのは、うちなる次元においてである。不安や力不足の念に囚われつづけていたルイーズ・ドゥ・リマングに、ソフィーは前に進むようにとうながした。自分が内的自由に向けて苦闘していたとき、ファーヴルが用いた言葉を送り、ルイーズ・ドゥ・リマングに語りかけたのである。

……どうか、これは何度でもくり返しますが、どうか魂を開きなさい。あなたは自分を二重に束縛しています。あなたの欠点は、たんなるもろさにすぎないというのに、あなたをひどく動揺させ、心をしめつけています！　イエスの聖心にいっそう近づき、自分のことを考えないようにしなさい。イエスの栄光と、ひとびとの魂のなかではたらくイエスのわざこそが、あなたの思考を支配すべきなのです。ただ一度、自分の欠点を非とすると決意すれば、それでいいのです。魂の力をたくわえ、イエスとの一致と愛のなかに自分をゆるぎなく保つのにそれを用いなさい！　一致と愛の美徳をやしなうために、すべてが役立つことを信じなさい。乾木や、青木や、茨や、柴を火にくべるようなものです。……こうした材木は……燃料となり、……燃えさかるかまどの活動のおかげで、その性質が変えられるのです！　イエスもおなじようにわたしたちの魂にはたらきかけられます。わたしたちがわたしたちの存在を完全にイエスにゆだねるならば。

　ソフィーはファーヴル神父とともにシャンベリーですごしたときを、ルイーズ・ドゥ・リマングに思いおこさせた。ソフィーは当時をなつかしくふりかえり、その後のできごとが、かつてのふたりの友情を傷つけたが、その友情をとりもどしたいと望んでいることを述べた。しかし、ソフィーの人生は変わり、すべての手紙にみずから返信できないため、ルイーズ・ドゥ・リマングにかつての親しい口調を用いないように頼んだ。聖心会の統治の仕事の量が、年齢、体力、個人的な選択に加えて、ソフィーとすべての会員とのあいだに距離を築いたのである。

　一八五一年一二月の会員宛ての手紙で、イエスの聖心が神の怒りからの防御者にして保護者であると、ソフィーは述べた。深く刻まれた、怒れる暗い存在としての父なる神の像をとりのぞくことはできなかったものの、苦しみ、死者からよみがえった、人間的な、傷ついたキリストの姿に、自分の怖れやもろさからの砦を見いだした。十字架上で貫かれたこの愛の陰に身を寄せ、ソフィーはみずからの平和を見いだしたのである。そこから聖心会に語りかけ、キリストの聖心から流れる癒やしの香油に触れることをみずからに許すように、と会員たちにうながした。言葉や善行よりも霊的生活の質のほうがこの世界により多くをなすと確信し、キリストと聖心会への個人的な奉献を深めるように、と会員ひとりひとりに呼びかけた。

深い内的生活を送る以外に、イエスの聖心への愛と奉献をあらたにできないことはおわかりですね。うわついた、うつろなひとは、この奉献の本質を理解できず、奉献へとつづく道へとふみだすこともできないのです。

総会の仕事に話題を移し、ソフィーは聖心会が管区の区分と管区長の職務の導入を認められなかったことへの失望を隠さなかった。しかし、代牧区と代牧の職務を導入するという妥協案をうけいれるように、全員に呼びかけた。ソフィーは述べた。教皇ピオ九世が管区／管区長の制度を認めなかった理由はわからない。聖心会の会員はこれらの用語に慣れ親しんできた。第五回総会がこれらの用語を採択して以来、一二年がすぎたにもかかわらず、いま変更を迫られている。だがたんなる用語の変更であり、現実はそのまま残る、とソフィーは率直に述べた。いかにもソフィーらしく、どうにもならないものは有効利用し、そのまま採用して未来に歩みだしたのである。総会のほかの決定も説明し、代牧や各地の修道院長にさらなる手紙を書いた。ソフィーは長きにおよんだ分裂と不一致の時期ののちに、聖心会の一致をかたちづくり、つくりあげる作業に向かった。ついに総会に無条件に自分の指導をうけいれられたという確信を得て、嬉々としてこの作業にとりくんだ。終身の総長として選出されて以来、四七年を経て、ソフィー・バラは自分の個人的な役割が批准され、聖心会内部に平和がもたらされたことを確認した。これが聖心会への最後の主要な手紙だった。その意味では、彼女が創立し、よいときも悪いときも、長年かけてはぐくんだ修道会についての最後の声明だった。そして、聖心会が内外の勢力によって崩壊の危機にさらされたとき、ソフィーは苦しみながらも和解と平和の道を探しあてたのである。

長年の友人セゼール・マチュウにも手紙をつづった。マチュウは総会の重要性を理解して、総会が平和な肯定的なものだったと聞いて喜ぶだろう。

> 総会の出席者には善き精神がやどっていました。彼女たちとわたしとのあいだに完全なる一致がありました。聖心会を強化するのに必要とわたしが考えたものすべてがうけいれられました。

ソフィーは引退して職責をほかの人物にゆだねたいと考えていた。第六回総会の席で総長職の辞任を申しでたが、出席者たちはその件を検討することすら拒んだ。ソフィー自身が聖心会内部の一致の焦点となり、象徴となっており、いまだ未来のあらたな指導者を養成していなかった。自分の心のうちで聖心会の一致のために続投しよう、とソフィーは決意したのかもしれない。まわりを見まわし、聖心会の第二世代の会員のなかに自分の後継者になりうる人物を見いだせなかったのだろうか。あるいは、自分の運命であり、神のみ旨である、ととらえたのだろうか。一八五三年にソフィーはエマ・ドゥ・ブショーにこうしたためている。

わたしたちはなんという人生を送っているのでしょう。……若いころは、カルメル会の修道院にひきこもろうと考えていたというのに。神の道ははかりしれません。神のご計画だと確信できなかったなら、カルメル会に入会しなかったことをいつまでも後悔したでしょう。ですが、すくなくとも、わたしたちのなす仕事と孤独を一致させねばなりません。そしてこの竜巻に、魂がいつでも避難できる深い洞穴を対峙させねばなりません。わたしたちには、この岩のなかの洞穴はイエスの聖心（みこころ）なのです！

養成の仕事は、以前と同様、手紙や訪問をとおしておこなわれていくことになる。ただし、いまや聖心会の会員がパリのソフィーを訪問するようになっていた。ソフィーはだんだんと旅をひかえ、書斎から聖心会を統治することに精力をかたむけた。このころ、ソフィーの手紙の量は大幅に増え、聖心会が存在するすべての国との交流を手紙に頼った。体質はつねに虚弱だった。冬はたいてい二、三か月ほど室内に拘束され、この恒例の冬籠りが一年の残りの時期をのりきる体力をもたらした。アデル・カイエが助けになった。カイエの仕事ぶりと有能さが聖心会内部の通信と情報の継続性を確立した。カイエは有効に機能する事務局を組織し、一八五三年には一八四三年に導入された出版局を刷新し、聖心会がみずからの文書を印刷する警察の許可を更新した。

この間、聖心会はヨーロッパ全土と海外で発展しつづけた。ヨーロッパでは以下の各地に修道院が創設された。フランスではモンフルーリ（一八四六）、アミアン近郊のラ・ヌーヴィル（一八四七）、マルムティエ（一八四九）、オルレアン（一八五一）、レイラック（一八五一）、ムーラン（一八五三）、サン＝ブリュー（一八五四）、サン＝ピエール＝レ＝カレー（一八五四）、ブザンソン近郊のサン＝フレオル（一八五六）、アングレーム（一八五六）、そしてリヨンのレ・ザングレ（一八五九）。プロイセンではヴァーレンドルフ（一八五一）。イングランドではロンドンのローハンプトン（一八五一）。アイルランドではアーマー（一八五一）とダブリンのマウント・アンヴィル（一八五三）。オランダではブルーメンタール（一八四八）とリエージュのボワ・レヴェック（一八六五）。イタリアではミラノ（一八五三）。ティロル地方ではブレゲンツ近郊のリーデンブルク（一八五四）。ポーランドではポズナニ（一八五七）。スペインではカマルティン（一八五九）。

アメリカでも聖心会は発展しつづけた。修道院が設立されたのは以下の各地である。マックシェリスタウンから移転してフィラデルフィア（一八四六）、マンハッタンヴィルとイーデン・ホール（一八四七）、ナチトチェス（一八四七）、ポタワタミ族居留地のカンザスのセントメアリーズ（一八四八）、バッファロー（一八四九）、バトン・ルージュ（一八五一）、デトロイト（一八五一）、オルバニー（一八五二）、バッファローから移転してロチェスター（一八五五）、シカゴ（一八五八）、オルバニーから移転してケンウッド（一八五九）。カナダでは以下のとおり。サン゠ヴァンサン゠ドゥ・モントリオール（一八四六）、ハリファックス（一八四九）、サンドウィッチ（一八五二）、ニュー・ブランズウィックのセントジョン（一八五四）、サンドウィッチから移転してオンタリオのロンドン（一八五七）、サン゠ヴァンサン゠ドゥ・モントリオールから移転してソー゠オ゠レコレ（一八五八）。

大きな冒険をものともせず修道院が設立されたのは、キューバとラテン・アメリカだった。ソフィーは以前にもラテン・アメリカから修道院創設を要請されたものの、そのときは人員も適切な機会もなかった。しかし、フランスにおける一八四八年の革命や、一八五九年から六〇年にかけてのヨーロッパの革命の結果、人員の余地が生まれ、ソフィーはチリのサンティアゴ（一八五三）、タルカ（一八五八）、そしてコンセプシオン（一八六五）に聖心会の修道院を創設した。キューバでは、ハヴァナ（一八五八）とサント・エスピリトゥ（一八六三）で修道院が創設された。あらたな修道院の創設のほかにも、既存の修道院が事業を拡大し、学校を増やしたり、可能かつ必要な事業を加えたりした。

聖心会の活力は疑いようがなかった。ソフィーは注意を注ぎ、用心しながらもその成長を見守った。ともに統治の任にあたったひとびとは、聖心会内の三世代から構成されていた。創立当初の会員たち、聖心会の第二世代、および各修道院の指導者として養成中の第三世代である。このころ、第一世代の会員の多くはすでに世を去っていた。フィリピーヌ・デュシェーヌは一八五二年の秋に亡くなった。ソフィーとフィリピーヌの交流は、ひとたびフィリピーヌが修道院長を辞任すると少なくなり、一八三九年から四七年にかけてソフィーとフィリピーヌのあいだで交わされた手紙はごくわずかだった。一八四二年二月にフィリピーヌがソフィーに宛てて、アメリカにおけるエリザベス・ガリツィンの指導力を賞賛したのは不運だった。フィリピーヌは「あのひとはあなたの大いなる仕事にとっての並々ならぬ助けとなるでしょう」とガリツィンを称えたのである。ソフィーがこの手紙をローマでうけとったのは、アメリカだけでなくヨーロッパでもエリザベス・ガリツィンが反対を煽動していると知ったちょうどそのときだった。さらに一八四二年に予定されていた総会に宛てて、一八三九年の総会決定の批准を求める各会員の署名入りの手紙を送るように、とエリザベス・ガリツィンはアメリカのすべての修道院に呼びかけていた。フィリピーヌもそうした手紙に署名した。ソフィーはフィリピーヌの署名を目にしなかったかもしれないが、アメリカの聖心会会員がエリザベス・ガリツィンを支持したことは知っていた。

　一八四二年から四六年にかけて、ふたりの友のあいだの通信はまったくない。フィリピーヌは必要不可欠な手紙だけを送るように、という当時のソフィーの聖心会一般への要請を尊重したのである。ただし、これを守るのはむずかしく、一八四六年、フィリピーヌは最愛のフロリッサン修道院を閉鎖する計画を耳にして、沈黙を破る。エリザベス・ガリツィンがフロリッサンの聖堂にある聖フランシス・レジスの画と記念堂をとりのぞくようなことになれば、かならずや災いが起こるだろう、とソフィーに書きおくったのである。ガリツィンが聖フランシス・レジスの画の代わりに聖心（みこころ）の画をかかげても、フィリピーヌの憤りは収まらなかった。そしてセントマイケルズの修道院におけるエリザベス・ガリツィンの突然の痛ましい死を、このときの行為と結びつけた。あのような破壊行為にはいかなる祝福も与えられないだろう、と言って。ソフィーはパリでこの件を知り、一八三九年の総会決定をめぐる危機的状況のさなかにありながら、フィリピーヌの感情をふみにじったエリザベス・ガリツィンの無神経さを叱責した。グルノーブルにおけるフィリピーヌの革命の経験や、彼女の聖心会と宣教の召命と聖フランシス・レジスへの奉献とのつながりについて、ガリツィンは無知だったのである。

　一八四六年、フィリピーヌはソフィーへの手紙で沈黙を破った。翌年、聖心会会員の彼女の姪アメリ・ジューヴがアメリカに向けて旅立った。行き先はカナダのモントリオールだったが、大きく迂回してまずセントチャールズにいるフィリピーヌを訪れるように、とソフィーはジューヴに頼んだ。ソフィーは古い友人に変わらぬ友情を伝えたいと望み、フィリピーヌに手紙と贈物を送った。フィリピーヌはおおいに喜び、すぐに返答した。ソフィーはフィリピーヌに長い沈黙の理由をたずねた。これがきっかけでフィリピーヌはなにがここ数年のふたりの通信を阻んでいたかをソフィーに説明することができた。フィリピーヌは一八三九年のローマの総会がひきおこした不安を鎮める次回総会の開催を待っていたのである。その総会がまだ開催されない一八四七年当時、エリザベス・ガリツィンがアメリカの聖心会会員にどのようにうけとめられていたかをフィリピーヌはソフィーに伝えている。

この国のすべての修道院はマダム・ガリツィンがおこなった変更をうやうやしく歓迎しました。あなたの意向だと思ったからです。ですが、あなたのひとことでかならずやかつての秩序が回復されるでしょう。……マダム・ドゥ・ガリツィンの訪問は災いでした。あのひとは権威をふりかざし、司教たちを立腹させるふるまいにおよびました。聖心会の内のみならず外でもしかり。そしてあわれな修道女たちは、羊のごとく、まるであのひとが総長であるかのように手もなく率いられました。だれも真の総長のことを口にしませんでした。

フィリピーヌの手紙は、友人が自分を裏切ったわけではないことをソフィーに示した。フィリピーヌがエリザベス・ガリツィンの要請に応じて手紙に署名したのは、それがソフィーの意向だと思ってのことだった。当時、通信に時間がかかったうえに、一八四二年の秋から四三年の春にかけてのフランスの聖心会内部の状況が刻々と変化したため、聖心会内部の教皇権至上主義とガリカニスムの二極化のことを、アメリカではだれも知らなかった。また、エリザベス・ガリツィンがアメリカとヨーロッパで指揮した署名活動の究極の目的も充分に理解していなかった。フィリピーヌやほかのアメリカの会員たちは、事後に手紙や、アメリカやカナダの修道院にやってきた会員からことの真相を知ったのである。一八五一年にバチルド・サリオンと長時間にわたって話しこんだとき、フィリピーヌはようやく状況の全体像を把握した。ヨーロッパの聖心会でなにが起こっていたのかまったく知らず、ソフィーが耐え忍んだことを想像するしかできない、とのちになってソフィーにつづっている。ソフィーがフィリピーヌへの手紙で過去に触れることはなかった。肝心なのは、ふたりの女性の関係性が回復されたことだった。ふたりとも頻繁には手紙をやりとりしなかったが、たがいの理解と尊敬は慰めをもたらした。ソフィーとフィリピーヌはかならずしもおなじ修道生活のヴィジョンをいだいていたわけではなかった。また、フィリピーヌはアメリカの聖心会創設初期にソフィーが望んでいたような統治上の指導力を発揮できなかった。それでもソフィーは、フィリピーヌがはじめグルノーブルのサント゠マリー゠ダン゠オーで、ついでミズーリで示した召命への忠誠をつねに尊敬しつづけた。そしてフィリピーヌがついにシュガー・クリークのネイティヴ・アメリカンのもとにたどりつくと、ソフィーは歓喜し、奇蹟が起きたと驚嘆した。いかなる犠牲を払っても召命に従うという基本において、フィリピーヌの精神的な偉大さは非のうちどころがなかった。これこそがソフィーと聖心会への彼女の最大の贈物だった。一八五二年八月、フィリピーヌは健康の衰えを意識し、ソフィーにそのことを伝えた。数週間後、記憶を失いつつあることに気づき、ソフィーに手をさしのべねばならないと感じ、手紙を書いた。ソフィーへと向かおうとする行為は、フィリピーヌが最後の旅の始まりを認識してのことだった。死が迫っていたのである。手紙は、忠実な友情の最後の行為でもあった。ソフィーが彼女からの手紙をうけとったころ、すでに一八五二年一一月一八日にフィリピーヌ・デュシェーヌは亡くなっていた。

一八五〇年にはもうひとりの友人ジョゼフ・ヴァランが亡くなった。数年間、ソフィーとジョゼフ・ヴァランの関係はぎくしゃくしていた。ヴァランの死の一年前、ソフィーが手紙を送ると、すぐに温かい返事が返ってきた。

われわれのあいだに横たわっていた、かくも長い沈黙のことを思うと、まことに苦しめられます。かくも長きにわたり、ふたりともひとことも交わしませんでしたが、それでもわれわれの心の一致は健在です。四八年前、善き主がわれわれの心をひきよせられたのです。

ふたりの関係は平穏ではなかったものの、たがいに尊重しあうようになっていた。ソフィーにレオノール・ドゥ・トゥルネリの夢を紹介したのはジョゼフ・ヴァランであり、ルイ・バラの厳格な養成がソフィーに自分の霊性に自信を失わせたとき、霊的に助けたのもジョゼフ・ヴァランだった。にもかかわらず、ジョゼフ・ヴァランはほかのひとびとが先に気づいたようには、ソフィー・バラが、小さな、生まれくる修道会の指導者であるという事実をなかなか認めなかった。一時、ヴァランはサン゠テステヴを支持し、ソフィーの疑念や不安に耳を貸さなかった。しかし一八一四年から一五年にかけて、サン゠テステヴにともに反対したとき、疎遠だったソフィーとヴァランはふたたび協力した。ところが一八三九年の総会決定をめぐる危機をめぐって、ふたりはふたたび袂を分かつ。ヴァランはソフィーが聖心会の目標や目的を修正したと考え、一八三九年の総会決定の廃止を訴えるユージェニー・ドゥ・グラモンに加担したのだ。これはソフィーの指導力を傷つけ、ソフィーの忠実な伝記作家アデル・カイエでさえ、一八三九年から四三年にかけてのユージェニー・ドゥ・グラモンとジョゼフ・ヴァランの往復書簡を隠蔽しようとした。亡くなる一年前、ヴァランは友人たちと回想し、聖心に捧げられた女子修道会が創立されるというレオノール・ドゥ・トゥルネリの確信についてふたたび語った。

わたしの頭と心から離れないこの考えが、聖心会において実現をみたのです。当初はキリスト教教育婦人会と呼ばれ、……四人の女性によって始められた［修道会でした］。マダム・バラが指導者に選ばれました。マダム・バラは二二歳のときから創立者にして修道院長でした。

当人に直接語られなかったものの、ソフィー・バラに向けられた最後の掛け値なしの称賛だった。一八三九年の総会決定をめぐる危機が解決されたことに満足している、とヴァランはソフィーに述べた。一八四九年の夏、ソフィーはふたたびヴァランとの交流を始め、冬にはパリで彼と会った。一八五〇年四月一九日にジョゼフ・ヴァランが亡くなったとき、ソフィーは聖心会会員に宛てる回状を作成中だった。回状にジョゼフ・ヴァランの死の知らせをつづり、亡くなる前に彼に手紙を書き、ふたりのあいだにわだかまりが残らないことを望んだと報告した。ジョゼフ・ヴァランと聖心会のあいだに緊張感と距離が忍びこんだ事実を、ソフィーは隠そうとしなかった。それでも、聖心会は、神についで、ジョゼフ・ヴァランにその存在を負っている、と礼を尽くした。寛大な賛辞だった。

一八五四年になると、ソフィーはヴァレンヌ通りの修道院に導入しようと望んだ改革が功を奏しているという手ごたえを得る。学校は成功し生徒数は増え、より広い場所の確保が緊急の課題だった。そのため、ソフィーはパリのほかの地所への移転を検討しはじめた。聖心会の統治の中心と定め、会員が終生誓願を立てる前の最後の数か月間の養成期間をすごす場所を確保するためである。一八五四年にソフィー、総長顧問たち、およびアデル・カイエが指揮する事務局はヴァレンヌ通りの修道院を離れ、フォーブール・サン゠ジャックのフイヤン通りの物件に移り住んだ。ところがソフィーたちがそこに落ちついたとたん、オスマン男爵がパリの都市再生計画を発表した。フォーブール・サン゠ジャックはその計画の対象にふくまれ、聖心会は補償金を見返りに物件の所有権を没収されることを聞かされる。パリのほかの適当な場所を探したものの思わしい結果を得られなかったため、唯一の方策はヴァレンヌ通りの敷地の庭に本部［母院］の建物を建設することだという結論にソフィーは達する。そして新しい建物が完成するまでカッシーニ通りに臨時の物件を借りた。フイヤン通りの物件の補償金で建てられた新しい本部［母院］は、一八五九年六月に完成した。

一八五二年七月、一八五一年のリヨンの第六回総会で採択された一八二七年の政府認可の規約への変更認可の正式な申し入れを、パリの公教育・宗教大臣にソフィーはひそかに依頼した。第三条は具体的に総長のパリ居住を定めていた。規約はなんの問題もなく認可され、聖心会内部からの反発はなかった。論争の火は鎮まっていた。いまやソフィーは自分の仕事を固め、未来のための堅固な基盤を築くことができる。ソフィーは総長顧問たちとすくなくとも週に二回の会議をもち、彼女たちと協力して聖心会の監督にあたった。代牧たちと地域の修道院長たちとは手紙で緊密な連絡を図った。代牧や修道院長たちは年間をとおして定期的にソフィーへの公式の手紙を書き、この通信のおかげでソフィーは聖心会の全体像を把握することができた。仕事日は会議、手紙の執筆、および個別の面会についやされた。公式の書簡はアデル・カイエと事務局が担当したが、個人的な手紙の多くは自分で書いた。病を得たときや、多忙をきわめるときは総秘書アデル・カイエに代筆を頼んだ。ソフィーの日々は忙しく充実しており、彼女の人生のなかに徐々に笑いと安堵感が忍びこんだ。とくに庭ですごすレクリエーションの時間をソフィーは楽しむようになった。時間が許すときは小学校の生徒たちとともにすごすのが喜びだった。自分自身となしとげた仕事に平穏を見いだし、いまや労働の実りを享受したのである。

各地への旅や対処せねばならない業務の量にもかかわらず、ソフィーはジョアニーの家族との接触を維持した。いまや晩年になってソフィーはここ数年来に比して家族と定期的に連絡をとるようになっていた。甥のスタニスラス・デュソッソワが頻繁に手紙を書き、つねに家族のようすを知らせたので、聖心会の業務に追われているときも、実家でなにが起こっているかをソフィーは把握できた。姪や甥はだれも意志堅固な人物ではなく、つねに世話や配慮を必要とし、ソフィーに指導や助言を求めた。一番上の甥ルイ・デュソッソワは司祭に叙階されたものの教区に属さず、徐々に精神的に不安定になっていった。ソフィーは長年ルイをヨーロッパかアメリカの聖心会修道院の修道院付司祭として落ちつかせようとしたが、どこにいっても長続きしなかった。どの修道院もしばらくルイをうけいれ、その後、立ち去るように求めた。ルイはソフィーの悩みの種だったが、ソフィーは決して病気のルイを責めなかった。一八四八年には、老齢になったときのルイがどうなるのだろう、とスタニスラスに心配を打ちあけている。ルイは六か月間ラ・フェランディエールの修道院に滞在したが、態度と気分の変わりようがひどすぎて、修道院を去るように申しわたされたところだった。

ルイはコルマール［キーンツハイム］近郊の修道院に向かっているそうです。わたしに敬意を表して、かの地で迎えいれてくれるでしょう。ですが、なんという人生でしょう！　いまでさえ要求が多く気むずかしい性格が、さらにひどくなっていくようです。しまいにはどうなるのでしょう？　わたしにはわかりません。多分に精神的な要因だということはおわかりですね。恐怖に支配されるのに甘んじて、自分を律することができなくなるのです。頭がおかしくなっても、わたしは驚かないでしょう。恐怖にさいなまれるのはルイのせいではないのです。

恐怖にさいなまれようがさいなまれまいが、ルイは叔母の評判を頼りに、世界中を旅した。フィレンツェ、ロレート、ローマに行き、ふたたびアメリカに行き、のちに聖心会がチリに修道院を創設すると、ラテン・アメリカにも行った。どの修道院でも、たいてい数か月しか修道院付司祭の任に当たれず、その後、ルイはフランスにもどり、叔母が聖心会のどこかの修道院に職を探してくれることを当てにした。ときおり家庭教師として働き、一度はジョアニー近郊のサン゠トーバンの終身の教区司祭の職の申し出があった。ソフィーはこれに解決策を見いだし、そこに落ちつくようにと甥を熱心に説得した。ところがルイは説得に応じず、まもなく旅に出ていった。一八五七年になると、さすがのソフィーも忍耐の限界だった。このとき、ルイはニューヨークのマンハッタンヴィルにいた。ソフィーの顔をたててアロイジア・ハーディがうけいれてくれたのである。あなたは饒舌で自己中心的で怠惰だ、とソフィーは歯に衣着せずにルイ本人に書きおくった。ニューヨーク滞在中にルイがやるべき仕事のあらましを書きだし、それに従うようにと命じた。だがルイが自分の忠告を聞かないだろうとわかっており、スタニスラスに皮肉まじりにもらしている。

「まずまずの健康に恵まれたひとが、仕事もせずに平気でいられるのは理解できません」

ソフィーは姪のゾエに結婚後数年しても子どもが生まれないことを案じ、ゾエと夫に養子を迎えてはどうかと提案した。ふたりの結婚がうまくいっていないのを察して、これで結婚を維持できればと期待したのである。一八四六年、息子オスカルが生まれ、しばらくは夫婦関係もうまくいくとみえた。ソフィーは姪の息子の人生の各段階を愛情ぶかく見守り、ジョアニーとアミアンで教育をうけられるように手配した。ところが一八六四年三月二〇日、オスカルが急死し、家族全員が打ちのめされた。彼がデュソッソワ－バラ家の唯一の第三世代だったからである。オスカルの死でゾエと夫クザンの不仲は決定的になり、ふたりは離別を決意した。一八七六年に夫がジョアニーにもどれないようにゾエが軍隊に正式の別居を申しでた事実は、ふたりの関係性がいかに悪化したかを物語る。

ソフィーの姪のなかで生きのこっていたのは聖心会会員のソフィー・デュソッソワひとりだった。姪ソフィーは学校で教え、ヴァレンヌ通りの修道院で人生の大半をすごした。叔母と姪のあいだはぎくしゃくしていた。一八三九年の総会決定をめぐる危機の時期に、ソフィー・デュソッソワがパリでの叔母の屈辱を目の当たりにしたせいだろうか。一八四二年にエリーザ・デュソッソワがコンフロンの修練院で亡くなったとき、あなたに自分のすべての希望を託している、とソフィーは残った姪のソフィーに述べた。ところがその後のソフィー・デュソッソワには失望した。姪はまずまずの教師だったが、それ以上の責任をまかせられなかった。兄ルイ同様、ソフィー・デュソッソワも叔母の評判を当てにしがちだった。とくに一八五〇年以降、ソフィーが意図的に姪をパリから遠ざけてからこの傾向は強まった。ソフィーは姪に聖心会内の責任ある仕事を与えようとしたが、姪とともに生活し仕事をする会員たちの助言を聞き、それは不可能だと悟った。ソフィーはときおり姪に手紙を書き、姪の仕事のための小さな贈物を送った。一八五七年には姪に煙草を買う金を送っている。ただし、健康のために役立つのでなければ、喫煙の習慣はやめたほうがいい、と言いそえた。ソフィー自身は一八三〇年以来嗅ぎ煙草を常用し、鼻風邪をひいたときに効果があると思っていた。喫煙も試みたが、あまりにも好みに合いすぎて断念した。姪にも喫煙をやめるように勧め、長年喫煙していたジョゼフィーヌ・ドゥ・コリオリスがついにやめたことや、自分も喫煙を断念したことを伝えている。

　姉マリー＝ルイーズの健康状態が悪化するとともに、ソフィーの家族への責任感は大きくなっていった。姉がなにを必要としているかに心を配り、毎年、一足の靴を贈り、ときどきショールや暖かい肌着などを贈っていた。一八四五年にルイ・バラが亡くなったころ、マリー＝ルイーズはすでに記憶を失いはじめていた。一八四七年、南仏に向かう途中、ソフィーはジョアニーに立ち寄って姉を見舞う計画を立てる。翌年、ソフィー・デュソッソワをボルドーからパリに呼びよせ、パリからジョアニーの母を見舞えるように手配する。だが一八四九年七月になると、マリー＝ルイーズがすっかり記憶を喪失し、だれが訪ねてもわからないことをソフィーは悟る。ソフィーは姉の病状の悪化に深く心を痛めた。一八五一年七月にリヨンからパリにもどる途中、ジョアニーを通ったが、立ち寄るのが忍びなく、スタニスラスに書きおくった。

> 家族全員に親愛なる挨拶を送ります。もちろん、もう一度、あなたのお母様に会いたかったのですが、失礼してしまいま

した。病状を目にするのが忍びなかったのです。わたし自身、仕事と疲労で精神がすり減っているときに、痛ましい姿を見れば、ひどくとり乱したと思います。

数か月後、ソフィーは第六回総会の開催のためにパリからリヨンに向かい、ジョアニーを通過した。このときも姉を訪問しなかったが、ふたりの総長補佐が数分間、ジョアニーで列車を下り、乗り換える予定の列車に乗りおくれ、真夜中までべつの列車を待つ羽目になった。シャロンで合流したふたりに、ソフィーはスタニスラスに連絡を取らなかったことを咎めた。ふたりが旅をつづける前に、甥が食事の手配をして、家で休ませてくれただろう、と言って。一八五二年一月中旬、総会の帰り道に列車がジョアニーを通過する時刻をソフィーはスタニスラスに伝えた。列車が駅に到着し、数分間停車すると、スタニスラスが待ってい て、ソフィーに家族のようすを知らせた。ソフィーはのちにスタニスラスに書きおくる。

お母様についての詳細に心を痛めました。まちがいなく人格の死です。事故を防ぐためにあなたがどれほど気を配らねばならないかと思うと……それに、この状態は何年もつづくかもしれません。……幼年時代にお母様があなたがたに与えてくださった世話を思い、すすんで義務をはたしなさい。

一八五二年八月、マリー゠ルイーズの容態がいちじるしく悪化した。スタニスラスはソフィーに病状を報告しつづけた。ソフィーはマリー゠ルイーズが病者の秘蹟をさずかるように求め、臨終のときに病者の秘蹟にあずかるひとが正気の瞬間を経験することもある、としたためた。このとき、ルイ・デュソッソワの不安定な精神状態が如実に現れたといえるだろう。母親が瀕死の床にあるというのに、ルイはジョアニーを去り、マルムティエに行こうとした。当地でふたたび叔母ソフィーの顔で修道院に迎えいれられる気でいた。ルイの態度に心を痛めたソフィーは、母が亡くなるまでルイを説得してジョアニーにとどまらせるように、弟のスタニスラスに頼んだ。だが、スタニスラスの説得は効果がなかった。一八五二年九月にマリー゠ルイーズが八二歳で亡くなったという知らせを聞くと、ソフィーは姉の苦しみが終わったことに安堵した。同時に、瀕死の母をおいてジョアニーを去ったルイを許すのはむずかしい、と打ちあけている。

マリー゠ルイーズの死後も、ソフィーは毎年一回家族がパリを訪問するという以前からの習慣をつづけた。そのためにソフィー・デュソッソワをル・マンから、そしてのちにボルドーからパリに呼びよせることもあった。ソフィーは亡くなるまでこの習慣をつづけた。また、一八二〇年に始めたとおり、スタニスラスとゾエからパリの修道院で使用するワインを買いつづけた。ふたりを支え、定期的に励ましの手紙を送った。同時に、ソフィーはジョアニーのいとこたちとの交流をつづけ、彼らの生活に関心をもち、家庭内の争いごとを調整しようとした。経済的に困窮したいとこには送金した。なかにはパリの名士への口添えを期待する者もいたが、そういうときはパリでは影響力がなく、ブルボン王家の時代にも名士の引き立てはかなわなかったと言って断った。一八五二年にスタニスラスに述べているとおり、ソフィーは古くからの友人の訪問には応じたものの、フォーブール・サン＝ジェルマンの社交界と疎遠になっていた。

生涯をとおして表わした家族への忠実さは、ソフィーの人柄のある資質を物語った。それは、ソフィーの最大の美点であり、最大の弱点でもあった。愚かなまでに友人や家族への忠誠を貫いたのである。この資質がユージェニー・ドゥ・グラモンとの友情に顕著だった。姪や甥との交流にもあきらかだった。だが、ソフィーの忠実さの恩恵を味わったのは、親友や家族だけではなかった。一八四二年にジュリア・ドゥ・ヴィッカという少女が、家庭も家族もないらしく、ふしぎな言語を話し、マルセイユ付近をさまよっているところを発見された。バビンスカ伯爵夫人が自費でこの少女をヴァレンヌ通りの学校に入学させ、そこでジュリアはフランス語を学んだ。ソフィーは学校でこの少女と出会い、そのふしぎな物語に共感し、めんどうをみることにした。ジュリアは芝居を打つのがうまく、ソフィーの好意を利用し、ソフィー以外のひとと口をきかなかった。パリの学校で、のちにボーヴェとニューヨークで、この少女は厄介者になった。それでもソフィーはゆるがず、ジュリアがどんなに非難の的になっても、支持しつづけた。コンフロンの修練院でジョゼフィーヌ・ゲッツにジュリアの世話を頼み、ふたりの修練女が世話係になった。これもうまくいかず、ジュリアは聖心会の修道院をわたり歩くことになる。ルイ・デュソッソワ同様、ソフィーの庇護を頼りにパリ、ブザンソン、コンフロン、そしてトゥールとめぐったのである。その間、ソフィーはジュリアを支えつづけ、定期的に手紙を送った。ジュリアはパリ－リヨン間の鉄道で働くジョルジュ・オーギュスタンと知りあい、結婚をもちかけた。ソフィーはこれに賛成し、結婚を奨めた。

一八六一年、ジュリアは結婚した。結婚生活は数週間しかつづかなかった。ジュリアは暴力をふるい、悪態をつき、酒びたりになった。日夜、町をうろつき、ソフィー・バラをののしりつづけた。その間、政府当局は、ジュリアが一八六〇年八月にすでにべつの相手と結婚していることをつきとめた。当局は結婚の解消を求めたが、ジョルジュ・オーギュスタンはそれを望まず、パリに行き、ソフィーに相談した。ソフィーは結婚を維持するように彼を励まし、ジュリアに心を入れかえるように手紙を書きつづけたが無駄だった。この状態のまま、一八六五年にソフィーが亡くなると、ソフィーの後継者たちは一八七二年にジュリアが死ぬまで、このふたりと接触をつづけねばならなかった。この件でソフィーはつねにジュリアたちに忠実だった。悲惨な状況で世間でも物議をかもしたが、ソフィーはジュリアとジョルジュに手紙を書きつづけた。友情を約束した以上、友人に援助を惜しまなかった。この一風変わった人間関係がソフィー・バラの存在のありようをもっともよく描きだしているといえよう。これほどの忠実さと忠誠心は英雄的でさえある。その一方、これほどの忍耐には理性に左右されぬ頑固さがうかがえる。良かれ悪しかれ、どちらの性向もソフィーの性格と気質に顕著だった。

この膠着状態を整理しようと試みる一方で、ソフィーは聖心会の教育の仕事を見守りつづけた。一八五〇年以降の時期に、それぞれの学校が政府当局と司教たちとの同意を反映した必須文書を完備するまでを、ソフィーは見届けた。一八五〇年に議会を通過したファルー法のおかげで、国家基準に従って教員を育成する直接の圧力から逃れることができた。この法律により、修道会の会員は教員免許なしに教えることを認められたからだ。それでもソフィーは聖心会の教員の適切な育成が必要であることを認め、これを念頭に、一八六二年、当時コンフロンの修練長だったジョゼフィーヌ・ゲッツに聖心会の教員の若手教員育成案を作成するように依頼した。聖心会の教員が国家試験に合格する必要がないにしても、聖心会の教員はすくなくとも一般信徒の教員と同様のすぐれた訓練をうけていなければならない、とソフィーは考えた。多くの場合、事実はこれに反することをソフィーは遺憾に思っていた。学校教育の質が見直され、とくに若手の会員が教育者として適切な訓練をうけることを、うながしつづけた。一八五五年、ソフィーはトゥールーズの学校の教育水準に危惧を感じていた。

本年は過去の償いをせねばなりません。成功裏にこれをおこなうためには、すべての面で子どもたちの教育に気を配り、神の道を実際的な方法と組みあわせねばなりません。これには学習指導要領にもとづく知識、手仕事、学問への欲求と、できれば学問への愛の鼓吹がふくまれます。また、ダンス、素描、音楽などのたしなみ、とりわけ素描の装飾的技術もふくまれます。ですが、まずなによりも、生徒は綴り方と手紙の書き方を学ばねばなりません。ほかの才能は女性にはまれですが、この時代に女性は生涯、ものを書く必要に迫られます。例外はめったにありません。ですから、このふたつの教科においては、教師たちが生徒を入念に教育するように手段を講じなさい。第六級から始めるべきです。子どもたちに綴り方を教えることで、彼女たちをおおいに助けることになります。規律正しさと礼儀正しさを求めなさい。子どもたちがよい趣味と、行儀のよさと、気高い率直さを身につけるように、しっかりと教育しなさい。これらの基本的な資質をはぐくむ努力が足りません。このような努力をつうじて、生徒とのあいだに絆を築き、彼女たちの信頼を得るでしょう。こうした簡素で謙虚な資質を身につけなければ、世間で生きていけないからです。これこそ入念にして堅実な教育の最後のしあげなのです。

　コンフロンの修練長ジョゼフィーヌ・ゲッツに白羽の矢をたて、聖心会会員の知的育成の方策を準備させることで、ゲッツへのますます深まる信頼をソフィーは示した。一八四七年以来、ふたりはほぼ毎日、手紙や面会で連絡をとりあった。新しい会員の養成が申し分ないことをソフィーは把握した。これ自体、安堵すべきことであり、ソフィーの解放感と喜びの源になった。一八五四年、ソフィーは修練長の仕事に加え、ジョゼフィーヌ・ゲッツをコンフロンの修道院長に任命した。ジョゼフィーヌ・ゲッツの起用は評判がよく、修道院は彼女の指導のもとで繁栄した。ソフィーはジョゼフィーヌ・ゲッツを聖心会の統治体制の一員にしようと決め、一八六三年にアンリエット・コパンが亡くなると、後任の総長補佐に任命した。一八六三年当時、ソフィーは自分の体力の低下を意識し、その年に総会を招集せねばならないと考えた。そのため、同年の暮れまでに、あるいは一八六四年初旬に総会を開催したいと提案する会員への手紙を書いた。ところがソフィーが病に倒れ、数か月間、事務に対処できなくなったため、この計画は頓挫した。一八六四年三月になって、ソフィーは同年六月に第七回総会が開催されることを発表する。

　総会の参加者は、ソフィー・バラ、総長補佐たち、および聖心会の代牧（ヴィカー）たちの総勢一九人だった。会議の準備の実務は総長補佐とアデル・カイエがおこなった。ソフィーの体力が長時間の仕事に耐えられなくなっていたのである。総会は一八六四年六月一七日から七月二一日までつづいた。会期中、総会会員は聖心会の生活をあらゆる角度から精査した。まず、会員と修道院の霊的生活に始まり、つぎにあらゆる面における教育の仕事をとりあげた。議論の末、つぎの重要課題が浮上した。

・とくに学校の上級学年の教育に当たる聖心会の教員の適切な育成の必要性。この目的のために、修練期が終わった直後にすべての教員の綿密な訓練が開始される。学校の教務を指導し、聖心会の教育哲学を発展させる役目を担う少数の教員たちのためには、さらなる育成期間が必要である旨が但し書きとして加えられた。

・都市部での聖心会修道院の設立。生徒の両親から多くの学校が田舎にあるという苦情がよせられた。都市部の学校は地方の寄宿学校と連携関係にあり、学費を払う生徒用の寄宿学校と通学生学校によって構成され、とくに初聖体をうける前の生徒を対象とする。これらの学校における教育は第三学級、すなわち中等学校までとする。

・会員すなわち一般信徒の組織的な補充については、以下の三通りの方法が検討された。聖心会と関連する第三会〔在俗信徒の会〕の再導入。霊的成長をうながし、聖心会への召命を養うための聖心会内の黙想の家の奨励。必要とされる地域や、助修女の補充がむずかしい地域での孤児院の維持。

聖心会はすみやかに地位を強化していた。大きな機関となり、発展に必要な課題をかかえていた。一八六四年当時、学校、黙想の家、および孤児院をとおしての歌隊修道女と助修女の補充は、聖心会を維持し、拡大するためにきわめて重要だった。一八六四年当時、聖心会の会員は三五〇〇人になっていた。聖心会には八六の修道院があった。内訳は、フランスに四四、北アメリカに一五、カナダに五、イタリアに四、オーストリア帝国に三、アイルランドに三、ラテン・アメリカに二、キューバに二、プロイセンに二、ベルギーに二、スペインに二、イングランドに一、オランダに一である。

第七回総会の会期中、ソフィーはふたたび辞任を希望し、ふたたび拒否された。このとき、出席者たちはソフィーの人生が終わりに近づき、あらたな総長を選出するために総会を招集するのはむずかしいと気づいたにちがいない。だが出席者たちはソフィーの続投を主張した。一八五一年にソフィーは聖心会の一致の象徴になっていた。生ける伝説になったのである。ソフィー自身が物語であり、語り手であり、神話であり、現実だった。これらのすべてを一身に体現していたのである。終身の総長に選出され、唯一の存命中の創立会員であり、六二年間、聖心会を率いてきた。自分は名ばかりの総長で、その職務をはたせない、とソフィーは総会に異議を申したてた。そして一八五一年に与えられた権限において代牧長を指名したいと述べた。慎重に見きわめた末、ソフィーが選んだのはジョゼフィーヌ・ゲッツだった。もしソフィーの病気が重く聖心会の統治ができなくなった場合、あるいはソフィーが亡くなった場合、総会が招集され後任の総長が選出されるまで、ジョゼフィーヌ・ゲッツがソフィーの代理をつとめることになった。ソフィーは後継者を指名したのである。

終章　一八六五年五月

一八四九年、弁護士の助言に従ってソフィーは遺書を修正し、一八五〇年六月二七日にパリで署名した。個人的な遺書が整ったところで、つぎにべつのかたちの遺書を検討しはじめた。聖心会への遺書である。一八五二年一一月から六三年四月にかけて、ソフィーはこの遺書の草案を練っては練りなおした。そのなかで自分の生涯と、創立以来の長きにわたる聖心会の指導をふりかえった。

わたしが聖心会に持参したのはわずか六フランでした。たしか、パリからアミアンへの旅費の残額だったと思います。両親の財産から一〇〇〇フランを相続するはずでしたが、そのころ、姉が一〇人の幼い子どもをかかえていたため、要求しませんでした。わたしがうけた助言に従ってのことです。

ソフィーは聖心会の統治を回想し、長年背負った責任の重さを認めた。一生をかけてたどった比類なき個人的な旅には触れなかった。また、創立期に始まり、成長と発展がもたらした危機を経て、地固めの時期にいたるまでの歳月をかけて、聖心会を見守り率いた個人的な業績にも触れなかった。三三五九人の聖心会会員にも、ヨーロッパ、北アフリカ、南北アメリカの八九の修道院にも触れなかった。聖心会の学校で教育をうけている何千人もの生徒にも触れなかった。とくに一八五〇年以降になるとソフィーは聖心会を創立した女性たちについて頻繁に語ったが、自分に焦点を当てなかった。それに八五歳ともなると人生は異なって見えるものだ。ソフィーの関心はほかにあった。

生涯をふりかえったのは、総長ではなく個人としてのソフィー・バラである。その視点からソフィーは自分が担っていた重荷を実感し、生涯のさまざまな時期におけるまちがいや判断の誤りを回想した。ソフィーを悩ませたのは、聖心会会員にたいする自分の対応だった。しばしば厳格で要求が多く、耳にした批判を鵜呑みにして性急に行動したことを悔いた。気分屋で怒りっぽく、まわりのひとびとに辛い思いをさせたことも認めた。つねに若手の会員の養成に心を砕き、手厳しく叱責することもあった。とくに一八五〇年以降、この傾向は顕著になった。かつておおらかすぎて無頓着だったことへの反省だったのかもしれない。適性のない若い女性が続々と聖心会への入会を希望するのに嫌気がさし、諦めきれない女性に食いさがられて癇癪をおこすこともあった。ソフィーには直情的で活力にあふれる一面があり、ルイ・バラの拘束をもってしてもこれを抑えることができなかった。この一面が、この精力が、幾多の危機のときにも聖心会を導き、最終的に崩壊から救ったのである。ソフィーは約束を守り、最後まで仕事を見とどけた。ほかのひとびとの勤労や献身をまっさきに認めたソフィー自身は、だれよりも勤勉で献身的な働き手だった。ソフィーの欠点は自身の生涯の影の部分であり、聖心会の影の部分だった。ソフィーは後継者たちにこう説いた。聖心会の中心的な目標は、キリストの聖心（みこころ）についての知識と、聖心（みこころ）への愛を世界に現わすことである。それこそが自分たちの人生の核であり、このヴィジョンが中心になければ、聖心会の存在に意味はない。

　生涯のさまざまな行程で、ソフィーはひとりで何歩も前進した。内気さの影から歩みでて、勇気をふるって指導力を行使した。他者との絆を築く稀有な力を発揮し、仲間に霊感を与えた。深い友情の喜びと痛みと、独占欲の代償を学んだ。もっとも親しい仲間や、社会や教会の一部のひとびとの拒絶と嘲笑を経験した。その過程において、うちなる自由と個人的な力を見いだし、控えめに行使された力の威力を示した。旅の各行程はそれぞれ痛みと喜びをもたらした。ソフィーの心と勇気が生に反応できる大きさを有していたからだ。ときには、あと一日生きのびることすら想像できないほど追いつめられていたとしても。ソフィーは力の源を神への信仰と祈りの生活に見いだした。それらがソフィーに力を与えたのである。その力とて代償を払って手にいれたものだった。ソフィーは、カルヴァリオ〔ゴルゴタ〕の丘で傷ついたキリストの聖心（みこころ）の像に仲介された神から活力を得た。これは、ジャンセニスムの神の像をぬぐい去ることを意味した。一時的に人生のある行程においてだけでなく、永遠に。

　かつてファーヴル神父はソフィーをうながした。ゴルゴタの丘の、キリストの貫かれた脇腹に顕わされた神の愛を信じよ。怖れと厳しさの神であるジャンセニスムの神の代わりに、愛の神を人生に招きいれよ。ソフィーはこの呼びかけに応じ、うちなる霊的な世界を復活の陽光に向けて開け放したのである。歳を重ねるにつれて、ソフィーの手紙に軽やかな精神が忍びこんだ。これは一八三〇年以降、とくに一八三九年から五一年の長い危機の時代を脱したあとに目をひく。折しもユージェニー・ドゥ・グラモンの死、一八五一年の総会、およびルイーズ・ドゥ・リマングとの友情の回復の時期と一致する。とはいえ、ルイーズ・ドゥ・リマングとの関係性はがらりと変わった。ソフィー自身のうちなる変化の如実な表れといえよう。ソフィーは、古くからの友人の霊性には共鳴できない、と明言した。ルイーズ・ドゥ・リマングの霊性は、過酷で厳格な、ジャンセニスムの霊性のままにとどまっていたが、ソフィーはその世界に別れを告げて先に進んだ。古い友人に示した姿勢は、ソフィーのこの移行を証するのであり、彼女が自分を解き放ち、喜びをもたらす霊性を探りあてたことを意味する。これをみつけるのはたやすいことではなく、この霊性に従って一致と首尾一貫性のうちに生きぬくのも単純なことではなかった。とくに困難や挫折にぶつかると、あっというまに逆もどりし、ふたたび光に向けて歩みださねばならなかった。

しかしソフィー・バラの意志と胆力は堅固だった。彼女にはこの基盤に支えられて意識的に生きるという無類の資質があった。この基盤に力を得て、手紙や個人的な交流をとおして聖心会の会員に語りかけた。いうまでもなく、怒りや無力感で爆発し、痛みや怖れのあまり声をあげ、うちなる平和と平穏をとりもどすのに苦労することもあった。一八六三年に生涯をふりかえったとき、自分がおかしたまちがいや過ちに目がとどまったのは、いたしかたないことだった。だが、それは自責や自己憐憫ではない。そういった要素はとっくにソフィーの人生から消え去っていた。一八四五年からソフィーの死後までヴァレンヌ通りに住んでいたポーリーヌ・ペルドロゥは、毎日欠かさず告解（赦しの秘蹟）にあずかる理由をソフィーにたずねた。ソフィーはペルドロゥの好奇心をおもしろがり、告解のときに修道院付司祭のジュリーヌ神父が助けになることを説明した。日々の自分の個人的な生活と仕事を評価すべく、毎朝、修道院のミサの前にジュリーヌ神父に告解をさずけてくれるように依頼したのである。ソフィーは徐々に自分の過去の重荷を下ろし、自分のことを話し、目前の不安を手放し、日ごとに内的平和を深める方法を見いだしたのだった。かつてルイ・バラに強制された毎日の告解の苦しみを相殺する方法だった。ソフィーは癒やしの、いわばセラピーのかたちを発見し、これが老年のソフィーに慰めを与え、死にそなえさせた。

死の敷居をこえようとする、うちなる旅の準備に没頭していたにもかかわらず、ソフィーはより広い世界との接点を失わなかった。一八六五年二月、スタニスラスに書きおくる。

わたしたちはなんという時代に生きているのでしょう！　目の前に、ふたつの極端な光景があります。一方で、富を呑みこみ、たんなる即物的な快楽をもたらすだけの、とどまるところを知らない贅沢の眺めがあります。他方で、愚かしいこれらの濫費のかたわらに、何千もの、いや、何百万もの、あらゆる階層、あらゆる年齢、あらゆる状態のひとびとが飢えで死んでいます。いまだに存在はするもののあまりにも少数の寛大なキリスト者たちが、いかにしてこれほど多くの貧窮と苦しみを助けられるのでしょう？　それでも、世界の不幸や困窮を背負うのはこの少数のひとびとなのです。必要なものを与えねばなりませんが、それだけでは足りないのです。アメリカで、ポーランドで、東方への宣教で。それにわたしたちのまわりにも、なんと多くの貧困者がいるのでしょう。実際、もっとも貧しいのは社会で身分の高いひとびとです！……わたしたちは懇願の洪水にさらされています。四方八方から聞こえてくる助けを求める声について語りつくすことはできません。

四月になると、ソフィーはスタニスラスに手紙を送った。パリのすばらしい春について述べ、遅い霜が花々を傷めないようにと願っている、としたためて。また、以前に貸した金を返してくれたことに礼を述べた。これで経済的な問題は片づいた。一八六五年五月初旬、温かい春の日和を享受して、ソフィーは午前中を庭ですごした。お気にいりの木の根元に座っていると、ときおり小学校の子どもたちがやってきていっしょにすごした。同月、ソフィーはオテル・ビロンを訪れることにした。もともとユージェニー・ドゥ・グラモンが使用していたかつての私室に行き、しばらく物思いにふけっていた。そしてソフィーらしく簡潔に、独り言のようにつぶやいた。「わたしが生き、あれほど苦しんだ場所を、いままた見ています」

ソフィーの人生に深い傷跡を残した場所への最後の訣別だった。生涯の最後の二週間を迎える前に、ソフィーは落ちつき払って自分の人生を整理した。一八六五年五月二二日、ソフィーは朝早く目覚めた。朝食を食べはじめるまでは、すべてがいつもどおりだった。ところがソフィーは頭痛を訴え、すぐに治るだろうと思い、少し休むことにした。頭痛は治らなかった。ソフィーは卒中を起こし、ゆっくりと意識を失い、二度と話さなかった。その状態で三日間がすぎた。話せなくても、あきらかにまわりの話は理解できる時期もあった。だが、最後の旅は始まっていた。一八六五年五月二五日午後一一時、キリストの昇天の祝日に、ソフィー・バラは安らかに息をひきとった。存命中、ソフィーは肖像画や写真を残すのを拒んだ。ソフィーの死後まもなく肖像画家のポーリーヌ・ペルドロゥがソフィーの素描を試みたが、三時間ほどして自分にはできないと言った。

写真家が呼ばれ、最初で最後のソフィー・バラの写真を撮影した。享年八五歳だった。

生前、ソフィーは沈黙のうちに死にたいと望んだ。望みはかなえられた。一八三九年、ソフィーはエミリー・ジラールにつぎの言葉を送った。死がまもなく自分たちふたりに訪れるだろう、と考えていたころである。

> 白鳥のように死にましょう。白鳥は死の瞬間にうちなる力をふりしぼり、それまでの生涯でもっとも調和にみちて歌います。聖人もそのように死を迎えます。死が彼らの生涯のもっとも純粋な、もっとも愛に燃える、もっとも完全な行為なのです。

このとき、ソフィーは白鳥の表象にひかれていたが、その後も二六年間生きつづけた。一八六五年には、べつの表象がソフィーのもとを訪れた。一七七九年にソフィーは炎のさなか、劇的に人生を始めた。一八六五年にソフィーはおだやかに人生に終止符を打った。そのさまは、静かに輝きながら徐々に燃えつき、ついに消える夕べの暖炉の残り火にたとえられよう。

補遺

ソフィー・バラの死はパリの新聞に報道され、忠実な甥スタニスラスは叔母の追悼文を書いた。追悼文は一八六五年六月初旬にジョアニーで出版された。葬儀は一八六五年五月二九日月曜日、ヴァレンヌ通りの修道院でとりおこなわれた。ソフィー・バラの遺骸はコンフロンに埋葬された。

マドレーヌ＝ソフィー・バラ（マグダレナ・ソフィア・バラ）は一九二五年五月二五日、ローマ・カトリック教会の聖人に列聖された。

訳者あとがき

本書は聖心会の創立者マドレーヌ＝ソフィー・バラ（聖マグダレナ・ソフィア・バラ）の本格的伝記である。著者シスター・フィル・キルロイは聖心会会員であり、女性史、教会史を専門とする歴史家である。シスター・キルロイは、二〇〇〇年の聖心会創立二〇〇年の記念事業の一環として、聖心会の依頼を受けて本書を執筆された。本書はいわゆる「聖人伝」とは趣を異にし、霊性と教育における明確なヴィジョンを持つ、稀有な女性の思想と活動を、貴重な資料を参照しつつ詳細に生き生きと描きだす。一般向けの評伝としても読み応えがある。同時に、各地の聖心会修道院所蔵の未公刊手稿原稿などにもとづいて緻密に構築した研究の成果は、第一級の学術的貢献といえよう。

二〇〇四年に刊行されたフランス語訳は「一九世紀のカトリック教会の主要人物のひとりで聖心会創立者の生涯を描いた初の学術的伝記。一九二五年に列聖されたソフィー・バラを、著者キルロイは当時のフランスに大きな影響を与えた指導者・教育者として描きだした」と高く評価された。ほかにスペイン語訳も刊行されている。聖心会来日一〇〇周年、並びに聖心女子大学キリスト教文化研究所創立五〇周年を記念して、日本の読者に日本語版をお届けできることは、訳者としてこのうえない喜びである。また、日本語版のために、遠藤徹聖心女子大学キリスト教文化研究所所長にお言葉を、聖心会日本管区管区長シスター長野興子に序文を賜った。あつく感謝申しあげたい。

本書の内容と意義は、原著の序章と日本語版の序文にみごとに解きあかされている。読者には、まず、このふたつの文章の一読をお勧めしたい。さらに、指導者として教育者としてのソフィー・バラの全貌を知るためには、本書を通読していただければ幸いである。通読してこそ、歴史の変遷のなかで修道会内外の幾多もの困難にあいながらも、確固とした理想を生きつつ、そのつどの情勢に柔軟に対応して歩んだソフィー・バラの大きさを実感できるからである。

本書の翻訳は多くの方々のご理解とご尽力なしにはありえなかった。とくに、聖心会会員、聖心女子大学教職員、卒業生、学生など、世代や立場の異なる方々がさまざまなかたちで本書にかかわってくださったことは、聖心という大きな家族のつながりを訳者に再認識させた。おひとりおひとりのお顔を思い浮かべながら、謝意を表したい。

聖心会会員、および聖心女子大学教職員の皆様には、各段階でご協力とお励ましをいただいた。ここに記して感謝申しあげたい。まず、日本語版出版に際して、企画から刊行まで助力を惜しまず導いてくださった聖心女子大学前学長・故シスター山縣喜代に、心より御礼申しあげる。寺中平治現学長にも励ましのお言葉をいただいた。遠藤徹同大学キリスト教文化研究所所長は同研究所からの企画を可能にしてくださり、本書の刊行に向けてつねに支えてくださった。翻訳企画の初期段階では、シスター岩井慶子（聖心会日本管区前管区長）に著者シスター・キルロイと直接の連絡の労をとっていただいた。また、シスター岩井慶子には本書の意義について重要なご示唆を賜った。シスター長野興子とシスター森村信子（聖心女子大学名誉教授）には格別のご激励をいただいた。シスター田邉菫（聖心女子大学哲学科元教授）、シスター山崎渾子（聖心女子大学歴史社会学科教授）、シスター田嶌淳子（聖心女子大学英語英文学科教授）には、大量の訳稿を通読していただき、聖心会に特有の表現などについて、たいへん貴重なご指摘をいただいた。本書に先駆けて出版された書物にも多くのご示唆をいただいた。ここに記して、著者・訳者の皆様に謝意を表したい。三好切子著『聖マグダレナ・ソフィアの生涯』（毎日新聞社、一九七八年）、キャサリン・ムーニー著、山口晶子訳『フィリピン・デュシェーン』（聖心会、二〇〇〇年）、モニック・リュイラー著、里見貞代訳『マグダレナ＝ソフィア・バラ（一七七九―一八六五）』（聖心会、二〇〇七年）。また、紙数の都合上、お名前を記すことができないが、折りにふれ、ご支援をいただいた方々にこの場を借りて感謝申しあげる。

翻訳の前段階として、二〇〇六年から二〇〇七年にかけて、安達まみ・冨原眞弓共同担当の聖心女子大学大学院科目（英語英文学専攻修士課程「翻訳理論と実践I」、哲学専攻修士課程「現代思想特論I」、人文学専攻博士後期課程「人文学特論I」）において本書を題材として授業をおこなった。その際、原文の翻訳のおもしろさとむずかしさにとりくんだことはもちろん、本書をとおしてひとりの傑出した女性に出会うことができたのは、学生たちにとって、大きな意味のある経験であった。また、聖心女子大学の学生のみならず、大学院英文学専攻課程協議会およびカトリック女子大学大学院の委託聴講制度により本科目を受講した他大学大学院の学生にとっても、聖心会創立者との出会いは有意義であったにちがいない。ここに学生全員の氏名を記したい（カッコ内は当時の所属、敬称略、五〇音順）。岩下真由（白百

合女子大学大学院修士課程)、上村華苗(聖心女子大学外国語外国文学科)、大崎彰子(聖心女子大学大学院英語英文学専攻修士課程)、倉持和歌子(聖心女子大学外国語外国文学科)、羽成亜希子(聖心女子大学外国語外国文学科)、林美穂子(聖心女子大学大学院人文学専攻博士後期課程)、曽我翠(明治学院大学大学院修士課程)、高橋明日香(聖心女子大学大学院人文学専攻博士後期課程)、瀧澤英子(聖心女子大学大学院人文学専攻博士後期課程)、田辺奈穂子(聖心女子大学大学院人文学専攻博士後期課程)、丸山みよ子(白百合女子大学大学院修士課程)、森田英津子(聖心女子大学大学院英語英文学専攻修士課程)、米田拓男(青山学院大学大学院博士後期課程)。

原著の明晰かつ含蓄のある文章に向かいつつ、偉大な生涯の旅路を詳細にたどる翻訳という作業は、身のひき締まる思いであった。安達が序章から第一三章まで、および第一七章から終章までに加え、「ある一場面」その他を訳出し、酒井もえ(聖心女子大学英語英文学科非常勤講師)が第一四章から第一六章までを訳出した。冨原が訳稿の全文を監修し、また、フランス語の引用文および本文中の引用句はすべて、原著に掲載された英訳だけでなくフランス語原文を確認し、英訳とフランス語原文で形式やニュアンスが異なる場合は、フランス語原文のほうを採用した。訳稿整理は佐藤紀子(聖心女子大学哲学科非常勤講師)が担当した。

翻訳にはつぎのような原則を適応した。著者の補足は本文中の( )、引用文中の[ ]で示し、訳者の補足は本文中・引用文中の〔 〕で示した。人名・地名・固有名詞等は原則として現地読みを採用したが、日本語で定着した読みはそのまま採用した。わかりにくいと思われる表現や語彙は訳文で解消し、必要最低限の注は、本文中・引用文中の割注(前述の〔 〕)に入れた。また、原著には膨大な原注があるが、ほとんどが出典と引用文のフランス語原文のため、日本の読者の読みやすさを優先し、著者の了解を得て割愛した。ただし、必要な情報は本文の訳文に盛りこんだ。

出版に際して、みすず書房編集部の成相雅子氏には一方ならずお世話になった。ここに記して御礼申しあげたい。

二〇〇八年二月

安達　まみ
冨原　眞弓

Joigny, no. 16, Ier Trimestre (1975)
Mothe, Edme-Joachim de la, 'Eloge du climat de Joigny(1783)' in *L'Echo de Joigny,* no. 7 (1971-2), pp. 13-18
'Notice sur Antoine-Joseph-André Sudan, premier maire de Joigny en 1798' in *L'Echo de Joigny,* no. 1, lst trimestre(1970)
'Un cas de possession diabolique à Joigny, en 1791[1790]. Rècit de l'abbé Fromentot' in *L'Echo de Joigny,* no. 15(1974)
Kilroy, Phil, 'The use of continental sources of women's religious congregations and the writing of religious biography: Madeleine Sophie Barat, 1779-1865', in Maryann Gialanella Valiulis and Mary O'Dowd(eds.), *Women and Irish History*(Dublin, 1997)
Korner, Barbara O., 'Philippine Duchesne: A model of Action', in *Missouri Historical Review,* vol. lxxxvi, no. 4(July, 1992)
Langlois, Claude, 'La vie religieuse vers 1840: un nouveau modèle', in Guy Bedouelle, *Lacordaire, son pays, ses amis et la liberté des orders religieux en France*(Paris, 1991)
—— 'Clorivière et la Révolution: Apocalypse ou apologétique?', in *Recherches autour de Pierre de Clorivière*(Paris, 1993)
Leroy, Michel, *Le mythe jésuite. De Beranger à Michelet*(Paris, 1992)
Morlot, François, Le Père Louis Barat, Supérieur du Grand Séminaire de Troyes. Extrait des Mémoires de la Société Académique de l'Aube, vol. cix, 1978(Troyes, 1980)
O'Brien, Susan, 'French Nuns in Nineteenth Century England', in *Past and Present,* no. 154(February 1997)
O'Brien, Susan, 'Terra Incognita: The Nun in Nineteenth Century England', in *Past and Present,* no. 121(November 1988)
Peltier, Henri, 'Le chanoine de Brandt', *Le Dimanche*[Amiens], 11-18 septembre 1949
Pudor, G, 'A propos de la guérison du P. Blanpin', in *Echos de Santa Chiara,* vol. xxxix (juillet-août 1939)
"Quelques personages illustres. Edme-Louis Davier(1665-1746)", in Notre Saint-Thibault. Bulletin paroissial, le novembre 1937, no. 4.
Rapley, Elizabeth and Robert, 'The image of Religious Women in the *ancien régime:* the états des religieuses of 1790-1791', in *French History,* vol. 11, no. 4(December 1997)
Rayez, André, 'Clorivière et les Pères de la Foi', in *AHSI,* vol. xxi(1952)
Reynier, Chantal, 'Le Père de Clorivière et le rétablissement des jésuites en France (1814-1818)', in *Revue Mabillon,* n.s., t.6(=t.67), 1995.
—— 'La correspondence de P.J. de Clorivière avec T.Brzozowski, 1814 à 1818. Le rétablissement de la Compagnie en France', in *AHSI,* vol. lxiv(1995)
Rogers, Rebecca, 'Competing visions of Female Education in Post-Revolutionary France', in *History of Education Quarterly*(summer 1994)
—— 'Boarding schools, Women teachers and Domesticity: Reforming Girl's Secondary Education in the First Half of the Nineteenth Century', in *French Historical Studies,* vol. 19, no. 1(1995), pp. 153-81.
—— 'Retrograde or Modern? Unveiling the Nun in Nineteenth Century France', in *Social History*(GB), vol. 23, no. 2(May, 1998)
Sainte Sophie Barat et le diocèse de Lausanne, Genève et Fribourg in La semaine catholique de la Suisse Romande, nos. 20, 21, 22(1952)
Thompson, D.G., 'The Lavelette Affair and the Jesuit Superiors', in *French History,* vol. 10, no. 1(June, 1996), pp. 206-39.

1991)
Vincent-Buffault, Anne *The history of tears. Sense and sentimentality in France*(London, 1991)
Virnot, Marie-Thérèse,(ed.)*Sainte Madeleine-Sophie Barat, Journal, Poitiers 1806-1808. Texte Intégral*(Poitiers, 1977)
Weber, Alison, *Teresa of Avila and the rhetoric of femininity*(Princeton, 1990)
Webster, Kathryn(ed.), *The Correspondence between bishop Joseph Rosati and blessed Philippine Duchesne*(St Louis, 1950)
Weisner, Merry E., *Women and gender in early modern Europe*(Cambridge, 1995)
Woloch, Isser, *The new regime. Transformations of the French Civic Order, 1789-1820s* (Norton, 1995)
Woodrow, Alain, *The Jesuits. A study of power*(London, 1995)
Woolf, Virginia *A room of one's own*(London, 1929)
—— *Three Guineas*(London, 1938)

雑誌文献/記事

Anderson, George K, 'Old nobles and *noblesse d'Empire*, 1814-1830: In search of a conservative interest in post-Revolutionary France', in *French History*, vol. 8, no. 2 (1994)
Byrne, Patricia, 'Sisters of St Joseph: The Americanisation of a French Tradition', in *US Catholic Historian*, 5 (1986)
Clements, Teresa, 'Les Pères de la Foi, in France, 1800-1814, spirituality, foundations, biographical notes' in *Archivium Historicum Societatis Iesu* [*AHSI*], lvii, fasc. 114, Periodicum semestre(1988)
Davier, Edme, "Miscellanea eruditionis tam sacrae quam profanae", in S. Jossier, 'Notice sur Edme-Louis-Davier', in *Bulletin de la Société des Sciences de l'Yonne*, vol. 13 (1859)
Dougherty, M.P. 'L'Ami de la Religion et les évêques français sous le Concordat, 1815-1850', in *Revue d'Histoire Ecclésiastique*, lxxxix, nos. 3-4(Louvain, 1994)
Gibson, Ralph, 'Le catholicisme et les femmes en France au XIXe siècle' in RHEF, vol. ixxix, no. 202(janvier-juin, 1993)
Hasquenoph, Sophie, 'Faire retraite à couvent dans le Paris des Lumières', in *Revue Historique*, no. 598(avril-juin, 1996)
Hayden Michael, J, 'States, estates and orders: The qualité of female clergy in early modern France', in *French History*, vol. 8, no. 1 (1994)
Joigny: 'La vie économique à Joigny', in *L'Echo de Joigny*, nos. 28-29, Numéro Spécial (1980)
'La Fête de la Fédération(14 juillet 1790)' in *L'Echo de Joigny*, no. 44(1988)
'Le premier 14 juillet à Joigny', in *L'Echo de Joigny*, no. 1(1970)
'La religion à Joigny', in *L'Echo de Joigny*, nos. 28-29(1980)
'Réunion tumultueuse à Joigny pour obtenir la démission du principal du collège, Saulnier', in *L'Echo de Joigny*, no. 25(1978)
'L'Insurrection de septembre 1792 à Joigny', in *L'Echo de Joigny*, no. 4(1970)
Rassemblements tumultueux d'hommes dans les vignes. See 'Tentative d'émeute et rixe entre vignerons'(6 février 1792)in *L'Echo de Joigny*, no. 25(1978)
Joigny sous la Terreur. Relation de voyage de Mallard[1793]in *L'Echo de Joigny*, no. 16 (1975)
'Soldat Mallard, Relation de voyage de Mallard, 1794',(ed.)M. Vallery-Radot, in *L'Echo de*

International perspectives (Macmillan, 1991)
O'Malley, John W., *The first Jesuits* (Harvard, 1994)
Padberg, John W., *Colleges in Controversy. The Jesuit schools in France from revival to suppression 1815-1880* (Harvard, 1969)
Peletier, Denis, *Les catholiques en France depuis 1815* (Paris, 1997)
Pentini, Maria Aluffi, *Sante Magdalena Sophia Barat à travers sa correspondence* (Rome, 1968-69)
Le peintre de Mater Admirabilis. Mère Pauline Perdrau, 1815-1895 (Montauban, 1927)
Peri-Morosini, Mons., *La Sainte Mère Madeleine Sophie Barat, fondatrice de la Société du Sacré-Cœur et le chateau de Middes en Suisse* (Toulouse, 1925)
Perrot, Michelle 'Roles and characters' in Michelle Perrot (ed.), *A history of private life, vol IV, From the fires of Revolution to the Great War* (Harvard, 1990)
Pilbeam, Pamela, *Republicanism in Nineteenth-century France* (London, 1995)
Poinsenet, Marie Dominique, *Rien n'est impossible à l'amour. Marie Euphrasie*
Porter, Roy, *The greatest benefit to mankind. A medical history of humanity from antiquity to the present* (London, 1997)
Positio: Documentary study for the canonisation of Cornelia Connolly (née Peacock), 1809-1879, 3 vols (Rome, 1983); *Informatio for the canonisation process of ...Cornelia Connolly (née Peacock), 1809-1879* (Rome, 1879)
Poupard, Paul, *Correspondance inédite entre Mgr Antonio Garibaldi, internonce à Paris et Mgr Césaire Mathien archevêque de Besançon. Contribution à l'histoire de l'administration ecclésiastique sous la monarchie de juillet* (Rome, 1961)
Price, Roger, *A concise history of France* (Cambridge, 1993)
Rayez, André and Louis Fèvre, *Foi Chrétienne et vie consacrée. Clorivière aujourd'hui* (Paris, 1971)
Rémond, René, *L'anticléricalisme en France. De 1815 à nos jours* (Brussels, 1992)
Ribeton, Olivier, *Les Gramonts. Portraits de famille, XVIe-XVIIIe siècles* (J et D. Editions, 1992)
Ripa, Yannick, *Women and madness. The incarceration of women in nineteenth-century France* (Polity Press, 1990)
Robb, Graham, *Balzac* (London, 1994)
Roche, Maurice, *Saint Vincent de Paul and the formation of clerics* (Fribourg, Switzerland, 1964)
Roe, Mary, *The educational thought of Madeleine Sophie Barat* (Dublin, 1974)
Rogers, Rebecca, *Les demoiselles de la Légion d'honneur. Les maisons d'éducation de la Légion d'honneur au XIXe siècle* (Paris, 1992)
Sevrin, Ernest, *Les missions religieuses en France sous la Restauration 1815-1879* (Paris, 1959)
Showalter, Elaine *The female malady. Women, madness and English culture, 1830-1980* (London, 1985)
Smith, Bonnie G., *Ladies of the leisure class. The bourgeoisies of northern France in the nineteenth century* (Princeton, 1981)
Sonnet, Martine, *L'éducation des filles au temps des Lumières* (Paris, 1987)
Turin, Yvonne, *Femmes et religieuses au XIXe siècle* (Paris, 1989)
Vacquier, J, *Monographie du Faubourg Saint-Germain, Ancien Hôtel du Maine et de Biron, en dernier lieu Etablissement des Dames du Sacré Cœur* (Paris, 1909)
Venard, Marc, 'Du Roi Très Chrétien à la laicité republicaine. XVIIIe-XIXe siècle' in Jacques Le Goff and René Remond (eds.), *Histoire de la France religieuse,* t. 3 (Paris,

Le Jansénisme dans l'Yonne. Les Cahiers des Archives no. 4 (Auxerre, 1986)
Jaurgain, Jean and Ritter, Raymond, *La maison de Gramont, 1040-1967,* 2 vols.(Les Amis du Musee Pyrénéen, 1968)
Julia, Dominique, *Les trois couleurs du tableau noir. La Révolution*(Paris, 1981)
Käppeli, Anne-Marie, 'Feminist scenes' in Geneviève Fraisse and Michelle Perrot(eds.)*A history of women in the West, IV, Emerging Feminism from revolution to World War*(Harvard, 1993)
Kley, Dale K. Van, *The religious origins of the French Revolution. From Calvin to the Civil Constitution, 1560-1791*(Yale, 1996)
Langlois, Claude, *Le catholicisme au féminin. Les congrégations françaises à supérieure générale au XIXe siècle*(Paris, 1984)
Lerner, Gerda, *The creation of feminist consciousness. From the Middle Ages to Eighteen-seventy*(Oxford, 1993)
Limouzin-Lamothe, R., *Monseigneur de Quelen, archevêque de Paris,* 2 vols.,(Paris, 1955, 1957)
—— and Leflon, J., *Mgr Denys Affre, Archevêque de Paris, 1793-1848,* (Paris, 1971)
Loupès, Philippe, *La vie religieuse en France au XVIIIe siècle*(Paris, 1993)
Luirard, Monique, 'Madeleine Sophie Barat dans la tourmente Révolutionnaire'(Lille, 1996). Unpublished paper.
Maître, Jacques, *Mystique et féminité. Essai de psychanalyse sociohistorique*(Paris, 1997)
Mansel, Philip, *The Court of France 1789-1830*(Cambridge, 1991)
Manzini, Luigi M., *Il Cardinale Luigi Lambruschini*(Vatican, 1960)
Martin-Fugier, Anne, *La vie élégante ou la formation du Tout-Paris, 1815-1848*(Paris, 1990)
Martin, J.P., *La Nonciature de Paris et les affaires ecclésiastiques de France sous le règne de Louis-Philippe, 1830-1848*(Paris, 1949)
Mayeur, Françoise, *L'éducation des filles en France au XIXe siècle*(Paris, 1979)
Mégnien, C.P., 'La vigne, le vin et les vignerons de Joigny' in vol. 3 of *A travers notre folklore et son dialect,* 4 vols.(Dijon, 1974-1977)
Melville, A.M., *Louis William Dubourg: Bishop of Louisiana and the Floridas, bishop of Montauban and the archbishop of Besançon, 1766-1833,* 2 vols.,(Chicago, 1986)
Mezler Sara E., and Rabine, Leslie W., *Rebel Daughters, Women and the French Revolution*(Oxford, 1992)
Mooney, Catherine M., *Philippine Duchesne, A woman with the poor*(Paulist Press, 1990)
Morrissey, Thomas, *As one sent. Peter Kenny SJ, 1779-1841*(Dublin, 1996)
Moulinet, Daniel, *Les classiques païens dans les collèges catholiques? Le combat de Mgr Gaume*(Cerf, 1995)
Naudet, Leopoldine, *Beatificationis et canonizationis servae Dei, Leopoldinae Naudet fundatricis sororum a Sacra Familia Veronae(1773-1834). Relatio et Vota,* 5 novembre 1996(Rome, 1996)
Newman, Barbara, *From Virile Woman to Woman Christ. Studies in Medieval Religion and Literature*(Pennsylvania, 1995)
Nicolay, Jean de, *Pauline de Nicolay, Tertiaire Franciscaine, 1811-1868*(Neuilly, 1991)
Nobécourt, Marie-Dominique, 'Un exemple de l'éducation des filles au 19e siècle par les congrégations religieuses: le Sacré-Cœur de Paris, 1816-1874'(Thesis, Ecole des Chartes, 1981)
Noirot, Alype Jean, *Le Département de l'Yonne comme diocèse,* 5 vols.(Auxerre, 1979)
Offen, Karen, Ruth Roach Pierson and Jane Rendall, *Writing Women's History.*

(Harvard, 1995)

Degert, Abbé A., *Histoires des séminaries jusqu'à la Révolution,* 2 vols.(Paris, 1912)

Delumeau, Jean, *L'aveu et le pardon. Les difficultés de la confession XIIIe-XVIIIw siècle* (Fayard, 1992)

Demoustier, Adrien and Julia, Dominique, *Ratio Studiorum. Plan raisonné et institution des études dans la Compagnie de Jésus*(Paris, 1997)

Dibie, Pascal, *Traditions de Bourgogne*(Verviers, 1978)

Driskel, Michael Paul, *Representing belief. Religion, art and society in nineteenth century France*(Pennsylvania, 1992)

Duffy, Eamonn, *Saints and Sinners. A history of the popes*(Yale, 1997)

Dufourcq, Elizabeth, *Les aventurières de Dieu. Trois siècles d'histoire missionnaire française,* 4 vols.(Paris, 1992)

Duhet, Paule-Marie and Ribérioux, Madeleine, *1789. Cahiers de doléances des femmes, et autres textes*(Paris, 1989)

Le Faubourg St Germain, La rue de Varenne, Musée Rodin(Paris, 1981)

Faucourpret, Benoit de, *Les Pensionnaires du Collège Mazarin on des Quatre Nations, 1688-1794*(Paris, 1992)

Foley, William E., *The genesis of Missouri. From wilderness outpost to Statehood* (University of Missouri Press, 1989)

Franjou, Edmond, *La querelle janséniste à Joigny et dans le jovinien au xviiie siècle* (Auxerre, 1970)

Gadbois, Geneviève, '"Vous êtes presque la seule consolation de l'Église". La foi des femmes face à la déchristianisation de 1789-1880', in Jean Delumeau(ed.), *La religion de ma mère. Le rôle des femmes dans la transmission de la foi*(Paris, 1992)

Garnier, Adrien, *Frayssinous. Son rôle dans l'Université sous la Restauration, 1822-1828* (Paris, 1925)

Gaustad, Edwin Scott, *A religious history of America*(Harper Collins, new rev. edn 1990)

Gibson, Ralph, *A social history of French Catholicism*(London, 1989)

Gilbert, Sandra M. and Gubar, Susan. *The mad woman in the attic. The woman writer and the Nineteenth-Century literary imagination*(Yale, 1984)

Gildea, Robert, *Barricades and borders. Europe 1800-1914*(Oxford, 1987)

Goldberg, Rita, *Sex and Enlightenment: Women in Richardson and Diderot*(Cambridge, 1984)

Gough, Austin, *Paris and Rome, The Gallican Church and the Ultramontane Campaign 1848-1853*(Oxford, 1986)

Gueber, Jean, *Le ralliement du clergé français à la morale liguorienne. L'abbé Gousset et ses précurseurs*(Rome, 1973)

Hamon, Léo,(ed.)*Du Jansénisme à la laïcité. Le Jansénisme et les origines de la déchristianisation*(Paris, 1987)

Heilbrun, Carolyn, *Writing a woman's life*(Woman's Press, 1989)

Hennessy, James, *American Catholics. A history of the Roman Catholic Community in the United States*(Oxford, 1981)

Heyden-Rynsch, Verena von der, *Salons Européens. Les beaux moments d'une culture féminine disparu*(Luçon, 1993)

Hildesheimer, Françoise, *Le Jansénisme*(Paris, 1992)

Hufton, Olwen, *Women and the limits of citizenship*(Toronto, 1992)

—— *The prospect before her. A history of women in western Europe, vol I, 1500-1800* (London, 1995)

World War(Harvard, 1993)

Arnold, Odile, *Le corps et l'âme. La vie religieuse au XIXe siècle*(Paris, 1984)

Baudier, Roger, *The Catholic Church in Louisiana*(New Orleans, 1972)

Baudouin, Marthe, *En avant quand même. La Société du Sacré-Cœur de Jésus au Canada* (Montréal, 1992)

Bedouelle, Guy, *Lacordaire, son pays, ses amis et la liberté des ordres religieux en France* (Paris, 1991)

Bonnard, Mgr Fourier, *Histoire du Couvent Royale de la Trinité du Mont Pincio à Rome* (Rome/Paris, 1933)

Boudon, Jacques-Olivier, *L'épiscopat français à l'époque concordaire, 1802-1905*(Cerf, 1996)

Byrne, Patricia, 'French roots of a women's movement: The Sisters of St Joseph, 1650-1836'(PhD Thesis, Boston College, 1985)

Callan, Louise, *Philippine Duchesne, Frontier missionary of the Sacred Heart, 1769-1852* (Maryland, 1957)

—— *The Society of the Sacred Heart in North America*(New York, 1937)

Careel, Marie-France, *L'acte éducatif chez Madeleine-Sophie Barat, Fondatrice de la Société du Sacre-Cœur de Jésus*(Lyon, 1991)

Charry, Jeanne de, *Histoire des Constitutions de la Société du Sacré Cœur. La Formation de l'Institut,* 3 vols.(Rome, 1975)

—— *Histoire des Constitutions de la Société du Sacré Cœur, Second Partie, Les Constitutions définitives et leur approbation par le Saint-Siège.* 3 vols.(Rome, 1979)

——(ed.), *Joseph Varin S.J., Lettres à Sainte Sophie Barat(1801-1849) Texte Intégral, d'après les manuscrits originaux, présenté avec une introduction, des notes et un index analytique*(Rome, 1982)

—— *Evolution canonique et lègale de la Société du Sacré-Cœur de Jésus de 1827 à 1853* (Rome, 1991)

Chartier, Roger, *The Cultural origins of the French Revolution*(North Carolina, 1992)

Cholvy, Gérard, *Être chrétien en France au XIXe siècle, 1790-1914*(Paris, 1997)

Cholvy, Gérard and Chaline, Nadine-Josette, *L'enseignement catholique en France aux XIXe et XXe siècles*(Paris, 1995)

Cholvy, Gérard and Hilaire Yves-Marie, *Histoire religieuse de la France contemporaine, 1800-1880*(Privat, 1990)

Christophe, Paul, *Grandes figures sociales du XIXe siècle*(Paris, 1995)

Collingham, A.C., *The July Monarchy. A political history of France 1830-1848*(London, 1988)

Conrad, Glenn R(ed.), *Cross, Crozier and Crucible: A volume celebrating the bicentennial of a catholic diocese in Louisiana*(New Orleans, 1993)

Contassot, Félix, *La Congrégation de la Mission et les Séminaires aux xviie et xviiie siècles* (Paris, 1968)

—— *Les Lazaristes au Grand Séminaire de Sens avant la Révolution*(1675-1791), *Etude Documentaire* (Paris, 1962)

Conway, Jill Ker, *Written by Herself. Autobiographies of American women. An anthology* (Vintage, 1992)

Crampe-Casnabet, Michèle. 'A sampling of 18th century philosophy' in Natalie Zemon Davies and Arlette Farge(eds.), *A history of women in the West, iii, Renaissance and Enlighten-ment Paradoxes*(Harvard, 1994)

Davies, Natalie Zemon, *Women on the Margins, New Worlds:* Marie de l'Incarnation

exercent le saint ministère, 2 vols.(Lyon, 1840)
Gouges, Olympe de, *Les droits de la Femme*(1791)
Gramont, *Notice sur la vie de Madame la Comtesse de, née de Boisgelin*(Paris, 1836)
Gramont, Quelques traits de la vie et de la mort de Madame Eugénie de, par M. Le Calvimont, Comte Louis de, Extrait de la Quotidienne du 25 janvier 1847
Grandidier, P.F., *Vie du...Père Guidée de la Compagnie de Jésus*(Amiens/Paris, 1867)
Guidée, Achille, *Vie du R.P. Joseph Varin...suivie de Notices sur quelques-uns de ses confrères*(Paris, 1854)
Histoires des Catéchismes de Saint-Sulpice(Paris, 1831)
Lettres Circulaires de...Madeleine Sophie Barat, le partie(Roehampton, 1917); 2e partie (Roehampton, 1904)
Loquet, Marie-Françoise, *Cruzamante, ou la sainte amante de la Croix*(Paris, 1786)
—— *Voyage de Sophie et d'Eulalie au palais du vraie bonheur, Ouvrage pour servir de guide dans les voies du salut, par une jeune demoiselle*(Paris, 1789)
—— *Entretiens d'Angélique, pour exciter les jeunes personnes à l'amour et à la pratique de la vertu,* 2nd edn,(Paris, 1782)
—— *Le miroir des âmes,* 6th edn(Paris, 1822)
Loriquet, *Vie du ...Père*(Paris, 1845)
Manuel du Chrétien, contenant les psaumes, le Nouveau Testament et l'Imitation de Jesus Christ. De la tradition de M le Maître de Saci(Paris, 1751)
Mémoires, souvenirs et journaux de la Comtesse d'Agoult, 2 vols.(Le Temps retrouvé, LVIII, Paris, 1990)
Mennais, Abbé de la, *Du projet de loi sur les congrégations religieuses des femmes*(Paris, 1825)
Molard F., Charles Schmidt and Charles Porée, *Procès-verbaux de l'administration départementale de 1790 à 1800,* 7 vols.(Auxerre 1889-1913)
[Olivier, Marie d'.]*Les Trois Paulines*(Lille, 1834)
—— *L'Imagination ou Charlotte de Drelincourt*(Lille, 1858)
—— *Dialogues des vivants au XIXe siècle*(Paris, 1859)
—— *Lettres aux jeunes femmes du monde élégant*(Avignon, 1866)
Perdrau, Pauline, *Les Loisirs de l'Abbaye, Souvenirs inédits de...Pauline Perdrau sur la vie de notre sainte mère*(Rome, 1934)
Pont, Abbé, *Vie de l'abbé Favre, Fondateur des missions de Savoie*(Montiers, 1865)
Porée, Charles, *Sources manuscrites de l'histoire de la Révolution dans l'Yonne,* 2 vols. (Auxerre, 1918-1927)
Reynaud, François-Dominique de, Comte de Montlosier, *Les Jésuites, les congrégations et le parti prêtre, en 1827, Mémoire à M. le Comte de Villèle*(Paris, 1827)
Richardson, Samuel, *Clarissa, or the history of a young lady*(London, 1747-8)
Sand, Georges, *Histoire de ma vie*(Paris, 1993 edn)
Tournély, *Notice sur...Léonor François de, et sur son œuvre. La Congrégation des Pères du Sacré Coeur*(Vienne, 1886)
Wollstonecraft, Mary, *Vindication of the rights of women*(1792)

その他の参考文献

Ainval, Christiane d', *Le couvent des Oiseaux. Ces jeunes filles de bonne famille*(Paris, 1991)
Arnaud-Duc, Nicole, 'The Law's Contradictions', in Geneviève Fraisse and Michelle Perrot (eds.), *A history of women in the West, IV, Emerging Feminism from Revolution to*

Archives de l'Ambassade de France près le Saint-Siège, Rome
Dossier: Religieuses du Sacré-Cœur (1838-1904)
Dépêches du Département 1842-43

Archivium Romanum Societatis Iesu
Monial 1-fasc., iv, De congregatione monialium, dicta Dames du Sacré-Coeur 1828-1833
Monial 1-fasc., v. Monialium negotia. Dames du Sacré-Cœur. Graves difficultates…1839-1843
Francia 1005-1006
Responsa ad externos, V, 1840-1843
Registrarium Provinciae Franciae, Tom. Ⅱ, 27 juillet 1836-26 novembre 1842

同時代の資料
Almanach historique de la ville, bailliage et diocèse de Sens 1782 (Sens, 1782)
Annuaire statistique et administratif du Département de la Somme, pour l'an 1806 (Amiens, 1806)
Baunard, Louis, *Histoire de Madame Barat, fondatrice de la Société du Sacré Coeur*, 2 vols. (Paris, 1876)
Bellmare, M., *M. de Quelen pendant 10 ans* (Paris, 1840)
Bertrand, L., *Bibliothèque Sulpicienne ou histoire littéraire de la Compagnie de Saint-Sulpice* (Paris, 1900)
Billiart, *Vie de Julie par …Françoise Blin de Bourdon ou Les Mémoires de Mère Saint-Joseph* (Rome, 1978)
Bouchage, François, *Le serviteur de Dieu, Joseph-Marie Favre, maître et modèle des ouvriers apostoliques, 1791-1838* (Paris, 1901)
Cahier, Adèle, *Vie de la Vénérable Mère Madeleine-Sophie Barat, fondatrice et première supérieure générale de la Société du Sacré Coeur*, 2 vols. (Paris, 1884)
Cahier, *Notice de la…Mère Adelaide*
Charbonnel, *Vie de la Mère [Catherine] de, assistante et économe générale de la Société du Sacre-Coeur* (Paris, c. 1870)
Condorcet, Marquis de, *Sur l'admission des femmes au droit de cité* (1790)
Dictionnaire historique et statistique des paroisses catholiques du Canton de Fribourg, vol. 7, (Fribourg, 1891)
Mémoires de Madame la vicomtesse de Fars Fausselandry, ou souvenirs d'une octogénaire, 3 vols. (Paris, 1830)
Mémorial catholique, février 1868, Une vénérable religieuse [Marie d'Olivier]
Favre, Joseph-Marie, *Considérations sur l'amour divin* (Chambéry, 1827)
—— *Le Ciel Ouvert par la confession sincère et la communion fréquent* (Lyon, 1829)
—— *Théorique et pratique de la communion fréquente et quotidienne à l'usage des prêtres qui exercent le saint ministère*, 2 vols. (Lyon, 1840)
Galitzin, …*Notice sur Madame Elizabeth, Religieuse du Sacré Cœur, 1795-1843* (Tours, 1858)
Galitzin, Prince Augustin, 'Mélanges. Une religieuse Russe', *Le Correspondent*, août 1862
Geoffroy, *Vie de Madame* (Poitiers, 1854)
Géramb, Marie-Joseph, *Voyage de La Trappe à Rome* (Paris, 1838)
Gœtz, Josephine, *Première letters et bulletins relatifs à la maladie et la mort de notre vénérée mère fondatrice* [mai, 1865]
Gondran, Chanoine, 'Eloge historique de M. I'abbé Favre' in Joseph-Marie Favre, *Théorie et pratique de la communion fréquente et quotidienne à l'usage des prêtres qui*

Archives Municipales de Joigny, Bibliothèque de Joigny
Paroisse de St Thibault, Registres des naissances No. 43, 2 mars 1792; No. 151, 4 septembre 1795

Archives du Ministre des Affaires Etrangères
Correspondance Politique, Rome, Vol. 984, Rome, 1842-43

Archives Françaises de la Compagnie de Jésus
Carton Louis Barat
Notice sur l'enfance et la jeunesse du R.P. Barat avec lettre d'envoi autographe de Ste Sophie Barat, 1846
Correspondance Louis Barat à Marie-Louise Dusaussoy
Lettres à divers. A son neveu, de Bordeaux
Lettres de Elizabeth Galitzine
Ms 4204, Sur L'église, l'Europe, la France. Application de l'Apocalypse à l'histoire de France
Ms 4202, 4203, Idée de l'Apocalypse
Ms 4201, Sur N.S. Jésus Christ et son Eglise
Ms. 6861 Règles et avis pour un ordre religieux de femmes. Oeuvre de P. Louis Barat
Carton Joseph Varin
Journal de Mantes, 1846, 1848 et 1849, No. 11. Diverses anecdotes très intéressantes

Archives de l'Archevêché de Paris
Procès Madame Barat, 1873
Papiers de Quelen I D IV
Papiers Affre I DV

Archives et bibliothèques, Diocese d'Amiens
Dossier Alexandre, Charles Michel de Brandt, 1812-1903

Archives, Carmel de Clamart
Registres et circulaires.
Notice sur Béatrix de la Conception(Octavie Bailly)
Notice sur Anne de saint Barthélemy

Séminaire Saint-Sulpice
Séminaire Saint-Sulpice, MS 411, Manuscrits de Mr Montaigne, 10, Vie et Lettres
Fonds Frayssinous, Communautés Religieuses, Sacré-Cœur, Cuignières/Beauvais 1815-1828

Archivio Segreto Vaticano
Fondo Segretario di Stato, Particolari Esteri, 1842-1844, 67, R. 284, B. 623
Fondo Segreteria di Stato Esteri, Busta 616, Rubrica 283, Fascicolo 1

Archivio della Congregazione per gli Instituto di Vita Consecrata e le Società di Vita Apostolica
R.I.,[Césaire Mathieu]Memoria[1843]

F/19/42992 Paris 24 janvier 1808, Déclaration du Père Varin, ex supérieure et liste des Pères de la Foi.
F/19/6287, Dossier 8, Demandes d'exception, Paris, 1812
F/17/12434/D Inspections des écoles, Paris, 26 Janvier 1854
Archives de la Maison de Gramont, 101 Archives Privées, Série D, Cartons 3 et 4.

Archives Départementales de l'Yonne
2 E 206/21 Acte de baptême de Madeleine Sophie Barat, le 12 décembre 1779 à Joigny.
C 185, Département de Joigny. Procès Verbaux des séances du département de Joigny.
C 187, Joigny, Départements des Années.
L 195 Discours sur les avantages que peuvent procurer les établissements de sociétés patriotiques, le 14 avril 1791
L 196 Lettre de la Municipalité de Joigny au Directoire du Département, 6 février 1792
L 610, Collège de Joigny, Auxerre 20 août 1791; 16 janvier 1792.
L 826, 3e Registre. Séance du 11 mai 1792
L 828, 1793-1794 Sociétés populaires à Joigny
L 1124, Registre des délibérations et opérations du comité de surveillance de la section de St Thibault de la ville de Joigny, Année 1793
L 41, 16 juin 1792; L 47, 21 mars 1793.
L 831, Délibérations du Conseil du District de Joigny (18 Septembre 1793)
L 245, Lettre du Conseil Municipal de Joigny (31 mars 1794)
Série 2 E, II J 206/31 Registre des concessions des places et bancs de l'église Paroisse St Thibault 1761 à 1824; Archves de St Thibault à Joigny, Bancs 1774-1808; chaises 1810-1822; 1874.
Série 2 E, 11 J 206/16, Paroisse de St Thibault Catholicité, 1792-1800, Marriage notice of Marie-Louise Barat, 13 March 1793.

Archives Communales, Mairie de Joigny
Série G.
Sous-série 1 G, 1 G 15. Héritages sur le Territoire de Joigny... Héritages sur le Territoire de St Aubin. Barrat Jacques, gde Fouffé, tonnelier
Sous-série G, 1 G 15, District de Joigny, De la division du territoire en sections
Sous-série G, 1 G 17: Rôles des propriétaires 1791 Etats de sections. Déclarations des Propriétaires, Sections A-H, Nos 1450, 1466, 1478; cf nos 581 571
Sous-série G, 1 G 18: Contribution foncières 1791 S.A. Joigny Numéros de Propriétés compris dans la section. S.A. 1564; S.B. 620; 938; Sous-série 2 G Impôts extraordinaires.
Sous-série G, I G 16 Etat de section, Déclarations des Propriétaires. Also 1 G 21 and 1 G 22, Contribution mobilière, nos 581, 547; 2 G 1, Déclaration de la citoyenne Chollet veuve Piochard.
Sous-série 1 G Impôt Direct, 1 G 15 Etat de section, Procès verbaux 1791. Population de Joigny
Sous-série 2 G, 2 G 2 An IV et V de la République, Contribution personnelle et somptuaire, Art 21, Barrat Jacques gre Fouffé tonnelier
Sous-série 1D Conseil Municipal 1789-1944: 1D*1 Délibérations du Conseil Municipales du 3 septembre 1789 au 22 août 1793, ff76 -77, 83-84.

H-Ⅰ. 6 : Papiers Jeanne de Charry

Biographical collection

Letters Annuelles de la Société du Sacré-Cœur (Accounts of the houses and schools of the Society, and the obituary notices of members)

Société du Sacré-Coeur, Archives Françaises, Poitiers

A-2 : Les fondateurs

A-4 : Constitutions, Conseil de 1839

A-8 : Relations avec l'église, 1800-1865

Archives de la Maîtresse Générale des Etudes françaises 1820-1940. Exercices et distribution solennelle des prix dans la maison d'Institution d'Amiens, 19, 20, 21 septembre 1805

B04/117: Niort[Louis Barat]Recueil de pratiques pieuses pour servir de suite au mois angélique(Bordeaux, 1818); Lettres du Père Barat, Communauté de Niort

B05/117: Beauvais

B06/115: rue de Varenne

B06/117: rue de Varenne

B06/119: Journal du Noviciat

B06/151: rue de Varenne, Evêché

B06/215: rue de Varenne

B06/215: rue de Varenne

B08/114/115: Chambéry

B10/117: Bordeaux

B35/111, 115, 118: La Neuville

B90/111, 114, 117: Montet

Archives de la Trinité des Monts, Rome

Histoire de la fondation de Rome en 1828.

Journal de la maison de la Trinité des Monts, 1836-38

Archivio della Provincia di Italia

Storia di Casa, Cartolario, 1837-1860

Society of the Sacred Heart National Archives, U.S.A.

Series Ⅰ. A-b, Madeleine Sophie Barat. Events of her generalate, 1802-1843. Callan Collection, XIII, C, 2-11

Series Ⅲ, Inter-provincial affairs, A, USA, 1)Pre IPB, History

Series Ⅲ, Special Collections. Marie Louise Martinez Collection. RSCJ missionaries sent to America during the lifetime of Sophie Barat

Series Ⅳ, St. Louis Province, City House, St. Louis; St. Louis Province, E. Grand Coteau; St. Louis Province, K. Potawatami Mission; St. Louis Province, M: St. Charles.

Series Ⅱ: Interprovincial affairs, Pre IPB, A., USA. Box 1.

Archives Nationales

Collège Mazarin(Collège de Quatre Nations)C 149, no 251; M 174, no 64; M 715, nos 14, 19: MM464; H3 2555; H3 2562.

参考文献

General Archives, Society of the Sacred Heart, Rome
Series A: Society as canonical religious institute
Series A-Ⅰ: Origins
Series A-Ⅱ: Early development
Series A-Ⅲ: The Institute
Series A-Ⅳ: Approbations

Series B: Relations of the Society with the Church
Series B-Ⅰ: With popes
Series B-Ⅱ: With cardinal protectors
Series B-Ⅲ: With Vatican congregations
Series B-Ⅳ: Relations with individual ecclesiastics
Series B-Ⅴ: Relations with other congregations
Series B-Ⅵ: Relations with laity

Series C: Internal History of the Society
Series C-Ⅰ: Central government
Series C-Ⅰ., a- Generalates. Dossier I: St. Madeleine Sophie: canonisation; affairs of generalate; memoirs; letters (14,000)
Series C-Ⅰ., b- Continuing records of the Mother House
Series C-Ⅰ., c- General Councils and Chapters
Series C-Ⅱ: Inter-provincial affairs
Series C-Ⅲ: History of Provinces of the Society
Series C-Ⅳ: History of individual institutions
Series C-Ⅴ: Formation of members
Series C-Ⅵ: Noviciates; Probation; Intellectual formation
Series C-Ⅶ: Individual RSCJ (Religieuses du Sacré-Cœur)
Series C-Ⅷ: Deceased members; Ménologes

Series D: External history of the Society
Series D-Ⅰ: Activities of the Institute; Work of Education; popular works; extended influence of the Society
Series D-Ⅱ: Publications of the Society
Series D-Ⅲ: Charts, Tables, Statistics

Series E: Legal and financial affairs
Series E-Ⅰ: Lawsuits
Series E-Ⅱ: Legacies and gifts
Series E-Ⅲ: Legal relations with governments
Series E-Ⅳ: Central Financial Administration
Series E-Ⅴ: Fortunes of members of the Society
Series E-Ⅵ: Property of the Society

レイラック　Layrac　551
レオ一二世(教皇)　Leo XII, Pope　220, 237, 249, 492, 506
レオン，アデル　Lehon, Adèle　140, 335, 338-339, 354-356, 440, 458, 481, 494, 503-504, 508
レストナック，ジャンヌ・ドゥ　Lestonnac, Jeanne de　96
レンヌ　Rennes　452, 531
レンブルク　Lemberg　452, 538

ロケ，マリー＝フランソワーズ　Loquet, Marie-Françoise　27, 37, 39-45
ロザヴェン，ジャン　Rozaven, Jean　47,219, 225-234, 237-238, 241-246, 249, 284-286, 317-318, 321, 327-330, 336, 355, 357-358, 360-362, 366, 368-369, 375-378, 381-382, 385-386, 389, 391, 395-401, 404-406, 408, 418, 425, 427, 430, 432-433, 435-436, 441, 443, 445-449, 462-466, 468, 470-472, 476-480, 482, 484, 487, 490, 494-495, 504, 506, 513-514, 516, 544
ロザティ　Rosati, Bishop　299, 301-302
ロシア　Russia　230, 232
ロシア正教会　Russia Orthodox Church　231, 494
ロジェ，ピエール　Roger, Pierre　53-56, 60, 89, 106, 160
ロズヴィル，アデライド・ドゥ　Rozeville, Adélaïde de　206, 250-253, 256, 289, 351, 375, 380-381, 392-392, 490, 540-541
ロスクレア　Roscrea　452, 454
ロストプチン，ナタリー　Rostopchine, Natalie　231, 285
ローターン，ヤン　Roothan, Jean　285, 369, 375, 379, 386, 395, 404-406, 417, 439, 452, 478-479, 504, 545
ロチェスター　Rochester　552
ローハンプトン(ロンドン)　Roehampton　551
ロマン　Romans　52
ロリケ，ニコラ　Loriquet, Nicholas　41, 45, 47, 57, 182-183, 199, 200-201, 290, 349, 479, 484
ロレート　Loretto　441, 451, 523, 558
ロンサン，ピエール　Ronsin, Pierre　135-138
ロンドン　London　47, 230
ロンドン(カナダ，オンタリオ)　London, Ontario　552

善き牧者姉妹会　Good Shepherd sisters　487

ラ

ラ・ヌーヴィル　Neuville, La　531, 551
ラ・フェランディエール　Ferrandière, La　164, 208, 230, 265-266, 279, 283, 288, 308, 331, 518, 531, 543, 547, 557
ラ・フォーシュ(ルイジアナ)　Fourche, La, Louisiana　236, 278, 291-299, 301-303, 340
ラヴァル　Laval　452
ラヴォダン，アンジェリク　Lavauden, Angélique　225
ラヴォダン，イポリット　Lavauden, Hipolyte　335, 339, 357, 490, 494
ラコルデール，アンリ　Lacordaire, Henri　463, 514, 516
ラテン・アメリカ　Latin America　452, 552, 558, 564
ラトゥール＝モーブール(伯爵)　La Tour-Maubourg, comte de　367, 475-476, 480
ラマール，カトリーヌ　Lamarre, Catherine　169
ラマルシュ，ドゥ　Lamarche, Fr de　149
ラムネ，フェリシテ・ドゥ　Lammenais, Félicité de　228
ラランヌ，ドゥ(マダム)　Lalanne, Madame de　165, 178, 191
ラン，ドゥ（マダム）　Lemps, Madame de　421
ランゲ・ドゥ・ジェルジー，ジャン＝ジョゼフ・ドゥ　Languet de Gergy, Jean-Joseph de　13-14, 16
ランス　Reims　43, 46, 57, 121, 294
ランテーリ，ピオ・ブルノーネ　Lanteri, Pio Brunone　216, 225
ランブルスキーニ，ルイジ　Lambruschini, Luigi　237-238, 272, 344, 361, 367, 372, 418, 421, 428, 430, 441, 444, 446, 458-460, 469, 473-477, 480, 490-491, 497, 517, 520-523, 525-527, 537, 545, 547
ランベール，ルイ　Lambert, Louis　61, 65-67, 122, 126-128

リアンクール，アレクサンドリヌ・ドゥ　Riencourt, Alexandrine de　152, 175
リヴェ，ピエール　Rivet, Pierre　53
リヴェ，マリー　Rivet, Marie　54
リエージュ　Liège　551
リーデンブルク(ブレゲンツ近郊)　Riedenburg　551
リマング，ルイーズ・ドゥ　Limminghe, Louise de　204, 217, 240, 262, 276-277, 280-283, 286-287, 291, 315-317, 328-329, 334-338, 348-349, 357-360, 362-369, 375, 377-378, 382, 384, 389, 391, 397-398, 400-401,405,408-409, 414, 418, 423- 424, 429-430, 432, 435-436, 445-448, 451, 462, 466-468, 477, 480, 486-488, 490-491, 494-496, 498-504, 506-509, 512-516, 519, 521, 523, 537, 545, 548-549, 567-568
リュザン　Rusand, Mr　293-296
リュソン　Luçon　147
リヨン　Lyon　56, 61-63, 80, 89, 96, 157, 164, 170, 198-199, 203, 237, 254-255, 257, 265, 283, 293-295, 308, 310-311, 324-325, 327, 364-365, 399, 427, 438, 441, 444, 449, 455-459, 462-465, 467-468, 484, 492, 494, 500, 506, 508-511, 516, 524, 547, 551, 556, 559-560
リール　Lille　204, 237, 308-309, 435, 439, 518, 527

ルイ一四世　Louis XIV　12, 24
ルイ一五世　Louis XV　13
ルイ一六世　Louis XVI　23, 49, 238
ルイ一八世　Louis XVIII　119, 180-181, 226, 261
ルイ・フィリップ　Louis-Philippe　265, 267, 286, 320, 418, 421, 538
ルイジアナ　Louisiana　154, 165-170, 177-178, 186, 189, 202-203, 209, 212-213, 228-230, 246-247, 261, 278, 287, 291-292, 294-296, 298, 300, 303-304, 306-307, 339-342, 362, 425, 430, 508, 512, 531
ルウ，ヴィルジニー　Roux, Virginie　485-486, 520-521
ルーヴァンクール　Louvencourt　543
ルーヴェスク　Louvesc　52
ルッキアルディ　Lucciardi, Mgr　546
ルノー，フランソワ　Renault, François　286, 288, 321
ルブラン，シャルル　Leblanc, Charles　216
ル・マン　Mans, Le　202-203, 230, 283, 308, 393, 422, 431, 438, 478, 499, 509, 560
ルミロン　Remiront　33

レ・ザングレ(リヨン)　Les Anglais　551
レ・フイアン(ポワティエ)　Les Feuillants　62, 64-65, 68, 72

132, 143-149, 152, 157-158, 162, 169, 174-175, 178, 195, 229-230, 254, 283, 308, 314, 330, 386, 393-395, 408, 438, 450, 478
ボワボードリィ，アンジェリク・ドゥ Boisbaudry, Angélique de 541, 543

マ

マイヤール，カトリーヌ Maillard, Catherine 54, 60
マイユシュー，テレーズ Maillucheau, Thérèse 66, 68, 74, 86-88, 131, 149, 153, 156-160, 174-175, 178, 183-185, 210-211, 219, 375, 384, 509, 530, 532-533
マウント・アンヴィル（ダブリン） Mount Anville 551
マズノ，ユージェーヌ・ドゥ Mazenod, Eugène de 216
マチュウ，セゼール Mathieu, Césaire 392-393, 461-462, 464-465, 467-470, 472-478, 480, 488-493, 496-503, 505-509, 511, 514-515, 519-521, 550
マックシェリスタウン McSherrystown 452, 511, 513, 551
マッサ，ジョルジオ Massa, Giorgio 237
マーフィ，ザヴィア Murphy, Xavier 291, 293-297, 299-300, 303, 340
マランフィー，ジョン Mullanphy, John 209
マリー＝アントワネット Marie-Antoinette 23, 49
マリー・ドゥ・ラ・クロワ Marie, de la Croix 113-117, 123, 135-141, 148, 160, 163, 210, 250, 403, 407, 467
マリー・ドゥ・ランカルナシオン Marie de L'Incarnation 165
マリー＝ルイーズ（大公妃） Marie-Louise, archduchesse 285
マリア＝アンナ（大公妃） Marie-Anne of Austria, Archduchess 33-35, 48
マルガリタ・マリア・アラコック（聖） Alacoque, Margaret Mary 24, 50
マルセイユ Marseilles 309-310, 331, 364, 438, 518, 524, 543, 547, 561
マルティニク Martinique 165, 169
マルブフ，ドゥ（伯爵夫人） Marbeuf, Madame de 181
マルムティエ Marmoutiers 531, 551, 560
マントー，マルグリット Manteau, Marguerite 169
マンハッタンヴィル Manhattanville 552, 558

聖心（みこころ）の信仰，聖心への奉献 Sacred Heart cult 12-14, 24, 50, 96-97, 100, 107-108, 124-126, 131, 142, 181, 216-217, 222-223, 279, 281, 314- 316, 325, 383, 386, 390, 417, 489, 534, 549, 551, 567
ミシェル，アドリエンヌ Michel, Adrienne 131, 201
ミズーリ Missouri 278, 287, 291, 299, 339-341, 427, 511, 513, 554
ミッド Middes 266-267, 272
ミトライユ Mitrail, Fr 428
ミニモ会 Minimes 237
ミラノ Milan 249, 262, 551

ムーラン Moulins 62-63, 551

メッツ Metz 202-203, 205, 230, 233, 283, 524
メッツのサント＝ソフィーの婦人会 Dames de Sainte-Sophie de Metz 203

モデナ Modena 240, 370
モリニエ（ムッシュー） Molinier, Monsieur 422
モレル Morel, Fr 415-417, 422
モローニ（マダム） Moroni, Madame 240
モンテーニュ，ジャン Montaigne, Jean 86-87, 98-99, 111, 117, 120, 156, 211-212, 214, 407
モント Montet 266, 273, 278, 280, 283, 308, 318, 325, 327-328, 331, 365-366, 369-370, 509-510, 524, 531, 538
モントリオール Montreal 452, 553
モンフルーリ Montfleury 531, 551
モンペザ・ドゥ・カルボン，ジャン・ドゥ Montpezat de Carbon, Jean de 16
モンペリエ Montpellier 452, 524
モンモランシー（侯爵） Montmorency, marquis de 181
モンルージュ Montrouge 213, 263
モンロジエ，ドゥ（伯爵） Montlosier, comte de 263

ヤ

ヤンセン，コルネリウス Jansen, Cornelius 12

ブルボン＝コンデ，ルイーズ＝アデライド・ドゥ（公妃） Bourbon-Condé, princesse Louise-Adélaïde de 33
ブルボン王朝 Bourbon dynasty 24, 32, 99, 119, 125, 180, 189, 193, 242, 261, 263-264, 320, 374, 561
ブルーメンタール Blumenthal 531, 551
プレヴォ，マリー Prevost, Marie 122, 153, 169, 178, 188, 209, 238, 253, 279, 283, 328, 365, 370, 375-376, 393, 399, 402-404, 408, 410, 436, 445, 448, 494, 500-501, 508, 510-511, 542-543
フレシヌス Fraysinnous, Mgr 221, 228, 259, 266
ブローイ，シャルル・ドゥ Broglie, Charles de 32
ブローイ，モーリス・ドゥ Broglie, Maurice de 85, 109
プロイセン Prussia 551, 564
プロヴィデンス（ロード・アイランド） Providence 203
フロリッサン Florissant 230, 235, 296, 301, 306, 553

ベチューヌ＝シャロ，ドゥ（公爵） Béthune-Charost, duc de 179
ベチューヌ＝シャロ，ドゥ（公爵夫人） Béthune-Charost, duchesse de 179
ベッロッティ，ジョゼフ Bellotti, Joseph 358, 360, 362, 368, 478-479
ベッロンテ Bellonte, Fr 237, 244
ペディチーニ Pedicini, Cardinal 441, 459, 462, 464-465, 468, 479, 482, 484, 487, 491, 494, 506, 517
ペニャランダ，マリー＝アントワネット・ドゥ Peñaranda, Marie-Antoinette de 85, 109
ベリー Belley 53, 56-57, 78, 89
ベリー，ドゥ（公爵夫人） Berry, duchesse de 189
ペリエ，ジョゼフィーヌ Périer, Josephine 51
ペリエ，ローズ＝ユーフロジーヌ Périer, Rose-Euphrosine 51
ベリーミード Berrymead 452, 454
ペルー Peru 452
ベルギー Belgium 95, 109-110, 309, 317, 436, 451-452, 564
ベルトルド，オクタヴィ Berthold, Octavie 168
ペルドロゥ，ポーリーヌ Perdrau, Pauline 515-516, 523, 568-569
ベルナール，アンリエット Bernard, Henriette 75-76
ペルピニャン Perpignan 249, 278, 283, 331
ペロー，ルイ Perreau, Fr Louis 106, 125, 145-150, 152, 160, 162, 166, 193, 220, 222, 224, 228, 266
ペンシルヴェニア Pennsylvania 452
ヘント（ガン） Ghent (Gand) 62, 78, 85-86, 92-94, 97, 109-110, 127, 129, 131, 202, 204-205

ボーヴェ Beauvais 85, 148, 154-155, 157, 170, 178, 184, 191, 201, 208, 230, 257, 283, 290, 308, 379, 408, 419-421, 429-434, 510, 527, 543, 561
訪問会 Visitation Order 52-53, 55, 136-138, 203, 221, 349, 369-370, 502
ポズナニ Posen 551
ポタワタミ（族居留地） Potawatami 442, 552
ボードゥモン，アンヌ Baudemont, Anne 43, 45, 49, 51, 56-61, 75, 78, 80-82, 85, 87-88, 95-96, 98-99, 109, 120, 124, 145, 147, 161-162, 191, 284, 324
ボナル，ドゥ Bonald, de, Cardinal 458-459, 464-465, 484, 492
ホーヘンロー（公） Hohenloe, Prince de 365
ポーランド Poland 452, 551, 569
ボールガール，ジャン・ブリュモー・ドゥ Beauregard, Jean Brumauld de 122, 144, 162
ボルゲーゼ（公妃） Borgèse, Princess 513-514, 516
ボルドー Bordeaux 61-62, 66-68, 72-74, 92, 94, 96, 110, 140, 148, 164-166, 169, 171, 173, 175, 178, 195, 202-205, 212, 230, 240, 246-247, 283, 297, 308, 324, 394, 429, 438, 464, 466, 478, 541, 559, 561
ボルドー（公） Bordeaux, duc de 320
ポルト，ロール・デ Portes, Laure des 254, 406, 494
ボワ・レヴェック Bois l'Evêque 551
ボワジュラン，シャルロット＝ユージェニー・ドゥ →「グラモン，ダステル，ドゥ（マダム）」を見よ
ポワティエ Poitiers 62-70, 72, 74-78, 80, 85, 87, 91-92, 94, 96-97, 121-122, 124, 126, 129, 131-

283, 504, 509-510
ピオ六世(教皇) Pius VI, Pope 34
ピオ七世(教皇) Pius VII, Pope 89, 99, 104, 220, 263
ピオ八世(教皇) Pius VIII, Pope 249
ピオ九世(教皇) Pius IX, Pope 540, 546, 550
ビジュー, ジョゼフィーヌ Bigeu, Josephine 65-66, 69, 95, 124, 139, 149, 152, 154, 157, 164, 178, 188, 200, 206, 209, 220, 225, 233, 237-239
ピネロル Pignerol 363-364, 367, 509, 538
ビリアール, ジュリー Billiart, Julie 67, 95, 109, 128, 162, 204
ビルマ Burma 452
ビロン, アントワーヌ・ド・ゴントー(公爵) Biron, Antoine de Gontaut(duc de) 179
ビロン(公爵夫人) Biron, duchesse de 180

ファーヴル, ジョゼフ＝マリー Favre, Fr Joseph-Marie 213-214, 216-218, 272-273, 275-278, 281- 282, 288, 312-316, 325, 329, 331, 347-349, 363, 387, 548-549, 567
ファール・フォスランドリ, ドゥ(子爵夫人) Fars Fausselandry, Madame de 202
ブイエ, ジャン＝バティスト, ドゥ Bouillé, Jean-Baptiste de 394
フィラデルフィア Philadelphia 552
フィレンツェ Firenze 286, 558
フェッシュ Fesch, Cardinal 89
フェヌロン, フランソワ Fénelon, François 42, 59, 80, 192
フォー, ユーフロジーヌ Faux, Euphrosine 240, 246, 354-357, 368-372
フォーブール・サン＝ジェルマン Faubourg Saint-Germain 178-181, 189, 192, 198, 231, 261, 264, 268, 271, 320, 323, 379, 388, 416-417, 422, 424, 528-529, 561
フォルティス, ルイジ Fortis, Luigi 241-242
フォルバン＝ジャンソン, ポール・ドゥ Forbin-Janson, Paul de 370-371
フォンサラ, マリー Fonsala, Marie 225
フォンテーヌ, アグラエ Fontaine, Aglae 393, 493
ブザンソン Besançon 32, 70, 84, 98, 198, 202-203, 206, 230, 250-251, 253-254, 265-266, 283, 308, 369, 461-462, 475, 498-499, 501-502, 509-510, 524, 543, 551, 561
ブショー, エマ・ドゥ Bouchaud, Emma de 327-328, 510, 527, 542, 550
ブショー, エリーザ・ドゥ Bouchaud, Elisa de 327
ブショー, ユーラリ・ドゥ Bouchaud, Eulalie de 327, 365, 384-385, 390, 400, 413, 415-417, 440, 446, 453, 458, 494, 500, 502, 509-510, 532
ブートゥリーヌ(公妃) Boutourline, princesse 515
フライブルク Fribourg 263, 266
フラヴィニィ, マリー・ドゥ(ダグー伯爵夫人) Flavigny, Marie de(Comtesse d'Agoult) 194-196, 199
プラトソフ, アレクサンドラ(伯爵夫人) Pratsof, Alexandra(Countess) 232
プラハ Praha 33-35, 47
ブラン Blanc, Bishop 508
ブーランジェ, クレマン Boulanger, Clement 404, 478-479
フランシス・レジス(聖) St Francis Regis 52, 553
フランシスコ, アッシジの(聖) St Francis of Assisi 402-403, 410
フランシスコ会 Franciscan Order 240
フランス革命 Revolution, French 2, 47, 49-50, 52, 76, 96, 108, 149, 180, 235, 237-238, 242, 330
フランソワ・ドゥ・サール(聖) St François de Sales 42, 213
フランツ二世(オーストリア皇帝) Francis II, emperor of Austria 33
ブラント, ドゥ Brandt, Alexandre de 540-544
ブリュッセル Brussels 309
ブル, ジェルトリュード・ドゥ Brou, Gertrude de 393
ブルイヤール, フィリベール・ドゥ Bruillard, Philibert de 28
ブールジュ Bourges 452, 518, 531-532
ブールセ, ドゥ・ラセーニュ, ピエレット・ドゥ Bourcet de Lassaigne, Pierrette de 309
ブールセ, ルイーズ・ドゥ Bourcet, Louise de 309
ブルゾン Bruson, Fr 45-46
ブルツォツォフスキ, タデウス Brzozowski, Tadeusz 133, 137
ブルボン＝コンデ(公) Bourbon-Condé, prince de 32

Dame 65, 78
ノートルダム修道女会 Sisters of Notre Dame 96, 203

ハ

バイィ，オクタヴィ Bailly, Octavie 27, 37, 40, 48-49
ハヴァナ Havana 552
ハーゲンブルン Hagenbrunn 33, 215
バジール，ジュリー Bazire, Julie 302, 340-343
パッカ Pacca, Cardinal 514
パッカナーリ，ニコラ Paccanari, Nicholas 34-35, 45, 47-49, 53, 58, 77-78, 82, 84, 106, 124, 215, 230, 245
パット，マリー Patte, Marie 265, 283, 362, 364, 369, 440, 485, 518, 523
バッファロー Buffalo 552
ハーディ，アロイジア Hardey, Aloysia 340, 342-344, 373, 426-427, 494, 508, 512-513, 519, 531, 558
パドヴァ Padova 35, 452
パトリッツィ Patrizzi, Cardinal 432- 433, 487
バトン・ルージュ Bâton Rouge 552
パニッツォーニ，ルイ Panizzoni, Louis 106-107
バビンスカ（伯爵夫人） Babinska, Countess 561
ハミルトン，レジス Hamilton, Regis 443
バラ，ジャック［父］ Barat, Jacques 8, 10-11, 14-15, 23, 25, 44, 89, 91
バラ，マドレーヌ＝ソフィー Barat, Madeleine Sophie
――兄との関係 8, 17-19, 24-31, 37, 42, 46, 70, 89-90, 110, 159, 214, 282, 315, 485, 523-524, 567-568
――姉との関係 23, 30, 38, 43-44, 92, 94-95, 212, 248, 310, 559-560
――アミアン時代 40, 42-46, 59, 60-61, 81-82, 87-88 95, 111
――イエスの愛子会 35-37, 49
――イエスの聖心の姉妹会 60
――ウルトラモンタニスム 5-6, 227, 283, 447, 470, 485
――ガリカニスム，6, 109, 113, 116, 487, 514, 520
――カルメル会入会の望み 29, 31, 36, 48, 222, 248, 489, 551
――観想的生活 70-72, 349-350
――グルノーブル滞在（1804–05年） 54-56, 115
――死 1, 139-140, 569-570
――指導力 1, 3-4, 44, 60, 69, 81, 110, 125, 131, 134, 188, 312, 327, 361, 404, 429, 432, 462-464, 466, 473, 476, 483-484, 490, 531, 540, 544, 555, 567
――ジャンセニスム 4, 12, 15, 50, 214, 217, 282, 313, 315, 548, 567-568
――ジョアニー時代 1-2, 11-12, 17-19, 22-25
――性格：温かさ 71, 88, 131；内気さ 45, 101, 567；現実主義 4, 205；厳格さ 70-71；行動力 5；個人を理解・評価する能力 70, 72, 250；自分への信頼の欠如 28, 36, 74, 325；妥協する能力 147, 159-160；長期的なヴィジョンを維持する能力，101, 147；人間関係を築く能力 4, 69, 75, 131, 147, 159, 567；要求の高さ，71, 566；近寄りがたさ 54, 71, 131；良心の呵責 28, 281
――誕生 1, 8-9, 11, 570
――母との関係 17-19, 22-23, 25, 27, 30, 89, 91, 212
――病気 27, 46-47, 54, 62-63, 71, 110, 114-115, 129-130, 209-211, 259, 278, 317, 325, 348, 362-363, 364, 432, 435, 462, 518, 547
――フランス革命との遭遇 2, 21-22, 49-50
――列福／列聖 7, 140, 570
バラ，ピエール Barat, Pierre 22
バラ，マドレーヌ（旧姓フッフェ）［母］ Barat, Madeleine (née Fouffé) 8, 10-11, 13-19, 21-25, 27, 29-31, 44, 89, 91, 171, 212
バラ，ルイ［兄］ Barat, Louis 8, 11, 15-32, 35-37, 42-44, 46, 49, 60, 70, 74, 77, 89-92, 94, 97-98, 106, 110, 159, 165-166, 168-169, 172-173, 175, 189, 192, 212-214, 216, 259, 282, 315, 321, 333, 364, 371, 404, 417, 426, 483-485, 494, 508, 519, 523-524, 567-568
バラストロン，マリー Balastron, Marie 54, 93, 129, 158-159, 182, 188
ハリファックス Halifax 552
バルセロナ Barcelona 531
バルド，アデル Bardot, Adèle 60
パルマ Parma 240, 285, 288, 331, 362, 441, 487, 490, 523

ピエモンテ Piemonte 186, 215, 225, 228, 230,

Dusaussoy, Hubert-Xavier　43
デュソッソワ，ルイ＝エティエンヌ　Dusaussoy, Louis-Etienne　30, 92, 94, 212, 273, 371-372, 557-561
デュトゥール，エレーヌ　Dutour, Hélène　291, 293-294, 296-300, 302
デュバ　Dubas, Fr　141-142
テュビエール・ドゥ・ケリュス，シャルル・ドゥ　Thubières de Caylus, de, Charles　13
デュピュシュ　Dupuch（Mgr）　445
デュブール，ルイ　Dubourg, Louis　166-167
テラル（医師）　Terral, Dr　211

トゥー，ドゥ　Theux, Fr de　443-444
ドゥ・ラ・シャルパーニュ（マダム）　de la Charpagne, Madame　68
ドゥ・ラ・トゥール・ランドリ，ジャン＝バティスト　de la Tour Landry, Jean-Baptiste　26
ドゥ・ラ・モト，エドメ＝ジョアキム　de la Mothe, Edmé-Joachim　9
ドゥヴォー，ヤサント　Devaux, Hyacinthe　39-41
ドゥシエール，エステル　Oussiéres, Esther d'　542-543
ドゥブロス，ロザリー　Debrosse, Rosalie　54, 192
ドゥブロス，ロベール　Debrosse, Robert　121-122
ドゥマンドルクス，ジャン＝フランソワ　Demandolx, Jean-François　142
ドゥラル　Delalle, Fr　216
トゥール　Tours　65, 265, 279, 308, 310, 386, 393, 408, 509, 531, 561
トゥールーズ　Toulouse　478, 541, 562
トゥルネリ，レオノール・ドゥ　Tournély, Léonor de　32-36, 39, 49, 53, 60, 77, 96-97, 100, 106-107, 124, 126, 131, 136, 160, 181, 215-216, 330, 383-384, 544, 555
トゥレーヌ通り　Touraine, rue de　27, 37
トゥーロン　Toulon　500
ドージーレ　Doorseele　85, 204
ドスレル（嬢）　Osler, Mlle d'　273
ドネ，フェルディナン　Donnet, Ferdinand　323, 463, 466
ドリヴィエ，マリー　Olivier, Marie d'　199-201, 375, 379, 381, 383-384, 419-421, 430, 432-435
トリエント公会議　Trent, Council of　1-2
トリニタ・デ・モンテ　Trinité des Monts　112, 117, 233, 237-245, 249, 259, 262, 271, 283, 285-287, 330, 334-339, 348, 352-362, 367-369, 370-375, 379, 407, 414, 428, 441, 451, 492, 503, 513-514, 516, 520, 538
トリノ　Torino　198, 200, 202-203, 215, 216, 224-225, 230, 238-239, 279-281, 283, 288, 331, 333, 355, 362-364, 367, 369-370, 441, 523-524, 529, 538
ドリュイエ，ジュリアン　Druilhet, Julien　100, 119, 123-124, 135, 160, 286
ドルアール　Drouard, Fr　76,

ナ

ナチトチェス　Natchitoches　552
ナポレオン　Napoleon　2, 4, 47, 49, 78-80, 83-85, 89-91, 95-96, 99, 107-10, 119, 131, 149, 167, 180-181, 218, 227, 232, 242, 261, 359
ナミュール　Namur　95
ナミュール・ノートルダム修道女会　Sisters of Notre Dame de Namur　95
ナンシー　Nancy　451, 524
ナント　Nantes　509

ニオール　Niort　75-76, 85, 90, 96-97, 121-122, 124, 133, 144, 146, 148, 157, 165, 169, 175, 178, 184, 195, 208, 229-230, 283, 308, 386, 394-395, 429, 541
ニコライ，エマルディーヌ・ドゥ　Nicolay, Aymardine de　266
ニコライ，テオドール・ドゥ（侯爵）　Nicolay, Théodore, marquis de　263-265, 326, 346
ニーム　Nîmes　393
ニュー・ブランズウィック　New Brunswick　552
ニューヨーク　New York　298, 341, 437, 452, 511, 513, 558, 561

ネクトゥ　Nectoux, Fr　76-77, 181, 330
ネーデルラント　Netherlands　109, 204

ノーデ，ルイーズ　Naudet, Louise　33, 45, 48, 58, 82, 165, 230, 245-246, 284
ノーデ，レオポルディーヌ　Naudet, Léopoldine　33, 40, 45, 48, 215, 226, 230-231
ノートルダム修道会　Congregusion of Notre

総会(1851)［第六回］ general council of 1851 520, 531, 546-547, 550, 556, 560, 567
総会(1864)［第七回］ general council of 1864 563-564
ソル Solle, Mgr de 161
ソワイエ Soyer, Fr 122, 139, 144-147, 162
ソワソン Soissons 13, 116

タ

ダヴィエ，エドム Davier, Edme 3
ダヴィエルノ，ロール Aviernoz, Laure d' 494, 512, 519
ダヴナス，エメ Avenas, Aimée d' 379, 382, 388, 390, 400-401, 407, 413-415, 422, 426, 430, 445-446, 454-455, 463, 485, 520-522, 527, 530
ダブリン Dublin 551
タラン Tharin, Mgr 475, 477-479, 491
タルカ Talca 552
タレイラン＝ペリゴール・ドゥ Talleyrand-Périgord, Mgr 125, 162, 220, 226
ダングレーム(公爵夫人) Angoulême, duchesse d' 189

中国 China 165
チュニス Tunis 452
チリ Chile 552, 558

ティエフリ，カトリーヌ Thiéfry, Catherine 291, 303, 306, 443
ディースバッハ，ニコラ・ドゥ Diessbach, Nicholas de 34, 215-216, 225
ティロル Tyrol 551
テスト Teste 478
デゼー，ジュヌヴィエーヴ Deshayes, Geneviève 17, 26, 39-43, 45-47, 49, 57-58, 60, 62, 65, 82, 97-98, 124, 131, 157, 161, 178, 188, 374, 385, 391-392, 482
デトロイト Detroit 552
デマルケ，フェリシテ Desmarquest, Félicité 60, 87, 124, 157, 161, 178, 188, 195, 266, 287, 317-319, 321-323, 327-328, 365, 369, 375-377, 384, 388, 408, 429, 440, 445-446, 467-468, 482, 486-488, 494, 498, 502, 508-510, 532, 537, 543
デュ・シャステニエ，マドレーヌ du Chasteigner, Madeleine 74, 131, 159, 229
デュ・テライユ，マリー du Terrail, Marie 47
デュ・ノール，マルタン du Nord, Martin 468, 473, 476
デュ・ポン，ジャック du Pont, Jacques(Bishop) 518
デュ・ルウジエ，アンナ Rousier, Anna du 366, 452, 494, 500, 509-510, 519, 523, 529
デュヴァル(夫人) Duval, Madame 27, 37
デュシェーヌ，ピエール＝フランソワ Duchesne, Pierre-François 51
デュシェーヌ，フィリピーヌ Duchesne, Philippine 51-55, 60, 62-63, 65, 77, 80, 88, 90-91, 93, 97, 122-125, 129, 131, 152, 154, 165-170, 175, 179, 186, 188, 193-195, 202-203, 208-209, 211- 213, 219, 221, 235, 241, 246-248, 250, 256-257, 261, 278, 291-303, 305-306, 309, 339, 438, 442-443, 483, 552-555
デュシス，アンリエット Ducis, Henriette 60, 87, 98-99, 109-110, 113, 115-116, 188, 194, 264, 284, 419
デュソッソワ，エティエンヌ Dusaussoy, Etienne 22, 92, 94, 171-172
デュソッソワ，エリーザ Dusaussoy, Elisa 92-93, 95, 173, 259, 365-366, 559
デュソッソワ，ジュリー Dusaussoy, Julie 92, 95, 110, 172-173, 175, 212, 467
デュソッソワ，スタニスラス Dusaussoy, Stanislas 11, 30, 92, 94, 171-173, 175, 192, 201, 212, 248, 259, 264, 273-274, 310, 369, 371, 435, 440-441, 467, 519, 524, 557-561, 568-570
デュソッソワ，セレスティーヌ Dusaussoy, Célestine 30, 44
デュソッソワ，ゾエ Dusaussoy, Zoé 60, 92-94, 248, 259, 273, 310, 371, 441, 558, 561
デュソッソワ，ソフィー Dusaussoy, Sophie 92-94, 172-174, 212, 371-372, 467, 542, 559-560
デュソッソワ，テレーズ Dusaussoy, Thérèse 92, 94, 175, 212
デュソッソワ，ドジテー Dusaussoy, Dosithée 92, 94, 211-212, , 212, 248
デュソッソワ，マリー＝テレーズ Dusaussoy, Marie-Thérèse 43
デュソッソワ，マリー＝ルイーズ(旧姓バラ)［姉］ Dusaussoy, Marie-Loise(née Barat) 11, 15, 22-23, 25, 30, 38, 43-44, 46, 54, 60, 90, 92, 94-95, 171-172, 212, 248, 273-274, 310, 440, 559-560
デュソッソワ，ユベール＝グザヴィエ

68-69, 122, 188
ジョフロワ，シュザンヌ Geoffroy, Suzanne 76-77, 122, 124, 131, 146, 157, 165, 178, 181, 188, 330
ショワズール，ドゥ Choiseul de 195
ジラール，アンリエット Girard, Henriette 62-63, 68, 74, 124
ジラール，エミリー Girard, Emilie 54, 91, 124, 131-132, 157, 204, 570
ジロ(マダム) Gillot, Madame 116
信仰の霊父会 Fathers of the Faith 34-37, 39, 41, 47-48, 53, 56-57, 60-61, 69, 77-78, 84-86, 89-90, 96, 99-100, 103, 105-107, 111, 133, 182, 215, 230, 242, 402
信仰布教修道女会 Daughters of the Propagation of the Faith 53

スイス Switzerland 265-266, 287, 317-318, 330, 366, 451, 487
スウェチーヌ(マダム)(ソフィア・ペトロヴナ・スヴェトチナ) Swetchine, Madame 514, 516
スゴン，アデライド Second, Aélaïde 54
「ステファネッリ」"Stephanelli" 117, 122, 128
スペイン Spain 248, 278
スミス(夫人) Smith, Mrs 202
スラ Surat, Fr 422-423, 472, 478
スリエ，ルイ Sellier, Louis 39, 41, 110, 116, 169, 404, 406, 417, 541

聖心会(女子修道会) Society of the Sacred Heart
——会員の構成 132, 387
——教育の水準 182-183, 199-200, 289
——禁域制度 33, 55, 221-226, 241, 267, 300, 335-336, 355-356, 360, 438
——修道院新設 56, 61-62, 67, 157, 164-166, 169, 184, 203, 206, 208, 233, 284-286, 309-310
——女子教育 3, 177, 186-187, 191, 198-199
——生徒の構成 152, 186, 194-195
——総長選挙 56, 60, 78, 88
——創立 1-2, 33, 49-50, 76-77
——創立の神話 76-77, 108, 124, 126, 181, 330
——他の修道会の統合 134, 165, 203-205, 309-310
——入会志願者の質 133, 255-256, 386, 453
——発展 45, 80-81, 85, 164, 177-178, 230, 452
——ブルボン王家との同一視 189, 320
——名称 33, 39, 60, 124-125, 129, 141
聖心会(男子修道会) Society of the Sacred Heart(male order) 32
聖心の霊父会 Fathers of the Sacred Heart 33-35, 215
聖ドロテア聖心会 Daughters of the Sacred Heart of St Dorothy 356
聖ヨセフ女子修道会 Sisters of St Joseph 356
聖霊修道会 Community of the Holy Spirit 279

セドール，ルイーズ＝ソフィー Cédor, Louise-Sophie 8
セントジョン(カナダ，ニュー・ブランズウィック) St John 552
セントチャールズ(ミズーリ) St Charles, Missouri 169, 235-236, 295, 301, 553
セントマイケルズ(ニューオーリンズ近郊) St Michael's 230, 235, 291-296, 298-301, 303, 340-343, 511, 531
セントメアリーズ(カンザス) St Mary' s 552
セントルイス(ミズーリ) St Louis, Missouri 167, 169, 203, 236, 278, 291, 293, 296, 301, 303-306, 341, 511

ソー＝オ＝レコレ Sault-au-Récollet 552
総会(1815)［第一回］general council of 1815 134-135, 177
総会(1820)［第二回］general council of 1820 177, 181, 187, 194, 221, 229
総会(1826–27)［第三回］ general council of 1826-27 227, 229, 261, 291, 374, 473
総会(1833)［第四回］ general council of 1833 283, 287, 291, 316, 374
総会［第五回］(1839) general council of 1839 364-365, 369, 373-374, 376, 379-384, 386, 388-389, 391-392, 398, 402, 407-414, 417, 419, 421-423, 425-428, 430-431, 434, 436-438, 440-443, 447-448, 455-456, 471-473, 476-479, 482, 484-485, 491-495, 497, 501, 505-510, 512-513, 515, 519, 521, 529, 550, 553, 559
総会(1842)［延期］ general council of 1842 442, 446- 447, 449-450, 455, 462-464, 505
総会(1845)［延期］ general council of 1845 493, 500, 504, 507-508, 515-516

サリオン，バティルド　Sallion, Bathilde　422, 512-513, 531, 554
サルッツォ　Saluzzo　452, 509, 538
サン＝ヴァンサン＝ドゥ・モントリオール　St Vincent de Montréal　552
サン・エルピディオ　St Elpidio　452, 523
サン＝ジャック
サン＝シュルピス　St Sulpice　32, 59, 86
サン＝シール　St Cyr　59, 80, 124
サン＝テステヴ，サンビュシー・ドゥ　Saint-Estève, Fr Sambucy de　45, 47, 51, 56-61, 75, 78-85, 87-88, 96-113, 115-123, 125-129, 133-135, 137-142, 144-148, 150, 154, 156-157, 160-162, 181, 185, 187, 191, 193, 219, 231, 236, 239, 245, 282, 284, 324, 389, 404, 407, 435, 541, 555
サン＝テステヴ，フェリシテ・ドゥ　→「サンビュシー，フェリシテ・ドゥ」を見よ
サン＝ドゥニ・オ・カトル・フォンテーヌ　St Denys aux Quatre Fontaines　117, 120, 147, 182, 245-246, 284
サン＝トマ・ドゥ・ヴィルヌーヴ修道会　Sisters of St Thomas de Villeneuve　86, 123- 124, 140
サン＝ピエールの婦人会　Dames de Saint-Pierre　279, 309-310
サン＝ピエール＝レ＝カレー　St Pierre les Calais　551
サン＝ブリュー　St Brieuc　551
サン＝フレオル　St Ferréol　551
サン＝ペルン，ドゥ（マドモワゼル）Saint-Pern, Mlle de　164
サンス　Sens　9, 13, 16-17, 20, 31, 274
サンタ・ルフィーナ　Sainte Rufine　284-285, 288, 330, 334-336, 338-339, 357, 359, 362, 414, 440, 445, 503, 538
サンティアゴ　Santiago　552
サント・エスピリトゥ　Santo Espiritu　552
サント＝マリー＝ダン＝オー　Ste Marie d'En Haut　51-54, 56, 80, 165, 221, 247, 278, 298, 303, 305, 309, 554
サンドウィッチ　Sandwich　552
サンビュシー，ガストン・ドゥ　Sambucy, Gaston de　95, 112-113, 137
サンビュシー，フェリシテ・ドゥ　Sambucy, Félicité de　87, 95, 99, 110-111, 113, 115, 120, 161
ジェット　Jette　308, 435, 518, 527
ジェノヴァ　Genova　519, 524, 538
ジェラン，マリー＝ジョゼフ・ドゥ　Géramb, Fr Marie-Joseph de　352
シカゴ　Chicago　552
七月革命　Revolution of 1830(July Revolution)　2, 260, 264, 268
シドニー　Sydney　452
シブール，マリー・ドミニク・オーギュスト　Sibour, Marie Dominique Auguste　547
シモン，クロード　Simon, Claude　56
シャニアック，ジュヌヴィエーヴ　Chaniac, Geneviève　309
ジャム　Jammes, Fr　322, 415-417, 421- 424, 528
シャルボネル，カトリーヌ・ドゥ　Charbonnel, Catherine de　47, 49, 59-60, 122, 124, 147, 156-157, 161, 174, 178, 184, 187-188, 194, 203, 206-208, 211, 239, 249, 250-252, 264-267, 279, 283, 309, 322-323, 330, 334-335, 362-364, 367-369, 375, 377, 399, 402, 408, 418, 429, 486-487, 494, 537, 542
シャルル一〇世　Charles X　261, 263-265, 320, 374, 403, 468
シャルルヴィル　Charleville　203, 293, 308-309
ジャンセニスム　Jansenism　2, 4, 12-15, 20, 50, 213-215, 217, 282, 313, 315, 548, 567-568
シャンベリー　Chambéry　129, 147, 157, 161-162, 170, 178, 186, 213, 216-217, 219, 230, 265-266, 269, 281, 288-289, 308, 324, 331, 369, 441, 455, 549
シャンボール，ドゥ（公爵）　Chambord, duc de　374
ジューヴ，アメリ　Jouve, Amélie　553
十字架の修道会　Sisters of the Cross　292
シュガー・クリーク　Sugar Creek　442, 452, 554
ジュゴン，アデル　Jugon, Adèle　43-46
シュテルン，ダニエル　Stern, Daniel　194
ジュリーヌ　Jurines, Fr　568
ジョアニー　Joigny　1-3, 8-11, 14-16, 18-22, 25-26, 30-32, 35, 38, 60, 89-92, 94-96, 153-154, 170-172, 201-202, 212, 259, 273, 282, 310, 440-441, 523, 529, 547, 557-561, 570
ショブレ，プルシェリー　Chobelet, Pulcherie　279
ショブレ，リディ　Chobelet, Lydie　64-66,

59, 198, 218, 226-227, 264, 267, 271-272, 274, 277-281, 286, 288-289, 318-320, 322-324, 329, 331-333, 344-347, 364-365, 372-373, 379, 389-390, 393, 401-402, 406-407, 410, 413-416, 418, 422-423, 457, 460, 476, 494, 521, 525-526, 529
グラン・コトー Grand Coteau 202-203, 230, 235, 291-292, 294, 296, 298-301, 303, 340, 343, 443, 512, 514
クリフォード(卿) Clifford, Lord 518
グルーセ Grousset, Fr 216
クルセイユ, ドンビドー・ドゥ Crouseilles, Dombidau de 164
グールド, シャーロット Goold, Charlotte 510-511
グルノーブル Grenoble 51-58, 60-62, 65-66, 69, 77-81, 85, 88-89, 95-97, 122-124, 144, 152, 157-158, 165, 168, 170-171, 174-175, 178, 191, 210-211, 219, 230, 278, 283, 309, 311, 330, 553-554
グレゴリオ一六世(教皇) Gregory XVI, Pope 249, 285, 323, 353, 355-356, 360-361, 369-370, 372, 375-376, 391, 393, 395-396, 398, 410, 417-418, 432, 441, 444, 454, 458-459, 474-475, 477, 505, 514-515, 517, 523
クレメント一一世(教皇) Clement XI, Pope 13
クレメント一四世(教皇) Clement XIV, Pope 16
グロ Gros, Mgr 468
グロジエ, アンリエット Grosier, Henriette 39-40, 42-43, 49, 56-58, 60, 65, 94, 97, 122, 124, 131-132, 143, 145-147, 152, 156-157, 178, 188, 220, 254, 283-284, 374, 394-395, 407-409, 429, 438, 450, 456
クロフト, エリーザ Croft, Elisa 414, 454
クロリヴィエール, ピエール・ドゥ Clorivière, Pierre de 100, 103, 105-106, 111, 119-120, 123-124, 129, 131-132, 135, 137, 175, 282
クロワ, ドゥ Croy, Mgr de 227

啓蒙 Enlightenment 1, 4, 10, 51, 218
ゲッツ, ジョゼフィーヌ Goetz, Josephine 541, 561-563, 565
ケルサビー, ドゥ(マダム) Kersabie, Madame de 422
ケルビーニ(伯爵夫人) Cherubini, comtesse 283
ケンウッド Kenwood 552

コーザン, オランプ・ドゥ Causans, Olympe de 542
コーザン, マリー=ルイーズ=アルマンド・ドゥ Causans, Marie-Louise-Armande de 238-246, 262, 287, 330, 335-337, 352, 354-361, 366-372, 377, 393, 396, 407, 428, 463, 494, 503, 510, 519
コトレ, ピエール Cotteret Mgr Pierre 432
コノリー, コーネリア Connolly, Cornelia 514, 516
コノリー, ピアス Connolly, Pierce 514
コパン, アンリエット Coppens, Henriette 266, 303, 328, 375, 500, 509-510, 537, 543, 563
コピナ, テレサ Copina, Teresa 87, 99, 110, 113-115, 120, 131, 143, 162, 246, 284
ゴーム, アレクシス Gaume, Fr Alexis 525, 547
コリオリス, ジョゼフィーヌ・ドゥ Coriolis, Josephine de 46, 337, 354-355, 357-358, 367-372, 428, 441, 451, 487, 494, 496, 504, 513-514, 559
コルカタ(カルカッタ) Calcutta 452
コルトワ・ドゥ・プレッシニー Cortois de Pressigny, Mgr 99, 112
コンスタンタン, アンナ・ドゥ Constantin, Anna de 265
コンセプシオン Concepción 552
ゴントー, アントワヌ・ドゥ →「ビロン公爵」を見よ
ゴンドラン, アンリ・ドゥ Gondrin, Henri de 16
コンドルセ Condorcet 4
コンフロン Conflans 264-265, 319, 322, 324, 332, 365-366, 429, 508-509, 522-526, 530-531, 541, 543, 559, 561-563, 570

サ

サヴォワ Savoy 177, 186, 215-216, 228, 278, 330, 423, 451, 487
サヴォワの宣教師会 Missionaries of Savoy 216
サヴォワ=ロラン, フォルテュナ・ドゥ Savoye-Rollin, Fortunat de 52
サリア(バルセロナ近郊) Sarria 531

カ

カイエ，アデル　Cahier, Adèle　7, 240, 334-335, 436, 511, 518, 523, 542-543, 547, 551, 555-557, 563
改革聖心会　Reformed Society of the Sacred Heart　543
カヴェロ，ルイ＝マリー・ジョゼフ　Caverot, Louis-Marie Joseph　477-478
ガエタ　Gaeta　540
カッツ，マリア　Cutts, Maria　494, 508, 512, 531
カナダ　Canada　42, 165, 443, 452, 454, 511, 531, 552-553, 564
カパラ　Capara, Cardinal　179
カピ（マドモワゼル）　Capy, Mlle　43, 45-46
カマルティン（スペイン）　Chamartin　551
神の御摂理修道女会　Dames de la Providence　203, 309, 356
ガリカニスム　Gallicanism　6, 91, 109, 113-114, 116, 125, 215, 217-218, 263, 389, 400, 410, 438, 447, 459, 462, 471, 486-487, 494-495, 508, 514, 516, 520, 554
ガリシア　Galicia　452
ガリツィン，アレクセイ　Galitzine, Alexis　232
ガリツィン，エリザベス　Galitzine, Elizabeth　231-233, 242-243, 285, 341-342, 349-350, 356, 366, 370, 375-379, 381-382, 385-386, 388-389, 391, 393, 395- 401, 403-405, 408, 414, 418, 421-423, 425-430, 436, 441-444, 446-449, 453-454, 462-463, 465-466, 468, 471-472, 477, 480-487, 490-495, 499-501, 503-509, 511-513, 516, 519, 523, 537, 552-554
ガリバルディ，アントニオ　Garibaldi, Mgr Antonio　459-461, 464, 469-470, 473-478, 480, 487, 491-492, 502
ガリバルディ，ジュゼッペ　Garibaldi, Giuseppe　538
カルメル会　Carmelite Order　29, 31, 36-37, 48, 71, 76, 116, 136, 149, 222, 248, 489, 532, 551
カンザス　Kansas　552
ガンバロ　Gambaro, Mgr　444
カンペール　Quimper　154, 164, 178, 210, 230, 283

キアヴァロッティ，ドン・コロンバーノ　Chiavarotti, Mgr Dom Colombano　224-225, 240
ギゾー，フランソワ　Guizot, François　476
ギデ，アシル　Guidée, Achille　404-405
キャニングトン　Cannington　511, 518
キュイニエール　Cuignières　85-87, 94, 96, 116-117, 124, 148, 169
ギュイヨ，ルイーズ＝ソフィー　Guillot, Louise-Sophie　22
キューバ　Cuba　552, 564
教皇権至上主義　→「ウルトラモンタニスム」を見よ
キリスト教教育婦人会（聖心会の前身）　Association des Dames de l'Instruction Chrétienne　48, 56, 65, 68, 70, 73, 76, 78, 80, 84, 86-87, 95, 104-106, 109, 144, 147, 161, 181, 204, 556
キリスト教修士会　Christian Brothers congregation　239
キーンツハイム　Kientzheim　451, 524, 557

クザン，オスカル　Cousin, Oscard　558
クザン，ピエール　Cousin, Pierre　371, 441, 558
グラーツ　Gratz　531
グラノン，アンリエット　Granon, Henriette　466, 494
グラモン，ダステル（公爵）　Gramont d'Aster, duc de　86, 181
グラモン，ダステル，ドゥ（マダム）　Gramont d'Aster, Madame de　86-87, 111-112, 115-116, 123, 137, 140-141, 148, 155, 164
グラモン，ダステル，アントワネット・ドゥ　Gramont d'Aster, Antoinette de　86, 111, 115, 116, 140, 149, 195-196, 393, 423, 493
グラモン，ダステル，ガブリエル・ドゥ　Gramont d'Aster, Gabriel de　178
グラモン，ダステル，ユージェニー・ドゥ　Gramont d'Aster, Eugénie de　86, 99, 110-116, 120, 123-124, 129, 135, 137-143, 148-150, 152-154, 156-165, 171, 173, 178, 181, 183, 185, 188-189, 191-198, 201, 211, 220, 239, 248, 264-271, 274-278, 280-281, 283, 285, 289, 303, 318-328, 331-337, 344-347, 354, 365-366, 370, 373-374, 377, 379-382, 384, 386, 388-391, 393, 396-397, 399-404, 406-407, 410-424, 426-430, 432-436, 438-442, 445, 447-451, 454-456, 458-460, 462-467, 469, 476, 480, 483-487, 493-498, 503, 506, 509, 520-531, 555, 561, 567, 569
クラン，ヤサント・ドゥ　Quelen Hyacinte de

イエスの聖心の姉妹会 Daughters of the Sacred Heart of Jesus 60
イグナチオ，ロヨラの(聖) St Ignatius of Loyola 34, 108, 119, 126, 134, 187, 242, 443
イタリア Italy 32, 34, 53, 115, 244-245, 250, 278, 283, 287, 317, 336, 344, 355-356, 423, 425, 430, 451-452, 480-481, 484-485, 487, 513, 564
イーデン・ホール Eden Hall 552
イル・ドゥ・レ Ile de Rhé 29
イングランド(イギリス) England 452, 454, 511, 517-518, 551, 564
インド India 452

ヴァーハーガン，ピーター・ジョン Verhaegen, Peter John 483
ヴァラ，ルイーズ・ドゥ Varax, Louise de 265, 274-275
ヴァラン，ジョゼフ(ジョゼフ＝デジレ・ヴァラン・ダンヴィル) Varin, Joseph (Joseph-Desirée Varin d'Ainville) 31-37, 39-43, 45-49, 51, 53, 55-62, 66-67, 76-84, 89-90, 95, 97-111, 115, 117, 119-121, 123-125, 129-130, 133, 135-136, 148, 163, 166, 178, 181, 187, 190-191, 199, 211-212, 214-216, 231, 233, 239, 255, 258-259, 282, 289, 309, 311, 319, 322, 330, 365, 370, 383-386, 391, 396, 398-400, 402, 404, 416-417, 426, 439-440, 452, 482, 484, 544, 555-556
ヴァーレンドルフ Warendorf 551
ヴァレンヌ通り(パリ) Varenne, rue de 178, 180, 194-195, 198-199, 211, 213, 239, 255, 261, 264-265, 267-268, 271, 274, 277, 280, 289, 295, 318-324, 326-327, 329, 331-333, 344-347, 379-380, 382, 388-389, 391, 399, 401, 406-408, 412-413, 415-419, 421-426, 429-430, 433, 442, 444-445, 448, 466-467, 474, 476, 478, 483, 485-487, 492, 494-497, 499, 502-503, 508, 516, 520-531, 538-539, 543, 556, 568, 570
ヴァンサン(マダム) Vincent, Madame 67, 203-204
ヴィアーノ(公妃) Viano, princesse de 240
ヴィシー Vichy 61, 97
ヴィッカ，ジュリア・ドゥ Wicka, Julia de 561-562
ヴィラ・ランテ Villa Lante 335-336, 352, 357, 362, 428, 451, 503, 513-516, 519-520, 523, 538, 544-545
ヴィルクール Villecourt, Fr 216
ヴィルルバンヌ Villeurbanne 164, 178, 184
ウィーン Wien 33, 215-216
ヴェローナ Verona 48
ヴェローナの聖家族修道会 Holy Family of Verona 48, 230
ヴェンロー Venloo 32
ヴォス，ドゥ Vos, Fr de 342-343
ウォード，メアリー Ward, Mary 105
ウルスラ会 Order of Ursulines 78, 87, 96, 124, 169
ウルトラモンタニスム(教皇権至上主義) ultramontanism 5-6, 92, 215, 217, 227-228, 263, 282, 400, 410, 438, 447, 459, 470, 472, 479, 485, 494, 514, 516, 523, 554
ウルバノ八世(教皇) Urban VIII 105

エクス＝アン＝プロヴァンス Aix-en-Provence 279-280, 283, 309, 331, 368, 371, 393, 438, 503, 518, 524
エメリ，ジャック＝アンドレ Emery, Jacques-André 32

オーギュスタン，ジョルジュ Augustin, Georges 561-562
幼きイエス修道院 Convent of the Infant Jesus 59, 80
オスティーニ Ostini, Cardinal 494
オステローデ Osterode 79
オーストラリア Australia 452, 454
オーストリア(帝国) Austrian Empire 32-33, 264, 564
オスマン(男爵) Houssmann, baron 556
オーセール Auxerre 9, 13-14
オータン Autun 9, 170, 202-203, 230, 283, 364, 393, 408, 438, 440-441, 468, 474, 499, 509, 518
オーデ，ユージェニー Audé, Eugénie 168, 189-190, 202, 235, 247, 291, 293-300, 302-306, 339-343, 350-351, 364, 375, 391, 421, 425, 430-434, 441, 451, 501
オペルーサス Opelousas 303-304
オランダ Holland 32, 551, 564
オルバニー Albany 552
オルレアン Orléans 551
オンタリオ Ontario 552

索　引

1．本索引は，聖心会会員やその関係者，教皇・枢機卿・司教などの聖職者，聖人，各修道会にかかわる固有名詞，聖心会修道院の所在地にかかわる地名，聖心会とソフィー・バラにかかわる事項の三種の項目からなる．原書の分類を参照したが，日本の読者に必要と思われる項目はあらたに追加した．
2．人名は原則として現地綴りで表記し，訳語も現地読みを採用した．比較的知られた修道会名や地名は，原書で使用されている英語綴りで記したが，現存しない修道会名や一般に知られていない地名は，フランス語その他の現地綴りを採用し，読みは可能なかぎり現地読みを採用した．ただし，一部の聖心会会員の名前，修道院の設置された地名，修道院や学校の建物などは，聖心会で定着した名称・呼称を採用した．
3．アメリカやカナダの「カンザス」「オンタリオ」「ニュー・ブランズウィック」などは，修道院が設置された当時は州ではなく，かならずしも現在の州と地理的・行政的に完全に一致しないので，索引では州の表記をしていない．おなじく当時すでに州になっていた「ミズーリ」「ルイジアナ」なども，そのまま現在の州と同定はできない．イギリスについては，アイルランドとの対比でイングランド，またはイギリスと表記を使いわけた．

ア

愛徳姉妹会　Daughters of Charity　46, 192, 310
アイルランド　Ireland　452, 454, 551, 564
アヴィニヨン　Avignon　278-279, 283, 331, 518
アノネー　Annonay　279, 283, 331, 518
アフル，ドゥニ　Affre, Denis　421-424, 447, 455-462, 464-469, 471-477, 479-482, 484, 495, 501-502, 506, 509-510, 516, 520, 525, 537-539, 541, 547
アーマー　Armagh　551
アミアン　Amiens　39-50, 54-60, 62, 65-67, 69, 75, 77-82, 84-88, 92, 94-99, 106-107, 109-113, 115-116, 118-121, 123-124, 126-128, 131, 135-138, 140-143, 147-149, 152-155, 157, 161-165, 169-170, 173-174, 178, 181-182, 191, 193, 204, 210-211, 220, 229-231, 236, 239, 246, 253-255, 257, 275, 282-284, 308, 324, 330, 389, 393-394, 403, 406-407, 429, 435, 439, 445, 459, 487, 490, 494, 510, 518, 527, 531, 540-544, 551, 558, 566
アメリカ　America(United States)　166-167, 235-236, 283, 291-292, 294, 301, 303-310, 317-318, 340-342, 349, 421-422, 425-428, 430, 441-443, 446-447, 451-454, 480-483, 487, 501, 508, 511-513, 531, 551-554, 558, 569
アルフォンソ・デ・リグオリ(聖)　St Alphonsus of Liguori　213, 215-218, 225
アングレーム　Angoulême　551
アンドロシッラ(侯爵夫人)　Androsilla, Marchioness of　237, 244, 284, 330, 334
アンファンタン，ルイ　Enfantin, Louis　61, 66-67

イエズス会　Society of Jesus　32-35, 47, 57, 60, 76, 79, 95-106, 111, 119, 124, 133-134, 152, 173, 175, 183, 190, 200-201, 212, 219, 232-233, 235, 240-242, 244, 258, 261-263, 265-266, 285-286, 288, 290, 317, 321, 329, 354, 358-360, 366, 368, 375, 379, 381-383, 386, 389, 391-392, 394-399, 402, 404-406, 411, 442, 444, 447, 469, 476, 478-480, 532, 539
イエズスの聖心会　Dames du Sacre Cœur de Jesus　102, 124
イエスの愛子会（ディレッティ・ディ・ジェズ）　Diletti di Gesù　34-37, 39-40, 44, 47-49, 50, 53-59, 77-78, 87-88, 124, 126, 181, 191-192, 245

著者略歴

(Phil Kilroy, 1943-)

アイルランドのダブリンに生まれる．ダブリンのトリニティ・カレッジにて歴史学を修め，博士号取得．女性史・宗教史を専門とする研究者として，ダブリン大学で助手を務める．聖心会会員．著書に*Dissent and Controversy in Ireland 1660-1714*, Cork University Press, 1994.

訳者略歴

安達まみ〈あだち・まみ〉 1956年生．東京大学大学院博士課程単位取得退学．聖心女子大学英語英文学科教授．著書に*Hot Questrists After the English Renaissance*（共著，AMS, 2000），『シェイクスピア―世紀を超えて』（共著，研究社，2002）ほか．訳書に ブレイター『なぜベケットか』，ハンセン『恍惚のマリエット』，ブラックウッド『シェイクスピアを盗め！』シリーズ，トラフォード『オフィーリア』（以上，白水社，1990，1994，2001-2005，2004），ヴォルシュレガー『不思議の国をつくる』，ウォーナー『野獣から美女へ』（河出書房新社，1997，2004），ヴォルシュレガー『アンデルセン』（岩波書店，2005），ウォーカー『箱舟の航海日誌』（光文社古典新訳文庫，2007）ほか．

冨原眞弓〈とみはら・まゆみ〉 1954年生．パリ・ソルボンヌ大学大学院修了，PhD（哲学）．聖心女子大学哲学科教授．著書に『シモーヌ・ヴェイユ　力の寓話』（青土社，2000），『シモーヌ・ヴェイユ』（岩波書店，2002）ほか．訳書に『中世思想原典集成〈15〉女性の神秘家』（監修，共訳，平凡社，2002），ルクレール『キリスト教神秘思想史〈2〉中世の霊性』，コニェ『キリスト教神秘思想史〈3〉近代の霊性』（以上，共訳，平凡社，1997，1998），ヴェイユ『カイエ3』『カイエ4』『ギリシアの泉』『ヴェイユの言葉』（以上，みすず書房，1992，1995，1998，2003），ヴェイユ『自由と社会的抑圧』（岩波文庫，2005），『トーベ・ヤンソン・コレクション』（全9巻，筑摩書房，1995-1998）ほか．

フィル・キルロイ
マドレーヌ＝ソフィー・バラ
キリスト教女子教育に捧げられた燃ゆる心
安達まみ・冨原眞弓訳

2008年3月7日　印刷
2008年3月19日　発行

発行所　株式会社 みすず書房
〒113-0033　東京都文京区本郷5丁目32-21
電話　03-3814-0131（営業）03-3815-9181（編集）
http://www.msz.co.jp

企画／聖心女子大学キリスト教文化研究所

本文組版　プログレス
本文印刷所　理想社
扉・カバー印刷所　栗田印刷
製本所　誠製本

ISBN 978-4-622-07360-4
［マドレーヌソフィーバラ］